博士论文
出版项目

皇权与教化：
清代武英殿修书处研究

Imperial Power and Moral Transformation:
A Study on the Printing Institute in Wuying Palace of Qing Dynasty

项 旋 著

中国社会科学出版社

图书在版编目（CIP）数据

皇权与教化：清代武英殿修书处研究／项旋著 . —北京：中国社会科学出版社，2020.7（2025.5 重印）
ISBN 978 - 7 - 5203 - 6605 - 2

Ⅰ.①皇…　Ⅱ.①项…　Ⅲ.①出版事业—组织机构—研究—中国—清代　Ⅳ.①G239.294.9

中国版本图书馆 CIP 数据核字（2020）第 092863 号

出 版 人	赵剑英	
责任编辑	吴丽平	
责任校对	闫　萃	
责任印制	李寡寡	

出　　版	中国社会科学出版社	
社　　址	北京鼓楼西大街甲 158 号	
邮　　编	100720	
网　　址	http：//www.csspw.cn	
发 行 部	010 - 84083685	
门 市 部	010 - 84029450	
经　　销	新华书店及其他书店	

印　　刷	北京君升印刷有限公司	
装　　订	廊坊市广阳区广增装订厂	
版　　次	2020 年 7 月第 1 版	
印　　次	2025 年 5 月第 2 次印刷	

开　　本	710×1000　1/16	
印　　张	38	
字　　数	528 千字	
定　　价	168.00 元	

凡购买中国社会科学出版社图书，如有质量问题请与本社营销中心联系调换
电话：010 - 84083683
版权所有　侵权必究

出 版 说 明

为进一步加大对哲学社会科学领域青年人才扶持力度，促进优秀青年学者更快更好成长，国家社科基金设立博士论文出版项目，重点资助学术基础扎实、具有创新意识和发展潜力的青年学者。2019年经组织申报、专家评审、社会公示，评选出首批博士论文项目。按照"统一标识、统一封面、统一版式、统一标准"的总体要求，现予出版，以飨读者。

全国哲学社会科学工作办公室
2020年7月

序

在项旋的《皇权与教化：清代武英殿修书处研究》得以入选"2019年度国家社科基金优秀博士论文出版项目"，即将由中国社会科学出版社推出之际，作者特嘱我为之作序。作为项旋的指导教师和是书最早的读者，我由衷地为他获此殊荣感到欣喜，同时也很愿意在此谈谈阅读之后的一点感受。

武英殿修书处是清代专门从事书籍校勘、刷印和装潢工作的中央刻书机构。自康熙十九年（1680）设立，至1912年随清朝灭亡而终结，这一机构持续运转了230余年。所刻印殿本数量总计达674种，历来以"精校精刊"著称于世，在清代出版史、藏书史乃至中国文化史上均占有重要地位。是书即聚焦于武英殿修书处，在学界已有研究基础上，大量发掘利用档案、官书、政典、方志、年谱、目录、文集、笔记等文献资料，对武英殿修书处的设立、制度、运作、管理和书籍刊刻、校勘、装潢、流通等进行了全方位的研究，系统梳理了修书处的历史渊源、发展历程、职官设置、制度运作、日常管理等基本问题，全面考察了殿本的形成过程、版刻特征及其流通情形，深入揭示了武英殿修书处这一清代"皇家出版社"的政治文化内涵，从而立体、动态、细致地呈现出武英殿修书处的整体面貌，将学术界的相关研究推进到了一个新的水平。个人认为，是书的研究具有如下几个显著的特色。

一　档案资料的发掘利用

　　学界公认，档案是最为原始的历史记录，其真实性、可靠性要高于其他种类的文献。中国古人很早就十分重视对祭祀、战争等重大事件的记载，也很早就形成了完备的史官制度，甲骨卜辞中即保存了殷商时期有关国家征伐、狩猎、畜牧、农事、祭祀等诸多方面的记载，《尚书》则收录了夏、商、周三代最高统治者的重要诰命、誓词、言论以及臣对等，二者堪称最早的档案文书及档案文献汇编。延及后世，官府文书档案日益成为国史、政书、诏令、奏议、谱牒等重要典籍纂修的基本史料来源。职此之故，中国古代的文书档案大多以实录、会要、玉牒、诏令集、奏议集等文献编纂的方式保存下来，档案文书本身则大多散失亡佚，或被人为销毁，人们很难看到其原始面貌。亦因如此，当民国初年清内阁大库档案"八千麻袋"事件发生，明清两代尤其是清代历朝诏令、朱谕、奏章、题本、表章、科举试卷等档案以其本来面貌流散民间并为人所知之时，不仅在学术界引起了空前的震动，而且给全社会带来了极大的影响。自此而后，档案的重要性日益为人们所认知，学术研究尤其是清史研究有必要利用档案资料成为学界共识。是书即在档案资料的发掘利用方面有相当大的突破。

　　如关于武英殿修书处设立的时间以及与之相关的名称问题，学界历来存在较大分歧。就时间而言，分别有康熙十二年（1673）、康熙十九年（1680）、康熙二十九年（1690）、雍正七年（1729）的不同观点；从名称来看，有认为先设立修书处，后改名为造办处者，有认为初为武英殿造办处，后改为武英殿修书处者。在各种说法中，多数学者依据嘉庆、光绪两朝《大清会典事例》"康熙十九年奉旨，武英殿设造办处……（雍正）七年，铸给武英殿修书处图记"之记载，认为武英殿修书处初为武英殿造办处，康熙十九年设置，雍正七年改为武英殿修书处。对此，作者爬梳《八旗通志》《钦定日下旧闻考》《钦定总管内务府现行则例》以及《大清会典事例》等清代官书，仔细辨析其中的异同出入，进而证以档案、笔记等相关记载，确切地说明武英殿修书处设立于康熙十九年十一月，隶属于同年初成立的武英殿造办处；武英殿修书处与武英殿造办处名称相近，且常在文献中同时出现，极易混淆，但实际上二者并非同一机构。尤其是对学界以雍正七年"铸给武英殿修书处图记"作为其正式设立依据的说法，作者发掘利用台湾"中央研究院"历史语言研究所藏内阁大库档案，有力地证实武英殿修书处与养心殿、中正殿等七处内府机构，同时于雍正七年十一月由广储司铸造图记，铸造的缘由是为方便内府旗人办事出入，与旗人管理相关。作者由此得出结论：武英殿修书处始设于康熙十九年十一月，原隶属于武英殿造办处，雍正七年内务府铸给"武英殿修书处图记"，标志着武英殿修书处职能得以进一步加强，正式升格为直属总管内务府的专门刻书机构。这一结论，显然是具有很强的说服力的。

他如利用近年来新出版的《清宫武英殿修书处档案》，考证武英殿修书处下属刻字作的实际情形，特别是宫外两处刻字作的名称、所在地及其与写字局的关系，从而纠正学术界的误解；爬梳中国第一历档案馆所藏清宫内务府、军机处等档案记载，逐一辨析武英殿修书处下属负责木活字印刷的机构聚珍馆办理处所及其开馆、闭馆时间，机构组成、人员设置等具体情形，进而推进学术界的研究，都确凿可信，多有创新。

由此不难看出，发掘利用档案等原始资料对学术研究的重要性。事实上，对于包括档案在内的新史料的发现之于学术研究的价值和意义，前辈学者已然有所定论。王国维于1925年应邀前往清华大学作演讲之时，即倡言"古来新学问起，大都由于新发见"，并将殷墟甲骨、敦煌文献、居延汉简和内阁大库档案等新史料的发现与汉代孔壁古文、西晋汲冢竹简相提并论，视之为"中国学问上之最大发现"，盛称"今日之时代可谓之'发见时代'，自来未有能比者也"

(《最近二三十年中中国新发见之学问》)。而20世纪以来迄今百余年间，愈来愈多的档案资料陆续得到公布乃至整理出版，无疑为学者的研究提供了更为广阔的用武之地。以此观之，对大量档案资料的发掘利用，堪称是书最大的亮点，不仅为其研究提供了坚实的基础，也为其创新创造了良好的条件。

二 研究视角、方法的多元化

中国传统学术源远流长，在长期的发展过程中，形成了自身极富特色并且行之有效的传统研究方法。近现代以来，在与西方文明的交流碰撞中，学人士子又接受了西学的影响，研究视角更加拓展，研究方法也更为多元。是书对武英殿修书处及其殿本的全方位研究，即具有多元化、跨学科的特点。

其一，历史脉络的梳理。

武英殿修书处作为清代最为重要的中央专门刻书机构，其设置的缘由何在？其发展的脉络如何？其与清廷的官方意志和统治者的政治、文化导向又有何关联？凡此种种，都是研究者必须探讨的重要问题。对此，作者运用历史学的研究方法，在追溯清廷设置武英殿修书处的历史渊源和现实背景的基础上，详细梳理其发展脉络和制度沿革，将武英殿修书处的发展历程划分为四个时期：康熙朝为创始期，雍正、乾隆朝为鼎盛期，嘉庆、道光朝为式微期，咸丰至宣统为衰亡期。并结合其制度发展变化和殿本刊刻数量、质量以及印刷技术等因素，力图还原每一时期的基本状况，分析各个时期的不同特色，以揭示武英殿修书处的设置、发展、衰亡与有清一代历史发展变化的联系，凸显其中所反映的官方意志和统治思想，呈现刻书背后的政治考量和文化内涵。这样的梳理和分析，既有史实考据，又有理论探讨，显然大有裨于人们对武英殿修书处的深入了解和全面认知。

其二,"活"的制度史的探讨。

对典章制度的关注和梳理,历来是传统史学的重要内容。在中国古代最受推崇的纪传体史书中,就有记载一代典章制度的专篇。始自《通典》《通志》《文献通考》,迄于《清朝续文献通考》的"十通",更是记载历代典章制度沿革变迁的专门著述。而对制度史的研究,也同样是史学领域尤其是政治史研究的重中之重。进入新世纪以来,学者在以往研究积淀的深厚基础上,进而提出"活"的制度史的概念,主张贯通的长时段的研究,注重制度形成与运行的动态过程,强调制度与制度之间各种内在、外在的关系,尤为关注制度与人事相互之间的联系,从而树立起一种新的研究范式和研究方法,在学术界产生了极大的影响。

是书对武英殿修书处的研究,即借鉴了"活"的制度史的研究范式,重视考察武英殿修书处的制度损益和运作机制,关注武英殿修书处制度的渊源、流变及交互关系,在以往大多依据文献记载进行静态研究的基础上,进而着眼于实际运作和日常管理的动态研究,从而立体地呈现出武英殿修书处的运行机制和整体面貌。以其机构设置和人员组成为例。作者深入考察了武英殿修书处下属监造处和校刊翰林处两大机构的组成、分工以及相互之间的合作关系,认为监造处负责书籍的刷印和装潢,校刊翰林处则负责缮写和校勘,二者是两套相对独立的系统,各有分工,亦有密切合作。凡属更改板上字画、刊刷部数、校正板样、装潢书籍式样、领取纸张等,校刊翰林处都须行文给监造处,由该处官员下达其所属刻字作、刷印作等部门办理。凡刷印、修改正本等项,校刊翰林处需会同监造处一同监修、监刊、监刷。监造处和校刊翰林处彼此分工合作,构成了一个有机整体,既有利于武英殿修书处的正常运转,也保障了缮写、刷印、校勘、装潢等工作有序进行。而在对武英殿修书处人员组成的研究中,作者在逐一查考不同时期各职能部门职官设置及其变化,稽考其历任总裁、监造等上层官员姓名及任职时间的同时,特别把重点放在具体负责书籍写刻、刷印、裁切、装裱等实际工作的下层匠役身上，通过爬梳档案记载，指出武英殿修书处匠役分为食钱粮匠役和外雇匠役两类，并一一钩稽出刻字匠、写字匠、刷印匠、折配匠、钩字匠、裁书匠、裱匠、界画匠等各种匠役的来源、职责及其待遇、工价，既大大充实了清代官方刻书的相关研究，也为中国古代印刷史、书籍史提供了鲜活的实证案例。

其三，书籍史的研究视角。

书籍史是20世纪中叶在法国兴起的一个新的研究领域，以年鉴学派费夫贺、马尔坦合撰的《印刷书的诞生》一书为标志，其后逐渐影响到英国、美国等西方国家。这一研究重视书籍的经济分析，从经济史的角度探讨书籍的生产流程包括原料、成本、工价、设备、制作等环节以及书籍的商业性流通，并关注书籍的生产、传播与社会文化环境之间的相互关系。近年来，海外学者运用书籍史的方法考察中国民间社会的书籍活动特别是明清时代书籍的生产流通及其与社会文化的关系，出现了诸如《书籍的社会史——中华帝国晚期的书籍与士人文化》（[美]周绍明著、何朝晖译，北京大学出版社2009年版）、《文化贸易：清代至民国时期四堡的书籍交易》（[美]包筠雅著、刘永华等译，北京大学出版社2015年版）、《谋利而印——11至17世纪福建建阳的商业出版者》（[美]贾晋珠著、邱葵等译、李国庆校，福建人民出版社2019年版）等代表性成果。但对中国古代官方层面有关书籍的刊刻和流通等问题，学界尚鲜涉及。具体到武英殿修书处这一"皇家出版社"，其经费收支、物料采办以及制作工序情况如何？其刊刻的书籍亦即殿本是怎样流通、传播的？其中反映出怎样的"皇家"色彩和统治者意志？对这些以往学者较少关注的问题，作者借鉴书籍史的方法，进行了颇有意义的探讨。

以殿本的流通为例。作者利用发掘的档案文献，梳理了殿本的流通过程，包括进呈与陈设、颁赐与回缴，以及翻刻与售卖等各个环节。如进呈本皆为初刻初印本，纸墨佳善，刊印精美，装潢华丽，专用于进呈御览以便皇帝审查；陈设本主要陈列于宫中各殿堂、书斋、馆阁及皇家苑囿、行宫等专门处所，以供皇帝随时翻阅。二者都是作为皇帝的御用之物进行装潢、陈设，带有浓厚的皇权色彩。而殿本的颁发赏赐均有严格的程序，必须经由内阁议奏，请旨拟定殿本颁赐对象和范围，具有极强的政治目的性。一般而言，颁赐较多的是儒家经典、礼法诏谕类书籍，颁发的对象包括内外衙门、国子监、翰林院、各省书院等处，赏赐对象则涵盖皇亲国戚、督抚大臣、有功之臣民及各国使节等。对殿本的售卖问题，作者用力尤深。不仅详晰考述了武英殿修书处售卖殿本制度的建立过程和殿本售卖的实际情形，而且通过爬梳发掘《内阁大库清册》（乾隆前期）、《武英殿颁发通行书籍目录》（乾隆后期）、《清同治光绪间武英殿卖书底簿》等多份殿本售卖书目，对殿本的定价方式，不同文字、不同纸张的殿本价格差异，不同时期的殿本价格变化，以及袖珍本、聚珍本等特殊殿本的售卖价格等进行了全方位的研究。特别是利用《武英殿颁发通行书籍目录》所载 154 种殿本书名、册数、用纸、书价等信息，核算出每册平均售价 0.097966 两银，由此得出清代乾隆时期殿本书价每册约为 0.1 两这一比较准确的数字，殊属不易。

他如经费收支、物料采办以及制作工序的具体情形，作者也依据丰富的档案资料，考察了武英殿修书处的经费来源、领取程序、支出情况，还原了其所需板片、纸张、笔墨、绫绢、棉布等各种物料的领用情形及采办细节，分析了殿本写刻、刷印、校勘、装潢等各个流程。指出武英殿修书处的经费、物料来源主要依靠"奉天子之家事"的内务府，其殿本制作往往不惜工本，追求精校精刊，尽善尽美。这些研究，无疑大大丰富了我们对武英殿修书处及其官刻书籍的具体认知。

其四，文献学的研究方法。

中国是一个有着悠久历史和灿烂文化的文明古国，拥有世界上最为丰富浩瀚的文献典籍，也形成了以目录、版本、校勘、文字、音韵、训诂、考据、辨伪、辑佚等为核心的一整套行之有效的文献学研究方法。是书在对武英殿修书处及其殿本的研究中，即综合运用了版本学、目录学、校勘学、考据学、辨伪学等文献学研究方法，

"辨章学术，考镜源流"，揭示殿本的校勘流程，考察殿本的基本特征，辨析殿本著录的讹误等，在诸多方面都取得了新的突破。

以殿本的基本特征为例。作为清代皇家刻书机构武英殿修书处精刊精印的殿本，其在字体、行款、版式、装潢等方面究竟有何独到之处？以往的研究对此多为概括性的描述，许多细节不甚清晰。作者在爬梳文献档案记载、考察相关书目著录的基础上，尽可能进行实物验证，利用一切机会，遍阅中国国家图书馆、台北故宫博物院等海内外各主要收藏机构所藏殿本，手披目验，参互比较，由此厘清殿本的诸多细节问题，并总结归纳出殿本的基本特征。诸如殿本多使用宋字字体，版框多为双栏，版心绝大多数为白口，其上常记书名、卷数以及子目名称和页数，并以单鱼尾本居多。其开本则有大、中、小多种规格，而以大本、中本为多。其装潢亦据其进呈、陈设、颁赏、通行等不同用途而有明显区别，上者一般有杉木板，黄绫套、黄绫面页和杉木板、石青杭细套、石青杭细面页两种形制；中者一般为布套、古色纸面页；下者则多为纸捻粗装的散本。总体而言，殿本大多版式宽大，行格疏朗，写刻工致，纸张优良，墨色亮泽，特别是其中的进呈本和宫内陈设本，装潢尤为考究，反映出典型的帝王气派和皇家风格。可以说，这些细节问题的厘清，无疑将学界对武英殿修书处及其殿本的研究，提高到了一个新的水平。

三 疑难问题的考证辨析

对武英殿修书处及其殿本的研究，应该说是一个极具挑战性的课题。这不仅因为所研究的对象具有鲜明的时代性，涉及到制度史、书籍史、文化史以及文献学等诸多方面，而且还因为其中有太多的疑点和难点问题，需要作者予以考辨和厘清。对此，作者以极大的学术勇气，严谨的治学态度，爬梳史料，目验实物，努力拨开迷雾，寻求真相，解决了不少关键性的疑难问题，从而把相关研究大大推进了一步。

以殿本的数量统计为例。在以往的研究以及书目著录中，不乏对殿本数量的统计，但几乎言人人殊，如《北平故宫博物院报告》（1929）统计为441种，《国立北平故宫博物院工作报告》（1933）为881部，《故宫所藏殿板书目》（1933）著录468种，《清代殿版书目》（1936）为497种，台北《国立故宫博物院善本旧籍目录》（1983）为560余种，《清代殿本图书》（1985）为595种，《清代内府刻书目录解题》（1995）为572种等，众说纷纭，迄无定论。在作者看来，造成这一现象的主要原因，一在于统计著录标准的不一致，二在于文献档案资料的缺失。因而作者首先致力于殿本概念的厘清，针对此前学界"往往不分刻本、写本，只要是清内廷的，统统划归殿本范围"，由此造成殿本著录统计混乱的情形，作者回到清人语境，通过梳理官书、笔记有关"殿本"、"殿版"之记载，严格界定殿本概念，认为殿本特指康熙十九年武英殿修书处成立后在武英殿刊刻、装潢完成的内府典籍，其他内府写本、抄本、石印本，铅印本以及地方进呈本均不属于殿本范畴。在此基础上，作者进而爬梳武英殿修书处的相关文献档案记载，综合参考《故宫殿本书库现存目》《清代殿版书目》《清代殿本图书》《清代内府刻书目录解题》等多种书目资料，并结合存世殿本的实际情形，订讹补阙，去伪存真，编成《清代殿本编年总目（1680—1912）》，逐一著录每种殿本的书名、卷数、刻竣时间、版本、函册、版式各项信息，最终统计出清代殿本总数为674种。这一数字，堪称迄今最为严谨、精确的殿本数量统计，不仅为作者的研究奠定了坚实的基础，也为学界更为科学合理的认知殿本提供了重要依据。

再就殿本用纸问题而言，长期以来，学界及出版界均有清代殿本多用开化纸刷印的说法，言之凿凿，俨然成为定论。近年来，随着日益增多的清宫档案的发掘和公布，学者开始注意到档案记载中刷印殿本多用连四纸而罕见开化纸的现象，并尝试作出解释。但囿于成说，仍试图牵合二者，认为"所谓连四纸，即人们常说的开化纸"，二者"其名虽异，其义则一"。那么，开化纸的说法从何而来？殿本刷印究竟使用哪种纸张？民间盛传的开化纸与清宫档案中常见的连四纸是同一种纸张吗？对此，作者首先沿流溯源，考证开化纸说法的来源，说明开化纸产生于明代，万历年间曾大量使用。而将开化纸与清代殿本尤其是殿本精品相互勾连的记载，较早见于清末时期的报刊、笔记。至民国初年，以收藏殿本著称的陶湘，则是进一步建构并强化开化纸与殿本关系的重要人物，陶湘本人也因此获得"陶开化"之盛名。自此而后，开化纸的影响越来越大，殿本多用开化纸刷印的说法也不胫而走，受到学人士子的一致认同。而实际上，清代刻书档案中，多见连四纸、竹纸之记载，而鲜少开化纸之踪迹。作者广泛检核清代刻书档案，考察其中刷印用纸的记载，特别是对那些学界及民间认定的开化纸殿本如《御选唐诗》《古今图书集成》等细加查考，证实其所用或为连四纸、竹纸，或为棉纸、竹纸，皆非开化纸。由此说明，殿本常用连四纸、竹纸等纸张刷印，绝少以开化纸刷印的记载；清宫内府使用开化纸的典籍实为钦天监刷印的《时宪书》。并且，根据档案中多次同时出现连四纸、竹纸、开化榜纸等用纸记载，亦可认定，开化纸（开化榜纸）与连四纸是两种不同的纸张，近代以来"殿本多为开化纸"刷印的说法应是一种讹传。这样的考证和辨析，正本清源，证据确凿，显然是颇令人信服的。

综上，是书对清代武英殿修书处及其殿本的研究，可谓史料丰富，视角多元，考辨确凿，分析深入，新意迭出，亮点纷呈，堪称迄今对武英殿修书处及其殿本最为全面、系统的研究，不仅对清代出版史、藏书史、文化史乃至政治史等诸多领域的研究具有很高的学术价值，而且对当今的图书出版和管理工作也具有很强的借鉴意义。

当然，任何课题的学术研究都不可能十全十美，是书也同样还有值得进一步拓展的空间。以"皇权与教化"而论，这是作者对武英殿修书处及其殿本所体现的政治文化内涵的高度概括，也是其研究意欲凸显的核心主题。清朝皇帝通过典籍的编印，宣传和阐释皇权政治合法性、官方文化主导性、统治政策权威性及统治秩序稳定性，借此教化臣民，统一思想，巩固统治。武英殿修书处及所刊刻殿本，也由此成为彰显清廷政治文化及思想意识形态的集中体现。对此，作者在研究中虽有分析揭示，但仍略显不足。如殿本的进呈与陈设、颁赐与回缴，实际上都是殿本极为特殊的流通方式，既反映了武英殿修书处作为"皇家出版社"本身所具有的浓厚的皇权色彩，也体现出统治者期冀借助书籍所欲达到的政治目的。特别是其中的回缴，实为殿本特殊流通方式中的特例，既非定制，亦非常态，且限于个别特殊殿本，各有不同的政治文化考量。即以作者所列举的《大义觉迷录》的回缴而言，就涉及民族思想、反清意识、帝王权威、统治策略等诸多方面的问题，其目的并非"掩盖是非"一语便能赅括。此外，如何通过武英殿修书处的日常管理和运作机制、殿本的选择标准与刊印范围，来管窥清代统治策略和政治文化特质，也有必要深入探讨分析，以提升研究的思想深度和理论高度。

尽管如此，是书仍不愧是迄今研究清代武英殿修书处及其殿本最有分量、最具价值的学术专著，入选国家社科基金首届优秀博士论文，可谓实至名归。而作者能取得这样的成绩，实非偶然，也绝非一蹴而就。项旋本科就读于北京师范大学历史学院，经推荐保送进入中国人民大学清史研究所，先后攻读硕士、博士学位。其间虽然碰到困难和挫折，有过犹豫和彷徨，但他很快调整了过来，全身心地投入学习和研究，努力夯实专业基础，拓宽学术视野，强化问题意识，提高研究能力。在读博期间，不仅得到国家留学基金委的资助，赴美国普林斯顿大学联合培养，而且连续三年获得国家级奖学金，入选并完成"中国人民大学拔尖创新人才计划"。为研究武英殿修书处这一课题，他反复爬梳《清内府刻书档案史料汇编》《清宫武英殿修书处档案》等多种档案文献，多次前往中国第一历史档案馆，查阅朱批奏折、军机处录副奏折、军机处上谕档、内务府奏销档等档案资料，还利用赴台湾参加学术会议的机会，专程去往台北"中央研究院"发掘其所藏内阁大库档案；为考察殿本实物，他不仅广泛调阅中国国家图书馆、台北故宫博物院等处珍藏，还借助赴美访学深造的机会，遍访哈佛大学、耶鲁大学、哥伦比亚大学等东亚图书馆，先后目验殿本数量总计近300部。所有这些艰辛的付出，都成为他难得的人生历练，也最终转化为他迈向成功的阶梯。

古人有言："江山代有才人出。"学术研究也是如此，一代人有一代人的使命，一代人有一代人的贡献。对项旋他们这一代年青学人来说，无疑置身于最好的学术环境之中，既掌握现今最有效的科学技术手段，能够方便快捷地查阅利用包括档案在内的各种文献资料，又具有中西文化的广阔视野，足以及时了解最新的中外学术动态，参考借鉴最新的研究方法。只要他们能沉下心来，发扬实事求是之精神，秉承无征不信之准则，持之以恒，踏实认真，一步一个脚印，就一定能够在学术道路上走得更远，取得更大的成就。为此，我在衷心祝贺项旋新著问世之时，更对他们这一代年青学人寄予厚望。是为序。

黄爱平
2020年盛夏
于中国人民大学

摘　　要

　　武英殿修书处是康熙十九年（1680）设立，并于1912年随清王朝覆亡而消失的皇家出版机构，运转前后历经九朝，延续了233年。武英殿修书处最初隶属于武英殿造办处，其后逐渐独立出来，直接隶属于总管内务府，下设监造处、校刊翰林处和御书处，专门从事内府书籍的刊印、校勘和装潢等工作。

　　本书以"武英殿修书处"为研究对象，旨在对武英殿修书处二百余年间的刊刻、校勘和装潢等活动予以全面爬梳，考察武英殿修书处的成立始末、职官设置、日常管理、人员分工以及殿本刊印、殿本流通等基本问题，探究武英殿修书处的日常运作机制。结合存世殿本，从版本学、书籍史等角度揭示武英殿刻书的基本特征。并在上述研究基础上，深入揭示武英殿修书处的政治文化内涵。

　　本书分为七章，每章下设若干小节。第一章回溯历代中央机构刊刻书籍的传统，辨析了明代司礼监经厂刻书与武英殿修书处的渊源，同时从清初的政治文化环境的角度考察武英殿修书处得以设立的历史背景。第二章考察武英殿修书处成立的时间、地点，与武英殿造办处的关系等问题，对其发展历程进行分期，在此基础上重点论述武英殿修书处在各个时期（创始期、鼎盛期、式微期和衰亡期）制度发展和刊印殿本的成绩。第三章探讨武英殿修书处的组织机构、职官系统和人员设置，同时梳理以往学界较为忽略的武英殿刻字匠、刷印匠、装裱匠等各类匠役的来源、数量及奖惩。第四章结合武英殿修书处档案，深入探究武英殿修书处的日常运作机制，包括经费开支、物料采办，与内务府、修书各馆、翰林院、国子监等机构的协调合作关系，认为武英殿修书处建立了一套完备的组织管理体制和后勤保障制度。第五章考述武英殿修书处的刊印与校勘活动，重点厘清了武英殿聚珍馆和武英殿聚珍版书的相关问题，对聚珍版25万余个木活字的去向进行查考。第六章总结了殿本的版刻、用纸等基本特征，利用文献档案纠正已有殿本著录的讹误之处。第七章全面爬梳了殿本的流通过程，考察殿本进呈、颁发、陈设、售卖的全过程，着重考辨了回缴和售卖两个重要环节。最后在系统总结的基础上，探讨武英殿修书处的性质、成就及局限等问题。

武英殿修书处作为清代最重要的"皇家出版社"，系统全面地厘清其历史源流、发展历程、制度运作、后勤保障等细节问题，对于中国出版史、藏书史、文化史等诸多领域均具有重要意义，为当今图书出版和管理提供了有益的借鉴和启示，也将进一步凸显武英殿修书处在清代学术文化脉络中的地位和价值。

关键词：清代；武英殿修书处；殿本；出版；政治文化

Abstract

The Printing Institute in *Wuying* Palace was set up in 1680 and ended in 1912 along with the disappearance of Qing Dynasty. It worked for 233 years and lasted for nine periods of Qing Dynasty. The Printing Institute in *Wuying* Palace was originally attached to the *Wuying* Palace Workshops, then gradually independent, directly under the control of Internal Affairs Department. It was made up of the Supervision Department, the *Hanlin* Proofreading Department and the Royal Calligraphy Department. In a word, it was a specialized organization which was in charge of imperial books' printing, proofreading and decoration.

This book takes the "Printing Institute in *Wuying* Palace" as the object of study to figure out its operation of proofreading, printing and decoration during more than two hundred years. This book also focuses on studying the establishment of the Printing Institute, official system, daily management, division of labor, book printing, the circulation process and other basic issues, to explore the daily operation of institute of imperial printing. Based on the investigation about the existing versions, the book tries to reveal the basic characteristics of versions printed in *Wuying* Palace. On the basis of the above research, this book seeks to further reveal the political and cultural connotations of Imperial editions of *Wuying* Palace.

This book includes seven chapters. Each chapter is made up of some sections. The first chapter introduces the printing tradition of central governments in ancient China and specially puts forward the relationship between the imperial printing by *Jingchang* of Ming Dynasty and the imperial printing by *Wuying* Palace of Qing Dynasty. This chapter also describes the institute's background of establishment from the perspective of political and cultural environment in the early Qing Dynasty. The second chapter examines the date and location of establishment of this institute and its relationship with the *Wuying* Palace Workshops. On the basis of several divided stages (Founding Period, Peak Period, Micro-period and Decline Period), this chapter emphasis on the system development and publication by *Wuying* Palace in various periods. Chapter Three discusses the organization structure, official system and personal management of the Printing Institute in *Wuying* Palace. This chapter examines the sources, quantities and treatment of various craftsmanship services that have been neglected in previous academic circles. Chapter Four focuses on the daily operation mechanism, including the funds, the material expenses, the coordination relationship with the Internal Affairs Government, Book-editing agency, Hanlin Academy, Guozijian, etc. It has established a complete organizational management system and logistical support system. Chapter Five explores the publication and collation of editions of *Wuying* Palace and points out the related problems of *Juzhen* Institute and Series of Precious Books in *Wuying* Palace. This chapter explores the reasons for the disappearance of more than 250,000 wooden movable characters in *Juzhen* edition. The sixth chapter describes the basic characteristics of engraving and paper and corrects some mistakes in the existing catalog publications about these editions by using a large number of documents. Chapter Seven investigates thoroughly the circulation process including the delivery, award, exhibition and sale. The chapter particularly focuses on the confiscating and sale, which are important parts of the circulation process. Finally, the book summarizes the whole work and puts forward some new thinking to discuss the nature, achievements, and limitations of the Printing Institute in *Wuying Palace*.

This book systematically and comprehensively clarifies the historical origin, development process and system operation of the most important "Royal Publishing House" in the Qing Dynasty, which is of great significance to the Chinese publishing history, book collection history, cultural history and many other fields. We can also further highlight the important status and value of the Printing Institute in *Wuying* Palace in the history of academy and the culture of the Qing Dynasty.

Key Words: Qing Dynasty; The Printing Institute in *Wuying* Palace; Imperial Editions of *Wuying* Palace; Publication; Politics and Culture

目 录

绪 论 …………………………………………………………（1）
  第一节　选题缘起 ……………………………………………（1）
  第二节　学术史回顾 …………………………………………（6）
  第三节　研究对象与写作思路 ………………………………（19）
    一　概念界定 ………………………………………………（19）
    二　研究思路 ………………………………………………（24）
    三　研究方法 ………………………………………………（25）
  第四节　资料来源 ……………………………………………（26）

第一章　武英殿修书处设立的背景与渊源 ……………………（32）
  第一节　明代以前的中央机构刻书 …………………………（32）
    一　宋代中央机构刻书 ……………………………………（33）
    二　元代中央机构刻书 ……………………………………（36）
  第二节　明代中央机构刻书与清代内府刻书源流 …………（40）
    一　明代中央机构刻书概况 ………………………………（40）
    二　明代经厂刻书与清代内府刻书源流 …………………（43）
  第三节　清初政治文化环境及中央机构刻书 ………………（48）
    一　清初统治者编刻书籍之风 ……………………………（48）
    二　清初中央机构刻书概况 ………………………………（51）

第二章　武英殿修书处的成立与发展脉络……(57)

第一节　成立时间与刊刻殿本概貌……(57)
一　武英殿修书处成立时间考实……(57)
二　武英殿修书处刊刻殿本概貌……(69)

第二节　创始期（康熙时期，1680—1722）……(82)
一　康熙朝武英殿修书处的制度发展……(82)
二　康熙朝刊刻殿本的数量和特色……(84)

第三节　鼎盛期（雍乾时期，1723—1795）……(91)
一　雍乾朝武英殿修书处的制度发展……(91)
二　雍乾朝刊刻殿本的数量和特色……(92)
三　雍乾朝武英殿修书处印刷技术的发展……(99)

第四节　式微期（嘉道时期，1796—1850）……(101)
一　嘉道朝武英殿修书处的制度发展……(101)
二　嘉道朝刊刻殿本的数量和特色……(103)

第五节　衰亡期（咸同光宣时期，1851—1912）……(105)
一　同光朝武英殿的两次火灾及其影响……(106)
二　咸丰朝以后刊刻殿本的数量和特色……(109)

第三章　武英殿修书处的组织机构与人员管理……(112)

第一节　武英殿修书处的组织机构……(112)
一　武英殿历史沿革和职能转变……(112)
二　武英殿各殿堂及其用途……(114)
三　武英殿修书处组织机构及其职掌……(119)

第二节　武英殿修书处职官设置与管理……(125)
一　监造处……(126)
二　校刊翰林处……(138)
三　御书处……(145)

第三节　武英殿修书处人员考述……(147)
一　武英殿总裁考……(147)

二　武英殿监造官考 ……………………………………（157）
　第四节　武英殿修书处匠役管理 ………………………（176）
　　一　武英殿修书处匠役类别 ……………………………（177）
　　二　武英殿修书处匠役待遇 ……………………………（181）

第四章　武英殿修书处的日常运作机制 ………………（196）
　第一节　武英殿修书处经费收支及物料采办 …………（196）
　　一　经费收支 ……………………………………………（199）
　　二　物料采办 ……………………………………………（211）
　第二节　武英殿修书处日常工作 ………………………（214）
　第三节　武英殿修书处与内务府等机构的协调合作 …（224）
　　一　内务府 ………………………………………………（224）
　　二　内阁 …………………………………………………（227）
　　三　修书各馆 ……………………………………………（230）
　　四　翰林院 ………………………………………………（241）
　　五　国子监 ………………………………………………（244）

第五章　武英殿修书处的刊印与校勘活动 ……………（246）
　第一节　雕版制作与管理 ………………………………（247）
　　一　板片采办 ……………………………………………（247）
　　二　刻字三馆与书板制作 ………………………………（253）
　　三　补板与改刻 …………………………………………（257）
　　四　雕版存贮与管理 ……………………………………（262）
　第二节　聚珍馆与木活字印刷 …………………………（265）
　　一　聚珍馆机构设立缘起 ………………………………（266）
　　二　聚珍馆人员设置及分工 ……………………………（273）
　　三　聚珍馆经费收支情况 ………………………………（278）
　　四　武英殿聚珍版书收书数量考辨 ……………………（280）
　　五　武英殿聚珍版书单行本考述 ………………………（301）

六　聚珍版木活字消失原因再考 …………………（308）
　第三节　武英殿修书处的校勘活动 ………………………（312）
　　一　校刊翰林处办公处所与机构组成 ……………（315）
　　二　校刊翰林处人员素养与奖惩机制 ……………（326）
　　三　校刊翰林处的校勘流程 ………………………（333）

第六章　武英殿修书处刊印殿本特征与著录订误 …………（342）
　第一节　殿本的版刻特征 …………………………………（342）
　　一　殿本的字体 ……………………………………（343）
　　二　殿本的行款 ……………………………………（347）
　　三　殿本的版式 ……………………………………（352）
　第二节　殿本的用纸特征 …………………………………（358）
　　一　开化纸与连四纸关系考辨 ……………………（358）
　　二　殿本所用纸张类型及工价 ……………………（374）
　第三节　殿本书目著录订误 ………………………………（379）
　　一　刊刻者著录讹误 ………………………………（380）
　　二　刻竣时间著录讹误 ……………………………（396）

第七章　武英殿修书处刊印殿本的流通 ……………………（406）
　第一节　殿本进呈与陈设 …………………………………（408）
　　一　殿本的进呈 ……………………………………（408）
　　二　殿本的陈设 ……………………………………（411）
　第二节　殿本颁赐与回缴 …………………………………（421）
　　一　殿本的颁发 ……………………………………（422）
　　二　殿本的赏赐 ……………………………………（430）
　　三　殿本的回缴 ……………………………………（436）
　第三节　殿本覆刻、翻刻与售卖 …………………………（441）
　　一　殿本的覆刻和翻刻 ……………………………（441）
　　二　殿本的售卖 ……………………………………（448）

总结与思考 …………………………………………………（470）

附录 清代殿本编年总目（1680—1912） ………………（491）

参考文献 …………………………………………………（535）

索　引 ……………………………………………………（546）

后　记 ……………………………………………………（558）

Contents

Introduction ·· (1)

   Section 1   Question Raised ·· (1)

   Section 2   Review of Academic History ································ (6)

   Section 3   Research Objects and Writing Ideas ··················· (19)

      1. Definition of Concept ··· (19)

      2. Research Ideas ··· (24)

      3. Research Method ·· (25)

   Section 4   Research Sources ··· (26)

Chapter 1   Background and Origin of the Establishment of the Printing Institute in *Wuying* Palace in the Qing Dynasty ·· (32)

   Section 1   Printing Institutions of the Central Authorities before Ming Dynasty ··· (32)

      1. Printing Institutions of Central Authorities in the Song Dynasty ·· (33)

      2. Printing Institutions of Central Authorities in the Yuan Dynasty ·· (36)

   Section 2   Printing History of Central Authorities in the Ming Dynasty and Origin of Printing of Imperial Institutions in the Qing Dynasty ·· (40)

1. General Printing History of Central Authorities in the
　　　　Ming Dynasty ………………………………………… (40)
　　2. Printing History by *Jingchang* in the Ming Dynasty
　　　　and Inscriptions of Imperial Institutions in the Qing
　　　　Dynasty …………………………………………………… (43)
　Section 3　Political and Cultural Environment & Printing
　　　　　　　History of Central Organizations in the Early
　　　　　　　Qing Dynasty ……………………………………… (48)
　　1. The Atmosphere of Emperor – led Editing and Publishing
　　　　in the Early Qing Dynasty ………………………………… (48)
　　2. Overview of the Printing History of Central Institutions in
　　　　the Early Qing Dynasty …………………………………… (51)

**Chapter 2　Establishment and Development of the Printing
　　　　　　　Institute in *Wuying* Palace** ……………………… (57)
　Section 1　The Establishment Time of the Printing Institute
　　　　　　　in *Wuying* Palace and the Overview of Imperial
　　　　　　　Editions of *Wuying* Palace ……………………… (57)
　　1. Time of Establishment ……………………………………… (57)
　　2. Overview of the Imperial Editions of *Wuying* Palace …… (69)
　Section 2　Founding Period (*Kangxi* Period, 1680 –
　　　　　　　1722) ……………………………………………… (82)
　　1. The System Development of the Printing Institute in
　　　　Wuying Palace …………………………………………… (82)
　　2. The Number and Characteristics of the Imperial Editions
　　　　of *Wuying* Palace ………………………………………… (84)
　Section 3　Prosperous Period (*Yongzheng* and *Qianlong*
　　　　　　　Periods, 1723 – 1795) ……………………………… (91)

1. The System Development of the Printing Institute in
   Wuying Palace .... (91)
2. The Number and Characteristics of the Imperial Editions
   of *Wuying* Palace .... (92)
3. The Development of Printing Technology during the
   Yongzheng and *Qianlong* Periods .... (99)

Section 4 Declining Period (*Jiaqing* and *Daoguang* Periods,
   1796 – 1850) .... (101)
1. The System Development of the Printing Institute in
   Wuying Palace .... (101)
2. The Number and Characteristics of the Imperial Editions
   of *Wuying* Palace .... (103)

Section 5 Ending Period (*Xianfeng* to *Xuantong* Periods,
   1851 – 1912) .... (105)
1. Two Fires in the *Wuying* Palace and their Impact .... (106)
2. The Number and Characteristics of the Imperial Editions
   of *Wuying* Palace .... (109)

Chapter 3 Organization and Staff Management of the Printing Institute in *Wuying* Palace .... (112)

Section 1 Organization of the Printing Institute in the *Wuying*
   Palace .... (112)
1. History and Function Transformation of the *Wuying*
   Palace .... (112)
2. The Halls of the *Wuying* Palace and their Uses .... (114)
3. Organizational Structure and Responsibilities of the
   Printing Institute in *Wuying* Palace .... (119)

Section 2 Establishment and Management of Officials in
   the Printing Institute in *Wuying* Palace .... (125)
1. Supervision Department .... (126)

2. The *Hanlin* Proofreading Department ……………… (138)
　　3. The Royal Calligraphy Department ………………… (145)
　Section 3　Research of the Personnel of the Printing Institute
　　　　　　in *Wuying* Palace ……………………………………… (147)
　　1. Presidents of *WuYing* Palace ……………………… (147)
　　2. Supervision Production Officers …………………… (157)
　Section 4　Research of Craftsmen in *Wuying* Palace ………… (176)
　　1. Categories of Craftsmen …………………………… (177)
　　2. Remuneration of Craftsmen ………………………… (181)

Chapter 4　Daily Operation Mechanism of the Printing
　　　　　　Institute in *Wuying* Palace …………………………… (196)
　Section 1　Financial Revenue and Expenditure and Materials
　　　　　　Management …………………………………………… (196)
　　1. Financial Revenue and Expenditure ………………… (199)
　　2. Materials Management ……………………………… (211)
　Section 2　Routine Work of the Printing Institute in *Wuying*
　　　　　　Palace …………………………………………………… (214)
　Section 3　Coordination and Cooperation between the
　　　　　　Printing Institute in *Wuying* Palace and Other
　　　　　　Institutions ……………………………………………… (224)
　　1. Internal Affairs Government ………………………… (224)
　　2. Cabinet ……………………………………………… (227)
　　3. Book‑editing Agencies ……………………………… (230)
　　4. *Hanlin* Academy …………………………………… (241)
　　5. *Guozijian* …………………………………………… (244)

Chapter 5　Publication and Collation of the Printing
　　　　　　Institute in *Wuying* Palace …………………………… (246)
　Section 1　Engraving Production and Management …………… (247)

1. Cutting Blocks of Wood for Printing ·················· (247)
2. Three Printing Institutions and the Production of Blocks of Wood ·················· (253)
3. Supplement and Reprinting ·················· (257)
4. Storage and Management of Blocks of Wood for Printing ·················· (262)

Section 2 *Juzhen* Institute and the Printing of Wood Type ··· (265)
1. The Origin of *Juzhen* Institute ·················· (266)
2. Staffing and Division of Labor in *Juzhen* Institute ········· (273)
3. Income and Expenditure of *Juzhen* Institute ·············· (278)
4. The Quantity of Series of Precious Books in *Wuying* Palace ·················· (280)
5. Research on the Precious Books in *Wuying* Palace ······ (301)
6. The Reasons for the Disappearance of Wooden Movable Characters ·················· (308)

Section 3 Proofreading Activities of the Printing Institute in *Wuying* Palace ·················· (312)
1. Composition of Offices and Institutions of the *Hanlin* Proofreading Department ·················· (315)
2. Member Quality and Reward and Punishment Measures ·················· (326)
3. The Proofreading Process of the *Hanlin* Proofreading Department ·················· (333)

Chapter 6 Features and Error Correction of the Imperial Editions of *Wuying* Palace ·················· (342)
Section 1 Features of the Imperial Editions of *Wuying* Palace ·················· (342)
1. Font ·················· (343)

    2. Line ·· (347)

    3. Layout ··· (352)

  Section 2 The Characteristics of Paper Used in the Imperial

           Editions of *Wuying* Palace ·· (358)

    1. Discrimination of the Relationship between *Kaihua*

       Paper and *Liansi* Paper ·· (358)

    2. Type of Paper and the Cost ··· (374)

  Section 3 Mistakes in the Catalogue Description of the

           Imperial Editions of *Wuying* Palace ······················· (379)

    1. Publisher Mistakes ·· (380)

    2. Printing Time Mistakes ·· (396)

Chapter 7 Circulation of the Imperial Editions of *Wuying* Palace ·· (406)

  Section 1 Presentation and Exhibition ··· (408)

    1. Presentation ··· (408)

    2. Exhibition ·· (411)

  Section 2 Award, Exhibition and Recall ····································· (421)

    1. Award ·· (422)

    2. Exhibition ·· (430)

    3. Recall ·· (436)

  Section 3 Reprinting and Selling ·· (441)

    1. Reprinting ·· (441)

    2. Selling ··· (448)

Summary and Thinking ··· (470)

Appendix Chronicle of the Imperial Editions of *Wuying* Palace in the Qing Dynasty (1680–1912) ················ (491)

Main References ··· (535)

Index ··· (546)

Postscript ··· (558)

图 目 录

图 2-1 满汉合璧"武英殿修书处图记"印文 …………（68）
图 2-2 清代殿本分朝年刊刻数量对比 …………（75）
图 2-3 清代殿本分朝刊刻占比 …………（75）
图 2-4 清代殿本分朝刊刻总量和年均刊刻量 …………（76）
图 2-5 武英殿修书处发展分期示意图 …………（80）
图 2-6 武英殿修书处各时期殿本刊刻量占比 …………（80）
图 2-7 武英殿修书处各时期殿本年刊刻量 …………（81）
图 3-1 《康熙衙署图》中的武英殿图像 …………（115）
图 3-2 《乾隆京城全图》中的武英殿图像 …………（115）
图 3-3 武英殿区域总平面图 …………（118）
图 3-4 武英殿修书处组织机构 …………（120）
图 5-1 普林斯顿大学藏武英殿聚珍版书目录书影首页和末页 …………（285）
图 5-2 台北故宫藏《钦定武英殿聚珍版书目录》书影 …………（291）
图 5-3 中国国家图书馆藏《钦定武英殿聚珍版书目录》书影 …………（292）
图 5-4 台北故宫与中国国家图书馆藏《钦定武英殿聚珍版书目录》末页书影对比 …………（293）
图 5-5 中国国家图书馆藏清抄本《钦定四库全书考证》"浴德堂"校签书影 …………（321）

图 6-1　软体字《御纂周易折中》与宋体字《渊鉴斋御纂朱子全书》书影 …………………………………（344）

图 6-2　汉文小篆字体《篆文六经四书》与满文篆体《御制盛京赋》书影 ……………………………（346）

图 6-3　康熙五十三年殿本《渊鉴斋朱子全书》钤印 ………（357）

Figures Index

Figure 2 – 1　Seal of the Printing Institute in *Wuying* Palace in Manchu and Chinese ………………………… (68)

Figure 2 – 2　Comparison of the Printing Number of Annual Periodicals of the Imperial Editions of *Wuying* Palace in Various Periods of Qing Dynasty ………… (75)

Figure 2 – 3　Proportion of the Printed Volume of Books in Different Dynasties ……………………………… (75)

Figure 2 – 4　Number of Printed Books in Different Dynasties and the Average Annual Number of Printed Books ………………………………………… (76)

Figure 2 – 5　Development Stages of the Printing Institute in *Wuying* Palace …………………………………… (80)

Figure 2 – 6　Proportion of the Printed Volume of Books in Different Periods ……………………………… (80)

Figure 2 – 7　Annual Volume of Printing Books of the Printing Institute in *Wuying* Palace in Different Periods …… (81)

Figure 3 – 1　Image of *Wuying* Palace in the Picture of *Kangxi* Government Offices ……………………………… (115)

Figure 3 – 2　Image of *Wuying* Palace in the Picture of Qianlong Capital City ……………………………………… (115)

Figure 3 – 3　General Layout of *Wuying* Palace ………………… (118)

Figure 3 – 4	Organization Chart of the Printing Institute in *Wuying* Palace	(120)
Figure 5 – 1	Book Shadow of the Catalogue of Series of Precious Books in *Wuying* Palace Collected at Princeton University	(285)
Figure 5 – 2	Book Shadow of the Catalogue of Series of Precious Books in *Wuying* Palace Collected at Palace Museum in *Taibei*	(291)
Figure 5 – 3	Book Shadow of the Catalogue of Series of Precious Books in *Wuying* Palace Collected at the National Library of China	(292)
Figure 5 – 4	Comparison of Last Page Shadow of the Catalogue of Series of Precious Books in *Wuying* Palace Collected at the National Library of China and Palace Museum in *Taibei*	(293)
Figure 5 – 5	Image of "*Yudetang*" Written in the Textual Research of the Four Treasuries Collected in the National Library of China	(321)
Figure 6 – 1	Book Shadows of the Soft Character "*Yuzuan Zhouyi Zhezhong*" and Song Character "*Yuanjianzhai Yuzuan Zhuzi Quanshu*"	(344)
Figure 6 – 2	Book Shadows of the Chinese Small Seal Character "*Zhuanwen Liujing Sishu*" and Manchu Seal Style "*Yuzhi Shengjingfu*"	(346)
Figure 6 – 3	Printed Matter of *Yuanjianzhai Zhuzi Quanshu* Printed in the 53rd Year of *Kangxi*	(357)

表 目 录

表2-1　各家著录武英殿修书处成立时间 ……………………（61）
表2-2　民国以来各家著录清代殿本总数 ……………………（71）
表2-3　清代各朝刊刻殿本数量统计 …………………………（74）
表2-4　武英殿修书处四个时期刊刻殿本数量统计 …………（79）
表2-5　清代各朝刊刻殿本经史子集四部数量分布 …………（81）
表2-6　康熙朝武英殿修书处刊刻殿本一览 …………………（85）
表2-7　乾隆朝武英殿修书处刊刻的方略、纪略 ……………（98）
表3-1　武英殿各殿堂及职能 …………………………………（118）
表3-2　武英殿监造处职官设置一览 …………………………（129）
表3-3　《钦定大清会典》所载监造处人员迁转方式 ………（137）
表3-4　校刊翰林处职官设置 …………………………………（139）
表3-5　清代历任武英殿总裁职名 ……………………………（153）
表3-6　殿本实物所见清代武英殿监造职名 …………………（163）
表3-7　武英殿监造处食钱粮匠役及人数 ……………………（180）
表3-8　武英殿修书处匠役工价 ………………………………（191）
表4-1　嘉庆朝武英殿修书处经费收支 ………………………（208）
表4-2　咸丰年间修书处办理《宣宗成皇帝圣训》
　　　　收支 ……………………………………………………（210）
表4-3　光绪年间修书处办理《穆宗毅皇帝圣训》
　　　　收支 ……………………………………………………（211）

表4–4	清末武英殿修书处旧存新收开除现存书数目一览 …………………………………………… (220)
表5–1	武英殿聚珍版书收书数量的不同说法 ………… (288)
表5–2	武英殿聚珍馆排印书籍进度 …………………… (299)
表6–1	清代殿本中的白口本与黑口本分朝统计 ……… (351)
表6–2	清代殿本中的单鱼尾本与双鱼尾本分朝统计 … (351)
表6–3	清代殿本栏线分朝统计 ………………………… (352)
表6–4	康熙朝刻书档案所见殿本用纸类型 …………… (365)
表7–1	《通行书籍目录》所载乾隆后期不同纸张殿本的平均书价 ……………………………… (463)
表7–2	《内阁清册》所载乾隆前期不同文字殿本书价 ………………………………………………… (463)
表7–3	《通行书籍目录》所载乾隆后期不同文字殿本书价 ……………………………………… (464)
表7–4	不同时期同种殿本的书价变化 ………………… (465)
表7–5	《内阁清册》《通行书籍目录》所载乾隆前后期殿本书价 ………………………………… (469)

Chart Index

Table 2 – 1　Different Views on the Establishment Time of the Printing Institute in *Wuying* Palace ⋯⋯⋯⋯⋯⋯⋯⋯ (61)

Table 2 – 2　Different Views on the Total Number of the Imperial Editions of *Wuying* Palace since the Republic of China ⋯⋯⋯⋯⋯⋯⋯⋯⋯⋯⋯⋯⋯⋯ (71)

Table 2 – 3　Quantity Statistics of the Imperial Editions in Various Periods of Qing Dynasty ⋯⋯⋯⋯⋯⋯⋯⋯⋯⋯⋯⋯ (74)

Table 2 – 4　Statistics of the Number of the Imperial Editions in Four Periods ⋯⋯⋯⋯⋯⋯⋯⋯⋯⋯⋯⋯⋯⋯⋯⋯⋯ (79)

Table 2 – 5　Quantity Distribution of Confucian Classics Printed in *Wuying* Palace of Qing Dynasty ⋯⋯⋯⋯⋯⋯⋯⋯ (81)

Table 2 – 6　Table of the Imperial Editions of *Wuying* Palace in *Kangxi* Dynasty ⋯⋯⋯⋯⋯⋯⋯⋯⋯⋯⋯⋯⋯⋯⋯ (85)

Table 2 – 7　The *Jilue* and *Fanglue* Printed in the Printing Institute in *Wuying* Palace in Qianlong Dynasty ⋯⋯ (98)

Table 3 – 1　Halls and Functions of *Wuying* Palace ⋯⋯⋯⋯⋯⋯ (118)

Table 3 – 2　Structure of the Official Position of the Supervision Department in *Wuying* Palace ⋯⋯⋯⋯⋯⋯⋯⋯⋯⋯ (129)

Table 3 – 3　Ways of Official Promotion Recorded by "*Qinding Daqing Huidian*" ⋯⋯⋯⋯⋯⋯⋯⋯⋯⋯⋯⋯⋯⋯⋯⋯ (137)

Table 3 – 4　Structure of the Official Position of the *Hanlin* Proofreading Department ⋯⋯⋯⋯⋯⋯⋯⋯⋯⋯⋯⋯ (139)

Table 3 – 5	Presidents of *Wuying* Palace in the Various Periods of Qing Dynasty	(153)
Table 3 – 6	Names of the Supervision Production Officers in Qing Dynasty	(163)
Table 3 – 7	The Craftsmen and their Number in the Supervision Department of *Wuying* Palace	(180)
Table 3 – 8	Reward of the Craftsmen of the Printing Institute in *Wuying* Palace	(191)
Table 4 – 1	Financial Revenue and Expenditure of the Printing Institute in *Wuying* Palace in *Jiaqing* Dynasty	(208)
Table 4 – 2	Financial Revenue and Expenditure of Printing Daoguang's sermon in *Xianfeng* Dynasty	(210)
Table 4 – 3	Financial Revenue and Expenditure of Printing *Xianfeng*'s sermon in *Guangxu* Dynasty	(211)
Table 4 – 4	Number of Existing Books Kept and Expelled from the Printing Institute in *Wuying* Palace	(220)
Table 5 – 1	Different Views on the Quantity of Series of Precious Books in *Wuying* Palace	(288)
Table 5 – 2	Progress of Books Typesetting and Printing in *Juzhen* Institute	(299)
Table 6 – 1	Statistics of *Baikou* Edition and *Heikou* Edition in Qing Dynasty	(351)
Table 6 – 2	Statistics of Single and Double Fishtail Editions of the Imperial Editions of *Wuying* Palace in the Various Periods of Qing Dynasty	(351)
Table 6 – 3	Statistics of Lines of the Imperial Editions of *Wuying* Palace in the Various Periods of Qing Dynasty	(352)

Table 6 – 4　Types of Paper Used in the Imperial Editions of *Wuying* Palace Found in the Archives of the *Kangxi* Dynasty ……………………………………… (365)

Table 7 – 1　Average Price of Books Printed on Different Paper in the Sales Catalogue in the Late *Qianlong* Period … (463)

Table 7 – 2　Average Price of Books Printed in Different Text in the Catalogue of Cabinet Files in the Early *Qianlong* Dynasty ……………………………………… (463)

Table 7 – 3　Average Price of Books Printed in Different Text in the Sales Catalogue in the Late *Qianlong* Dynasty ………………………………………………… (464)

Table 7 – 4　Book Price Changes of the Same Kind of the Imperial Editions of *Wuying* Palace in Different Periods ………………………………………………… (465)

Table 7 – 5　Average Price of Books in the Catalogue of Cabinet Files and Sales Catalogue in the Early and Late *Qianlong* Dynasty ……………………………… (469)

绪　　论

第一节　选题缘起

自印刷术发明以来，中国历代王朝均重视图书典籍的刊印流传，作为辅助政教之用。宋代由国子监负责中央官府的刻书工作，刊刻经史子集各部典籍及佛道经藏，其所刊刻典籍被称为"监本"。及至元代，则由中央设立兴文署，负责刊印图籍。明代继起，除了南、北二监外，内府司礼监也是重要的内府刻书机构，所刻典籍以"经厂本"著称于世，所谓"明内府雕版，阉寺主其事。发司礼监梓之，纳经厂库储之，凡所刊者即称之为经厂本"[1]。清代统治者入主中原后，沿袭历代中央政府刻书的历史传统，顺治朝及康熙前期的内府刻印工匠大都为前明所留[2]，所刊行书籍一仍明式，字体、版式与明代"经厂本"相似。康熙十九年（1680），内务府所辖的武英殿修书处成立，逐渐成为清代皇家最重要的刻书机构，负责官方典籍的刊印、装潢、校勘等事务。

武英殿修书处隶属于内务府，由"侍卫及司员经营"[3]。除了常设书作、印刷作、装潢作外，成立初期还设有露房、砚作、珐琅作

---

[1] 潘承弼、顾廷龙：《明代版本图录初编》，台湾文海出版社1971年版，第157页。

[2] 林天人：《名山事业：武英殿刻书始末》，台北《故宫文物月刊》2007年第293期。

[3] （清）昆冈等纂：光绪朝《钦定大清会典事例》卷1173。

等机构。早期的武英殿修书处只是武英殿造办处的一个下属机构，虽然也刊刻书籍，但承刻能力有限，康熙帝将一些重要典籍交由江南织造大臣刊印，再呈进内府。例如《全唐诗》《御定历代诗余》《御定历代题画诗类》《御批通鉴纲目》等，皆非武英殿修书处所初刻。至康熙四十三年（1704），清廷组织编刊《佩文韵府》，康熙帝谕旨于武英殿内选用房间，武英殿浴德堂成为内府书籍校勘的工作场所。《钦定日下旧闻考·武英殿》载："殿东北为恒寿斋，今为缮校《四库全书》诸臣直房。西北为浴德堂，即旧时所称修书处。"[①]《国朝宫史》又载："西有浴德堂，为词臣校书直次。"[②] 可见当时武英殿内浴德堂是内府典籍校勘的场所。康熙四十四年（1705），武英殿造办处下辖的砚作划归养心殿造办处管理。康熙五十七年（1718），珐琅作又并入养心殿造办处。至此，武英殿修书处的刻书职能渐趋独立，成为最重要的内府书籍刊印、装潢、校勘之所。

武英殿修书处的发展、壮大、衰微与清王朝的兴衰息息相关。康雍乾三朝无论在文治还是武功上，都臻于封建王朝的顶峰状态。统治者在标榜武功的同时，更不遗余力地宣扬文治，而有效措施就是大规模编纂和出版典籍，因此这一时期武英殿修书处获得蓬勃发展，相继刊印了《古今图书集成》《武英殿聚珍版丛书》等一系列重要典籍。嘉庆朝以后，国力渐衰，工料愈逊，武英殿修书处的规模虽然没有被削减，但刊印殿本的数量及质量则每况愈下。嘉道时期所刊印殿本的种类，不及乾隆朝的一半，相当一部分是续刻、重刊。咸同两朝，外强入侵，内乱迭起，文治之事只余其名。此一时期照相石印技术及铅活字传入中国，对传统的刻书事业造成巨大冲击。同治八年（1869），武英殿失火，"凡康熙二百年来之藏书储板，一炬荡然"，"武英殿既灾，纂修协修之官名犹在，写刻印装之

[①] （清）于敏中等编：《钦定日下旧闻考》卷13，北京古籍出版社1981年版，第173页。

[②] （清）鄂尔泰、张廷玉等编：《国朝宫史》卷11，北京古籍出版社1987年版，第198页。

工匠亦未撤，而刊书之事，终同治一朝阒寂无闻，此为极衰时代矣"①。武英殿修书处的刻书工作基本停滞。光绪三十二年（1906）以后，清廷所编图书多交由新设立的图书编译局等机构办理，而武英殿修书处则以修补各处藏书为主要任务，焕章殿等武英殿部分殿宇还被挪作修订法律馆的办公处所②，逐渐名存实亡。辛亥革命后，武英殿修书处随清王朝的覆灭而成为历史陈迹。

选择清代武英殿修书处作为研究对象，基于如下四个方面的缘由：

其一，武英殿修书处以皇家雄厚的财力为后盾，刊印典籍可谓不惜工本，其刊印的殿本不仅数量庞大，而且在装潢水准、所用纸墨质量、校勘精细程度、写刻水平各个方面皆非一般坊刻、私刻可比。晚清重臣曾国藩曾在私人书信中坦言："国朝刻书远胜前代，殿板如《十三经》《廿四史》《全唐诗》《图书集成》《五经萃室》《书画谱》之类，凡初印者，无不精雅绝伦。"③武英殿修书处所刻之书追求极致，讲究版刻、纸张、行款、墨色、字体、图绘等，殿本的装帧设计新颖，装潢华丽，作为皇家陈设和皇帝赏玩的艺术品存留于世。这些精美的殿本，是中国历代内府刻书工艺的集大成者。以武英殿修书处的套印技术为例，套印技术源自明代，却发皇于清代，明代套印以两色、三色居多，四色则极为少见，五色只用于笺谱、画谱等，而清代殿本多色套印则较为常见，康熙时期武英殿修书处刊印的《御选古文渊鉴》，即用红、黄、绿、墨、蓝五色套印，套印形式和技巧相较于明代更为成熟。④因此，要清晰了解殿本制作和工

---

① 陶湘：《清代殿板书始末记》，载陶湘编《书目丛刊》，窦水勇校点，辽宁教育出版社2000年版，第68页。
② 溥伦、载泽：《奏请以武英殿西偏焕章殿为纂拟宪法之所事》，宣统三年六月二十三日，中国第一历史档案馆藏军机处录副奏折，档案号：03-9302-020。
③ （清）曾国藩：《曾文正公书札》卷6《致刘星房》，清光绪二年传忠书局刻增修本。
④ 林天人：《名山事业：武英殿刻书始末》，台北《故宫文物月刊》2007年第293期。

艺技术，就有必要全面探究武英殿修书处的历史源流和发展历程。另一方面，有清一代武英殿修书处大量刻印、发行殿本，将原本深藏宫中、外人难以获见的珍贵典籍予以广泛流播，对中国古代典籍的保存、流传，推动古代学术的发展，有着非常正面的作用，对清代的学术文化产生了深远影响。此外，2003年时任故宫博物院院长郑欣淼先生提出"故宫学"，明确"故宫学"的研究范围包括清宫典籍在内的六大方向①，武英殿修书处及其刊印的殿本无疑是"故宫学"研究的重要组成部分，对其展开系统研究亦是"故宫学"应有题中之意。

其二，武英殿修书处作为清代最重要的皇家出版机构，继承和发展了历代中央机构刻书的优长和经验，是研究中央政府刻书制度史的一个重要切入口。从康熙十九年（1680）设立至1912年裁撤，武英殿修书处承担皇家刻书职能长达二百余年，其严密的组织架构、职官设置、人员分工及后勤保障机制，保证了殿本出版的进度和质量，也是我们借以研究中央刻书机构和制度的绝佳视窗。武英殿修书处的刻书、装潢、校勘活动是在总结前人经验基础上的创新和发展，在雕版技艺、版画镌刻②、板片保护、活字印刷、套印技术、装帧工艺等诸多方面都取得了突出成就，被视为"民间刻书的风向标"③。不少学者认为，武英殿修书处刻印的殿本滥觞于明代经厂本："清代殿板书实权舆于明代经厂本，惟明以司礼监专司，清则选词臣从事耳。顺治一朝纂刻书籍，均经厂原有工匠承办，故其格式与经厂本小异而大同。"④ 在陶湘看来，尽管殿本滥觞于明代的经厂本，明清具有一定的延续性，但二者在具体操办流程、办事人员素

---

① 关于"故宫学"的概念和内涵，参见郑欣淼《故宫与故宫学》（紫禁城出版社2009年版）及郑欣淼《故宫学纲要》（《故宫博物院院刊》2010年第6期）等论著。
② 翁连溪《清代宫廷版画》一书收录殿本版画42种，这些版画不仅镌刻质量上乘，数量也相当可观。参见翁连溪《清代宫廷版画》，文物出版社2001年版。
③ 翁连溪：《清代内府刻书研究》，故宫出版社2013年版，第123页。
④ 陶湘：《清代殿板书始末记》，载《书目丛刊》，第68页。

养上则有很大的不同,"明以司礼监专司,清则选词臣从事",发展出了清代皇家刻书特有的风貌。研究清代武英殿修书处及其主要成果——殿本,为深入比较明清两代乃至其他朝代的中央机构刻书特色提供了独特的观察视角。

其三,武英殿修书处是彰显清廷文化政策的集中体现。清帝通过典籍的编印,宣传和阐释皇权政治合法性、官方文化主导性、统治秩序稳定性及统治政策权威性,辅助统治集团宣扬稽古右文的文教政策,以此教化臣民,巩固统治。武英殿修书处刊刻了大量皇帝谕旨、诏令类书籍,并在地方加以翻刻、推广这些书籍,标明帝王的立场和行为准则,以统一臣民思想,划一舆论,如雍正时期刊印殿本《大义觉迷录》《御制朋党论》等皆是此类,武英殿修书处实际成为清朝文化政策的有机组成部分。除了体现"皇权"之外,武英殿修书处刊刻的书籍往往具有资治和教化功能。清廷非常重视殿本的发行和流通,甚至不惜动用存公银两,以广诵习。乾隆九年(1744)清廷奏准,于武英殿修书处下设通行书籍售卖处,由专人管理,负责殿本通行书籍的发售。武英殿修书处凡新刻一种殿本,需将刷印数量和颁赐范围向皇帝请旨,首先用于各殿宇陈设和赏赐臣民,剩余部分再通行售卖。殿本通行本颁发至各省后,鼓励各省翻刻,使其最大限度地发挥作用,达到统治者所期望的"人人诵习,以广教泽"这一目的。

其四,民国以来,作为"皇家出版社"的武英殿修书处受到了学界的较大关注,相关的研究论著越来越丰富,但以往学界研究主要集中在武英殿修书处的机构设置、刻书数量和装潢特色等方面,缺乏对武英殿修书处相关文献档案的深入挖掘和整体性研究。武英殿修书处的历史源流、职官设置、人员管理、后勤保障以及殿本的基本特征、流通售卖等具体细节研究仍存在不少薄弱环节。对于武英殿修书处设立的时间、各机构之间的协调合作关系,武英殿修书处刊印殿本的总量、殿本售卖流通等基本问题,学界或有争议,或存在进一步拓展空间。到目前为止,学界尚未出现一部全面深入探讨武英殿修书处的学术专著。

本书拟在前人研究的基础上，借助爬梳新发掘的武英殿修书处档案、内阁大库档案、军机处档案、内务府奏销档案等第一手档案史料，以及会典、实录、圣训等官书典籍，辅之以文集、笔记、家谱、方志等文献资料，全面考察清代武英殿修书处的历史源流和发展历程，对武英殿修书处的基本问题如设立时间、组织管理、人员设置、日常运作机制等问题一一考实，同时对殿本的进呈、颁赐、翻刻、回缴以及售卖等流通过程，以及殿本的版刻、纸墨等特征等予以细致梳理，从而勾勒出有清一代武英殿修书处的整体面貌和时代特色。

第二节　学术史回顾

学界关于武英殿修书处及殿本的研究可划分为两个阶段。第一个阶段为1912年武英殿修书处裁撤以后至1949年。清朝覆亡以后，殿本的价值逐渐为更多的人所认识。民国时期，不少学人和图书馆都编纂有殿本书目，如1929年《北平故宫博物院报告》提及殿本书库共收藏殿本"四百四十一种，一万一千九百三十一册"[1]，较早对殿本数量作了总体的统计。国立奉天图书馆根据该馆所藏编制了多种殿本书目，如1932年编写的《国立奉天图书馆殿版书目》[2]《翔凤阁殿版聚珍图书目录》，1939年编有《殿版图书分类目录（附满蒙文书目）》以及《馆藏新购殿本书目》等。根据这些书目的介绍，至1932年9月奉天图书馆收藏有殿本5600册，另有盛京故宫移藏的殿本281种934包（未装订）。而据1937年的清点结果，奉天图

---

[1] 北平故宫博物院编：《北平故宫博物院报告》，国立北平故宫博物院1929年版。

[2] 该书目收录于《明清以来公藏书目汇刊》第57册，北京图书馆出版社2008年版。

书馆收藏殿本数量为39805册①。

民国时期个人收藏、整理殿本，成绩最为卓著的当属陶湘。陶湘与殿本渊源颇深。1926年，陶湘应时任故宫图书馆馆长傅增湘之聘，主持故宫所藏殿本图书的编订工作，1929年出任故宫博物院图书馆专门委员。陶湘为故宫博物院图书馆编订了《故宫殿本书库现存目》等三种书目，前后历时七年，收书达1290部，分十类排列。除此之外，陶湘的藏书处"涉园"历时30年经营，藏书达30余万卷，其中包括了清代殿版书百余种，数量为一时之冠。陶湘尤喜收藏殿本开化纸本②，有"陶开化"之称。此外，他曾整理和辑著《清代殿板书目》《故宫殿本书库现存目》《武英殿聚珍版书目》等殿本书目。陶湘撰写的《清代殿板书始末记》详细梳理了有清一代武英殿修书处发展的历史脉络，并对各个时期的武英殿修书处刊刻成就予以客观评价③，对武英殿修书处的刻书源流、发展阶段等基本问题作了非常有价值的基础性研究，居功甚伟。

第二个阶段是从中华人民共和国成立以后至今。此一时期学术界对武英殿修书处及殿本研究所取得的成果，无论在深度还是广度上都大大超过民国时期，尤其是20世纪80年代以后，以武英殿刻书为研究对象的学人增多，研究成果逐渐深入。学者们聚焦于武英殿修书处的机构设置、殿本版本鉴定、版刻风格等问题，进行了较为深入的研究。不少学人致力于殿本书目的增补工作，如李致忠曾编制《清代内府刻书一览表》④，统计所得殿本单刻数量为

---

① 冷绣锦：《"满铁"图书馆研究》，辽宁人民出版社2011年版，第198页。据福田实《满洲奉天日本人史》记载，奉天图书馆所藏殿本数量为4000余册，与这一数据略有出入，参见福田实《满洲奉天日本人史》，株式会社谦光社1976年版，第207页。

② 关于殿本是否多用开化纸，尚可商榷，详见本书后文考证。

③ 陶湘：《清代殿板书始末记》，《武进陶氏书目丛刊》，民国二十二年（1933）铅印本，第4页。

④ 李致忠：《历代刻书考述》，巴蜀书社1990年版。

633 种。1995 年，故宫博物院和辽宁省图书馆联合编纂了《清代内府刻书目录解题》①。该书目以北京故宫博物院和辽宁省图书馆所藏殿本为主，还调查了国家图书馆、南京博物院图书馆、南京图书馆、上海图书馆等单位藏书，并参考了国内外有关图书馆的藏书目录。所收录的内府刻本达 1031 种（按照编者的分类统计，木板刻印、套印、铜木活字印行的书籍计 713 种；光绪朝以后石印、铅印书计 384 种；内府刻印满文、蒙文书计 114 种），将"迄今遗存、完好如初的有清一代三百年间内府刻书，广为网罗殆遍，勾稽爬梳，排比整齐，条举件系，抉择尤慎，并一一为之解题，各附著者小传，原委一目了然"②。该书的编纂说明对收录的范围进行了界定："上起顺治初年，下迄宣统三年，凡清代内务府、武英殿各部院衙门、国子监、钦天监、扬州诗局、苏州诗局及其他官署刻印的，由皇帝钦定、御纂、批准颁行的书，无论刻印、套印、铜木活字印及铅印、石印，均予收录。"可见，这一书目反映了清代内府刻书的全貌。除了殿本外，该书目还收录了其他内府书籍，殿本占据其中的很大部分。著录的内容包括"书名、卷数（所见卷数及残缺情况）、著者、出版者、出版时间和版本类别、丛书与合刻书著录子目。同种书的不同版本均作独立条目出现，丛书与合刻书的零种则不作独立条目"③。该书目著录详尽，可供读者按图索骥查找，附录有杨玉良撰写的《清代内府刻书概况》，对有清一代内府刻本的总体情况进行了梳理。可以说，该书目是研究殿本及其他内府书籍的重要工具书。

海外学者对殿本的关注和研究主要集中在《大义觉迷录》《古今图书集成》等特色殿本上，缺乏整体性的考察。值得注意的是，

---

① 故宫博物院图书馆、辽宁省图书馆编：《清代内府刻书目录解题》，紫禁城出版社 1995 年版。

② 王锺翰序文，参见北京故宫博物院图书馆、辽宁省图书馆编《清代内府刻书目录解题》，紫禁城出版社 1995 年版。

③ 故宫博物院图书馆、辽宁省图书馆编：《清代内府刻书目录解题》，编纂说明，紫禁城出版社 1995 年版。

晚清以后大量殿本流散至海外，至今为美国、日本、英国等西方图书馆收藏。例如，普林斯顿大学葛思德东方图书馆收藏殿本较为宏富，普大艾思仁教授编有《普林斯顿大学葛思德图书馆清内府刻本目录初稿》，著录了上百种清代内府图书，其中大部分是殿本。此外，牛津大学何大伟撰写的《牛津大学博德利图书馆藏殿版书》、大英图书馆吴芳思撰写的《大英图书馆藏殿本书简介》[①] 介绍了各自馆藏殿本，值得重视。

殿本是武英殿修书处刊刻典籍的直接成果，梳理武英殿修书处的研究成果，须将殿本的相关研究纳入讨论范围。下文按照学界研究的不同主题以及与本书研究内容的相关度，将相应研究状况分为七个方面，分论如下。

第一，关于武英殿修书处的整体性研究。所谓整体性研究，即指专门以武英殿修书处及殿本为研究对象的专题式论著。以丰富的典藏资源为基础，北京故宫博物院图书馆是殿本研究的重镇，代表性的学者有杨玉良、朱赛虹、翁连溪等先生。杨玉良发表了一系列文章，系统阐述了武英殿修书处刊印殿本的基本概况，如《武英殿修书处及内府修书各馆》[②] 对武英殿及其相关的刻书机构进行了详细的梳理。朱赛虹不仅发表了《武英殿修书处藏书考略——兼探四库"存目"等书的存放地点》[③]《"殿本"的发源地——武英殿修书处》[④]、《清前期官府图书的流通及管理》[⑤]《清晚期武英殿修书处

[①] 故宫博物院编：《天禄珍藏：第一届清宫典籍国际研讨会论文集》，故宫出版社 2014 年版。

[②] 杨玉良：《武英殿修书处及内府修书各馆》，《故宫博物院院刊》1990 年第 1 期。

[③] 朱赛虹：《武英殿修书处藏书考略——兼探四库"存目"等书的存放地点》，《文献》2000 年第 2 期。

[④] 朱赛虹：《"殿本"的发源地——武英殿修书处》，《出版史料》2003 年第 4 期。

[⑤] 朱赛虹：《清前期官府图书的流通及管理》，《华学》2006 年第 8 辑。

"修书"与"非修书"职能的消长——基于清宫档案的考察》① 等探讨修书处相关问题的精深之作,而且在武英殿修书处档案的整理发掘方面成绩卓著,主编出版了《清宫武英殿修书处档案》,对其价值进行了深入揭示。2004 年,翁连溪出版了《清代内府刻书图录》②,该书分为图录、总目、总论三部分,收录了清代内府所刻书籍书影 300 余幅,同时著录清代内府刻书 861 种。2007 年,汇编出版了《清代内府刻书档案史料汇编》③,该书分上下编,上编以编年的方式大量辑录了实录、圣训、会典、修书档、活计档、奏销档所载内府刻书资料;下编著录了《武英殿修书处刷印图书工价银两清册》《清同治光绪年间武英殿卖书底簿》《武英殿修书处报销档案》等珍贵史料。2013 年,又出版了《清代内府刻书研究》④。该书分为七章,将清代内府刻书发展的四个阶段(肇始期、发展期、鼎盛期和衰败期),探讨了清代内府刻书的字体、行款、物料、装帧、价值以及影响,同时附录有《清代内府刻书编年目录》和《故宫博物院图书馆现存古籍概况》。翁连溪长期供职故宫图书馆,曾参编《清代内府刻书目录解题》,积累了丰富的经验,该书无疑是近些年来关于内府刻书研究、考镜源流的力作。该书附录的《清代内府刻书编年目录》,共著录内府图书 960 余种(丛书、时宪书只计 1 种,不累计子目),是目前所见著录内府刻书较为完备的书目。收录的范围是"仅限于清内府雕版印本、活字本等,石印、铅印图籍以及写本、抄本概不录入"⑤。这一标准与先前编纂的《清代内府刻书目录解题》收录石印、铅印本的选录标准并不一致。

由于历史原因,台北故宫博物院收藏有大量原藏清宫的殿本图

---

① 朱赛虹:《清晚期武英殿修书处"修书"与"非修书"职能的消长——基于清宫档案的考察》,《中国出版史研究》2015 年第 2 期。
② 翁连溪:《清代内府刻书图录》,北京出版社 2004 年版。
③ 翁连溪:《清代内府刻书档案史料汇编》,广陵书社 2007 年版。
④ 翁连溪:《清代内府刻书研究》,故宫出版社 2013 年版。
⑤ 翁连溪:《清代内府刻书研究》附录一《清代内府刻书编年目录》,第 364 页。

书，依托于这一宝贵资源，台湾学者在殿本研究方面亦颇有建树。台北故宫吴哲夫在《故宫文物月刊》相继发表了《清代殿本图书》①《清代武英殿本图书》《武英殿本图书》② 等多篇文章。《清代武英殿本图书》一文从中国历代内廷刻书递相沿习、清室仰慕华夏文化刊印图书、武英殿修书处的组织及职掌、武英殿本图书特色等方面进行了探讨。他的不少观点颇具启发性，譬如评价殿本图书"清朝以天府财力为后盾，所以殿本书数量既多，种类复繁，并且刊刻精工，纸佳墨妙，校勘精慎"；武英殿修书处所刻殿本字体，"有宋体字和软体字的区别……通常殿本书中，书前御制序或诗文以及原书的序跋常采软体字，而正文则为宋体字"；对于御制类殿本，吴哲夫认为"由于武英殿修书处职司内府图书之刊印，因此对钦定或御制书籍特别重视""清朝武英殿修书处刊印的图书，不可否认的是清代帝王用来夸耀文治武功、帝业帝德以及推广政教的工具。因而这批图书最明显又占绝大多数的是钦定或御制的书籍，从书名上可以很容易地辨认出来"，他对殿本局限性的认识可谓鞭辟入里。除此之外，一些台湾学者在殿本研究中亦卓有成绩，如卢秀菊《清代盛世之皇室印刷事业》一文探讨了武英殿修书处简史、组织和职掌；殿本的定义、图书形制、印刷字体、纸张、工匠、材料、费用、印刷部数、书籍之存贮及分销等③，用力兹深。

目前有多篇硕博学位论文涉及武英殿刻书这一研究领域。朱赛虹的硕士学位论文《清代内府刻书研究》④ 是目前所见较早探讨武英殿修书处相关问题的学位论文。南京师范大学曹红军的博士学位论文《康雍乾三朝中央机构刻印书研究》是关于清代前期中央刻书机构的重要研究成果，论文涉及清代中央机构铜活字印书、

---

① 吴哲夫：《清代殿本图书》，台北《故宫文物月刊》1985年第3卷第4期。
② 吴哲夫：《武英殿本图书》，台北《故宫文物月刊》1998年第16卷第4期。
③ 卢秀菊：《清代盛世之皇室印刷事业》，载《中国图书文史论集》，现代出版社1992年版，第33页。
④ 朱赛虹：《清代内府刻书研究》，硕士学位论文，北京大学，1996年。

木活字印书，关注刻书视角下的清代盛世文化政策与武英殿修书成就的内在关系①。宋淑洁的硕士学位论文《清代武英殿刻书研究——兼论殿本书籍的影响》，"详细地论述了武英殿刻书机构的概貌，殿版书籍的传播方式和影响"②。该论文分四章，分别从武英殿刻书机构、武英殿刻书概况、殿版书籍的流通和殿版书对乾嘉学风、私坊刻书的影响等几个方面展开论述，关注殿版书籍的传播方式和影响是论文的一大特色。需要指出的是，该篇论文侧重从殿本展开研究，没有从修书处机构变迁的视角切入讨论相关问题，存在一定缺憾。

除了专题式论著外，尚有不少涉及武英殿刻书的相关研究著作。张秀民先生的《中国印刷史》③和《张秀民印刷史论文集》④二书讨论了武英殿刻书的特色。中国书籍出版社2008年出版了梳理中国出版史源流和脉络的集大成之作——《中国出版通史》，该书共计九卷，其中的《清代卷》上册，由朱赛虹、曹凤祥、刘兰肖分别撰写各章节，是研究清代三百多年间刻书史的重要著作。第二章、第三章《清前期中央官署的图书编纂》《清前期中央官署出版机构及其出版概况》重点论述了以武英殿修书处为代表的中央刻书机构的运作情况。该书还设有《清前期书籍装帧艺术》一章，从版式、字体、用纸、装订、装潢等方面论述了殿本及其他清代刻书的装帧式样和技术工艺⑤，对本书探讨殿本问题颇具启发性。宫晓卫、李国庆编《中国活字本图录·清代民国卷》⑥，主要依据天津图书馆所藏活字本，著录了大量清代、民国时期的铜活字、泥活字、木活字等代表

---

① 曹红军：《康雍乾三朝中央机构刻印书研究》，博士学位论文，南京师范大学，2006年。

② 宋淑洁：《清代武英殿刻书研究——兼论殿本书籍的影响》，硕士学位论文，北京师范大学，2006年。

③ 张秀民：《中国印刷史》，上海人民出版社1984年版。

④ 张秀民：《张秀民印刷史论文集》，印刷工业出版社1988年版。

⑤ 朱赛虹等：《中国出版通史·清代卷（上）》，中国书籍出版社2008年版。

⑥ 宫晓卫、李国庆编：《中国活字本图录·清代民国卷》，齐鲁书社2010年版。

性活字本，该图录每图附有版本说明和活字印刷资料，资料丰富翔实，足资参考。

第二，武英殿修书处机构设置的历史变迁。武英殿修书处的组织架构，载于《大清会典》，但《会典》所述较为简略，为后世留下了较大的探讨空间。关于武英殿修书处的机构设置情况，目前研究较为透彻的学者当为故宫图书馆的杨玉良先生，她发表的《武英殿修书处及内府修书各馆》一文，较早揭示出武英殿修书处由监造处和校刊翰林处两大职能部门组成，彼此分工合作；除此之外，监造处下属的档案房、钱粮房、通行书籍售卖处等行政办事机构，亦具体负责有关事务，形成以刷印、校勘、装潢为核心职能，其他部门密切配合的严密组织体系①。台湾学者吴哲夫的《清代武英殿本图书》一文，特设专节《武英殿修书处的组织和职掌》，对武英殿修书处机构设置和人员管理进行探讨。实际上，关于武英殿修书处的职掌，《雍正八旗通志》卷45载："御书处、武英殿修书处、养心殿造办处均掌内廷书籍、典册、修造之事。"②乾隆三十九年（1774）奉敕编撰的《钦定日下旧闻考》卷71载："（增）康熙十九年始以武英殿内左右廊房共六十三楹为修书处，掌刊印及装潢书籍之事，钦命皇子及大臣总理之，提调、校对以翰詹官充。"③该条根据《内务府册》档案所增，所言当可靠。《钦定日下旧闻考》是在朱彝尊《日下旧闻》的基础上补修成书的。文前加"增"字，表明非朱氏原书所有，乃后来所增，是反映康熙时武英殿修书处职掌的难得史料。关于这一议题，也有进一步深入研究、厘清的必要。

第三，武英殿修书处活字印刷研究。武英殿修书处曾在康熙、乾隆朝先后设置了铜字馆和聚珍馆，分别用铜活字和木活字摆印了

---

① 杨玉良：《武英殿修书处及内府修书各馆》，《故宫博物院院刊》1990年第1期。
② 《雍正八旗通志》卷45，职官志4。
③ 于敏中等编：《钦定日下旧闻考》卷71，北京古籍出版社1981年版。

卷帙浩繁的《古今图书集成》和《武英殿聚珍版丛书》。关于武英殿修书处的活字印刷，学界的研究已经取得较多学术成果。铜活字印刷方面，研究论著为数众多，如张秀民的《清代的铜活字》[1]、范景中的《铜活字套印本〈御制数理精蕴〉》[2]、翁连溪的《谈清代内府的铜活字印书》[3]、曹红军的《〈古今图书集成〉版本研究》[4]、裴芹的《陈梦雷"校正铜版"释考》[5]及拙文《清代内府铜活字考论》[6]等文章，基本厘清了相关问题。木活字印刷方面，则有向功晏的《武英殿聚珍版丛书刊印经过》[7]，郝生财、周文华的《〈武英殿聚珍版丛书〉之印刷技术研究》[8]，唐莉、周文华的《武英殿聚珍版原刻本现存数量的初步研究》[9]等文章，对木活字刻印《武英殿聚珍版丛书》的缘起、过程、印刷技术、数量等问题进行了探讨。此外，还有数篇硕博学位论文以此为题进行专门研究，如苏州大学朱琴的《金简及其〈武英殿聚珍版程式〉——兼论古代活字印刷发展滞缓的原因》[10]和中国艺术研究院刘兵兵的《清代宫廷木活字印刷则例》[11]两篇博士学位论文，显示学界对该领域的研究已较为充

---

[1] 张秀民：《清代的铜活字》，原刊《文物》1962年第1期，亦载《张秀民印刷史论文集》，印刷工业出版社1988年版，第252页。
[2] 范景中：《铜活字套印本〈御制数理精蕴〉》，《故宫博物院院刊》1999年第2期。
[3] 翁连溪：《谈清代内府的铜活字印书》，《故宫博物院院刊》2003年第3期。
[4] 曹红军：《〈古今图书集成〉版本研究》，《故宫博物院院刊》2007年第3期。
[5] 裴芹：《陈梦雷"校正铜版"释考》，《文献》2009年第4期。
[6] 项旋：《清代内府铜活字考论》，《自然科学史研究》2013年第2期。
[7] 向功晏：《武英殿聚珍版丛书刊印经过》，《图书馆杂志》1986年第2期。
[8] 郝生财、周文华：《〈武英殿聚珍版丛书〉之印刷技术研究》，《北京印刷学院学报》2013年第6期。
[9] 唐莉、周文华：《武英殿聚珍版原刻本现存数量的初步研究》，《北京印刷学院学报》2013年第6期。
[10] 朱琴：《金简及其〈武英殿聚珍版程式〉——兼论古代活字印刷发展滞缓的原因》，博士学位论文，苏州大学，2003年。
[11] 刘兵兵：《清代宫廷木活字印刷则例》，博士学位论文，中国艺术研究院，2010年。

分，但有许多问题尚未廓清，特别是关于聚珍馆作为特设机构具体如何运作、聚珍版书的数量、25万余个木活字如何消失等问题都有待进一步研究。

第四，武英殿修书处刻印的殿本数量。研究武英殿修书处，首先要回答的是武英殿修书处在230年余间刊刻了多少殿本。实际上，已有论著的统计数字差别很大，主要原因在于文献记载的缺失，以及现存殿本与实际刊刻数量之间多有出入，比如见于清代史书记载的乾隆七年（1742）《钦定宫中现行则例》、乾隆二十六年（1761）《钦定吏部则例》和乾隆四十一年（1776）《钦定户部则例》等，今均未见下落。尽管如此，仍有不少学人作了努力。印行于1933年的《故宫所藏殿板书目》① 统计收录殿本书籍共有480余种。1983年出版的《"国立"故宫博物院善本旧籍目录》② 系台北故宫将所藏普通古籍与善本古籍两部分合编而成，共著录殿本560余种。肖力在《清代武英殿刻书初探》一文中，按朝代统计了殿本的卷数和种数，共有520种，52935卷。台湾学者吴哲夫发表的《武英殿本图书》一文则根据台湾所藏殿本统计为592种③。《清代内府刻书目录解题》④ 共计著录内府刻本1311种，著录为殿本的不足一半。正如吴哲夫指出的，尽管"许多书籍中记载着殿本书，但往往不分刻本、写本。只要是清内廷的，统统划归殿本范围，因此要据以统计殿本书的总数，很是困难"⑤。可见，由于著录的混乱，殿本概念界定不清，以致无法统计殿本的精确数量。这也为我们通过查考武英殿修书处的相关文献档案记载，剔除或者增补殿本，得出一个相对准确的殿本总数留下了探讨空间。

---

① 《故宫所藏殿本书目》，故宫博物院1933年排印本。
② 《"国立"故宫博物院善本旧籍目录》，台北故宫博物院铅印本1983年版。
③ 吴哲夫：《武英殿本图书》，台北《故宫文物月刊》1998年第16卷第4期。
④ 故宫博物院图书馆、辽宁省图书馆编：《清代内府刻书目录解题》，紫禁城出版社1995年版。
⑤ 吴哲夫：《武英殿本图书》，台北《故宫文物月刊》1998年第16卷第4期。

第五，雕版采办、制作及贮藏等问题。武英殿修书处用以刻印书籍的雕版如何采办、制作和贮藏是一个重要论题，学界开展了相关的研究。杨玉良撰写的《关于清内府书籍经卷板片的采买、存贮等问题初探》[①]一文通过爬梳档案，揭示修书处每年派员前往直隶、山东、河南、四川等地采买梨、枣木。刻印后留存的板片，除少量糟朽及常见者剔出留作他用之外，大多数贮存于武英殿、国子监、翰林院等处。翁连溪在其《清代内府刻书研究》第六章《清内府书版的刊刻》依托其管理故宫现存殿版的便利条件，对雕版的管理、保护、散佚、价值等情况进行了研究。难能可贵的是，他还详细列出了《故宫所藏清内府部分书版统计表》《其他单位藏清内府部分书版统计表》[②]，使我们对国内遗存的殿版有清晰的认识。据他介绍，故宫博物院所藏书版尚有23万余块，包括大量经史子集、舆图、文书等殿本雕版，是武英殿修书处刊刻殿本实物的宝贵遗产。

第六，武英殿修书处与其他机构的协调合作、殿本售卖流通等相关议题。关于武英殿修书处与修书各馆的关系，杨玉良的《武英殿修书处及内府修书各馆》有较为准确的判断："二者的隶属关系不同，分工各异。……前者是刊刷、装潢书籍的出版发行机构；后者是书籍的编纂、修订单位，彼此关系甚密。"[③] 此外，武英殿修书处废止后的百年之中，殿本如何被收藏、保护与整理，已经引起学者一定程度的关注。学者普遍认为，故宫博物院与陶湘在其中发挥了重要作用。陶湘从1926年起为故宫图书馆整理殿本书籍，最终编辑出版了《故宫殿本书库现存目》《清代殿版书目》《武英殿袖珍版书目》《武英殿聚珍版书目》等书目。诚如《书目

---

① 杨玉良：《关于清内府书籍经卷板片的采买、存贮等问题初探》，《故宫博物院院刊》1988年第3期。
② 翁连溪：《清代内府刻书研究》，故宫出版社2013年版，第320—322页。
③ 杨玉良：《武英殿修书处及内府修书各馆》，《故宫博物院院刊》1990年第1期。

丛刊》校点者所说,"陶湘根据个人收藏,在清代殿本书目加上不少按语,或补充故宫藏书的缺欠,或阐明编印经过,包含着他的许多心思,提供了鲜为人知的可贵的史料"[1]。傅增湘称赞陶湘所编《故宫殿本书库现存目》"记述详赅,参稽明审,使一朝九帝之制作,扃闭于文楼秘阁之中者,一旦挈领提纲,呈露于人人之耳目,为功至伟"[2]。

第七,武英殿修书处与清廷文化政策的关系。学界注意到武英殿修书处与清廷的文化政策密切相关,帝王威权甚至在一定程度上左右了刻书活动。如曹红军认为,清代帝王通过刊刻儒家经典,从而确立"崇儒重道"的基本文化国策。"这种文化政策在康熙朝得以基本确立,并在雍正、乾隆朝得到进一步的继承和巩固。"[3]李士娟则通过考察雍正朝武英殿刻书活动,发现:"清代钦定书籍的数量居历代之首,而以康、雍、乾三朝为最。……就其整个雍正朝编纂刊刻书籍内容,透视出的治国理念一直以来影响着有清一代。"[4] 这一现象,黄爱平教授在《清代康雍乾三帝的统治思想与文化选择》一文中有清晰的揭示:"伴随专制皇权发展到最高峰,统治者对伦理纲常的宣扬和对臣民思想行为的控制也达到前所未有的程度。"[5] 陕西师范大学罗志的硕士论文《明清政治文化与内府刻书》研究发现:"清代前期编刊颁发理学色彩浓厚的'钦定'经史典籍成为内府刻书的重要内容,理学书籍编辑刊印的规模和质量远超前代。"[6] 可以说,武英殿修书处的刻书活动充分彰显了清廷的皇权与教化理念。

---

[1] 陶湘编:《书目丛刊》说明,第1页。
[2] 傅增湘:《故宫殿本书库目录跋》,《国闻周报》1933年第10卷第34期。
[3] 曹红军:《康雍乾三朝中央机构刻印书研究》,博士学位论文,南京师范大学,2006年,第81页。
[4] 李士娟:《雍正朝内府刻书概略》,《历史档案》2012年第1期。
[5] 黄爱平:《清代康雍乾三帝的统治思想与文化选择》,《中国社会科学院研究生院学报》2001年第4期。
[6] 罗志:《明清政治文化与内府刻书》,硕士学位论文,陕西师范大学,2012年。

综上所述，学界关于武英殿修书处的研究成果丰硕，取得了较大的成绩，在若干问题上达成了共识，但围绕武英殿修书处的成立时间、机构运作、人员管理、刊印活动以及殿本售卖流通等问题仍有许多薄弱环节，亟待细化和深入。

（一）就研究范围而言，目前学界已经发表的相关论著多集中在武英殿修书处某一朝或某一时段，对殿本的研究亦主要集中于《佩文韵府》《古今图书集成》《二十四史》等重要典籍个案，缺乏整体性的关照，研究呈现出不均衡性。例如武英殿修书处正值鼎盛期的康熙、雍正、乾隆三朝，研究论著较多，嘉庆朝以后各朝的武英殿修书处发展情况，则被视为衰落期，往往被研究者所忽略，少人问津。实际上嘉道时期仍属于武英殿修书处制度完善、发展、改进的阶段，发展态势和刻书成就同样值得深入探讨，不可偏废。就目前所见，学界尚未出现一部专门研究武英殿修书处自成立至裁撤230余年间历史的通代专著，这与清代武英殿修书处在中国古代印刷出版史的重要地位是不相匹配的。

（二）就史料运用而言，以往学界研究武英殿修书处最常征引的材料多为《清会典》《清实录》及政书、笔记等材料，这些记载多简略，缺乏系统性。中国第一历史档案馆所藏的武英殿修书处专题档案、台湾所藏的内阁大库档案等，都是第一手的珍贵原始档案，资料翔实可靠，弥足珍贵，而以往研究者较少利用，使得对武英殿修书处制度、运行情况等细节问题的研究难以深入。

（三）就研究视角来说，目前的相关研究集中于武英殿修书处刊刻的殿本种类、数量、取得成就等问题，而对于武英殿修书处的历史渊源、制度变迁、人员配置、日常管理、后勤保障、刊印活动、校勘活动以及殿本的进呈、陈设、赏赐、售卖等流通方式，现有研究缺少足够的关注，研究视角较为单一。

（四）就研究方法来说，学界侧重以版本学、校勘学等传统文献学方法考察武英殿修书处的发展与演变过程，较少借鉴运用书籍史的研究方法。实际上目前中外学界在中国书籍史研究中已经取得相当可观的成绩①，较有代表性的有周绍明、卜正民、罗友枝、彭慕兰、周启荣、贾晋珠等人的研究。例如，英国剑桥大学周绍明《书籍的社会史：中华帝国晚期的书籍与士人文化》② 一书，考察了宋至清中叶雕版印刷品的制作、流通、阅读等问题，涂丰恩则从书籍售卖价格、识字率与销售市场的角度考察了明清出版文化③，都极具启发性。尽管书籍史的研究理论和方法较为成熟，但据笔者所见，关于武英殿修书处的已有研究成果较少借鉴。本书尝试运用书籍史的视角加以分析，一方面重视武英殿修书处制作殿本的工序、成本、用料等物质性研究；另一方面亦注重探讨殿本的售卖流通过程，特别是对殿本的售卖价格进行核算，统计出某一时期内平均每册殿本的书价，以及不同时期、不同纸张、不同文字殿本之间的书价差异。

总之，笔者在前人研究基础上，充分利用第一手文献档案，逐一厘清武英殿修书处的细节问题，从而勾勒出武英殿修书处的整体面貌和时代特色。

第三节　研究对象与写作思路

一　概念界定

本书以"武英殿修书处"为研究对象，意在对武英殿修书处二百余年的刊印、装潢和校勘等活动予以全面爬梳，考察武英殿修书处的成立始末、职官设置、日常管理、人员分工以及殿本刊印、流通等基本问题，探究武英殿修书处的日常运作机制，并从版本学、

---

① 据《中国、日本书籍史外文参考文献》一文的统计，研究中国书籍史相关的论文、论著近200篇。参见韩琦、[意]米盖拉《中国和欧洲：印刷术与书籍史》，商务印书馆2008年版，第271—287页。

② 周绍明：《书籍的社会史：中华帝国晚期的书籍与士人文化》，何朝晖译，北京大学出版社2009年版。

③ 涂丰恩：《明清书籍史的研究回顾》，《新史学》2009年第1期。

书籍史等角度揭示武英殿刻书的版刻、用纸等基本特征，进一步深入揭示武英殿修书处的政治文化内涵。

本书研究对象之一"武英殿修书处"，是康熙十九年（1680）十一月设立，并于1912年随清王朝覆亡而消失的皇家刻书机构，其运转前后历经九朝，延续了233年。武英殿修书处最初隶属于武英殿造办处，其后逐渐独立出来，直接隶属于总管内务府，下设监造处、校刊翰林处和御书处（道光朝并入），是清代专门从事内府书籍的刊印、装潢和校勘工作的机构。

武英殿修书处的最主要成果——"殿本"亦是本书的重要研究对象。学界对殿本的定义，有广义和狭义之分。殿本概念如何界定，直接关系到清代殿本数量的准确统计。狭义的殿本概念是指武英殿修书处所刊刻的典籍，广义的殿本概念接近于内府刻本的定义，即包括武英殿、国子监、中央六部等机构刊刻的内府典籍，甚至还包括臣工刻印的进呈本，晚清新技术传入后出版的铅印本、石印本。吴哲夫指出"许多书籍中记载著录殿本书，但往往不分刻本、写本。只要是清内廷的，统统划归殿本范围"①。陶湘所编的《清代殿板书目》，就把大量的写本、石印本、铅印本算作殿本："其非购得而内府尚存者，又内府写本书之未发现者，均各编一目以附。又内府不存南北书贾求售而得，以及各书馆照影石印者，低一格录入，以示别。"② 显而易见，陶湘这里采用的收录标准是广义的殿本概念。

我们考察殿本时，究竟适合采用狭义还是广义的概念？笔者认为有必要回到清代历史语境中，以清代时人的观点界定这一概念，才能得出符合史实的判断。"殿本"（也有称作"殿版""殿板"）一词频繁见于近现代各种版本的目录学著作，但追溯其源流，清代何时出现这个词呢？据笔者考察，该词至少在乾隆朝《钦定国子监志》纂修官按语中就已经出现了。乾隆四十三年（1778）奉敕编撰

---

① 吴哲夫：《武英殿本图书》，台北《故宫文物月刊》1998年第16卷第4期。
② 陶湘：《清代殿板书始末记》，载《书目丛刊》，第68页。

的《钦定国子监志》卷51《经籍》条纂修官按语有："刊于武英殿，谓之殿本；刊于国学者，谓之监本。"① 这里把武英殿与国子监刊刻的刻本同时并举，按纂修官的文意，同为内府刻本的国子监刻本（即"监本"）不能归入武英殿刻本（即"殿本"），二者不可混淆，彼此有着严格区别。此则记载是目前所见官方文献对殿本概念的较早描述，纂修官的按语代表了清廷官方的界定。吴振棫（1792—1870）所著《养吉斋丛录》卷2载："康熙间特开书局于武英殿……武英殿专司刊校，未尝废置，刊行经史子集，谓之殿版。"② 吴振棫主要生活在嘉道时期③，他也把"殿版"定义为武英殿刊校的经史子集诸书。因此我们可以说，无论是乾隆时期官修的《钦定国子监志》，还是嘉道时期私人撰述的《养吉斋丛录》，均采用狭义的殿本概念，意即指武英殿所刊刻的书籍。就清人用法而言，这一界定是比较准确恰当的。

梳理清宫书籍档案，也曾出现过"殿本"一词，可以帮助我们回到当时语境中，更好地理解时人眼中的殿本概念。乾隆十年（1745）八月初九日八旗志书馆总裁官大学士张廷玉称："查得汉文志书缮写殿本，校对妥协，于乾隆七年十二月内全行送武英殿刊刻，奉旨颁发在案。今将清文志书陆续缮写殿本，详细校对，送武英殿刊刻。于本年七月十日全行刊竣，应俟武英殿装潢，进呈御览。"④ 道光二年（1822）十二月十九日，大学士曹振镛等奏称："方略馆有应校辽、金、元三史，前奏请限于道光二年校竣。……计缮写副本、正本、殿本共三分。"⑤ 道光四年（1824）十一月初十日，吏部移会内阁典籍厅则称："会典馆承办会典清书殿本告成，应将保奏校

---

① （清）梁国治等编：《钦定国子监志》卷51，清乾隆抄本。
② （清）吴振棫：《养吉斋丛录》卷2，中华书局2005年版，第22页。
③ 《养吉斋丛录》著者自署"赐进士出身云贵总督翰林院编修臣吴振棫"，查吴振棫在道光初年任云贵总督，可证其成书时间当在道光以前。
④ 台湾史语所藏内阁大库档案，登录号：096779-001。
⑤ 《清宣宗实录》卷47，道光二年十二月十九日。

对官，请议给补班之内阁候补侍读玉彰准其补缺。"① 上述三则清宫档案都直接使用了"殿本"一词，细究其文意，档案语境中的"殿本"概念亦可指即将送交"武英殿刊刻"的内府典籍。

殿本在档案文献中有时也作"殿板"或"殿版"。如《清高宗实录》乾隆十六年（1751）三月初一日载："颁赐江浙各书院殿板经史。"② 乾隆时人吴长元所著《宸垣识略》卷5载："乾隆三十八年，奉旨特开四库全书馆，翰林院为办理处，武英殿为缮写处。自殿板馆书外，诏征天下遗书，共一万三千七百二十五种。"③ 可以说，无论是"殿本"还是"殿板"皆指武英殿刊刻的书籍。

需要厘清的是，内府本与殿本概念和范畴并不完全相同。李致忠先生认为，内府之称本有特定含义。《史记·淮阴侯列传》有："夫锐气挫于险塞，而粮食竭于内府。"④《后汉书·南蛮西南夷列传》："賨幏火毳、馴禽封兽之赋，輶积于内府。"⑤ 这里的"内府"指的是皇室仓储。《周礼·天官·内府》载："内府掌受九贡、九赋、九功之货贿、良兵、良器。"⑥ 这里的"内府"指的是掌管府军之官职。到了唐代，折冲府又有内府、外府的区别。内府指划归五府三卫和东宫三府三卫管辖的折冲府。这里的"内府"则指府兵制军府。可见唐代以前内府之称含义并不相同，但都不是指皇室内廷的机构建置⑦。明清两代，始设内务府，专司皇室事务。凡宫廷典礼、仓储、财务、工程、畜牧、警卫、刑狱诸事，皆归内务府负责，

---

① 台湾史语所藏内阁大库档案，登录号：176582-001。
② 《清高宗实录》卷384，乾隆十六年三月初一日。
③ （清）吴长元：《宸垣识略》卷5，清乾隆池北草堂刻本。
④ （汉）司马迁：《史记》卷92《淮阴侯列传第三十二》，中华书局1982年版，第2623页。
⑤ （南朝宋）范晔：《后汉书》卷86《南蛮西南夷列传第七十六·西南夷·白马氏》，中华书局1965年版，第2860页。
⑥ （清）阮元校刻：《十三经注疏·周礼注疏》卷6《内府》，中华书局2009年版，第1461页。
⑦ 《清代内府刻书目录解题》，第6页。

不与外廷行政系统相混。清代内务府长官称为内务府总管大臣，以满族王公或满族大臣充任。因此明清两代的内府，实为内务府之简称，亦特有所指①。李致忠先生认为："实际上，人们说到内府刻书时，又不局限这种概念，而是把中央各殿、院、司、局、各部、署、监、馆等机构所刻之书，统称为内府刻书。"②

学界对于殿本的著录，往往与内府本混淆在一起。广义的殿本概念包罗万象，雷同于内府本，既不确切，又不利于凸显武英殿刻本的特色。康熙十九年清廷设立武英殿修书处负责宫廷刻书事宜，因此"武英殿刻本遂即成为内府刻本的代名词"③。值得注意的是，武英殿修书处产生之前的清代内府刻书只能称为"内府本"或"内板"，而不能称为"殿本"，狭义的殿本概念并不能包含所有的内府本，只是由于康乾时期武英殿刻书大盛，"殿本"之名渐掩"内府本"之名。

严佐之在《古籍版本学概论》一书中将"清帝钦命内臣赴京外刊印的板本""外间刻书进呈后特准归藏内府的板本"归类为内府本，而非武英殿刻本④。通观今人编纂的版本辞典对殿本这一词条的著录，多采取狭义的定义。如诸伟奇等人编著的《简明古籍整理辞典》对"武英殿本"一词的著录为："亦称'殿本''殿版'。清代官刻书。因刻印机构设在武英殿，故名。"⑤唐嘉弘主编的《中国古代典章制度大辞典》著录为："殿本：武英殿本的简称。清代中央刻书机构设在武英殿，所刻各书世称殿本。"⑥华夫主编的《中国古代名物大典》亦著录为："殿本亦称'殿版'。清代官刻本之一种。因

---

① 《清代内府刻书目录解题》，第6页。
② 同上书，第7页。
③ 严佐之：《古籍版本学概论》，华东师范大学出版社2008年版，第76页。
④ 同上。
⑤ 诸伟奇等编：《简明古籍整理辞典》，黑龙江人民出版社1990年版，第162页。
⑥ 唐嘉弘主编：《中国古代典章制度大辞典》，中州古籍出版社1998年版，第167页。

刻书机构设在武英殿，故名。"① 这说明部分版本学研究者认可采取殿本的狭义定义，学术界存在一定的共识。

基于以上考虑，本书涉及殿本之处，均采用殿本的狭义定义，即认为殿本特指康熙十九年武英殿修书处成立后在武英殿刊刻、装潢完成的内府典籍，除此之外的其他内府刻本不能统计在内，这一定义符合清代官方所认可的概念范畴。

二 研究思路

本书分为七章，每章下设若干小节。第一章回溯历代中央机构刊刻书籍的传统，辨析了明代司礼监经厂刻书与武英殿修书处的渊源，同时从清初的政治文化环境的角度考察武英殿修书处得以设立的历史背景。第二章考察武英殿修书处成立的时间、地点，与武英殿造办处的关系等问题，对其发展历程进行分期，在此基础上重点论述武英殿修书处在各个时期（创始期、鼎盛期、式微期和衰亡期）制度发展和刊印殿本的成绩。第三章探讨武英殿修书处的组织机构、职官和人员设置，同时梳理以往学界较为忽略的武英殿刻字匠、刷印匠、装裱匠等各类匠役的来源、数量及奖惩。第四章结合武英殿修书处档案，深入探究武英殿修书处的日常运作机制，包括经费、物料开支，与内务府、翰林院、国子监、修书各馆等机构的协调合作关系，认为武英殿修书处建立了一套完备的组织管理体制和后勤保障制度。第五章考述武英殿修书处的刊印与校勘活动，重点厘清了武英殿聚珍馆和武英殿聚珍版书的相关问题，对聚珍版 25 万余个木活字的去向进行查考。第六章总结了殿本的版刻、用纸等基本特征，利用文献档案纠正已有殿本著录的讹误之处。第七章全面爬梳了殿本的流通过程，考察殿本进呈、颁发、陈设、售卖的全过程，着重考辨了回缴和售卖两个重要环节。最后在系统总结的基础上，提出研究过程中所触发的新思考，探讨武英殿修书处的性质及局限

---

① 华夫主编：《中国古代名物大典》，济南出版社 1993 年版，第 1766 页。

性等问题。

总之，本书的研究一方面探讨武英殿修书处设馆时间、地点、组织机构、人员设置、协调合作、后勤保障等细节问题；另一方面亦关注殿本的版本、用纸等特征，具体考察殿本的流通售卖等问题。武英殿修书处作为清代"皇家出版社"，是近来故宫博物院倡导建立"故宫学"的重要组成部分，厘清相关问题，将会进一步凸显武英殿修书处在清代学术文化脉络中的地位和价值。

三 研究方法

1. 历史学的方法。历史学是通过史料的运用和分析，研究人类社会发生、发展的具体过程及其规律的一门科学[①]。本书运用历史学的研究方法，在严谨的历史叙述中，考察武英殿修书处成立、发展、衰落的历史进程。同时力求探讨武英殿修书处刊印活动背后的政治文化现象，注重在史学理论的指导下，宏观与微观研究相结合，史实考据与理论探讨相结合。

2. 文献学的方法。文献学以"辨章学术，考镜源流"为宗旨，本书综合运用版本学、目录学、校勘学等多种文献学研究方法，不仅开展大量的文献调查，编制较为详细完整的清代殿本总目，全面揭示武英殿刻书的整体面貌，而且结合发掘的档案资料进行缜密考证，去粗存精，去伪存真。如对以往被误判为武英殿刻本的典籍予以纠正，对武英殿修书处的开设时间予以确切的考证。

除了历史、文献学的方法外，在具体研究中，还采取多样化的研究方法，将实物查验与文献档案相结合。在全面调研国内主要图书馆所藏殿本的基础上，笔者借助2016年在美国普林斯顿大学访学的机会，遍访哈佛大学、耶鲁大学、哥伦比亚大学等东亚图书馆所藏的殿本实物，同时爬梳中国第一历史档案馆、史语所等地所藏武

---

① 董大年主编：《现代汉语分类大词典》，上海辞书出版社2007年版，第650页。

英殿修书处档案、军机处档案、内阁大库档案等资料，通过实物目验和文献爬梳，解决殿本研究中的细节和疑难问题。

同时，个案研究与整体分析相结合。武英殿修书处作为清代最重要的刻书机构，刻书、装潢和校勘活动持续两百余年，横跨康熙至宣统九朝，涉及的研究要素可以说错综复杂，在研究过程中，必须在宏观论述、整体分析的基础上，以个案研究切入考察，呈现复杂的多重面向。例如通过武英殿通行书籍售卖处的个案探究殿本的流通机制，管窥封建帝王对殿本发行的干预和控制。

需要说明的是，"武英殿修书处"这一研究对象具有鲜明的时代性，既是史学研究对象，也是书籍史、文化史关注的重要对象，这就要求在具体论述中综合运用多种研究方法，将研究对象放置于特定的历史环境中考察，以多元的研究路径爬梳史料，钩沉史实。

第四节 资料来源

史料是学术研究的基础，要对有清一代的武英殿修书处开展全面的研究，有赖于对武英殿修书处档案及相关史料的深入发掘和充分利用。近些年来，随着武英殿修书处档案、清宫陈设档案、军机处上谕档、内务府造办处档案、奏销档案等大量史料的整理、影印出版，关于武英殿修书处的文献资料越来越多，不仅为我们解决以前悬而未决的问题提供了充分的资料保障，许多疑难问题迎刃而解，也为探究武英殿修书处的整体面貌提供了宝贵的文献资料。下文兹就与武英殿修书处研究关系最为紧要者分类评说。

（一）档案类。与武英殿修书处相关的清宫原始档案，包括宫中朱批奏折、军机处录副奏折、军机处上谕档、内务府奏销档、起居注等，是开展研究所依赖的最原始、最可靠的史料，史料价值和可信度在诸多文献中最高。武英殿修书处曾设有档案房，运行过程中形成了较为完备的武英殿修书处专题档案，这些档案相当一部分得以保存至今，收录于故宫出版社出版的《清宫武英殿修书处档案》①，令人遗憾的是该档案汇编仅起始于嘉庆元年，而武英殿修书处发展最为鼎盛的康熙、雍正、乾隆三朝档案则整体缺失，消失原因未明。值得庆幸的是，康雍乾三朝有关武英殿修书处的档案还部分散见于中国第一历史档案馆所藏内务府奏销档、台湾"中央"研究院所藏内阁大库档，乾隆朝的武英殿修书处档案还见诸中国第一历史档案馆已出版的《纂修四库全书档案》，可以在一定程度上弥补《清宫武英殿修书处档案》收录不足之缺憾，可以较为完整地考察修书处自成立至衰亡的历程。这些档案文献，择其重要者有：

1. 故宫出版社2014年出版的《清宫武英殿修书处档案》是本书撰写的重要资料来源。该书收录了中国第一历史档案馆藏558册（件），故宫博物院藏33册（件），另有三家机构收藏的相关档案26册（件）：分别是中国国家图书馆藏《武英殿颁发通行书籍目录》《武英殿刻书作定例》和《武英殿东庑凝道殿存贮书籍清册》，计22册；北京大学图书馆藏《武英殿修书处同治元年正月至十二月旧存新收开除现存书籍法帖清册档》和《同治四年武英殿修书处存售书籍清册档》，计2册；中国国家图书馆藏《武英殿卖书底簿》，计2册。可以说，《清宫武英殿修书处档案》囊括了目前所能收集到的武英殿修书处以及与该机构相关的御书处、内务府、内阁档案。收录内容包括：武英殿官员匠役等门照册、发放各作的腰牌账、各作匠役名册、考勤及值宿档、传办书籍专款银两档、钱粮册底、出入日月档、传办各种书籍所需料工饭食银两册、堂呈稿及抄档、印记号簿、上传差务档、各种书籍刻板数目册、官员俸禄米册、书籍册底，修书处官员及总裁的提调、典卖书籍，等等，十分丰富具体。这一清宫修书机构的首部专题档案，为本书的写作提供了坚实可靠的文献基础。

---

① 中国第一历史档案馆、故宫博物院编：《清宫武英殿修书处档案》，故宫出版社2014年版。

2. 中国第一历史档案馆 1997 年整理出版的《纂修四库全书档案》①，是研究《四库全书》编纂过程中不可或缺的原始资料汇编。武英殿修书处在办理《四库全书》过程中发挥了重要作用，翰林院负责纂修《四库全书》，武英殿则负责缮写、分校、刊印和装潢。因此，《纂修四库全书档案》所收录的大量档案不少是与武英殿修书处密切相关的资料，可以据此考察武英殿修书处相关制度、运行过程，以及与四库全书馆的互动关系，等等。《纂修四库全书档案》共收录的档案史料 2000 多件，与武英殿修书处相关的档案主要包括：军机大臣及四库全书馆总裁、总纂等官员在编校《四库全书》过程中，有关纂校人员考绩、奖惩、进度等方面的奏报；武英殿参与办理《四库全书》空函书籍的奏折，等等。可以说，《纂修四库全书档案》对于研究武英殿修书处相关问题具有重要的参考价值。

3. 殿本流通史是武英殿修书处研究的重要组成部分，朱赛虹主编的《故宫博物院藏清宫陈设档案》② 为探索殿本的陈设和颁发提供了重要资料。内务府陈设档，是"清宫内务府每年对其所辖各处殿堂陈设物品进行清点时所立的陈设清册"③。这批陈设档现分存于中国第一历史档案馆和故宫博物院两处。据故宫图书馆馆员李福敏《故宫博物院藏清内务府陈设档》一文的介绍："中国第一历史档案馆所藏大多为圆明园、静宜园、颐和园、景山、避暑山庄、热河行宫及盘山行宫等处陈设清册，故宫博物院所藏多为紫禁城内各宫殿内部物品陈设清册。"④ 此外，1924 年溥仪出宫后，清室善后委员会对故宫各殿所存留物品进行清点，最后出版了《故宫物品点查报告》，详细记载宫中各殿宇所陈设的文物、图书典籍、文献档案等，"以各宫、殿、堂、园为单位分册，注明物品名称、件数，并加以编

---

① 张书才主编：《纂修四库全书档案》，上海古籍出版社 1997 年版。
② 朱赛虹主编：《故宫博物院藏清宫陈设档案》，故宫出版社 2013 年版。
③ 李福敏：《故宫博物院藏清内务府陈设档》，《历史档案》2004 年第 1 期。
④ 同上。

号，注明制造年代，残缺状况，包装形式等项"①，所清查物品包括了殿本在内的陈设情况，是反映晚清时期宫中殿本陈设的第一手史料。武英殿修书处刻印内府图书后，都要循例将殿本放置各处殿宇、行宫等地陈设，借助《陈设档》《故宫物品点查报告》等陈设资料，我们可以全面考察殿本陈设的范围、目的和陈设状况。

（二）官书、政典类。主要包括《钦定大清会典》《钦定大清会典事例》《钦定总管内务府现行则例》《八旗通志》等，是本书撰写重要的资料来源。

1. 《钦定大清会典》及《钦定大清会典事例》。《钦定大清会典》作为清代典章制度类史料，是记载清代国家体制和各部、院职责制度的权威文献。清代共编有五部《会典》，分别编纂于康熙、雍正、乾隆、嘉庆、光绪朝。由于这五部会典编纂时间不一，典章制度有所增损因革，则例、事例的删繁就简等情况比较复杂，而目前研究者多以光绪朝所修《会典》为本，其前四部《会典》尚未引起广泛重视。本书对五部会典均有不同程度的征引。特别是要考察武英殿修书处的早期设置情况，必须查阅较早的会典及事例记载，追溯其源头。可以说，《会典》所载较为全面地记载了武英殿修书处制度、职官设置、人员管理及奖惩机制方方面面的情况，无疑是考察武英殿修书处的绝好材料，值得特别重视。

2. 清廷在政务运行过程中，编纂了各部院则例，详细记载中央机构或各专门事项的规制。这些形形色色的则例当中，《钦定总管内务府现行则例》② 与武英殿修书处典章制度密切相关。武英殿修书处隶属于内务府，机构运作、人员配置等均由内务府直接统筹安排。《钦定总管内务府现行则例》著录了建置衙署额定员役、选补员缺、司匠等官饭例、奏销事宜、各作事宜、领取纸张等项③，还涉及与武

---

① 清室善后委员会编：《故宫物品点查报告》，线装书局2004年版。
② 故宫博物院编：《钦定内务府则例二种》，《故宫珍本丛刊》，海南出版社2000年版。
③ 故宫博物院编：《钦定内务府则例二种》，《故宫珍本丛刊》，第286—287页。

英殿修书处息息相关的会计司、庆丰司、广储司等部门规章。

3. 乾嘉时期大臣奉敕编纂的《国朝宫史》及《国朝宫史续编》是著录武英殿修书处沿革及殿本种类、数量的重要资料汇编。两书设有六门：训谕、典礼、宫殿、经费、官制、书籍①，其中不乏武英殿修书处官署建置、人员设置、经费来源等规章制度相关记载。"书籍"一门，将清前期"官修的重要书籍的篇名、编书缘起、内容梗概和御制序文集在一起，洋洋大观，篇幅几乎占到全书的四分之一"②，是研究殿本的第一手原始资料。

（三）目录类。武英殿修书处所刻印的殿本版本、题跋等情况见诸多种目录类书籍，这是考察殿本版本、统计殿本数量的重要参照。与殿本密切相关的目录类书籍，主要包括《国立奉天图书馆殿版书目》③《翔凤阁殿版聚珍图书目录》；故宫博物院所编《故宫所藏殿板书目》④《故宫殿本书库现存目》《清代殿版书目》；1983年台北故宫博物院所编《"国立"故宫博物院善本旧籍目录》⑤；1995年故宫和辽宁省图书馆合编的《清代内府刻书目录解题》⑥，等等。

（四）史料汇编类。民国以来，多种史料汇编收录了有关武英殿修书处的相关档案资料。例如，1930年6月创刊的《史料旬刊》⑦是系统发表故宫博物院整理院藏清代宫中档案、内务府档案、内阁大库档案和军机处档案的定期刊物，其中不乏关于武英殿修书处和

---

① （清）庆桂等编：《国朝宫史续编》，北京古籍出版社1987年版。
② （清）鄂尔泰、张廷玉等编：《国朝宫史》，北京古籍出版社1987年版。
③ 该书目现收录于《明清以来公藏书目汇刊》第57册，北京图书馆出版社2008年版。
④ 《故宫所藏殿板书目》，民国二十二年（1933）故宫博物院图书馆铅印本。
⑤ 台北故宫博物院编：《"国立"故宫博物院善本旧籍目录》，"国立"故宫博物院1983年版。
⑥ 故宫博物院图书馆、辽宁省图书馆编：《清代内府刻书目录解题》，紫禁城出版社1995年版。
⑦ 《史料旬刊》每月1期，共出版40期。刊布的档案包括皇帝谕旨，官员上呈的奏折以及函、咨、禀、清单、揭帖等。北京图书馆出版社2008年再版全套的《史料旬刊》。

殿本的珍贵史料。例如,《史料旬刊》1930年第11期刊载的《武英殿遗失经板案》、1930年第14期刊载的《内务府奏清查武英殿修书处余书请将监造司库等官员议处折》等资料,都值得参考。

除此之外,本书还大量参考利用清人文集、笔记、年谱、方志等史料,兹不赘述。需要说明的是,系统、全面地考察武英殿修书处,除了尽可能地挖掘文献档案,还有必要大量的目验殿本实物。笔者曾多次赴收藏殿本宏富的中国国家图书馆、两岸故宫调阅殿本实物,2016年美国访学期间,还广泛查阅了北美地区东亚图书馆所藏殿本,目验殿本数量总计近300部,为将文献档案与实物查验结合研究打下了良好基础。

第 一 章

武英殿修书处设立的背景与渊源

　　武英殿修书处隶属于内务府，是清代最重要的中央刻书专门机构。清廷设立武英殿修书处负责刻书事宜，在中国官方刻书的历史长河中有清晰的脉络可寻，可以说直接继承了中国历代中央政府刻书的优秀传统，在这一基础上有了重要创新和发展。同时也要注意到，武英殿修书处是清朝统治者标榜文治、推行其"稽古右文"文化政策的大背景下成立的，有着深厚的历史渊源和现实考量。总体而言，在历代典籍刊刻的过程中，由中央机构组织刊刻典籍，既有民间刻书所无法比拟的优越性，可以最大限度地动用人力、物力和财力等官方资源完成典籍刊印，又能在把控编刻典籍的政治、学术导向，体现官方意志方面发挥不可替代的作用。

第一节　明代以前的中央机构刻书

　　学界一般认为，雕版印刷肇始于唐代。最初的印刷多为民间私刻，中央机构刻书则源自五代。五代后唐时，国子监刊刻《九经》。史载："后唐明宗长兴三年，宰相冯道、李愚请令判国子监田敏校正

《九经》，刻板印卖。"① 《五代会要》亦载："后唐长兴三年二月，中书门下奏：'请依石经文字刻《九经》印版。'敕'国子监集博士儒徒，将西京石经本，各以所业本经句读抄写注出，仔细看读，然后雇召能雕字匠人，各部随帙刻印版，广颁天下。如诸色人要写经书，并须以所印敕本，不得更使杂本交错。'"②《九经》自后唐长兴三年（932）初刊，至后周广顺三年（953）完成，前后共历四朝，还专门组织国子监博士进行了校勘工作。这是中央政府以雕版传布官本经书之开端，意义深远。自此以后，历代政府皆以"刻书"为文化建设的重要组成部分，专门设立了中央刻书机构，宋代的国子监，辽代的秘书监，金代的宏文院，元代的编修所、兴文署，明代的司礼监、南北二监，以及清代的武英殿修书处等，都可以说延续了中央机构刻书的传统，历代中央刻书机构既有一定的共同特征，又各自有一定的时代性和特殊性，在中国历史文化长河中璀璨夺目。

一　宋代中央机构刻书

宋代"是我国雕版事业发展的黄金时代。南北宋刻书之多，雕镂之广，规模之大，版印之精，流通之宽，都是空前未有的"③。宋代刻书可分为官刻、私刻和民间刻书三大系统，中央各殿、院、监、司、局刻书皆属"官刻"系统。

国子监是宋代中央机构刻书的最重要机构之一。据载，宋太宗时任命孔维与学官校定《五经疏义》，刻板行用。宋淳化五年（994）兼判国子监李至奏称："五经书疏已板行，惟二传、二礼、《孝经》《论语》《尔雅》七经疏义未备，岂副仁君垂训之意！今直讲崔颐正、孙奭、崔偓佺皆励精强学，博通精义，望令重加雠校，

---

①　（宋）司马光：《资治通鉴》卷291《后周纪二》，中华书局1956年版，第9495页。

②　（宋）王溥：《五代会要》，上海古籍出版社1978年版，第128页。

③　李致忠：《历代刻书考述》，巴蜀书社1990年版，第58页。

以备刊刻。"①《史记》《汉书》《后汉书》在该年选官分校,杭州镂板印行。李至同时建议将国子监原属印书钱物所改名为国子监书库官,掌印经史群书。其后,元丰三年省,绍兴十三年复置一员,三十一年罢。隆兴初,诏主簿兼书库,乾道七年复置一员②。可见宋太宗时期已在国子监设立印书钱物所这一专门刻书机构,后因其名过俗,改称书库官,专掌雕印经史群书。

景德二年(1005),宋真宗询问国子监祭酒邢昺该监已雕刻经书板片,邢昺答曰:"国初不及四千,今十余万,经、传、正义皆具……今板本大备,士庶家皆有之。"③宋初大量编纂了儒家经典著作的音义及文字训释的注疏、正义,在国子监雕版印行,雕版数量从不足四千增至十余万块。到宋仁宗时,正史大部分皆由国子监镂板颁行。史载:"嘉祐中,以《宋》《齐》《梁》《陈》《魏》《北齐》《周书》舛谬亡阙,始召馆职雠校。曾巩等以秘阁所藏本多误,不足凭以是正,请诏天下藏书家悉上异本。久之,始集。治平中,巩校定《南齐》《梁》《陈》三书上之,刘恕上《后魏书》,王安国上《北周书》,政和中始皆毕,颁之学官。"④

南宋初期,因战乱之故,国子监所藏雕版去失大半,只能重新校刻。据宋人李心传《建炎以来朝野杂记》卷4载:"监本书籍,绍兴末年所刊。国家艰难以来,固未暇及。九年九月,张彦实待制为尚书郎,始请下诸州道学,取旧监本书籍,镂板颁行。从之。然取者多有残缺,故胄监刊六经,无《礼记》;正史无《汉书》。二十一年五月,辅臣复以为言。上谓秦益公曰:'监中其他阙书亦令次第镂板,虽重有费,不惜也。'由是经籍复全。"⑤宋代国子监不但刻印正经、正史,还校刻了不少医书,如《脉经》《千金要方》《图经本

---

① 《宋史》卷266,《列传·李至》,中华书局1985年版,第9177页。
② 《宋史》卷165,《职官·国子监》,第3917页。
③ 《宋史》卷431,《列传·儒林·邢昺》,第12798页。
④ 《文献通考》卷192,《经籍考·正史》,中华书局2011年版,第5576页。
⑤ 《建炎以来朝野杂记》卷4,《监本书籍》,中华书局2000年版,第114页。

草》等。宋元祐刻本《仲景全书四种》收录有元祐三年（1088）国子监牒文，称"只收官纸工墨本价，许民间请买，仍送诸路出卖"。这个牒文颇为重要，既说明了宋代国子监刻书允许民间请印翻刻的现象，也体现了宋代官府刻书的售卖情况。

值得注意的是，据王国维《两浙古本考》考证，宋代国子监刻书并非都是出自本监的印书钱物所和后来的书库官："国子监刊书，若《七经正义》，若史、汉三史，若南北朝七史，若《唐书》，若《资治通鉴》，若诸医书，皆下杭州镂板。北宋监本刊于杭者，殆居泰半。"[1] 南宋监本更是分散在全国各地进行雕版。宋代国子监为何不顾财帛之费，舍近求远，交由杭州镂板开印呢？叶梦得《石林燕语》对此有所解释："京师比岁印板，殆不减杭州，但纸不佳。"[2] 除了纸张质量外，杭州多刻板精湛之人也是重要原因。

宋代的中央机构刻书，除国子监刻印经史群书外，其他诸如崇政院、左司廊局也是重要刻书机构，刻印了不少重要典籍。如崇政院先后刊刻有《吴志》30卷、《隋书》85卷、孙奭《律文》12卷《音义》1卷、贾昌朝《群经音辨》7卷等；左司廊局刻《春秋经传集解》30卷、德寿殿刻刘球《隶韵》10卷等[3]。宋代秘书监掌管古今经籍图书、国朝实录等事务。其下属的太史局专掌天文，测定历法。《宋史·职官志》载，太史局曾设立印历所，"掌雕印历书"[4]。太史局印历所的刻印对象主要是与天文历算相关的专业典籍。

宋代朝廷也十分重视包括刻本和抄本在内的图书典籍校勘工作，为后世树立了典范。宋代努力搜访遗书的同时，朝廷组织人员对访

---

[1] 王国维：《两浙古刊本考序》，载《观堂集林》卷21，中华书局1959年版，第1045页。

[2] （宋）叶梦得：《石林燕语》卷8，中华书局1984年版，第116页。

[3] 叶德辉《书林清话》载有宋本《春秋经传集解》书卷题记"淳熙三年四月十七日，左司廊局内曹掌典秦玉桢等奏闻……监造臣曹栋校梓，司局臣郭庆验牍"。这里的左司廊局应为皇室刻书机构。参见叶德辉《书林清话》卷3《宋司库州军郡府县书院刻书》，中华书局1957年版，第61页。

[4] 《宋史》卷164，《职官志·秘书省》，第3879页。

求到的文献进行了规模空前的校勘整理。可以说，流传至今的五代以前古籍，基本上都经过宋代官方的校勘整理，有些书籍还被反复校勘。宋人校勘整理的前人著作涉及经史子集各部，有些本朝新编之书也被列入校勘范围。据统计，仅北宋 167 年间，中央政府组织的对国家藏书较大规模的校勘活动就有 40 多次。除儒家经典、前朝正史被多次反复校正外，子部中的医药学著作、农书、兵书等也备受重视。由于校书范围广，整理工作成绩显著，宋代校勘书籍的方法得到总结，出版了一些独立成书的校勘著作，校勘学的理论初步建立起来①。

二　元代中央机构刻书

元代统治者采取了尊经崇儒、兴学立教、举贤招隐等一系列文治政策。兴文署是元代中央政府直属的主要典籍刊刻机构。元太宗八年（1236）六月，于汗八里（今北京）设编修所，在平阳府沿金之旧制，复设经籍所，掌管搜访、庋藏图书典籍，编辑、印刷经史类著作。至元四年（1267）又将编修所、经籍所名义上予以合并，改为宏文院。至元六年（1269）徙平阳府经籍所于京师。至元十年（1273）正月立秘书监，掌中央图书经籍，同年又设立了兴文署②，专掌雕印文书。关于此事经过，傅增湘《藏园群书经眼录》卷 12《刻宋本寒山诗集序》记述甚详："元则太宗用耶律楚材言，因金源平水书籍之旧，立经籍所于平水。其后世祖用许衡言，立兴文署以掌书版。"③ 据元人王士点《秘书监志》卷 7 载："至元十年十一月初七日，太保大司农奏过事内一件：'兴文署掌雕印文书，交属秘书

---

① 汝企和：《北宋中后期官府校勘述论》，《中国史研究》2000 年第 1 期。
② 兴文署的设立时间存在争议，如《续资治通鉴》载，至元二十七年（1290）"立兴文署，掌经籍板及江南学田钱谷"。（参见毕沅《续资治通鉴》卷 189《元纪七》，中华书局 1957 年版，第 5162 页）但据学界考证，《秘书监志》所载的至元十年更为可信。
③ （唐）寒山：《寒山诗注》，项楚校注，中华书局 2000 年版，第 955 页。

监呵，怎生？'奉圣旨：'那般者。'钦此。"翰林学士王盘《兴文署新刊资治通鉴序》："朝廷悯庠序之荒芜，叹人材之衰少，乃于京师创立兴文署，署置令、丞并校理四员，咸给禄廪，召集良工，剡刻诸经子史版本，颁布天下。"① 傅增湘所说的兴文署"掌书板"不仅是掌管刻印书籍的板片，而且还负责元代中央刻书事宜，《秘书监志》所记载的"掌雕印文书"以及《兴文署新刊资治通鉴序》所说的"剡刻诸经子史版本"，对其职能的描述更为准确。关于兴文署的职官设置，《元史》卷87载："兴文署，秩从六品。署令一员，以翰林修撰兼之。署丞一员，以翰林应奉兼之。至治二年罢，置典簿一员，从七品，掌提调诸生饮膳，与凡文牍簿书之事。仍置典吏一人。"② 又据《元代出版史》："兴文署设官三员，令一员，丞三员，校理四员，楷书一员，掌记一员，镌字匠四十名，作头一人，匠户十九人，印匠十六人。"③ 各类官员、匠役总计89人，为数不少，且有校理、楷书、镌字、刷印的明确分工，应该说是比较成熟的中央刻书机构。至元十四年（1277）兴文署并入翰林院，相关职能被拆分给其他机构。《秘书监志》卷7载，该年十二月，中书省奏："奉圣旨，省并衙门，内兴文署并入翰林院，王待制兼管有。印造每年历日事务拨附秘书监亲管。王待制牒保都作头董济于本监依旧勾当，祗受吏部札请俸，依上勾当。"兴文署刻书从设立到裁撤不过数年，但在短暂的时间中，也刻印了不少经籍，其中以刊刻胡三省注《资治通鉴》最为有名。前面提及的王盘《兴文署新刊资治通鉴序》④记载的正是兴文署刊刻《资治通鉴》一事，叶昌炽《藏书纪事诗》

---

① （元）王盘：《兴文署新刊资治通鉴序》，载《资治通鉴》卷首，中华书局1956年版，第31页。

② 《元史》卷87，《志第三十七·百官三·集贤院》，中华书局1976年版，第2193页。

③ 田建平：《元代出版史》，河北人民出版社2003年版，第2页。

④ （元）王盘：《兴文署新刊资治通鉴序》，第31页。

卷3亦载："《资治通鉴》兴文署板，顾从德藏。有'武陵'联珠印。"① 陆心源《元版资治通鉴跋》谓："（兴文署）召集良工，刊刻诸经子史版本，以《通鉴》为起端，是官刻善本也。"② 清代官修《天禄琳琅书目》卷5对兴文署首刊《资治通鉴》予以高度评价："朝廷于京师创立兴文署，署置令丞并校理四员，厚给禄廪，召集良工，剡刻诸经、子、史版本，流布天下。以《资治通鉴》为起端之首，可为识时事之缓急而审适用之先务。"③ 兴文署版《资治通鉴》到了清代嘉庆间仍有胡克家翻刻本，可见流传甚广。此外，兴文署还刊刻了蒙古文译本，如成宗大德十一年（1307）刊刻《孝经》，武宗至大四年（1311）刊刻《贞观政要》，仁宗时刊刻《大学衍义》《列女传》等。元代国祚较短，兴文署所刻之书的数量并不多。

　　元代的国子监是除了兴文署之外的另一中央刻书机构。据潘国允、赵坤娟编著的《蒙元版刻综录》著录，元代国子监刊刻过《监本附释音十三经注疏》335卷，其中包括《周易兼义》9卷，《附释音尚书注疏》20卷，《附释音毛诗注疏》20卷，《附释音周礼注疏》43卷，《仪礼》17卷，《附释音礼记注疏》63卷，《附释音春秋左传注疏》60卷，《监本附音春秋公羊注疏》28卷，《监本附音春秋穀梁注疏》20卷，《孝经注疏》9卷，《论语注疏解经》20卷，《孟子注疏解经》14卷，《尔雅注疏》11卷，《国语》21卷，《伤寒论》10卷等④。元代艺文监广成局还专门负责刊刻元朝历代皇帝的圣训⑤。

---

　　① （清）叶昌炽：《藏书纪事诗》卷3，北京燕山出版社2008年版，第170页。
　　② （清）陆心源：《仪顾堂书目题跋汇编·仪顾堂题跋》卷3《元版资治通鉴跋》，中华书局2009年版，第51页。
　　③ （清）于敏中：《天禄琳琅书目》卷5《资治通鉴》叙录，载《中国历代书目题跋丛书》，上海古籍出版社2007年版，第144页。
　　④ 潘国允、赵坤娟编：《蒙元版刻综录》，内蒙古大学出版社1996年版，第135—136页。
　　⑤ 李致忠：《中国出版通史·宋辽西夏金元卷》，中国书籍出版社2008年版，第365—367页。

值得一提的是，元代中央政府还主持全国日历的印制，由太史院及其特设的印历局完全垄断了历书的印刷出版，制定了严格的管理制度。《元史·刑法志四·作伪》云："诸告获私造历日者，赏银一百两，如无太史院历日印信，便同私历，造者以违制论。"① 太史院出版的历书上都标有"印信"，是一种用于图书专印出版的"准印证"。政府垄断历书出版，一是为了保证历书的精确性及其刊印质量，二是因为历书的需求量大，赢利十分可观。这种由中央政府控制历书印刷的模式在明清得到了延续，清代历书由钦天监负责编纂，武英殿修书处负责印刷。

中书省是元代最高的图书出版管理机构。明人陆容《菽园杂记》载："元人刻书，必经中书省看过，下所司，乃许刻印。"② 举凡重要的图书出版，均得由中书省审核批注，并颁下所谓"牒文"，才能出版。经呈请核准官刻的书籍，一般把所行公文列在书首，说明出版缘由，以及批准刻印的部门。牒文内容包括刻印图书的呈请，例如大德七年（1303）闰五月二十二日，准中书兵部关、刑部关，准本部郎中贾朝列关："建康路明道书院山长余庸，委是才艺之士，兼传通地理，迥出儒流。即目到部听除，即令兵部见奉中书省巧举，行移秘书监，纂录《天下地理总图》。若今本人分画纂录，彩画完备，实有可观。准此，照得：先准翰林应奉汪将仕保呈：前鄂州路儒学教授方平彩画地理总图，已经移关秘监，依上彩画，去讫。"③ 中书省管理和监督重要图书典籍的编纂、刊刻，诸如《至元大一统志》《天下地理总图》等书都予以直接管制，体现了中央政府的意志。

汉武帝独尊儒术以来，历代中央政府通过颁定儒家经典正本加强统治，而雕版印刷术的发明和广泛应用，也让统治者逐渐意识到

---

① 《元史》卷105《志第五十三·刑法四》，第2668页。
② （明）陆容：《菽园杂记》，中华书局1985年版，第129页。
③ 《元秘书监志》卷4《秘书库》，江苏广陵古籍刻印社1988年版，第8页。

雕版技术之于传播流通的重要价值，他们通过设立中央级刊刻机构，大量刊布符合统治阶级利益、有裨于教化的著作，由此催生了国子监、兴文署、经厂、武英殿修书处等职掌内府刊刻权舆的"皇家出版社"。这些带有鲜明皇家色彩的中央刻书机构，不仅有利于统治者巩固统治，大力宣扬文化政策，而且客观上使得大量深藏皇宫禁苑的内府典籍流入普通士民之家，大大促进了古代书籍流通的广度。

第二节 明代中央机构刻书与清代内府刻书源流

一 明代中央机构刻书概况

明代官府刻书之风十分盛行。清人袁栋所著《书隐丛说》云："官书之风，至明极盛。内而南北两京，外而道学两署，无不盛行雕造。官司至任，数卷新书与土仪并充馈品。"① 王士禛《居易录》卷 7 亦云："明时翰林官初上，或奉使回，例以书籍送署中书库，后无复此制矣。又如御史巡盐、茶、学政部郎榷关等差，率出俸钱刊书，今亦罕见。"②

明代内府刻书的数量，有几种重要的著录可供参考。明末宫内太监刘若愚所著《酌中志》，其中的《内板经书纪略》记载了内府刻书的册数、叶数，是万历后期司礼监下属机构经厂库所存贮书籍板片的详细账簿。《内板经书纪略》共记录了经史子集四部图书共计 163 种，另外还有佛经一藏（按一种计算）、番经一藏（按一种计算）、大小五部经及五般经等佛教经典 20 种，著录道经 1 种，总计 184 种。周弘祖所著《古今书刻》分为上下两编，上编记载明代中央各机构及各直省刻书情况，下编则著录各直省所存历代碑刻。《古

---

① （清）袁栋：《书隐丛说》，清乾隆间锄经楼刻本。
② （清）王士禛：《居易录》卷 7，齐鲁书社 2007 年版，第 3813 页。

今书刻》著录的特点是仅录书名，共记录内府刻书83种。《中国古籍善本书目》对于内府刻书的著录分为"内府刻本"与"司礼监刻本"两种，著录明内府刻本46种，司礼监刻本18种，总计64种。

明代内府刻书的版式特征，马学良的认识比较全面，引述如下："内府刻本一般书品阔大，半框高度一般在20厘米以上，宽在15厘米以上；除少数经折装佛经以外，均为四周双边，中间有界栏。"他认为不同时期的内府本有明显区别：洪武时期的内府本字体承元，略显古拙；永乐至正德时期，内府刻书日趋精细，字体多作秀丽赵体；万历以后，内府本所用字体打破永乐以来一主赵体风格，间有横平竖直、略显呆滞的宋体字开始出现①。

明代刻书字体，清人邓邦述云："元人刻书凡三变：其笔画圆整与此（宋刻本《纂图互注荀子》）相类者，乃元初承南宋之后，故不易判；其一则用赵承旨体；其一则写刻俱不甚工，而尚有古拙之气，下逮洪武成化，自成一派。"② 黄永年认为明代前期的刻本基本延续了元刻本的风格，"大体分成一大一小两个系统。即建阳的坊刻建本继续局守一隅成其小系统，此外全国各地继续继承元浙本系统成为大系统。此大系统的主要特点即和元刻本同样使用赵体字，而且不论官刻、家刻、坊刻在字体以至版式上几无甚出入"③。永乐到正德年间的内府本，字体比较一致，都是遒媚秀逸、笔法圆润的赵体字。嘉靖中期以后，字体由秀逸圆润的赵体字向方正整齐的宋体字转化。

明内府刻书用纸多选用棉纸，且纸质洁白。毛春翔《古书版本常谈（增订本）》说内府本"多是黑口、白纸"④；赵国璋、潘树广主编的《文献学辞典》"经厂本"条云："明代内府刻印的图书……

---

① 马学良：《明代内府刻书研究》，博士学位论文，南京大学，2013年。
② （清）邓邦述：《群碧楼善本书录》，载《海王邨古籍书目题跋丛刊》第6册，中国书店2008年版，第9页。
③ 黄永年：《古籍版本学》，江苏教育出版社2009年版，第111页。
④ 毛春翔：《古书版本常谈（增订本）》，上海古籍出版社2002年版，第63页。

用上好洁白棉纸和佳墨精印"①；赵前《明代刻书概述》亦云："经厂的主要特征为版式宽阔，行格疏朗，多用赵体字，以白棉纸印制。开本舒展大方，多包背装。"②

明代内府刻书的流通方式包括颁赐皇子、国子监、藩王、大臣。如永乐十五年（1417）五月，赐皇太子《务本之训》③。永乐十五年三月："颁《五经四书性理大全书》于六部并两京国子监及天下郡县学。"④《明代敕纂书考》云："太祖尝命礼部尚书陶凯、主事张筹等采辑汉唐以来藩王善恶，以为借鉴。会凯出参行省，编辑未成，于是又诏亲王傅文原吉，翰林院编修王僎，国子博士李叔允，助教朱复，录事蒋子杰等续修之。至洪武六年三月癸卯书成，太子赞善宋濂为序以进，赐名《昭鉴录》，以颁赐诸王。"⑤《明宣宗实录》卷16载：宣德元年夏四月戊寅，御制《外戚事鉴》及《历代臣鉴》二书成，颁赐群臣及外戚。上谕之曰："朕惟治天下之道，必自亲亲始；至于文武之臣，亦欲同归于善。然前事之不忘，后事之师也，故于暇日，采辑前代近戚及文武群臣善恶之迹，与其所得之吉凶，类为此书，用示法戒。其择善而从，以保福禄于永悠。"⑥嘉靖七年（1527）十月，"吏部左侍郎董玘、右侍郎徐缙、礼部左侍郎李时、翰林院学士顾鼎臣、太常寺少卿兼侍读谢丕、翰林院侍读学士张璧奏启内府书籍。上赐玘等六员各《四书书传大全》一部，加赐时、鼎臣、丕、璧各《文献通考》一部"⑦。

---

① 赵国璋、潘树广：《文献学辞典》，江西教育出版社1991年版，第531—532页。
② 赵前：《明代版刻概述》，载《明代版刻图典》，文物出版社2008年版，第8页。
③ 《明太宗实录》卷106。
④ 《明太宗实录》卷105。
⑤ 李晋华：《明代敕纂书考附引得》，燕京大学图书馆引得编纂处1932年版，第7页。
⑥ 《明宣宗实录》卷16。
⑦ 《明世宗实录》卷93。

此外，明代中央刻书机构中，南、北二监的刊刻活动也不可忽视。国子监作为国家最高教育机构，所刊刻的图书以经史读本为主。据张秀民的研究，明代两监的刻书重要者，包括北京国子监刊刻《十三经注疏》、翻刻南监《二十一史》等[①]；南京国子监补刊《二十一史》，以及《通鉴》《通鉴纪事本末》《通鉴纲目》《贞观政要》《通典》《通志略》《通考》《古史》《农桑撮要》《农桑衣食》《河防通议》《大观本草》等[②]。值得注意的是，明代中央六部等机构也参与刻印内府书籍。这些机构包括都察院、钦天监、礼部、兵部、工部、太医院等。

二 明代经厂刻书与清代内府刻书源流

清代内府刻书的发端，与明代经厂刻书关系密切，这里有必要对明代经厂刻书加以探讨。对于"经厂本"的定义，各家有所申说。潘承弼、顾廷龙认为："明内府雕版，阉寺主其事，发司礼监梓之，纳经厂库储之，凡所刊者即称之为经厂本。"[③] 这一观点是学术界较为普遍的说法，足资参考。

洪武十七年（1384）明廷增设了司礼监，朱元璋命"更定宫官六尚局品秩、内官诸监库局及外承运等库局品秩"[④]，在原有内官设置的基础上增加了内侍机构，设立尚宫、尚仪等六局，以及内官、神宫、尚宝、尚衣、尚膳、司设、司礼、御马、直殿九监。司礼监刻书始于永乐七年（1409），据《明太宗实录》载，该年明成祖朱棣曾下旨："皇太子天下之本，于今正当进学之时，朕欲使知其要，庶几将来太平之望。秦汉以下，教太子者多以黄、老、申、韩刑名

[①] 张秀民著，韩琦增订：《中国印刷史（增订版）》，浙江古籍出版社2007年版，第251—252页。

[②] 同上书，第242—243页。

[③] 潘承弼、顾廷龙：《明代版本图录初编》，文海出版社有限公司1971年版，第157页。

[④] 《明太祖实录》卷161。

术数，皆非正道。朕因闲暇，采圣贤之言，若执中建极之类，切于修身、齐家、治国、平天下者，今已成书，卿等试观之。有未善，更为朕言。'广等遍览毕，奏曰：'帝王道德之要，备载此书，宜与《典》《谟》《训诰》并传万世，请刊以赐。'上曰'然。'遂名《圣学心法》，命司礼监刊印。"① 《圣学心法》一书成为司礼监刻书之先声。

明英宗即位后，司礼监权力迅速膨胀，一跃成为内府二十四衙门中的第一监。据沈德符《万历野获编》载："司礼今为十二监中第一署。其长与首揆对柄机要，佥书、秉笔与管文书房，则职同次相。其僚佐及小内使，俱以内翰自命，若外之词林，且常服亦稍异。其宦官在别署者，见之必口头称上司。虽童稚亦以清流自居，晏然不为礼也。内官监视吏部，掌升选差遣之事。今虽称清要，而其权俱归司礼矣！"② 司礼监秉笔太监以"内翰""清流"自居，得到皇帝的特别宠幸。明末太监刘若愚说司礼监"最有宠著一人，以秉笔掌东厂。掌印秩尊，视元辅；掌东厂权重，视总宪兼次辅。其次秉笔、随堂，如众辅焉"③。

随着皇家刻书需求的增加，司礼监专门成立了经厂，作为负责内府图书刊刻印刷的机构。关于司礼监经厂设置的具体时间，清人朱一新《京师坊巷志稿》引《燕都游览志》云："大藏经厂，司礼监之经厂也。……《燕都游览志》：藏经厂碑记言厂隶司礼监，写印上用书籍，制造敕龙笺。藏库则堆贮经史文籍，三教番汉经典，及御制御书诗文印板。建自正统甲子，历嘉靖戊午，世宗造元都宫殿，将本厂大门拆占。隆庆改元，元都拆毁，其后内监展拓旧基，重加修饬，始万历三年二月，落成于五月。"④ 这里的"正统甲子"即正

---

① 《明太宗实录》卷88。
② （明）沈德符：《万历野获编补遗》卷2，中华书局1959年版，第814页。
③ （明）刘若愚：《酌中志》卷16《内府衙门职掌》，北京古籍出版社1994年版，第93页。
④ （清）朱一新：《京师坊巷志》，北京古籍出版社1982年版，第47页。

统九年（1444）。由此看出，经厂的职能为负责刊刻内府图书、保管书版及所刻典籍。刘若愚的《酌中志·内板经书纪略》对司礼监经厂本著录甚详："凡司礼监经厂库内所藏祖宗累朝传遗秘书典籍，皆提督总其事，而掌司、监工分其细也。"① 潘承弼、顾廷龙所编的《明代版本图录初编》认为："明内府雕版，阉寺主其事，发司礼监梓之，纳经厂库储之，凡所刊者，即称之为'经厂本'。沿袭既久，莫溯厥源。"②

司礼监经厂成立之后，同时负责管理内府书籍板片。《酌中志》云："凡司礼监经厂库内所藏祖宗累朝传遗秘书典籍，皆提督总其事，而掌司、监工分其细也。"③ 司礼监经厂刻书，多为诏令律例及经史文集，据《酌中志》及《古今书刻》统计，前后刻有200余种。经厂本大都版式宽大，双鱼尾，大黑口，行格疏朗，字大如钱，赵体字上板刊刻。首页多钤"广运之宝"，包背装居多。

司礼监所雇刻书匠役为数甚多。嘉靖十年（1531），皇帝命工部协同司礼监清查军民匠役，额定司礼监所属工匠1583名，其中笺纸匠62名，裱褙匠293名，折配匠189名，裁历匠81名，印刷匠134名，黑墨匠77名，笔匠48名，画匠76名，刊字匠315名，木匠71名④。经厂印刷工人一般由无偿到皇宫当差的"班匠"充任，明初内府制字匠有150名，两年一轮当差⑤。嘉靖十年（1531）内府整顿工匠，其中查明司礼监匠役总数为1583名，数量相当庞大。

值得注意的是，司礼监并非明代内府刻书的唯一负责机构，中央各部院也或多或少参与了内府刻书工作。如据《明实录》，正统十

---

① （明）刘若愚：《酌中志》，北京古籍出版社1994年版，第157页。
② 潘承弼、顾廷龙：《明代版本图录初编》，台湾文海出版社有限公司1971年版，第157页。
③ （明）刘若愚：《酌中志》，北京古籍出版社1994年版，第157页。
④ （明）申时行、赵用贤：《重修大明会典》卷189。
⑤ 转引自缪咏禾《中国出版通史·明代卷》，第154页。

二年（1447）三月《五伦书》成，命工部刻板①。嘉靖四年（1525）十二月，礼部刊《大礼集议》成，诏于奉天门奏进②。

综上所述，明代司礼监经厂设立于内廷，直接服务于皇帝。经厂本往往被视为明代内府本的代表，如程千帆、徐有富《校雠广义·版本编》"经厂本"条载："明内府刻书由司礼监负责，司礼监下设经厂库……司礼监经厂刻的书被称为经厂本。"③ 把明代内府刻书等同于司礼监刻书。张秀民《中国印刷史》对此有所解释："洪、永时所谓'制书'，在永乐未迁都前，均在南京宫廷内府刊行，称'内府本'。……永乐七年命司礼监刊印《圣学心法》，也称内府本。后来司礼监经厂本之名大著，遂掩内府本之名。"④ 经厂本俨然成为明代内府刻书的代名词。

关于明代经厂与清代内府刻书的历史渊源，陶湘在《清代殿板书始末记》一文中有清晰的揭示："清代殿板书实权舆于明代经厂本，惟明以司礼监专司，清则选词臣从事耳。顺治一朝纂刻书籍，均经厂原有工匠承办，故其格式与经厂本小异而大同。"⑤ 笔者认为，二者之间的渊源关系体现在如下三个方面。

第一，总体而言，清初内府刻本版式风格与明代经厂本版刻特征非常接近，都是字体横细竖粗，版式开本阔大，字大行疏。无论是写刻字体，还是版式、装帧，都有较为明显的晚明经厂本风格，如翁连溪所说："如不以序跋及所记年月或书籍内容加以识别，较难区分清顺治内府本与晚明经厂本。"⑥ 以字体为例，明代嘉靖中期以后，司礼监经厂刻书的字体多采用宋体字。这种字体方润整齐，横竖字画起刀皆直刻而入，不像软体字那样回旋婉转。该字体来源于

---

① 《明英宗实录》卷151。
② 《明世宗实录》卷58。
③ 程千帆、徐有富：《校雠广义·版本编》，齐鲁书社1998年版，第224页。
④ 张秀民：《中国印刷史》，浙江古籍出版社2006年版，第237—242页。
⑤ 陶湘：《清代殿板书始末记》，第68页。
⑥ 翁连溪编：《清代内府刻书图录》，北京出版社2004年版，第257页。

翻刻、模仿宋本，但是其后在明代刻书工匠的改造之下，逐渐变得横轻竖重，撇捺直挺、字形方整、棱角峻厉，完全失去了宋版字体的神韵，略显呆滞，故有人将其称为"明匠体"或"匠体字"。到了清代，内府刻书继承了明代后期以宋字体刻书的传统，相当一部分的内府本（包括殿本）都是宋字，这种字体便于刊刻上版，亦能提高刊刻效率，节省刊刻成本，逐渐成为清代内府刻书的常用字体。

第二，清初内府刻书所用匠役多沿用明末留下的内府司礼监经厂工匠承刻。如清初编刻的《大学衍义》《洪武宝训》《五经》《资政要览》《御注孝经》《内政辑要》等书，都是由明代遗留的工匠刊刻完成的。武英殿修书处成立后，转而从内务府选派旗人匠役从事刊刻、装潢等工作，逐渐建立了较为独立的匠役体系。

第三，就刻书机构性质而论，明代经厂刻书与清代内府刻书都是直接服务于皇家的专门机构，秉承皇帝旨意刊刻图书，皇权色彩浓厚。例如经厂本和清代内府本常有"御制序"冠于卷首。据《明实录》，御制序是内府图书刊刻流程中的重要一环："《五经四书大全》及《性理大全》书成。先是上命翰林院学士兼左春坊大学士胡广等编类是书，既成，广等以稿进。上览而嘉之，赐名《五经四书性理大全》，亲制序于卷首，至是誊写成帙，计二百二十九卷。广等上表进，上御奉天殿受之，命礼部刊赐天下。"① 此外，"御制序"后往往附有"进书表"及参与编纂的"奉敕纂修人员职名"；有的典籍后还会有修书的"后记""观书启"等。"进书表"与"后记"一般由当时负责该书编纂的正、副总裁官领衔，其文辞较"御制序"更为虚浮，比较注重格式，内容则基本是与"御制序"相呼应，略述修纂过程及内容。明代经厂本还列有"奉敕纂修人员职名"，一般按照官职大小及典籍编纂中充任的角色依次开列，每人均详列官职、姓名。编纂人员队伍庞大，动辄数十人，如永乐刻本《五经四书性理大全》卷前所列纂修人员就有 42 人。实际上，清代内府本亦有明

---

① 《明太宗实录》卷168。

代经厂本的这些共性特征，二者存在一定的继承关系。

除了上述所说的若干渊源外，我们还应注意到，清代内府刻书虽然继承了明代经厂刻书的某些特征，但在具体操办流程、办事人员素养方面则有很大的不同，"明以司礼监专司，清则选词臣从事"①，需要区别考察。总的来说，清代内府刻书滥觞于明代司礼监经厂刻书，但随着清代内府承刻能力的加强，特别是康熙十九年武英殿修书处成立后，逐渐建立了全新的组织架构和管理体制，呈现出与明代经厂刻书显著不同的面貌。

第三节　清初政治文化环境及中央机构刻书

武英殿修书处的设立与清廷的文化政策密切相关，有着深厚的文化土壤。纵观历代王朝兴衰史，文治与武功并重，"成为衡量王朝兴衰、国家治乱的重要标志"②，统治者多标榜文治，特别是在王朝的鼎盛时期，统治者往往高标"稽古右文"政策，而其有效手段和常用方法就是大规模的整理、编纂、刻印典籍。

一　清初统治者编刻书籍之风

顺治元年（1644），清军入关，定都北京。清朝统治者作为一个由少数民族建立的政权入主中原，首先面临的棘手问题便是统治合法性，迫切需要统一思想，维系人心。正如郑振铎指出的，统治者"蹂躏压迫，无所不至。薙夷略定，乃亦宣扬艺术，以资粉饰"③。因此，清朝统治者在政治、军事和经济上采取实现统一和巩固政权措施的同时，在文化上标榜"稽古右文"，确立了程朱理学作为官方

---

①　陶湘：《清代殿板书始末记》，载《书目丛刊》，第68页。
②　黄爱平：《中国古代的文化传统与图书编纂》，《理论学刊》2006年第10期。
③　郑振铎：《西谛书话》，"《中国版画史》序"，生活·读书·新知三联书店1983年版。

哲学和统治思想，确定了"崇儒重道""振兴文教"的基本文化国策。

　　清代是政治、经济高度发展的时期，清人入关后历朝皇帝均大力提倡兴儒尊贤，编纂各类典籍。顺治帝就非常爱读儒家经典，顺治十二年（1655）正月二十一日，顺治帝亲撰《御制资政要览序》，称："朕孜孜图治，学于古训，览《四书》《五经》《通鉴》等编，得其梗概，推之《十三经》《二十一史》及诸子之不悖于圣经者，莫不蕴涵事理，成一家言。"① 康熙十九年（1680）四月初八日，康熙帝在经筵讲学时下旨议叙学士张英、高士奇等人，"以副朕崇儒重道，稽古右文至意"②。康熙二十五年（1686）四月，康熙帝下诏广搜图书典籍，重申"稽古右文"政策："朕留心艺文，晨夕披览。虽内府书籍篇目粗陈，而裒集未备。因思通都大邑，应有藏编，野乘名山，岂无善本。今宜广为访辑，凡经史子集，除寻常刻本外，其有藏书秘录，作何给值、采集及借本抄写事宜，尔部院会同详议具奏。务令搜罗罔佚，以副朕稽古崇文之至意。"③ 正是在清初统治者"稽古右文"政策的倡导和推动下，兴起了一股编刻书籍之风。

　　清初统治者为了缓和满汉矛盾，巩固统治基础，沿袭了明代的科举制度，开科取士。顺治十二年（1655）三月二十七日："谕礼部：朕惟帝王敷治，文教是先。臣子致君，经术为本。自明季扰乱，日寻干戈。学问之道，阙焉未讲。今天下渐定，朕将兴文教，崇经术，以开太平。"④ 康熙帝亲政以后，尤为重视人才选拔。康熙十二年（1673）十二月十八日谕吏部、礼部曰："致治之道，首重人才。储养之源，由于学校。必衡鉴得人，厘剔有法，乃能革除积弊，遴拔真材，以彰文治之盛。"⑤ 康熙十七年（1678），清廷特设博学鸿

---

① 《清世祖实录》卷88，顺治十二年正月二十一日。
② 《清圣祖实录》卷89，康熙十九年四月初八日。
③ 《清圣祖实录》卷125，康熙二十五年四月初十日。
④ 《清世祖实录》卷90，顺治十二年三月二十七日。
⑤ 《清圣祖实录》卷44，康熙十二年十二月十八日。

词科，不拘一格选用汉族人才，增加科举考试科目和录取名额。同时，有意识网罗大批汉族士子，大规模地搜集、编纂、注释、刊刻典籍。这些文教政策对于笼络汉族知识分子、融化满汉畛域起到了巨大作用，在客观上也为内府编刻书籍创造了人才条件。大批儒臣进入内廷编校书籍，参与刻书事业，亦在相当程度上保证了内府编刻典籍的质量，革除了明代由司礼监太监执掌内府刻书而导致校刻不精之流弊。

明清鼎革之际，经过长期战乱，经济凋敝，土地荒废，人口锐减。清朝确立全国统治之后，采取各种措施，使经济得到了恢复和发展。康熙后期平定三藩之乱，社会经济大有改观，一定程度上为武英殿修书处等机构的创立和发展提供了坚实的经济基础。时人陆陇其评价说："自康熙二十年以后，海内始有起色。"[①] 康熙五十一年（1712）推行"滋生人丁、永不加赋"的政策，又进一步促成了社会秩序的相对稳定，人口增长与土地的开垦均高于清初的水平，如康熙二十四年（1685）全国共有2034万余人，全国垦田面积为607万余顷，康熙五十年（1711），全国人口增至2462万余人，全国垦田面积亦增至693万余顷[②]。

书籍编纂完成后往往要付之枣梨，予以刊刻流播。负责刊刻书籍的武英殿修书处得以设立，与当时清廷大量编纂官方书籍，存在巨大刊印的需求存在紧密关系。清代所编的典籍总量，据《清史稿·艺文志》及《清史稿艺文志拾遗》综合统计，约计7.5万种，数量相当惊人。早在入关之前，满族统治者高度认同汉族历史文化传统，以承继者的身份致力于汉文历史文献典籍的整理和编译。努尔哈赤敕编有《明会典》《素书》《三略》，作为其施政用兵的参考，皇太极亦组织翻译《资治通鉴》《六韬》《三国志》等汉文典籍。顺

---

① （清）陆陇其：《论直隶兴除事宜书》，《皇朝经世文编》卷28。
② 叶振鹏主编：《中国历代财政改革研究》，中国财政经济出版社2013年版，第403页。

治十二年（1655）正月，顺治帝谕令设立"大训馆"，编纂《顺治大训》。该年四月，顺治帝又下谕旨："朕欲仿《贞观政要》《洪武宝训》等书，分别义类，详加采辑，汇成一编，朕得朝夕仪型，子孙臣民，咸恪遵无斁，称为《太祖圣训》《太宗圣训》。"① 康熙帝推崇文治，下令编纂的典籍有《子史精华》《渊鉴类函》《律历渊源》《全唐诗》《清文鉴》《康熙字典》《钦定古今图书集成》等书籍，数量达60余种，2万余卷。

此外，清代的修书机构进一步完善，负责典籍编纂的修书各馆纷纷设立，名目繁多。对于清代修书各馆的类型，杨玉良的《武英殿修书处及内府修书各馆》、乔治忠的《清朝官方史学研究》以及沈原的《清代宫廷的修书机构》等论著均有精深的研究。一般而言，内府修书各馆可分为：常开之馆，如国史馆、方略馆、起居注馆等。例开之馆，如实录馆、圣训馆、玉牒馆、律例馆、则例馆等。特开之馆，如明史馆、一统志馆、会典馆、古今图书集成馆、四库全书馆、明纪纲目馆等。阅时而开之馆，如会典馆、功臣馆等②。这些修书机构每年均编纂完成大量的内府典籍，其中相当一部分典籍需要交付刊印。在皇帝督促下，这种需求可谓相当迫切，这就客观上为武英殿修书处这一内府刻书机构的设立创造了条件。

二　清初中央机构刻书概况

武英殿修书处是清代最主要的中央刻书机构，但同一时期内中央各部、国子监、翰林院等其他中央机构也偶有承担刻书职能，尤其是在清初这些刻书机构与武英殿修书处并存，彼此互为补充，共同构成了清初较为完备的中央政府刻书系统。这里有必要梳理和总结清初中央机构刻书的总体面貌和取得的成就，以便于系统比较武

---

① 《清世祖实录》卷91，顺治十二年四月二十九日。
② 杨玉良：《武英殿修书处及内府修书各馆》，《故宫博物院院刊》。关于开馆修书的四种类型，可参见乔治忠《清朝官方史学研究》，文津出版社1994年版，第5—6页。

英殿修书处与其他中央刻书机构之异同，凸显其特色所在。

清初负责编刻典籍的机构是内三院下属的内国史院。天聪九年（1635）十二月二十一日，梅勒章京张存仁奏议："改文馆为内阁中书科，以彰官制。其笔帖式亦应加中书科名色，分大小副参游守，为阁老翰林等官。"① 经过朝臣讨论，清廷最终于天聪十年（1636）三月六日将文馆改为内三院，即内国史院、内秘书院和内弘文院。内国史院职掌包括"记注皇上起居诏令……编纂一切机密文移及各官章奏掌记、官员升降文册等事"②，同时也负责内府书籍的编刻事宜。

清廷入关前，内府刻印典籍的能力相当有限，目前留下的印刷品主要是一些文告、敕谕。中国国家图书馆收藏的《后金檄明万历皇帝文》被视为清入关前、现今留存的最早汉文印刷品。据乔治忠考证，该文献刻印时间"下限为天命八年（1623，明天启三年）二月之前"③。中国第一历史档案馆藏有天聪四年（1630，明崇祯三年）刷印的《七大恨誓诏》，也是目前所见较早的清人汉文印刷品。

万历二十七年（1599）二月初一日："上（清太祖）独断，将蒙古字制为国语，创立满文，颁行国中。满文传布自此始。"④ 满文创立后，清廷组织力量翻译一些重要汉籍，皇太极首先谕令文馆节译辽、宋、金、元四史，至顺治三年（1646），满文辽、金、元三史刊刻成书。在这一政策推动下，不少汉籍得以翻译、出版，从现存的实物与档案记载看，清入关前书籍等多以满、蒙两种文字刷印，数量达十余部。目前所知存世最早的满文印刷品是崇德四年（1639）六月户部禁止官民栽种丹白桂的布告，存世最早的蒙文刻本则为崇德三年（1638）颁行的《军律》。

清人入关后并没有立即设立专门的刻书机构，但待政局初定，

---

① 《清太宗实录》卷26，天聪九年十二月二十一日。
② 《清太宗实录》卷28，天聪十年三月初六日。
③ 乔治忠：《"后金檄明万历皇帝文"考析》，《清史研究》1992年第3期。
④ 《清太祖实录》卷3，己亥年二月初一日。

急需编刻一批用于制定律法、教化思想的辅助性书籍，统治者决定先沿用明内府经厂的刻书匠役，编刻了一系列劝善惩恶、宣扬儒家伦理的典籍，用以教化臣民及内宫眷属。目前所见最早的此类雕版印刷品是顺治元年（1644）七月八日颁布的《安民告示》，据翁连溪所述"为整版雕刻，宽180厘米，高55厘米，四周云龙边框，镌刻精细，为清内府整幅版面最大的印刷品"。顺治四年（1647）编刻了《大清律》，颁行全国，充分体现了统治者"国基初定，礼法为先"的治国理念。

据陶湘《殿本书目》所载资料统计，顺治一朝内府刻书数量仅16种，79卷。该统计不尽准确，据翁连溪编制的《清代内府刻书编年目录》①，顺治一朝内府刊刻的刻本达59种，以资政、劝善、教化类，宣扬儒家思想的书籍为主，且多以满、汉两种文本同时刊印。如《资政要览》《御定内则衍义》《御注孝经》《御注道德经》《内政辑要》《劝善要言》《太上感应篇》《范行恒言》等。康熙十九年（1680）以前内府刻书数量为21种，二者合计80种之多。清初内府刻书装潢十分考究，以蝴蝶装、包背装为主，印刷所用纸张多为棉纸与榜纸。

清人入关前后刊印图籍的资料较为缺乏，《清实录》有较为简略的记载，包括刷印的书籍名称、颁赐情况等，这是我们借以考察当时印刷情况的宝贵资料。顺治三年（1646）刊刻的《洪武宝训》，由内国史院大学士刚林奉敕译成。《清世祖实录》顺治三年三月四日载："翻译明《洪武宝训》书成，上以宝训一书，彝宪格言，深裨治理。御制序文，载于编首。仍刊刻满汉字，颁行中外。"② 这是清人入关后翻译的第一部汉籍，也是存世最早的满文刻本。

据《清实录》所载，顺治朝已经开始将内府刊刻的典籍赏赐给王公大臣。顺治十二年（1655）九月二十五日："颁赐异姓公以下、

---

① 翁连溪：《清代内府刻书研究》，第365—372页。
② 《清世祖实录》卷25，顺治三年三月初四日。

文官三品以上，《御制资政要览》《范行恒言》《劝善要言》《儆心录》各一部。"① 顺治十三年（1656）二月二十二日："赐满书翰林官王熙等八人满文《资政要览》《人臣儆心录》各一部。"② 顺治十三年二月十九日："上以右春坊右庶子王熙精通满书……因赐大学士金之俊、刘正宗、傅以渐及王熙汉字《表忠录》各一部，复以二十六部分赐大学士陈之遴及都察院汉堂官、汉科道官。"③

康熙帝雄才武略，文化素养极高，平时即"留意典籍，编定群书"④。他非常重视经筵日讲，并谕旨将经筵内容编纂成书，刊刻流传。先后编刻成书的包括《日讲书经解义》《日讲易经解义》《日讲四书解义》诸书，均令刊刻颁赐。

康熙初年，清廷裁撤内三院，以总管内务府代之，内三院的原有刻书任务，转而交由内务府下属的武英殿修书处承办，翰林院、国子监及中央各部亦承担部分刻书之责。这一时期内府刊刻的典籍数量逐渐增多，频繁见诸《清圣祖实录》。如康熙三年（1664）正月二十日："刊刻清字《通鉴》告成。"⑤ 康熙三年三月二十五日："礼部议覆：顺天府府尹甘文焜疏请印刷国子监《四书大全》《五经》等书，装潢成帙，颁发顺天府及各省布政司，以备科场之用。"⑥

康熙十年（1671）前后，清廷设立"内翻书房"，"凡经史有旨翻清者，则纂辑以候钦定，御制诗文之敕翻者亦如之"⑦，成为负责翻译典籍的专门机构。翻书房的设立，大大加快了内府翻译汉籍的速度，大量典籍得以译就、出版。如康熙十一年（1672）正月，康

---

① 《清世祖实录》卷93，顺治十二年九月二十五日。
② 《清世祖实录》卷98，顺治十三年二月二十二日。
③ 《清世祖实录》卷98，顺治十三年二月十九日。
④ 《清圣祖实录》卷241，康熙四十九年三月初十日。
⑤ 《清圣祖实录》卷11，康熙三年正月二十日。
⑥ 《清圣祖实录》卷11，康熙三年三月二十五日。
⑦ 有关内翻书房设立时间、人员编制、职掌演变等问题的考证，参见赵志强《论清代的内翻书房》，《清史研究》1992年第2期。

熙帝命儒臣翻译《大学衍义》，七月告成颁发①。康熙十二年，上谕学士傅达礼："尔衙门所进翻译《大学衍义》一书，朕恭呈太皇太后御览。奉慈谕云：尔特加意是编，命儒臣翻译刊刻，更令颁赐诸臣，予心欣悦。特发内帑白金千两，可即赍予在事诸臣。朕仰遵慈旨，颁赐尔等。"②康熙十二年（1673）二月颁赐诸王以下文武各官及八旗官学《大学衍义》各一部。③

除了翻译汉籍，内府还编刻了不少汉文典籍。康熙十年（1671）正月二十九日，大学士等奏称："《品级考》告成，命刊刻遵行。"④康熙十一年正月二十二日，颁发刊刻完竣的律例等书："除颁发京城部院衙门，及外省驻防满洲将军外，其各省总督、巡抚、按察使，俱有理刑职掌，相应一并颁发。"⑤颁发的律例书籍数量比较可观。

武英殿修书处成立前后，哪些中央部门参与刻印书籍呢？笔者查考所见，清初礼部和翰林院刊刻了不少内府典籍，可以视为武英殿修书处成立前的中央刻书机构。例如康熙初期翰林院主持刊刻了《日讲四书解义》《日讲书经解义》和《日讲易经解义》《御定孝经衍义》等书⑥。甚至在武英殿修书处成立后，翰林院仍偶有承刻内府典籍。如雍正六年（1728）八月十一日："谕内阁：世祖皇帝《御制人臣儆心录》刻板收贮礼部。著交武英殿，将满、汉文各印千本进呈。其板内字画圈点，有应加修整者，著武英殿人员校看办理。"⑦《御制人臣儆心录》由武英殿刊刻满汉文字各 1000 本。据实录所载，此书并非武英殿修书处成立后编纂，原本由礼部刊刻。除了翰林院，中央六部也曾刊刻部分典籍，以各部所编则例为主。

---

① 《清史列传》第 2 册，王锺翰点校，中华书局 1987 年版，第 376 页。
② 《清圣祖实录》卷 41，康熙十二年二月十九日。
③ 《清圣祖实录》卷 41，康熙十二年二月三十日。
④ 《清圣祖实录》卷 35，康熙十年正月二十九日。
⑤ 《清圣祖实录》卷 38，康熙十一年正月二十二日。
⑥ 上述书籍学界常视为殿本，但据笔者考证应为翰林院刻本，具体考证详见后文。
⑦ 《清世宗实录》卷 72，雍正六年八月十一日。

总之，武英殿修书处成立之前，清廷的部分职能部门（如翰林院、中央各部院）亦参与刊刻内府书籍，但由于刻书并非这些机构的本职工作，刊刻能力和刊刻数量相当有限。为了推行清朝统治者"稽古右文"文化政策，此时清廷亟须设立一个专门的内府刻书机构，负责内府典籍的刊刻、装潢、校勘等工作，武英殿修书处正是在这种背景下应运而生。

第 二 章

武英殿修书处的成立与发展脉络

　　一般而言，一个机构或一项制度都有从创立、发展、繁荣再到衰亡的渐变过程，武英殿修书处也不例外。武英殿修书处作为清代内府最重要的刻书机构，设立于何时？有清一代武英殿修书处刊印的殿本总数是多少？武英殿修书处在各个时期内有何发展创新？刊印的殿本又各自有何特色？看似简单的问题，学界或有一定争议，或有模糊不清之处，存在进一步探讨的空间。下文通过爬梳档案文献，对其中的若干疑点加以考实，同时梳理武英殿修书处从创始、鼎盛、式微到衰亡的整个发展脉络，从而对武英殿修书处有更为全面、可靠的认识。

第一节　成立时间与刊刻殿本概貌

一　武英殿修书处成立时间考实

　　考察一个机构的设立和运作情况，首先要解决的问题是该机构成立的时间和地点。武英殿修书处是何时成立的呢？实际上，这一问题学界存在较大的分歧，分别有康熙十二年（1673）、康熙十九年（1680）、康熙二十九年（1690）、雍正七年（1729）的不同观点，众说纷纭。对于同一机构的成立时间出现迥异的数种说法，产生这一问题的主要原因是文献记载的歧义和后世对文献的不同解读。下文拟利用最新发掘的档案，确证武英殿修书处成立的准确时间。

　　武英殿修书处的办公地点，顾名思义，无疑是在武英殿，并无争议。但康熙朝武英殿修书处成立时具体的办公处所则需略作研考。乾隆三十九年（1774）奉敕撰的《钦定日下旧闻考》卷71载："康熙十九年，始以武英殿内左右廊房共六十三楹为修书处，掌刊印装潢书籍之事。"① 同书卷13则直接记载："（武英殿）西北为浴德堂，即旧所称修书处也。"② 类似的记载还见诸多种文献之中，可为佐证。乾嘉时人许鸣盘所撰《方舆考证》卷7载："（武英殿）北为浴德堂，为修书处。"③ 曾充补武英殿校录官的黄培芳《虎坊杂识》亦载："北为浴德堂，即修书处。"④ 名曰"修书处"，是否与修书职能有关系呢？核诸文献，武英殿修书处成立初期，确有纂修、校勘书籍的职能。康熙四十三年（1704）康熙帝曾谕旨："朕新纂《佩文韵府》一书，特派翰林孙致弥等校对，可于武英殿内收拾房舍几间，令伊等在内详细校对。"⑤ 参与编纂《佩文韵府》的朱书曾作《入殿纪事诗三十首》，诗句"诏下初闻内使催，抠衣趋向凤城来"小注："康熙四十三年十二月十五日，掌院学士传旨，命臣书直武英殿，写《佩文韵府》。"⑥ 顾嗣立《春树闲钞》云："先是四十三年十二月，武英殿设局纂辑《佩文韵府》，首命翰林孙致弥、汪倓、吴廷桢、何

---

　　① （清）于敏中等编：《钦定日下旧闻考》卷71，北京古籍出版社1981年版，第1190页。
　　② （清）于敏中等编：《钦定日下旧闻考》卷13，北京古籍出版社1981年版。
　　③ （清）许鸣盘：《方舆考证》卷7，清济宁潘氏华鉴阁本。
　　④ （清）黄培芳：《虎坊杂识》，清嘉庆间刻本，国家图书馆藏。
　　⑤ 嘉庆朝《钦定大清会典事例》卷906"内务府·书籍碑刻·修书"条。
　　⑥ （清）朱书撰，蔡昌荣、石钟扬点校：《朱书集》，黄山书社1994年版，第70页。

焯、宋至、朱书、举人卢轩分纂。"①《佩文韵府》在修书处进行纂辑、校勘，并刷印成书。综上，康熙朝武英殿修书处办公地点最开始设在浴德堂，以后逐步扩展至武英殿各殿堂。随着时间推移，修书处的"修书"职能逐渐弱化、消失，转变为集刷印、装潢、校勘于一体的清代内府刻书机构。

对于武英殿修书处设立的时间，学界则有较大的分歧。孙毓修在《中国雕板源流考》中较早提出这一问题，他说："按武英殿刻书，未知始于何时？今考《御定全唐诗》及《历代诗余》皆刊于康熙四十五、六年，而何义门在康熙四十二年已兼武英殿纂修，则由来已久。"②谢国桢认为是康熙十二年（1673）："康熙十二年，在武英殿内设立修书处，后来又改名为造办处，选拔词林翰苑名臣，招集工匠，在那里校刻殿本书籍。"③刘国钧的观点与谢国桢一致："内府刻书处称为武英殿修书处，是在康熙十二年（1673）所设。"④张德泽《清代国家机关考略》则认为："武英殿修书处初为武英殿造办处，康熙十九年（1680）设。雍正七年（1729）改为武英殿修书处。"⑤

就笔者查阅所见，武英殿修书处最初名为武英殿造办处，直至雍正七年才改名为武英殿修书处的说法普遍存在，当代辞典著录"武英殿修书处"词条时普遍采用这一观点，影响甚广。如《中国历史大辞典》著录为："康熙十九年（1680）设武英殿造办处，雍正七年（1729）改称修书处。"⑥《中国官制大辞典》著录："武英

---

① （清）顾嗣立：《春树闲钞》卷上，第二则。转引自［法］戴廷杰《戴名世年谱》，中华书局2004年版，第624页。
② 孙毓修：《中国雕板源流考》，载《雕版印刷源流》，第25页。
③ 谢国桢：《从清武英殿版谈到扬州诗局的刻书》，《故宫博物院院刊》1981年第1期。
④ 刘国钧：《中国古代书籍史话》，中华书局1962年版，第97页。
⑤ 张德泽：《清代国家机关考略》，学苑出版社2001年版，第188页。
⑥ 郑天挺等主编：《中国历史大辞典》（下卷），上海辞书出版社2000年版，第1712—1713页。

殿修书处：宫内出版机构。康熙十九年（1680）设武英殿造办处，雍正七年（1729）改为武英殿修书处。"①《中国古代典章制度大辞典》著录："初为武英殿造办处，清雍正七年（1729）改为武英殿修书处。"②《中国宫廷文化大辞典》亦著录为："初名武英殿造办处。清雍正七年（1729）改为现在的名称。"③ 以上辞典一致著录修书处成立于雍正七年，而这一说法的主要依据是，嘉庆朝和光绪朝的《钦定大清会典事例》都曾记载雍正七年铸给"武英殿修书处图记"④。

　　以上所引诸说是后人的追记和著录，查考清代官书文献记载，也有歧义之处。《钦定日下旧闻考》载："康熙十九年，始以武英殿内左右廊房共六十三楹为修书处。"⑤ 道光二十年（1840）武英殿续刻本和咸丰二年（1852）内府抄本《钦定总管内务府现行则例》均载："康熙十九年十一月，奉旨设立修书处。"⑥《清史稿》卷118则记载："（康熙）二十八年，广储司设瓷、茶二库……明年，改文书馆为武英殿修书处，置监造官六人。"⑦《清史稿》所载武英殿修书处成立时间为康熙二十九年（1690）。（各家之说，参见表2-1）

---

① 俞鹿年编：《中国官制大辞典·上卷》，黑龙江人民出版社1992年版，第123页。
② 唐嘉弘主编：《中国古代典章制度大辞典》，中州古籍出版社1998年版，第890—891页。
③ 何本方等主编：《中国宫廷文化大辞典》，云南人民出版社2006年版，第127页。
④ 嘉庆朝《钦定大清会典事例》卷886。
⑤ （清）于敏中等编：《钦定日下旧闻考》卷71，北京古籍出版社1981年版。
⑥ 道光二十年《钦定总管内务府现行则例》，载《故宫珍本丛刊》，第306—310册，第309页。
⑦ 《清史稿》卷118《志九十三·内务府》。

表 2-1　　　　　　　　各家著录武英殿修书处成立时间

序号	文献出处	所载修书处成立时间
1	《钦定日下旧闻考》	康熙十九年
2	《钦定总管内务府现行则例》	康熙十九年十一月
3	《清史稿》	康熙二十九年
4	孙毓修《中国雕板源流考》	康熙四十五年或康熙四十六年
5	刘国钧《中国古代书籍史话》	康熙十二年
6	张德泽《清代国家机关考略》	雍正七年

总之，对于武英殿修书处成立时间，各家众说纷纭，且不少说法本身存在问题。例如孙毓修《中国雕板源流考》中所举例的《御定全唐诗》《历代诗余》并非由武英殿修书处刊印，而是臣僚自刊进呈本：《御定全唐诗》为康熙四十五年（1706）徐倬刻进呈本，《御选历代诗余》为王奕清奉旨刊刻进呈本。谢国桢、刘国钧的康熙十二年之说并未明确说明史料依据，而《清史稿》所述，武英殿修书处设于康熙二十九年，由文书馆改置而成，但实际上文书馆是御书处的前身，与武英殿修书处毫无关系。查嘉庆朝《钦定大清会典事例》卷886《内务府·官制》条载："御书处初为文书馆。康熙二十九年奉旨：西华门内文书馆，立造办处。又奏准：文书馆改名御书处，派司员兼管，设监造四人。"① 这里只提到造办处、御书处，并未提及武英殿修书处。

对于同一机构的成立时间出现迥异的数种说法，究其缘由，主要是文献记载的差异，其中有两个重要问题亟待厘清：其一，同样设在武英殿的武英殿造办处与武英殿修书处是何种关系？其二，雍正七年铸造"武英殿修书处图记"是否表明直到彼时武英殿修书处才正式成立？张德泽《清代国家机关考略》对"武英殿修书处"条的著录就代表了相当一部分学者的观点：武英殿修书处初名武英殿

---

① 嘉庆朝《钦定大清会典事例》卷886"内务府二·官制"。

造办处，雍正七年才改名为武英殿修书处。实际上，这一问题牵涉武英殿修书处成立初期的历史，非常有必要加以辨析。

（一）武英殿修书处与武英殿造办处的关系

武英殿修书处与武英殿造办处办事机构同样设在武英殿，且常在同一文献中同时出现，极容易混淆。例如，嘉庆朝《钦定大清会典事例》卷886《内务府·官制》条，同时出现了修书处与造办处，兹引如下：

> 康熙十九年奉旨，武英殿设造办处，设监造六人，派侍卫及司员经管，无定员。二十四年奏准，设笔贴式一人，四十一年奏准，增设笔贴式一人。四十三年奉旨，监造六人俱行裁汰。是年奏准，复设监造六人。四十四年奏准，增设监造六人。又奏准武英殿砚作归养心殿造办处。裁给监造二人。又奉旨增设笔帖式一人。四十八年奏准，裁监造二人。又奉旨增设笔帖式一人。四十八年奏准，裁监造四人。五十三年奏准，增设监造二人。五十五年奉旨，增设监造一人。五十七年奏准，珐琅作改归养心殿造办处，裁给监造一人。六十一年，露房归并武英殿，增设监造一人，笔帖式二人。雍正二年，裁监造，设库掌三人，四年复设监造二人。六年，增设库掌一人。七年，铸给武英殿修书处图记，设委署主事一人。①

查昆冈等纂光绪朝《钦定大清会典事例》也有完全一致的记载②，显然源自嘉庆朝《钦定大清会典事例》。道光二十年（1840）武英殿续刻本《钦定总管内务府现行则例》载："康熙十九年十一月奉旨设立修书处，其监造、库掌、笔帖式、柏唐阿等，俱无定额。自乾隆四十三年至嘉庆十二年，节次奏准兼摄行走内务府司官二员，

---

① 嘉庆朝《钦定大清会典事例》卷886。
② 光绪朝《钦定大清会典事例》卷1173。

额设正监造员外郎一员，副监造副内管领一员，委署主事一员……。"① 稍晚时期的咸丰二年（1852）内府抄本《钦定总管内务府现行则例》在内容上稍有增益："康熙十九年十一月，奉旨设立修书处，由内务府王大臣总其成，下设兼管司二人，以内务府官员兼任。下又设正监造员外郎一人，副监造、副内管领一人，委署主事一人。掌库三人，委署掌库六人。"②

嘉庆朝《钦定大清会典事例》记载武英殿造办处成立于康熙十九年，而上述两种《钦定总管内务府现行则例》均明确记载武英殿修书处设置于康熙十九年十一月。时间和地点的雷同，造成后世对二者关系存在很大的疑问：武英殿造办处与修书处是同一机构吗？

笔者认为嘉庆朝《钦定大清会典事例》所载职官设置，说明的是武英殿造办处的总体情况，并不是特指武英殿修书处，武英殿修书处隶属于武英殿造办处之下，所以顺带提及了武英殿修书处。而《钦定总管内务府现行则例》说明的是武英殿修书处的沿革变迁。因此，两种文献记载均可信，但说明的是不同机构的执掌和职官设置情况。《雍正八旗通志》卷45《职官志》载：

> 武英殿修书处，管理事务王大臣二人，监造一人正五品，副监造一人正六品，委署主事一人。库掌一人正六品，库掌三人正七品，笔帖式四人，委署库掌六人，拜唐阿十九人。员额康熙十九年定。③

上述引文特别强调武英殿修书处"员额康熙十九年定"，也就是说武英殿修书处在康熙十九年就已经存在。再者，乾隆三十九年（1774）奉敕撰，成书于乾隆四十七年（1782）的《钦定日下旧闻

---

① 道光二十年武英殿续刻本《钦定总管内务府现行则例》，载《故宫珍本丛刊》第306—310册，第309页。
② 咸丰二年（1852）内府抄本《钦定总管内务府现行则例》。
③ 《雍正八旗通志》卷45，职官志4。

考》卷71载:"(增)康熙十九年始以武英殿内左右廊房共六十三楹为修书处。"① 该条记载据文末标注是根据《内务府册》档案所增,所言当可靠。《钦定日下旧闻考》是在朱彝尊《日下旧闻》的基础上补修成书的。文前加"增"字,表明非朱氏原书所有,乃后来馆臣纂修时所新增。乾隆三十九年(1774)六月,清廷编纂《钦定日下旧闻考》,曾命各衙门报告各自衙署坐落方向、地名、房间、规模、层数,何年月日兴建、从前衙门名目与今异同等信息②。因此,该条新增条目所据的《内务府册》很可能就是武英殿修书处所上报的衙门建置情况,是反映武英殿修书处早期职掌的可靠史料。以上不同时期的内府所编官书均明确指明武英殿修书处成立于康熙十九年,应该可以坐实。

对比《雍正八旗通志》《钦定日下旧闻考》《钦定总管内务府现行则例》以及嘉庆朝《钦定大清会典事例》四种文献所载职官设置,雍正朝的《八旗通志》、乾隆朝的《钦定日下旧闻考》与咸丰朝的《钦定总管内务府现行则例》所载职官一致,而与嘉庆朝《钦定大清会典事例》所载职官出入较大。据前两种文献所载,武英殿修书处成立之时,由内务府王大臣总其成,下设兼管司二人,以内务府官员兼任。又设正监造员外郎一人,副监造、副内管领一人。比较而言,嘉庆朝《钦定大清会典事例》所载的武英殿造办处在成立之时,监造设有六人,派侍郎及司员经营,无定员。二者所载官员设置人数差异比较明显,武英殿造办处有六名监造,而武英殿修书处却只有正监造一人,副监造一人。由此可以看出,二者并不是同一机构而是上下级隶属关系。武英殿造办处先在康熙十九年初期成立,至十一月才下设武英殿修书处。

武英殿造办处设立之初,设有砚作、珐琅作等工艺品作坊,还

---

① (清)于敏中等编:《钦定日下旧闻考》卷71。
② 《纂修四库全书档案》,第218—219页。

负责西洋人事务①。史载:"武英殿有露房,即殿之东梢间,盖旧贮西洋药物及花露之所。……旧传西洋堂归武英殿管理,故所存多西洋之药。此次交造办处,而露房遂空。"② 其后,武英殿造办处诸作陆续裁撤归并,康熙四十四年(1705)武英殿砚作归养心殿造办处,康熙五十七年(1718)珐琅作改归养心殿造办处,康熙六十一年(1722)露房归并武英殿。

直到乾隆年间,内府档案中仍时见武英殿造办处之名,不过此时的"武英殿造办处"已经是武英殿修书处的别称了,转而负责书籍的刊刻、装潢事宜。如乾隆六年(1741)一月二十九日,北新钞关为进呈关税黄册称:"武英殿造办处和硕亲王奏准……动支关税赢余银两采买太史连纸张六百六十六篓,运送赴京刷印明史等支取银一千八百余两。"③ 乾隆四十六年十月二十五日的内府活计档载:"绘画《皇舆全图》……俱应改式应交武英殿造办处……将管理武英殿造办处之大臣另录汉字名单,奏闻俟命下每处除大臣看改为此谨奏请旨。于乾隆四十六年十月二十二日具奏奉旨:派出金简、舒文,续派出福长安。钦此。"④ 金简等人此时是修书处官员,"管理武英殿造办处之大臣"实际上就是管理武英殿修书处大臣。

(二) 雍正七年铸造"武英殿修书处图记"原因考

不少学者根据嘉庆朝《钦定大清会典事例》所载的"(雍正)七年,铸给武英殿修书处图记,设委署主事一人"⑤,断定康熙十九年设立了武英殿造办处,雍正七年才改名为武英殿修书处,也就是认为雍正七年以前,只有武英殿造办处,并不存在"武英殿修书处"

---

① 有学者认为,武英殿造办处、养心殿造办处均与西洋人事务关系密切。参见《来华耶稣会士与清廷内务府造办处》,载郑培凯主编《九州学林》2004年夏季卷,复旦大学出版社2004年版,第68页。
② (清)姚元之:《竹叶亭杂记》卷1,中华书局1982年版,第21页。
③ 台湾史语所藏内阁大库档案,登录号:016955-001。
④ 《清内府刻书档案史料汇编》,第305—306页。
⑤ 嘉庆朝《钦定大清会典事例》卷886。

之称。笔者认为，嘉庆朝《钦定大清会典事例》的这处记载只是说雍正七年给发武英殿修书处图记（即衙门办事官印），并设置委署主事管理，并未直接说明武英殿修书处设置于该年，二者并不存在因果关系。

事实上，按照清代官印制度，铸造图记并不一定表明该机构正式设立，铸造图章之举通常要晚于该机构的设立时间。我们可以找到大量例证，如中正殿于康熙三十六年（1697）奉旨供奉佛像，迟至雍正七年才铸给图记。乾隆朝《钦定大清会典则例》卷164《内管领》条载："国初设内管领四人，顺治三年增设四人……（雍正）四年奏准：三十内管领各铸给图记。"① 内管领在顺治初年已经设置，迟至雍正四年（1726）才铸给图记。另外，雍正七年前后，雍正帝曾谕令铸造一批衙门图记，例如雍正五年（1727）"铸给八旗参领关防佐领图记"②，雍正七年"奏准铸给药房图记"③，"铸给茶房图记"④，等等，都说明雍正七年铸给武英殿修书处图记只是例行事件，是当时批量铸造各衙门办事机构图记的一种，与衙门机构成立并无直接关系。当然，这些只是间接证据。

幸运的是，笔者找到了最直接的档案证据，可确证雍正七年铸造"武英殿修书处图记"的真正缘由并非与武英殿修书处成立有关，而是为了方便内府旗人出入办事方便。内阁大库档案载，雍正七年十月二十日镶白旗护军营为"前锋护军告假出门官防图记"一事奏称：

> 镶白旗满洲咨为八旗兵丁及拜唐阿闲散人等，如有告假前往各省以及口外者俱令禀明该管官，详细声明存档，给领印票，

---

① 乾隆朝《钦定大清会典则例》卷164《内管领》。
② 乾隆朝《钦定大清会典则例》卷171。
③ 乾隆朝《钦定大清会典则例》卷163。
④ 嘉庆朝《钦定大清会典事例》卷886。

回日缴销。如不领印票，私行前往，或领有印票私往别处者，俱鞭一百。①

该件档案浮签注明"前锋护军告假出门，照领催马甲拜阿等之例，由本甲喇章京印给官防图记，闲散人等告假，亦由本佐领押给图书印记"。正因为考虑到内务府各处八旗兵丁及拜唐阿闲散人告假，需要给领印票、回日缴销，而隶属于内务府的武英殿等处原先并无衙门印章可供使用，出入管理十分不便。因此，雍正七年十一月二十三日，镶白旗护军营再奏：

> 内务府咨景运门值班统领：养心殿、武英殿、中正殿等七处，原无官防图记，应如护军统领所奏，各该处图记交广储司铸给。嗣后持有印信官防图记，方许拿出。如此看守禁门人员，亦不敢忽略。②

由此可见，武英殿修书处与养心殿、中正殿等七处内府机构，同时于雍正七年十一月由广储司铸造图记，铸造的缘由与旗人管理有关，与机构设立毫无关系。

因此，雍正七年铸造"武英殿修书处图记"并不等于宣告武英殿修书处成立。按照一般情理，某一衙门机构体制成熟时清廷才会给予铸造图章。雍正七年铸给图记，说明此时的武英殿修书处已经从武英殿造办处中独立出来，直接隶属于总管内务府管辖，相关职权大大加强，也标志着武英殿修书处作为专门的内府刻书机构逐渐走向独立。

---

① 《前锋护军告假出门官防图记由》，雍正七年十月二十日，台湾史语所藏内阁大库档案，登录号：167478-011。
② 《前锋护军告假出门官防图记由》，雍正七年十一月二十三日，台湾史语所藏内阁大库档案，登录号：167478-012。档案前有一浮签，内容为："养心殿、中正殿等七处持有印信官防图记，方许拿出，如此看守禁门人员亦不敢忽略。"

值得一提的是，"武英殿修书处图记"为满汉合璧的方形阳文印钤（参见图2-1），在武英殿修书处档案往来文书中皆钤印此图记。根据故宫图书馆杨玉良的说法，到了晚清时期，仍有内府管理武英殿修书处图记的记载①，使用时间延续至清末。

图2-1 满汉合璧"武英殿修书处图记"印文

此外，康熙朝文献档案中就已经屡次出现"武英殿修书处"，说明其在雍正七年铸给图记之前就已存在，进一步证明《钦定总管内务府现行则例》所说的"康熙十九年十一月奉旨设立修书处"符合史实。如《康熙朝起居注》卷44载，康熙四十五年（1706）二月

---

① 杨玉良：《武英殿修书处及内府修书各馆》，《故宫博物院院刊》1990年第1期。

谕旨："陈鹏年著来京，在修书处効力。"① 康熙五十一年（1712）四月，谕旨"汪灏在修书处効力勤劳"②。康熙五十一年六月初九日官员履历单载："潘秉钧于康熙四十四年考取入京……四十八年四月又调武英殿修书处。"康熙五十九年（1720）十月十八日翰林院为查对武英殿等处所送生监人数档案："武英殿修书处咨送监生王宸俊等伍人。"③ 雍正朝《钦定大清会典》卷15载，康熙五十九年谕："翰林事少，能作祭文碑文者，止有数人。……大学士会同吏部、翰林院查参革退。其人虽平常，而果肯读书者，又年虽老迈，现在修书处行走者，俱不必革退。"④ 这里提及的"修书处"应指武英殿修书处。

综上所述，爬梳文献档案，可以确证武英殿修书处始设于康熙十九年十一月，原隶属于武英殿造办处，雍正七年内务府铸给"武英殿修书处图记"，标志着武英殿修书处职能得以进一步加强，正式升格为直属总管内务府的专门刻书机构。

二 武英殿修书处刊刻殿本概貌

武英殿修书处自康熙十九年（1680）成立，至1912年随清帝逊位而消亡，前后延续了233年。在200余年之中，武英殿修书处刊印了大量殿本，殿本的总数是多少？康熙至宣统朝各个时期刊刻殿本数量有无差异？武英殿修书处的发展历程中的制度因革有何特色？这些问题下文将逐一探讨。

（一）清代殿本总数的统计

清代殿本总数的统计是武英殿修书处研究中的基础性问题，也是棘手问题。清廷敕编的《国朝宫史》和《国朝宫史续编》是著录

---

① 《康熙起居注》卷44。
② 《康熙起居注》卷47。
③ 台湾史语所藏内阁大库档案，康熙五十九年十月十八日，登录号：164047 - 001。
④ 雍正朝《钦定大清会典》卷15《吏部考功清吏司·京官甄别》。

殿本情况的重要文献，但二者皆成书于嘉庆十年（1805）以前，收录的殿本仅限于嘉庆以前，且所列并不周备，存有遗漏之处。另外，经过长时期的流散，清代实际刊刻的殿本与现存殿本数量存在一定的出入，例如乾隆七年（1742）刊刻的殿本《钦定宫中现行则例》、乾隆四十一年（1776）刊刻的殿本《钦定户部则例》等，今均已亡佚。尽管如此，仍有不少学人为统计殿本数量作出了努力，得出初步的估算数字。

1. 殿本总数的旧有统计

清朝覆亡以后，殿本的价值逐渐受到重视，不少学人和公藏机构整理、编纂了诸多殿本书目，著录了殿本种类和数量，可以据此统计殿本总数。这里择取部分相关书目及学者的统计结果，以便进一步对比、探讨。

441种。1929年《北平故宫博物院报告》提及殿本书库共收藏殿本"四百四十一种，一万一千九百三十一册"[1]，是较早对殿本数量作出统计的报告。

468种。1933年故宫博物院图书馆编订出版的《故宫所藏殿板书目》[2]，将殿本分成经、史、子、集、聚珍版、古香斋袖珍版书六大类著录。其中著录经部35种，史部122种，子部63种，集部92种。如果将丛书算作一种的话，四部总计312种。再加上卷5单列的聚珍版丛书138种，聚珍版单行本8种，以及古香斋袖珍书10种，以上总计收录殿本468种。值得注意的是，《故宫所藏殿板书目》反映的是故宫图书装箱南迁以前的殿本藏书数量。

560余种。1983年台北故宫出版的《"国立"故宫博物院善本旧籍目录》[3] 将其馆藏善本与普通古籍两大部分合编成书，共著录殿本560余种。

---

[1] 北平故宫博物院编：《北平故宫博物院报告》，国立北平故宫博物院1929年版。

[2] 《故宫所藏殿板书目》，故宫博物院1933年排印本。

[3] 《"国立"故宫博物院善本旧籍目录》，台北故宫博物院1983年版。

595 种。台湾学者吴哲夫1984年发表《武英殿本图书》，根据台湾所藏殿本统计殿本总数为592种①。1985年，吴哲夫又根据台湾各大图书馆收藏殿本，核校《故宫殿本库现存目》，续增3种，统计所得595种。其中，经部115种，史部234种，子部107种，集部135种，丛书4种②。

572种。《清代内府刻书目录解题》共计著录内府刻书总量为1310种，著录为"武英殿刻本"的刻书不到一半，具体为：经部39种，史部249种，子部69种，集部67种，丛书148种，合计为572种③。

520种。肖力撰写的《清代武英殿刻书初探》④，分朝统计了清代殿本的数量，根据他的研究，殿本总数为520种，52395卷。

544种。常林发表的《清代北京自然科学图书出版述略》一文，统计殿本数量为："385种，55222卷，另有8种不分卷，再加上聚珍版138种，2414卷，袖珍版13种，940卷，共计544种，58576卷。"⑤

除上述统计外，还有一些书目和著作曾统计清代殿本数量，参见表2-2。

表2-2　　　　　民国以来各家著录清代殿本总数

出版时间	著录的书目名称	著录殿本总数	资料来源
1929年	《北平故宫博物院报告》	441种11931册	北平故宫博物院编：《北平故宫博物院报告》，国立北平故宫博物院1929年版
1931年	《北平故宫博物院报告》	807部33459册	《北平故宫博物院报告》1931年版
1931年	《北平故宫博物院图书馆概况》	806部25060册	《北平故宫博物院图书馆概况》1931年版

---

① 吴哲夫：《武英殿本图书》，台北《故宫文物月刊》1984年第2卷第8期。
② 吴哲夫：《清代殿本图书》，台北《故宫文物月刊》1985年第3卷第4期。
③ 辽宁省图书馆、故宫博物院合编：《清代内府刻书目录解题》，紫禁城出版社1992年版。
④ 肖力：《清代武英殿刻书初探》，《图书与情报》1983年第2期。
⑤ 常林：《清代北京自然科学图书出版述略》，《满族研究》1996年第1期。

续表

出版时间	著录的书目名称	著录殿本总数	资料来源
1932 年	《国立奉天图书馆殿版书目》	5600 册，另有盛京故宫移藏的殿本 281 种 934 包	据《国立奉天图书馆殿版书目》统计（《明清以来公藏书目汇刊》第 57 册，北京图书馆出版社 2008 年版）
1933 年	《国立北平故宫博物院工作报告》	881 部 16033 册	《国立北平故宫博物院工作报告》1933 年版
1933 年	《北平故宫博物院图书馆南迁书籍清册》	490 余种	《北平故宫博物院图书馆南迁书籍清册》1933 年版
1933 年 3 月	《故宫所藏殿板书目》	468 种	《故宫所藏殿板书目》
1933 年 5 月	《故宫殿本书库现存目》	240 余种	《故宫所藏殿板书目》
1936 年	《清代殿板书目》	497 种	据《清代殿板书目》《武英殿聚珍板书目》《武英殿袖珍板书目》统计
1937 年	《奉天图书馆藏殿本》	39805 册	冷绣锦：《"满铁"图书馆研究》，辽宁人民出版社 2011 年版，第 198 页
1970 年	《"国立"故宫博物院普通旧籍目录》	745 种	吴哲夫：《武英殿本图书》，台北《故宫文物月刊》1984 年第 2 卷第 8 期
1983 年	《"国立"故宫博物院善本旧籍目录》	560 余种	台北故宫博物院编：《"国立"故宫博物院善本旧籍目录》，"国立"故宫博物院 1983 年版
1983 年	肖力《清代武英殿刻书初探》	520 种	肖力：《清代武英殿刻书初探》，《图书与情报》1983 年第 2 期
1984 年	吴哲夫《武英殿本图书》	592 种	吴哲夫：《武英殿本图书》，台北《故宫文物月刊》1984 年第 2 卷第 8 期
1985 年	吴哲夫《清代殿本图书》	595 种	吴哲夫：《清代殿本图书》，台北《故宫文物月刊》1985 年第 3 卷第 4 期
1991 年	卢秀菊《清代盛世之皇室刻书事业》	381 种	卢秀菊：《清代盛世之皇室刻书事业》，载《中国图书文史论集》，正中书局 1991 年版，第 33 页
1995 年	《清代内府刻书目录解题》	572 种	故宫博物院图书馆、辽宁省图书馆编：《清代内府刻书目录解题》，紫禁城出版社 1995 年版
1996 年	常林《清代北京自然科学图书出版述略》	544 种 58576 卷	常林：《清代北京自然科学图书出版述略》，《满族研究》1996 年第 1 期

2. 殿本总数的重新统计

如前所述，从民国至今，已有不少学人统计过清代殿本总数，但诸家的统计结果出入非常大，多则达 800 余种，最少者只有 300 余种，差距达 500 种，学界往往采取中间值即 500—600 种作为清代殿本总数的估算，依旧模糊不清。

其实各家著录殿本的标准不完全一致，而由于收录标准不同，造成所得殿本数目有相当的出入，个别著录方法亦有进一步讨论的空间，如不少著录对殿本和内府本并未区分。据《清代内府刻书目录解题》著录，康熙十九年（1680）至康熙六十一年（1722）间，著录为"内府刻本"的书籍达 52 种，著录为"殿本"的书籍只有 4 种，这与康熙朝刊刻殿本的数量实情是不相符的。吴哲夫注意到："许多书籍中记载著录殿本书，但往往不分刻本、写本。只要是清内廷的，统统划归殿本范围，因此要据以统计殿本书的总数，很是困难。"① 《清代内府刻书目录解题》将雕版刻印、活字摆印、铅印、石印、油印等各种类型的书籍收录其中，而铅印和石印书籍已经超出了"刻书"的范围②。朱赛虹指出："对殿本个体的探讨也要在确认它的版本归属之后进行。从目前的著录来看，有相当数量的版本尚未被确认归属或归属不一致。"③ 因此，我们完全有必要对殿本的概念范畴进行严格、清晰的界定，同时通过查考相关文献档案记载，剔除或者增补殿本，得出一个相对准确的数据。

笔者在绪论部分概念界定时已经说明，根据清代官方所确定的概念范畴，应采取狭义的"殿本"定义，即殿本特指"康熙十九年武英殿修书处成立后在武英殿刊刻、装潢完成的内府典籍，除此之

---

① 吴哲夫：《武英殿本图书》，台北《故宫文物月刊》1998 年第 16 卷第 4 期。
② 朱赛虹等：《中国出版通史·清代卷（上）》，中国书籍出版社 2008 年版，第 87—88 页。
③ 朱赛虹：《武英殿刻书数量的文献调查及辨析》，《故宫博物院院刊》1997 年第 3 期。

外的其他内府刻本不能统计在内"。按照这一定义，内府写本、抄本以及晚清刊刻的石印本、铅印本等皆不属于殿本范畴的条目均不予收录。陶湘《清代殿板书目》《故宫所藏殿板书目》《故宫殿本书库现存目》三书将顺治朝内府刻本算作殿本，实际有失偏颇，此时武英殿修书处尚未成立。另外，中央各部刊刻、地方督抚刊刻进呈的典籍，都不能算作殿本。另外，根据文献档案，不少以往被视为殿本的内府书籍并非由武英殿刊刻，此部分书籍应该予以剔除①。

按照殿本的狭义定义，笔者编制了《清代殿本编年总目》（参见本书附录）。需要说明的是，该表著录的是现存于世的殿本，由于典籍散失、书目记载或有不确定等因素，该表只是清代殿本总数的不完全统计，实际的数量要超过此数。

据《清代殿本编年总目》统计，清代武英殿修书处刊印殿本的总数达 674 种②。各朝刊刻殿本的数量如下：康熙朝 29 种，雍正朝 59 种，乾隆朝 411 种，嘉庆朝 72 种，道光朝 50 种，咸丰朝 17 种，同治朝 12 种，光绪朝 20 种，宣统朝 4 种。（参见表 2-3）

表 2-3　　　　　清代各朝刊刻殿本数量统计　　　　　（单位：种）

类别	康熙	雍正	乾隆	嘉庆	道光	咸丰	同治	光绪	宣统
统治时间	61	13	60	25	30	11	13	34	3
刊刻总量	29	59	411	72	50	17	12	20	3
年均刊刻	0.48	4.53	6.85	2.88	1.66	1.54	0.92	0.59	1

结合柱状图（参见图 2-2），从殿本刊刻分朝年情况排序来看，数量最多的是乾隆朝 411 种，远远多于其余各朝刊刻殿本数量，其余为嘉庆朝 72 种，雍正朝 59 种，道光朝 50 种，康熙朝 29 种，光绪朝 20 种，咸丰朝 17 种，同治朝 12 种，宣统朝 4 种。

---

① 具体考证，参见后文第六章。
② 注：武英殿聚珍版书 138 种内，有 5 种为嘉庆朝摆印，计入嘉庆朝。

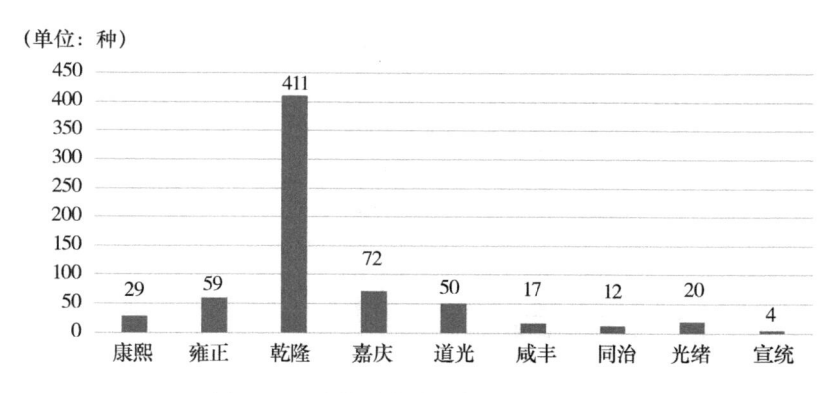

图 2-2　清代殿本分朝年刊刻数量对比

从分朝年刊刻殿本所占比例看（参见图 2-3），占比从高到低的排列次序为：乾隆朝（61%）、嘉庆朝（11%）、雍正朝（9%）、道光朝（7%）、康熙朝（4%）、光绪朝（3%）、咸丰朝（2%）、同治朝（2%）、宣统朝（1%）。仅仅乾隆一朝就占据了整个清代殿本总数的半数以上，说明这一时期是武英殿修书处刊印殿本的最鼎盛时期，单就刊刻数量而言，就已经超过了其余各朝刊刻量的总和。

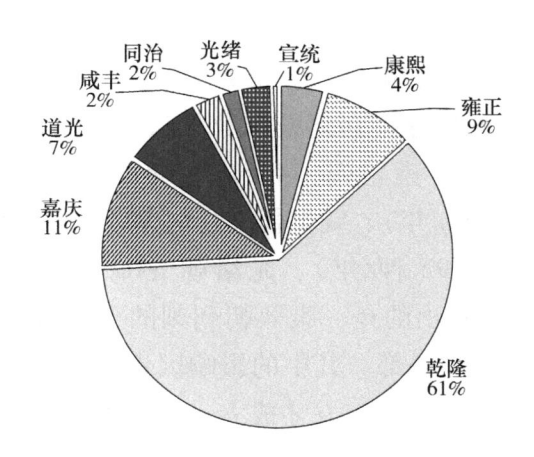

图 2-3　清代殿本分朝刊刻占比

考虑到清代各朝统治时间长短不一，如乾隆朝统治长达 60 年，而宣统朝只有短短 4 年。因此有必要统计各朝年均刊刻殿本的数量，笔者编制了"清代殿本分朝刊刻总量和年均刊刻量"示意图，以便分析。（参见图2-4）。

(单位：种)

	康熙	雍正	乾隆	嘉庆	道光	咸丰	同治	光绪	宣统
分朝刊刻	29	59	411	72	50	17	12	20	4
年均刊刻	0.48	4.53	6.85	2.88	1.66	1.54	0.92	0.59	1.00

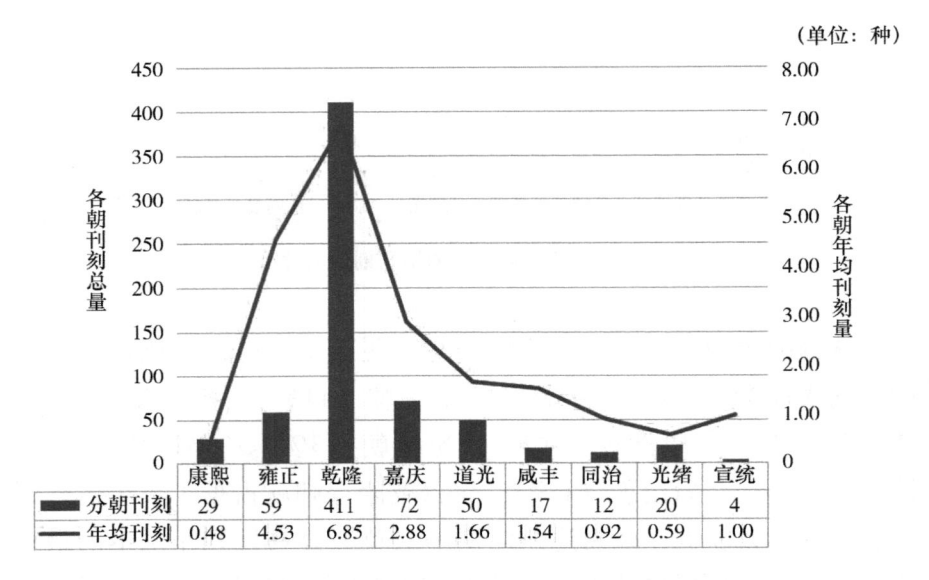

图2-4 清代殿本分朝刊刻总量和年均刊刻量

从统计结果来看，乾隆朝、嘉庆朝、雍正朝三朝的分朝年均刊刻量高居前三位。各朝分年刊刻殿本数量从高到低的排列次序为：乾隆朝（6.85种/年）、雍正朝（4.53种/年）、嘉庆朝（2.88种/年）、道光朝（1.66种/年）、咸丰朝（1.54种/年）、宣统朝（1.00种/年）、同治朝（0.92种/年）、光绪朝（0.59种/年）、康熙朝（0.48种/年）。需要指出的是，康熙朝刊刻的分年殿本数量在各朝中是最少的，年均不到一部。其中的影响因素主要有两个方面：一是武英殿修书处于康熙十九年方才成立，也就是说到康熙朝后半期修书处才开始承刻殿本；二是康熙朝是修书处的创始期，此一时内政局不稳，修书处的承刻能力相当有限，清廷更多依靠地方督抚或地方衙门刊刻进呈内府典籍，因此刊印殿本的数量并不太多。

(二) 武英殿修书处发展历程的分期情况

陶湘所撰《清代殿板书始末记》一文曾对武英殿修书处的分期问题进行论述，认为清代殿本刊刻经历了高潮和衰落两个时期，呈现出一定的阶段性特征："凡在十二年前刊印者，其写刻之工致，纸张之遴选，印刷之色泽，装订之大雅，莫不尽善尽美，斯为极盛时代。"在陶氏看来，乾隆十二年（1747）以前的殿本刊刻可谓登峰造极。而到了乾隆十二年以后，"敕纂各书之写刻印装，每下愈况。试举三十年后所刻之《六通》、四十年后所刻之《旧五代史》、五十年后所刻之《续纂大清一统志》。与十二年前所刊诸书校，其优劣判若霄壤"，呈现出明显的衰落趋势。尤其是到了同治八年（1869），武英殿失火，"凡康熙二百年来之藏书储板，一炬荡然"，"武英殿既灾，纂修协修之官名犹在，写刻印装之工匠亦未撤，而刊书之事，终同治一朝阒寂无闻，此为极衰时代矣"[①]。应该说，将清代武英殿修书处200余年的刻书活动进行分期无疑是有其必要性的，但陶湘以乾隆十二年为界，把修书处刻书活动截然划分为两个阶段，未免粗疏。笔者认为，有必要根据武英殿修书处在各个时期内的制度发展状况以及刊刻殿本的数量、质量这些因素进行综合考量，从而对其发展历程段进行清晰划分。

首先，从武英殿修书处的制度发展状况看，康熙十九年成立武英殿修书处，但此时仍隶属于武英殿造办处之下，承刻能力受限；雍正、乾隆朝则是修书处各项制度全面完善的阶段，雍正七年准予铸造"武英殿修书处图记"，修书处正式成为直接隶属于总管内务府的独立刻书机构，办公地点也由浴德堂逐步扩大到武英殿及周围群房，刊刻能力大大加强，这一时期内修书处还建立了一套稳定的、行之有效的职官制度、人事制度，例如乾隆九年（1744）成立了武英殿通行书籍售卖处，殿本流通范围得以扩展；嘉道时期，修书处的管理出现不少漏洞，这一时期虽然颁布了武英殿修书处章程、校勘章程，但无法挽回修书处制度涣散的颓势；咸丰朝以后，修书处衰颓之势愈加明显，

[①] 陶湘：《清代殿板书始末记》，载《书目丛刊》，第68页。

特别是同治八年武英殿发生火灾，武英殿贮藏的板片和殿本大都付之一炬，修书处由此走向衰亡，退出了历史舞台。

其次，从武英殿修书处各个时期刊刻殿本的数量看，康熙朝刊刻殿本 29 种，数量较为有限，质量则属上乘；雍乾朝，刊刻殿本的数量从雍正朝的 59 种剧增至乾隆朝的 411 种，二者数量相加占据了清代刊刻殿本总数的 70%，且刊刻殿本的质量上乘；嘉庆朝以后，修书处刊刻殿本数量仍有 72 种，但与顶峰时期的乾隆朝相比颇为逊色，数量则出现大幅度的下滑。嘉道时期，刊刻数量下滑趋势不减，但总体而言较为平稳；到了咸丰、同治朝以后，刊刻的殿本数量各自只有 10 余种，光绪朝刊刻的数量虽然有所回升，但到了宣统朝，每年刊刻殿本只有 1 种，已经极为衰颓了。

综上，从制度发展的角度来看，可将武英殿修书处发展历程划分为创始期、鼎盛期、式微期和衰亡期四个时期，每个时期内的制度变革和刊印殿本各有特色。

1. 康熙十九年至康熙六十一年（1680—1722，共一朝 43 年），这一时期是武英殿修书处的创始期，刊刻殿本数量 29 种，年均殿本刊刻数量 0.67 种/年。这一时期内修书处的各项职官制度和人事管理制度得以草创，同时也是修书处刻书的起步阶段，刊刻的殿本数量虽然不多，但其质量居于各朝之翘楚，世称"康版"。

2. 雍正元年至乾隆六十年（1723—1795，共跨越两朝 73 年），是武英殿修书处的鼎盛期，刊刻殿本数量达 470 种，年均殿本刊刻数量达 6.44 种/年。这一时期修书处的缮写、校勘、刷印、装潢制度渐趋完善，甄于完备，刊刻的殿本数量和质量都达到极高的水平。

3. 嘉庆元年至道光三十年（1796—1850，共跨越两朝 55 年），是武英殿修书处的式微期，刊刻殿本数量 122 种，年均殿本刊刻数量 2.21 种/年。这一时期修书处的刻书、装潢活动在平缓中持续进行，刊刻的数量有所下滑。从制度发展看仍然可圈可点，特别是嘉庆朝制定了修书处章程和校勘章程，为其后各朝所承继。

4. 咸丰元年至宣统三年（1851—1911，共跨越四朝 61 年），是武英殿修书处的衰亡期，刊刻殿本数量仅有 52 种，年均殿本刊刻数量 0.85 种/年，年均不到 1 种。以同治八年的武英殿火灾为标志，修书处最终走向衰亡。这一时期修书处的各项制度和人事管理趋于松散，刊刻的殿本数量和质量均剧烈下滑，名存实亡。

笔者绘制了武英殿修书处四个时期刊刻殿本的统计表和分期示意图，以直观的方式呈现出各个时期的特色所在。（参见表 2-4、图 2-5）

表 2-4　　　　武英殿修书处四个时期刊刻殿本数量统计

类别	创始期（康熙朝①）	鼎盛期（雍乾朝）	式微期（嘉道朝）	衰亡期（咸同光宣朝）
统治时间	43 年	73 年	55 年	61 年
刊刻数量	29 种	470 种	122 种	52 种
占殿本总量比	4%	70%	18%	8%
年均刊刻量	0.67 种/年	6.44 种/年	2.21 种/年	0.85 种/年

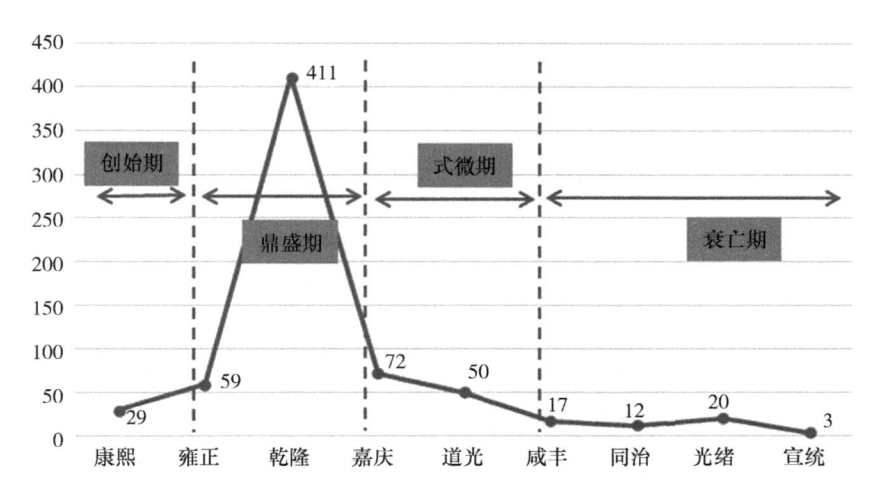

图 2-5　武英殿修书处发展分期示意图

---

① 时间以武英殿修书处成立的康熙十九年算起，所以计算统治时间按 43 年而非 61 年计算。

从上述图表可以看出，清代四个时期内武英殿修书处刊刻殿本的数量呈现出两头少（创始期和衰亡期），中间多（鼎盛期和式微期）的现象。这一现象的出现应该说符合实情，在修书处发展的创始期，各项制度尚未完善，修书处刊刻殿本的数量掣肘较多；在衰微期，修书处的人事管理已经趋于涣散，刊刻能力剧烈下滑，修书处的主要职能逐渐转变为缮写、装潢、看管书籍等日常事务。

从四个时期的刊刻殿本数量占比情况看（参见图2-6），雍正、乾隆朝鼎盛时期刊刻总量占比达70%，其次是嘉庆、道光朝式微期占比18%，而康熙朝创始期、咸丰、同治、光绪、宣统朝衰亡期占比8%，康熙朝创始期占比4%。

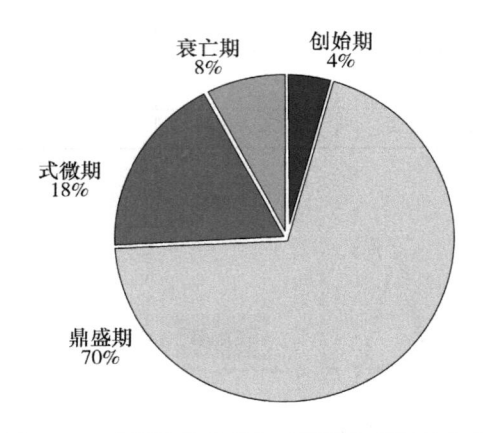

图 2-6 武英殿修书处各时期殿本刊刻量占比

考察各个时期的殿本总数，需要结合分年刊刻殿本的数量，这是一个重要的影响因素。例如雍正朝刊刻的殿本总数虽然不如嘉庆朝，但其统治时间仅仅13年，年均刊刻殿本数量达4.53种/年，高于嘉庆朝23年统治时间内的年均刊刻量2.88种/年，就此来看，雍正朝刊刻殿本的速度要高于嘉庆朝。据笔者统计，修书处创始期年均刊刻量0.67种/年，鼎盛期6.44种/年，式微期2.21种/年，衰亡期0.85种/年（参见图2-7）。

(单位：种/年)

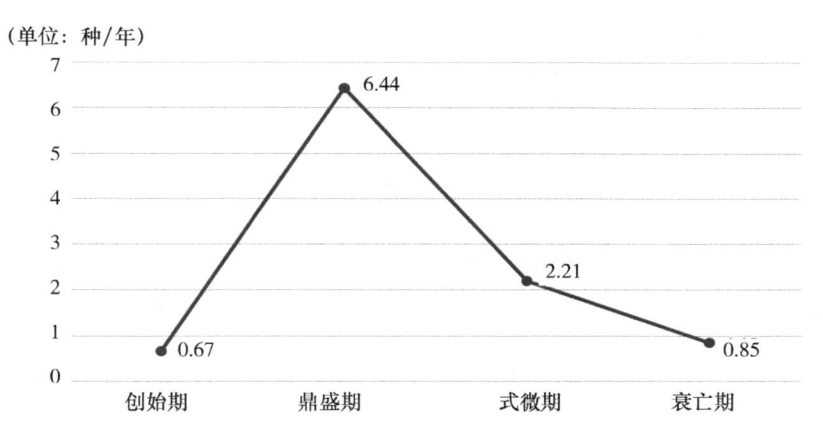

图 2-7　武英殿修书处各时期殿本年刊刻量

关于清代各朝刊刻经、史、子、集四部殿本分布情况，笔者分别列表统计（参见表 2-5）。通过统计，清代武英殿修书处刊刻殿本中经、史、子、集四部（其中二十四史算为 1 种。古香斋袖珍本 10 种、武英殿聚珍版书 138 种归入丛书部，聚珍版单行本另算），总计 529 种，另有丛书部 2 种。

表 2-5　　清代各朝刊刻殿本经史子集四部数量分布　　（单位：种）

	经	史	子	集
康熙朝	6	2	14	7
雍正朝	8	20	27	4
乾隆朝	39	178	29	24
嘉庆朝	1	48	4	14
道光朝	4	33	8	6
咸丰朝	1	12	2	2
同治朝	0	6	5	1
光绪朝	1	6	12	1
宣统朝	1	0	3	0
合计	61	305	104	59

清代刊刻殿本跌宕起伏的分布规律同武英殿修书处的制度发展有着密不可分的关系。下文结合文献资料，进一步探析各个时期内的武英殿修书处发展历程。

第二节　创始期（康熙时期，1680—1722）

中国古代刻书活动受到当时社会历史条件的影响。武英殿修书处的成立与发展，可以说与清代的政治、经济、文化发展状况密切相关。武英殿修书处在康熙十九年得以创立，得益于清初政治的相对安定，经济的恢复发展，这些因素为修书处刻书事业的发展、兴盛提供了有利的社会环境和物质基础。清廷推行的"崇儒重道""振兴文教"的文化政策，则有力地促成了武英殿修书处的创立。

一　康熙朝武英殿修书处的制度发展

康熙朝是武英殿修书处制度的奠基时期。康熙十九年十一月奉旨设立修书处，始以武英殿内左右廊房共63楹为办公场所，掌刊印装潢书籍之事。[①] 监造、库掌、笔帖式、拜唐阿等，俱无定额。[②] 康熙四十三年（1704），编纂《佩文韵府》，开局武英殿，命翰林词臣详校，实为后来校刊翰林处的前身。康熙四十四年、五十七年，将监造处下属的砚作、珐琅作等作房先后划归养心殿造办处，康熙六十一年，又将露房归并到监造处下[③]。武英殿修书处集校对官员、刻字工匠于一处，由翰林院词臣总领校勘事宜，改变了明代由司礼监专司刊刻的旧例。

值得注意的是，早期的武英殿修书处只是武英殿造办处的下属

---

　①《钦定日下旧闻考》卷71。
　②《钦定总管内务府现行则例》，道光二十年武英殿续刻本，载《故宫珍本丛刊》第306册，第308—309页。
　③ 嘉庆朝《钦定大清会典事例》卷906《内务府·书籍碑刻》。

机构，虽然也刊刻书籍，但承刻能力有限，刊刻的殿本数量在各朝之中比较少。康熙帝将部分内府典籍交由南方织造大臣刊刻印刷，如《全唐诗》《历代诗余》《历代题画诗类》等，皆出自臣工输费承办，非修书处初刻。清人朱彭寿《安乐康平室随笔》在谈到康熙时期臣工刊刻内府本的现象时就有非常清楚的认识：

> 本朝人所刻之书，以康熙间最为工整，至当时钦定诸籍，其雕本尤极精良，然大都出自臣工输赀承办。如《全唐诗》则为通政使曹寅所刻，《历代赋汇》则为詹事府詹事陈元龙所刻，《佩文斋咏物诗选》则为翰林院编修高舆所刻，《历代题画诗类》则为翰林院编修陈邦彦所刻，《历代诗余》则为司经局洗马王奕清所刻，《佩文斋书画谱》则为候补主事王世绳等数人所刻，《御批通鉴纲目》则为吏部尚书宋荦所刻，《佩文斋广群芳谱》则为河南道监察御史刘灏所刻……《历代纪事年表》则为翰林院检讨马豫所刻，《康熙字典》则为翰林院侍读陈世倌所刻。盖其时士大夫中，皆以校刻天府秘籍、列名简末为荣，故多有竭诚报效者。自乾隆以后，凡奉敕编纂书籍，始无不由内府刊行矣。①

核诸史实，朱彭寿所言不虚。据笔者统计，康熙朝地方进呈本数量达到 20 种，在各朝之中是最多的（雍正朝 4 种，乾隆朝 13 种，嘉庆朝 10 种）。我们应该如何看待康熙初年臣工刊刻进呈现象呢？有学者认为当时修书处刚刚设立，刻书技术尚未成熟，导致承刻能力有限，因此康熙帝才转交给扬州诗局等处刊刻。这些解释理由有其合理性，但并非唯一影响因素。实际上，康熙一朝修书处已经刊刻了五色套印本《古文渊鉴》以及大型类书《古今图书集成》《佩文韵府》《子史精华》等，无论从雕版技术、套印水准还是铜活字刊印技术已经相当精湛。

---

① （清）朱彭寿：《安乐康平室随笔》卷 1，1940 年海盐朱氏铅印本，第 6 页。

笔者认为，这种现象的出现应该说与康熙初年政局不稳，康熙帝忙于军政事务，无暇顾及刻书之事有莫大关系。康熙帝冲龄继位，十四岁亲政。鳌拜等四大臣辅政期间，推行"率复祖制，咸复旧章"倒行逆施的措施，加剧了满汉冲突，严重制约了皇权，康熙帝最终铲除了鳌拜集团。接着发生了三藩之乱，至康熙二十一年（1682）冬才告平定，之后又有收复台湾、平定准噶尔部叛乱等诸多战事。康熙帝曾感叹，因军事动乱，无暇顾及文教之事："吴逆反叛，军事倥偬，遂未进呈。今四方渐定，正宜振兴文教。"① 在内政上，康熙帝一方面强化皇权，实行御门听政，设立南书房；另一方面整顿吏治，恢复京察、大计等考核制度，实行滋生人丁、永不加赋的社会政策。在皇位继承人问题上，康熙末年诸皇子觊觎皇位，发生了残酷的储位之争，康熙帝晚年两废太子，更是耗费了大量精力。在这种特殊的内政外交形势下，武英殿修书处设立初期主要编刻有关治国理政、教化人心不可缺少的内府典籍，如"风教攸关者，咸著录焉"的《御选古文渊鉴》，大多钦定诸籍多由"臣工输赀承办"②。康熙四十年（1701）以后，清廷政局稍稳，修书处的刻书工作才得到更多的重视。康熙四十三年（1704），康熙帝下令儒臣在武英殿开局编纂《佩文韵府》，并交由武英殿刊印，此后，修书处刊印典籍的数量才开始逐渐增多，进入了新的发展阶段。

二　康熙朝刊刻殿本的数量和特色

如前文所述，康熙十九年至康熙六十一年是武英殿修书处的创始期，40余年中刊刻殿本数量29种，在各朝刊刻殿本总量中占比4%，年均殿本刊刻数量0.67种/年，年均不足1种。修书处在康熙一朝刊刻殿本数量虽然不多，但其刊印质量是各朝之翘楚，世称"康版"。

---

① 《清圣祖实录》卷66，康熙十六年三月十四日。
② （清）朱彭寿：《安乐康平室随笔》卷1，第6页。

笔者将康熙朝刊印的 29 种殿本编制成表格加以说明（参见表 2 - 6），根据下表所列刊刻时间，以康熙五十年（1711）为界，可划分为两个阶段。第一阶段为康熙十九年至康熙四十九年，修书处的刻书数量并不多，有文献可考的只有《古文渊鉴》《渊鉴类函》等少数殿本。康熙五十年以后，修书处刊刻殿本的数量剧增，达到 20 余种，这说明修书处前期承刻能力有限，后期进入了快速发展阶段。

表 2 - 6　　　　　　　　康熙朝武英殿修书处刊刻殿本一览

总类	小类	殿本书名及卷数	刻竣时间
经部	小学类	《御制清文鉴》20 卷总纲 4 卷序 1 卷	康熙 47 年
	易类	《御纂周易折中》22 卷首 1 卷	康熙 54 年
	小学类	《康熙字典》42 卷	康熙 55 年
	小学类	《御制满蒙文鉴》20 卷总纲 8 卷序 1 卷	康熙 56 年
	春秋类	《钦定春秋传说汇纂》38 卷卷首 2 卷	康熙 60 年
	乐类	《律吕正义》4 卷	康熙 61 年
	总类	《钦定篆文六经四书》63 卷	康熙末年
史部	时令类	《月令辑要》24 卷图说 1 卷	康熙 55 年
	地理类	《钦定皇舆全览》	康熙末年
子部	类书类	《渊鉴类函》450 卷目录 4 卷	康熙 49 年
	儒家类	《渊鉴斋御纂朱子全书》66 卷	康熙 53 年
	类书类	《佩文韵府》106 卷	康熙 55 年
	儒家类	《御纂性理精义》12 卷（汉文）	康熙 56 年
	儒家类	《御纂性理精义》12 卷（满文）	康熙 56 年
	术数类	《御定星历考原》6 卷	康熙 56 年
	类书类	《韵府拾遗》106 卷	康熙 59 年
	类书类	《分类字锦》64 卷	康熙 61 年
	天文算法类	《御制钦若历书》上编 16 卷下编 10 卷表 16 卷	康熙 61 年
	天文算法类	《御制数理精蕴》53 卷	康熙 61 年
	天文算法类	《数表》1 卷	康熙末年
	天文算法类	《数表》2 卷《度数表》1 卷	康熙末年
	天文算法类	《对数广运》不分卷	康熙末年

续表

总类	小类	殿本书名及卷数	刻竣时间
集部	总集类	《御选古文渊鉴》64卷（汉文四色套印）	康熙24年
	总集类	《御选古文渊鉴》64卷（满文四色套印）	康熙24年
	总集类	《御选古文渊鉴》64卷（五色套印）	康熙49年
	别集类	《御制避暑山庄三十六景诗》2卷（汉文）	康熙52年
	别集类	《御制避暑山庄三十六景诗》2卷（满文）	康熙52年
	总集类	《御选唐诗》32卷目录3卷	康熙52年
	总集类	《千叟宴诗》4卷	康熙61年

康熙朝开设了大量修书馆，编纂大型内府书籍。康熙帝在《御制佩文韵府序》颇为自豪地声称："从来著一大书，非数十年之功不能成。今数年以来，所成大部书凡十有余种。"康熙五十九年，清廷查核武英殿等处所送生监人数，提到的修书馆就包括算法馆、纂修子史精华馆、纂修明史馆、古今图书集成馆等①。

内府典籍编纂后，大多需要即行刊刻。修书各馆编竣的典籍，一般交由武英殿修书处进行刷印、装潢和校勘。从康熙朝刊刻殿本所属经、史、子、集四部分布来看（参见表2-6），康熙朝经部7种，史部2种，子部13种，集部7种。其中，经部小学类有3种，子部类书类4种、儒家类3种、天文算法类5种，集部总集类5种，都是其中占比较大的类别，充分说明康熙帝重视儒家经典、字学工具书、类书以及天文算法类典籍的刊刻，这也是康熙朝修书处刊刻殿本的特色所在。

（一）刊刻儒家经典和理学著作

康熙帝推行"崇儒重道""稽古右文"文化政策的具体表现之一，便是组织儒臣学士开馆编纂儒家经典等文献典籍，同时谕令修书处加以校对、刊刻、装潢，使之广泛流播，以此规范并引导清代

---

① 《翰林院为查对武英殿等处所送生监人数》，康熙五十九年，台湾史语所藏内阁大库档案，登录号：164047-001。

士人思想及学术文化发展的方向。正如《清史稿·艺文志》所说："圣祖继统，诏举博学鸿儒，修经史，纂图书，稽古右文，润色鸿业，海内彬彬向风焉。"① 雍正帝在《古今图书集成序》中评价乃父编纂书籍之功绩时说："圣祖仁皇帝聪明睿智，宣生知之质，而又好古敏求，孜孜不倦，万几之暇，置图书于左右，披寻玩味，虽盛暑隆寒未尝暂旷，积数十载之久，研综古今，搜讨殆遍，屡命儒臣弘开书局。若《周易折中》发四圣之微言，《朱子全书》会群儒之奥义，皆禀自睿裁，复躬加校定。若《律历渊源》注经考史，选诗论文，以及博闻多识之资，所纂辑雕镂，充送于内府，删述之功，嘉惠无穷，称极盛矣。"② 雍正帝这里所提及的内府书籍——《古今图书集成》《周易折中》《朱子全书》《律历渊源》皆是由康熙帝谕令在修书处校对、刊印、装潢成书的。

康熙帝即位后，以儒学道统的继承者自任，"夙好程朱，深谈性理"③，大力推崇儒家思想和程朱理学。康熙十六年（1677）十二月二十日谕曰："经史有关政治，义蕴弘深。朕朝夕讲究，勉求贯通，讲幄诸臣，殚心阐发，允裨典学。"④ 可见，经史著作是康熙帝最为重视的部分，修书处刊刻的殿本之中，儒家经典和理学著作占据了相当大的比重。乾隆帝曾总结乃祖编刻经学著作的成绩："皇祖圣祖仁皇帝，道隆羲顼，学贯天人，凡艺圃书仓，靡不博览，而尤以经学为首重，《御纂周易折中》《尚书汇纂》《诗经汇纂》《春秋汇纂》等编，又有《朱子全书》《性理精义》，正学昌明，著作大备。"⑤ 康熙朝由修书处主持刊刻的此类殿本包括：《渊鉴斋御纂朱子全书》66卷、《御纂周易折中》22卷、《钦定春秋传说汇纂》38卷、《御纂性

---

① （清）赵尔巽等：《清史稿》卷145《艺文志》，中华书局1977年版，第4219页。
② （清）玄烨：《钦定古今图书集成序》。
③ （清）昭梿：《啸亭杂录》，中华书局1980年版，第6页。
④ 《清圣祖实录》卷70，康熙十六年十二月二十日。
⑤ 《清高宗实录》卷17，乾隆元年四月二十七日。

理精义》12卷等。

殿本《御纂朱子全书》的编刻过程颇为典型。康熙五十一年（1712）二月四日，康熙帝谕大学士曰："朕以为孔孟之后，有禆斯文者，朱子之功，最为弘巨。"① 康熙五十三年（1714），康熙帝敕命李光地、熊赐履等儒臣将朱熹字句、语录整理删节，最后交由修书处刻成《渊鉴斋御纂朱子全书》66卷，以"御纂"名义颁发各省以作教材。康熙帝特作《御制朱子全书序》，称赞朱熹："至于朱夫子，集大成而继千百年绝传之学，开愚蒙而立亿万世一定之规，穷理以致其知，反躬以践其实，释《大学》则有次第，由致知而平天下。"《啸亭杂录》高度评价康熙帝刊刻《朱子全书》的意义所在："仁皇夙好程朱，深谈性理……刊定《性理大全》《朱子全书》等书，特令朱子配祠十哲之列。故当时宋学昌明，世多醇儒耆学，风俗醇厚，非后世所能及也。"② 由修书处刊行的《朱子全书》等儒学经典均属朝廷颁布的教材，大量刊刻、颁发内外各处，如康熙五十二年（1713）九月谕大学士李光地曰："《朱子全书》《四书批注》刊刻告竣，可速颁行。"③ 同时，各级官府学校、科举士人奉此"钦定"殿本为圭臬，此后翻印不绝，数量颇为可观。

（二）刊刻《佩文韵府》等大型类书

历朝统治者对类书编纂非常重视，往往一个新王朝政权确立后，经济、政治有了稳定的发展，出于"文治"的需要，统治者即组织力量编刻大型类书，以好文之名，行兴文治之实。欧阳修即说："窃以右文兴化，乃致治之所先；著录藏书，须太平而大备。"④

康熙帝日理万机之余，尤其重视编刻类书，以为资政之用。康熙帝以"类书从无善本，惟《唐类函》略称赡备，宣推其体例，漱

---

① 《清圣祖实录》卷249，康熙五十一年二月四日。
② （清）昭梿：《啸亭杂录》卷1《崇理学》，第6页。
③ 《清圣祖实录》卷256，康熙五十二年九月二十六日。
④ （宋）欧阳修：《谢赐〈汉书〉表》，载《欧阳修全集》下册，中国书店1986年版，第728页。

润增华"①，敕令儒臣张英等人，以《唐类函》为蓝本，参以《太平御览》、子集稗编等，编成《渊鉴类函》450 卷。康熙帝为之序云："然则类书之作，其亦不违于圣人立言之意与！……学者或未能尽读天下之书，观于此而得其大凡，因以求尽其始终条理精义之所存，其于格物致知之功，修辞立诚之事，为益匪浅鲜矣。"② 康熙帝这里引圣人所为，以述而不作之典故，大力组织儒臣编刻大型类书。

康熙朝武英殿修书处刊刻的类书包括：康熙四十九年（1710）刊竣的《渊鉴类函》450 卷；康熙五十年（1711）刊竣的《佩文韵府》106 卷；康熙五十九年（1720）刊竣的《韵府拾遗》106 卷；康熙六十一年（1722）刊竣的《分类字锦》64 卷。实际上，雍正朝刊刻告成的多种类书，都是康熙帝下令开馆编纂，但由于其突然驾崩，剩余的编刻工作只能遗留到雍正朝，交付修书处刊刻成书，如《子史精华》《骈字类编》等，皆是此类。康熙帝敕编的《古今图书集成》，编刻工作在康熙朝几近完成，如张廷玉说："今《图书集成》者……康熙年间圣祖仁皇帝广命儒臣宏开书局，搜罗经史诸子百家……历十有余年而未就。"③ 康熙帝去世后，雍正帝重新召开集成馆，由修书处于雍正六年（1728）刊刻告竣。

可以说，康熙朝是修书处刊刻类书的高峰时期，《佩文韵府》的编刻在修书处发展历程中具有标志性意义。武英殿修书处成立初期，所刊刻的殿本书籍仅仅是数种而已，大部分内府典籍都交由臣工刊刻进呈。直到康熙朝后期修书处全面负责刊刻《佩文韵府》，这一机构的管理制度和校勘、刊刻能得到很大的提升。

关于《佩文韵府》的编刻过程，康熙帝《御制佩文韵府序》有清楚的交代：

---

① （清）张英等：《渊鉴类函》卷首，中国书店 1985 年版，第 1—3 页。
② （清）张英等：《渊鉴类函》，第 1—3 页。
③ （清）张廷玉：《澄怀园语》卷 3。

爰于康熙四十三年夏六月，朕与内直翰林诸臣亲加考订，证其讹舛，增其脱漏，或有某经某史所载，某字某事未备者，朕复时时面谕，一一增录，渐次成帙。犹以故实或未极博，于十月复命阁部大臣，更加搜采，以衷益之。既有原本、增本，又有内增、外增，将付剞劂矣，名曰《佩文韵府》。随于十二月开局武英殿，集翰林诸臣合并详勘，逐日进览，旋付梓人。于五十年十月全书告成，共一百〇六卷，一万八千余页。[①]

《佩文韵府》的刊刻标志着武英殿修书处进入新的发展阶段。具体表现在：

其一，《佩文韵府》编刻设局于武英殿，开创了修书处校勘殿本之先河，是后来成立的校刊翰林处之雏形。康熙十九年成立修书处后，仅设监造官，负责内府书籍的刊刻，并未设立专门人员从事校勘。嘉庆朝《钦定大清会典事例》载："康熙四十三年奉旨：朕新纂《佩文韵府》一书，特派翰林孙致弥等校对，可于武英殿内收拾房舍几间，令伊等在内详细校对。"[②] 康熙四十三年（1704）十二月开局武英殿，其目的就是"集翰林诸臣合并详勘，逐日进览，旋付梓人"，也就是说修书处同时承担了《佩文韵府》校勘和刊刻工作，并且选派翰林从事，为之后成立校刊翰林处奠定了基础。查慎行武英书局报竣奏折称："编辑既定，派令缮写，各限页数，每日交收。其进呈写本、发刻宋字本及刻就样本，以暨进呈宋字写本，亦俱分派每日校对。"[③]《佩文韵府》缮写、校勘、刷印都在武英殿进行。

其二，清代殿本书前一般列有总裁官、校勘官、纂修官和监造官姓名官衔的职名表，武英殿修书处的监造官员姓名往往要列入其中，实际此一制度创始于《佩文韵府》的刊印。康熙五十二年

---

① （清）玄烨：《御制佩文韵府序》，载《佩文韵府》卷首。
② 嘉庆朝《钦定大清会典事例》卷906《内务府·书籍碑刻·修书》。
③ （清）查慎行：《查慎行集》第7册，浙江古籍出版社2014年版，第16页。

（1713）七月，武英殿总监造奏称："《佩文韵府》书成后，校勘官、纂注翰林、缮写、磨勘举人、监生，再奴才等之名及养心殿之人名等，刊刻后已添入书内。现今《御选唐诗》内亦照《佩文韵府》，将校勘大臣，纂注翰林，缮写、磨勘进士、监生、童生等以及监修官员人名，于汉文版本排列，具折谨奏。御览钦定后，再刊刻添入。"[①] 查殿本《佩文韵府》卷首确实载录了监造官职名，即"原任武英殿总监造内务府会计司员外郎兼佐领赫世亨、武英殿总监造内务府会计司员外郎兼佐领张常住、武英殿总监造翻书房内阁侍读学士兼佐领和素、武英殿总监造内务府会计司员外郎兼参领佐领李国屏"。这是目前所见职名表中最早著录武英殿监造官的殿本。自此之后，殿本刻竣后一般会援引《佩文韵府》载录武英殿监造官职名的惯例，也成为殿本的基本特征之一。

第三节　鼎盛期（雍乾时期，1723—1795）

在康熙朝的基础上，雍乾朝有了长足的发展，出现了盛世局面。政治的安定、经济的繁荣，为武英殿修书处的发展、兴盛创造了有利的社会环境和物质基础，这一时期文献编纂及刻书事业异常繁盛，所谓"经籍既盛，学术斯昌，文治之隆，汉、唐以来所未逮也"[②]，雍乾朝成为武英殿修书处发展历程中的鼎盛阶段。

一　雍乾朝武英殿修书处的制度发展

康熙十九年（1680）成立的武英殿修书处，还隶属于武英殿造办处。至雍正七年（1729），清廷准予铸造"武英殿修书处图记"，使之升格为直接隶属于总管内务府大臣的专门刊书机构，办公地点

[①]《清内府刻书档案史料汇编》，第53页。
[②] 赵尔巽等编：《清史稿》卷145，第4220页。

也逐步扩大到武英殿及其周围群房，武英殿修书处的机构独立性和刊刻能力大大加强。

雍乾朝是武英殿修书处制度全面完善的重要时期，这一时期内修书处职官制度和人事制度渐趋稳定，形成定制。雍正二年（1724），裁撤监造，设库掌3人。雍正四年，复设监造2人。雍正六年，增设库掌1人。雍正七年奏准，铸给武英殿修书处图记，设委署主事1人。乾隆四十三年（1778）奏准，修书处监造2人，定为六品职衔，食七品俸；库掌4人，定为七品职衔，食八品俸。乾隆四十七年奏准，监造2人，定为一正一副。其正监造，作为员外郎；副监造，作为副内管领，均不必另行添设，即于内务府员外郎，副内管领内占用①。武英殿修书处的官制，康雍两朝从无定额。直至乾隆四十三年，才基本形成定制，这一官制也为其后各朝所继承，并无大的变动。乾隆时期，修书处还因需设立了不少重要机构。如乾隆九年（1744）奏准设立武英殿通行书籍售卖处，专门负责通行殿本的售卖。四库馆开馆期间，在武英殿设立分支机构，负责《四库全书》缮写、刊印和装潢。

二 雍乾朝刊刻殿本的数量和特色

雍正元年（1723）至乾隆六十年（1795），是武英殿修书处的鼎盛期，刊刻殿本数量达470种，占比70%，年均殿本刊刻数量达6.44种/年。从经、史、子、集四部分布来看，雍正朝刊刻的殿本经部8种，史部20种，子部27种，集部4种。乾隆朝刊刻殿本经部38种，史部177种，子部29种，集部24种。下文对雍正、乾隆两朝所刊殿本的特色分别述之。

（一）雍正朝

雍正朝武英殿修书处共计刊刻殿本59种，单就数量而言，尚不如嘉庆朝（72种），但雍正一朝只存在13年，年均刊刻量4.53种，

---

① 嘉庆朝《钦定大清会典事例》卷886。

在各朝之中仅次于乾隆朝的6.85种,因此有学者指出雍正帝当政的13年中,刻书数量:"约有1.96万余卷,相当于康熙朝61年间内府刻书卷数的1倍,与乾隆朝刻书卷数相当。"① 从刊刻的殿本类别看,雍正朝修书处所刻之书政治色彩较为浓厚,尤重刊印儒释道和上谕类书籍,具有鲜明的特色。

1. 儒家经典的刊刻

雍正帝继承了康熙帝所倡导的文化策略,"稽古右文,崇儒兴学",推崇文治。雍正帝登基后,在其父所颁圣谕十六条基础上,于雍正二年(1724)编刻了《圣谕广训》,成为清廷的教化纲领。修书处刊刻《圣谕广训》后,颁发各地,要求在满洲八旗和直省各地深入宣讲,即便是乡村僻壤之地也需每月朔望宣讲两次。

雍正帝重视教化,曾明确表态说:"朕治天下,恒以正人心,厚风俗为切务。"② 清廷特设观风整俗使、宣谕化导使,到浙江、福建、湖南等各地巡视。雍正元年(1723),雍正帝以"孝为百行之首,是化民成俗之本",令儒臣编撰《孝经集注》,并亲自审定御注,以儒家经典教化臣民。如雍正五年(1727)十二月三日"刊刻《孝经》《小学》清汉文告成"③,颁发各省衙门臣工。雍正帝还亲自谕令修书处刊刻《四书五经读本》,颁之国子监、八旗及各省书院,作为教材之用。

2. 上谕诏令的刊刻

雍正朝后期,武英殿修书处的刻书重点是上谕类殿本。孟森认为:"雍正一朝,《朱批奏折》《上谕八旗》《上谕内阁》皆刻成巨帙,其未刻者不知凡几,而已选刻者不下数十万。"④ 雍正九年(1731),修书处刊刻了《上谕内阁》150卷,另编刻有关八旗政务谕旨的《上谕八旗》13卷。雍正九年(1731),修书处还刊刻了满、

---

① 李士娟:《雍正朝内府刻书概略》,《历史档案》2012年第1期。
② 《清世宗实录》卷129,雍正十一年三月二十九日。
③ 《清世宗实录》卷64,雍正五年十二月三日。
④ 孟森:《明清史讲义》下册,中华书局1983年版,第471页。

蒙、汉三种文字的《上谕军令条约》。

雍正朝编刻殿本，政治目的较强，意在教化臣民。《御制朋党论》便是其中一个典型例子。雍正三年（1725）正月十二日，工科给事中赫硕色谨奏为颁发《御制朋党论》以正学风事称："恳祈敕下谕旨，将《御制朋党论》颁布天下，使天下儒士视为经传，每日讲读。又每次考试，即将其中之句子，命名为题目，令写论文。如此施行，久而久之，自成风气，进而圣训更兴，又人人皆知朋党之恶习，自然朋党之类亦得可除。"① 雍正七年（1729），为调和满汉矛盾、破除种族成见，清廷刊刻了《大义觉迷录》一书，要求"每遇朔望宣讲《圣谕广训》，即将《大义觉迷录》宣谕绅士兵民，务令人人洞晓，其各邑村镇居址相近之生监、通晓文义者，于乡约所按期集众宣读晓谕，必使晓畅明白"②。此书颁发范围为：大学士以下，翰林科道以上，每员各给一部，宗学、各官学每处各给一部，将军督抚、府尹、总河、总漕、观风整俗使、学政、藩臬、巡查、巡盐各御史，每员各给一部，直隶各省督抚俱另给一部，令其照依上板翻刻，刷印通行所属各儒学，酌量每学各给若干部，由直隶总督印送该府尹颁给，刊印数量达数百万部之多。

3. 释道宗教典籍的刊刻

雍正帝主张儒、佛、道并行，"对儒、佛、道三家采取了并行不悖、各取所需的政策"③。雍正帝曾宣称："朕向来三教并重，视为一体……朕意何必中国欲将此三途去二归一欤？不能之事既与能，不过互相徒增愁怨耳。"④ 他的这种态度，也表现在编刻殿本上。雍

---

① 《清内府刻书档案史料汇编》，第96页。
② 《署陕西总督查郎阿为祗领大义觉迷录事》，雍正八年三月，台湾史语所藏内阁大库档案，登录号：120078-001。
③ 黄爱平：《清代康雍乾三帝的统治思想与文化选择》，《中国社会科学院研究生院学报》2001年第4期。
④ 《雍正朝汉文朱批奏折汇编》第1册，第525页。

正一朝由修书处刻印了大量释道类的殿本书籍。

雍正十一年（1733），雍正帝选编五百多位禅师、禅僧、居士的重要语录、禅语，集为《御选语录》，交由修书处刊刻。在每卷语录之前，雍正帝亲自作序，阐明要旨。雍正十三年（1735）修书处还刊刻了大型佛教丛编《二十八经同函》147卷，收录佛经28种。此外，根据雍正帝谕旨，修书处还陆续刊刻了《御制序文》19卷（雍正十一年）、《御制拣魔辨异录》8卷（雍正十一年）、《御录宗镜大纲》20卷（雍正十二年）、《御录经海一滴》6卷等等。

（二）乾隆朝

据笔者编制的《清代殿本编年总目》统计，乾隆朝刊刻殿本数量411种，占比61%。康雍乾三朝中以乾隆朝时编刻的殿本数量最多，种类也最为齐全，遍及经、史、子、集四部，多为鸿篇巨制，卷帙浩繁。此外，乾隆帝十分重视涉及八旗满洲书籍的刊印流传，凡属此类重要著作，均以满汉文或满汉合璧的方式刊刻。

1. 刊刻《十三经注疏》等儒家著作

乾隆朝刊印的儒家经典，最著名的是殿本《十三经注疏》。儒家经典《十三经》是一部集汉魏以来儒学研究之大成的著作，自南宋以降，历代屡有汇刊，如明代官私刊刻的《十三经注疏》版本就包括南监本、北监本、毛氏汲古阁本等多种。到了清代，清廷表彰经学，官绅对经学注疏读本的需求量很大，遂有重刻《十三经注疏》之议。乾隆元年（1736），协办大学士三泰奏请颁发《十三经》《二十一史》各一部于各省会府学中，令督抚刊印，分给府州县学。"部议：应令督抚于省会书院及有尊经阁之府州县，就近动项购买颁发。从之。"① 乾隆四年（1739），清廷谕旨修书处以明代北监本《十三经注疏》为底本，重新校刻。至乾隆十二年（1747），殿本《十三经注疏》得以刊定，成为通行的权威版本。后世对殿本《十三经注疏》的价值评价甚高。《莫友芝日记》

---

① 《清高宗实录》卷14，乾隆元年三月十三日。

载:"督相曾公招饮,言当刊《十三经注疏》问通行者何本为善。以阮本为善,公嫌其字小,则又以殿本对。盖乾隆四年所刊经史,其经部补正明监不少,且有句读,足称善本。"① 殿本被视为善本。

乾隆时期,武英殿修书处还刊刻了其他儒家经典,如《日讲春秋解义》(乾隆二年刊)、《钦定四书文》(乾隆五年刊)、《御制翻译四书》6 卷(乾隆六年刊)、《日讲礼记解义》(乾隆十四年刊)、《钦定三礼义疏》(乾隆十九年刊)、《御纂诗义折中》(乾隆二十年刊)、《御纂春秋直解》12 卷(乾隆二十三年刊)、《御制翻译书经集传》6 卷(乾隆二十五年刊)、《御制翻译诗经》8 卷(乾隆三十三年刊)、《御定仿宋相台岳氏本五经》96 卷(乾隆四十八年刊)、《论语集解义疏》10 卷(乾隆五十二年刊),等等,都是重要的儒学著作。乾隆五十年(1785)修书处还重刻了康熙年间编刻的《通志堂经解》,具有强烈的表彰经学之义。

2. 刊刻正史、方略等史学书籍

康雍两朝,史部典籍的刻印规模并不是很大,但到了乾隆时期,史籍类殿本的刻印数量剧增。据黄爱平的统计:"乾隆时期官修史书,包括例行纂修的各部则例在内,总数达 137 种……纪传 2 种,编年 5 种,纪事本末 10 种,别史 2 种,传记 9 种,族谱 2 种,史评 4 种,通制 9 种,典礼 6 种,规章 48 种,职官 3 种,诏令奏议 7 种,邦计 1 种,地理方志 14 种,河渠水利 4 种,目录 6 种,金石 4 种,考工 1 种,凡 18 类 137 种。"② 这一统计数字包含了写本在内,且限于汉文典籍,不包括民族文字的典籍在内。笔者把满汉文各自算作一种,统计出乾隆一朝史部类殿本共有 177 种,为数不少。

乾隆三年(1738),张廷玉奏议于武英殿校刊《二十一史》,选

---

① (清)莫友芝:《莫友芝日记》,凤凰出版社 2014 年版,第 286 页。
② 黄爱平:《清乾隆朝官修史书考论》,《安徽史学》2016 年第 3 期。

派选派翰林院编修6人至武英殿："稽查善本，悉心校对，并与该处总裁公同商订，陆续发到，覆阅进呈。"① 原计划"校勘、刊刻会于一处"，于修书处办理。但核查发现武英殿"库内存贮书籍，并无监板《十三经》《廿一史》"，经史馆校勘改设在怡亲王府办理。乾隆帝在校刊《二十一史》的基础上，加上《明史》《旧唐书》及《永乐大典》辑出的《旧五代史》，钦定为《二十四史》，从乾隆四年（1739）开始由修书处刊刻，至乾隆四十九年（1784）刻竣，成为最为重要的大型殿本之一。

方略馆是清代专门编纂国家历次重大军事行动始末的常设机构。康熙时期编纂《平定三逆方略》始置，隶属军机处，初非常开，自乾隆十四年（1749）编修《平定金川方略》起，方为常开馆，直至宣统三年（1911）四月，与军机处并裁。每当朝廷用兵，军功告蒇，即将有关章折上谕汇集成编，备详原委，"每次军功告蒇及遇有政事之大者，皆奏奉谕旨纪其始末，纂辑成书，或曰方略，或曰纪略"②。据学者统计，自康熙至光绪朝，清代总共编纂了24部方略，其中康熙朝5部，乾隆朝11部，嘉庆朝2部，道光朝1部，同治朝2部，光绪朝3部③。由此可知，乾隆朝编刻的方略数量是最多的，几乎是清代所编方略总数的一半。从表2-7可以看出，清代方略馆所编修的方略、纪略书籍纂成后，大部分要移交修书处刊刻、装潢。这样的殿本很多，如《平定两金川方略》152卷，乾隆三十五年（1770）刊《平定准噶尔方略》；乾隆五十三年（1788）刊《钦定平定台湾纪略》65卷；乾隆六十年（1795）刊《钦定廓尔喀纪略》54卷，等等。

---

① （清）方苞：《奏为请定校刊经史程序事》，中国第一历史档案馆藏军机处录副奏折。
② （清）梁章钜、朱智：《枢垣记略》卷14，中华书局1984年版，第155页。
③ 姚继荣：《清代方略馆与官修方略》，《山西师范大学学报》2002年第2期。

表2-7　　　　乾隆朝武英殿修书处刊刻的方略、纪略

题名	卷数	成书时间
《平定金川方略》	26卷	乾隆十七年校刊
《平定准噶尔方略》前编	54卷	乾隆三十五年校刊
《平定准噶尔方略》正编	85卷	
《平定准噶尔方略》续编	32卷	
《临清纪略》	16卷	乾隆四十六年校刊
《平定两金川方略》	152卷	乾隆四十六年校刊
《钦定兰州纪略》	20卷	乾隆四十六年敕撰
《皇清开国方略》	32卷	乾隆五十一年校刊
《钦定平定台湾纪略》	65卷	乾隆五十三年校刊
《钦定安南纪略》	32卷	乾隆五十六年敕撰
《钦定廓尔喀纪略》	54卷	乾隆六十年校刊
《钦定河源纪略》	35卷	乾隆年间校刊

　　武英殿修书处刊印的殿本中，典章制度、律令则例等政书类书籍占据较大比重。这些典制类书籍可供辅政之用，有益于统治者系统总结管理经验，保障整个国家机器的正常运转，作为政务标准和执法依据。清代各部院制定有本衙门的典章制度，并开设则例馆，编纂则例。每三至五年开馆为小修，每十年开馆为大修，确保则例的时效性和可操作性，典制类书籍在不断续修、增补过程中，不同版本均需交由修书处刊刻成书，因此政书类殿本比重是相当大的。

　　早在顺治三年（1646）清廷已编定《大清律》，乾隆四年（1647）刊行。乾隆五年（1740）重修《大清律例》，乾隆三十三年（1768）由修书处刊刻，乾隆五十五年（1790）重刻。乾隆时制定、刊刻的各部则例，涵盖了国家制度建设的各个方面，择其要者有《钦定科场条例》4卷、《翻译考试条例》1卷（乾隆六年刊）；《钦定吏部则例》66卷、《钦定宫中现行则例》2卷、《钦定八旗则例》12卷（乾隆七年刊）；《钦定工部则例》50卷（乾隆十四年刊）；《钦定户部鼓铸则例》10卷、《钦定户部旗务则例》12卷（乾隆三

十四年刊);《钦定国子监则例》30卷(乾隆三十七年刊);《钦定太常寺则例》114卷(乾隆四十二年刊),等等。

武英殿修书处所刻印的则例,朝野内外需求量极大,因此清廷颁发赏赐的数量亦多,如乾隆九年(1744)档案载"《督捕则例》备载旗外治罪,并有关文武各官隐匿失察交部之例,均系内外问刑、会审衙门之所必需,应行颁发"①。颁发各衙门《清字督捕则例》124部,《汉字督捕则例》330部,同时将《督捕则例》各另发直省布政司2部,令其照样刊刷,转发该省需用衙门。

3. 刊刻御制诗文集

乾隆帝一生作诗达4万余首,据戴逸先生统计,"乾隆的御制诗集共五集,434卷,收诗41800首,这是在位60年间所写的,平均每天要写两首诗"②。而据朱赛虹的统计,乾隆帝一生撰写的御制文集达1148篇③。乾隆帝还将自己的诗文编汇成集,计有《乐善堂文集定本》30卷、《御制文初集》30卷、《御制文二集》44卷、《御制文三集》16卷、《御制文余集》2卷,还有《御制诗五集》100卷、《御制诗文十全集》54卷、《御制全韵诗》不分卷,这些御制诗文集都由修书处刊印,装潢、校勘均追求尽善尽美。而通过御制诗文集的编纂和刊印,清朝统治者有意识地塑造浸染汉族文化、稽古右文的圣主形象。

三 雍乾朝武英殿修书处印刷技术的发展

雍乾时期,武英殿修书处印刷技术的发展主要体现在木活字印刷的创新上。金简作为木活字版制作和刊印工作的主要负责人,曾仿《墨法集要》之例,总结经验,写成《武英殿聚珍版程式》一书。该书总结了一套"刻木有法、藏庋有具、排校有次"方法,以

---

① 台湾史语所藏内阁大库档案,登录号:019296-001。
② 戴逸:《乾隆帝及其时代》,中国人民大学出版社1992年版,第415页。
③ 朱赛虹:《清代御制诗文概析》,《北京图书馆刊》1999年第2期。

图文并茂的方式详细介绍了木活字制作、刊印的整个过程。

乾隆四十一年（1776）十二月二十二日，四库全书处副总裁金简奏请旨排印聚珍版刻法一折，首次提及进呈其所撰写的《钦定武英殿聚珍版程式》：

> 三年以来，排印过书籍约共三十余种，一切章程渐皆习熟。臣谨仿《墨法集要》体例，将现在办法，分别条款，著为图说，拟名《钦定武英殿聚珍版程式》。①

金简上奏的6天后，十二月二十八日军机大臣奏请将《武英殿聚珍板程式》印行并录入《四库全书》及《四库全书荟要》，并建议活字摆印，传示久远②，得到了乾隆帝准允。金简所撰《武英殿聚珍版程式》，书中附插图16幅详尽了展示了武英殿木活字印书的流程及造活字法，包括刻字、字柜、槽版、夹条、顶木、中心木、类盘、套格、摆书、垫版、校对等诸多流程，是自元代王祯《造活字印书法》之后记载活字印刷流程的最详细著作，也是中国活字印刷史的重要文献。《武英殿聚珍版程式》较之于王祯的《木活字印书法》，有了重要的改进和创新。首先，制造木活字时，王祯先在一块整板上刻字，刻满了一板后再把字逐个锯开；而金简的方法是先制成规格大小划一的单个木子，而后把每10个木子放在一个有槽的木床上，上下用活闩塞紧，像雕刻整版一样刻字。其次，排字时，王祯用的是转动的排字盘，取字时转动排字盘，以字就人；金简用的是"字柜"，字柜共有12个，按照子、丑、寅、卯等12地支名排列，把全部活字分别装于12个大字柜中，每柜有200个抽屉，每个抽屉分大小8格，每格存放大小木活字各4个，每个抽屉上都标明某部、某字及画数。拣字由专人负责，以人就字，"检查便宜，安摆

---

① 《纂修四库全书档案》，第548页。
② 同上书，第565页。

迅速"。这些改进，都说明乾隆时期修书处的活字印刷术向前迈进了一大步。

第四节 式微期（嘉道时期，1796—1850）

嘉道时期，国势渐衰，清王朝走过盛世之后，弊病丛生，内乱外侮，积重难返。两次鸦片战争丧权辱国，封建经济走向解体，而清廷的吏治腐败和经济危机引发了社会的各种矛盾，导致了严重的社会危机，各地起义此起彼伏。

这一时期，清廷财政窘迫，一再压缩各项财政开支。据罗玉东《中国厘金史》的统计，嘉庆时期国库存银锐减至1200余万两[1]。道光朝财政形势更加吃紧，在爆发鸦片战争后的5年之间，"一耗于夷务，再耗于库案，三耗于河决，固已不胜其浩繁矣"[2]。道光二十年至道光二十九年，清廷的财政赤字高达7000余万两。龚自珍描述为"日之将夕"的衰世，"人畜悲哀，鬼心机变置"[3]。内务府开支银两来源于户部，"大内费用，由户部拨交内务府者"[4]。国库空虚的情势势必影响到内务府的经费收入，而隶属于内务府，经费直接来源于内务府银库的武英殿修书处也自然会受到影响和冲击，逐渐走向衰微。

一 嘉道朝武英殿修书处的制度发展

嘉道时期武英殿修书处管理体制渐趋松懈，往往造成校勘书籍不精的弊病。一方面，在内忧外患的形势下，统治者更无暇顾及书籍编刻事业，这一时期编纂的书籍数量有限，修书处承刻书籍数量

---

[1] 罗玉东：《中国厘金史》（上），商务印书馆2010年版，第3页。
[2] （清）曾国藩：《曾文正公全集·奏稿》卷1。
[3] （清）龚自珍：《龚自珍选集》第1辑《均匀篇》，人民文学出版社2004年版，第78页。
[4] （民国）小横香室主人：《清朝野史大观》卷1《清宫遗闻·大内费用》。

随之出现下滑，武英殿原用于校刻书籍的部分空闲房屋甚至拨付给实录馆使用。嘉庆十一年（1806），实录馆总裁庆桂奏称，实录馆房间不敷应用，请内务府大臣就该馆附近拨空房三四十间。内务府查明："武英殿现有东廊校对所正房三间，办书值房东厢房五间，书作东厢房五间……计房三十间，房间足拨应用。……武英殿校对所、办书值房、书作现在俱无校对承修书籍，可以暂行移至南薰殿西边闲房九间内办理。"① 武英殿原用于殿本校勘的校对所、用于装潢的书作房间均属空闲，说明时修书处承刻的书籍已剧烈下滑，与鼎盛时期武英殿办事空间不足而搭盖凉棚的情况形成了鲜明对比。

另一方面，嘉庆中期以后，武英殿修书处在管理上的疏漏逐渐显露出来，武英殿屡次发生库藏殿本被盗窃的事件。如道光五年（1825）武英殿匠役伙窃《佩文韵府》4 部，《康熙字典》《周礼》《四书》各 1 部，共卖得京钱 220 千分②。内务府官员还克扣外雇工匠工银，层层盘剥，刻工所得无几。修书处旗人匠役衰老、技术不精者占了多半，这种情况无疑严重影响了殿本的刊刻质量。

嘉庆十七年（1812）因武英殿修书处办理刷印《圣训》迟缓，朝臣议奏制定武英殿修书章程、校书章程。嘉庆十九年（1814）十二月初四日，署理武英殿总裁鲍桂星奏陈饬令武英殿总理修书时按期到殿稽查等事，提出了十条改革建议③。鲍桂星上奏后，嘉庆帝召集群臣讨论修订武英殿章程细节，正式颁布了武英殿修书处新章程④。嘉庆十九年（1814）十二月十八日，文颖馆总裁官董诰等人议复武英殿办书章程事，得以嘉庆帝的准允。嘉庆末年制定的武英殿修书处章程和校勘章程，既是应对修书处校勘不精弊病而制定的

---

① 《奏为查明武英殿现在房间足拨实录馆应用事》，嘉庆十一年三月十日，中国第一历史档案馆藏内务府奏案，第 5 宗 - 520 卷 - 32 号。
② 转引自章乃炜《清宫述闻》，紫禁城出版社 1990 年版，第 338 页。
③ 中国第一历史档案馆藏军机处录副奏折，嘉庆十九年十二月初四，档案号：03 - 1564 - 012。
④ 《清仁宗实录》卷 300，嘉庆十九年十二月初四日。

措施，亦说明嘉庆时期是武英殿修书处制度的修正阶段，对维系武英殿修书处后续正常运转仍起到了一定作用。

二 嘉道朝刊刻殿本的数量和特色

嘉庆元年（1796）至道光三十年（1850），是武英殿修书处发展的式微期，刊刻殿本数量122种，占比18%，年均殿本刊刻数量2.21种/年。这一时期清廷无法在书籍编刻上投入大量精力，修书处刻印的殿本质量每况愈下，正如陶湘所说"嘉庆一朝，四年刻《续纂八旗通志》，工料愈逊"①。殿本无论是在字体、纸墨、校勘质量等方面，都与全盛时期的雍乾朝差距甚远。如钦定的《圣训》《八旗通志》校勘错误所在多有，钦定之书尚且如此，其他殿本书籍的质量可想而知。

从经、史、子、集四部分布来看，嘉庆朝刊刻的殿本中，经部1种，史部48种，子部4种，集部14种。道光朝刊刻的殿本，经部4种，史部33种，子部8种，集部6种。两朝合计，史部书籍的刊刻数量较多（81种），集部次之（20种），反映了这一时期修书处刻书的重点所在。

这一时期新刻的经部殿本数量并不多，除了道光二年（1822）刻本《钦定春秋左传读本》30卷等经学著作外，主要是满汉辞典等小学类书籍，包括道光十年（1830）翻刻康熙朝编纂的《康熙字典》，道光十一年（1831）刻本《字典考证》36卷，道光二十八年（1848）满蒙汉合璧本《蒙文指要》4卷等。

嘉道时期刊刻的史部书籍，主要是在续修、增补乾隆朝编刻的则例、律例，按照清廷规定，每隔10年需要开馆续修各衙门则例，因此这一时期依然按部就班刊刻此类政书。如嘉庆二年（1797）续修本《钦定国子监则例》44卷首6卷，嘉庆四年（1799）续修本《钦定八旗通志》242卷首12卷目录2卷，嘉庆七年（1802）续修

---

① 陶湘：《清代殿板书始末记》，载《书目丛刊》，第68页。

本《大清律例》47卷，嘉庆十年（1805）续修本《皇朝词林典故》64卷，嘉庆八年（1803）续修本《钦定中枢政考》72卷，以及续修《大清会典》《大清一统志》等，都是增补、续修乾隆朝所刊殿本。

此外，嘉道时期武英殿修书处也刊刻了多种方略、纪略类殿本书籍，如嘉庆聚珍版《平苗纪略》52卷，嘉庆十五年（1810）刻本《剿平三省邪匪方略》前编361卷续编36卷附编12卷，道光十年（1830）刻本《平定回疆剿擒逆裔方略》80卷。此类方略的刊印花费不少，清廷在经费紧张的情况下，仍拨出一定经费由武英殿修书处刊刻，以便宣扬统治者的武功。

这一时期刊刻的子部类殿本种类并不多，但刊刻颁发各省的数量不少，一类是翻刻儒家类典籍，如道光三十年（1850）刻本《圣谕广训直解》2卷，《御纂性理精义》12卷，道光满汉合璧本《御制劝善要言》1卷等。另一类是农家、天文算法类的实用性书籍，如嘉庆十三年（1808）武英殿刻本《钦定授衣广训》2卷、《钦定授时通考》78卷，嘉庆刻本《御纂历代三元甲子编年》1卷、《御定万年书》1卷，道光十年（1830）刻本《钦定修造吉方立成》1卷等。

集部类殿本主要是皇帝的御纂、御撰类诗文集。如《清仁宗御制诗集》《御制全史诗》《御制嗣统述圣诗》《御制读尚书诗》《清宁合撰》《皇考圣德神功全韵诗》《味馀书室全集》《味馀书屋随笔》等御制诗文集刻本，都由修书处刊刻颁发的。道光二年（1822）刻《养正书屋全集定本》《清宣宗御制诗集》，道光九年（1829）刻《清宣宗御制文集》、道光十一年（1831）刻《御制巡幸盛京诗》等。嘉庆十八年（1813）武英殿刻朱墨套印本《昭代箫韶》，是清宫戏曲的集大成之作。

道光朝以后，武英殿修书处刊刻的殿本数量更为锐减，但道光帝为了挽救颓风，对有关地方治理、教化人心之著作，仍谕令修书处大量刊刻、颁发。如道光十六年（1836）十一月刊刻《御制人臣儆心录》《钦定训饬州县规条》，道光帝认为此类书籍可"使知奋愧思勉，自可力挽颓风"①，谕令各省督抚即遵照原书，敬谨刊刻，颁发所属各该州县，以为准则。

第五节 衰亡期（咸同光宣时期，1851—1912）

咸同时期，内有太平天国起义等乱局，外有西方列强入侵。领土的割让、势力范围的划分、租界的设立和"治外法权"的丧失，将古老中国推向亡国的边缘。此外，由于镇压起义和赈济灾民等原因，咸丰朝出现了严重的财政危机。道光三十年（1850）国库余存不足 200 万两，到了咸丰三年（1853），户部存银只余 20 余万两，可谓捉襟见肘，晚清政府的财政体系走向全面崩溃。虽然其后有短暂的同治中兴，但也无力挽救日益加深的危机。在这样一种局面下，清朝统治者更是无暇顾及书籍编刻之事，武英殿修书处刊印书籍的数量也随之剧烈下滑。

这一时期，修书处更多负责办理与刊刻书籍关系不大的活计。这一现象，朱赛虹有很好的概括："伴随着清晚期大趋势的衰落，武英殿修书处刻印新书的'修书'职掌只在少数年份是主业。……此时的武英殿修书处，已经从引领时代出版潮流的主力机构，变成为应付宫中所有相关'活计'的一般性出版机构。"②

武英殿的刻书业务日渐衰落，而且管理松懈，时常发生匠役窃书事件。胡思敬所撰《国闻备乘》载："内府图籍多贮武英殿，宦竖稍稍窃去。戊巳之间，内廷窃出殿本《朱子全书》凡数百部，每部只售四金。"③《清朝野史大观》卷 2 亦载："清初武英殿版书籍，

---

① 《清宣宗实录》卷 291，道光十六年十一月十五日。
② 朱赛虹：《清晚期武英殿修书处"修书"与"非修书"职能的消长——基于清宫档案的考察》，《中国出版史研究》2015 年第 2 期。
③ 《中华野史》卷 11《国闻备乘》，三秦出版社 2000 年版，第 9945 页。

精妙迈前代。版片皆存贮殿旁空屋中，积年既久，不常印刷，遂为人盗卖无数。"① 殿本雕版不常印刷，遂为人盗卖无数，损失颇巨。

同治八年（1869）、光绪二十七年（1901）武英殿发生两次火灾，对修书处刻书活动而言是一个严重打击，加速了修书处的衰落。1911年10月10日，武昌起义爆发，1912年2月12日，清帝颁布退位诏书标志着清王朝的灭亡，延续了200余年的武英殿修书处也随之消亡。

一 同光朝武英殿的两次火灾及其影响

武英殿与紫禁城其他殿宇一样，都是木结构建筑，曾多次发生火灾，影响较大的有两次：同治八年，延烧各作房屋30多间，焚毁大部分库存殿本和部分书板，仅焕章殿无恙。光绪二十七年由于雷击，武英殿部分殿堂再遭焚毁。②

同治八年（1869）的武英殿火灾，是修书处走向衰亡的标志性事件，火灾对修书处造成的影响，值得辨析。同治八年六月二十三日，翁同龢奏为武英殿不戒于火请勤修圣德以弭灾折称："本月二十日夜武英殿不戒于火，书籍、版片焚毁殆尽。"③ 同治十二年（1873）六月七日，江南提督衙门奏请颁发殿本书籍，修书处咨覆内阁称："查本处所存各种书籍，于同治八年六月间均被回禄无存。"④ 这是对于同治八年武英殿火灾造成殿本、板片损失情况的官方确认。时人著述也称同治八年火灾后殿内书籍及书板均为灰烬。《蕉廊脞录》载："同治己巳六月二十日，武英殿灾，自亥刻起至次日辰刻

---

① （民国）小横香室主人：《清朝野史大观》卷2《清宫遗闻·武英殿版之遭劫》。

② 朱赛虹等：《中国出版通史·清代卷（上）》，第84页。

③ 《大学士倭仁等奏为武英殿不戒于火请勤修圣德以弭灾变事》，同治八年，中国第一历史档案馆藏军机处录副奏折，档案号：03-4675-124。

④ 《武英殿修书处为咨覆内阁上谕书籍均被回禄无存事》，同治十二年，台湾史语所藏内阁大库档案，登录号：227809-001。

止，延烧他屋至三十余间，所藏书悉烬焉。"① 《清稗类钞》亦载："同治中，武英殿焚，书版烬焉。"②

有学者认为，同治八年火灾发生时，"武英殿前后库房存书达一万八千余部，书板数万块，均被焚毁"③。其实核诸文献，不能轻易下此结论。《武英殿修书处档案选编》收录了北京大学图书馆收藏的同治四年《武英殿修书处存售书籍清册》，据该清册记载，同治四年武英殿库存有殿本书籍9563部，卖书59部④，武英殿火灾两年后，同治十年武英殿修书处所立《旧存开除现存书籍清册档》记载，武英殿此时仍存书7166部⑤，相比于6年前，减少了约2400部，并非完全没有殿本余剩。实际上，武英殿火灾时贮存部分殿本的焕章殿无恙，据《清穆宗实录》记载，救火兵丁"赶紧扑灭，将西配殿及附近各处，设法保护"，西配殿即焕章殿，当时的救火工作挽救了部分殿本。

当然，在这场火灾中，存贮殿本书板的武英殿正殿和后殿，以及武英殿大部分办公场所、刷印作坊、刷印工具材料等均未能幸免，化为灰烬，极大地影响了修书处后续的校勘、刷印、装潢工作，很难恢复到火灾前的原有规模。陶湘评论："凡康熙二百年来之藏书储板，一炬荡然……武英殿既灾，纂修协修之官名犹在，写刻印装之工匠亦未撤，而刊书之事，终同治一朝阒寂无闻，此为极衰时代矣。"⑥

武英殿火灾发生后，清廷即有复修武英殿的动议，但限于财力

---

① （清）吴庆坻：《蕉廊脞录》，中华书局1990年版，第639页。
② （清）徐珂编：《清稗类钞》第4册，中华书局2010年版，第1808页。
③ 翁连溪：《清内府书版遗存考》，《中国典籍与文化论丛》第9辑，北京大学出版社2007年版，第294页。
④ 《清宫武英殿修书处档案》第4册，同治四年《武英殿修书处存售书籍清册》，第622页。
⑤ 《清宫武英殿修书处档案》第5册，同治十年《旧存开除现存书籍清册档》，第432页。
⑥ 陶湘：《清代殿板书始末记》，载《书目丛刊》，第68页。

物力，只是将武英殿损毁殿宇局部修复，先将宫门正殿估修，剩余房间分年陆续修理。同治八年九月初七日，孚郡王奕譓等奏为武英殿不慎被火请饬工部勘估兴修事称：

> 本年六月二十日夜间武英殿不戒于火，延烧宫门五间、正殿五间、后殿五间、东配殿五间、东小库房五间、南院库房六间、浴德堂正殿六间……西配殿三间、群房十四间残破……刊刻圣训……板片、刷印各种书籍均关紧要，若不兴修，似与体制未符。查此项工程由工部勘估修理，惟先因库款支绌之际，未便一律修理，理合奏明请旨，可否咨行工部，先将宫门正殿勘估修，剩余房间分年陆续修理之处，伏候训示遵行。①

光绪二十七年（1901），武英殿再次发生火灾。光绪二十七年四月二十一日，庆亲王奕劻等为武英殿因雷起火情形一事电报清廷称：

> 十八日戌时，雷雨交作，值班护军搜查时闻霹雳大震，见武英殿后墙内柳株劈裂，电火击入后殿，彼时烟火齐出，当即率领值班官兵宫内总管、太监急……美国率领兵队二三百名，并英国、德国等一同进内……无奈火势太急，人力难施，以致延烧武英殿前殿五间，后殿五间，西配殿五间，浴德堂共六间，前院西配房五间、后院东配房五间，共三十一间，其宫门东配殿以及值房等处保护无虞，于十九日寅时火势始息。②

日本人所写的《明治三十二年清国战争史》记载："1901年6月4日夜，北京紫禁城内储藏经文和木板的武英殿遭遇雷火之灾，

---

① 《孚郡王奕譓等奏为武英殿不慎被火请饬工部勘估兴修事》，同治八年，中国第一历史档案馆藏军机处录副奏折，档案号：03-4990-045。
② 《庆亲王奕劻等电为武英殿因雷起火情形事》，中国第一历史档案馆藏电报档，档案号：2-02-12-027-0396。

几乎全部被烧毁。此夜有大雷雨，晚上8点武英殿附近的大树由雷电引发大火，火势蔓延到武英殿。"①

此次火灾，武英殿大部分殿堂再度被焚。当时由于清廷财力支绌，只能部分修补武英殿。光绪二十八年（1902）十一月七日："又谕：前派继禄承修武英殿工程，钱粮较巨。著继禄择其工程紧要，方向相宜者，先行修补。其余著暂缓兴修。"② 在此情况下，武英殿修书处的刊刻活动基本陷于停滞，直至被裁撤。

二 咸丰朝以后刊刻殿本的数量和特色

咸丰元年至宣统三年，是武英殿修书处的衰亡期，刊刻殿本数量仅有52种，占比8%，年均殿本刊刻数量0.85种/年，年均不到1种。以同治八年的武英殿火灾为标志，武英殿修书处最终走向衰微。

咸丰以后，武英殿修书处刻书工作难以为继，咸丰年间所刻殿本，仅见咸丰三年（1853）刻《文宗上谕内阁附疏义条款》《文宗上谕》、咸丰年间刻《清文宗御制诗集》、咸丰末年刻《通商税则善后》等20多种，这些殿本在工料选取、镌印技艺均较为拙劣。同光时期，清廷更是经费支绌，对于武英殿雕版残缺之事，无力全面补刊。据《清德宗实录》载，光绪九年（1883）三月十一日翰林院侍讲陈学棻奏武英殿书板阙失，请饬查明补刊。光绪帝谕旨："著该管王大臣查明现阙书版，先将经籍补刊，余俟陆续刊刻完全，用备观览。"③ 但由于经费有限，修书处补刊书籍活动不得不暂停办理。光绪九年十二月四日光绪帝又谕："武英殿奏补刊书籍请领银两一折，现在库款支绌，所有补刊书籍著暂行停办。"④

从经、史、子、集四部分布来看，咸丰以后各朝刊印书籍中，

---

① 《明治三十二年清国战争史》卷5，载路遥主编《义和团运动文献资料汇编·日译文卷（日本参谋本部文件）》，山东大学出版社2013年版，第481页。
② 《清德宗实录》卷507，光绪二十八年十一月七日。
③ 《清德宗实录》卷161，光绪九年三月十一日。
④ 《清德宗实录》卷175，光绪九年十二月四日。

经部3种，史部24种，子部22种，集部4种。史部和子部的殿本数量比重稍大，注重实用性。刊刻数量较大的主要是三类书籍：第一类是经学、儒家类殿本，特别大量刊印有关世道人心、有裨风化的典籍。顺治帝《御制劝善要言》是一种教化类御制典籍，光绪朝由修书处反复刷印，用以颁赐各省及地方官学。如光绪十六年十月命武英殿刊刻《御制劝善要言》①，光绪十七年，光绪帝谕内阁，认为"《世祖章皇帝御制劝善要言》一书，仰体天心，特垂明训精详切实，俾斯世迁善改过，一道同风，实足变浇俗而臻盛化"。鉴于原书只有满文，特令翻书房加译汉文，发交武英殿刊刻成书。刷印完竣后，"每省颁发一部，交各该将军督抚，照式刊发各属学官，每月朔望，同圣谕广训一体敬谨宣讲，用示朕钦承祖训辅教牖民之至意"②。光绪二十年六月谕旨又强调"《御制劝善要言》一书，诲谕精详，有功世道"，但恐一乡一邑尚未遍及，"著各直省督抚饬知各属，准其重刻，广行颁给。务使侘乡僻壤，家喻户晓。俾得迁善改过，一道同风，用副朕化民成俗之至意"③。

第二类是日用类殿本。咸丰以后，武英殿修书处刊刻新书的数量虽然大幅下滑，但依然可以利用之前留存的板片反复刷印需求量大的殿本，特别是有关科举的实用性参考书籍，且印刷数量非常可观。如康熙年间所编刻的《佩文诗韵》，据修书处档案，同治七年刷印了2000部，同治九年刷印1300部，同治十年刷印2000部，同治十一年刷印1000部，四年内共计刷印了6300部④。此外，《时宪书》《万年书鉴》等殿本书籍的刷印数量也非常可观。

第三类是有关地方治理的典章律例类殿本。如《乡守辑要合钞》是有关乡村治理的法律文献汇编，收录了《保甲章程》等有关里甲、保甲制度的地方法律。咸丰三年（1853）修书处刊刻了《乡守辑要

---

① 《清德宗实录》卷290，光绪十六年十月二十一日。
② 《清德宗实录》卷300，光绪十七年八月八日。
③ 《清德宗实录》卷342，光绪二十年六月十五日。
④ 《清宫武英殿修书处档案》第5册。

合钞》10 卷。咸丰三年八月十七日，内阁奉上谕称："《乡守辑要合钞》一书，朕详加披阅，于团练事宜颇为详备，著一并交武英殿刊刻进呈，候旨颁发。"① 可见，清廷希望通过刊刻《乡守辑要合钞》，作为兴办地方团练的参考用书，以维护地方秩序，巩固自身统治。

　　晚清时期，武英殿修书处面临着石印技术的冲击。光绪年间，西方石印术传入中国，石版印制图画便捷省力，成本低廉，很快取代了传统的雕版技艺，成为印制典籍的重要方式。同治元年（1862）清廷设立京师同文馆，京师同文馆于同治十二年（1873）成立了印书处，备有中文、罗马文活字四套和手摇印刷机 7 部②。同光时期武英殿的两次火灾，极大地削弱了刻书处刊刻能力，同文馆和总理衙门印书处逐渐替代了刻书处。同光年间，由总理衙门承办了铅印七省方略、历朝圣训和御制诗文集，光绪间又由总理衙门交上海同文书局石印《古今图书集成》。光绪三十年（1804）清廷成立修订法律馆，其后占用武英殿部分殿堂作为办公场所，修书处的刻书活动基本停止了。1912 年清帝逊位，清朝统治结束，自康熙十九年（1680）开始持续运作 230 余年的武英殿修书处宣告消亡。

---

① 咸丰三年（1853）殿本《乡守辑要合钞》卷首。
② 万启盈编：《中国近代印刷工业史》，上海人民出版社 2012 年版，第 230 页。

第 三 章

武英殿修书处的组织机构与人员管理

武英殿修书处自康熙十九年创立，宣统三年正式退出历史舞台，持续运作时间跨度大，组织管理和人事制度复杂。武英殿修书处成立后彻底改变了明代由司礼监掌管内府刻书的管理体制，在职官设置和人员管理上有重要的创新和发展，从而也为武英殿修书处的高效运作提供了强有力的制度保障。

第一节 武英殿修书处的组织机构

一 武英殿历史沿革和职能转变

武英殿修书处的办公处所设在武英殿，梳理修书处的历史渊源，就有必要了解武英殿的历史沿革。武英殿在紫禁城整体建筑格局中占有重要地位，是紫禁城中相对独立、对称的建筑群落之一，它处于外朝西路，在太和殿西侧的熙和门之西[1]，与太和殿东侧的文华殿构成左辅右弼之势。明代，武英殿最主要的功能是皇帝的便殿，曾

---

[1] （清）于敏中等纂：《钦定日下旧闻考》卷13，北京古籍出版社1983年版，第172页。

为明代皇帝斋戒和召见臣工之处。据《明史》记载，明代曾设中书舍人，值武英殿西房、文华殿西房等处。"武英殿舍人，职掌奉旨篆写册宝、图书、册页。"① 武英殿还设有待诏，择能画者居之，后移至文华殿。明末，李自成攻入紫禁城后，以武英殿为治事之所。崇祯十七年（1644）四月十二九日，李自成在武英殿登基称帝："僭帝号于武英殿……是夕焚宫殿及九门城楼。"② 李自成撤离北京后，放火烧毁紫禁城，"宫殿及太庙被焚毁，止存武英一殿"③。

清入关后，摄政王多尔衮在武英殿办理政务。顺治元年（1644）五月，"摄政和硕睿亲王入武英殿，升御座，设故明卤簿"④。康熙初年，康熙帝曾短暂于武英殿寝居办公。康熙八年（1669）正月二十二日谕旨："以本月二十六日修理太和殿兴工，上于是日从清宁宫移居武英殿。"⑤ 康熙八年十一月二十四日，康熙帝从武英殿移居乾清宫⑥，在武英殿居住了将近一年时间，凸显了它的重要性。

纵观武英殿的发展历史，我们可以看出，康熙十九年（1680）武英殿修书处成立之前，武英殿的功用主要是进行政务活动，是皇帝时常御临之所。武英殿修书处成立之后，武英殿的职能发生了转变，从政务活动转为编刻、装潢、校勘内府书籍的处所，文化内涵大大增强。此外，从地理位置看，武英殿不仅地处外朝，方便人员行走办事，且地理位置与内务府衙署非常接近，"殿北为内务府公署，为果房，为冰窖，为造办处"⑦，总管内务府的办公处所内务府堂设在西华门内右翼门之西，武英殿的西北侧。另外，内务府下属的"七司"广储司、会计司等衙署均在西华门周边，这一切都便于

---

① （清）张廷玉等：《明史》卷74《志五十·职官三》。
② （清）张廷玉等：《明史》卷319《列传一百九十七》。
③ （清）计六奇：《明季北略》卷20，中华书局1984年版。
④ 《清世祖实录》卷5，顺治元年五月二十六日。
⑤ 《清圣祖实录》卷28，康熙八年正月二十二日。
⑥ 《清圣祖实录》卷31，康熙八年十一月二十四日。
⑦ 《国朝宫史》卷11《宫殿》，北京古籍出版社1987年版，第199页。

隶属内务府的武英殿修书处办理相关事务①，与其他机构开展合作，这是康熙帝选择武英殿作为修书处办公处所的重要原因。

二　武英殿各殿堂及其用途

武英殿建于"工字形"台基之上，武英门前有御河环绕，上跨石桥三座，护以石栏。对于武英殿的建筑布局，《钦定日下旧闻考》卷13载："武英殿五楹，殿前丹墀，东西陛九级，乾隆四十年御题门额曰武英。东配殿曰凝道，西曰焕章。后殿曰敬思，东北为恒寿斋，今为缮校四库全书诸臣直房。西北为浴德殿，即旧所称修书处也，浴堂在其后，西为井亭。"②《钦定日下旧闻考》的记述比较全面。

武英殿为前后两重，由武英门、武英殿、敬思殿、凝道殿、焕章殿、恒寿斋、浴德堂及左右廊房63楹③组成。康熙朝绘制的《康熙衙署图》以及乾隆朝绘制的《乾隆京城全图》为我们查考当时武英殿的建筑格局和式样提供了直观的图像参考（参见图3-1、图3-2）。

武英殿修书处成立后，武英殿各殿堂有不同的用途，分别述之：

武英门：武英殿之正门，守卫值宿之处。面阔九间，南向，正面辟有三门，设三阶，出九级。黄琉璃瓦歇山式顶，门内丹陛直通武英殿。

武英殿：武英殿之正殿。面阔五间，进深三间，黄琉璃瓦歇山式顶，南向，乾隆四十年（1775）御题门额"武英"。周围有石栏，前出月台与丹陛相接，东西两陛九级，直通武英门。该殿主要为收藏内府刻本，贮存板片之所。道光间曾任武英殿校录官的黄培芳《虎坊杂识》载："武英殿殿宇前后两重，皆贮书版。"

---

①　例如武英殿修书处所用物料的管理衙门——广储司衙署早期设在西华门内白虎殿西配房，会计司、营造司、都虞司衙署在西华门外北长街，距离西华门内的武英殿很近，极便于人员往来、物料行取。

②　《钦定日下旧闻考》卷13。

③　《钦定日下旧闻考》卷71。

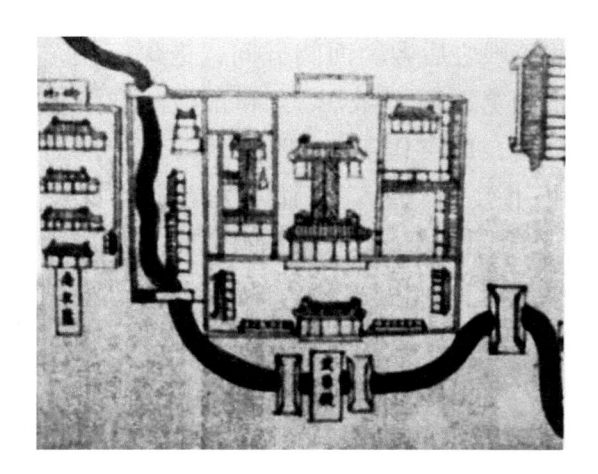

第三章　武英殿修书处的组织机构与人员管理　115

图 3-1　《康熙衙署图》中的武英殿图像①

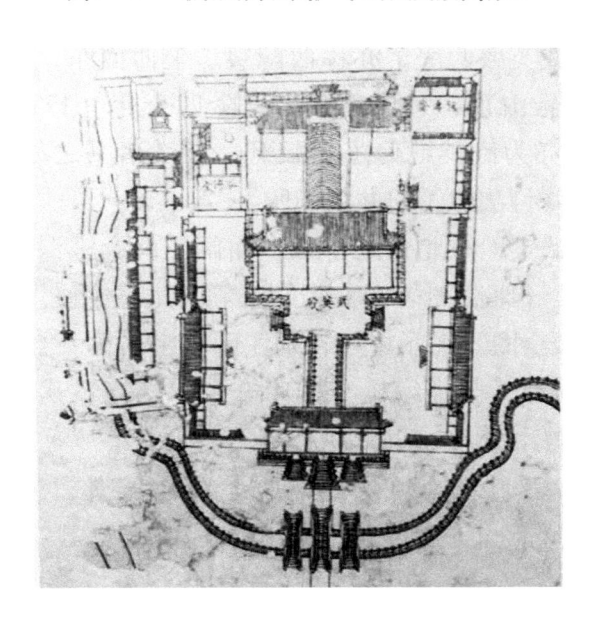

图 3-2　《乾隆京城全图》中的武英殿图像②

---

① 该图引自《武英殿——故宫古建筑保护工程实录》，紫禁城出版社 2011 年版，第 9 页。
② 同上。

敬思殿：武英殿之后殿。面阔五间，进深三间，黄琉璃瓦歇山式顶。有乾隆帝御笔题匾"敬思"。和正殿一样，皆为收藏内府刻本，贮存板片之所，即《国朝宫史》所称："殿前后两重，皆贮书籍。"① 武英殿修书处刊刻书籍存而不发者贮存此殿。清人姚元之《竹叶亭杂记》卷4载："武英殿书籍其存而不发卖者，向贮于殿之后敬思殿。甲戌夏清查，将完好者移贮前殿，其残缺者变价，符咒等书悉付之丙，于是敬思殿空为贮板片之所。"②

凝道殿：武英殿东庑，亦称东配殿。坐东面西，面阔五间，进深二间，单檐悬山顶、黄琉璃瓦。乾隆四十年（1775）御笔题匾"凝道"。该殿为武英殿修书处校刊、装潢诸书之处，"凡钦定命刊诸书，俱于殿左右直房校刻"③。

焕章殿：武英殿西庑，亦称西配殿。坐西面东，面阔五间，进深二间，单檐悬山顶、黄琉璃瓦。乾隆四十年（1775）御笔题匾"焕章"。该殿亦为武英殿修书处校刊、装潢诸书之处。晚清时期，焕章殿曾作为修订法律馆的办公场所。

恒寿斋：武英殿东北角之小殿。面阔三间，进深一间，黄琉璃瓦硬山式顶④。《康熙衙署图》及《乾隆京城全图》均出现了恒寿斋，《乾隆京城全图》图示中还特别注明殿宇名称。《钦定日下旧闻考》载："恒寿斋，今为缮校《四库全书》诸臣直房。西北为浴德殿，即旧所称修书处也，浴堂在其后，西为井亭。"⑤《国朝宫史续编》卷53云："东北为恒寿斋，西北为浴德堂，皆词臣校书直次。"⑥ 关槐在乾隆年间曾充武英殿提调，其年谱载："殿东北隅恒

---

① （清）鄂尔泰、张廷玉等编：《国朝宫史》卷11《宫殿》，北京古籍出版社1987年版，第198页。
② （清）姚元之：《竹叶亭杂记》卷4，清光绪十九年姚虞卿刻本。
③ （清）鄂尔泰、张廷玉等编：《国朝宫史》卷11《宫殿》，第198页。
④ 朱赛虹等：《中国出版通史·清代卷（上）》，中国书籍出版社2008年版，第84页。
⑤ 《钦定日下旧闻考》卷13。
⑥ 《国朝宫史续编》卷53。

寿斋为修书直庐，自兹编校无虚日。"① 恒寿斋日常作为武英殿总裁、提调等官员的办公处所。

浴德堂：又称作"浴德殿"，为武英殿东北角之小殿。位于武英殿西北高台上，面阔三间，坐北面南，卷棚歇山式黄琉璃瓦顶。堂东次间后檐辟门通后室（罗大天），室平面呈方形，上为穹顶，四壁至顶皆为乳白色瓷片贴面，顶部设有天窗。东室有灶台，安放铁锅一口，西室为灶间，从井亭给水由石槽引水入锅。《钦定日下旧闻考》载："西北为浴德殿，即旧所称修书处也，浴堂在其后，西为井亭。"②《国朝宫史》又载："西有浴德堂，为词臣校书直次，设总裁统之。"③ 武英殿修书处成立后，浴德堂作为校刊翰林处办事处所，设有提调房、校录房和办事值房等，负责内府书籍的缮写、校勘等工作。

武英殿周边建筑：包括武英门东耳房、武英门西耳房、凝道殿北耳房、焕章殿北耳房、西群房等，负责书籍刷印、齐订书页，折配书页、经页，以及钩幕御书、缮写板样、刊刻书板等事宜。另外，武英殿修书处下属的通行书籍售卖处、档案房、值宿房、材料房、督催房、钱粮房、办事值房等行政办事机构，也都散布在武英殿周边群房。

武英殿主要建筑牌匾至乾隆四十年（1775）才统一由乾隆帝御题挂置。据乾隆四十年六月初三日内府油木作档案记载："初三日，为做武英殿清汉字匾五面，因本文上无为做法，随查得武英门并武英殿只有斗匾二面，上系扫青地铜镀金汉字单满洲字……但今料古得仍用旧胎股改做，仍用旧汉字，再后殿并东西配殿，俱系新添做等请回明。"④ 可见，当时悬挂的为满汉合璧的匾额。

---

① 李钧简编：《青城山人年谱》，载北京图书馆编《北京图书馆藏珍本年谱丛刊》，第117册，第547页。
② 《钦定日下旧闻考》卷13。
③ （清）鄂尔泰、张廷玉等编：《国朝宫史》卷11《宫殿》，第198页。
④ 《清代内府刻书档案史料汇编》第1册，第215页。

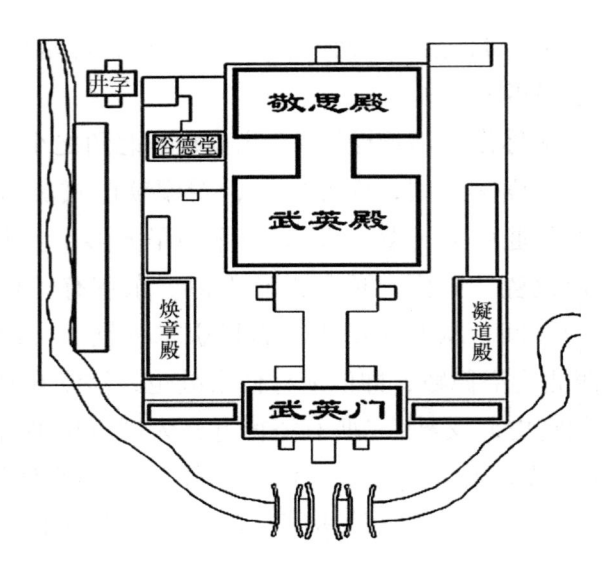

图 3-3　武英殿区域总平面图

表 3-1　武英殿各殿堂及职能

殿堂名称	位置及形制	职能
武英门	武英殿的正门，是守卫值宿之处。面阔九间，南向，正面辟有三门，设三阶，出九级。黄琉璃瓦歇山式顶，门内丹陛直通武英殿	守卫值宿之处
武英殿	正殿。面阔五间，进深三间，黄琉璃瓦歇山式顶，南向，周围有石栏，前出月台与丹陛相接，东两陛九级，直通武英门	储书籍板片之所
敬思殿	武英殿之后殿。面阔五间，进深三间，黄琉璃瓦歇山式顶	储书籍板片之所
凝道殿	武英殿东庑，亦称东配殿。面阔五间，进深一间，黄琉璃瓦悬山式顶	钦定刊布诸书校刊、装潢之处
焕章殿	武英殿西庑，亦称西配殿。面阔五间，黄琉璃瓦悬山式顶	钦定刊布诸书校刊、装潢之处
恒寿斋	武英殿东北角之小殿。面阔三间，进深一间，黄琉璃瓦硬山式顶	曾为缮校《四库全书》诸臣之值房
浴德堂	武英殿西北平台之上，有房三间，坐北面南，卷棚歇山式黄琉璃瓦顶。堂东次间后檐辟门通后室，室平面呈方形，上为穹顶，四壁至顶为乳白色瓷片贴面，顶部有窗	词臣校书值房，专司刊刻、装潢书籍
武英殿周边建筑	包括武英门东耳房、武英门西耳房、凝道殿北耳房、焕章殿北耳房、西群房等	负责刷印、齐订书页，折配书页、经页，及钩幕御书、缮写板样、刊刻书板等事宜

作为武英殿修书处的办公处所，武英殿整体建筑格局一直延续至清末。值得一提的是，武英殿先后发生两次大火，对武英殿修书处后期的运行发展影响颇大。第一次是同治八年（1869）六月二十日夜间，武英殿东库房失火，烧毁了宫门、正殿、后殿和库房等处。武英殿所存书籍、板片大多被焚烧殆尽。军机处认为武英殿重建必不可缓，同年九月派员估勘武英殿工程，持续至同治十一年（1872）才全面完工。第二次是光绪二十七年（1901）四月十八日，武英殿遭雷火被焚。延烧武英殿前后殿、浴德堂、西配殿并东西厢房31间，仅宫门、东配殿及值房等被保护留存。光绪二十八年（1902）清廷筹划重建武英殿，从西配殿工程开始，一直至光绪三十三年（1907）工程竣工，前后历时5年。武英殿从事内府书籍的编刻、装潢、校勘活动一直延续到了辛亥革命后方才结束。1914年，民国政府内务部设古物陈列所于武英殿、敬思殿及凝道、焕章两配殿[①]，武英殿成为古物陈列所的办公地点，其职能发生了根本性改变。

三　武英殿修书处组织机构及其职掌

康熙十九年（1680）清廷在武英殿设立修书处，武英殿由此成为修书处的办公处所。道光二十三年（1843）御书处归并以前，武英殿修书处由监造处和校刊翰林处两大职能部门组成。为适应日益增多的刊刻任务，武英殿修书处下属机构的设置有所损益变化，与编刻书籍无关的作坊被陆续裁撤，刊刻书籍的职能则逐渐加强。内务府先是将原属武英殿的砚作、珐琅作等划归养心殿造办处管理，武英殿造办处原有露房，设有库掌1员，拜唐阿6名，委署领催1名，医生4名，专司合药蒸露，造鼻烟及西洋胰子等事，康熙六十一年将露房归并到监造处下。乾隆三十四年（1768）奏准："本处蒸露等项，较前简少，所有占用药房医生4名，暂行拨回该处当差，嗣后如有应用医生时，传唤

[①] 故宫博物院馆藏档案，古物陈列所修建工程类，第16号。

应役毕,仍行退回。"① 乾隆九年(1744)奏准,将铜字库所贮铜字、铜盘销毁,所有该库库掌、拜唐阿,仍留本处分派各作行走。道光二十三年裁撤御书处,其日常业务归并入武英殿修书处,实际上是扩大和加强了武英殿修书处的职能,管理上更趋划一合理。此后,直至清朝灭亡,武英殿修书处的机构设置再无大的变动②。

御书处并入武英殿修书处的时间较晚,且与刊印、装潢书籍的主要职能相关度并不大,而监造处和校刊翰林处则与内府书籍的校勘、刷印和装潢密切相关,二者各有分工。监造处主要负责刊印刷、装潢书籍和支领钱粮、采买、给发物料等事务,校刊翰林处则专门负责缮写、校勘书籍等事宜。

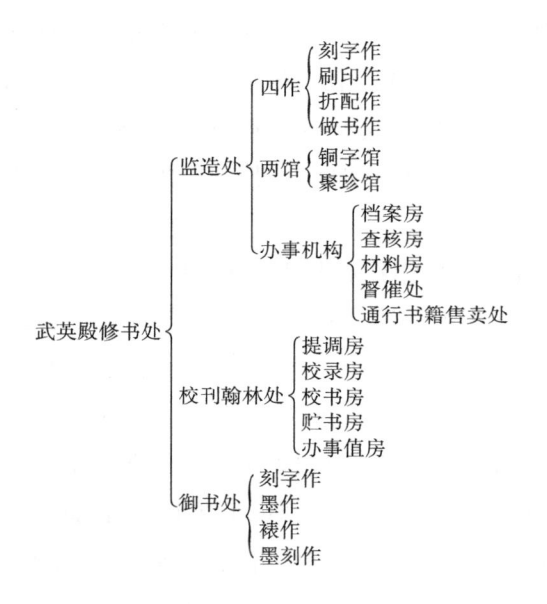

```
                    ┌ 四作 ┌ 刻字作
                    │      │ 刷印作
                    │      │ 折配作
                    │      └ 做书作
              监造处┤
                    │ 两馆 ┌ 铜字馆
                    │      └ 聚珍馆
                    │
                    │      ┌ 档案房
                    │      │ 查核房
                    └办事机构│ 材料房
                           │ 督催处
武英殿修书处┤              └ 通行书籍售卖处
                    │      ┌ 提调房
                    │      │ 校录房
              校刊翰林处┤   │ 校书房
                    │      │ 贮书房
                    │      └ 办事值房
                    │
                    │      ┌ 刻字作
                    └ 御书处│ 墨作
                           │ 裱作
                           └ 墨刻作
```

图 3-4 武英殿修书处组织机构③

---

① 嘉庆朝《钦定大清会典事例》卷 906《内务府・书籍碑刻》。

② 杨玉良:《武英殿修书处及内府修书各馆》,《故宫博物院院刊》1990 年第 1 期。

③ 此表按照武英殿修书处完整机构设置编制,御书处至道光二十三年才归并入武英殿修书处,通行书籍售卖处至乾隆九年设置,皆在表中加以反映。

(一) 监造处

监造处下属有四个常设作坊（刻字作、刷印作、折配作、做书作）、两个特设的活字印刷馆（康熙朝铜字馆、乾隆朝聚珍馆），以及档案房、通行书籍售卖处等相关办事机构。具体包括：

1. 刻字作：分为宫内、宫外两部分，专门负责钩摹御书、缮写板样、刊刻书板等事。据杨玉良先生的研究，武英殿修书处下设有刻字三馆："宫内刻字馆在武英殿群房；宫外刻字馆在东安门外烧酒胡同路北，内设写字局、刻字东馆、西馆。咸丰十年，又增设南馆，时称刻字三馆。"[①] 刻字作设有库掌、拜唐阿、司匠等人。刻字作匠役分为食钱粮匠役和外雇匠役两种。

2. 刷印作：位于武英殿群房。设有库掌一员，拜唐阿8名，委署司匠1员，委署领催2名，专司钩摹御书、刊刻书籍、写样、刷印、折配、齐订等事。另有食钱粮刷印匠40名，"如不敷用，仍准外雇，各匠役俱行官饭，按其人数，添减不等"[②]。康熙四十四年奏准，匠役等嗣后停止官饭，酌量给予钱粮。

3. 折配作：雇有库掌、拜唐阿、司匠、领催等，负责折配书页、经页等事。折配作匠役多为外雇，嘉庆朝《钦定大清会典事例》把折配作与刷印作合并记述，实际上二者是分开管理的，与刷印作互相配合。[③]

4. 做书作：亦称装潢作，主要负责书籍装潢之事，由于该处作房位于武英殿东南廊房，时称"东作房""南作房"。设有"库掌一员，拜唐阿[④]6名，委署司匠1员，委署领催2名，专司内庭交出及

---

① 杨玉良：《武英殿修书处及内府修书各馆》，《故宫博物院院刊》1990年第1期。
② 嘉庆朝《钦定大清会典事例》卷906《内务府·书籍碑刻》。
③ 杨玉良：《武英殿修书处及内府修书各馆》，《故宫博物院院刊》1990年第1期。
④ 拜唐阿为满语，意为一般管事者，也作柏唐阿。

进呈陈设各种新旧书籍，并托裱界划等事。"① 另有食钱粮书匠 14 名，齐栏匠 4 名，托裱匠 4 名，平书匠 7 名，补书匠 4 名，合背匠 5 名，界划匠 6 名，传用营造司锉书木匠 5 名。

5. 铜字馆：康熙五十五年（1716）特设。专管铜字、铜盘及摆字事宜，以铜活字摆印《古今图书集成》《数理精蕴》等书籍。设库掌 1 人、拜唐阿 2 人，摆字匠、刻铜字匠不定额。雍正六年（1728），《古今图书集成》等书摆印完竣后，极少承印其他书籍。乾隆九年（1744），奏准将 100 余万铜活字熔化，铜盘等熔化改作陈设之物，铜字馆随之撤销，相关人员归入武英殿修书处其他职能部门。

6. 聚珍馆：位于西华门外北长街路东②，为乾隆时期以木活字摆印聚珍版书而特设，聚珍馆先后排印 100 余种书籍，嘉庆中期后，摆印活动逐渐停歇，但聚珍馆仍设供事、收掌等人员管理③。

此外，监造处下还设有钱粮房、档案房、通行书籍售卖处、督催房、查核房等行政办事机构。档案房负责记录谕旨、编造奏销档册；钱粮房负责采办物料，发放物料、工价、饭银等；办事值房负责收发书籍、办理文稿等；督催房、查核房则负责有关刷印装潢事项的督催，对各项开支的查核、奏销；值宿房负责宿卫、夜间值班等；乾隆九年（1744）设立的通行书籍售卖处，负责发卖通行书籍。这些办事机构并非武英殿修书处的主要职能部门，而是配合监造处、校刊翰林处的辅助部门，常设拜唐阿、供事书吏等官，不定额。雍正五年（1727），清廷设立稽查房，掌催办、检查和汇报各办事衙门执行上谕情况。隶属于内务府的武英殿修书处也纳入到稽查范围，刊刻、装潢等完竣情形须于每月初五日前报送内阁稽查钦奉上谕处一次，每季度合并报送一次，汇奏皇帝审查④。

---

① 嘉庆朝《钦定大清会典事例》卷 906《内务府·书籍碑刻》。
② 章乃炜：《清宫述闻》，紫禁城出版社 1990 年版。
③ 杨玉良：《武英殿修书处及内府修书各馆》，《故宫博物院院刊》1990 年第 1 期。
④ 同上。

（二）校刊翰林处

校刊翰林处，位于武英殿浴德堂，亦称校对书籍处或翰林处、提调处、校对处，负责缮写、校勘书籍，包括校勘底本和刻竣之本①。下设提调房、校书房、校录房、贮书房、办事值房等机构。康熙四十三年（1704），清廷在浴德堂编刻《佩文韵府》，后被称作"旧修书处"，是为校刊翰林处的前身。据史料记载，雍正三年（1725）奏准，修书处行走翰林生监共 27 人，所修书籍，俱已告成，于翰林生监中拟留 6 人，以备查对缮写之用，其余 21 人拨回翰林院。内有生监，照例办理。如再有纂修查对需用翰林之时，于翰林院行取，纂毕后仍回该院。乾隆三年（1738）谕：武英殿写字需人，著尚书赵国麟等，在国子监肄业之正途贡生内，看其年力精壮，字画端楷，情愿効力者，选取 10 人，送武英殿，以备缮写誊录之用。乾隆三十四年（1769），停止国子监咨送贡生，改由吏部考取誊录内选补，并裁四缺。乾隆四十五年（1780）奏准，仍照旧例于国子监肄业拔副优三项贡生内，咨取 10 人，充补校录②。之后，校刊翰林处职官逐渐形成定制。

（三）御书处

御书处办公地点在武英殿斜对面，共有房屋 43 楹。顺治朝设立时称文书馆，康熙二十九年（1690）改名。嘉庆朝《钦定大清会典事例》载："御书处初为文书馆，康熙二十九年奉旨西华门内文书馆，立造办处。又奏准，文书馆改名御书处，派司员兼管，设监造四人。"③ 御书处主要职能为"掌镌摹御书"④，日常承担"恭刻御制诗文、法帖之属"⑤，御书处设有四作：分别是刻字作、裱作、墨刻作、墨作。刻字作管理双钩、顶朱、镌刻、填写等事，裱作管理

---

① 曹宗儒：《总管内务府考略》，《文献论丛》1936 年第 10 期。
② 嘉庆朝《钦定大清会典事例》卷 906《内务府·书籍碑刻》。
③ 嘉庆朝《钦定大清会典事例》卷 886《内务府二·官制》。
④ 《清史稿》卷 118《志九十三·职官五》。
⑤ 《钦定日下旧闻考》卷 71《官署》，第 1190 页。

托裱、墨刻、染造、笺纸等事，墨刻作管理拓墨刻，墨作管理成造独草墨、三草墨、朱砂锭、熏烟、漂朱等事。御书处设有拜唐阿10名，効力拜唐阿12名，匠役则有刻字匠、裱匠、纸匠、墨刻匠、造墨匠，共101名，分办各作之事。①

御书处原归内务府直接管理，道光二十三年（1843）"归并武英殿管理"②。御书处归并武英殿，是武英殿修书处发展历程中的重要事件，值得关注和探讨。据咸丰二年（1852）内府抄本《钦定总管内务府现行则例·武英殿修书处》"裁撤处所归并事宜"条载："道光二十三年四月内务府奏准，御书处差务较简，拟即裁撤。所有该处事务及衙署文移稿案，均归武英殿管理。其各项石刻、墨迹、法帖等件，亦归武英殿经管，分别存收。"③ 光绪朝《钦定大清会典事例》载："道光二十三年，（御书处）裁笔帖式额缺，又裁监造官员，归武英殿管理。"④ 上述资料记载对于御书处归并的原因和裁并办法仍然语焉不详。据笔者查考，道光二十三年四月十六日总管内务府奏为酌拟御书处官员等归并武英殿当差事，所述非常详细。首先，该档案说明了归并的原因所在："（御书处）近年镌刻差务甚简，所有额设员役等仅止在署看守库贮并听班值宿等差，似属人浮于事。伏查武英殿收贮各种书籍并刊刻版片，与御书处所司差务相近。"因此内务府奏请将御书处并入武英殿。其次，归并的方法包括两项：一是相关文稿的处理，"将御书处事务及衙署文移稿案均归于武英殿管理，所有各项石刻、墨迹、法帖等件，并归武英殿经管，分别存贮，俟该员等交代完竣，所存石刻等件由武英殿派拨员役看守。"二是原御书处118名人员的安置，"该处兼差额设各员役内，拟请将兼行内务府司官三员撤回，其正监造一员系占用广储司皮库六品司库之缺；顶戴领催二名、恩甲二十名、

---

① 嘉庆朝《钦定大清会典》卷80《内务府》。
② 光绪朝《钦定大清会典事例》卷1173《内务府》。
③ 咸丰二年（1852）内府抄本《钦定总管内务府现行则例·武英殿修书处》"裁撤处所归并事宜"条。
④ 光绪朝《钦定大清会典事例》卷1173《内务府四》。

苏拉二名，系占用内务府三旗之缺，均令各归本处当差；其额设六品衔副监造一员、笔帖式一员、八品库掌二员、委署库掌六员、拜唐阿十名、旗匠八十四名，若令其暂归武英殿当差，遇缺裁汰，未免旷闲，且武英殿额缺较少，裁汰需时。拟将副监造以下等官及拜唐阿、旗匠等均归内务府，对品候补，仍食原俸饷银，一经补有缺额，所遗之缺即行裁汰"。① 御书处图记则由内务府咨送礼部收贮。道光二十三年（1843）奉旨：依议。宣告了御书处正式并入武英殿修书处。这里需要强调的是，原御书处石刻、墨迹、法帖等归武英殿经管存贮，而原御书处人员则未并入武英殿管理，其独立建置已经缺失。

第二节　武英殿修书处职官设置与管理

据清人吴振棫（1792—1870）所著《养吉斋丛录》载，武英殿修书处"向以亲王领殿事，而设总裁、提调、总纂、纂修、协修等官，其下则为校录之士，收掌之员。若剞劂装钉，工匠尤伙"②。修书处职官制度的实际情形是否如此呢？

武英殿修书处自成立后，职官设置一直在完善过程之中，呈现出一定的动态变化，其间有所损益发展。梳理职官沿革须借助当时的典制类官书加以考察。雍正五年（1727）奉敕纂修、乾隆四年（1739）告竣刊印的《八旗通志初集》是最早记载武英殿修书处职官制度的文献，《八旗通志初集》卷45《职官志》有两处提及修书处，说明了武英殿修书处的职能："御书处、武英殿修书处、养心殿造办处均掌内廷书籍、典册修造之事"；同卷又详细刊载了武英殿修书处的职官情况：

---

① 中国第一历史档案馆藏军机处档案，档案号：05-0729-049。
② （清）吴振棫：《养吉斋丛录》卷2，第22页。

武英殿修书处管理事务王大臣二人；监造一人，正五品；副监造一人，正六品；委署主事一人；库掌一人，正六品；库掌三人，正七品；笔帖式四人；委署库掌六人；拜唐阿十九人。员额康熙十九年定。又设有总裁二人，提调二人，纂修十二人，俱满汉并用①。

以康熙年间朱彝尊撰《日下旧闻》为基础、乾隆朝官修增补而成的《钦定日下旧闻考》卷71载：

　　（武英殿修书处）额设监造一员，副监造一员，主事一员，六品库掌一员，笔帖式四员，库掌三员，委署库掌六员，钦命王大臣总理之。其专司缮录、校阅等事，则有提调二员，纂修十二员，均以翰詹官奏充，而特简大臣为总裁以综其成。②

以上所引官书，有两点需要注意。其一，两处文献所载的修书处职官包括两大机构：监造处和校刊翰林处，"总裁二人，提调二人，纂修十二人"这一记载反映的是校刊翰林处而非监造处的人员设置情况。二者各有相对独立的职官系统，不可混淆。其二，《八旗通志初集》与《钦定日下旧闻考》记载的武英殿修书处职官制度与人员配置基本一致，反映的是康熙、雍正时期修书处的早期状况。到了乾隆朝，修书处职官一直在动态变化之中，与前引文献所载并不完全一致。

一　监造处

（一）监造处职官设置

《大清会典》是记载清代国家体制和各部院职责的重要典制资

---

① 《八旗通志初集》卷45《职官志四》。
② 《钦定日下旧闻考》卷71。

料，清代共编有 5 部会典，亦被称作"五朝会典"。目前学术界多以光绪朝所修会典为本，但这 5 部会典编纂于不同时期，所载典章制度必然会有所增损，考察武英殿修书处的制度沿革有必要从最早的会典及会典事例著录中加以梳理。

始修于乾隆十二年（1747），乾隆二十九年（1764）告成的乾隆朝《钦定大清会典》是五部会典中最早记载监造处职官制度的。该会典卷 87《内务府·叙官》条载："武英殿修书处监造二人，库掌四人，署库掌五人，笔帖式五人。"① 这一记载虽寥寥几笔，但反映了乾隆朝监造处的人员设置情况，其所提及的修书处监造、库掌、署库掌、笔帖式相应的人数与康雍朝并非一致。如监造由 1 人增加为 2 人，笔帖式由 4 人增至 5 人，委署库掌由六人裁减为五人。乾隆朝纂修的文献记载也与前述一致，可相互验证。如乾隆朝所修《清文献通考》卷 83《职官考》载："武英殿修书处监造二人，库掌四人，署库掌五人，笔帖式五人。"②

乾隆朝官修的《清通志》卷 66《职官略》，提供了更多细节：

> 武英殿修书处管理事务王大臣一人，监造二人，库掌四人，署库掌六人，笔帖式四人。掌缮刻、装潢各馆书籍及宫殿陈设书籍之事。乾隆四十三年定，设有总裁二人，提调二人，纂修十二人。③

上述记载表明，直至乾隆四十三年（1778），武英殿修书处才正式确立"总裁二人，提调二人，纂修十二人"的职官格局，康熙、雍正时期尚未确定。

始修于嘉庆六年（1801），嘉庆二十三年（1818）告成的《钦

---

① 乾隆朝《钦定大清会典》卷 87《内务府·叙官》。
② 《清文献通考》卷 83《职官考》。
③ 《清通志》卷 66《职官略》。

定大清会典》及《钦定大清会典事例》最系统、全面地著录了监造处的职官及人事制度，且为后来所修的光绪朝会典及事例所沿袭，二者相较，改动不大。值得注意的是，该著录反映的是嘉庆二十三年（会典及事例纂修告竣时间）以前的修书处制度，和道光朝以后的修书处制度并非一致，修书处制度后来有所改易。

嘉庆朝《钦定大清会典》及事例的记载，对于细致考察修书处制度颇为关键。嘉庆朝《钦定大清会典》卷80《内务府》条载："武英殿修书处：管理王大臣，特简，无定员，兼管司员二人，以内务府官兼充；正监造员外郎一人；副监造副内管领一人；委署主事一人；库掌四人；委署库掌六人。"①

武英殿修书处及御书处均隶属于内务府，受内务府相关规章制度的辖制。道光二十年（1840）武英殿续刻本《钦定总管内务府现行则例》和咸丰二年（1852）内府抄本《钦定总管内务府现行则例》著录了颇多有关修书处制度的条文，有必要加以考察，并与大清会典及事例比较核对，才能得出比较全面的结论。道光二十年武英殿续刻本《总管内务府现行则例》"武英殿修书处·建设员役"条载：

> 康熙十九年十一月奉旨设立修书处，其监造、库掌、笔帖式、柏唐阿等，俱无定额，自乾隆四十三年至嘉庆十二年，节次奏准兼摄行走内务府司官二员，额设正监造员外郎一员，副监造副内管领一员，委署主事一员，六品职衔库掌一员，掌稿笔帖式一员，笔帖式三员，七品职衔库掌三员，委署库掌六员，柏唐阿十九名内，额外库掌三缺，效力柏唐阿十九名，委署司匠二名，委署领催六名，听差苏拉二名，校对书籍处苏拉八名。②

---

① 嘉庆朝《钦定大清会典》卷80《内务府》。
② 道光二十年武英殿续刻本《钦定总管内务府现行则例》，载《故宫珍本丛刊》第306册，第308—309页。

关于监造处官员的品级及相应俸禄，据嘉庆朝《钦定大清会典》卷72《内务府·总管大臣职掌》记载，武英殿修书处正监造员外郎，从五品；武英殿修书处副监造副内管领，正六品；委署主事，系六品衔，食笔帖式原俸；武英殿修书处六品衔库掌，六品衔，食八品俸；武英殿修书处七品衔库掌七品衔，食八品俸；武英殿修书处委署库掌、武英殿修书处额外委署库掌、武英殿修书处委署司匠，皆无品级，食饷，无顶戴。①

通过以上梳理，可知武英殿修书处下属的监造处的职官设置，在康熙、雍正时期并未有定额，直到乾隆四十三年，方始确定：设兼摄行走内务府官员2人、正监造员外郎1人、副监造副内管领1人、委署主事1人、六品衔库掌1人、七品衔库掌3人、掌稿笔帖式4人、委署库掌6人，拜唐阿、效力拜唐阿38人、委署司匠2人、委署领催6人、听差苏拉2人、恩甲匠役22人、匠役228人②。

表3-2　　　　　　　武英殿监造处职官设置一览③

序号	职衔	人数设置	品级俸禄
1	兼管内务府司员④	2人	不定
2	正监造员外郎	1人	从五品
3	副监造副内管领	1人	正六品
4	委署主事	1人	六品衔食笔帖式原俸
5	六品衔库掌	1人	六品衔食八品俸
6	七品衔库掌	3人	七品衔食八品俸
7	委署库掌	6人	无品级、无食饷、无顶戴
8	掌稿笔帖式	1人	无品级、无食饷、无顶戴

---

① 嘉庆朝《钦定大清会典》卷72《内务府·总管大臣职掌》。

② 杨玉良：《武英殿修书处及内府修书各馆》，《故宫博物院院刊》1990年第1期。

③ 表格资料来源：嘉庆朝《钦定大清会典》卷80；道光二十年《总管内务府现行则例》。

④ 嘉庆七年奏准：武英殿修书处兼摄行走内务府司官，酌定二员，嗣后遇有缺出，于内务府司员内咨取二员，奏请钦派一员，令其兼摄行走。（嘉庆朝《钦定大清会典》）

续表

序号	职衔	人数设置	品级俸禄
9	笔帖式	3 人	无品级、无食饷、无顶戴
10	拜唐阿	19 人	食 2 两钱粮
11	效力拜唐阿	19 人	食 2 两钱粮
12	委署领催	6 人	无品级、无食饷、无顶戴
13	委署司匠	2 人	无品级、无食饷、无顶戴
14	听差苏拉	2 人	食 1 两钱粮
15	恩甲匠役	22 人	食 3 两钱粮
16	匠役	228 人	食 1 两钱粮

（二）监造处人员考述

武英殿监造处建立了一套严密的人员管理办法，以保证人员的合理流动和机构的正常运转。监造处人员一般由旗人担任，年龄并无限制，年龄最大的有 80 余岁，最小的也不过 10 余岁。如嘉庆九年《武英殿修书处官员履历清册档》载：

> 六品库掌和兴，镶黄旗明祥管领下，满洲舒穆鲁氏，当差三十六年，六十六岁；七品职衔库掌陆达塞，正黄旗德舒官领下，完颜氏，当差六十一年，八十一岁；笔帖式敏谦镶黄旗福升佐领下，当差二十二年，五十岁。[1]

监造处在刷印、装潢书籍过程中，内务府司官（总管）、正副监造、笔帖式及拜唐阿彼此互相配合，如咸丰七年（1857）十月修书处档案载："此次恭办《宣宗成皇帝圣训》，所有董率匠役、监视刊刻、核对修补、刷印装潢一切事宜奉堂谕，著派造办处总管郎中兼参领武英殿总管宝领，知府衔营造司员外郎武英殿总管桂林总司其

---

[1] 《清宫武英殿修书处档案》第 1 册，《武英殿修书处官员履历清册档》，第 235 页。

事，正监造员外郎松魁、副监造副内管领佛英专司其事，笔帖式连兴，候补笔帖式玉恒、文光、凌云、苏俊，柏唐阿长泰，效力柏唐阿兴瑞等分司其事。"①

修书处六品衔库掌以上的官员，每年均定期考核一次，谓之京察，考核结果分一、二、三等载入档册。如嘉庆六年二月《武英殿二月京察官员册档》载：

> 武英殿修书处保送一等副监造内管领六十五，年五十四，当差三十六年，正黄旗德舒管领汉军；笔帖式敏谦，年四十八岁，当差十九年，镶黄旗福升佐领汉军，年逾六十五岁；库掌陆达塞，年七十八岁，当差五十八年，正黄旗德舒管领。②

武英殿修书处京察册一般详细列明官员的京察评定等级、当差时间、年龄等。对于正、副掌稿笔帖式以下官员，设立考勤簿，考察勤惰及值宿、出差次数，每月汇总一次，每5年奖叙一次，据考核记录分列三等呈报③。

监造处司官、监造等人员是如何分工，又如何选用迁转的呢？下文逐一考订。

1. 武英殿总理（亲王及满总理）。据嘉庆朝《钦定大清会典》，武英殿修书处设"管理王大臣，特简，无定员"④。清人吴振棫也说修书处"向以亲王领殿事"⑤。《清实录》就有多处关于亲王派管修书处事务的记载。乾隆三十五年五月初七日谕："阿哥等之未习职事

---

① 台湾史语所藏内阁大库档案，咸丰七年，登录号：136529-001。
② 《清宫武英殿修书处档案》第1册，《武英殿二月京察官员册档》，第223页。
③ 杨玉良：《武英殿修书处及内府修书各馆》，《故宫博物院院刊》1990年第1期。
④ 嘉庆朝《钦定大清会典》卷80《内务府》。
⑤ （清）吴振棫：《养吉斋丛录》卷2，第22页。

者，固当以就学为先务，即如四阿哥派管武英殿等处。"① 嘉庆四年二月五日："仪亲王永璇现系宗人府宗令、领侍卫内大臣、正红旗满洲都统，并管理武英殿、御书处、乐部。"② 嘉庆二十五年七月二十八日："瑞亲王绵忻管武英殿、御书处、翻书房事。"③ 道光五年十一月十八日："命瑞亲王绵忻无庸管武英殿御书处事，以惇亲王绵恺管理。"④ 道光十年七月二十六日："命贝勒奕绘管理武英殿、御书处。"⑤ 道光十五年闰六月十二日："以惠郡王绵愉管武英殿、御书处。"⑥ 咸丰三年正月二十四日："命恭亲王奕訢管中正殿、武英殿事。"⑦ 同治七年十一月四日："谕内阁：朕叔钟郡王奕詥……迨朕御极后，派令管理武英殿、中正殿事务。"⑧ 同治七年十一月六日："命惠郡王奕详管武英殿事。"⑨ 清帝委任亲王管理修书处事务，一则表示对修书处事务的重视，二则也是锻炼亲王政务能力，但亲王兼管多处机构，对武英殿修书处更多只是领衔挂名而已。

值得注意的是，监造处设置了武英殿总理一职，除了由亲王管理外，还专设满总理⑩。嘉庆十九年（1814）十二月，武英殿总裁鲍桂星奏请酌定武英殿章程称："武英殿总理除亲王兼摄外，另设满总理一员，向来并不到殿，凡支销钱粮，置买板片，行取对象，刷印书籍，一切委之于总管。" 由此可知，满总理由于监管事务较多，在武英殿中只是挂名，相关事务交由内务府司官（总管）处理。但

---

① 《清高宗实录》卷858，乾隆三十五年五月初七日。
② 《清仁宗实录》卷39，嘉庆四年二月五日。
③ 《清宣宗实录》卷1，嘉庆二十五年七月二十八日。
④ 《清宣宗实录》卷91，道光五年十一月十八日。
⑤ 《清宣宗实录》卷171，道光十年七月二十六日。
⑥ 《清宣宗实录》卷268，道光十五年闰六月十二日。
⑦ 《清文宗实录》卷83，咸丰三年正月二十四日。
⑧ 《清穆宗实录》卷246，同治七年十一月四日。
⑨ 《清穆宗实录》卷246，同治七年十一月六日。
⑩ 中国第一历史档案馆藏军机处录副奏折，嘉庆十九年十二月初四日，档案号：03-1564-012。

满总理常不至武英殿办公，如鲍桂星所说"总管之廉勤者，尚能留心整饬，按日考稽，否则浮领冒销，徇情分润种种弊窦，皆由总理不肯亲临而起"，有鉴于此，他奏请"饬令总理于修书时按期到殿，公同商办，无事之日亦不时亲往稽查庶弊，事有责成而官非虚设矣"①。嘉庆十九年十二月十八日，文颖馆总裁官董诰等议复此事称："武英殿设立总理二员，督办一切事物，原应常川到殿以专责成。"嘉庆帝亦强调："嗣后总理二人俱著随时亲赴武英殿督率所属认真经理，无许疏旷。"②

咸丰二年（1852）《武英殿造送本年冬季缙绅清册》列名为武英殿"总理"的人员有："管理武英殿事务和硕惠亲王，管理武英殿事务和硕恭亲王，管理武英殿事务文华殿大学士总管内务府大臣公裕。"③ 此时武英殿同时设有3名总理，武英殿管理王大臣2名：惠亲王和恭亲王；满总理1名：总管内务府大臣公裕。

2. 内务府司官（总管）。监造处设有内务府司官2人管理，内务府司官又称为"总管"，在武英殿修书处权责甚重，"刊刻、刷印、装订等事，俱由总管、监造派员分司，而总管责任尤重，与提调无异"④。

内务府司官的选用方式，前后有所变化。嘉庆七年（1802）奏准，修书处兼摄行走内务府司官，酌定2员，嗣后遇有缺出，于内务府司员内咨取2员，奏请钦派1员，令其兼摄行走。嘉庆十二年奉旨：嗣后武英殿兼摄司员，由内务府保送，著该处带领引见。⑤ 嘉

---

① 中国第一历史档案馆藏军机处录副奏折，嘉庆十九年十二月初四日，档案号：03-1564-012。

② 中国第一历史档案馆藏军机处录副奏折，嘉庆十九年十二月十八日，档案号：03-2159-046。

③ 《清宫武英殿修书处档案》第3册，咸丰二年《武英殿造送本年冬季缙绅清册》，第603页。

④ 中国第一历史档案馆藏军机处录副奏折，嘉庆十九年十二月十八日，档案号：03-2159-046。

⑤ 嘉庆朝《钦定大清会典事例》卷888《内务府·升除》。

庆十二年三月二十四日，管理武英殿事务大臣庆桂等奏："查武英殿向有兼摄行走内务府司官二员，前经奏准，遇有缺出，于内务府司员内咨取二员，奏请钦派一员，令其兼摄行走。"① 内务府司官与武英殿总裁对修书处的管辖彼此有所重叠。嘉庆年间，武英殿总裁丰绅济伦被召见时曾抱怨"伊系武英殿总裁，于武英殿、御书处司员不能管辖，呼应不灵"②。嘉庆十九年，内务府司官增至4名，但彼时弊端丛生，正如署理武英殿总裁鲍桂星所说：

> 向例武英殿止设总管二员，今增为四员，又有正副二监造，凡刊板、刷印、装订等事，皆总管与监造派员分司，而所派之人并不问其办事何如，惟以平日善于逢迎者为能事，既派之后，一切听其所为，不复过问，其承派之笔帖式、库使等遂至毫无忌惮，恣意妄为，除馈送上司，剥削匠役之外，不知刷板装书为何事，是以书愈校而愈讹，板益修而愈坏。总裁、纂修等徒劳雠校，而疏属无权，亦莫如之。何也？原其始皆由总管分润徇情，用人不当之所致。应请饬令内务府大臣于员外郎中拣选人品清廉、办事公正者，俾为本处总管。凡有应办之事，应派之员役，及应行取之物件，责令敬慎妥办，仍须禀明总理，不得委自举行，则前弊可除而诸书尽善矣。③

上述档案表明，嘉庆时期内务府司官职责与监造官一致，负责"刊板、刷印、装订等事"。但内务府司官往往滥用职权，用人不当，下属更是毫无忌惮，恣意妄为，导致刊板、刷印问题讹误甚多。最

---

① 《清宫武英殿修书处档案》第1册，寅字一号，嘉庆十二年三月二十四日，第455—456页。

② （清）王先谦：《东华续录（嘉庆朝）》，嘉庆十三年，清光绪十年长沙王氏刻本。

③ 中国第一历史档案馆藏军机处录副奏折，嘉庆十九年十二月初四日，档案号：03-1564-012。

后经大臣商议后决定:"责令总理之王大臣严加查察,有弊即参,嗣后应办之事,应派之员应行取之物件,皆呈明总理,然后办理,其遇应行保充总管之时,由内务府大臣慎重遴选。"①

3. 武英殿监造等人员。嘉庆朝《钦定大清会典》"内务府·总管大臣职掌"条载明了监造处官员占缺制度:修书处正监造员外郎占庆丰司员外郎缺;副监造副内管领,占内管领处副内管领缺,遇有缺出,各由占缺处自行题补。② 此条记载表明修书处本身并无多少官缺,需要占用内务府其他部门如庆丰司、内官领处的官缺进行升补。同时也说明,监造处官员往往是兼任多职,同时负责内务府的多处工作。

乾隆四十七年(1782)以前,监造处人员的升迁递补方式可据嘉庆朝《钦定大清会典事例》"内务府·升除"条所载进行考察:"武英殿修书处:原定监造缺出,于各作库掌内拣选补放;库掌缺出,于拜唐阿笔帖式内拣选;笔帖式缺出,于筒内掣补;拜唐阿缺出,于三旗举监生员马甲闲散人内拣选;领催缺出,于委署领催内选补。"③

乾隆四十七年,设置为正、副监造,人员升迁递补方式又有新的变化:

> 武英殿修书处正监造员外郎,由副监造副内管领升;副监造副内管领,由委署主事六品衔库掌升;委署主事,由笔帖式升;笔帖式,由拜唐阿考取;六品衔库掌,由七品衔库掌升;七品衔库掌,由委署库掌升;委署库掌,由额外委署库掌升;额外委署库掌,由拜唐阿补放。御书处正监造司库,由副监造库掌升;副监造库掌,由七品衔库掌笔帖式升;七品衔库掌,由笔帖式无品级委署库掌升;笔帖式,由无顶戴委署库掌及拜

---

① 中国第一历史档案馆藏军机处录副奏折,嘉庆十九年十二月十八日,档案号:03-2159-046。
② 嘉庆朝《钦定大清会典》卷72《内务府·总管大臣职掌》。
③ 嘉庆朝《钦定大清会典事例》卷888《内务府·升除》。

唐阿考取；无品级委署库掌，由无顶戴委署库掌升；无顶戴委署库掌，由拜唐阿补放。①

上述会典对监造处人员迁转规定得非常详细，基本上采取逐级递补的方式。

4. 监造处笔帖式。武英殿修书处设有为数不少的笔帖式，品级较低，多从满人中选拔，主要负责载录档案文书、翻译满汉奏章等事宜。乾隆朝《钦定大清会典则例》记载了武英殿修书处笔帖式的升除办法，值得注意的是此处记载时间为康熙十九年（1680）修书处刚刚设置之时，说明彼时已经设置了笔帖式：

> （康熙）十九年奏请武英殿修书处笔帖式员阙，于本处执事人内转补。奉旨：笔帖式内，五人著转补三人，余仍照旧例由笥内掣补。补用汉字笔帖式，雍正元年奉旨：嗣后各司月折皆著兼汉字具奏，尔等将佐领内管领下能书汉字者选取。……奉旨：伊等行走著定为三年或五年以外任补用，俾得尽心効力。著总管等议奏。遵旨议准：此等汉字笔帖式行走五年，期满由贡生补授七品笔帖式者，照例以知县选用；由监生补授八品笔帖式者，以通判运判选用；由生员、骁骑闲散人补授未入流笔帖式者，以州同、州判、县丞选用。②

乾隆十九年（1754）又定，修书处额设笔帖式五缺，内三缺即于该处执事人内拣选转补。嘉庆二年奏准：笔帖式均于内务府考取人员内补用。嘉庆四年，仍改照旧例于修书处执事人内选补。③

5. 效力拜唐阿。武英殿修书处设置有一定数量的拜唐阿。拜唐

---

① 嘉庆朝《钦定大清会典》卷72《内务府·堂郎中主事职掌》。
② 乾隆朝《钦定大清会典则例》卷159。
③ 嘉庆朝《钦定大清会典事例》卷888《内务府·升除》。

阿，一作拜唐阿、白唐阿。原为满语，汉译为执事人，是清代执掌皇家事务人的专称。一般从大臣等官员子弟中挑选；世职和候补旗员、亲军以至闲散人等亦可充任。待遇原有品级者食俸，无品级者食饷。清代内务府就有茶房、膳房、鹰上、粘杆处拜唐阿等名目①。乾隆三十年，内务府奏准，修书处设効力拜唐阿19名，委署司匠2名，委署领催6名；道光二十五年七月内务府奏准，武英殿修书处司匠2名，领催6名，每名每日应领羊肉十两均行裁撤。効力拜唐阿19名，每名每日应领羊肉10两核减5两。道光二十九年四月呈准，効力拜唐阿19名，裁撤9名，酌留10名。其所裁9名内，嗣后遇有缺出，即行停止挑补，以10名作为定额②。

表3-3　　　《钦定大清会典》所载监造处人员迁转方式

序号	职官	迁转方式	备注
1	武英殿修书处正监造员外郎	由副监造副内管领升	占庆丰司员外郎缺
2	武英殿修书处副监造副内管领	由委署主事六品衔库掌升	占内管领处副内管领缺
3	武英殿修书处委署主事	由笔帖式升	俱由各该处自行题补，有占缺
4	武英殿修书处笔帖式	由无顶戴委署库掌及拜唐阿考取	乾隆十九年定，本处额设笔帖式五缺，内三缺即于本处执事人内拣选转补
5	武英殿修书处六品衔库掌	由七品衔库掌升	俱由各该处自行题补，有占缺
6	武英殿修书处七品衔库掌	由委署库掌升	俱由各该处自行题补，有占缺
7	武英殿修书处委署库掌	由额外委署库掌升	俱由各该处自行题补，有占缺
8	武英殿修书处额外委署库掌	由拜唐阿补放	俱由各该处自行题补，有占缺
9	武英殿修书处匠役	匠役缺出移旗鼓佐领及管领下挑补。如不敷差用，仍添外雇	

资料来源：嘉庆朝《钦定大清会典》卷72《内务府·堂郎中主事职掌》；光绪朝《钦定大清会典》卷89《内务府·总管大臣职掌》。

---

① 郑天挺等主编：《中国历史大辞典》（下卷），上海辞书出版社2000年版，第2187—2188页。

② 咸丰二年（1852）内府抄本《钦定总管内务府现行则例·武英殿修书处》"茶饭事宜"条。

二　校刊翰林处

（一）校刊翰林处职官设置

作为武英殿修书处的主要职能部门之一，校刊翰林处建立了一套相对独立的职官系统。据《钦定日下旧闻考》，校刊翰林处"专司缮录、校阅等事，则有提调二员，纂修十二员，均以翰詹官奏充，而特简大臣为总裁，以综其成"①。这是校刊翰林处早期的职官设置情况，其后又增设了协修、校录等办事人员。嘉庆朝《钦定大清会典》卷80《内务府》条详细著录了校刊翰林处的职官制度：

> （武英殿）总裁满洲一人，汉一人，于六部侍郎内简充；提调二人，于纂修内由管理王大臣总裁等奏派；纂修十有二人，协修十人，满、汉翰林学士以下，詹事府少詹事以下，由翰林院掌院学士派充。掌校正文字，刊修书籍，先将底本校勘无误，送监造处刊刻。刻竣，再详加校勘。其各书文义有无错误，由原馆承办官员校对。字画圈点，由本处校对。设校录十人，以国子监肄业生内之恩、拔、副贡由监考取咨送。五年当差勤慎，由总理王大臣酌量奏请议叙。笔帖式四人，掌给使令。②

这里特别说明了校刊翰林处的主要职能是校勘，不是编纂书籍，即"掌校正文字，刊修书籍先将底本校勘无误，送监造处刊刻。刻竣，再详加校勘"，也就是说殿本刊印前后校刊翰林处参与了具体的校对工作，但对于书籍内容讹误，校刊翰林处本身不负责，校对"字画圈点"才是职责所在："其各书文义有无错误，由原馆承办官员校对。字画圈点，由本处校对"，明确了与修书各馆的职责分工。从职官类别看，嘉庆朝以前校刊翰林处分别设有武英殿满、汉总裁

---

① 《钦定日下旧闻考》卷71。
② 嘉庆朝《钦定大清会典》卷80《内务府》。

各 1 人，提调 2 人，纂修 12 人，协修 10 人，校录 10 人，笔帖式 4 人，共计 40 人。

嘉庆朝以后，校刊翰林处职官有所变化，人员增多：设满、汉武英殿总裁各 1 人，另设有提调 2 人、总纂 2 人、纂修 12 人、协修 10 人、承发供事 2 人、领办供事 6 人、收掌 2 人、笔帖式 4 人、校录 10 人、誊录不定员、听差苏拉 8 人（参见表 3-4）。据杨玉良的研究，翰林处"提调以下各级官员的任用，先由总裁提名，会同总理王大臣列名题请。这些官员虽在此任职，但都隶属于其原单位"[①]。

表 3-4　　　　　校刊翰林处职官设置

序号	职衔	人数设置	选派方式	备注（品级等）
1	武英殿总裁（汉）	1 人	于六部侍郎内简充	从二品
2	武英殿总裁（满）	1 人	于六部侍郎内简充	从二品
3	总纂	2 人		四到九品不等
4	提调	2 人	于纂修内由管理王大臣总裁等奏派	四到九品不等
5	纂修	12 人	满汉翰林学士以下，詹事府少詹事以下，由翰林院掌院学士派充	四到九品不等
6	协修	10 人	满汉翰林学士以下，詹事府少詹事以下，由翰林院掌院学士派充	四到九品不等
7	校录	10 人	以国子监肄业生内恩拔副贡由监考取咨送	月食膏火三两；五年当差勤慎，由总理王大臣酌量奏请议叙
8	誊录	不定员		月食膏火三两
9	承发供事	2 人		从九品
10	领办供事	6 人		从九品

---

① 杨玉良：《武英殿修书处及内府修书各馆》，《故宫博物院院刊》1990 年第 1 期。

续表

序号	职衔	人数设置	选派方式	备注（品级等）
11	收掌	2人		从九品
12	笔帖式	4人		从九品
13	听差苏拉	8人		食一两钱粮

资料来源：嘉庆朝《钦定大清会典》卷80；杨玉良《武英殿修书处及内府修书各馆》（《故宫博物院院刊》1990年第1期）；曹宗儒《总管内务府考略》（《文献论丛》1936年第10期）。

（二）校刊翰林处人员考述

校刊翰林处在200余年的发展过程中，人员设置前后有一定的变化。结合相关文献档案，我们可对不同时期的校刊翰林处人员设置，如武英殿总裁、提调、总纂、纂修、校录等人员进行一一查考，明确其职责分工。

1. 武英殿总裁。武英殿总裁设置于康熙末年，最初并无定额。雍正初年殿本《子史精华》职名表中所列武英殿总裁即已多达5名，其后额设武英殿总裁满、汉各1人，最初于六部侍郎内简充，后改为以部院一、二品官员兼充。武英殿总裁全面负责武英殿修书处相关事宜，所谓"凡支销钱粮，置买板片，行取对象，刷印书籍，一切委之于总管"①，尤其侧重于管理校刊翰林处的缮写、校勘之事。《钦定日下旧闻考》载："其专司缮录、校阅等事，则有提调二员，纂修十二员，均以翰詹官奏充，而特简大臣为总裁以综其成。"②《钦定日下旧闻考》又载："其缮写之事，以武英殿总裁及提调等总其成。"③接替陈鹏年任武英殿总裁的方苞，至雍正元年（1723）仍为总裁，在校刊翰林处亲自参与校勘之事。另一位接任者王兰生，也有在武英殿从事校勘工作的记录："康熙六十一年六月十四日奉旨

---

① 中国第一历史档案馆藏军机处录副奏折，嘉庆十九年十二月初四日，档案号：03-1564-012。

② 《钦定日下旧闻考》卷71。

③ 同上。

充武英殿总裁。自入武英殿后，汇纂《骈字类编》《子史精华》，仍兼对《钦若历书》。"① 校刊翰林处所设武英殿总裁，一般由高级别官员担任，著名学者陈鹏年、方苞等都曾先后担任武英殿总裁，说明清廷对于殿本校勘工作的高度重视，因校勘工作优劣直接关系到殿本质量的好坏。

2. 武英殿提调。清代修书各馆设有提调，负责一切稽查功课，综核档案等事宜，"提调掌章奏文移，治其吏役"②。校刊翰林处额设提调2人，于纂修内由管理王大臣总裁等奏派。武英殿校刊翰林处所设提调，其职责是："既专司进呈书籍并查点装潢诸事，又经管各项补缺、议叙、定稿、行文事件，头绪较为纷杂。"③ 乾隆四十五年武英殿总裁王杰鉴于提调事务较繁，奏请从四库全书馆中"派拨四员，分办提调事务"④。当时的武英殿四库馆提调一度曾达到5人⑤，嘉庆以后，仍恢复至提调2人，从武英殿纂修翰林中遴选充补，不再兼任他馆之职。嘉庆十九年十二月十八日，文颖馆总裁官董诰等奏为议复武英殿办书章程事称："本处提调，或本在他馆行走，又于此处挂名，才短事多，彼此俱废。请择翰林充当，自当择端方、勤敏之员，俾膺斯选。武英殿事务较繁，向来提调系由本处纂修派充，应请嗣后遇保提调时，总裁于本处纂修内，秉公遴选人品端方、勤敏之员充补，毋庸令兼他馆行走，以免顾此失彼，致有旷误。"⑥ 武英殿提调负责校刊翰林处的诸多事务，功劳较大，清廷亦较为优待，如嘉庆八年谕："庶子王宗诚、汪滋畹充当武英殿提调有年，办理书籍五十余种，妥协无误。向来书成，并未得邀议叙。

---

① 王兰生：《道光交河集·恩荣备载》，清道光十六年交河王氏刻本。
② 嘉庆朝《钦定大清会典》卷55。
③ 《纂修四库全书档案》，第1153页。
④ 同上书，第1155页。
⑤ 参见张升《四库全书馆研究》，第219页。
⑥ 中国第一历史档案馆藏军机处录副奏折，嘉庆十九年十二月十八日，档案号：03-2159-046。

该二员因本年大考三等，降补今职，例不计算前俸。第念其在馆年久，著加恩准其接算前俸，以示鼓励。"①

3. 武英殿总纂。校刊翰林处设总纂一职，在嘉庆朝以前的《大清会典》《大清会典则例》以及《总管内务府则例》中皆无载录，但在嘉庆朝以后的武英殿修书处档案中则有大量载录，可见总纂应于嘉庆朝前后设置。道光二年（1822）二月，武英殿修书处为奏补提调、总纂、纂修事称："查武英殿修书处额设提调二员，总纂二员，纂修十二员，协修十员，遇有提调、总纂缺出，例于纂修拣选充补。今提调王惟询奉旨补授福建知府，所遗员缺选得熟谙馆务之总纂祝庆蕃勘以充补，所遗总纂员缺，拟以曾充总纂之史评充补。"② 道光四年二月十九日，武英殿修书处又奏称："今提调郎葆辰升任御史，所遗员缺选得总纂成世瑄充补。其总纂遗缺，拟以修纂翁心存充补，又出纂修一缺，拟以到馆在前之协修潘光藻充补。"③ 道光三十年（1850）六月，武英殿修书处咨内阁："提调徐相己奉旨简放浙江知府，所遗员缺选得总纂郭沛霖充补。所遗总纂员缺，拟以曾充总纂之戴鸾翔充补。又纂修三缺，拟以到馆在前之协修李鸿章、彦昌、吴保泰充补。"④ 由上述档案可知，嘉庆末年道光初年曾任武英殿总纂的有史评、王惟询、祝庆蕃、成世瑄、郭沛霖、戴鸾翔，其员缺由纂修递补。

4. 武英殿纂修。武英殿修书处设立之初，校刊翰林处人员来源较为多样化，不少行走人员出身较为低微。至康熙五十二年（1713）十月十六日，康熙帝谕称：翰林官员内，多有不识字义、不能作诗文，教习不勤。比较而言，在武英殿行走之人，乡会试中式者甚多。"盖以在武英殿行走，每日不释卷耳。"康熙帝要求"此后凡修书、

---

① 光绪朝《钦定大清会典事例》卷70《吏部》。
② 台湾史语所藏内阁大库档案，登录号：218431-001。
③ 台湾史语所藏内阁大库档案，登录号：060120-001。
④ 台湾史语所藏内阁大库档案，登录号：182526-001。

校书处，著并派庶吉士"①。因此，康熙五十二年以后，校刊翰林处的纂修、协修人员主要来源于翰林院编修、庶吉士，人员素养较高。

5. 武英殿校录。校刊翰林处额设校录10人，以国子监肄业生内之恩、拔、副贡由监考取咨送。5年当差勤慎，由总理王大臣酌量奏请议叙。档案、官书记载则为我们提供了关于校录人员选拔的更多细节。咸丰二年（1852）内府抄本《钦定总管内务府现行则例·武英殿修书处》载："乾隆三年十二月呈明，誊录书籍校录十员，每员每日各给饭食银六分。"② 乾隆三十四年（1769）十一月谕：

> 查武英殿缮写人员，自应遵照原奉谕旨，遴选年力精壮、字画端楷者充补，乃历年来国子监咨送贡生皆系凭文考取，挨次补用，以致书法不工，且有年力向衰之人，办理原未妥协，自应筹酌变通，以收实用，应如该侍郎所奏，将国子监咨送贡生之例停止。即于吏部考取誊录内遴选正途出身、书法端楷者咨送，仍听武英殿覆加考验，再行充补。……至现在缮写之事，既属无多，亦应如该侍郎所奏，于十缺内裁去四缺，仍留六缺，其原设贡生等应支膏火，咨明国子监转咨户部扣除，所留六缺改补誊录及每名每月仍支给银二两五钱，即由武英殿给发。③

档案表明，乾隆三十四年裁撤了4名校录，仅留6人，每月支取2两5钱。嘉庆二十一年（1816）提调处又奏准，添设校录10员④。嘉庆二十一年三月初八日，浙江道监察御史罗京彦奏为武英殿

---

① 《清圣祖实录》卷256，康熙五十二年十月十六日。
② 咸丰二年（1852）内府抄本《钦定总管内务府现行则例·武英殿修书处》"茶饭事宜"条。
③ 中国第一历史档案馆编：《乾隆朝上谕档》第5册，档案出版社1998年版，第945页。
④ 咸丰二年（1852）内府抄本《钦定总管内务府现行则例·武英殿修书处》"茶饭事宜"条。

校录员缺请酌定章程事称：

> 武英殿向设校录十员，例由国子监于已补外班之优、拔、副贡生考取咨送馆。……嗣后俟监考取人数应只以十名为率，以为定例。①

此次调整后，武英殿修书处校录人员额设10人，成为定例。

6. 武英殿供事。武英殿修书处向无额设供事，每有刊刻书籍，临时奏请招募，并不支取公费，书成议叙。乾隆十二年（1747）六月十九日，武英殿修书处奏："查供事专司收发登记，似不可少，但照例取用伊等，每月俱支公费银两，未免糜费。仰请皇上准臣等招募四名，令其效力，不行支领公费。"② 乾隆三十一年（1766），增设供事1名，办理档案事宜。吏部移会稽察房称：

> 武英殿向无额设供事，每有刊刻书籍，临时奏请，或赏给四名，或赏给二名，书成议叙，之后仍行撤去。惟是缮写书签、查校篇页、改正写样、查对板片，皆须一人专司登记，是以各馆皆有额设供事，仰请天恩，俯准设立供事1名，办理档案，如蒙俞允，臣等招募充役，照例关支公费，效力五年，照书馆书成之例，一体议叙。③

乾隆三十四年（1769）又谕：各翰林每日在殿办事收办文书、登查档案及零杂事件，奔走需人，原额设供事1名，"既称实难敷用，亦应如所奏再行添设供事一名，以资办理。如蒙俞允，应令武英殿仍照原设供事之例，召募充补"④。

---

① 中国第一历史档案馆藏军机处录副奏折，档案号：03 - 1639 - 018。
② 台湾史语所藏内阁大库档案，登录号223849 - 001。
③ 台湾史语所藏内阁大库档案，登录号081549 - 001。
④ 中国第一历史档案馆编：《乾隆朝上谕档》第5册，第945页。

四库全书馆开馆之初，即奏请增加供事 12 名，至《四库全书》编纂完成后，再行恢复："收发记档及搬运书籍，分核纸篇，头绪颇繁，均须供事承管，现今在殿行走供事仅止二名，各有本分应办之事，应请添募供事十二名承管诸事。俟书成后，将添设之处停止。"① 其中"武英殿办理四库全书提调、督催二处，各派供事承值，而督催处稽查功课，按季奏报，向由提调处供事开送"②。武英殿聚珍馆开馆期间，又奏设办理摆字供事 6 人："查武英殿现有臣等奏添书吏二名，改为供事，止须再添供事四名，闲常皆令在档案房书写档案，遇摆字时即令应役。如果勤慎，五年之后，归并武英殿修书处供事一体办理。"③

乾隆五十二年（1787）五月十九日，军机大臣和珅致武英殿总裁函称，文津阁所贮《四库全书》详加校勘，所有应行挖补讹字及改换篇页之处甚多，请武英殿总裁遴派武英殿派供事 1 名，速来热河，以备应行挖补换页④。可见校刊翰林处供事一般负责缮写书签、查校篇页、改正写样、查对板片、挖补讹字及改换篇页等诸多事宜。嘉庆时期，校刊翰林处供事已达 70 余名，其中额设承发供事 2 人、领办供事 6 人。"每遇办书皆系提调派委亦多，意为去取，往往劣者幸邀议叙，而能者转至向隅，不足以示激劝"，办事大臣建议"将各供事编列册档，于办书时酌其卷数之多寡，按册分派差使，挨次轮流，不得擅越"⑤，可杜请托钻营等弊。

三 御书处

御书处于道光二十三年（1843）归入武英殿修书处管理，其职

---

① 《纂修四库全书档案》，第 76 页。
② 同上书，第 1579 页。
③ 同上书，第 178 页。
④ 同上书，第 2006 页。
⑤ 中国第一历史档案馆藏军机处录副奏折，嘉庆十九年十二月初四日，档案号：03－1564－012。

官制度也应纳入考察范围。

1. 御书处职官设置。御书处设管理王大臣，特简无定员，兼管司员3人，由内务府官兼充，正监造司库1人，副监造库掌1人，库掌2人，委署库掌6人。① 嘉庆朝《钦定大清会典》卷886详细载明了御书处的职官设置情况，

> 御书处初为文书馆，康熙二十九年奉旨西华门内文书馆，立造办处。又奏准，文书馆改名御书处派司员兼管，设监造四人。三十六年议准，设笔帖式一人。四十六年奏准，增设监造二人。雍正二年议准，裁监造，增设库掌一人。七年奏准，铸给图记。八年议准，复设监造一人。乾隆四年议准，增设库掌三人。六年议准增设委署催总一人。七年议准，于拜唐阿内设委署库掌二人。八年议准，增设委署催总一人，委署库掌一人。十年奏准，增设汉字笔帖式一人。十五年议准，增设委署库掌一人。二十四年奏准，改催总为司匠。四十三年奏准，监造一人，定为六品衔，食七品俸；库掌三人，定为七品衔，食八品俸。四十四年议准，于拜唐阿内，增设委署库掌二人。四十七年奏准，额设六品衔监造一人，七品衔库掌三人将监造一人，作为六品司库，于内务府额缺内占用。所出六品衔一缺，仍留本处，于七品衔委署库掌内，授予六品衔副监造一人。②

2. 御书处人员迁转方式。御书处原定监造缺出，于库掌、笔帖式内拣选；库掌缺出，于笔帖式拜唐阿内拣选；笔帖式缺出，于内务府考取入筒人员内掣补；拜唐阿缺出，于三旗举、监生员马甲闲散人内选补；司匠缺出于领催内选补；领催缺出，于各作头目刻字人内选补。乾隆三十六年奏准，原设笔帖式2员，向系由堂掣补，

---

① 嘉庆朝《钦定大清会典》卷80《内务府》。
② 嘉庆朝《钦定大清会典事例》卷886《内务府二·官制》。

嗣后遇有缺出照武备院造办处例，由本处拜唐阿内择其谙练事务通晓文义者，自行考取补用。嘉庆十二年奉旨：御书处兼摄司员由内务府保送，著该处带领引见。①

3. 御书处各作人员设置。御书处下设四作，每作设有人员若干。刻字作：库掌1员，拜唐阿2名，委署司匠2名，领催1名，专司双钩顶朱镌刻填写等事；墨作：委署库掌1员，拜唐阿2名，领催1名，专司成造朱墨等事；裱作：库掌1员，拜唐阿3名，领催2名，专司托裱墨刻染造各色笺纸等事；墨刻作：委署库掌1员，拜唐阿3名，专司拓印墨刻。②

第三节　武英殿修书处人员考述

武英殿修书处的机构运作跨越200余年，人员流动性比较大，全面考察人员构成难度较大，下文拟重点考察武英殿总裁、武英殿监造人员，在此基础上借助修书处档案爬梳嘉庆元年（1796）至宣统元年（1909）的修书处人员名单。

一　武英殿总裁考

武英殿修书处设有武英殿总裁一职，学界对武英殿总裁的研究比较简略，如《中国历代国家管理辞典》词条著录："武英殿总裁：官名，清代置，掌总纂修国史事务。"③ 实际上武英殿总裁是武英殿修书处的负责人，与纂修国史关系不大。

溯其源流，总裁为职官名，元修宋、金、辽三史，以丞相脱脱为都总裁，余人为总裁。明代以直省主考官为总裁，而清代则把修

---

① 嘉庆朝《钦定大清会典事例》卷888《内务府·升除》。
② 嘉庆朝《钦定大清会典事例》卷906《内务府·书籍碑刻》。
③ 王俊良：《中国历代国家管理辞典》，吉林人民出版社2002年版，第864页。

书各馆的负责人或者进呈编竣书籍的领衔大臣称为总裁。如《清圣祖实录》载，康熙二十八年（1689）："管理修书总裁事务原任刑部尚书徐乾学请假省墓，并请以奉旨校雠之《御选古文》《会典》《明史》《一统志》诸书，带归编辑。"① 因此，武英殿修书处所设的武英殿总裁之名，亦有总管武英殿修书处一切事务之意，即所谓"总裁为殿局挈领之司"②。

武英殿总裁一般从科甲出身的一二品大臣中简派。嘉庆十九年（1814）十二月，署理武英殿总裁鲍桂星奏陈饬令武英殿总理修书时按期到殿稽查等事称："武英殿满汉总裁二员，武英殿满、汉总裁二员，向以部院一二品兼充。"③ 道光二十一年（1841）五月，绵愉奏称："礼部尚书奎照曾充武英殿总裁，因病开缺调理，所遗总裁一缺，应请旨于科甲出身之满洲一二品大臣内简派一员充补。"④

《清史稿·职官志》载："武英殿总裁，满、汉各一（尚书、侍郎内简）。"⑤ 实际上，武英殿总裁任职者不仅限于尚书、侍郎，也有不少内阁学士担任此职。如乾隆五年（1740）三月十八日："命工部右侍郎许希孔同内阁学士张照办理武英殿事务。"⑥ 乾隆三十九年（1774）四月二十五日："以内阁学士嵩贵充武英殿总裁。"⑦ 此外，有清一代，武英殿总裁之出身异途者也有例外。吴振棫《养吉斋丛录》载："康熙间王兰生以庶吉士充武英殿总裁，皆异数。"⑧ 这是在康熙朝武英殿修书处制度尚未完善，康熙帝任用人才不拘一

---

① 《清圣祖实录》卷143，康熙二十八年十一月二十六日。
② 《湖南人物年谱》第1册，湖南人民出版社2013年版，第370页。
③ 中国第一历史档案馆藏军机处录副奏折，嘉庆十九年十二月初四日，档案号：03-1564-012。
④ 台湾史语所藏内阁大库档案，道光二十一年五月二十二日，登录号：191228-001。
⑤ 《清史稿·职官志五》。
⑥ 《清高宗实录》卷113，乾隆五年三月十八日。
⑦ 《清高宗实录》卷957，乾隆三十九年四月二十五日。
⑧ （清）吴振棫：《养吉斋丛录》卷2。

格的特殊环境下出现的，到了雍正、乾隆朝以后，任命部院一二品大臣为武英殿总裁已成为定例。

值得一提的是，武英殿总裁满、汉各 1 人，其权责则有所不同，满总裁较少兼顾武英殿修书处事务。如嘉庆年间署理武英殿总裁鲍桂星所说："满员管理他处，事务较之汉员颇繁，其势不能兼顾，凡遇办理书籍，或任意耽延，或临时潦草，皆所不免。请嗣后钦派满员之管项较少者俾充斯职，庶常川到殿，于一切勾稽董率，皆有裨益，不致旷误迁延。"① 最终朝臣讨论议复："满汉总裁俱由钦简，其才能是否胜任，自在圣明洞照之中，如其办事克勤，虽管项较多，不致疏旷，如其办事竭蹶，虽管领较少，亦难兼充。鲍桂星请将满员之管项较少者派充斯职，应无庸议。"②

武英殿满总裁在乾隆年间甚至曾空缺过一段时间。乾隆五十六年（1791）四月二十六日，军机大臣奏拟写金士松等充补武英殿总裁谕旨进呈片称："遵旨拟写金士松充补武英殿总裁谕旨进呈。查向来武英殿曾经设有满总裁，自嵩贵降官以后，未蒙另行派充。"③ 按：嵩贵于乾隆三十九年四月二十五日充武英殿总裁④，只任职一年。至乾隆五十六年四月二十七日，方由铁保继任武英殿满总裁："以吏部左侍郎金士松、礼部右侍郎铁保充武英殿总裁。"⑤ 可见满总裁曾空缺达 6 年之久，也间接说明了武英殿汉总裁较之满总裁管理修书处事务更多，权责更重。

（一）武英殿总裁职责与日常工作

武英殿总裁有哪些日常工作呢？陈鹏年是目前所见最早担任武

---

① 中国第一历史档案馆藏军机处录副奏折，嘉庆十九年十二月初四日，档案号：03-1564-012。
② 中国第一历史档案馆藏军机处录副奏折，嘉庆十九年十二月十八日，档案号：03-2159-046。
③ 《纂修四库全书档案》，第 2230 页。
④ 《清高宗实录》卷 957，乾隆三十九年四月二十五日。
⑤ 《清高宗实录》卷 1377，乾隆五十六年四月二十七日。

英殿总裁之人。清人唐祖价所编《陈恪勤公年谱》对陈鹏年担任武英殿总裁的日常工作有较详细的记述。据该年谱所载，康熙五十二年（1713）十一月十二日，"上命为武英殿总裁。总裁为殿局挈领之司，检阅、进呈书籍，近侍传旨，问局中事宜，或令查校古书中缺文、讹字，日接踵至。公奏复必详必慎，靡不称旨者"①。可见，武英殿总裁在康熙时已是统领武英殿修书处全局的总负责人，工作内容较为繁杂。康熙末年修书处编刻的几部大型类书——《韵府拾遗》《月令辑要》《分类字锦》等，皆由陈鹏年总领告成。《陈恪勤公年谱》载："（陈鹏年）五十六年丁酉，五十五岁，在武英殿。初修《月令辑要》一部，又修《鸟兽虫鱼广义》"；康熙六十年"《韵府》告成。又发《缥缃类对》一部，命与编修、后赠侍读学士何义门先生焯协纂，荟萃群书，研搜考索，每月进呈三卷，赐名《分类字锦》。公日携二兹，寅入酉出，虽沍寒溽暑，无日不在殿廷。六月，武英殿《分类字锦》告成后，十一月初一日，开载校勘、承纂、分纂、缮写、监造官员职名，以公久离殿局、何学士焯病故，皆未列名。上特命补入。"②可以说，陈鹏年作为武英殿总裁，对武英殿修书处的早期发展贡献颇大，也得到了康熙帝的高度认可。陈鹏年自康熙五十二年至康熙六十年任职武英殿总裁长达8年时间，至康熙六十年十一月转署理河道总督，其武英殿总裁职务才由王兰生、方苞等人接任。

武英殿总裁全面负责武英殿修书处相关事宜，所谓"凡支销钱粮，置买板片，行取对象，刷印书籍，一切委之于总管"③，尤其侧重于管理校刊翰林处的缮写、校勘之事。《钦定日下旧闻考》载："其专司缮录、校阅等事，则有提调二员，纂修十二员，均以翰詹官

---

① 《湖南人物年谱》第1册，湖南人民出版社2013年版，第370页。
② （清）唐祖价编：《陈恪勤公年谱》，载《北京图书馆藏珍本年谱丛刊》，北京图书馆出版社1999年版。
③ 中国第一历史档案馆藏军机处录副奏折，嘉庆十九年十二月初四日，档案号：03-1564-012。

奏充，而特简大臣为总裁以综其成。"① 《钦定日下旧闻考》又载："其缮写之事，以武英殿总裁及提调等总其成。"② 接替陈鹏年任武英殿总裁的方苞，至雍正元年（1723）仍为总裁，在浴德堂校刊翰林处亲自参与校勘之事，《雪桥诗话》载："方望溪尝在浴德堂订三礼及四书文，闽峰有《浴德堂恭录钦定诗经乐谱全书偶成长句呈朱爱亭前辈》诗，供奉南斋时作也。"③ 另外一位接任者王兰生，也有在武英殿校勘的记载："康熙六十一年六月十四日奉旨充武英殿总裁。自入武英殿后，汇纂《骈字类编》《子史精华》，仍兼对《钦若历书》。"④

四库馆开馆期间，武英殿总裁负责修书处人员的选拔、管理、奖惩。乾隆五十二年（1787）五月十九日，军机大臣和珅等为校勘文津阁《四库全书》匠役不敷，致函武英殿总裁称："现奉旨将文津阁所贮《四库全书》详加校勘，所有应行挖补讹字及改换篇页之处甚多，卷帙浩繁，此间匠役不敷，祈大人遴派武英殿妥熟匠役四名、供事一名，速来热河，以备应行挖补换页等事。"⑤

另外，武英殿总裁还全面负责内府书籍的校勘、刷印和装潢事宜。乾隆五十二年六月初二日，掌湖广道监察御史祝德麟奏请将《三史国语解》刊刻完竣呈览折称："仍请敕下武英殿总裁，赶紧将《三史国语解》一书刊刻完竣，详晰校对，先刷清本呈览。"⑥ 这里说明武英殿总裁负责书籍刊刻工作。乾隆五十三年六月二十三日，军机大臣为将热河建学升府谕旨添入《热河志》事致武英殿总裁函："今将文津阁四库全书内检出《热河志》……祈即照办装潢，寄来归函。至武英殿应行照此补刊，并文渊、文源、文溯三阁及江浙三

---

① 《钦定日下旧闻考》卷71。
② 同上。
③ （清）杨钟羲：《雪桥诗话》，北京古籍出版社1989年版，第406页。
④ （清）王兰生：《恩荣备载》，载清刻本《道光交河集》。
⑤ 《纂修四库全书档案》，第2006页。
⑥ 同上书，第2018页。

分《四库全书》，均希一体遵照办理，不必另行奏覆。"① 据此档案，武英殿总裁还负责装潢等工作。

实际上，武英殿总裁的日常工作内容大多时候是非常琐碎的，王际华乾隆三十八年（1773）曾任武英殿总裁，据张升的发掘，国家图书馆善本部藏有《王文庄日记》稿本，记录了王际华作为武英殿总裁的办事细节。据其日记载，乾隆三十九年三月十八日："直武英殿。"② 乾隆三十九年六月初十日："直武英殿……定稽核一岁功课谕单。"③ 六月十五日："直武英殿。清查一年以来功课。"④ 六月二十九日："直武英殿，奉旨查看旧书也。"⑤ 七月十一日："应进旧书今日俱已发讫，共十九种。"⑥ 乾隆三十九年十一月初五日："未刻至武英看书，销签，迫暮而返。"⑦ 乾隆三十九年十一月二十五日："卯初一刻进西华门，憩造办处。《荟要》一百一册都下。"⑧ 举凡稽查功课、查阅武英殿存书、督催办书，等等，事无巨细，都属于武英殿总裁的职责范围。

（二）清代历任武英殿总裁稽考

有清一代，哪些人曾担任武英殿总裁？看似是一个简单的问题，但由于武英殿总裁自康熙末年始设，至宣统三年随武英殿修书处废止，人员流动很大，实际查考起来并非易事。笔者仔细爬梳实录、军机处档案、内阁大库档案以及其他官书、文集、年谱等相关记载，尽可能稽考出历任武英殿总裁人员名单。

根据实录、档案及文集等资料，可以查考相当一部分武英殿满、

---

① 《纂修四库全书档案》，第2135页。
② 刘家平、苏晓君主编：《中华历史人物别传集·王文庄日记》第40册，第568页。
③ 刘家平、苏晓君主编：《中华历史人物别传集·王文庄日记》，第581页。
④ 同上书，第582页。
⑤ 同上书，第584页。
⑥ 同上书，第585页。
⑦ 同上书，第599页。
⑧ 同上书，第600页。

汉总裁。据表3-5，目前可查考出近100位武英殿满、汉总裁，其中任汉总裁者50余人次，任满总裁者40余人次。任职时间长者有8年，短者则不到1年，并无固定的任职期限。武英殿总裁的出身，早期并无一定之规。康熙、雍正朝不少担任此职的多是汉人，且不少出身布衣、翰林院庶吉士。乾隆朝以后，制度逐渐规范，基本以部院一二品大臣如各部尚书、侍郎、内阁学士及内务府大臣担任此职。武英殿总裁不乏著名学者和名臣，如桐城派代表性人物方苞、书法家张照、朴学代表人物王引之，以及晚清重臣李鸿藻、李鸿章等等，他们负责武英殿事宜，既说明清廷对武英殿修书处工作的重视，也可保障武英殿修书处校勘、刷印、装潢的质量。

表3-5 清代历任武英殿总裁职名

入职时间	总裁姓名	汉/满总裁	职官情况	资料来源
康熙五十二年十一月	陈鹏年	汉总裁	原布政使革职	《道荣堂文集·恪勤公家传》
康熙六十一年六月	方苞	汉军旗籍	南书房行走布衣	《方苞集·两朝圣恩恭纪》
	王兰生	汉总裁		《道光交河集·恩荣并载》
康熙末年	查慎行	汉总裁		《海宁州志稿》卷29
雍正元年	方苞	汉军旗籍	南书房行走布衣	《望溪先生方苞年谱》
雍正五年、六年	吴士玉	汉总裁	工部左侍郎	雍正五年《子史精华》职名表 雍正六年《骈字类编》职名表
	张廷璐	汉总裁	翰林院侍读学士	
	张照	汉总裁	翰林院侍讲学士	
	王兰生	汉总裁	提督浙江学政翰林院侍讲	
	方苞	汉军旗籍		
雍正间	卢轩	汉总裁		《民国杭州府志》卷145
乾隆四年十一月	张照	汉总裁	内阁学士	《清高宗实录》卷105
乾隆五年三月	许希孔	汉总裁	工部右侍郎	《清高宗实录》卷113
乾隆五年三月	张照	汉总裁	内阁学士	《清高宗实录》卷113
乾隆七年	励宗万	汉总裁		清国史馆传稿701005660号
乾隆八年	李清植	汉总裁	礼部侍郎	《碑传集补》卷3

续表

入职时间	总裁姓名	汉/满总裁	职官情况	资料来源
乾隆十二年	王会汾	汉总裁	兵部左侍郎	乾隆十二年《续通典》职名表
	陆宗楷	汉总裁	国子监祭酒	
	德龄	满总裁	吏部左侍郎	
乾隆十五年	陈浩	汉总裁	翰林院侍读	乾隆朝朱批奏折《奏请于侍读学士励宗万等员内派令一员总裁武英殿诸务事》
乾隆二十二年	卢明楷	汉总裁	翰林院庶吉士	《国朝耆献类征初编》卷127
乾隆二十九年	陆宗楷	汉总裁	兵部尚书	乾隆二十九年《大清会典》职名表
	蒋栅	汉总裁	兵部左侍郎	
乾隆三十年	王际华	汉总裁	户部右侍郎	清史馆传稿701006326号
乾隆三十三年正月	王际华	汉总裁	礼部尚书	乾隆三十三年《御批历代通鉴辑览》职名表
	奉宽	满总裁		
乾隆三十五年	奉宽	满总裁		《清高宗实录》卷861
乾隆三十五年四月	钟音	满总裁	吏部侍郎（署）	清国史馆传稿701005791号《清高宗实录》卷857
乾隆三十九年二月	金简	满总裁	内务府大臣	《清高宗实录》卷952
乾隆三十九年四月	嵩贵	满总裁	礼部侍郎衔内阁学士	清国史馆传稿701005787号《清高宗实录》卷957
乾隆四十年十二月	王杰	汉总裁	吏部左侍郎	《纂修四库全书档案》
乾隆四十一年三月	董诰	汉总裁	吏部右侍郎	清国史馆传稿701002748号
乾隆四十四年十二月	王杰	汉总裁	吏部左侍郎	清国史馆传稿701005782号
乾隆四十五年	曹文埴	汉总裁		清国史馆传稿701001097号
乾隆五十一年三月	彭元瑞（署）	汉总裁	礼部尚书	《清高宗实录》卷1251
乾隆五十二年正月	彭元瑞	汉总裁	礼部尚书	《清高宗实录》卷1273
乾隆五十六年四月	金士松	汉总裁	吏部左侍郎	清史馆传稿701001803号《清高宗实录》卷1377
	铁保	满总裁	礼部右侍郎	《清高宗实录》卷1377
嘉庆三年十月	英和	满总裁	总管内务府大臣	《福建巡抚汪志伊题本·台湾府属嘉庆二年地丁奏销》
嘉庆三年十月	戴衢亨	汉总裁	吏部右侍郎	《福建巡抚汪志伊题本·台湾府属嘉庆二年地丁奏销》
嘉庆四年二月	缊布	满总裁	工部左侍郎	《清仁宗实录》卷39 清国史馆传稿70100769号

续表

入职时间	总裁姓名	汉/满总裁	职官情况	资料来源
嘉庆五年正月	戴衢亨	汉总裁	户部左侍郎	《清仁宗实录》卷58
嘉庆六年	丰伸济伦	满总裁	兵部尚书	清国史馆传稿701005683号
嘉庆七年四月	英和	满总裁	户部左侍郎	《清仁宗实录》卷97
嘉庆十年闰六月	玉麟	满总裁		《清仁宗实录》卷146
嘉庆十三年五月	英和	满总裁		《清仁宗实录》卷195
嘉庆十六年五月	陈希曾	汉总裁	工部左侍郎	《清仁宗实录》卷243
嘉庆十七年五月	桂芳	汉总裁	户部右侍郎	《清仁宗实录》卷257
	汪廷珍	汉总裁	礼部右侍郎	《清仁宗实录》卷247
嘉庆十九年	鲍桂星	汉总裁	工部右侍郎	《清史列传》卷32
嘉庆十九年二月	潘世恩	汉总裁		内阁大库档,登录号146815-001
	秀宁	满总裁	吏部右侍郎	《清仁宗实录》卷285
嘉庆十九年三月	常福	满总裁	户部右侍郎	内阁大库档,登录号195937-001
嘉庆二十三年	穆彰阿	满总裁	刑部右侍郎	清国史馆传包702003065-1号
嘉庆二十五年	英和	满总裁		《清宣宗实录》卷4
嘉庆二十五年五月	禧恩	满总裁		《清宣宗实录》卷4
道光二年闰三月	那清安	满总裁	都察院左都御史 兵部尚书（署）	《清宣宗实录》卷32
道光四年十二月	玉麟	满总裁	兵部尚书	《清宣宗实录》卷77
道光五年十一月	敬征	满总裁	户部右侍郎	《清宣宗实录》卷91
道光七年三月	阿尔邦阿	满总裁	工部右侍郎	《清宣宗实录》卷115
道光七年七月	王引之	汉总裁	工部尚书	《清宣宗实录》卷121
道光九年六月	那清安	满总裁	兵部尚书（署）	《清宣宗实录》卷157
道光十二年二月	朱士彦	汉总裁	工部尚书	《清宣宗实录》卷204
道光十四年二月	吴椿	汉总裁	户部右侍郎	《清宣宗实录》卷249
道光十四年十一月	文庆	满总裁	礼部右侍郎	《清宣宗实录》卷260
道光十五年十二月	奕纪	满总裁		内阁大库档,登录号292431-05
道光十八年闰四月	文庆	满总裁	户部左侍郎	《清宣宗实录》卷309
	奎照	满总裁	都察院左都御史	《清宣宗实录》卷309
道光十九年四月	廖鸿荃	汉总裁	都察院左都御史	《清宣宗实录》卷321

续表

入职时间	总裁姓名	汉/满总裁	职官情况	资料来源
道光二十一年	奎照	满总裁	礼部尚书	内阁大库档,登录号 191228-001
道光二十一年五月	麟魁	满总裁	户部右侍郎	《清宣宗实录》卷352
道光二十七年三月	冯芝	汉总裁	吏部左侍郎	《光绪代州志》卷8
道光二十七年八月	福济	满总裁	吏部右侍郎	《清宣宗实录》卷446
道光二十七年	宝兴	满总裁		清国史馆传包702001457-2号
道光二十八年十月	瑞常	满总裁	兵部右侍郎	《清宣宗实录》卷460
道光二十九年	孙瑞珍	汉总裁	兵部尚书（兼署）	清国史馆传包,70200903-4号
咸丰四年	翁心存	汉总裁	户部右侍郎	清国史馆传稿70100142号
咸丰七年十月	宝龄	满总裁	造办处总管	内阁大库档,登录号 136529-001
咸丰九年五月	周祖培	汉总裁	户部尚书	《清文宗实录》卷284
同治六年四月	贾桢	汉总裁	内阁大学士	《清穆宗实录》卷200
同治七年正月	罗惇衍	汉总裁	户部尚书	《清穆宗实录》卷223
同治八年六月	朱凤标	汉总裁	大学士	《清穆宗实录》卷261
同治十一年六月	文祥	满总裁	大学士 管理工部事务	《清穆宗实录》卷335 清国史馆传包70200792-1号
同治十一年六月	李鸿藻	汉总裁	都察院左都御史	《清穆宗实录》卷335
光绪二年五月	载龄	满总裁	户部尚书	《清德宗实录》卷31
光绪三年九月	毛昶熙	汉总裁	吏部尚书	《清德宗实录》卷58
光绪四年五月	桑春荣	汉总裁	刑部尚书	《清德宗实录》卷74
光绪五年正月	万青藜	汉总裁	吏部尚书	《清德宗实录》卷86
光绪六年	志和	满总裁	户部尚书（兼署）	清国史馆传包702002808-1号
光绪八年正月	李鸿藻	汉总裁	吏部尚书	《清德宗实录》卷142
光绪九年二月三日	瑞联	满总裁	兵部尚书	《清德宗实录》卷159
光绪九年十一月	灵桂	满总裁	大学士	《清德宗实录》卷174
光绪十年三月	毕道远	汉总裁	礼部尚书	《清德宗实录》卷180
光绪十一年九月	崇绮	满总裁	户部尚书	《清德宗实录》卷215
光绪十二年二月	福锟	满总裁	户部尚书	《清德宗实录》卷224
光绪十三年九月	李鸿藻	汉总裁	礼部尚书	《清德宗实录》卷247

续表

入职时间	总裁姓名	汉/满总裁	职官情况	资料来源
光绪二十七年	启秀	满总裁	总管内务府大臣	清国史馆传包 702003136-1号
光绪二十三年七月	李鸿章	汉总裁	大学士	《清德宗实录》卷407

二 武英殿监造官考

"监造"为官职名，宋代军器所属官即有"监造"，差遣官中也有"监造历"，由内侍充，负责监督造历官改新历[1]，"监造"即有监督制作之意。清代武英殿修书处和养心殿造办处均设有监造官职，武英殿修书处设有监造处，监造处下属的人员（除匠役以外），包括"正监造员外郎一人，副监造副内管领一人，委署主事一人，库掌四人，委署库掌六人"，皆可视为武英殿监造官。在刊刻殿本告成时，清廷规定要将武英殿监造官名衔列入殿本前附的纂刊人员名单之中。武英殿监造官的职责是什么呢？嘉庆朝《钦定大清会典》说得非常清楚："掌监刊书籍，设有书作、刷印作、书作，管理界画托裱等事。刷印作管理写样、刊刻、刷印、折配、齐钉等事。"[2] 据《纂修四库全书档案》，乾隆三十八年（1773）闰三月十一日，办理四库全书处奏称："所有原办绢板、纸片、界画、装潢及饭食各项事宜，派武英殿员外郎刘淳、永善经管总办。其四库全书所有交到应刊各书，亦即令该员等监刻，以专责成。"[3] 待翰林院缮校完毕后，"汇交武英殿查检装潢"[4]。《清宫述闻》载："武英殿修书处监造官员，专司刊刻，装潢书籍等事。"总的来说，武英殿监造官主要负责内府书籍的刷印和装潢

---

[1] 参见龚延明编《宋代官制辞典》，中华书局1997年版，第249页。
[2] 嘉庆朝《钦定大清会典》卷80。
[3] 《纂修四库全书档案》，第76页。
[4] 同上书，第168页。

事宜。正如张升所概括的："监造官主管之事是相当繁杂的，相对于武英殿的后勤总务。"① 可以说，监造官对于内府书籍的刊刻、装潢发挥了至关重要的作用，值得我们重视。

1. 康熙朝武英殿总监造官考实

档案所见，武英殿监造官的人员设置一直在变动之中，康熙朝常见之名为武英殿总监造或武英殿总监造官，乾隆朝以后武英殿监造官的人员配置才相对固定下来，并以正、副监造任职。下文梳理康熙十九年（1680）修书处设立以来的武英殿监造官制度和人员变迁情况。

据嘉庆朝《钦定大清会典事例》所载"康熙十九年奉旨，武英殿设造办处，设监造六人"，此处所说的"监造六人"，包括了武英殿造办处和修书处监造总数量，由于修书处隶属于武英殿造办处，因此监造官的分属很难区分。《清代内阁大库散佚满文档案选编》收录了不少有关于早期武英殿造办处的记载。

康熙二十年（1681）十月内阁大库满文档案载："二十一日，据监督武英殿造办项目之梅石鄂……（二十四日）准监督武英殿造办处项目之梅石鄂、锦贯来文……（二十九日）据监督武英殿造办项目之乌西泰等来文。"② 档案中所称的"监督武英殿造办项目之梅石鄂""监督武英殿造办项目之乌西泰、锦贯"乃是译者翻译自满文档案，对应的汉文名称即武英殿造办处监造官梅石鄂、乌西泰和锦贯。

康熙二十一年（1682）八月内阁大库满文档案载："准监督武英殿造办项目之金观等来文……准监督武英殿造办项目之乌西泰来文……准监督武英殿造办项目之乌西泰来文……准监督武英殿造办

---

① 张升：《四库全书馆研究》，第62页。
② 《清代内阁大库散佚满文档案选编》，天津古籍出版社1992年版，第165、168页。

项目之陈喜增等来文。"①

　　康熙二十五年（1686）六月二十日档案载："五月初一日，准监督武英殿造办项目之申保等来文……初八日，准监督武英殿造办项目之申保等来文。"②

　　康熙四十五年（1706）二月初七日档案又载："准监督武英殿造办项目之员外郎赫西赫恩来文……二十五日，准监督养心殿造办项目之兆常来文。"③

　　据以上满文档案所载，可梳理出康熙二十年至康熙四十五年内任职武英殿总监造官的人员，包括梅石鄂、乌西泰、陈喜增、金观、锦贯、申保、赫西赫恩等人。那么，这些武英殿总监造官之中，哪些人是负责修书处事务的呢？实际上，参与书籍制作相关的总监造官均可视为武英殿修书处监造人员。例如，总监造官申保负责过武英殿修书处事务。满文档案载，康熙二十五年六月二十日："准监督武英殿造办项目之申保等来文，奉旨：著制做。钦此。制做书用清水连四纸六十三张……科连四纸二十二张。"④ "准监督武英殿造办项目之申保"当是武英殿修书处总监造官申保，负责监督工匠操办刻印、装潢书籍事宜，拨付工钱。

　　梳理其他文献，也可爬梳康熙朝部分武英殿监造官。《钦定国子监志》载，康熙三十三年（1694）监造御书圣经石刻，碑阴刻有"武英殿监造内务府会稽司管理钱粮员外郎赫世亨；武英殿监造内务府广储司主事张常住；镌刻鸿胪寺序班朱圭；内务府序班梅裕凤"⑤。内府刻本《本草品汇精要·进本草品汇精要续集表》载："康熙三十九年七月二十六日武英殿监造赫世亨、张（常住）奉圣

---

　① 《清代内阁大库散佚满文档案选编》，第185、187、188页。
　② 同上书，第197、201页。
　③ 同上书，第254—255页。
　④ 同上书，第197、201页。
　⑤ 《钦定国子监志》卷47。

旨发下明弘治年绘像《本草品汇精要》四十二卷。"①

康熙五十九年（1720）康熙帝谕旨曾提到："养心殿、武英殿等处管制造、带西洋人事伊都理、张长住、王道化、赵昌。"② 前二者为武英殿总监造，后二者为养心殿总监造。中国第一历史档案馆编《清中前期西洋天主教在华活动档案史料》所收一件无年月折（推断为康熙五十九年九月），上奏人亦为"养心殿、武英殿等处管制造、带西洋人事伊都立、张常住、王道化、赵昌"③。

值得注意的是，赫世亨、张常住作为康熙朝武英殿监造官还负责管理西洋事务，所谓"带西洋人事"。其原因可能是"旧传西洋堂归武英殿管理，故所存多西洋之药"④。康熙朝有不少西洋传教士进入内廷，由武英殿和养心殿的监造官负责处理一切有关西洋传教士的工作，赫世亨、张常住以内务府会计司员外郎的职衔，担任武英殿造办处的监造官。

近来不少研究成果表明赫世亨是康熙中后期中西礼仪之争的关键性人物⑤。赫世亨死后，接替他担任总监造的是李国屏及和素⑥。如康熙五十四年（1715）二月初七日满文奏折有："和素、李国屏谨奏：《通率表》刻完，用竹制纸刷印十份，用将乐纸刷印十份。再，奴才和素命抄写之小型《四书》一部，谨奏。"⑦

从康熙朝武英殿修书处刻印《佩文韵府》开始，清廷就明确要

---

① 《本草品汇精要·进本草品汇精要续集表》，清康熙内府刻本。
② 《掌故丛编》1928 年第 2 辑，第 15—16 页。
③ 中国第一历史档案馆编：《清中前期西洋天主教在华活动档案史料》，中华书局 2003 年版，第 19 页。
④ （清）姚元之：《竹叶亭杂记》卷 1，中华书局 1997 年版，第 21 页。
⑤ 定宜庄：《满族士大夫群体的产生与发展：以清代内务府完颜世家为例》，收入《清史论丛》2007 年号《商鸿逵先生百年诞辰纪念专集》，中国广播电视出版社 2007 年版，第 292—335 页。
⑥ 中国第一历史档案馆译编：《康熙朝满文朱批奏折全译》，中国社会科学出版社 1996 年版。
⑦ 《康熙朝满文朱批奏折全译·武英殿总监造和素等奏进小型四书一部折》，第 995 页。

将纂修、监造官职名放入刻竣正本之首。因此，我们可以根据部分殿本职名表获知监造官姓名。康熙五十二年（1713）七月初二日，武英殿总监造和素、李国屏奏：

> 查得《佩文韵府》书成后，校勘官、纂注翰林、缮写、磨勘举人、监生，再奴才等之名及养心殿之人名等，刊刻后已添入书内。现今《御选唐诗》内亦照《佩文韵府》，将校勘大臣，纂注翰林、缮写、磨勘进士、监生、童生等以及监修官员人名，于汉文版本排列，具折谨奏。御览钦定后，再刊刻添入。①

除了我们所见到的汉文本有监造官职名，满文本也按惯例列有职名。康熙五十二年七月十一日，武英殿总监造和素、常树奏称："《御选唐诗》内，主子施恩，准将奴才等修之员姓名列入，故乞于满、汉文《御制诗》后部末尾，亦照《御选唐诗》，将奴才等之名列入。"② 乾隆八年（1743）十一月二十八日，一统志馆总裁奏："武英殿监理职衔，并监造官员，以及臣等总裁、提调、纂修等官各职名，缮写名单进呈一并请旨交刊。"③ 乾隆十一年九月二十八日，明史纲目馆咨武英殿修书处称："本馆移送武英殿刊刻《御撰资治通鉴纲目三编》一书，因非别项纂辑书籍可比……其应否开载职名之处，缮折具奏。奉旨：著开列，余依议。……咨呈贵处将监理王衔并监造各员职衔应否如何书写之处速开明款式送馆，以便缮折具奏。"④ 可见只有"非寻常之书"才能将监造等职名刊入殿本之中。这种列名方式既可以明确编刻者的责任，也奖励了编刻人员，被其视作极高荣耀。

---

① 《清内府刻书档案史料汇编》，第 53 页。
② 同上书，第 54 页。
③ 《一统志馆总裁官为奏请颁发御笔序文由》，乾隆八年，台湾史语所藏内阁大库档案，登录号：019671-001。
④ 台湾史语所藏内阁大库档案，登录号：102238-001。

综上所述，爬梳满文档案等文献，可考出康熙朝担任过武英殿总监造官一职的有梅石鄂、乌西泰、陈喜增、金观、锦贯、申保、赫西赫恩、伊都立、赫世亨、张常住、李国屏、和素、常树等十余人。这些总监造官不仅负责刷印、装潢书籍，还包括监督造办事项及西洋人交涉等事务，武英殿修书处事务只是其中一部分职责。到了雍正朝以后，武英殿总监造之名称已经不见诸文献，取而代之的是武英殿监造等官员，其职能也随着武英殿修书处的独立化，逐渐转为在武英殿修书处下属的监造处，专门负责书籍的刻板、刷印、装潢等事宜。

2. 殿本所见清代武英殿监造官考实

查考现存600余种殿本，可以爬梳殿本职名表中的监造官情况（有职名表的殿本只是内府刻本的其中一部分，而职名表中附有监造官职名的殿本也只是其中一小部分），笔者将监造官职名与该官刊印的殿本一一对应，制表如下（参见表3-6）。

我们可以从表中总结一些规律性特征：

其一，目前所见殿本中，最早刊载监造官职名的是《佩文韵府》，可谓开了风气之先，自此以后殿本才有刊载武英殿监造官的制度。

其二，据笔者的不完全统计，有清一代殿本刊载有监造官职名表为50种，其中乾隆朝最多（32种），康熙朝次之（11种），其他雍正朝4种，嘉庆朝2种，道光朝1种，可以看出执行此项制度最完善的时期主要是康雍乾三朝，嘉庆以后这一制度逐渐废弛，极少见到有刊载监造官职名的殿本。

其三，武英殿监造人员是武英殿常设的职官，因此可能连续负责监造多种殿本，从中也可以看出监造官的动态变化。如果内府书籍出现了武英殿监造官职名，可以判断此书肯定为殿本；若无武英殿监造职名，我们还须查考档案文献等，进一步综合判断此书是否可归入殿本。

表 3-6　　　　　　　　殿本实物所见清代武英殿监造职名

监造书籍	奉旨开载时间	监造官	监造官职衔
《佩文韵府》	康熙四十九年十一月	张常住	武英殿总监造内务府会计司员外郎兼佐领
		和素	武英殿总监造官翻书房内阁侍读学士兼佐领
		李国屏	武英殿总监造内务府会计司员外郎兼参领佐领
《御制避暑山庄诗》	康熙五十一年六月	和素	武英殿总监造管翻书房原内阁侍读学士今佐领加二级
		张常住	武英殿总监造内务府会计司员外郎兼佐领加三级
		李国屏	武英殿总监造内务府会计司员外郎兼参领佐领加一级
		巴实	武英殿监造骁骑校加一级
《御选唐诗》	康熙五十二年六月	和素	武英殿总监造管翻书房原内阁学士今佐领加二级
		张常住	武英殿总监造内务府会计司员外郎兼佐领加三级
		李国屏	武英殿总监造内务府会计司员外郎兼参领佐领加一级
		巴实	武英殿监造骁骑校加一级
白口版《渊鉴斋御纂朱子全书》	康熙五十三年八月	伊都立	总监造兼内务府会计司员外郎
		张常住	总监造兼佐领
		李国屏	总监造
		巴实	监造兼骁骑校
		关保	监造
		神保	监造
黑口版《渊鉴斋御纂朱子全书》	康熙五十三年八月	和素	武英殿总监造兼管翻书房
		张常住	武英殿总监造兼佐领
		李国屏	武英殿总监造
《御制周易折中》	康熙五十四年三月	张常住	总监造兼佐领
		李国屏	总监造
		巴实	监造兼骁骑校
		神保	监造
《御制月令辑要》	康熙五十五年三月	张常住	武英殿总监造兼佐领
		李国屏	武英殿总监造
		伊都立	武英殿总监造内务府会计司员外郎
		巴实	武英殿监造兼骁骑校
		关保	武英殿监造
		神保	武英殿监造

续表

监造书籍	奉旨开载时间	监造官	监造官职衔
《御制性理精义》	康熙五十四年八月	伊都立	总监造兼内务府会计司员外郎
		张常住	总监造兼佐领
		李国屏	总监造
		巴实	监造兼骁骑校
		神保	监造
《万寿盛典初集》	康熙五十五年四月	伊都立	武英殿总监造兼会计司员外郎
		张常住	武英殿总监造兼佐领
		李国屏	武英殿总监造
		佟毓秀	原任云南巡抚
《御定韵府拾遗》	康熙五十九年七月	伊都立	总监造兼内务府会计司员外郎
		张常住	总监造兼佐领
		李国屏	总监造
		巴实	监造兼内务府会计司员外郎
		神保	监造
《御制分类字锦》	康熙六十一年十一月	伊都立	武英殿总监造办内务府大臣事郎中兼佐领
		张常住	武英殿总监造兼佐领
		李国屏	武英殿总监造兼慎刑司员外郎
		巴实	武英殿总监造兼织染局员外郎
		神保	监造
		常伦	监造
《御制子史精华》	雍正五年十二月	三保	稽察内务府事务监察御史兼护军参领佐领加二级
		雅尔岱	监造
		李之纲	监造
《御定骈字类编》	雍正六年四月	三保	稽察内务府事务监察御史兼护军参领佐领加二级
		雅尔岱	监造
		李之纲	监造
《御制音韵阐微》	雍正六年九月	三保	稽察内务府事务监察御史兼护军参领佐领加二级
		雅尔岱	监造
		李之纲	监造

续表

监造书籍	奉旨开载时间	监造官	监造官职衔
《御制文四集》	雍正十年十二月	三保	稽察内务府事务监察御史兼护军参领佐领
		雅尔岱	都虞司员外郎
		常安	会计司员外郎
		李之纲	广储司葭库司库
		胡三格	监造
		释保	监造
《御制日讲春秋解义》	乾隆二年正月	三保	巡视长芦等处盐政监察御史内务府佐领
		雅尔岱	内务府南苑郎中兼佐领
		永保	内务府掌仪司郎中兼佐领
		李之纲	内务府织染局员外郎
		三格	内务府广储司司库
		西宁	监造
		恩克	监造
《御选唐宋文醇》	乾隆三年九月	雅尔岱	内务府南苑郎中兼佐领
		永保	内务府武备院郎中兼佐领
		李之纲	内务府织染局员外郎
		三格	内务府广储司司库加二级
		西宁	武英殿监造
		恩克	武英殿监造
		永忠	武英殿委署主事
《八旗通志初集》	乾隆四年四月	雅尔岱	内务府南苑郎中兼佐领加五级纪录十次
		永保	内务府钱粮衙门郎中兼佐领加六级纪录十次
		双玉	内务府广储司员外郎加二级
		西宁	内务府庆丰司员外郎加一级记录二次
		永忠	内务府会计司主事加一级
		胡三格	内务府广储司司库加二级
		李保	监造加一级
		郑三格	监造
		李延伟	库掌
		姚文彬	库掌
		虎什泰	库掌

续表

监造书籍	奉旨开载时间	监造官	监造官职衔
《明史》	乾隆四年七月	雅尔岱	内务府南苑郎中兼佐领加六级纪录八次
		永保	内务府钱粮衙门郎中兼佐领加五级纪录四次
		双玉	内务府广储司员外郎加二级
		西宁	内务府都虞司主事加二级记录一次
		胡三格	内务府广储司司库加二级
		永忠	监造加一级
		恩克	监造
		于保柱	库掌
		郑桑格	库掌
《钦定四书文》	乾隆五年闰六月	雅尔岱	内务府南苑郎中兼佐领加六级纪录八次
		永保	内务府钱粮衙门郎中兼佐领加五级纪录六次
		双玉	内务府广储司员外郎加二级
		西宁	内务府庆丰司员外郎加一级纪录二次
		胡三格	内务府广储司司库加二级
		恩克	监造
		永忠	监造加一级
		于保柱	库掌
		郑桑格	库掌
		姚文彬	库掌
《钦定康济录》	乾隆五年闰六月	雅尔岱	内务府南苑郎中兼佐领加六级纪录八次
		永保	内务府钱粮衙门郎中兼佐领加五级纪录六次
		双玉	内务府广储司员外郎加二级
		西宁	内务府庆丰司员外郎加一级纪录二次
		胡三格	内务府广储司司库加二级
		恩克	监造
		永忠	监造加一级
		于保柱	库掌
		郑桑格	库掌
		姚文彬	库掌

续表

监造书籍	奉旨开载时间	监造官	监造官职衔
《大清律例》	乾隆五年	雅尔岱	内务府南苑郎中兼佐领加五级记录十次
		永保	内务府钱粮衙门郎中兼佐领加五级记录十一次
		永忠	内务府慎刑司员外郎记录一次
		英廉	同知加一级记录九次
		三格	内务府广储司司库加二级
		李保	监造加一级
		郑桑格	监造
		李延伟	库掌
		虎什泰	库掌
《钦定协纪辨方书》	乾隆六年十二月	雅尔岱	内务府南苑郎中兼佐领加五级纪录十次
		永保	内务府钱粮衙门郎中兼佐领加六级纪录十次
		众神保	内务府广储司郎中加一级纪录二次
		永忠	内务府钱粮衙门主事
		胡三格	内务府广储司司库加二级
		李保	监造加一级
		郑桑格	监造
		李延伟	库掌
		胡什泰	库掌
《钦定授时通考》	乾隆六年十一月	雅尔岱	内务府南苑郎中兼佐领加五级纪录十次
		永保	内务府钱粮衙门郎中兼佐领加五级纪录十一次
		永忠	内务府钱粮衙门主事
		三格	内务府广储司司库加二级
		李保	监造加一级
		郑桑格	监造
		李延伟	库掌
		虎什泰	库掌

续表

监造书籍	奉旨开载时间	监造官	监造官职衔
《御纂医宗金鉴》	乾隆七年十二月	雅尔岱	内务府南苑郎中兼佐领加五级纪录十次
		永保	内务府钱粮衙门郎中兼佐领加五级纪录十一次
		永忠	内务府慎刑司员外郎纪录一次
		英廉	同知加一级纪录九次
		三格	内务府广储司司库加二级
		李保	监造加一级
		郑桑格	监造
		李延伟	库掌
		虎什泰	库掌
《钦定历象考成后编》	乾隆七年	雅尔岱	内务府南苑郎中兼佐领加五级纪录十次
		永保	内务府钱粮衙门郎中兼佐领加五级纪录十一次
		永忠	内务府慎刑司员外郎纪录一次
		三格	内务府广储司司库加二级
		李保	监造加一级
		郑桑格	监造
		李延伟	库掌
《三流道里表》	乾隆八年闰四月	雅尔岱	内务府南苑郎中兼佐领加五级纪录十次
		永忠	内务府慎刑司员外郎纪录一次
		三格	内务府广储司司库加二级
		李保	监造加一级
		郑桑格	监造
		李延伟	库掌
		虎什泰	库掌

续表

监造书籍	奉旨开载时间	监造官	监造官职衔
《大清一统志》	乾隆八年十一月	雅尔岱	内务府南苑郎中兼佐领加五级纪录十一次
		永保	内务府钱粮衙门郎中兼佐领加五级纪录十一次
		众神保	内务府广储司郎中加一级记录二次
		永忠	内务府慎刑司员外郎纪录一次
		三格	内务府广储司司库加二级
		李保	监造加一级
		郑桑格	监造
		李延伟	库掌
		虎什泰	库掌
《八旗满洲氏族通谱》	乾隆九年十二月	雅尔岱	内务府南苑郎中兼佐领加六级纪录十四次
		永保	内务府钱粮衙门郎中兼佐领加五级纪录十二次
		永忠	内务府钱粮衙门员外郎兼佐领纪录二次
		三格	内务府广储司司库加一级记录四次
		李保	监造加一级
		郑桑格	监造加一级
		姚文彬	库掌加一级
		虎什泰	库掌
《钦定满洲祭神祭天典礼》	乾隆十二年七月	永保	管理三旗银两庄头处郎中兼佐领加六级纪录十七次
		永忠	管理三旗银两庄头处郎中兼佐领加一级纪录四次
		永泰	广储司员外郎
		桑格	监造加一级
		李保	监造加一级
		姚文斌	监造加二级
		虎什泰	库掌
		高永仁	库掌

续表

监造书籍	奉旨开载时间	监造官	监造官职衔
《日讲礼记解义》	乾隆十二年二月	永保	内务府钱粮衙门郎中兼佐领加六级纪录十六次
		永忠	内务府钱粮衙门员外郎兼佐领加一级纪录八次
		永泰	内务府广储司员外郎
		三格	内务府广储司司库加一级纪录五次
		李保	监造加一级
		姚文彬	监造加二级
		虎什泰	库掌
		高永仁	库掌
		吉兰泰	库掌
		保庆	库掌
《周易注疏》	乾隆十二年	雅尔岱	内务府南苑郎中兼佐领加六级纪录十八次
		永保	内务府钱粮衙门郎中兼佐领加五级纪录十三次
		永忠	内务府钱粮衙门员外郎兼佐领纪录一次
		三格	内务府广储司司库加一级纪录三次
		李保	监造加一级
		姚文彬	监造加一级
		尚琮	库掌
		亮保	库掌
		虎什泰	库掌
		观音保	库掌
		常福	库掌
		高永仁	库掌
		文殊保	执事人
		佛纶	执事人
		弥勒保	执事人
		金笃生	执事人
		李延舜	执事人
		保庆	执事人

续表

监造书籍	奉旨开载时间	监造官	监造官职衔
《续通典》	乾隆十二年十二月	雅尔岱	内务府南苑郎中兼佐领加七级纪录二十一次臣
		永保	内务府钱粮衙门郎中兼佐领加六级纪录十六次
		永忠	内务府钱粮衙门员外郎兼佐领加一级纪录四次
		永泰	内务府广储司员外郎
		三格	内务府广储司司库加一级纪录五次
		李保	监造加一级
		姚文彬	监造加三级
		虎什泰	库掌
		高永仁	库掌
《史记》	乾隆十一年十二月	雅尔岱	内务府南苑郎中兼佐领加六级纪录十八次
		永保	内务府钱粮衙门郎中兼佐领加五级纪录十三次
		永忠	内务府钱粮衙门员外郎兼佐领纪录一次
		三格	内务府广储司司库加一级纪录三次
		李保	监造加一级
		姚文彬	监造加一级
		尚琮	库掌
		亮保	库掌
		虎什泰	库掌
		观音保	库掌
		常福	库掌
		高永仁	库掌
		文殊保	执事人
		佛纶	执事人
		弥勒保	执事人
		金笃生	执事人
		李延舜	执事人
		保庆	执事人

续表

监造书籍	奉旨开载时间	监造官	监造官职衔
《续通志》	乾隆十二年十一月	永保	内务府钱粮衙门郎中兼佐领加六级纪录十六次
		永忠	内务府钱粮衙门员外郎兼佐领加一级纪录八次
		永泰	内务府广储司员外郎
		三格	内务府广储司司库加一级纪录五次
		李保	监造加一级
		姚文彬	监造加二级
		虎什泰	库掌
		高永仁	库掌
		吉兰泰	库掌
		保庆	库掌
《皇清文颖》	乾隆十二年七月	雅尔岱	内务府南苑郎中兼佐领加七级纪录二十二次
		永保	内务府钱粮衙门郎中兼佐领加六级纪录十六次
		永忠	内务府钱粮衙门员外郎兼佐领加一级纪录四次
		三格	内务府广储司司库加一级纪录五次
		李保	监造加一级
		姚文彬	监造加二级
		虎什泰	库掌
		高永仁	库掌
《皇朝词林典故》	乾隆十三年	雅尔岱	内务府南苑郎中兼佐领加七级纪录二十一次
		永保	内务府钱粮衙门郎中兼佐领加六级纪录十六次
		永忠	内务府钱粮衙门员外郎兼佐领加一级纪录五次
		永泰	内务府广储司员外郎
		三格	内务府广储司司库加一级纪录五次
		李保	监造加一级
		姚文彬	监造加二级
		虎什泰	库掌
		高永仁	库掌
《钦定叶韵汇辑》	乾隆十五年六月	永保	内务府钱粮衙门郎中兼佐领加六级纪录十六次
		姚文彬	监造加三级
		高永仁	库掌

续表

监造书籍	奉旨开载时间	监造官	监造官职衔
《钦定三礼义疏》	乾隆十九年闰四月	安泰	内务府堂主事纪录一次
		富惠	内务府骁骑副参领加一级纪录一次
		高永仁	监造
《西清古鉴》	乾隆二十年	四格	内务府郎中
		富明	内务府员外郎
		六格	监造
		吉兰泰	库掌
		舒义	库掌
《钦定仪象考成》	乾隆十九年闰四月	佛保	原任内务府郎中
		杨作新	内务府郎中
		公义	内务府郎中
		何国栋	钦天监中官正
		舒山	内务府催总
		叶文成	原任内务府副催总
		刘裕锡	钦天监博士
《钦定大清会典》	乾隆二十九年	六十九	内务府管理六库事务郎中
		诚意	内务府广储司郎中
		中敏	内务府管理三旗银两庄头处员外郎兼佐领
		六格	副管领
		扎钦	副管领
		永善	监造
		吉兰太	监造
		塞勒	库掌
		九格	库掌
		六达色	库掌

续表

监造书籍	奉旨开载时间	监造官	监造官职衔
《御批历代通鉴辑览》	乾隆三十三年正月	六十九	内务府管理六库事务郎中加十级纪录五次
		诚意	内务府营造司郎中加一级纪录七次
		刘淳	南苑员外郎兼佐领
		永善	武备院主事加一级纪录七次
		扎钦	内管领
		六格	副管领
		吉兰泰	监造加三级
		文殊保	监造加三级
		六达塞	库掌
		伊灵阿	库掌
《钦定重刻淳化阁帖释文》	乾隆三十四年二月	六十九	内务府广储司总管六库事务郎中
		积福	会计司主事
《满洲祭神祭天典礼》	乾隆四十五年七月	永保	管理三旗银两庄头处郎中兼佐领加六级纪录十七次
		永忠	管理三旗银两庄头处员外郎兼佐领加一级纪录四次
		桑格	广储司员外郎臣永泰广储司司库加一级纪录五次
		姚文斌	监造加一级臣李保监造加二级
		虎什泰	库掌
《皇朝通典》	乾隆五十二年	长申	内务府坐办堂郎中兼参领佐领
		克蒙额	内务府郎中兼参领佐领
		永清	正监造员外郎
		经文	副监造副内管领
		敏谦	委署主事
		和兴	六品衔库掌
		玉广	掌稿笔帖式
		光裕	库掌
		崇文	委署库掌

续表

监造书籍	奉旨开载时间	监造官	监造官职衔
《皇清职贡图》	乾隆五十四年	福克精额	广储司六库郎中
		苏楞额	广储司六库郎中兼参领
		刘淳	营造司郎中兼佐领
		依灵阿	监造
		绍言	监造
		六格	内副管领
		特保	内副管领
		陆达塞	库掌
		海宁	库掌
《钦定授衣广训》	嘉庆十三年九月	长申	内务府慎刑司郎中兼参领佐领加五级
		克蒙额	内务府掌仪司员外郎兼佐领加五级
		永清	正监造员外郎加一级
		经文	副监造内管领加一级
		敏谦	委署主事加六级
		和兴	六品衔库掌加五级
		善元	库掌加三级
		光裕	库掌加二级
《钦定大清会典》	嘉庆二十三年	广敏	内务府郎中兼佐领
		祝麟	内务府员外郎
		麟保	内务府员外郎
		经文	正监造员外郎
		光裕	副监造副内管领
		广惠	委署主事
		格图肯	六品衔库掌
		庆颐	笔帖式
		豫恒	七品衔库掌
		福桂	七品衔库掌
		保谦	委署库掌
		得辛	委署库掌
		松魁	委署库掌
		定邦	候补笔帖式

续表

监造书籍	奉旨开载时间	监造官	监造官职衔
《钦定新疆识略》	道光元年	广敏	内务府郎中兼佐领
		祝麟	内务府员外郎
		麟保	内务府员外郎
		经文	正监造员外郎
		光裕	副监造副内管领
		广惠	委署主事
		格图肯	六品衔库掌
		预恒	七品衔库掌
		庆颐	笔帖式
		福桂	委署库掌
		得辛	委署库掌
		松魁	额外库掌
		定邦	候补笔帖式

第四节　武英殿修书处匠役管理

在中国印刷史研究中，负责书籍制作的刻工、写工、裱工、画工等匠役是颇为重要的问题，对版本鉴定的作用很大，例如研究者可以利用刻工查考书籍的刊刻地域和刊刻时间，如有学者就认为："民国以来，版本之鉴定所以能日趋精确，纠正清朝学者版本鉴定之误，端赖从刻工的彻底调查者尤多。盖就刻工姓名，相互参证。"[①] 目前学界已对书籍刻工等匠役有较多的研究成果，编制了不少宋元明清各朝的刻工录，如张振铎编著的《古籍刻工名录》等书[②]。还

[①] 李清志：《古书版本鉴定研究》，文史哲出版社1986年版，第23页。

[②] 张振铎编：《古籍刻工名录》，上海书店出版社1996年版；王肇文：《古籍宋元刊工姓名索引》，上海古籍出版社1990年版；李国庆：《明代刊工姓名索引》，上海古籍出版社1998年版。

有一些专门论述匠役的文章，如张秀民撰写的《明清写工、刻工、印工及其事略》①。但该领域的研究存在一些问题：一是中国典籍关于匠役的记载较为缺乏，成为制约研究书籍制作匠役的瓶颈；二是目前学界对书籍制作匠役的研究侧重于刻工、写工，其他诸如装裱匠、界画匠等则较为薄弱；三是虽然学界对匠役工价展开了一些研究，但偏重于民间刻书工价，对于官方雇佣的书籍制作工价则涉猎较少。

清代民间刊刻书籍，往往在刊竣后的书籍中留下刻工姓名等信息。通观武英殿修书处刊刻的殿本，极少见到刻工的信息②，因此很难通过查验殿本实物获取刻工信息。幸运的是，修书处档案中存留了较多的写刻匠役相关文献，关于其来源、待遇、数量乃至姓名、身份等，都有一定的载录，这是我们考察清代官方从事书籍制作匠役的重要资料，可资考察匠役的来源、数量以及报酬等细节问题。

一　武英殿修书处匠役类别

武英殿修书处除设有监造、委署主事、笔帖式、拜唐阿等人员外，还有相当数量的匠役参与日常工作。武英殿修书处匠役，分为食钱粮匠役和外雇招募匠两种。食钱粮匠役又名旗匠，皆由旗人派充，分恩甲、领催、匠役和效力匠役四等，一般从内务府上三旗佐领、管领下的闲散幼丁中挑取，终身当差。每人月食钱粮1—3两不等。大都充任书匠、刻字匠、写字匠、刷印匠、裱匠、画匠以及为数不少的苏拉③等。康熙前期，修书处各匠役俱行官饭，按其人数，添减不等。康熙四十四年（1705）奏准，匠役等嗣后停止官饭，酌

---

① 张秀民：《明清写工、刻工、印工及其事略》，载宋原放编《中国出版史料（古代部分）》，湖北教育出版社2004年版。

② 清代内府书籍目前仅有少数几种镌刻有匠役姓名。如《圣祖御书金刚般若波罗蜜经》卷末镌刻"双钩字人张奎，刻字匠潘在中、邓锡九、叶世芳"。

③ 苏拉为满语音译，为闲散之意，亦指一般闲散之人，清代内廷机构中担任勤务的人称苏拉。

量给予钱粮（折算为饭食银）。① 遇有任务，准予外雇匠役，事毕即由修书处支付工价。食钱粮匠役为修书处常设，外雇匠役则为修书处临时雇用，二者的待遇报酬是不一样的。

武英殿修书处下属机构监造处、御书处均有大量匠役，由于御书处成立时间较晚，下文主要讨论监造处的匠役情况。

（一）监造处匠役

明清宫廷均有大量匠役服务于内府书籍的制作。明代宫中所用匠役一般由无偿到皇宫当差的"班匠"充任，明初内府制字匠有150名，2年一轮当差②。嘉靖十年（1531），皇帝命工部协同司礼监清查军民匠役，额定司礼监所属工匠1583名，其中笺纸匠62名，裱褙匠293名，折配匠189名，裁历匠81名，印刷匠134名，黑墨匠77名，笔匠48名，画匠76名，刊字匠315名，木匠71名③。到了清代，武英殿修书处所雇匠役数量是多少呢？

监造处下属的刻字作、刷印作、折配作和做书作等均设有一定数量的匠役。嘉庆十九年（1814）十二月初四日，署理武英殿总裁鲍桂星奏陈：

> （武英殿修书处）刷印、装潢二作，共有匠役百名，多系旗人充当，名虽挑补，其实多由请托而得，以百人计之，衰老者居其二，幼稚者居其二，少壮而为娴技者又居其二，其能当是役者不过二三十人，而此二三十人者又未必实有其人，按名轮值，遇有攒办书籍，安得不粗率了事，此书之所以多积累而少完竣也。④

---

① 嘉庆朝《钦定大清会典事例》卷906《内务府·书籍碑刻》。
② 参见《中国出版通史·明代卷》，第154页。
③ （明）申时行等纂：《重修大明会典》卷189，国家图书馆藏明万历十五年内府刻本。
④ 中国第一历史档案馆藏军机处录副奏折，嘉庆十九年十二月初四日，档案号：03-1564-012。

鲍氏作为武英殿总裁，所说的"衰老者居其二，幼稚者居其二，少壮而为娴技者又居其二，其能当是役者不过二三十人"，应该是嘉庆年间修书处所雇匠役的实情，这些匠役主要是旗人，"名虽挑补，其实多由请托而得"。

关于监造处匠役较为准确的统计，可查考嘉庆朝《钦定大清会典事例》卷906《内务府·书籍碑刻》条的记载："原定书作：食钱粮书匠十四名，齐栏匠四名，托裱匠四名，平书匠七名，补书匠四名，合背匠五名，界划匠六名，传用营造司锉书木匠五名。刷印作：食钱粮刷印匠四十名，如不敷用，仍准外雇。"[1]

随着时间推移和实际需要，监造处匠役人数前后有所变化，如道光年间，书匠由原来的14名增加为44名。道光二十年（1840）武英殿续刻本《钦定总管内务府现行则例》"武英殿修书处·挑取匠役"条载：

> 设立食一两钱粮书匠四十四名，刷印匠四十名，遇有缺出，于各佐领、管领下闲散人挑补，匠役内有委署领催六缺，遇有缺出，以匠役挑补。乾隆四十三年、四十七年两次奏准赏给恩甲二十二缺，遇有缺出，以匠役苏拉呈明挑放，又占用营造司裱匠十名，画匠二名，木匠十六名，内旗匠八名，招募匠八名，于嘉庆十六年六月呈明，本处占用营造司招募匠八名，遇有缺出，仍向该司咨取。其旗缺二十名，遇有缺出，由本处以效力匠役自行挑补，其应行钱粮米石仍咨行营造司办理。以上各项匠役共计旗匠一百四名，招募匠八名。[2]

---

[1] 嘉庆朝《钦定大清会典事例》卷906《内务府·书籍碑刻》。
[2] 《钦定总管内务府现行则例》，载《故宫珍本丛刊》第306册，第309页。

表3-7　　　　　　　　武英殿监造处食钱粮匠役及人数

匠役名称	所属作坊	匠役人数
书匠	书作	14名，后增至44名
齐栏匠	书作	4名
托裱匠	书作	4名
平书匠	书作	7名
补书匠	书作	4名
合背匠	书作	5名
界划匠	书作	6名
锉书木匠	书作（传用营造司）	5名
刷印匠	刷印作	40名
裱匠	传用营造司	10名
画匠	传用营造司	2名
木匠	传用营造司	8名
总计		139名

因此，如果按照道光年间监造处的匠役统计，其常年在修书处当差的食钱粮匠役总数是139名，这一数量确实不如明代司礼监匠役多。但我们还需注意到两点：其一，武英殿修书处隶属于内务府，监造处匠役只是整个内务府机构匠役的一小部分，即仅仅以与书籍制作相关的匠役而言，内务府下属的营造司、养心殿造办处等，均有大量匠役，其总数叠加并不比明代少。其二，以上会典及则例所载是武英殿修书处日常承刻书籍使用匠役的一般情况，如遇刷印卷帙较大的大部头书籍，外雇的匠役数量则根据需要临时增加。就笔者所见，清代武英殿修书处动用刻工数量最多的一次是乾隆元年（1736）刊刻《龙藏经》。乾隆元年二月十七日，和硕庄亲王臣允禄奏："查京师刻字匠不过四百余名，除上谕馆、武英殿等处雇用二百余名外，所余无几。今板片如蒙俞允，交地方官采办，则板片可以敷用，但刻字匠役不能多得，于工程仍属迟延，臣亦请交三处织造，

照所定刻经板一块工价银七钱二分之例，令其召募数百名来京刊刻，庶时日不致迟滞。"① 后因刊刻汉文《龙藏经》人手不足，又雇写刻匠役869人，连同原雇工匠，总数达千人，这是目前所知修书处一次性外雇匠役人数最多的纪录。② 据李国庆查阅知见雕版印本中所载的刻工，核算了历代刻工数量：宋代6000人，元代800人，明代5000人，清代1200人，其他朝代200人，总数约计13200人③。乾隆朝一次雇佣的刻工就达1000人左右，可以想见先前统计的清代刻工"一千二百人"这一数字仅是清代官方和民间刻工很小的一部分。

（二）御书处匠役

御书处设有拜唐阿10名，效力拜唐阿12名，匠役有刻字匠、裱匠、纸匠、墨刻匠、造墨匠，共101名，分办各作之事，匠役缺出，移旗鼓佐领及管领下挑补，如不敷差用，仍添外雇。书匠、界画匠、刷印匠，行武英殿修书处；画匠，行养心殿造办处。匠役工价饭食，俱行广储司领银④。御书处各作匠役设置为："原定刻字作，刻字人十三名，学手刻字人十四名；墨作，造墨人四名，学手造墨人六名；裱作，裱匠二十一名，染纸匠三名；墨刻作，墨刻匠四十名，如不敷用，准其外雇。"⑤

二 武英殿修书处匠役待遇

雕版印刷时代，一部书籍的制作，通常要经过写板、刻板、刷印、装订等多道工序，因此参与书籍制作的匠役就包括写工、刻工、印工、裱工等。在海外书籍史研究中，书籍的制作成本是一个热点，近些年来也涌现了一批重要论著，如周启荣的《明清印刷书籍成本、

---

① 《清内府刻书档案史料汇编》第1册，第104—105页。
② 参见《清代内府刻书目录解题》，紫禁城出版社1995年版，第534页。
③ 李国庆：《宋代刻工说略》，《图书馆工作与研究》1990年第2期。
④ 嘉庆朝《钦定大清会典》卷80《内务府》。
⑤ 嘉庆朝《钦定大清会典事例》卷906《内务府·书籍碑刻》。

价格及其商品价值的研究》①。而要核算书籍制作成本，刻字匠、写字匠等匠役工价占据很重要的位置，武英殿修书处相关档案中恰有反映雇佣匠役情况的丰富记载，是研究官方匠役工价的绝佳材料。

（一）明清时期民间刻书的写刻工价

要了解清代武英殿修书处刻工、写工等匠役工价，同时也需要厘清明代以前的工价情况，以便彼此对照考察。宋代刻工的工价，一些文献资料已有所记载。杨绳信《历代刻工工价初探》一文指出，北宋和南宋时期刻工的工价每字不足1文②。辽代印刷品中已有刻工、写工的姓名记载，可惜极少工价银数字的记载。到了元代，刻工工价与南宋相当。

明代刻工的工价报酬，要大大低于宋元时期。其原因是：从明代嘉靖初年开始，刊刻典籍的字形由欧体变为"宋体字"，是一种"匠体"，字体呆板，但方便工匠写刻，工价由此降低。张秀民先生《中国印刷史》书中列举了一组数字：

> 明时刻书工价见于记载者，有成化刊《豫章罗先生文集》刻板八十三片，一百六十一页，绣梓工资二十四两，每页约合一钱五分。正德五年刊《明文衡》九十八卷，其序云："总为费计二十万有奇。"邵氏《弘简录》刻费九百余金，计字三百四十万有奇，每百字为银二分七厘，为钱二十文。万历二十九年刻《方册藏》，每字一百，计写工银四厘，刻工银三分五厘，每板一块两面刻成满行，通计费银三钱六分（每板一块两面俱二十行，行二十字，共计八百字）。同时北监刊《廿一史》靡六万金有奇。崇祯末毛氏汲古阁广招刻工，其时银串中每两不

---

① [美]周启荣：《明清印刷书籍成本、价格及其商品价值的研究》，《浙江大学学报》2010年第1期。此文主要讨论明代及清初的书价、成本、工价等问题，对清代书籍的具体案例则较少涉及。

② 杨绳信：《历代刻工工价初探》，载《中国印刷史料·历代刻书概况》，印刷工业出版社1991年版。

及七百文，三分银刻一百字，则每百字仅二十文矣。万历时，"每字一百，时价四分"①。

清人俞正燮《癸巳存稿》卷13《刻书》载有明代万历时期刻字匠的供词："刊字匠徐承惠供：本犯与刻字工钱每字一百，时价四分。……今上元乡间刻工苏州散放刻工亦止字一百，银四分也。"② 可见明代刻书工价比较低廉，每百字始终为银4分左右。以上是明代刻工工价情况，当然工价与当时的物价水平直接相关，需要将工价和物价综合予以考察，才能得出比较可靠的结论。此外，明代以前史籍关于刻工、写工的工价记载相对而言丰富一些，而对于书籍制作过程中裱工、画工等工种的记载则极少，不能不说是一大遗憾。

清代民间刻书工价前后相差较大。据汤若望顺治元年（1644）所刻《西洋新法历奏疏》载，顺治元年北京"刻字工价，每百字约银六分"，康熙年间又增为八分，比明代万历时贵了一倍。乾嘉时期的民间刻书工价，据清人汪辉祖云："乾隆末叶刻书，每百字板片写刻共制钱五十六文，继增七文，又增十七文。嘉庆初杭、苏已增至一百十文。"③ 而到了清末，地方刻书工价起伏很大，叶德辉《书林清话》卷7载："今湖南刻书，光绪初元，每百字并写刻木版工赀五六十文。中叶以后，渐增至八九十文，元体字小者百五十文，大者二百文，篆隶每字五文。至宣统初，已增至百三十文，以每叶五百字出入，每钱银直百六十文计，每叶合银叁钱畸零，视明末刻书已增一倍。然此在湖南永州一处则然。永州刻字多女工，其坊行书刻价每百字仅二三十文。江西、广东亦然。价虽廉而讹谬不可收拾矣。"④ 梳理以上写字、刻字工价，可以发现工价有起有落，乾隆至

---

① 张秀民著，韩琦增订：《中国印刷史》，浙江古籍出版社2006年版，第668页。
② （清）俞正燮：《癸巳存稿》卷13《刻书》，清连筠簃丛书本。
③ 转引自张秀民著，韩琦增订《中国印刷史》，第674页。
④ 叶德辉：《书林清话》卷7，第165页。

嘉庆时期有所增长，由每百字56文增至110文，到清末又回落至50—60文，光绪至宣统则增至130文。这个现象说明，匠役工价受物价水平等因素影响一直在动态变化之中。但以上工价反映的是民间刻书状况，清代官方刻书工价则并未体现。那么，清代武英殿修书处匠役的工价与民间工价是否有所不同呢？

（二）清代武英殿修书处匠役待遇及工价

武英殿修书处各作常设的食钱粮匠，只给饭食银（相当于宋代给刻工的佐食钱），不需另外支付工价。如嘉庆朝《钦定大清会典事例》卷906所载："各匠役俱行官饭，按其人数，添减不等。康熙四十四年奏准，匠役等嗣后停止官饭，酌量给与钱粮，书匠作书一套，给饭食银一钱；界划匠界书一百六十篇，给饭食银一钱；做小套一个，给饭食银五分；刷印匠刷书一千篇，给饭食银一钱。俱入岁底奏销。"①《钦定总管内务府现行则例·武英殿修书处》"茶饭事宜"条亦载：

> （康熙）四十四年十二月奏准，匠役做活，嗣后停止行取分例官饭，酌量给与饭钱，拟定刷印匠刷书一千篇给饭食银一钱，书匠做书一套给饭食银一钱，做小套一个，给饭食银五分，界划匠则书一百六十篇给饭食银一钱，至所用饭食银两俱入岁底奏销，续经呈明，刻字、写字头目遇有活计照依出差之例，每名每日酌给饭食银六分。②

对于外雇匠役，武英殿修书处则需支付工价，武英殿修书处外雇匠役写刻字，依其木板材料及字体不同，工价截然不同。据嘉庆朝《钦定大清会典事例》载，外雇匠役钩摹御笔发刻，每1字工价银1分，如刊刻围屏、版墙、宝座等项，按其字之大小，酌给工价。

---

① 嘉庆朝《钦定大清会典事例》卷906《内务府·书籍碑刻》。
② 咸丰二年（1852）内府抄本《钦定总管内务府现行则例·武英殿修书处》"茶饭事宜"条。

刻宋字，每100字工价银8分；刻软字，每100字工价银1钱4分至1钱6分不等；刻书内图像，量其大小多寡，酌给工价，若枣版俱加倍。写宋字版样，每100字工价银2分至4分不等。写软字，每100字工价银4分；折配齐订书籍，每1000篇工价银1钱3分；刷印连四纸书1000篇，工价银1钱6分；竹纸书1000篇，工价银1钱2分；裁书1000篇，工价银2分①。

武英殿修书处匠役从事的工种不同，其待遇、工价也不一致。下文按照不同的工种，对武英殿修书处刻字匠、写字匠、刷印匠、装裱匠、画匠等匠役的待遇、工价分别予以考察。

1. 刻字匠

食钱粮刻字匠。据道光二十年（1840）《武英殿修书处写刻刷印工价并颜料纸张定例》，武英殿修书处的食钱粮刻字匠，所给待遇不同。如系选派刻圆明园、静明园、静宜园、清漪园等处刻字匠，每名饭银6分。圆明园、静明园、静宜园、清漪园等处刻字匠、画匠，每日每名给饭银6分，带匠库掌拜唐阿每员一日饭银1钱。刻热河、盘山等处刻字匠、画匠，每名一日饭银1钱3分，每4名雇车1辆，每日车价银7钱2分。以道光二十九年（1849）为例，修书处的刻字头目2名，写字头目1名，又刻字匠1名，自正月初一日起至十二月底止，连闰月共计384日，每名每日饭银6分，共合银92两1钱6分②。

武英殿修书处刻字匠工资，自康熙至嘉庆朝，刊刻各种书籍板片，每100字工银8分，缮写宋字每100字工银2分，每日每名仅刻字110余个，写宋字400余个，每日祇领工银8—9分不等，均系康熙年间旧例。但因"食物、米粮价渐昂贵，所得工银不敷薪水之用。至头目等6名，向无饭食工银，现因赔累逋欠甚多，实在办理拮据"。米粮涨价，刻工所得工资，不能维持生计，嘉庆十五年

---

① 嘉庆朝《钦定大清会典事例》卷906《内务府·书籍碑刻》。
② 《清宫武英殿修书处档案》第3册，道光二十九年，第187页。

(1810）武英殿刻字头目胡佩和提出加价要求，最后朝廷允准：嗣后刻字匠每 100 字拟酌给饭银 2 分，写字匠每 100 字酌给饭银 1 分，铲除锯截板片匠役每 100 字酌给饭银 6 分①。

外雇刻字匠。《清代内阁大库散佚满文档案选编》刊载了康熙二十五年（1686）六月二十日《郎中费扬古等为宫廷用项开支银两的本》②，是一件康熙早期武英殿造办处刻印、装潢内府书籍的珍贵资料。该资料对武英殿匠役研究具有如下重要价值：

其一，提供了康熙早期武英殿匠役情况。该档案反映了康熙二十五年武英殿雇佣匠役工种包括刻书匠（即刻字匠）、缮写宋字匠、刷印匠，列出了负责书籍及相应的匠役姓名，比如补写《纲鉴大全》雇用缮写宋字陶志等 15 人；制作《古文渊鉴》一书雇用刻书匠朱卫等 13 人；制作《四书》书版雇用刻书匠朱卫、刘元等人；制作《古文渊鉴》雇用刷印匠王遂等人。

其二，提供了康熙早期武英殿匠役工价及制作进度的珍贵材料。如补写《纲鉴大全》雇用缮写宋字之陶志等 10 人，自五月初一日至初五日共缮写 85937 字，每 100 字以 2 分计。可知缮写宋字匠，每 100 字工银 2 分，15 人 5 天内缮写宋字 85937，则平均每人每天大约可以缮写宋字 1700 字。刻字匠的工价的情况则更为复杂，制作《古文渊鉴》，刻普通木板，每 100 字工银 1 钱，刻标题大字，每 100 字工银 8 分，刻红套板，每块工银 1 钱 2 分。刷印匠为武英殿的食钱粮匠，刷印《古文渊鉴》，每工每日给银 2 钱。

档案所见，清代刻字匠水平参差不齐，刻字技艺存在较大差距。嘉庆十九年（1814）十二月初四日，署理武英殿总裁鲍桂星奏陈管见十条，其中一条称：

---

① 道光二十年武英殿修书处报销档案《武英殿修书处写刻刷印工价并颜料纸张定例》，国家图书馆藏。

② 《清代内阁大库散佚满文档案选编》，第 197、201 页。

> 向来剞劂之事，惟江南者擅长，两湖等处次之，山陕为最下。本处刻工例应外雇，每工每日给银一钱，向多雇觅江南工匠，近日每工增银二分，而转雇山西刻工者，以其艺拙而价廉，可以从中短克也。①

上述档案颇为重要，揭示出清代刻字匠的技艺水平存在差距：江南最好，两湖等处次之，山陕为最下。另外，武英殿修书处给发工价要视工匠的技艺水平高低而酌定工价。嘉庆以前，江南刻工工价为每工每日给银1钱，嘉庆年间曾一度升至每工每日给银1钱2分。比较而言，山西、陕西刻字匠的工价则较为低廉，管事者可以从中克扣工银，但刻字技艺整体上不如江南刻工的高超娴熟，因此鲍桂星提出仍雇用江南刻工。朝臣议奏认为：

> 雇觅匠作则当论其技艺精粗，不当论其籍隶何省，江南未必悉皆良工，他省亦岂遂无佳匠，如鲍桂星所请，必须雇募江南刻工，将来昂价冒充，无所不有。况现在已经镂板之书，据鲍桂星自称，即有西匠胜于南匠者，所奏应毋庸议。②

最后朝廷驳回了鲍桂星雇用江南刻工的提议，继续雇用山西、陕西刻字匠役。但自嘉庆朝以后，殿本的雕刻质量下滑，可能与刻工的选用不当有一定关系。

刻字匠除了刊刻普通木板外，还有一些特殊情况，其工价则有很大不同。

改补刻字。道光二十年（1840）武英殿修书处报销档案载："重刻补并各馆奏准交来改补刻者，每一字作三字算。"

---

① 中国第一历史档案馆藏军机处录副奏折，嘉庆十九年十二月初四日，档案号：03-1564-012。

② 中国第一历史档案馆藏军机处录副奏折，嘉庆十九年十二月十八日，档案号：03-2159-046。

刻铜活字。嘉庆朝《大清会典事例》载："刻铜字人，每字工银二分五厘。"①

刻木活字。乾隆三十九年（1774），办理武英殿聚珍版书的金简奏："细加查核成做枣木子，每百个银二钱二分，刻工每百个银四钱五分，写宋字每百个工银二分。"②咸丰二年（1852）《钦定总管内务府现行则例·武英殿修书处》"聚珍馆事宜"条亦载："该馆成做枣木木子每百个工料银二钱二分，每百个刻工银四钱五分，写宋字每百个工银二分，饭银一分，夹条每分十六根工料银八分。"③

2. 写字匠

食钱粮写字匠。康熙年间旧例，缮写宋字每100字工银2分，写宋字400余个，每日只领工银8、9分不等。嘉庆十五年（1810）六月初四日，武英殿修书处刻字头目胡佩和等呈称，食物、米粮价渐昂贵，所得工银不敷薪水之用。清廷决定，嗣后写字匠每100字酌给饭银1分，铲除锯截板片匠役每百字酌给饭银6分④。

外雇写字匠。根据字体的不同，其工价也不一致。武英殿修书处刻书推崇楷体上板，称为"欧字"，字体圆润秀丽，文雅大方，且上书或上板难度较高。明代以来雕版刷印通行的宋体长方字，被称为"宋字"，匠气较浓，但易于写刻，工价也较低廉。一般而言，写欧体字的工价是写宋字的两倍。据道光二十年武英殿修书处报销档案记载：

写书内宋字，每千工银二钱。写书内欧字，每千工银四钱。写书内软字，每千工银三钱。写图内小字，不拘宋、软字，每

---

① 嘉庆朝《钦定大清会典事例》卷906《内务府·书籍碑刻》。
② 《纂修四库全书档案》，第208页。
③ 咸丰二年（1852）内府抄本《钦定总管内务府现行则例·武英殿修书处》"聚珍馆事宜"条。
④ 道光二十年武英殿修书处报销档案《武英殿修书处写刻刷印工价并颜料纸张定例》，国家图书馆藏。

千工银三钱。写书签大字，每千工银三钱，小字，每千工银二钱。写宋、欧、软等字，较书内字，或大临期酌定□□圈，每百个工银二厘。戳各种书满篇圈，每篇工银一钱。

3. 刷印匠

道光二十年武英殿修书处报销档案记载："家内匠役刷书，每千篇饭银一钱。外雇匠役刷书，每千篇工银一钱二分。"《武英殿修书处写刻刷印工价并颜料纸张定例》又载："雇刷印匠刷书，一千篇工银一钱二分。"又据咸丰二年（1852）内府抄本《钦定总管内务府现行则例·武英殿修书处》"外雇匠役工价"条载："外雇刷印匠，刷连四纸书一千篇，工价银一钱六分；竹纸书一千篇工价银，一钱二分。"① 如刷印书签，则工价另定。同治六年（1867），刷印《文宗圣训》，陈设于盛京皇宫汉文书 10 部，存库书 20 部，颁赏书 100 部。"刷印每千页工银一钱二分……折配每千页工银一钱二分……刷印汉文长方签二万六千四百条，每千条工银一钱二分，合银三两一钱六分八厘。"②

4. 折配匠

《武英殿修书处写刻刷印工价并颜料纸张定例》载："折配、齐钉各种书籍每千篇，工银一钱三分。改字、抽挨、拆包、串钉各种书籍，每千篇工银二钱六分。折配、齐钉已得者，复行拆散，按页入衬纸，每千篇工银六分五厘。"又载："雇折配匠，折配、齐钉书，一千篇工银一钱三分。"又咸丰二年（1852）内府抄本《钦定总管内务府现行则例·武英殿修书处》"外雇匠役工价"条："折配、齐订书籍，每一千篇工价银一钱三分。"③ 与前载工价一致。

---

① 咸丰二年（1852）内府抄本《钦定总管内务府现行则例·武英殿修书处》"外雇匠役工价"条。

② 《清宫武英殿修书处档案》第 5 册。

③ 咸丰二年（1852）内府抄本《钦定总管内务府现行则例·武英殿修书处》"外雇匠役工价"条。

5. 钩字匠

嘉庆朝《钦定大清会典事例》载:"外雇匠役钩摹御笔发刻,每一字工价银一分,如刊刻围屏、版墙、宝座等项,按其字之大小,酌给工价。"①

6. 裁切匠

咸丰二年(1852)内府抄本《钦定总管内务府现行则例·武英殿修书处》载:"裁书匠,每裁书一千篇,工价银三分。"②

7. 装裱匠

道光十四年(1834)武英殿修书处官员等呈为添裁钱粮米石事称:"本处厢黄旗扬兴阿管领下裱匠存德,于本年七月十六日病故,应将伊每月所食一两钱粮米石照例裁汰外,其所遗裱匠之缺,今将厢黄旗扬兴阿管领下效力匠役依龄阿挑补。"③ 由此可知,修书处的装裱匠每月食1两钱粮。

8. 书作界画匠、缮写书签匠等

道光二十年《武英殿修书处写刻刷印工价并颜料纸张定例》载:

> 套描界书一百六十页、托经一百页,俱领饭银一钱。界画匠出差,每日领饭银5分。……雇写字人缮写书头书签,俱是临期酌量字之多寡,按数按套定工,照例领取。

由定例可知,界画匠每日领饭银5分,而缮写书头书签则按数、按套定工价。

9. 《圣训》写刻折配匠

武英殿修书处办理《圣训》,其匠役待遇较一般更为优厚。咸丰

---

① 嘉庆朝《钦定大清会典事例》卷906《内务府·书籍碑刻》。
② 咸丰二年(1852)内府抄本《钦定总管内务府现行则例·武英殿修书处》"外雇匠役工价"条。
③ 《清宫武英殿修书处档案》第2册,道光十四年堂行档,未字一号,第681页。

七年（1857）《武英殿恭办清汉文宣宗成皇帝圣训用过钱粮奏销数目清册》，详细刊载了武英殿修书处各种匠役的开支明细，其中特别记录了缮写、刷印满文的匠役工价。按档案所载，刷印每1000页工饭银1钱，写宋字匠每100字饭用制钱75文。刊刻清字，每百字刻工用制钱660文；而刊刻汉字，每100字工用制钱300文。刊刻清字工价大约是刊刻汉字的2倍①。

10. 书匠恩甲

道光十三年（1833），武英殿修书处官员等呈称："本处正白旗长清佐领下恩甲书匠开泰于上年十二月十八日病故，其每月所食三两钱粮米石照例裁汰外其所遗恩甲之缺，今将正白旗六十九管领下苏拉智英挑补，所遗书匠之缺今将正白旗德舒管领下效力匠役信贵挑补，又厢黄旗杨兴阿管领下书匠景文于本年二月初九日因病告退，所食钱粮米石照例裁汰外所遗之缺，今将厢黄旗长润佐领下效力匠役安福挑补，其新补恩甲智英，每月应食三两钱粮米石，新补书匠信贵安福，每月各应食一两钱粮米石。"②

根据以上档案资料所揭示的匠役工价，笔者编制了《武英殿修书处匠役工价》（参见表3-8），以探究其中的规律性特征。

表3-8　　　　　　　武英殿修书处匠役工价③

类别	工种	单位	职责	工价
铜活字	刻字匠	每100字	刻印铜活字	2.5 两
	摆字匠	每月	摆印铜活字	3.5 两
木活字	刻字匠	每100字	刻枣木活字	0.45 两
	写字匠	每100字	写宋字	0.02 两

---

① 《清宫武英殿修书处档案》第4册，《恭办清汉文宣宗成皇帝圣训用过钱粮奏销数目清册》，第11—21页。

② 《清宫武英殿修书处档案》第2册，道光十三年堂呈档，丑字一号，第642—643页。

③ 光绪朝《大清会典事例》卷1199。

续表

类别	工种	单位	职责	工价
雕版刷印	刻字匠	每100字	钩摹御笔发刻	1 两①
	刻字匠	每100字	一般木板刻宋字	0.08—0.1 两②
	刻字匠	每100字	一般木板刻软字	0.08—0.1 两
	刻字匠	每100字	一般木板刻欧字	0.14—0.16 两
	刻字匠	每100字	枣木板刻宋字	0.16 两—0.2 两
	刻字匠	每100字	枣木板刻软字	0.28—0.32 两
	刻字匠	每100字	枣木板刻欧字	0.28—0.32 两
	刻字匠	每100字	刻圣训满文	约0.33 两③
	刻字匠	每100字	刻圣训汉文小字	约0.15 两
	刻字匠	每100字	刻标题大字	0.08 两
	刻字匠	每块	刻红套板	0.12 两
	刻图匠	每工	木板刻图	0.154 两
	画图匠	每工	画图上板	0.154 两
	写字匠	每100字	写宋字板	0.02—0.03 两
	写字匠	每100字	写软字板	0.03—0.04 两
	写字匠	每100字	写欧字板	0.04—0.05 两
	写字匠	每100字	写圣训宋字板	约0.037 两
	写字匠	1000篇	写书签大字	0.3 两
	写字匠	1000篇	写书签大字	0.2 两
	写字匠	1000篇	写图内小字	0.3 两
	装订匠	1000篇	折配、齐订	0.13 两
	装订匠	1000篇	按页入衬纸	0.065 两
	装订匠	1000篇	改字、串钉等	0.26 两
	裁书匠	1000篇	书籍裁切	0.03 两
	刷印匠	1000篇	刷印连四纸书	0.16 两
	刷印匠	1000篇	刷印竹纸书	0.12 两
	刷印匠	1000条	刷印书签	0.12 两

① 刊刻御笔，每个寸字工价银1分，如过1寸之字，临期视其字之大小，酌定工价。

② "0.08—0.1 两"指康熙末期至嘉庆十五年六月前，工价为每100字0.08两。嘉庆十五年六月至嘉庆十九年，工价为每100字0.1两，嘉庆十九年又调整为每100字0.12两。下注同，不一一注出。

③ 按《中国近代经济史统计资料选辑》载咸丰初年1两银子约可兑换2000文的比率折算。据严中平等编《中国近代经济史统计资料选辑》，科学出版社1955年版，第37页。

结合上表和相关资料，有若干问题值得进一步讨论：

第一，刻字匠刊刻各种材质、不同字体，工价皆不相同。对不同工价进行排序，我们发现：刊刻铜活字工价最贵，每100字高达2.5两；第二是刊刻御笔，每100字1两，且如刊刻过一寸御笔，还要视其字之大小，再酌加工价；第三是刊刻枣木活字，每100字0.45两；第四是刊刻《圣训》满文，每100字约0.33两。就普通雕版印刷而言，刊刻枣木板宋字是刊刻普通木板宋字的2倍；而刊刻普通木板软字工价高于刻宋字。总结起来：刻铜字最贵，枣板次之，梨板最贱。字体以钩摹御笔最贵，软字次之，宋字又次之①。刻字匠的不同工价，应该是与刊刻的难度直接相关，铜、木活字的制作难度明显高于普通雕版。

刊刻满文圣训的工价（每百字约0.33两）是刊刻普通汉字（每百字0.15两）的两倍。道光二十年《武英殿修书处写刻刷印工价并颜料纸张定例》亦载："刻书内清字，除小呢字外几个字为一行，每行工银三分，刻枣板加倍。"说明刊刻满文难度更大，技术要求更高，这是以往我们研究印刷史极少注意到的现象。

写字匠的工价从高到低排序是：写欧字、写软字、写宋字。此外，刷印匠刷印连四纸书的工价（每1000篇0.16两）要高于刷印竹纸书（每1000篇0.12两）。

第二，从康熙朝至清末，外雇匠役的工价前后有所变化。康熙二十五年（1686）六月二十日，"制做《古文渊鉴》……刻写此一百字以银一钱计"②。嘉庆十五年六月初四日，武英殿修书处官员等呈称："兹据刻字头目胡佩和等呈称，本殿向例刊刻各种书籍板片，每百字工银八分，缮写宋字每百字工银二分，每日每名仅刻字百十余个，写宋字四百余个，每日祇领工银八九分不等，均系康熙年间旧例。"从中可以看出，康熙朝刻字工价经历了一次调整，由每100

---

① 张秀民著，韩琦增订：《中国印刷史》，第668页。
② 《清代内阁大库散佚满文档案选编》，第197、201页。

字工价1钱降至每100字8分。刻字头目胡佩和特别向内务府报告了因物价上涨，匠役所得工银不敷日用，度日为艰：

> 现在食物、米粮价渐昂贵，所得工银不敷薪水之用。至头目等六名，向无饭食工银，现因赔累逋欠甚多，实在办理拮据。……嗣后刻字匠每百字拟酌给饭银二分，写字匠每百字酌给饭银一分，铲除锯截板片匠役每百字酌给饭银六分，如此办理，该匠役等所得工饭银两，已敷食用，庶于公事有益，伏候王爷、中堂批准存案，以便遵照办理可也，为此具呈。①

《钦定总管内务府现行则例·武英殿修书处》"外雇匠役工价"条反映了刻字匠役和写字匠役工价的变化："凡书刻宋字，每百字工价银八分；刻软字，每百字工价银八分；刻欧字，每百字工价银一钱四分，枣木板加倍。续经呈明，每百字加饭食银二分……凡书写宋字，每百字工价银二分，软字三分，欧字四分。……续经呈明，每百字加饭银一分。"② 可见，清廷最后批准了提高匠役工价的请求，每100字工价由原来的8分增至1钱。

嘉庆十九年（1814）十二月初四日，武英殿修书处档案又载："本处刻工例应外雇，每工每日给银一钱，向多雇觅江南工匠，近日每工增银二分，而转雇山西刻工者。"③ 该档案表明，嘉庆十九年前后，在嘉庆十五年所定每100字1钱的基础上，调整为每100字1钱2分。

由此可见，从康熙二十五年到康熙末年，修书处外雇刻字匠的

---

① 道光二十年武英殿修书处报销档案《武英殿修书处写刻刷印工价并颜料纸张定例》，国家图书馆藏。
② 咸丰二年（1852）内府抄本《钦定总管内务府现行则例·武英殿修书处》"外雇匠役工价"条。
③ 中国第一历史档案馆藏军机处录副奏折，嘉庆十九年十二月初四日，档案号：03-1564-012。

工价由每 100 字 1 钱降至 8 分，嘉庆十五年六月提高至每 100 字工价 1 钱，嘉庆十九年再次调整，由每 100 字 1 钱增至每 100 字 1 钱 2 分。写字匠的工价也经历了类似的变化，这里不再赘述。总的来说，书籍写、刻工价总体呈上升趋势，影响的重要因素是物价的上涨，嘉庆年间刻字头目胡佩和所称的"食物、米粮价渐昂贵，所得工银不敷薪水之用"，确属实情。乾嘉时期人口剧增[①]，米价迅速上涨。据汪辉祖《病榻梦痕录》载：乾隆初年米价每斗 90 文或 100 文，间至 120 文，即讶其贵。乾隆十三年，价至 260 文，即有饿者，至乾隆五十年后，此为常价，或斗米 200，则为贱矣[②]。米价、物价的上涨，使得匠役所得工价购买力下滑，"所得工银不敷薪水之用"。

第三，武英殿修书处支付给匠役的工价性质上属于官方定价。按照汪辉祖所观察到的，乾隆末年刻字匠工价最低时为每 100 字 56 文，按乾嘉时期银钱法定比价是 1 两银兑换 1000 文[③]，折合银约 0.056 两，最高时为每 100 字 82 文[④]，折合银 0.082 两，嘉庆初期为 110 文，折合银 0.11 两。而同一时期内武英殿修书处所定刻字匠工价为每 100 字 0.08 两，到了嘉庆十五年、嘉庆十九年先后调整至每 100 字 0.1 两，0.12 两。这反映出武英殿修书处官方刻书工价要略高于民间刻书工价，但对物价的反应较为迟缓，没有根据当时的物价水平迅即做出调整，比较而言，民间刻书工价对物价的反馈则比较及时，能较快调整到位。

---

① 陕西巡抚陈宏谋认为，米价日增，实由生齿日繁。参见全汉升《乾隆十三年的米贵问题》，《中国经济史论丛》，香港新亚研究所 1972 年版，第 560 页。
② （清）汪辉祖：《病榻梦痕录》卷下，乾隆五十七年条。
③ 乾隆朝《钦定大清会典则例》卷 44《户部·钱法》。
④ （清）叶德辉：《书林清话》卷 7。

第 四 章

武英殿修书处的日常运作机制

清代武英殿修书处下辖部门众多，日常事务繁杂，维持这样一个庞大的皇家刻书机构，经费收支、物料采办是如何保障的呢？除了缮样、校勘、发刻、刷印、装潢等主要职责外，武英殿修书处还有哪些日常工作？武英殿修书处与内务府、修书各馆、翰林院、国子监等其他中央机构彼此如何协调与配合？这些细节问题，是以往研究中所常常忽略，但又是关系武英殿修书处日常运作的基础性问题，需要加以厘清。笔者拟在充分占有、挖掘文献档案的基础上，对这些细微但又是重要的问题展开深入探讨，从而较为清晰的揭示出武英殿修书处的日常运作机制，同时也为中国古代内府刻书机构的运作研究提供一个鲜活的实证案例。

第一节 武英殿修书处经费收支及物料采办

近年来的书籍史研究注重书籍的经济分析，从经济史的角度探讨书籍的生产流程及原料、成本、工价、设备等环节。法国年鉴学派费夫贺、马尔坦合撰的《印刷书的诞生》第四章《书籍商品》[1]，

---

[1] [法] 费夫贺、马尔坦：《印刷书的诞生》，广西师范大学出版社2006年版。

从数据分析的角度探讨书籍制作的经济史问题,研究视角非常新颖。实际上,关于修书处的经费收支、物料采办以及后勤保障的探讨就属于经济史、技术史的范畴,学界对此一问题关注极少,目前仅有刘蔷、杨玉良等少数学者撰写过文章,展开初步探讨[①]。下文拟借助新挖掘的修书处档案等丰富资料,对武英殿修书处的经费、物料等问题开展具体研究。厘清这些问题,对深入了解武英殿修书处的后勤保障机制,提供了一个新的考察视角。

武英殿修书处隶属于总管内务府,日常经费、物料的行取,修书处皆需行文总管内务府办理,并受内务府督查和管理。因此,我们首先有必要了解修书处的上级管理部门——总管内务府的办事流程和经费来源。

清代内务府是总管皇室宫禁事务的机构,其职责是"奉天子之家事",即所谓"掌上三旗包衣之政令与宫禁之治,凡府属吏、户、礼、兵、刑、工之事皆掌焉",凡皇家的衣、食、住、行等各项事务,都由内务府承办,具体负责有关宫廷的财物收支、各项典礼、修造工程、稽查保卫、上三旗(正黄、镶黄、正白)刑罚、太监、宫女、内务府职员的管理等事项。内务府的主要下属机构是"七司三院",设有广储、都虞、掌仪、会计、营造、慎刑、庆丰七司。广储司负责掌管府藏及出纳,下设银、皮、瓷、缎、衣、茶六库;都虞司掌管所属武职官的铨选、任用及打猎、捕鱼之事;掌仪司负责内廷礼乐并考核太监品级;会计司管理内府财物出纳及庄园地亩之事;营造司负责经管宫廷修缮工程事务;庆丰司经管牛羊畜牧;慎刑司负责审拟上三旗的刑狱案件。三院(苑)具体指:负责御用马匹的上驷院;制备器械的武备院;经管园庭的奉宸苑,合称三院。此外内务府还下辖有武英殿修书处、养心殿造办处等在内的庞大办事机构。内务府直属于皇帝,人员由上三旗包衣组成。包衣是清帝

---

① 刘蔷:《清代武英殿刻书之组织运作与技术创新——基于匠作则例之考察》,载氏著《清华园里读旧书》,岳麓书社 2010 年版。

的奴仆，必须效忠皇家，而担任内务府大臣的多为皇帝亲自简任之亲信。可以说，内务府具有浓厚的皇家色彩，是维护专制皇权和统治阶级利益的重要皇家机构。

内务府是清代国家机构中职官人数最多、机构组织最为庞杂的衙门①，财政收入和支出十分浩大。经费来源主要为：其一，户部拨款。指定户部每年从各省财政税收中解拨税款，充实内库。其解拨数额，据《啸亭杂录》载："其初，本府进项不敷用时，檄取户部库银以为接济。乾隆中，上亲为裁定，汰去冗费若干，岁支用六十余万两。"② 乾隆朝内库最为充盈，内务府其他方面的收入远超出户部拨款数目，所谓"岁为盈积，反充外府之用"③。例如，乾隆三十四年（1769）六月二十日上谕："内务府广储司，现在积存银两既多，著拨银一百万两，交户部存贮。但部库帑藏亦甚充裕，此项银两，即备拨滇省军需之用亦可。"④ 即便是在内忧外患的晚清时期，户部拨交内库的款项有增无减，光绪二十年（1894）开始由原先的每年60万两增加至110万两左右。其二，内务府本身获得的皇产贡赋、皇庄地租、榷关、盐业以及人参售卖等经济活动收入，亦是内务府经费的重要来源⑤。仅榷关一项，乾隆前期每年解交内务府的税银就达30余万两⑥。

综上，在封建专制皇权的背景下，具有皇室"管家"性质的内务府经费十分充盈，甚至在乾隆时期还可以反充国库。作为内务府下属机构的武英殿修书处，其经费主要依凭内务府内库拨付，来源无疑有稳定、充足的保障，内务府能对武英殿修书处的刷印、校勘、

---

① 祁美琴：《清代内务府》，辽宁民族出版社2009年版，第8页。
② （清）昭梿：《啸亭杂录》卷8《内务府定制》，上海古籍出版社2012年版，第160页。
③ （清）昭梿：《啸亭杂录》卷8《内务府定制》，第160页。
④ 《清高宗实录》卷837，乾隆三十四年六月二十日。
⑤ 祁美琴：《清代内务府》第5章《清代内务府的经费来源》，辽宁民族出版社2009年版。
⑥ 何本方：《清代的榷关与内务府》，《故宫博物院院刊》1985年第2期。

装潢等活动提供强有力的资金支持，保障修书处各项工作的正常运转。再进一步说，在武英殿修书处刊印、装潢、校勘的殿本能够做到"不惜工本""尽善尽美"，与它从内务府获得充足的经费是密不可分的。

一　经费收支

（一）武英殿修书处的经费来源

武英殿修书处的经费主要来源于内务府拨款，支领经费的来源和数量前后有所变化。康熙十九年（1680）修书处成立后至康熙四十二年（1703），经费从广储司银库（即内库）领取，经费额度现已难查考，只零星载于满文档案之中，如《清代内阁大库散佚满文档案选编》记载了修书处制作书籍的一小部分经费①。

广储司初名御用监，康熙十六年（1677）改名为广储司，掌皇宫库藏出纳。以内务府总管大臣 1 人值年管理，另有总办郎中 4 人、郎中 4 人及主事等员。司下设银、皮、瓷、缎、衣、茶六库，各置员外郎等官。六库出纳，按月缮折送司稽核，然后造册呈内务府堂核销，每 5 年一次由钦派大臣进行盘库。六库之下设银、铜、染、衣、绣、花、皮七作及帽、针线二房，各以司匠、领催督领匠役承办各项物品。广储司为内务府七司之首，权责最重，而下属的银库则是内务府经管经费出纳的最主要库藏机构，又被称作"内库"。武英殿修书处成立前期，即由广储司银库拨款，说明了武英殿修书处对内务府的隶属关系和财政上的依赖性。

从康熙四十三年（1703）至雍正三年（1725），武英殿修书处经费改由崇文门监督处税银内支出，每次领取 2000 两，用完奏明再取。嘉庆朝《钦定大清会典事例》载明了修书处领用官物并奏销的制度："康熙四十三年奉旨：修书所用钱粮，不必向内库支领，于崇

---

① 《清代内阁大库散佚满文档案选编》，天津古籍出版社 1992 年版。

文门监督处盈余银两内，行取二千两办理，用完奏明再取。"① 按：崇文门监督处设于顺治二年（1645），正、副监督各1人，关署设在崇文门外大街东。掌征纳出入京师商货之税，正额解户部，盈余归内务府，兼充内务府买办等事。因此，崇文门监督处的税银盈余归内务府，实际上武英殿修书处获取的经费仍然归属于内务府经费的一部分。那么，武英殿修书处每年从崇文门监督处领取的经费是多少呢？笔者找到了一则珍贵材料。乾隆十八年（1753）五月二十九日乾隆朝内务府奏销档案载：

> 查得武英殿康熙六十一年奏销档内，自四十三年起至六十一年，计十九年，共领过崇文门银十五万三千五百两，并无余平，亦无细册可查。雍正元年至雍正三年，每年领过崇文门银六千两，亦无余平银。②

由此可见，康熙四十三年（1704）起至康熙六十一年（1722），武英殿修书处每年平均领取崇文门银约8000两，而雍正元年至雍正三年，每年领过崇文门银6000两，康熙朝年均经费相较于雍正朝要多2000两，开支用度相较而言比较大。

雍正三年（1725）九月以后，按雍正帝的指示，武英殿修书处所用银两恢复为向广储司内库取用。奏销档案中有"乾隆九年十二月始经奏准，嗣后凡御书处需用物料，亦照武英殿之例，向银库领取银两"，"御书处自乾隆十年奏准照武英殿例，由广储司领用钱粮"③，反映了武英殿修书处于雍正三年以后由崇文门监督处转为向广储司银库支取经费的这一变化。

---

① 嘉庆朝《钦定大清会典事例》卷906《内务府·书籍碑刻》。
② 《庄亲王奏参武英殿官员滥行开销余平银事》，中国第一历史档案馆藏内务府奏销档案，乾隆十八年五月二十九日。
③ 《奏为将管理武英殿御书处官永忠等治罪事》，中国第一历史档案馆藏内务府奏销档案，乾隆十八年六月十四日。

雍正三年以后至乾隆初期，武英殿修书处的每年经费是多少呢？乾隆十八年（1753）六月十四日，总管内务府奏将管理武英殿御书处官永忠等治罪事提及：

> 武英殿每年写刻、装订书籍，需用银三五千两至六七千两，每两得二三分平余不等。此项平余，添补翰林厨房家伙，并各作凉棚以及各处刻字柏唐阿、匠役人等雇车、饭食等项应用，年终归总，呈堂存案。①

上述档案有两点值得注意：其一，武英殿修书处领取的经费主要用于写刻、装潢书籍，这也是修书处的主要职能所在，而经费中的平余银（正银外加拨的银两）则用于一般性日常支出，如添补物料，搭盖凉棚，供应匠役饭食等支出。

其二，武英殿修书处经费在乾隆初期以前并不固定，按需行取。实际上，在修书处发展的鼎盛期，每年用于写刻、刷印、装潢书籍的经费支出是非常大的。例如《大连图书馆藏内务府档案》收录的《雍正三年十二月银库月折》，载有办理铜活字版《古今图书集成》的经费支出："镇国公允祹、散秩大臣委署内务府总管常明、传选奏：武英殿郎中巴实据侍郎蒋廷锡等文开，纂修《钦定古今图书集成》办买物料并给匠役工价取银九百两。"② 这一数字还只是武英殿修书处每年刊印、装潢殿本书籍中经费支出的冰山一角。

乾隆二十八年（1763）内务府奏准："刷印书籍、办买物料工价所需银两，每次由广储司银库请领银五千两，年终入黄册汇

---

① 《奏为将管理武英殿御书处官永忠等治罪事》，中国第一历史档案馆藏内务府奏销档案，乾隆十八年六月十四日。

② 大连图书馆编：《大连图书馆藏内务府档案》第16册，国家图书馆出版社2010年版。

总奏销。"① 同年又规定:"刷印书籍、买办物料工价所需银两,嗣后每次奏请银一万两贮库,呈堂领用,岁底入黄册奏销。"② 此次一个明显的变化是,一次领取的银两由 5000 两改为 10000 两,说明修书处开支日益增大,需要大幅提高经费。从修书处钱粮奏销档册可以看出,乾隆朝每年领取的经费通常是 5000 两或者 10000 两,这一数额已经相对固定下来。

有学者根据《内务府广储司六库月折档》统计,乾隆年间广储司银库每年收入和用度数目巨大。自乾隆十年至六十年(1745—1795)总收入为 68803253 两,这些银两偶尔拨入户部,多数作为修建园林经费。乾隆朝 50 年之内的支出银两为 67705043 两③,年均支出约 135 万两。乾隆二十八年(1763)以后,广储司银库每年拨款给修书处 10000 两,则占银库年均支出的 1/135,在乾隆朝皇室和内务府其他机构用度开支极大的情况下,这一数额是相当惊人的,同时也说明皇家对修书处刊刻、装潢书籍的投入之大。

武英殿修书处支取银两的程序非常严格。修书处需定期详细呈报各项开支细目,经查核房核实后批转钱粮房、材料库等处领取④。修书处所存的物料、银两的开支、库存情况,需要按月、季度、半年,分别缮录清单呈报一次。每年行取银两:"均开造清册,于次年年终奏销。"⑤ 至于具体程序,咸丰二年(1852)内府抄本《钦定总管内务府现行则例·武英殿修书处》"移送注销"条载:

---

① 咸丰二年(1852)内府抄本《钦定总管内务府现行则例·武英殿修书处》"钱粮奏销"条。
② 嘉庆朝《钦定大清会典事例》卷 906《内务府·书籍碑刻》。
③ 朱庆薇:《内务府广储司六库月折档》,《近代中国史研究通讯》2002 年第 34 期。
④ 杨玉良:《武英殿修书处及内府修书各馆》,《故宫博物院院刊》1990 年第 1 期。
⑤ 嘉庆朝《钦定大清会典事例》卷 906《内务府·书籍碑刻》。

乾隆十八年九月内务府奏准，嗣后武英殿修书处凡由内务府广储司支领一切银两，俱照本府所属各处支领一切银两之例，将领过银两数目、日期逐件造册咨送御史衙门，并将签押原稿咨送，详加查对，如果相符，将原稿令该处撤回收存。十九年呈明，凡每月公费银两原稿送堂照磨所后，用本处印篇，由堂撤出，移送都察院江南道查对，对讫，仍将原稿缴堂收存，撤回印篇销毁。①

可见，武英殿修书处支取经费，需要将详细数目和日期逐件造册咨送御史衙门查核，逐年填报经费奏销档册，呈交留底，以防中饱私囊，经费管理可谓严苛。

值得注意的是，武英殿修书处领取的年度经费一般用于日常性支出，并非用于全年的所有支出，如办理部头较大、卷帙较多、费用甚巨的《古今图书集成》《圣训》《方略》等重要殿本，无论是崇文门监督处还是其后的广储司银库都有专项拨款。例如，乾隆三年（1738）十月初二日内务府档案载：

正黄旗佐领内务府总管兼侍郎丁皂保于康熙五十四年起至雍正三年拖欠节省烧造玻璃水木柴银二万二千两，康熙六十一年拖欠崇文门监督任内，应代销刷印《古今图书集成》书银二万七百三十两，又欠余银七千九百四十两。②

上述档案表明，康熙六十一年武英殿修书处刊印《古今图书集成》，崇文门监督处一次性的拨款近 30000 两，数额庞大，远远超过武英殿修书处一年的经费收入。

---

① 咸丰二年（1852）内府抄本《钦定总管内务府现行则例·武英殿修书处》"移送注销"条。
② 《呈为内务府三旗人员入官现存房地清单》，乾隆三年十月初二日，中国第一历史档案馆藏内务府档案，档案号：05-023-008。

再如，据同治年间的《武英殿恭办钦定剿平粤匪捻匪方略用过银两奏销数目清册》载，自同治十年三月至十二年九月："从广储司银库领到银九千四百两……共用过银八千八百七十四两。"当年广储司拨给武英殿修书处的经费为 1200 两，可见办理《圣训》近 10000 两的拨款，并没有用于日常支出，而是专款专用。

另外，武英殿修书处的经费除了由广储司拨付外，其所发交各省书籍及售卖通行书籍所得银两纳入经费收入之中。乾隆三十九年（1774）四月十六日，金简等奏办理武英殿聚珍版书："所需刷印纸张、工料银两，除现在武英殿存贮通行书籍赢余银一千七十两四钱五分八厘，堪以支用外，应请再于广储司支领银二千两，以备刷印。仍照武英殿通行书籍之例，俟收到价值，陆续归款。"① 武英殿通行书籍售卖处售卖殿本赢余银 1000 两，可用于采办纸张、工料，而刷印费用向广储司额外支取的 2000 两（年度拨款之外），需要用售卖通行书籍的赢余银两归还。

道光以后，清廷财政衰竭，武英殿修书处经费也随之削减。咸同年间，财政更为匮乏，每年从银库直接拨给武英殿修书处的款项少时只有数百两。据武英殿修书处历年奏销档案所载，咸同年间银库每年拨付修书处的款项如下：咸丰元年 4000 两，咸丰三年领银 1500 两，咸丰四年领银 350 两，咸丰五年领银 500 两，咸丰六年领银 1000 两，同治七年领银 1668 两，同治八年领银 1000 两，同治九年领银 2000 两，同治十年领银 1200 两，同治十一年领银 2000 两。遇到内库经费不敷所用，修书处则暂用户部银两。甚至在给发匠役工银中，每人核减二成，有时修书处甚至拖欠工银、不予支银。经费的窘迫，毫无疑问会影响到武英殿修书处的正常运转，这是修书处自咸丰以后急速衰落的重要原因之一。

（二）武英殿修书处的经费支出情况

武英殿修书处日常所需物料主要从内务府广储司、营造司等行

---

① 《纂修四库全书档案》，第 205 页。

取，一般并不需要动用修书处本身的经费。如康熙四十九年（1710）奏准，"嗣后修书等所用物料，除库内有者行取应用外，库内无者，本处办买应用，照例入于次年清册奏销"①。也就是说，只有当内务府各库没有贮存相应物料时，才由修书处出资购买。那么，修书处日常经费花销在哪些地方呢？据嘉庆朝《钦定大清会典事例》卷906载："每年行取银两，给发修书翰林等饭食及匠役工价、工食，并办买物料等项。"② 因此，武英殿修书处的日常性支出经费主要包括：给发修书翰林等饭食；支付匠役工价、工食；办买内务府各库无存的物料，等等。

每年十二月底，武英殿修书处都会编制该年《武英殿修书处写刻刷印折配装潢各书给发匠役工价供事公费等项用过银两物料数目清册》，详细列明旧存、开除、现存各项明细。通过这些清册，我们可以清晰了解到修书处每年的经费支出情况。目前所见留存最早的是道光二十九年的《数目清册》。下文以此清册为例，说明修书处的年度经费支出情况。

武英殿修书处经费、物料开支的范围非常广泛。结合道光二十九年的《数目清册》及其他史料记载，我们可以大致归纳出修书处的日常经费支出情况。

1. 支销缮写、刷印、装潢书籍。这是修书处经费开支最主要的部分。道光十年（1830）缮写、刷印《钦定平定回疆剿擒逆裔方略》，其经费花销细目是：

> 为缮写《钦定回疆剿擒逆裔方略》，宋字板样，支领银一百两……为刊刻《逆裔方略》，支领刻字工银五百两……为刊刻《逆裔方略》，支领刊字工银一百五十两……为刊刻《逆裔方略》八十六卷，找领刻字工银一百七十二两三钱八分四厘……

---

① 嘉庆朝《钦定大清会典事例》卷906《内务府·书籍碑刻》。
② 同上。

为刷印进呈并存库《逆裔方略》，应领纸价并工银二百五十七两五钱六分九厘五毫……为预备刷印陈设《回疆方略》，粉连四纸书四十部，应领纸价银四百六十八两九钱二分八厘。①

缮写、刷印一种殿本的费用已达1500两，乾隆时期刊印武英殿聚珍版书100余种的费用也不过是2000两。此外，支销换补刷印模糊之处，也从修书处日常经费中核销。乾隆三十九年（1774）四月十六日，刷印武英殿聚珍版书，"其书内僻字，必须随时增添，及将来刷多模糊，应行换补者，无庸另行支颁。应即于武英殿每年奏请备用银两项下，核实支销"②。

2. 给发办理缮写、刻板、刷印和装潢等事宜匠役的公费、饭食。武英殿修书处食钱粮匠给发饭食银，而外雇匠役则直接支付工价。其一，钱粮匠役：康熙四十四年（1701）十二月奏准，"匠役做活，嗣后停止行取分例官饭，酌量给与饭钱，拟定刷印匠刷书一千篇给饭食银一钱，书匠做书一套给饭食银一钱，做小套一个，给饭食银五分，罚划匠则书一百六十篇给饭食银一钱，至所用饭食银两俱入岁底奏销，续经呈明，刻字、写字头目遇有活计照依出差之例，每名每日酌给饭食银六分"。又据前引档案，"本处刻字头目贰名，写字头目壹名，又刻字匠壹名，自本年正月初壹日起至拾贰月底止，连闰月共计叁百捌拾肆日，每名每日饭银陆分，共合银九拾贰两壹钱陆分"。说明的也是食钱粮匠役的待遇。其二，外雇匠役：根据从事的工种和出工情况，支付相应的工价。按年例批写进呈《时宪书》、补写次年《星命须知》、缮写进呈《中星更录》，刷印红格用太史连纸、刷印并界画工银等项，修书处均须支付匠役工价。

3. 给发武英殿修书处下属的监造处、校刊翰林处等人员公费、

---

① 《清宫武英殿修书处档案》第2册，道光十年，第355、357、365页。
② 《纂修四库全书档案》，第205页。

饭食。这里又分为两种情况：一是，给发监造处外派至他处办理活计的人员饭食。档案所见，监造处办事官员公费由内务府咨行户部领取，并不占用修书处本身的经费。据《钦定总管内务府现行则例·武英殿修书处》"行取公费"条载：

> 正监造、副监造、委署主事、六品衔库掌，每月每员各应领大制钱二串二百文，笔帖式、库掌、拜唐阿，每月每员各应领大制钱一串文。①

道光二十年的武英殿修书处报销档案又载：

> 本处行走副管领一员，领催八名，効力拜唐阿无定额。现行分例十八分内有领催八名……羊肉十两，米九合，木柴一觔、煤一觔，炭一两，盐菜一两，豆腐四两，酱一两，青菜八两，青酱五钱。

监造处每年例行派至圆明园、懋勤殿当差或办理活计的人员，需要由修书处支付工银，如档案所说的"为派往圆明园该班官员笔帖式、库掌等支领次年正月至陆月分饭银伍拾柒两陆钱"。

二是，给发校刊翰林处所用翰林、校录等人员公费。前引档案，"聚珍馆办事收掌壹员每月饭银贰两肆钱……提调处额缺供事捌名，自本年正月初壹日起至拾贰月底止连闰月分，共领公费银壹百伍拾陆两"，是翰林处领取公费的情况。

4. 办买内务府各库无存的物料、搭盖凉棚等项。由于内务府各库存贮的物料既多又全，这类由修书处自行采买的日常性物料较少，大致就是档案所提及的采买白胰子，买办黄绫纸张折匣等，其他按

---

① 咸丰二年（1852）内府抄本《钦定总管内务府现行则例·武英殿修书处》"行取公费"条。

年例各作房租搭凉棚、年例封开印信、买办新红纸张印色等项,也须支出一部分经费,但所占比重不大。

武英殿修书处的收支情况如何呢?依据武英殿修书处档案载录的年度《奏销用过银两》册档,可以梳理嘉庆朝武英殿修书处的经费收支情况。

以嘉庆朝为例,从表4-1中可以得出以下两点认识:

1. 修书处每年从广储司银库领取10000两或5000两,到年末奏销之时,皆有盈余,一般存银1000—3000两,最多的一年——嘉庆十年则存银3031两。这些留存经费可留至来年继续使用,如此循环往复,修书处的经费始终是充盈的状态,并不容易出现经费支绌的局面,相当程度上保障了修书处工作的顺利运转。

2. 修书处的开销事项主要为缮写、刊刻、刷印、装潢各书,圆明园等处刊刻御笔字条活计,给发匠役工价、翰林饭食、供事公费等项。修书处每年支出的经费,从3000—10000余两不等,最多的一年即嘉庆三年用过银10452两。经费开支总的来说是比较大的,一方面说明了武英殿修书处办理各项事务之多,也说明了清廷投入到书籍刊印的财力之惊人,可谓不惜工本。

表4-1　　　　　嘉庆朝武英殿修书处经费收支

时间	旧存银	领银	共计存银	用银	现存银	资料来源
乾隆六十年正月初一日起至十二月三十日	乾隆五十九年十二月分旧存银三千九百六十二两一分三厘二毫八丝七忽	乾隆六十年请领过广储司银库银五千两	八千九百六十二两一分三厘二毫八丝七忽	用过银八千十二两三钱九分四厘四毫五忽	存银九百四十九两六钱一分八厘八毫八丝二忽	亥字二号　嘉庆元年十二月二十三日
嘉庆元年正月初一日起至十二月三十日	旧存银九百四十九两六钱一分八厘八毫八丝二忽	嘉庆元年请领过广储司银库银五千两	五千九百四十九两六钱一分八厘八毫八丝二忽	用过银四千六百四十三两八钱二分三厘九毫一忽	存银一千三百五两七钱九分四厘九毫八丝一忽	亥字一号　嘉庆二年十二月二十三日

第四章　武英殿修书处的日常运作机制　　209

续表

时间	旧存银	领银	共计存银	用银	现存银	资料来源
嘉庆二年正月初一日起至十二月三十日	旧存银一千三百五两七钱九分四厘九毫八丝一忽	嘉庆二年请领过广储司银库银一万两	一万一千三百五两七钱九分四厘九毫八丝一忽	用过银一万二百三十九两三钱二分二厘九毫五丝八忽	存银一千六十六两四钱七厘二毫二丝三忽	亥字一号　嘉庆三年十二月二十日
嘉庆三年正月初一日起至十二月三十日	旧存银一千六十六两四钱七分二厘	嘉庆三年请领过广储司银库银一万两	一万千六十六两四钱七分二厘	用过银一万四百五十二两六分	存银六百十四两四钱一分二厘	亥字二号　嘉庆四年十二月十三日
嘉庆四年正月初一日起至十二月三十日	旧存银六百十四两四钱一分二厘	嘉庆四年请领过广储司银库银五千两	五千六百十四两四钱一分二厘	用过银五千一百四十七两七钱三分九厘	存银四百六十六两六钱七分三厘	亥字一号　嘉庆五年十二月十四日
嘉庆五年正月初一日起至十二月三十日	旧存银四百六十六两六钱七分三厘	嘉庆五年请领过广储司银库银一万两	一万四百六十六两六钱七分三厘	用过银八千四百一十九两七钱八分八厘	存银二千四十六两八钱八分五厘	亥字二号　嘉庆六年十二月十四日
嘉庆六年正月初一日起至十二月三十日	旧存银二千四十六两八钱八分五厘	嘉庆六年奏准由聚珍版项下拨入备用银五千两	七千四十六两八钱八分五厘	用过银三千五百三十七两五钱二分八毫	存银三千五百九两三钱六分四厘二毫	亥字一号　嘉庆七年十二月十四日
嘉庆七年正月初一日起至十二月三十日	旧存银三千五百九两三钱六分四厘	嘉庆七年请领过广储司银库银五千两	八千五百九两三钱六分四厘	用银五千七百九十三两八钱八分九厘	存银二千九百十五两四钱七分五厘	亥字二号　嘉庆八年十二月十四日
嘉庆十年正月初一日起至十二月三十日	旧存银三千九百五十一两二分七厘	嘉庆十年请领过广储司银库银五千两	八千九百五十一两二分七厘	用过银五千九百二十两一分五厘	存银三千三十一两一分二厘	亥字一号　嘉庆十一年十二月十二日
嘉庆十一年正月初一日起至十二月三十日	旧存银二千三十一两一分二厘	嘉庆十一年请领过广储司银库银五千两	八千三十一两一分二厘	用过银七千七百十六两七钱一分六厘	存银三百十四两二钱九分五厘八毫	亥字一号　嘉庆十二年十二月十二日
嘉庆十二年正月初一日起至十二月三十日	旧存银三百十四两二钱九分五厘八毫	嘉庆十二年请领过广储司银库银一万两	一万三百十四两二钱九分五厘八毫	用过银九千二百四十两七钱一分	存银一千七十三两五钱八分五厘八毫	亥字一号　嘉庆十三年十二月十二日

以上所列经费支出是武英殿修书处的日常性支出，如遇到办理圣训、方略等大型内府书籍，经费则由内务府广储司专门拨款。以咸丰、光绪年间办理圣训的经费为例，我们可以考察修书处办理大型书籍的收支情况。

表4-2　　咸丰年间修书处办理《宣宗成皇帝圣训》收支

时间	领到款项	旧存款项	现存款项	用过款项
咸丰七年	制钱12000串			制钱9435串
咸丰八年	制钱22000串	制钱2564串	共存制钱24564串	制钱20426串
咸丰九年	制钱30000串	制钱4138串	共存制钱34138串	制钱25805串
咸丰十年	制钱10000串	制钱8332串	共存制钱18332串	制钱13899串
咸丰十一年	银1000两。共易制钱6798串	制钱4433串	共存制钱11232串	制钱7618串
总计	制钱80798串（约12000两①）	制钱19467串	共存制钱88266串（约13000两）	制钱77133串（约11000两）

资料来源：咸丰七年至咸丰十一年《武英殿恭办清汉文宣宗成皇帝圣训用过钱粮奏销数目清册》，载《清宫武英殿修书处档案》，第4册，故宫出版社2014年版。

从上表可以看出，咸丰年间武英殿修书处办理《宣宗成皇帝圣训》，从咸丰七年（1857）至咸丰十一年（1861）5年内，领取的经费总额达约12000两，年均领取2400两。最终合计的支出经费总额约为11000两。而同一时期内修书处每年只从广储司领取的经费不过1000两，仅仅办理《圣训》一项的经费支出就已经超过了修书处一年的经费收入。

---

① 按每1000两，共易制钱6798串计算。

表4-3　　　光绪年间修书处办理《穆宗毅皇帝圣训》收支

时间	领到款项	旧存款项	现存款项	用过款项
光绪六年	20000 两			5794 两
光绪七年	10000 两	上年存银两 14205 两	共存 24205 两	15607 两
光绪八年	3020 两（通行款项）	上年存 8598 两	共存 11618 两	9239 两
光绪九年		上年存 2379 两	存 2379 两	2371 两
总计	33020 两	25182 两	38202 两	33011 两

资料来源：《武英殿恭办清汉穆宗毅皇帝圣训用过钱粮奏销数目清册》，光绪六年至光绪九年，载《清宫武英殿修书处档案》第6册，故宫出版社2014年版。

光绪年间武英殿修书处办理《穆宗毅皇帝圣训》，从光绪六年（1880）至光绪九年（1883）4年内，领取的经费总额达约33020两，年均领取经费高达8000两。最终支出的经费总额为33011两，基本做到收支平衡。同一时期内武英殿修书处每年从广储司领取的经费为4000两之内[①]，单单办理《圣训》一项的经费支出是修书处一年经费收入的2倍。

二　物料采办

武英殿修书处的日常运作，每年办理繁杂的书籍刷印、装潢等事宜，必须要有充足的后勤保障。修书处所用的物料主要从内务府各库行取，所谓"修书等所用物料，除库内有者行取应用外，库内无者，本处办买应用"[②]。

武英殿修书处刷印一种殿本，流程较为复杂，工序包括缮写清样、刻板、写样、刻花格板、书尾板、刷印、折配、装潢、包角、

[①] 光绪六年，武英殿修书处领取银 4400 两。
[②] 嘉庆朝《钦定大清会典事例》卷 906《内务府·书籍碑刻》。

穿线等，使用物料种类包括粉连纸、棕墨、白面、黄软笺纸等。可见，刷印一部殿本，其写刻工价、刷印工价、纸墨、装潢、托裱及匠役饭食等综合计算，所费物料极多。

综上，修书处日常消耗大量的物料，这些物料包括行取或采办各种板片、纸墨，刷印、装潢书籍的各类器具。下文分类说明。

(1) 刷印书籍所需板片、纸墨等物料

板片为刊印书籍所必备，修书处缮写、刷印及装潢各个流程中均须消耗大量纸张和徽墨。乾隆五十一年（1786）规定，修书处采买板片、纸张，须据顺天府各个季度采访的时价酌定价格购买。例如梨木板，须按每块时价核减二成采办。乾隆五十五年（1790）又规定，修书处所需枣木板，须按顺天府所报时价，每块银2两核减四成采办。由于顺天府所报时价或增或减，殊无定制。嘉庆五年规定参照乾隆五十一年办买梨木板之例，重新核定各种物料价格，"应照旧例者十一项仍照旧例，其应按时价者九项，俱按时价采买，至现在按时价核减者六项，嗣后时价遇有增减，请俱照依此次核减成数，核减办理"①。嘉庆八年（1803）呈明，刷印、呈进、颁发以及存库书籍应用纸张，如数目较多者，向户部行取，刷印各处行取零用书籍应用纸张向广储司行取，树棕、徽墨、红花水、银朱等项本处买办应用。② 修书处用墨数量较大。如咸丰三年刷印《佩文诗韵》2000本，应用墨33斤3两；刷印《乡守辑要合钞》，应用墨约6斤。③

另据《武英殿修书处写刻刷印工价并颜料纸张定例》：刷书，每1000篇用棕墨各1两3钱；刷红套板，每1000篇用银朱2两，红花

---

① 嘉庆五年十月十九日，武英殿修书处官员等呈为呈明酌定采买物料价值事。参见道光二十年武英殿修书处报销档案《武英殿修书处写刻刷印工价并颜料纸张定例》，国家图书馆藏。

② 《钦定总管内务府现行则例》，道光二十年武英殿续刻本，载《故宫珍本丛刊》第306册，第310页。

③ 《清宫武英殿修书处档案》第3册，第588页。

水3两、白芨3钱、棕1两3钱；刷黄套板，每1000篇用雄黄2两，白芨2钱、棕1两3钱；刷蓝套板，每1000篇用广花末1两5钱，广胶1钱5分，棕1两3钱①。

(2) 装潢、托裱、修补书籍所需物料

装潢书籍需要用到哪些物料，而这些物料又是如何获取的呢？这是以往我们研究书籍史所常常忽略的细节问题。实际上，据嘉庆朝《钦定大清会典事例》等资料记载，修书处装潢书籍所需物料极多。纸墨之外，还有绫、锦、杭绸、布、纸、珠儿线、象牙驼骨签、蒸露、银甑、白面，以及薪、炭木器、铁器、木锉、大小裁刀、劚刀、锥、剪、烙铁等大大小小的各类器具，这些物料按例由修书处行文向内务府所属的广储司、营造司、武备院分别行取②。

(3) 机构办事人员日常所需物料

修书处人员日常办公、抄写档案、缮写堂呈等事项，以及夏天供应冰块，冬天供应煤炭，都需消耗大量物料，修书处很早就形成了一套完整的日常物料采办机制。咸丰二年（1852）内府抄本《钦定总管内务府现行则例·武英殿修书处》"行取纸张笔墨等项年例"条载：

> 年例，初伏日至处暑日，翰林修书处书作、刷印作每日各用冰一块，向掌关防管理内管领事务处行取。乾隆二十九年三月呈明，上年本处添设督催、查核二房，其抄录档案、缮写堂呈，酌定每房每年各添行棉料榜纸一百张、台连纸四百张、西纸一百张、印色二两、墨二两、笔二十枝、银朱二两，向广储司行取应用。③

---

① 道光二十年武英殿修书处报销档案《武英殿修书处写刻刷印工价并颜料纸张定例》，国家图书馆藏。

② 嘉庆朝《钦定大清会典事例》卷906《内务府·书籍碑刻》。

③ 咸丰二年（1852）内府抄本《钦定总管内务府现行则例·武英殿修书处》"行取纸张笔墨等项年例"条。

物料采办是维系机构日常运作的基础。修书处物料采办呈现如下两个特点：

第一，修书处物料有稳定可靠的保障。修书处主要从内务府"七司三院"库储中行取，依托"奉天子家事"内务府这一皇家物资储备库，获得源源不断的稳定供给，且不须占用太多修书处本身的年度经费。从修书处采办物料的种类和规模看，各种大大小小、形形色色的纸墨、印刷工具以及办公用具，应有尽有。既说明修书处消耗的物料甚多，种类甚繁，也反映出修书处日常工作是比较繁重的。

第二，修书处是皇家刻书机构，清廷对修书处的工作高度重视，不敢怠慢，在物料供应方面尽量满足所需，人员待遇优渥。修书处人员，除了按原定品级食俸外，还分别享受官饭、办事公费和奖叙待遇，修书处人员的饭食及报酬都有细致入微的规定和固定的标准，日常供应丰足。如此优待，一定程度解决了修书处人员及匠役后勤方面的后顾之忧，可以集中精力积极投入各项刊刻活动之中。

第二节　武英殿修书处日常工作

清代内府的书籍编刻机构一般可分为常开之馆、例开之馆、阅时而开之馆和特开之馆。武英殿修书处作为常设的内府书籍刊刻机构，日常工作十分繁杂，不仅承担了缮写、刷印、装潢、修补等与书籍制作密切相关的职责，而且还需承担存贮殿本书籍、晒晾《四库全书》、缮写礼单、派员承担宫中各处委托的各类活计等事务。朱赛虹把修书处的日常工作划分为三类。第一类是"修书类"。工作内容包括缮样、发刻、刷印、装潢，还包括缮写御览图书的活计，如臣工著作的副本、各式袖珍小册等。第二类是"护书类"。工作内容包括修整、装潢内廷善本；托补、修复各类藏书；存贮宫廷图书，包括为年例往圆明园抖晾文源阁《四库全书》等。第三类是"非修书类"。工作内容包括缮印内府所用礼单和档册、拓印宫殿匾额等。① 这种划分方法有其可取之处，较为精准地把握了修书处的日常工作内容。笔者在此基础上对修书处的日常工作进一步细化考察。

武英殿修书处承担的日常工作，归纳起来有以下几项：

一、写刻、刷印、校勘、装潢、修补殿本及其他内府书籍。

二、誊录各种呈览书册，钩摹、刻拓御书和御制诗文、法帖等。如咸丰元年（1851），"为恭拓上传墨刻金刚经塔一分，应用头号白鹭纸二张，每张价银二钱，合银四钱用墨三两。……为恭镌御笔御门听政述志诗一张，计二寸五分，字七十三个，每刻四字一工，合十八工"②。

三、缮写、刻印、装潢除夕、元旦及皇帝婚、宴请等所需的礼节单和懋勤殿等处所用的档册。如咸丰五年，懋勤殿交修书处"白榜纸册档五十本，做古色纸面页"③。同治七年，"内务府交来除夕、元旦礼节单二件，照式缮写、刊刻、刷印、折配、锯边打空等，各二百六十份"④。光绪十七年，"内务府交来敬事房传做除夕、元旦礼节单二份，照式缮写、刊刻、刷印、折配各三百份"⑤。

四、缮录呈览本《时宪书》《万年书鉴》《星命须知》及其他零星任务。康熙六十一年奉旨：《时宪书》著照钦天监批写式样批写。遵旨议定：批写装潢4本，于除夕日进呈，装潢所用黄绫，向钦天监取用，批写红字所用朱锭，向御书处行取。其界划校对，仍系钦天监人员承办，至写红字系本处外雇写宋字人计工缮写。乾隆三十年军机处奏准：年例进呈《时宪书》，改为2本。乾隆五十九年定，

---

① 参见朱赛虹《清晚期武英殿修书处"修书"与"非修书"职能的消长——基于清宫档案的考察》，《中国出版史研究》2015年第2期。
② 《清宫武英殿修书处档案》第3册，咸丰元年，第317—318页。
③ 同上书，第685页。
④ 《清宫武英殿修书处档案》第5册。
⑤ 《清宫武英殿修书处档案》第10册。

每年《时宪书》，俱于除夕前随本处奏销黄册一并呈进。①

五、进《中星更录》。原定每年十月初一日，钦天监官员交送《中星更录》写稿一本，照样雇宋字人缮写宋字，所用纸绢朱胶，向广储司行取，刷印匠、界划匠，向武英殿行取，写成后，仍移送武英殿装潢，豫备除夕呈进。乾隆五十九年奏准，每年《中星更录》随奏销黄册一并呈进。② 关于缮写的费用，咸丰三年，武英殿修书处缮写进呈《中星更录》一份，"计宋字一万五千五百三十六个，每百字工银二分，饭银一分，合银四两六钱六分八毫，刷印红格用太史连纸一块，合银一钱二分，刷印并界画工银等项，合银一两"③。

六、进呈背式骨。《钦定总管内务府现行则例·武英殿修书处》"进呈背式骨"条载："康熙四十年正月奉旨：此背式骨著交武英殿收什。钦此。据饭房交来獐狍背式骨，照数收什干净，拣选好者分别等第于次年正月初间进呈。"④ 又据《武英殿修书处写刻刷印工价并颜料纸张定例》所载："年例进呈背式骨，需用黄油敦布面、白油敦布里夹口袋，长一尺二寸宽九寸二个，长一尺、宽八寸二个，长八寸、宽六寸二个，俱□黄绒条穿口四幅见方黄油敦布挖单一块白油敦布八尺，弓匠六名。黑炭十斤，白蜡四两，刷子二把，顺德红纸一张。"⑤

七、采买刷印殿本所需的纸墨、板片等物料。如咸丰元年，刷印《钦定续纂外藩蒙古回部王公功绩表传》："照例应采买长一尺四寸五分，宽一尺零五分，厚一寸梨木板二千块，例价银五钱二分合银一千零四十两。"⑥ 同治八年，采买刷印《圣训》所需徽墨，"续

---

① 嘉庆朝《钦定大清会典事例》卷906《内务府·书籍碑刻》。
② 同上。
③ 《清宫武英殿修书处档案》第3册，咸丰三年，第564页。
④ 咸丰二年（1852）内府抄本《钦定总管内务府现行则例·武英殿修书处》"进呈背式骨"条。
⑤ 道光二十年武英殿修书处报销档案《武英殿修书处写刻刷印工价并颜料纸张定例》，国家图书馆藏。
⑥ 《清宫武英殿修书处档案》第3册，咸丰元年，第312页。

行采买中等徽墨四十斤，每斤价银一两一钱，合银四十四两。又预备刷印进呈样本，及陈设清汉文等书，续行采买上等徽墨六十斤，每斤价银一两四钱六分，合银八十七两六钱。以上共合银一百三十一两六钱"①。

八、发售准予通行的殿本书籍。乾隆九年（1744），武英殿修书处设立通行书籍售卖处，设库掌1名，专门负责通行殿本的发售。武英殿通行书籍的售卖价格，一般以刷印每部殿本所需的纸墨、匠役刻字、刷印工价为依据综合折算。

九、每年派出界画等工匠5名，分别在懋勤殿、造办处、方略馆等处听差，传办各种应急活计。例如，档案载："每年正月起至十二月止，懋勤殿陆续交出各等处已刻过御笔诗条、横披、圆光匾对等项，于年底汇总，视御笔之大小宽窄比较，行取五折榜纸托裱，完竣时仍交懋勤殿讫。"② 嘉庆八年，养心殿造办处致函武英殿修书处："今为刷印太阳太阴像各二十分，相应行文武英殿好手刷印匠二名，带刷案于日一早前来刷印可也。"③ 道光十一年（1831），"为发给懋勤殿当差界画匠饭银二十三两八钱，派往圆明园住班应领饭银二十八两八钱"④。

十、典守《四库全书》。每年八月，修书处派员往文渊阁、文源阁，打扫、晾晒《四库全书》和修整书籍一次⑤："于三、六、九月，文渊阁直阁事校理检阅等官，如期诣阁会内务府司员、笔帖式等翻晾，过期归架，必须详慎办理。又奏准，增设服役人十名，如遇曝晒之期，于内务府三旗佐领、内管领下识字之马甲、执事人内，

---

① 《清宫武英殿修书处档案》第5册。
② 道光二十年武英殿修书处报销档案《武英殿修书处写刻刷印工价并颜料纸张定例》，国家图书馆藏。
③ 《清宫武英殿修书处档案》第1册，《造办处为刷印太阳太阴像请派刷印匠事致武英殿咨文档》，第230页。
④ 《清宫武英殿修书处档案》第2册，道光十一年，第368页。
⑤ 杨玉良：《武英殿修书处及内府修书各馆》，《故宫博物院院刊》1990年第1期。

传取三十名，令官员等率同翻晾，完竣撤回。如果勤慎，五年后各以应补之缺拔补。"① 咸丰元年，修书处档案中载："为往圆明园抖晾文源阁《四库全书》，应领匠役饭银十五两。"咸丰五年，"为年例往圆明园抖晾文源阁《四库全书》，共领匠役饭银十五两，每两发给制钱一串五百文"②。

此外，武英殿修书处日常还负责管理进呈、颁赏后剩余的殿本、重本、历代重要典籍、石刻、墨迹、法帖及各种书板。据文献记载，武英殿"殿前后两重，皆贮书籍"③，"武英殿书籍其存而不发卖者，向贮于殿之后敬思殿"④。光绪三十年武英殿修书处《存贮书籍刻板清册》载，存贮殿本板片的处所包括武英殿大殿前库、后库、后库廊下，甚至存贮于刷印作、折配作、转角房、井亭西屋。同时，相当数量的殿本板片还借贮在距离武英殿不远的咸安宫。武英殿曾于同治八年、光绪二十七年两次发生火灾，其后仍有相当数量的殿本板片可供刊刻，这与武英殿修书处将板片分别存贮多处殿宇有很大关系。

武英殿修书处存贮的书籍主要有三个来源。

一是，存贮修书处刷印的殿本书籍，这是武英殿存贮图书的最主要来源。乾隆四十一年（1776）四月，清查武英殿库储书籍，查得武英殿前库存贮正项书，共176种，后库存贮正项书共510种。余书共56种，内有《十三经》《二十一史》等书24种，系远年抄没之项。又有《朱批谕旨》底本，并各种书籍图版49种，或全或缺。又有不全《古今图书集成》1部。嘉庆十九年（1814），清查殿本，将完好者移贮前殿，其残缺者变价，符咒等书悉付之丙，于是敬思殿成为贮存板片之所⑤。

---

① 嘉庆朝《钦定大清会典事例》卷906《内务府·书籍碑刻》。
② 《清宫武英殿修书处档案》第3册，第693页。
③ （清）鄂尔泰、张廷玉等编：《国朝宫史》卷11《宫殿》，第198页。
④ （清）姚元之：《竹叶亭杂记》卷4，清光绪十九年姚虞卿刻本。
⑤ （清）姚元之：《竹叶亭杂记》卷4，清光绪十九年姚虞卿刻本。

二是，存贮历年各处交到杂项书籍。乾隆三十九年（1774）五月十一日，履郡王永珹等奏酌拟存留武英殿修书处库贮各种书籍折称："（武英殿）有自康熙年来臣工陆续奏进之书，向例不在通行之列。……查此外尚有积年由各处交到杂项书籍一千四百余种，其中纯疵不一，堆贮库内，亦应及时清厘。"①

三是，存贮纂修《四库全书》过程中从各省采进及各家进呈的书籍。乾隆五十一年（1786），吏部尚书刘墉遵旨清查《四库全书》字数书籍完竣缘由折称：

> 收过各省采进及各家进呈各种书籍，共计一万三千五百零一种。除送武英殿缮写书籍三千九十八种，又重本二百七十二种，已经发还各家书三百九十种外，现在存库书九千四百十六种，内应遵旨交武英殿者六千四百八十一种，应发还各家者二千九百十八种，军机处及内庭三馆移取者十七种。②

据朱赛虹核对《武英殿东庑凝道殿存贮书目》，统计该书目著录图书9001种，"其数量与内容正与翰林院欲交之书相符"，证明"遵旨移交武英殿"一事在嘉庆末年前已经实施③。

乾隆二十八年（1763）十一月奏准"现在存收一切书籍统入黄册，于岁底呈览存案"④。自此之后，修书处每年都会编制当年《武英殿修书处旧存新收开除现存书籍数目单》，可惜保留至今的是道光二年以后的清单。据清单制成《武英殿修书处旧存新收开除现存书数目一览》（参见表4-4），可以一目了然。

---

① 《纂修四库全书档案》，第206页。
② 同上书，第1930页。
③ 朱赛虹：《武英殿修书处藏书考略——兼探四库"存目"等书的存放地点》，《文献》2000年第1期。
④ 咸丰二年（1852）内府抄本《钦定总管内务府现行则例·武英殿修书处》"钱粮奏销"条。

表4-4　　清末武英殿修书处旧存新收开除现存书数目一览

时间	前/后库	旧存书	新收书	开除书	现存书	资料来源
道光二年	前库	10260 部（281 种）	1121 部	412 部	10969 部	第二册第 50 页
	后库	2525 部	无	23 部	2502 部	第二册第 83 页
道光四年	前库	10083 部	1079 部	192 部	10970 部	第二册第 125 页
	后库	2496 部	无	1 部	2495 部	第二册第 157 页
道光八年	前库	11715 部	94 部	10 部	11799 部	第二册第 522 页
	后库	2493 部	67 部	1 部	2559 部	第二册第 554 页
道光十二年	前库	11544 部	437 部	537 部	11444 部	第二册第 606 页
	后库	2555 部	无	无	2555 部	第二册第 638 页
道光二十七年	前库	15904 部	2100 部	933 部	17071 部	第三册第 48 页
	后库	2555 部	无	无	无	第三册第 63 页
道光三十年	前库	16776 部	2000 部	1250 部	16276 页	第三册第 260 页
	后库	2555 部	无	无	无	第三册第 278 页
咸丰元年	前库	16276 部	200 部	480 部	16096 部	第三册第 367 页
	后库	2555 部	无	2 部	2553 部	第三册第 399 页
咸丰二年	前库	16096 部	无	1406 部	14680 部	第三册第 457 页
	后库	2553 部	无	无	无	第三册第 472 页
咸丰三年	前库	14680 部	4018 部	915 部	17784 部	第三册第 534 页
	后库	2553 部	无	1 部	2552 部	第三册第 552 页
咸丰八年	前库	16652 部	无	324 部	16328 部	第四册第 215 页
	后库	2548 部	无	无	2548 部	第四册第 232 页

续表

时间	前/后库	旧存书	新收书	开除书	现存书	资料来源
咸丰十年	前库	15104 部	无	324 部	829 部	第四册第 361 页
	后库	2548 部	无	无	2548 部	第四册第 378 页
同治十年	前后库	7166 部	无	卖书 95 部	7071 部	第五册第 438 页
光绪三年	前后库	324 部（3 种）	848 部	270 部（1 种）	902 部	第六册第 32 页
光绪六年	前后库	2202 部	2020 部	2850 部	1352 部	第六册第 139 页
光绪八年	前后库	1052 部	1000 部（1 种）	800 部	1252 部	第六册第 421 页
光绪九年	前后库	1252 部	2100 部（1 种）	2407 部	945 部	第六册第 472 页
光绪十年	前后库	949 部	无	无	949 部	第六册第 620 页
光绪十一年	前后库	949 部	1000 部（1 种）	300 部	1649 部	第六册第 626 页
光绪十二年	前后库	1649 部	2000 部（1 种）	2580 部	1069 部	第六册第 665 页
光绪十三年	前后库	1069 部	无	170 部	899 部	第六册第 680 页
光绪十四年	前后库	899 部	1500 部（1 种）	1500 部	899 部	第六册第 713 页
光绪十五年	前后库	899 部	无	无	899 部	第六册第 742 页
光绪十六年	前后库	899 部	4000 部	3800 部	1099 部	第七册第 35 页
光绪十七年	前后库	1099 部	无	无	1099 部	第七册第 98 页
光绪十八年	前后库	1099 部	4000 部	3370 部	1729 部	第七册第 147 页
光绪二十年	前后库	1603 部（40 种）	4000 部	4000 部	1603 部	第七册第 344 页
光绪二十一年	前后库	1603 部（40 种）	无	1000 部	603 部	第七册第 441 页
光绪二十二年	前后库	603 部	无	无	603 部	第七册第 447 页

续表

时间	前/后库	旧存书	新收书	开除书	现存书	资料来源
光绪二十四年	前后库	481部（34种）	2000部	2000部	481部	第七册第612页
光绪二十六年	前后库	470部（33种）	无	无	470部	第七册第797页
光绪二十七年	前后库	470部（33种）	无	无	470部	第七册第840页
光绪二十八年	前后库	470部（33种）	无	无	470部	第八册第76页
光绪二十九年	前后库	470部（33种）	无	无	470部	第八册第137页
光绪三十年	前后库	470部（33种）	无	无	470部	第八册第181页
光绪三十一年	前后库	470部（33种）	无	无	470部	第八册第458页
光绪三十二年	前后库	470部（33种）	无	无	470部	第八册第637页

资料来源：《清宫武英殿修书处档案》，故宫出版社2014年版。

殿本用于颁发、陈设、赏赐以及通行售卖之外，剩余的殿本或者副本，一般存留在武英殿。武英殿库储书籍的数量一直在变动之中，而新刻书籍陆续补充到库，库存数量呈现出动态变化。从表4-4可以看出，道光朝以后，修书处存贮殿本等书籍数量一致在变动之中，道光、咸丰年间每年武英殿前后库存贮量在10000—20000部之间，而到同治、光绪朝数量则急剧减少，最少时不到500部，殿本种类只有一两种。如道光二年，前库存留10969部；道光四年，前库存留10970部；道光八年，前库存留11799部；道光十二年，前库存留11444部；道光二十七年，前库存留17071部；道光三十年，前库存留16276部；咸丰元年，前库存留16096部，到了咸丰十年，前库存留829部。朱赛虹所见，"咸丰十一年（1861）存书13728部，军机处传用1部，后库旧书存书2548部"，而经过同治八年武英殿火灾之后的同治十年，存留7011部。光绪三年存留902部；到光绪十年（1884）存书949部；光绪二十二年（1896）存书

603 部；光绪二十六年（1900）存书 470 部；宣统元年（1909）存书仅 520 部。

除了新刻书籍补充外，武英殿存储殿本数量发生变化还有如下几个原因：

第一，皇帝、亲王及中央各部、修书各馆从武英殿行取书籍。如四库全书馆开馆期间，分多次从武英殿咨取四库底本。"查此外尚有积年由各处交到杂项书籍一千四百余种……前经四库全书处查取九百余种，现存五百八十余种。"①

第二，库存殿本用于武英殿通行书籍售卖处售卖，流通各处。乾隆三十九年（1774）五月十一日，履郡王永珹等奏称：

> 《性理精义》《御选唐诗》《朱子全书》等类，现存六、七百部至一、二百部不等。充溢库内，不特书籍繁多，日久存贮为难，且安放多年，将来保无霉蠹、臣等公同商酌，请将前项书籍，无分外进内刊，凡数至一千部以上者，拟留二百部；一百五十部以上至六七百部者，拟留一百部；其一百五十部以下者，拟留五十部。……合无请照通行书籍之例，概予通行，俾海内有志购书之人，咸得善本，必皆踊跃鼓舞，益感我皇上右文惠士之恩于无既矣。②

第三，武英殿火灾造成库存殿本大规模烧毁。武英殿先后发生两次火灾，同治八年六月的火灾，延烧房屋 30 余间，只有焕章殿等少数殿堂安然无恙。《蕉廊脞录》载："同治己巳六月二十日，武英殿灾，自亥刻起至次日辰刻止，延烧他屋至三十余间，所藏书悉烬焉。"③ 徐珂所编《清稗类钞》亦载："同治中，武英殿焚，

---

① 《纂修四库全书档案》，第 207 页。
② 同上书，第 206—207 页。
③ （清）吴庆坻：《蕉廊脞录》卷 1，第 6 页。

书版烬焉。"① 光绪年间雷击又将武英殿主要殿堂焚毁，殿本损失极大。

第四，武英殿修书处管理不善，殿本失窃现象日益严重。特别是道光以后，武英殿屡次发生库藏殿本被盗窃事件。如道光五年，武英殿匠役伙窃殿库《佩文韵府》4部，《康熙字典》《周礼》《四书》各1部，共卖得京钱220千分。② 同治八年武英殿火灾可能是由于武英殿书籍久被盗窃，"典守者假火逃罪"③ 而致。

第三节 武英殿修书处与内务府等机构的协调合作

武英殿修书处作为内府最主要的刊刻机构，既服务于皇帝和宫禁，与皇权结成一种特殊关系，又在人员选拔、校刻书籍等方面与其他中央机构如内阁、翰林院，以及修书各馆如古今图书集成馆、四库全书馆等有着密切联系。与武英殿修书处权责发生交叉或彼此往来密切的主要包括内务府、内阁、翰林院等机构。

一 内务府

内务府是武英殿修书处的上级管理机构，又称为"总管内务府衙门"，管理清代皇家的一切大小事务。乾隆朝《钦定大清会典》卷87载，内务府"掌内府一切事务，奉宸苑、武备院、上驷院并焉，所属广储、会计、掌仪、都虞、慎刑、营造、庆丰七司"④。"七司""三院"以及御药房、寿药房、文渊阁、武英殿修书处、御书处、养心殿造办处、咸安宫官学、景山官学等50多个部门共同组

---

① （清）徐珂编：《清稗类钞》，中华书局2010年版，第1808页。
② 章乃炜：《清宫述闻》，紫禁城出版社1990年版，第338页。
③ 陶湘：《清代殿板书始末记》，载《书目丛刊》，第68页。
④ 乾隆朝《钦定大清会典》卷87。

成了内务府这一清代最庞大的国家机关。顺治初，以翰林院官分隶内三院，内三院统领修书各馆。撤销内三院后成立的内务府，部分延续了内三院统领修书的职能，在武英殿造办处机构下设武英殿修书处，具体负责书籍刊刻事宜。

从武英殿造办处分离出来的武英殿修书处（包括道光二十三年并入的御书处）隶属于内务府，需要受到内务府相关规章辖制。具体而言，武英殿修书处诸多方面要与内务府各司发生密切关系。

（一）武英殿修书处人员选用与奖惩皆由内务府负责

内务府渊源于满族社会的包衣（奴仆）制度，办事人员主要由满洲八旗中的上三旗（镶黄、正黄、正白旗）所属包衣组成，因此武英殿修书处官员及匠役等一般由上三旗包衣派充。具体表现在：

1. 武英殿修书处官员由内务府上三旗包衣派充。《钦定总管内务府现行则例》"武英殿修书处·建设员役"条载：

> 自乾隆四十三年至嘉庆十二年，节次奏准兼摄行走内务府司官二员……兼摄行走司官缺出，咨取内务府司官二员，本处带领引见。（道光）十一年呈准，嗣后效力柏唐阿缺出，行文内务府三旗轮流咨取闲散幼丁数人，呈明挑补。①

咸丰六年（1856）《武英殿造送本年夏季缙绅清册档》载，内务府司官为："兼摄武英殿总管事务宁寿宫郎中兼骁骑参领宝龄，兼摄武英殿总管事务知府衔营造司员外郎桂林。"监造处官员为："额设正监造员外郎松魁，正黄旗瑞溥管领下汉军；副监造副内管领佛英，镶黄旗成祥管领下满洲瓜尔佳；委署主事景秀，正白旗明伦佐领下汉军；六品衔库掌延龄，正白旗常泰管领下满洲那拉

---

① 道光二十年武英殿续刻本《钦定总管内务府现行则例》，载《故宫珍本丛刊》第 306 册，第 308—309 页。

氏；掌稿笔帖式长寿，正黄旗祥林佐领下汉军；副掌稿笔帖式常泰，正白旗毓恒管领下汉军；笔帖式祥瑞，正黄旗达三布管领下汉军；连兴，正黄旗宽惠佐领下汉军；七品衔库掌文琳，正白旗毓恒管领下汉军；松英，正黄旗乌尔恭布佐领下满洲贺舍哩氏；清龄，正黄旗全盛管领下汉军。"① 又据修书处档案堂呈档，道光十四年武英殿修书处保送人员皆为上三旗包衣："掌稿笔帖式承安，正白旗善元佐领下；委署库掌辛庆，正白旗庆魁佐领下；笔帖式双祥，厢黄旗嵩泉管领下；顶带拜唐阿壮昆，正黄旗荣昌佐领下；顶带拜唐阿恩庆，正黄旗瑞普佐领下。顶带拜唐阿松英，正黄旗延衡佐领下。"②

2. 武英殿修书处部分匠役从内务府各司选用。《钦定总管内务府现行则例》"武英殿修书处·挑取匠役"条记载，修书处匠役从内务府营造司咨取："乾隆四十三年、四十七年两次奏准赏给恩甲二十二缺，遇有缺出，以匠役苏拉呈明挑放，又占用营造司裱匠十名，画匠二名，木匠十六名，内旗匠八名，招募匠八名，于嘉庆十六年六月呈明，本处占用营造司招募匠八名，遇有缺出，仍向该司咨取。其旗缺二十名，遇有缺出，由本处以效力匠役自行挑补。"③

（二）武英殿修书处经费、物料例由内务府广储司银库咨取

从雍正三年开始，武英殿修书处经费从内务府银库咨取。据咸丰二年（1852）《钦定总管内务府现行则例·武英殿修书处》"钱粮奏销"条："雍正三年九月奉旨：武英殿修书处所用银两，著向内库取用。钦此。……又节次奏准，刷印书籍、办买物料工价所需银两，

---

① 《清宫武英殿修书处档案》第3册，咸丰六年，《武英殿造送本年夏季缙绅清册档》，第727页。

② 《清宫武英殿修书处档案》第2册，丑字一号，第672—673页。

③ 《钦定总管内务府现行则例》，道光二十年武英殿续刻本，《故宫珍本丛刊》第306册，第309页。

每次由广储司银库请领银五千两，年终入黄册汇总奏销。"① 又据光绪朝《钦定大清会典事例》卷1089载："（乾隆）四十四年奏准：武英殿等处拜唐阿、匠役等分例羊肉，向由内务府庆丰司交出残老羊只，本寺领出散给。今因肉斤有余，请将内务府残老羊只，交左右翼变价归款。"②

修书处宿卫由内务府派人负责。乾隆十六年奏准："各佐领内管领下遴选领催各一名，给予八品顶戴，仍食原饷，在外围地方轮班直宿。……武英殿、南熏殿、瓷器库等七处，均属紫禁城内紧要地方……令散秩官骁骑校轮直。"③

二　内阁

清承明制，清初即设立了内阁制度。内阁不仅辅助帝王处理朝政，还参与内府典籍编纂、刻印的组织管理事宜。内阁下属的两个部门——内阁典籍厅、稽查钦奉上谕处与武英殿修书处有着密切的工作往来。

（一）内阁典籍厅。康熙九年（1670）清廷改内三院为国史院后，设内阁典籍厅，负责内府书籍的相关事务。内阁典籍厅设满、汉、汉军各2人，正七品设典籍6人，掌出纳文移。典籍厅分为北厅和南厅。《清朝野史大观》卷3《汪孟铜初到内阁口号》云："北厅章奏南厅案，大库文书小库银。原注：厅供事，南北各十四人。"内阁典籍厅掌出纳文移、置印用宝、洗宝、大典礼之筹备，具体负责出纳文移及收贮红本、图籍等事项，并保管典籍厅官印。

内阁典籍厅与武英殿修书处是平行部门，但二者关系密切，事务往来频繁，通过衙门移会的方式进行人员选拔、书籍颁发、陈设、装潢等事宜。所谓移会或移咨，清制，凡在京各衙门之间的平行文

---

① 咸丰二年（1852）内府抄本《钦定总管内务府现行则例·武英殿修书处》"钱粮奏销"条。
② 光绪朝《钦定大清会典事例》卷1089《光禄寺》。
③ 光绪朝《钦定大清会典事例》卷1202《内务府》。

书，有的用移会，有的用咨文。如通政司、大理寺行文各部院用咨文、行文其他各衙门用移会；六科各道，内廷各馆，内阁典籍厅、稽察房、中书科等，与各部院、寺、监行文，均用移会。咨文或移会文书格式，往往以"移咨事"作为开头语。

1. 刷印书籍部数、装潢式样须知会内阁典籍厅

乾隆十三年（1748）一月初八日，武英殿修书处咨内阁典籍厅："查得雍正十一年十月十四日，准贵厅来文内称，据武英殿咨称，军行纪律书板已经刊刻告竣，应用何纸，并刷几套，此系奉旨之事。贵衙门应何办理之处，并未来文，应定套数，用何纸张，作速回文，以便刷印等因前来，呈明中堂，蒙谕军行纪律内尚有校对字样之处，俟校对明白再移知刷印。"① 乾隆十三年七月，武英殿修书处咨内阁典籍厅："湖南省《明史纲目三编》八十三部等，本处已照文刷印全竣，相应知会贵厅，出具印领，派员赴殿速为领取。"② 乾隆十三年闰七月十日，武英殿修书处咨典籍厅："查清字大清会典刊刻告竣，恭呈样本，其颁发何处，赏赐何人之处，俱由内阁定拟数目，奏准行文到殿。"③

2. 选任武英殿修书处人员须知会内阁典籍厅

乾隆四十年（1775），武英殿修书处为充补纂修事致内阁典籍厅移会称："照得本处总裁王、嵩奏补庶吉士翟槐、何思钧、戴心亨、缪晋充补纂修等因一折，于乾隆四十年十二月初二日奏，本日奉旨：知道了。"④ 乾隆四十六年，武英殿修书处为知照奏请拣员充补纂修事致典籍厅移会："照得本处总裁董（诰）、曹（文埴）、嵩（贵）奏庶吉士王朝梧、冯集梧、曾燠、沈步垣四员充补纂修等因一折，于乾隆四十六年五月二十八日奏。本日奉旨：知道了。"⑤

---

① 内阁大库档案，登录号 174192 - 001。
② 内阁大库档案，登录号 091211 - 001。
③ 内阁大库档案，登录号 144850 - 001。
④ 《纂修四库全书档案》，第 490 页。
⑤ 同上书，第 1361 页。

3. 内阁典籍厅代武英殿修书处催促修书各馆

如修书各馆办事迟缓，武英殿修书处通常要行文内阁典籍厅，催促修书各馆加快进度。如乾隆十一年（1746）闰三月，武英殿修书处为咨催事称："清文《五朝圣训》各五部内，《圣祖圣训》一部半尚未校对，但此系奉旨装潢之书，未便迟缓相应知会典籍厅，速行移会原馆官员作速前来办理。"① 乾隆十二年（1747）武英殿修书处咨内阁典籍厅："从前一统志馆交来刊刻《大清一统志》书内有《盛京省志》书，自乾隆十二年五月间曾经撤回，至今并未交来。今本处业将十七省、外藩五路志书俱刷印完竣，专候《盛京省志》书办理进呈。相应行文贵处作速查明，催交该馆送殿。"② 修书处行文内阁典籍厅催促移交志书稿本至武英殿，以便刊刻。

（二）稽查钦奉上谕事件处

内阁于雍正八年设稽查钦奉上谕事件处，"凡各部院及八旗钦奉上谕事件，并各馆修书课程，派满汉大学士各部院堂官兼领之"③。据光绪朝《钦定大清会典事例》卷15载，其稽查程序为："凡各部院遵旨议覆事件，由票签处传钞后，稽查房按日记档。俟各部院移会到时，逐一核对。分别已结未结，每月汇奏一次。每日军机处交出清汉字谕旨，由票签处移交稽察房存储，详细核对。缮写清汉字合璧奏折，与稽查事件月折一并汇奏。"④ 咸丰十一年（1861）奏准：稽查钦奉上谕事件处统于每月二十五日造册注销。有逾限及遗失遗漏等情，由稽查钦奉上谕事件处将经手各员照例参处。

稽查钦奉上谕事件处还详细列明了稽查修书各馆的要求："修书各馆：满洲誊录每人每日缮写八百五十字，汉誊录缮写一千五百字，校对官每人每日校对二十五篇。纂修官功课，由各该馆总裁酌定，咨明本处奏准遵照，每月于初五前造册送查，每三月一次。将各馆

---

① 台湾史语所藏内阁大库档案，登录号：144842-001。
② 台湾史语所藏内阁大库档案，登录号：240462。
③ 光绪朝《钦定大清会典事例》卷15《内阁五·职掌三》。
④ 同上。

修成书目及有无告竣期限查奏，有稽延者劾参。"① 因此，武英殿修书处下属的校刊翰林处，其中的纂修、校对人员也必须受稽查钦奉上谕事件处的审查，缮写、校对基本要按照"满洲誊录每人每日缮写八百五十字，汉誊录缮写一千五百字，校对官每人每日校对二十五篇"标准进行，不符则可能被稽查钦奉上谕事件处参劾。乾隆五年，乾隆帝针对修书各馆编刻书籍缓慢之事，特下谕旨："各馆所修之书，理宜上紧纂辑，渐次告竣。乃纂修官皆息忽成习，经历年久，率多未成……嗣后除内廷所修各书，未经开馆者，不必稽察外。其余各馆，皆著稽察上谕之大臣，按月察核。倘仍前怠玩，责有攸归。"② 稽查钦奉上谕事件处曾查核乾隆元年以后各馆纂辑书籍已完未完情形，当时的清查清单载明："《世宗宪皇帝御制文集》，乾隆元年奉旨编次，二年十二月内进呈交武英殿刊刻告竣。《康济录》，乾隆四年十月奉旨校对删润，本年十二月进呈交武英殿刊刻告竣。一统志馆于雍正三年内开馆，乾隆五年十一月内一统志书告成所有盛京正本刷印，现在大内未经发出。"③ 上述所引两则档案都说明了稽查钦奉上谕事件处负责检查修书处刷印书籍的进度，实现实时监督，以便让皇帝掌控全局。

三 修书各馆

清代内府修书各馆，一般可分为常开之馆、例开之馆、阅时而开之馆与特开之馆四种类型④。实际上，回到清代文献档案语境中的区分，亦可分为常开之馆和特开之馆两种。据嘉庆朝《钦定大清会典事例》卷788载：

---

① 光绪朝《钦定大清会典事例》卷15《内阁五·职掌三》。
② 同上。
③ 《呈乾隆元年以后各馆纂辑书籍已完未完情形清单》，中国第一历史档案馆藏军机处档案，档案号：04-01-38-0023-002。
④ 王记录：《清代史馆与清代政治》，人民出版社2009年版，第41页。

奉旨：特开之馆，应用纂修额缺，酌定奏请。其常开内廷三馆，武英殿额设纂修十二员；国史馆额设纂修八员，现在系满洲总纂四人，汉总纂六人，满洲纂修十二人，汉纂修二十二人；方略馆，提调纂修不专属翰詹。①

《钦定大清会典事例》这里所说的"常开内廷三馆"包括武英殿修书处、国史馆和方略馆，此三馆的工作往往庚续不断，不同于他馆专纂一书，书成即闭馆。特开之馆应指官编书籍，每降特旨开馆，办竣即撤，是谓特开之馆，如四库全书馆、一统志馆、明史纲目馆等。武英殿修书处是内府书籍的刊刻、装潢机构，为何被《大清会典》列为编纂书籍的史馆呢？其实，修书处除了刊印书籍的职能外，实际上其在康熙时期还有纂修书籍的职能。康熙帝纂修《佩文韵府》就是在武英殿开局进行的："康熙四十三年奉旨：朕新纂《佩文韵府》一书，特派翰林孙致弥等校对，可于武英殿内收拾房舍几间，令伊等在内详细校对。"② 雍正朝以后，修书处最重要的职能已经转变为刻书、装潢机构，名曰"修书处"，但实际很少直接纂修书籍，而是刊刻、装潢纂竣之书。

关于武英殿修书处与修书各馆的关系，杨玉良有精辟的论断："二者的隶属关系不同，分工各异。但总的任务是一个，都是为清代皇帝纂刊书籍。前者是刊刷、装潢书籍的出版发行机构；后者是书籍的编纂、修订单位，彼此关系甚密。"③ 一般而言，修书各馆负责书籍的编纂、校对工作，而武英殿修书处则负责刷印、折配、装潢等事宜，彼此通力协作。

武英殿修书处与修书各馆的工作往来密度是非常高的，可能在同一时期内同时与多个修书馆协商刻书、装潢事宜。如嘉庆五年二

---

① 嘉庆朝《钦定大清会典事例》卷788。
② 嘉庆朝《钦定大清会典事例》卷906《内务府·书籍碑刻》。
③ 杨玉良：《武英殿修书处及内府修书各馆》，《故宫博物院院刊》1990年第1期。

月十八日，永璇等奏称："惟数年以来，摆办聚珍诸书，及刻《续文献通考》，又各馆交刻《热河志》《宗室王公大臣表传》《明史本纪》《兰州纪略》《纲目三编》《清凉山志》各书共计六百卷，卷帙浩繁。"① 武英殿修书处摆印聚珍版，就同时与多个修书馆进行密切沟通。

修书各馆一般负责对所纂书籍的校对，"向例各馆交刻各种书籍，刊刻告竣，进呈样本，俱系各馆人员赴殿校对文义，查对号数"，即便闭馆后仍要由原馆人员派至武英殿校对，以便武英殿尽速装潢、刷印。如乾隆十一年（1746）三月初八日，实录馆称：

> 本馆接准武英殿行令原在馆各员复校对《列朝圣训》清汉文五部，以便装潢进呈。……应对《圣训》五部内，内阁、翰林院、詹事府、起居注四衙门，每一衙门各分校一部，尚余一部，内阁、起居注两衙门各分对一半，刻期校对……传知在馆各员速赴武英殿，将所分应对《圣训》刻期校对。②

此外，武英殿修书处装潢完竣各馆书籍后，分订卷头、详阅流水也需修书各馆派提调等人员赴武英殿办理。乾隆十一年三月初三日，修书处咨内阁八旗氏族通谱馆称："交刻之清汉《八旗满洲氏族通谱》各八十二卷，俱已刊刻，刷印全竣，现候装潢。查向例装潢进呈书籍，其分订卷头，详阅流水俱系原馆经手提调等官到殿办理，此一定之章程，不易之旧例。"③

武英殿修书处刻竣书籍后，亦将殿本交由原馆颁发流通。乾隆八年（1743）四月十二日，律例馆总裁官大学士徐本等谨奏称：

---

① 《清宫武英殿修书处档案》第 1 册，嘉庆元年至嘉庆十三年奏事档，丑字四号，第 318—319 页。
② 台湾史语所藏内阁大库档案，乾隆十一年，登录号：102239 - 001。
③ 台湾史语所藏内阁大库档案，乾隆十一年，登录号：092084 - 001。

武英殿修书处咨称：据律例馆来文内开，乾隆六年十月十二日，清、汉《律例全书》缮竣，请旨刊刻。本日奉旨：知道了，书交武英殿刊刻。钦此。钦遵。随经律例馆缮写刻样，陆续咨送前来。今已刊刻告竣，谨装潢清、汉样本各一部，恭呈御览，其应行颁发之处，请交原馆定拟具奏，以便照数刷印，仍由原馆颁发。①

清代的特开之馆，规模最大的当属乾隆时期的四库全书馆。四库全书馆与武英殿修书处关系极为密切。乾隆三十八年，朝鲜燕行使严琇曾问询四库馆臣邱廷灏、许兆椿："问：《四库全书》修于阙中耶？在于外廷耶？答：有在翰林院衙门者，有在内廷武英殿者，职司不同。"② 武英殿和翰林院职司有何不同呢？时人吴长元《宸垣识略》卷5载："乾隆癸巳年特开四库全书馆，翰林院为办理处，武英殿为缮写处。"③《宸垣识略》和《燕行录》所载，都揭示了四库全书馆由翰林院和武英殿两个机构协作，二者职责不同。正如张升指出的："四库馆的机构分为两大系统：其一为翰林院系统，专司《四库全书》的校阅与编修；其一为武英殿系统，专司《四库全书》的缮写、校对与装印。两者互不统属，但又互相配合，统归于总裁官掌控。"④

乾隆六十年（1795）刻本《钦定四库全书总目》前有职名表，列明翰林院和武英殿两大系统的相关职名。据此职名表，武英殿负责缮校四库全书官员包括：总阅官、总校兼提调官、提调官、覆校官、分校官、篆隶分校官、绘图分校官、编次黄签考证官、督催官、

---

① 台湾史语所藏内阁大库档案，乾隆八年，登录号：019667-001。
② ［韩］林基中：《燕行录全集》卷40，汉城：东国大学校出版部2001年版，第241页。
③ （清）吴长元：《宸垣识略》卷5。
④ 张升：《四库全书馆的机构与运作——以〈四库全书〉职名表为中心的考察》，《北京师范大学学报》（社会科学版）2007年第3期。

收掌官、武英殿收掌官和武英殿监造官。

据张升研究:"武英殿系统的主要工作是缮写翰林院系统所审阅校定之书,然后进行校正、装印。其下分缮书分校处,主要负责缮写、校正《四库全书》;监造处,负责刊刻、印刷、装订事宜。"武英殿缮校《四库全书》的工作流程则是:"翰林院发下到武英殿缮写之书,由武英殿缮书处收掌官保管,再由提调官发下给誊录抄写,交分校官校毕,交覆校官覆校,交总校官审阅,交提调官汇总,再交总阅官或总裁官抽查"①,最后进呈给乾隆帝御览。

四库全书馆开馆后,在武英殿四库馆办事人员剧增,单单誊录一项,人数就达600人②(缮书处定额400人,荟要处额设200人)。而据黄爱平的统计:"总计前后参与内廷四阁全书及两部《荟要》缮写工作的誊录共二千八百四十一人。"③ 武英殿修书处原设有提调2人、纂修12员、校录10人等日常办事人员,各自亦有本职工作。四库全书馆开馆后,其缮写、校勘工作都在武英殿四库馆进行,档案载"至应写全书,现贮武英殿者居多,所有分写、收发各事宜,应即就武英殿办理"④,修书处无疑是四库全书馆的重要组成部分。

(一)武英殿修书处人员参与四库全书馆的方式

早在四库馆开馆之初,乾隆三十七年(1772)十一月二十五日,安徽学政朱筠奏陈购访遗书及校核《永乐大典》意见折中建议:"臣请皇上诏下儒臣,分任校书之选,或依《七略》,或准四部,每一书上必校其得失,撮举大旨,叙于本书首卷,并以进呈,恭俟乙夜之披览。臣伏查武英殿原设总裁、纂修、校对诸员,即择其尤专长者,俾充斯选,则日有课,月有程,而著录集事矣。"⑤

---

① 张升:《四库全书馆的机构与运作——以〈四库全书〉职名表为中心的考察》,《北京师范大学学报》(社会科学版)2007年第3期。
② 张升:《四库全书馆研究》,第232页。
③ 黄爱平:《四库全书纂修研究》,中国人民大学出版社1989年版,第143页。
④ 《纂修四库全书档案》,第75页。
⑤ 同上书,第21页。

因此，当时朱筠就已经建议由武英殿修书处下属的校刊翰林处参与校勘《永乐大典》所辑书籍，四库馆开馆后，设立武英殿四库馆分支机构，从事《四库全书》的缮校、刊印工作，这一分工与朱筠的奏议有一定关系。

乾隆三十八年（1773）闰三月十一日奏陈的《办理四库全书处奏遵旨酌议排纂四库全书应行事宜折》是四库馆开馆后关于武英殿四库馆工作及办事人员如何交接的重要档案。据此档案，可得出如下信息：

其一，关于武英殿修书处纂修人员的数量调整，档案说"查武英殿原有纂修十二员，前经派在《四库全书》者八员，止余张书勋、张秉愚、张运暹、季学锦四员，今拟添派翰林陈梦元、郑爔、李光云、朱依鲁、龚大万、郭寅、许兆椿、闵惇大八员，代办武英殿纂修之事，俾兼司校勘。并于职事稍闲及候补之各京官内添派张培……等三十二员，分司校对"。据此可知，武英殿修书处原有的十二名纂修人员中，抽调其中的八名"派在《四库全书》"，即应是派往翰林院四库馆，直接参与了《四库全书》编纂工作。而修书处剩余的纂修4名，人力稍显不足，又添派翰林8名，维持原有在馆数量。纂修的职责是"代办武英殿纂修之事，俾兼司校勘"，既负责了本职的纂修工作，又参与了武英殿四库馆的校勘工作。再从京官中选派了32名，"分司校对"，这里专指从事《四库全书》相关工作。

其二，武英殿提调为武英殿修书处原设，四库馆开馆后，武英殿提调也承担了四库馆的部分工作。档案载："其应行酌改字样，必须折衷画一，应令武英殿提调翰林陆费墀董司其成。其交到书篇，随时交武英殿装潢，归库收贮。"根据此一档案可知，陆费墀本为武英殿修书处原有之提调，并非是四库馆开馆后临时选派，但开馆后继续以提调的身份参与了四库馆各项工作。

其三，武英殿修书处原设供事2名，档案载："至收发记档及搬运书籍，分核纸篇，头绪颇繁，均须供事承管，现今在殿行走供事仅止二名，各有本分应办之事，应请添募供事十二名承管诸事。俟书成后，将添设之处停止。其分校各员到殿办事时，亦照武英殿翰林给与饭食。"① 可见，四库馆开馆后，原有供事继续负责修书处"本分应办之事"，再增设供事12名，承担武英殿四库馆收发等事。

乾隆四十年（1775）五月，武英殿修书处为充补贡生事称：

> 武英殿修书处向设有行走国子监贡生十名，随同纂修翰林分司缮写。……今自办理《四库全书》以来，纂修翰林等尽行派兼校对，日有课程，本处事务转不能兼顾，统归行走誊录六人办理，实不无竭蹶，理应随时变通。②

由档案可知，修书处原有的纂修尽数派充校对《四库全书》，"日有课程，本处事务转不能兼顾"。而修书处额设校录也参与了《四库全书》的缮写工作。

综上所述，四库馆开馆后，修书处所设提调、纂修、校录等人员均参与了武英殿四库馆的工作，常常造成本职工作不能兼顾。我们也可以说，修书处原有人员对缮写、校对《四库全书》的参与程度是很高的。当然也有部分人员，如原设供事2人还负责了本职工作，参与《四库全书》的程度不尽相同，需要加以区分。

（二）武英殿总裁与四库全书馆关系探析

作为武英殿修书处负责人，武英殿总裁深度参与了四库馆的工作。通过对武英殿总裁与四库全书馆总裁的关系考察，可以了解彼此间的分工合作。据张升统计，四库馆总裁前后共有30位，其中正总裁即有16位③。而总裁有明确的分工，"有的管全馆，沟通各方面关系，有的管刻书，有的管后勤。例如，永瑢、舒赫德应是负责总揽全馆的；福隆安则是在乾隆三十八年二月被派往四库馆经理饭食；

---

① 《纂修四库全书档案》，第76页。
② 台湾史语所藏内阁大库档案，乾隆四十年，登录号：181658-001。
③ 张升：《四库全书馆研究》，第141页。

英廉主要是管后勤,起协调作用;金简主要是办武英殿刊印之事"①。

四库馆正、副总裁中有不少人曾兼任过武英殿总裁一职。如乾隆三十八年二月,四库馆开馆,王际华以武英殿总裁、礼部尚书的身份,出任四库馆正总裁,该年八月改任户部尚书,兼任武英殿总裁、四库馆总裁。英廉于乾隆三十八年三月任四库馆副总裁,四十二年任正总裁,主管武英殿事务;董诰于乾隆四十一年三月为四库全书荟要处总裁,兼武英殿总裁;金简于乾隆四十三年闰六月为荟要处总裁;王杰乾隆四十四年任武英殿总裁,乾隆四十七年仍充四库馆副总裁;曹文埴于乾隆四十四年任四库馆总阅官,乾隆四十五年任四库馆副总裁,兼武英殿总裁。

武英殿总裁在办理四库馆事务中起到什么作用呢?乾隆四十年五月,武英殿总裁王嵩奏:"纂修兼《四库全书荟要》覆校编修查莹经臣等奏充补提调,又纂修兼荟要分校修撰张书勋在上书房行走,遗缺拟以编修沈清藻、庶吉士徐立纲充补。"② 由此可知,武英殿总裁兼有管理《四库全书荟要》之职责,可以奏补提调等人员。武英殿总裁是否还能兼管《四库全书》其他事务呢?下文以既充任四库馆正、副总裁,又曾兼任武英殿总裁的金简、王际华、王杰为例加以说明。

1. 金简。金简既是四库全书副总裁,又兼武英殿总裁职务,乾隆三十八年十月二十八日,金简"奉命管理四库全书一应刊刻、刷印、装潢等事"③。乾隆三十八年十二月初十日,乾隆帝谕旨:"金简前曾派在四库全书处经管纸绢、装潢、饭食、监刻各事宜,今已授为总管内务府大臣,著即充四库全书处副总裁。所有原派承办事务,仍著照旧专管。"④

---

① 张升:《四库全书馆研究》,第 141 页。
② 台湾史语所藏内阁大库档案,乾隆四十年,登录号:181677 – 001。
③ 《纂修四库全书档案》,第 177 页。
④ 同上书,第 189 页。

作为武英殿总裁，金简全面负责武英殿聚珍版事宜，除了办理聚珍版事务，金简还具体负责办理《四库全书荟要》以及殿本书籍的校对工作。乾隆四十三年闰六月十五日内阁奉上谕："办理《四库全书荟要》，著添派金简。"① 刊印的聚珍版《诗伦》卷尾和《钦定重刻淳化阁帖释文》书口均署名校者金简。

2. 王际华。据张升的统计，从乾隆三十九年正月起至十二月一年时间内，王际华作为武英殿总裁入殿次数只有33次，"王氏经常入翰林院四库馆，而其到馆次数要比到武英殿次数多得多。从这也可以看出，王氏的重心并不在武英殿。至于其原因，可能是武英殿的工作相对简单，而且，王氏虽专管《荟要》之事，但因为《荟要》的纂办是在翰林院四库馆，发写才在武英殿，故仍常至翰林院四库馆"②。档案所见，王际华负责《四库全书荟要》分校人员的选补事宜，如乾隆三十九年七月，武英殿修书处移会内阁典籍厅称："本处总裁王（际华）奏，今纂修兼《四库全书荟要》分校庶吉士邱庭潾丁忧员缺，请以检讨卢应充补。"③ 王际华还具体负责了刊刻事宜，乾隆四十七年（1782），军机大臣奏："查开馆之始，经总裁、原任尚书王际华发有刊刻条例一张……该分校等仍拘刊行条式，并未请示总裁，率听照例缮录，不行改正，究属不合。"④

3. 王杰。王杰曾于乾隆四十年、乾隆四十四年两度充任武英殿总裁，乾隆四十五年三月初九日，武英殿总裁王杰奏参提调陆费墀等遗失底本并请另选翰林充补折称："窃臣上年十二月内蒙恩派充武英殿总裁，随向原总裁臣董诰详问馆中一切事宜。"⑤ 武英殿总裁有职权奏请增设四库馆提调、纂修、收掌人员等。例如，武英殿总裁王杰曾参奏、处理过提调陆费墀，乾隆四十五年（1780），内阁奉上

---

① 《纂修四库全书档案》，第563页。
② 张升：《四库全书馆研究》，第159页。
③ 台湾史语所藏内阁大库档案，乾隆三十九年，登录号：185947-001。
④ 《纂修四库全书档案》，第1467—1468页。
⑤ 同上书，第1152页。

谕："王杰参奏武英殿提调陆费墀遗失各书底本四、五百种，令誊录捐书缮写，以为拖延掩饰之计，请勒限追缴。"① 可见，武英殿总裁职权甚大。

（三）四库全书馆利用武英殿藏书

《四库全书总目》著录了大量"内府刊本"和"内府藏本"，这里所说的"内府刊本"应指由武英殿修书处刊刻的殿本②，而"内府藏本"指的是内府旧藏书籍，二者实际上皆来源于武英殿所藏。吴慰祖所编《四库采进书目》，除了著录各省采进书目外，还在附录《补遗》这一部分移录了北京图书馆（今国家图书馆）所藏抄本《武英殿书目》，这份书目为"当时调取武英殿藏书的目录"③。据该书目，四库馆先后两次从武英殿查取所藏书籍。《武英殿第一次书目》著录计 400 种，《武英殿第二次书目》著录计 500 种。"两次书目所列才九百种，多为四库著录或存目之书。"④ 这 900 种书目应是由武英殿修书处管理的内府书籍，这里尚有更多档案可以佐证。

这里引录两条档案。一是，据乾隆三十八年（1773）闰三月十一日，办理四库全书处奏遵旨酌议排纂《四库全书》应行事宜折称："凡内廷储藏书籍及武英殿官刻诸书，先行开列清单，按照四部分排，汇成副目。……应写全书，现贮武英殿居多，所有分写、收发各事宜，应即就武英殿办理。"⑤ 可见，四库馆开馆之初，较早查取、整理的是武英殿藏书，四库应写书籍多取自武英殿所贮殿本及其他内府书籍，直接在武英殿办理缮写较为妥便。

二是，乾隆三十九年（1774）五月十一日，履郡王永珹等奏酌

---

① 《纂修四库全书档案》，第 1157 页。
② 《纂修四库全书档案》乾隆三十八年闰三月十一日载："遵旨将官刻各种书籍及旧有诸书，先行陆续缮写。"内府刊本往往又被称作"官刻书籍"，实际上就是殿本。参见《纂修四库全书档案》，第 75 页。
③ 张升：《四库全书馆研究》，第 109 页。
④ 吴慰祖编：《四库采进书目》，商务印书馆 1960 年版，第 187、203 页。
⑤ 《纂修四库全书档案》，第 75 页。

拟存留武英殿修书处库各种书籍折云："各处交到杂项书籍一千四百余种，其中纯疵不一，堆贮库内，亦应及时清厘。前经四库全书处查取九百余种，现存五百八十余种，俱系寻常之书，应统俟四库全书将查取各书交回之日，另行筹酌办理。"①

四库馆从武英殿查取的 900 种书籍，就是《四库全书》底本来源之一的内府本，既包括了部分殿本（即内府刊本），也有相当数量的内府旧藏书籍（即内府藏本），这是武英殿修书处对编纂《四库全书》的重要贡献之一。

此外，武英殿修书处还承担了贮存《四库全书》进呈本的工作。乾隆五十一年（1786）十月二十六日，永瑢奏将"各省督抚购进诸书，谨遵旨令翰林院查点，交与武英殿另行藏贮"②。乾隆五十二年（1787）七月三十日，永瑢又奏："其节次扣存本及重本，向存贮武英殿。此种书籍虽非正项底本，亦应饬令该提调全数移交翰林院，一体收贮，以归划一。"③ 国家图书馆藏《武英殿东庑凝道殿贮存书目》恰好著录了书籍 9001 种，学界普遍认为该书目是乾隆五十一年十月移贮这批非四库底本后所编。杜泽逊即认为："《武英殿东庑凝道殿贮存书目》当编于乾隆五十一年十月二十六日至五十二年七月三十日之间。"④《四库全书》进呈本曾在武英殿存贮了九个月的时间，当无疑问。

（四）四库馆闭馆后武英殿修书处参与补函等工作

四库馆闭馆后，南北七阁所贮《四库全书》的装潢、补函、挖改等事宜，大量工作是由武英殿修书处负责完成的。嘉庆八年（1803）十二月初七日，军机大臣庆桂等奏办理文渊阁空函书籍告竣折称，查办《四库全书》内应行缮补各书，统俟发下后，请旨"交

---

① 《纂修四库全书档案》，第 206 页。
② 同上书，第 1953 页。
③ 同上书，第 2055 页。
④ 杜泽逊：《四库采进本之存贮及命运考略》，《图书馆工作与研究》2001 年第 2 期。

武英殿按照旧式用分色绸装潢缮签"。而旧缮存殿之《御制诗五集》《八旗通志》各六份，由武英殿人员吴裕德检出字画草率各卷，另行缮写。"应俟缮竣后，交武英殿校录等分司校对，并饬派殿上办书供事等帮同检查，抽换装订成书。"① 再如，嘉庆十一年（1806），延福等知会武英殿修书处称：

> 现在办得《圣制诗文集》及《钦定八旗通志》等书七分，呈览后交懋勤殿用宝，仍交武英殿按照旧例将文源、文津、文溯三阁书用分色绸面装潢缮签，按新办排架图式依次归架。江浙三阁应补之书，俟用宝后交武英殿存贮。……以上共二十函系空匣未有书者，连前三十六函共计五十六匣。以上并照来单所开撤出，本衙门随将撤出书籍空函并史部、集部排架图二册敬谨包封撤垫，交送钱粮之催长……咨行武英殿修书处照数查收。②

由上述档案可知，武英殿修书处参与了嘉庆时期南北七阁补函过程中的缮写、装潢工作，在后续补函工作中扮演了重要角色，这一现象应引起学界的注意。

四 翰林院

唐代初置翰林院，开元初年置翰林待诏，掌四方表疏批答、应和文章。宋代翰林院下统天文、书艺、图画、医官四局，培养有关人才。元代置翰林兼国史院。明代将修史、著作、图书等职责归并翰林院，始成为外朝官署。官属自学士以下，有侍读、侍讲、修撰、编修，检讨等。清承明制，仍设翰林院。顺治初年，清廷将翰林院

---

① 《纂修四库全书档案》，第 2385 页。
② 佟悦等主编：《盛京皇宫和关外三陵档案》，辽宁民族出版社 2002 年版，第 138—139 页。

并入内三院，分为内翰林国史院、内翰林秘书院、内翰林弘文院三大机构。康熙九年（1670）撤内三院，复翰林院。康熙十六年（1677），康熙帝设南书房，择翰林等官员中才品高格者入值，为皇帝填词作赋、写字作画，还负责为皇帝草拟圣旨，参与机要。清代强化翰林院有一定的政治意图："清朝统治者利用翰林院制度控制、利用汉族士子之上层为自己统治服务，起到了纲举目张之效。"①

清代翰林院职掌纂修、校勘书史。翰林院之翰林常派充各馆担任纂修，尤重校勘，所谓"翰林院官，以编辑、校勘为职业，敕撰书史咸与"②。嘉庆朝《钦定大清会典事例》卷788载："凡各馆纂修书史，掌院学士充正副总裁官，侍读学士以下编检以上充纂修官，亦充提调官，庶吉士亦间充纂修官，典簿、待诏、孔目充收掌官，笔帖式充誊录官，亦间充收掌官。编纂诸书，刊刻告竣，皆得奏请颁赐，凡与纂诸臣，至告竣时已出馆局者，仍许列衔。"③翰林在修书各馆充任纂修者所占比例较高，例如国史馆的提调、总纂、纂修等官，多由翰林院官兼任，并彼此分工有序。据王记录的统计，清代三通馆中总裁官、纂修官等人员数量为53人，翰林院学士、编修、庶吉士就占据了44人；嘉庆朝修纂《清高宗实录》，修纂官"纂修汉文"者44人，其中翰林院学士、编修等就达32人④。因此，可以说："对于多数史书的编纂，翰林院是提供纂修官员的重要机构。"正如《清史稿·职官志》所载："翰林院掌院掌国史笔翰，备左右顾问。侍读学士以下掌撰著记载……修实录、史、志，充提调、总纂、纂修、协修等官。"⑤

武英殿修书处中负责校勘书籍的主要人员，也由翰林院选派。康熙四十三年（1704），清廷开局武英殿编纂《佩文韵府》，命翰林

---

① 邸永君：《清代翰林院制度》，社会科学文献出版社2002年版，第58页。
② 光绪朝《钦定大清会典》卷70。
③ 嘉庆朝《钦定大清会典事例》卷788。
④ 王记录：《清代史馆与清代政治》，第74页。
⑤ 《清史稿》卷115《职官志》。

词臣详校。后来正式设立的校刊翰林处，即是选派翰林负责内府书籍的校勘工作。康熙五十二年（1713）起，选派翰林院庶吉士在修书处行走，康熙五十二年十月十六日康熙帝谕大学士等曰："翰林官员内，多有不识字义、不能作诗文者，此皆教习不勤之故。比年以来，武英殿行走之人，乡会试中式者甚多。盖以在武英殿行走，每日不释卷耳。此后凡修书、校书处，著并派庶吉士。"① 康熙帝对校刊翰林处行走翰林比较满意，康熙五十四年（1715）正月二十七日特谕，内廷行走及武英殿修书翰林，"较在外翰林不同，诗文皆大方，总由每日纂修、校对之故也"②。康熙六十一年（1722）题准："待诏员缺，令翰林院咨送考取武英殿修书。文理优通、字画端楷之举人拣选知县。"③

武英殿修书处下属的校刊翰林处人员多从翰林院选拔，从事典籍校勘工作。翰林院是"储才之地"，清代官方的学术中心，翰林官员的选拔极为严格，主要有馆选、特授、制科以及外班翰林等途径。除非皇帝特授，"非进士不入翰林"，"非科甲正途，不为翰詹"④。翰林多为进士出身，清制每科殿试之后，第一甲第一名授翰林院修撰，二三名者授编修，并通过朝考从二三甲中选拔"文字雅醇"⑤者入庶常馆读书，称为庶吉士。大量词臣经过科举进入翰苑，由此翰林院储备了诸多才华之士，集中了全国第一流的学者。如雍正元年（1723）谕大学士等："国家建官分职，于翰林之选，尤为慎重，必人品端方，学问醇粹，始为无忝厥职，所以培馆阁之材储公辅之器也。"⑥ 清代翰林编纂书籍注重考据精核、校勘精审，清帝也一再谕令翰林编校书籍，务必"考据确实"，这样的人才基础相当程度上

---

① 《清圣祖实录》卷256，康熙五十二年十月十六日。
② 《清圣祖实录》卷262，康熙五十四年正月二十七日。
③ 光绪朝《钦定大清会典事例》卷58《吏部》。
④ 《清史稿》卷115《选举五》。
⑤ 《清朝文献通考》卷47《选举一》。
⑥ 《清世宗实录》卷12，雍正元年十月乙丑。

保障了武英殿修书处校勘书籍的质量,获得了校勘精审的美名。

五 国子监

国子监是中国古代最高学府之一。晋武帝时,始立国子学。北齐改名国子寺。隋炀帝即位,改为国子监。唐沿此制,设国子监。宋代则由国子监负责中央官府的刻书工作,刊刻经史子集各部典籍及佛释经藏,其所刊刻典籍被称为"监本"。到了明代,南、北国子监也是重要的内府书籍刊刻机构。清代国子监是全国最高学府,设祭酒满、汉各一人,司业满、蒙、汉各一人,职在总理监务、执掌教令。清代国子监刊刻书籍数量极少,主要交由武英殿修书处刊刻,但二者在人员选拔、典籍编刻、存贮板片等方面存在密切联系。

国子监的生员来源共分两大类:一为贡生,一为监生。清代修书机构,如国史馆、实录、方略、会典各馆,所需的书写誊录人员颇多。凡遇招考时,国子监贡、监生员等皆可应考,俟各馆咨取时挨名传唤,咨送充补。校刊翰林处的纂修、协修由翰林院选派充任,而负责写字、抄缮工作的武英殿修书处校录则由国子监生员中选派。

国子监生员本有职衔,领有本薪,在修书处工作期间不再另外支薪,但需供给修书饭食或折算饭银。"向来贡生在国子监支给膏火银两,咨明该监于户部领银时声明扣除所有誊录六员,即由本殿每月各给银2两5钱,以资行走。"[①] 如康熙四十三年(1704)规定,照南书房翰林饭食例,每修书翰林日给肉菜半桌,按时价定银1钱2分8厘7毫5丝,买办供始,另米1升,茶叶2钱,按时价采买,每日炭5斤,煤50斤,向营造司行取。乾隆三年(1738)规定,誊录书籍贡生每员每日各给饭银6分[②]。道光二十三年又规定,校录、誊录人员膏伙银减至2两5钱。上述开支,均由修书处定期核实行文

---

① 中国第一历史档案馆编:《乾隆朝上谕档》第5册,第945页。
② 光绪朝《钦定大清会典事例》卷1199。

广储司、户部和国子监分别发给①。另外，修书处笔帖式迁转方式之一是升授国子监助教。如雍正二年议准，国子监蒙古助教员缺，于理藩院及修书处笔帖式内引见补授。

　　清代国子监虽然本身也负责刊刻书籍，但数量并不多，"主要从事教育工作，刻书是其余事"②，内府典籍更多的是交由修书处刊刻。国子监日常存贮有大量修书处刊刻的殿本及板片，以备颁发各处或随时刷印。《钦定国子监志》列有清廷历朝所颁内府书籍，其中大部分是武英殿刻本。《钦定国子监志》卷51《经籍·赐书》条记载了历年所颁发所得殿本，"各书均出列圣暨皇上颁赐国子监存贮"③。国子监还贮存有大量殿本板片，后又归还给武英殿修书处。《钦定国子监志·经籍》载，乾隆九年以前存贮国子监的殿本板片共19种，45444面，"内《四经》及《性理精义》系监臣杨名时等请旨重刊，余俱武英殿刻竣，送监存贮"④。说明修书处刊刻的板片经常送交国子监存贮，以备随时翻刻。

---

　　① 杨玉良：《武英殿修书处及内府修书各馆》，《故宫博物院院刊》1990年第1期。
　　② 曹之：《中国古籍版本学》，武汉大学出版社2007年版，第304页。
　　③ 《钦定国子监志》卷51《经籍·赐书》。
　　④ 《钦定国子监志》卷66《经籍志二·书版》。

第 五 章

武英殿修书处的刊印与校勘活动

书籍史的研究包括多个层面，"围绕书籍的作者、书籍的出版者以及书籍本身三方面进行研究"①。除了关注书籍的作者、出版者、阅读者，系统展开书籍本身的研究也十分重要，特别是考察书籍制作过程中的生产材料与技术、制作环节，等等。一部书籍的编刻流程，通常要经过编纂、缮写、校勘、刷印、装潢等多道工序。以同治朝办理刷印《清文宗圣训》为例，工作流程包括：缮写底本、缮写清样，雕刻书板，校对、修补清样木板，刷印草样、清样，刷印清汉文正本等。修书各馆纂竣书籍后，刷印、校勘和装潢工作都在武英殿修书处进行。本章拟对武英殿修书处制作殿本过程中的刊刻、校勘这两个最主要环节进行细致考察。

武英殿修书处的刊印活动，按照对象的不同，可大致分为雕版印刷和活字印刷两种形式。有清一代，武英殿修书处的活字印刷活动并不多，主要集中在康熙及乾隆两朝，而雕版印刷则是修书处刊刻书籍的最常见方式，需要着重探讨。

---

① 孙卫国：《西方书籍史研究漫谈》，《中国典籍与文化》2003 年第 3 期。

第一节　雕版制作与管理

一　板片采办

中国古代刻本序跋中常出现"授之梨枣""寿之梨枣""付之剞劂""用锓诸木""授之梓""镂板""镌板""桀刊"等字样，指的是以梨木或者枣木刻板，刷印成书。这一过程中，如何采买、刊刻及修补板片等一系列问题，值得加以细究。

（一）板片的采办方式

雕版印刷的前提是采办足需之板片。武英殿修书处刊刻书籍数量庞大，每年都需采办数以万计的书板。清代初期，内府所需书板一般由内三院传谕工部承办，康熙十九年（1680）修书处成立后，刊刻书籍、经卷所用板片，主要有两种来源：

其一，选派内务府官员采办，或委托各省督抚代为采办，当需要采办大量板片或"尺寸厚大，京师难以采买"时，往往交由地方督抚代办。乾隆时期是修书处刊刻活动的高峰时期，梨木板片的需求量很大。乾隆元年（1736），据《龙藏经》主持刊刻事宜大臣的估算，"刊刻藏经一部，用长二尺四寸，宽九寸，厚一寸一分梨木板，约计七万三千一百余块"，如此数量且尺寸厚大的板片，只能"请内务府人员派出老诚谨慎者，往直隶、山东，照依彼处时价采买"。和亲王允禄随即选派内务府员外郎常保、李之纲、内副管领六十八、岱通带着采办费7000两，前赴生产梨木地方采买。一年后，仅购置梨木板10000余块，"所买板片仅交十之一二，以致不敷工程应用，难免迟延之咎"。最后经过商议，由直隶、山东督抚代为采办："查直隶、山东约有二百四十余州、县，请将此项板片，交与直隶、山东督抚，分给出产梨木各州县，照时价采买，不令刻扣民间，亦不使钱粮浮费，此项价值令酌量暂动该地方钱粮，俟板片解齐之日，由臣衙门详细核算，将内库银两补给。"① 此例一开，此后采办板片如多，交由督抚采办成为最常见的方式。乾隆三十七年（1772），采办大臣奏称："现在需用刊书梨板，约计五、六万块，若于京城就近采买，恐难如数购觅，著交直隶、河南、山东三省督抚，饬令出产梨木之各州县，照发去原开尺寸，检选干整、坚致、合式堪用者，即动支闲款，悉依时价公平采买，亦不必一时亟切购足办解，著三省各先行采办三百块解京，以备刊刻之用。"② 采购书板经费由内务府支销，"其所动价银，统于板片解京时，报明内务府，核定实数，令长芦盐政于应解内务府银款内拨解该省归款，毋庸报部核销"③。

其二，武英殿修书处自行采办板片。此种方式一般适用于采办板片数量较少之时，嘉道以后更为常见。如道光六年（1826）十月，武英殿修书处奏称："向来本殿刊刻书籍，所用板片，或由本处达他笔帖式采买，或责令刻字头目采办，均按例价支领。如有翘裂、换补、赔垫，并不另请开销，至有无节省，从不过问，总期板片适用。"④ 道光六年，武英殿笔帖式定邦建议杜绝采买板片官员从中渔利之事⑤。定邦为武英殿修书处刻字作笔帖式，就是由他负责采办板片。

武英殿修书处刊刻书籍所用板片，一般以上等的枣木、梨木为主，而刊印版画则一般选用枣木。如康熙五十一年（1712），刊印《御制避暑山庄三十六景诗》刻字匠朱贵、梅雨峰称："刊刻此画时，枣木板才可用。再，用手之画也有。干活时，东西昼亦有。略算之，一个人二十天左右可以刻一块。"⑥ 由此可知，如用于雕刻版画，枣木板最为合适，一人刻一块需要20天，可见其雕刻版画之难

---

① 翁连溪编：《清内府刻书档案史料汇编》第1册，第104—105页。
② 《清高宗实录》卷918，乾隆三十七年十月十二日。
③ 同上。
④ 《奏为遵旨查讯武英殿官员办买板片由例价内节省银两未经禀明垫补别项请严议承办各员事》，道光六年十月十四日，中国第一历史档案馆藏军机处录副奏折，档案号：03-2579-001。
⑤ 《清宣宗实录》卷107，道光六年十月十四日。
⑥ 翁连溪编：《清内府刻书档案史料汇编》第1册，第33—34页。

度。嘉庆十九年（1814）十二月初四日，署理武英殿总裁鲍桂星奏称："向来书板必用枣梨，近多杂以杨木，松脆不耐雕镌，抑且易朽烂，是以一书告成，甫经刷印一次，板已漶漫，不堪复用，尤可怪者。"① 可见修书处所用板片间或使用杨木，但杨木"松脆不耐雕镌，抑且易朽烂"，问题甚多。有鉴于此，鲍桂星呈请"嗣后责成总管务选坚厚枣梨，不许以杨木充数"，成为固定规制。即便是到了光绪年间，修书处面临经费支绌，也不准使用粗劣杂木，甚至以库存珍贵植木10000多斤用为书板。

板片质量的好坏直接关系到书籍刊印的质量，因此修书处对选用的板片要求极为严格，板片须"干整、坚致、合式堪用"，不得"混杂、翘裂、肿节、潮湿"②。梨木板一般在秋冬收脂时采办，此时的木板平整不翘。如乾隆三十七年（1772）十二月十九日，河南巡抚何煟奏遵旨采办刊书梨板解京折称："梨木惟秋冬收脂之时，采买锯板，方得平整不翘，一交春夏，难免翘湿。"③ 刻字匠役对于如何让板片坚致，也总结了一些实用的方法。如刻字匠朱贵、梅雨峰称："现找得之枣木板，虽长宽尺寸勉强够，但干后方可刊刻若干，需十几日。我闻得，穿山甲、川胶放入水中，煮二、三日，放阴凉处晾干，干得快，亦不易裂。营造处来我材料处查找，未找到干枣木板，现将找到之枣木板煮之，干后再看。"④ 防止板片开裂的方法是"穿山甲、川胶放入水中，煮二、三日"。

乾隆三十七年（1772）七月初七日，内府舆图房档案载：

（武英殿修书处）库掌塞勒六达色等禀称，舆图板片虽系枣木，木性有松紧，板片有新陈燥湿不等，又非一时刊完，其先

---

① 中国第一历史档案馆藏军机处录副奏折，嘉庆十九年十二月初四日，档案号：03-1564-012。

② 《纂修四库全书档案》，第4页。

③ 同上书，第34页。

④ 翁连溪编：《清内府刻书档案史料汇编》第1册，第33—34页。

刻得之板，已经搁放有势致抽缩，今本处照依线道不符之处详细核对，其板片内有抽缩者，用水浸泡，使其展放，所参差线道业已规合相符。①

不管是将枣木板放置于水中蒸煮，还是用水浸泡，目的都是让板片达到最佳的雕刻状态，但这样做亦有弊端。曾任武英殿总裁的方苞建议："刻字之版，材有老稚，干久之后，边框长短不能划一，故自来古籍止齐下线。惟殿中进呈之书，并齐上线，临时或烘板使短，或煮板使长，终有参差，仍用描界取齐。数烘数煮，板易朽裂。凡字经刳补，木皆突出，散落再加修补，则字画大小粗细不一，而舛误弥多。经史之刊，以垂久远，若致剥落，则虚縻国帑。伏乞特降谕旨，即进呈之本，亦止齐下线，不用烘煮，庶可久而不敝，为此请旨钦定程序，以便遵行。"② 可见，经过长期的刻板实践，武英殿修书处已经总结出切实可用的经验。

在实际的板片采办过程中，亦难以保证板片质量。如乾隆元年采办刊刻《龙藏经》板片，"地方官奉行不善，所解板片竟有不堪应用者"，内务府拟俱行发回。乾隆帝考虑到"板片虽不合式，然既已解送到京，又复运回原处，其树木业经砍伐，脚价又须重出，在地方官岂能料理妥协，势必贻累小民，甚属未便"，于是决定"嗣后解到板片，除合式者收用外，其不合式者，尚可留为刊刻书籍之用"③，乾隆帝谕令内务府将问题板片亦行收存，不必发回。

采办板片不准拼合凑板，因凑合之板日久容易脱落损坏。乾隆元年大规模采办经板，地方官员就曾奏请"采买经板，购取梨木，官民交累，似宜斟酌变通，或三块合一，或两块合一，凑合成板，

---

① 翁连溪编：《清内府刻书档案史料汇编》第1册，第142页
② 方苞：《奏重刻十三经二十一史事宜札子》，载《望溪先生全集·中集》，清咸丰二年戴氏校刊本。
③ 《清高宗实录》卷26，乾隆元年九月十二日。

则地方之购求既易，州县之承办不难"。乾隆元年（1736）九月十二日，庄亲王允禄上奏，认为"恐日后易裂，不惟徒费钱粮，且难垂永久……不敢擅用拼合与肿节潮湿之板"，"若掺杂拼合之板，不惟易致损坏，恐于从前已办之板不能整齐划一"①，等于否决了这一提议，清廷最终谕令不允许拼合凑板，以保障书籍刷印的质量。

武英殿修书处采办板片的地区，一般选择在京城、顺天府等地就近采买，如需求量大，则派员至出产梨木的直隶、河南、山东三省各州县，照依颁发尺寸"悉依时价公平采买"，"令出产各州县随时预为妥协购办，以备将来陆续解送"。同时严禁胥役人等采办之时借端滋扰，"严饬地方官凛慎办理，毋许胥役人等借端滋扰，致干参究"②。乾隆元年谕旨："嗣后务须妥协办理，不得丝毫累民。内务府查收板片，亦须公平验看，倘有勒掯抑捺等弊，查出定行究处，该承办地方官不得因有此旨，遂将不堪应用之板解送，有误刻经之用。"③

官员人等采办板片、匠役刊刻板片之时，往往容易发生贪墨、渔利现象，"工匠之黠者，或竟随手偷窃，划去旧字，刊刻新文，将板价折干肥橐"④，清廷对此严加禁止。档案屡见武英殿官员因在办买板片时，由例价内节省银两，未经禀明垫补，遭到了清廷的严厉处罚，也说明了清廷对板片采办、管理要求颇严。

（二）板片的采办时价与规格

武英殿修书处采办板片，一般根据时价略加酌减。如乾隆元年九月，直隶、山东出产梨木地方板片采购价为："每片银三钱二分，

---

① 《庄亲王允禄、弘昼奏为遵旨饬令督抚着地方官采办板片情形事》，乾隆元年九月十二日，中国第一历史档案馆藏朱批奏折，档案号：04-01-38-0002-019。
② 《纂修四库全书档案》，第34页。
③ 《清高宗实录》卷26，乾隆元年九月十二日。
④ 中国第一历史档案馆藏军机处录副奏折，嘉庆十九年十二月初四日，档案号：03-1564-012。

其中或有不敷，可令地方官酌量增添。"① 乾隆五十一年（1786）定，修书处采买板片，须据顺天府各个季度采访时价酌定价格购买。例如梨木板，须按每块时价核减二成采办。乾隆五十五年（1790）又定，修书处所需枣木板，须按顺天府所报时价，每块银 2 两，核减四成采办②。嘉庆五年（1800），修书处官员呈明采买物料价值事称：

> 查本处现在刊刻《大清一统志》等书，内图板需用枣木板刊刻，所存板片不敷应用，尚需采买。查此项板片曾于乾隆五十五年呈准，照依顺天府所报时价，每块银二两，合减四成办买在案。今据该作库掌呈报，现在时价每块银一两九钱，如核减四成，实不能买办，职等复经斟核，请照五十一年呈准办买梨木板之例，按时价核减二成办买应用。③

枣木板的采办，至嘉庆五年后又调整回来，按照乾隆五十一年所定办买梨木板之例，按时价核减二成采办。咸丰六年（1856），京师物价上涨，银贱钱贵，很难再以"准销价"采办板片，只能按时价办买，"以银一两折换制钱一串五百文付给"。

实际上，不同材质、尺寸规格的板片采买价格均不一致。如乾隆五十五年（1790）梨木板定价为：长 2 尺 2 寸、宽 9 寸 5 分、厚 1 寸梨木板，每块 1 两 2 钱 8 分；长 1 尺 4 寸 5 分、宽 1 尺 5 分、厚 1 寸梨木板，每块银 5 钱 2 分；长 1 尺 1 寸 5 分、宽 8 寸 5 分、厚 1 寸梨木板，每块 1 钱 6 分 8 厘；长 1 尺、宽 8 寸、厚 1 寸梨木板，每块

---

① 《清高宗实录》卷 26，乾隆元年九月十二日。
② 中国第一历史档案馆藏武英殿修书处档案，转引自杨玉良《武英殿修书处及内府修书各馆》，《故宫博物院院刊》1990 年第 1 期。
③ 嘉庆五年十月十九日，武英殿修书处官员等呈为呈明酌定采买物料价值事。见道光二十年武英殿修书处报销档案《武英殿修书处写刻刷印工价并颜料纸张定例》，国家图书馆藏。

1钱5分8厘①。

嘉道以后,随着物价的上涨,板片定价又有所调整。道光六年(1826),工部尚书禧恩等奏:"现在恭刻清汉文《圣训》,所需梨木板片,每块例价银1钱6分8厘,共买堪用板10910块,按例领过银1832两8钱8分,固刻字作笔帖式定邦经手,以时价收买,每块仅用银1钱3分5厘,及1钱不等,故由向例应领价值内,得有节省银526两6钱4分。"② 同样尺寸的枣木板价格要高于普通梨木板,据杨玉良的研究:"同一规格的梨、枣木板片,在不同时期的价格差异。如枣木板的价格,嘉道时期较乾隆初年增长了六倍多,梨木板,有的增长了一倍半左右,咸丰时期则增长了三倍多。"③ 板片价格上涨,势必造成修书处印刷成本的上涨,从而加剧了晚清修书处的经费窘境,成为彼时刊刻殿本数量迅速下滑的原因之一。

二 刻字三馆与书板制作

(一) 刻字三馆考

板片采办之后,即运送至武英殿修书处所属的刻字作进行加工、刻板。刻字作亦称刻字馆,负责缮写板样、刊刻书板等事。刻字作事务较繁,而武英殿空间十分有限,因此清廷设立了宫内、宫外两处刻字馆,咸丰十年(1860)清廷为刊刻《圣训》,又临时增设了南馆,时称"刻字三馆"。

宫内刻字馆位于武英殿群房,比较清楚。但宫外刻字馆位于何处,具体分工如何,以往学界关注较少,细节较为模糊,有必要加

---

① 道光二十年武英殿修书处报销档案《武英殿修书处写刻刷印工价并颜料纸张定例》,国家图书馆藏。
② 《奏为遵旨查讯武英殿官员办买板片由例价内节省银两未经禀明垫补别项请严议承办各员事》,道光六年十月十四日,中国第一历史档案馆藏军机处录副奏折,档案号:03-2579-001。
③ 杨玉良:《关于清内府书籍经卷板片的采买、存贮等问题》,《故宫博物院院刊》1988年第3期。

以查考。新近出版的《清宫武英殿修书处档案》为我们提供了重要线索。道光十六年（1836），武英殿修书处官员等呈为报修房间事称：

> 奉旨修刻《廿史》板片等因前来，查本处刻字东、西两馆在东安门外烧酒胡同，以未修理房间，多有塌陷渗漏，该匠役等碍难在内修刻板片。查此项奉旨刊办活计为数较多，应行雇觅刻字匠役，经年在馆刊刻，今量其必须应用之房，酌拟报修东馆正房五间，西馆后院内正房三间，抱厦三间，前院正房五间，……计粘单一纸：东馆正房五间，头停渗漏……西馆后院内正房三间、抱厦三间，头停渗漏……前院正房五间，头停渗漏。①

前引档案对于了解宫外刻字馆的整体情况颇为重要。首先，档案说明了宫外刻字馆所在地是"东安门外烧酒胡同"。其次，宫外刻字馆包括刻字东馆、刻字西馆。其房间数量为"东馆正房五间，西馆后院内正房三间，抱厦三间，前院正房五间"，总计有16间，其空间相较于武英殿殿堂更为宽敞，足以容纳数量庞大的板片存贮和刻字匠役。最后，武英殿宫内刻字馆的刻字匠役一般临时外雇，而宫外刻字东、西两馆则"雇觅刻字匠役，经年在馆刊刻"，也就是说宫外刻字馆的刻字匠是常年驻馆刊刻的，这样可以承刻更多的书板。

杨玉良认为刻字馆又名"写字局"②，事实是否如此呢？道光十六年（1836）武英殿修书处官员等呈为报修房间事："本处刻字西馆里院内，大正房三间，前抱厦三间……又刻字馆西院内，正房五间……东馆大正房，五间……写字局大正房后东边添砌街墙一段，

---

① 《清宫武英殿修书处档案》第2册，道光十六年武英殿修书处堂呈档，戌字三号，第737—738页。

② 杨玉良：《武英殿修书处及内府修书各馆》，《故宫博物院院刊》1990年第1期。

均高七尺五寸等因。呈明相应咨行营造司，做速修理可也。为此具呈。"① 该档案同时提到了刻字东馆、刻字西馆和写字局，且是并列机构。可知刻字馆包括写字局，二者不是同一机构。写字局的职责应是承担缮写板样，之后再移交刻字东馆、刻字西馆按板样雕刻。

综上所述，武英殿修书处下属的刻字作包括宫内和宫外两处，宫外刻字馆包括写字局、刻字东馆、刻字西馆，三者各有分工合作。而宫外刻字馆与修书处做书作、刷印作也有密切联系，据杨玉良的考察，修书处文稿档案上常"标有城内二修、城外二修字样。城外刊板之后，经东华门交武英殿刷印、装潢"②。

（二）刻字馆的雕版制作

刻字三馆设有库掌、拜唐阿、司匠等人。匠役常设写字头目、刻字头目、刻字匠四至六人。遇有任务，准予外雇③。康熙朝刻字匠资料较难找寻，偶见于档案。康熙五十一年（1712）八月初七日和素、李国屏奏：

> 朱贵、梅雨峰都在刻黄经板……然仅命二人刊刻，恐需时太久，故命朱贵、梅雨峰，尔等往寻原先能刻之人。伊等曰，我等已寻找，没有找到，欲勤加寻找。等语。奴才等亦分别寻找。④

康熙五十一年七月二十二日，和素、李国屏奏称："《热河避暑山庄三十六景诗》计两卷，九十二篇，交五十名工匠作速套板镌刻，

---

① 《清宫武英殿修书处档案》第 2 册，道光十六年武英殿修书处堂呈档，寅字三号，第 643—644 页。
② 杨玉良：《武英殿修书处及内府修书各馆》，《故宫博物院院刊》1990 年第 1 期。
③ 同上。
④ 翁连溪编：《清内府刻书档案史料汇编》第 1 册，第 33—34 页。

以刻样各三套刷完略算之，八月初可得。"① 可见，刻印《避暑山庄三十六景诗》套版使用了 50 名刻字匠。到乾隆朝以后，刻字匠数量大为增加。据乾隆元年（1736）的统计，京师刻字匠不过 400 余名，武英殿等处就雇用了 200 余名。但当时的刻字任务较多，仍不够用，清廷只能招募数百名刻字匠来京刊刻②。

刻字匠雕刻书板，除了刻刀等工具外，还要备齐松木案、板凳等物料。修书处档案道光十六年（1836）呈文档载："本处据提调处来付内称，现奉旨修刻廿史板片等因前来查修补板片，须传刻字匠役，经年在内修补，需用松木案四张，每张八尺宽一尺五寸厚二寸，一块玉不用码头，腿高二尺八寸，板凳十六条。"③

嘉庆二十五年（1820）武英殿修书处校勘章程规定，修书各馆纂成之书稿，要先缮写底本，再刻板样，加以校对后才能正式刷印装潢：

  武英殿刊刻各馆书籍，向于各馆书成送交之后，由武英殿先缮写宋字样本一分，交原馆校勘，其有缮写错误者签出，交回改正，俟覆校无讹后，再送交武英殿刊刻。及刻成板片、印出板样一分，仍交原馆校勘，亦俟签出错误，修改覆校无讹后，再送交武英殿刷印，其先校写样，后校板样，均未定有限期。④

上述档案表明，刷印一部书籍，需要多个部门协作完成。其中，缮写板样、刻成书板两个环节由刻字馆具体负责。缮写板样的工作由刻字馆的写字局完成，而缮写工作则需用大量纸张，一般行取黑

---

① 翁连溪编：《清内府刻书档案史料汇编》第 1 册，第 31—32 页。
② 同上书，第 104—105 页。
③ 《清宫武英殿修书处档案》第 2 册，道光十六年呈文档，戌字九号，第 748—749 页。
④ 《曹振镛等奏为议奏校勘武英殿书籍章程事》，嘉庆二十五年十一月初四日，中国第一历史档案馆藏军机处录副奏折，档案号：03-2160-021。

格纸张，先行刷印数千张加以校核。道光十六年，修书处官员等呈为行取纸张事称："本处据提调处来付，修刻《廿史》板片内应行换刻之板，本处缮写底本，需用太史连黑格二万页。"①

修书处对于刊刻板片的进度有时间要求。嘉庆十九年（1814）规定，刻书须严定限，要求一人每日刻字 100 个，每日用匠 50 人，可得字 5000，每书 1 页，以 400 字为率，每日可得书 12 页有奇，每书 1 卷以 30 页为率，3 日刻得书 1 卷有奇，百卷之书，280 日可毕②。

修书处对刻字匠的刻字质量要求也极为严格，如果"倘有草率舛讹，惟工人是问。不许逐字挖补，罚令赔板另刻，庶不致有意讹谬"，后来考虑到刻字匠役本身贫苦，薪水有限，最后裁定"工匠刻书舛误事所常有，若一概不准挖补，务令罚赔板片，此等贫苦工匠力有不能，应请嗣后凡讹错字少，准其挖补，字多则令赔板另刻"③。

三　补板与改刻

（一）补板

清朝统治者入关之初，四方征讨和平叛，无暇顾及刻书之事，而利用前朝书板补刻典籍是行之有效的方法，康熙时期就曾将明代遗留书板进行补刻。康熙五十二年五月十九日，武英殿总监造和素、李国屏奏："去年十一月初二日奴才等奏称，于经板库查黄经板时，据说有《文献通考》《诗文类举》板，将此查出带来后，其中若有缺板，补刻后，各刷五十部书。等语。奉旨：好。再，故明之《五

---

① 《清宫武英殿修书处档案》第 2 册，道光十六年呈文档，戌字八号，第 747—748 页。
② 中国第一历史档案馆藏军机处录副奏折，嘉庆十九年十二月初四日，档案号：03-1564-012。
③ 同上。

经》《四书》板，经礼部具奏，业经修整。将亦查出，带来刷印。"①

雍正朝以后，补板工作更多的是对刷印模糊之处或校对清样时加以补刻。

1. 修补清样书板。档案所见，修书处制作书板、完成清样之后，为了保证质量，一般要经过多次修补。特别是清廷极为重视的《圣训》板片，更是经过严格的3次修补。如咸丰八年（1858）3次修补《宣宗圣训》板片，修补刻字数量甚多：

> 十二月为清样初次修补，自卷一至卷二十止，共修补一千四百六十五字……又二次修补清样，自卷一至卷二十止，共修补一千一百六十五字……为三次修补汉文，自卷一至卷三十止，共修补五千九百三十三字。②

《圣训》板片刊竣后，修书处又派员监视匠役再行修补一次。咸丰十年（1860）档案载："二月为恭办清汉文《圣训》板片全行刊竣，由校勘、提调二处陆续来文，发修之书监视修补，至听差匠役等，每日添设饭食听差匠一人等项，每人需用制钱四百二十串。"③可以说，清样补板是制作书板过程中必不可少的程序。

2. 书板多刷模糊后补板。雕版经过多次印刷之后，容易字迹模糊，也需要不断修补板片。如乾隆九年（1744），实录馆咨文武英殿修书处称："查雍正八年至十三年上谕，原系乾隆六年该馆校准刻成之书，业已颁行内外，所刷之书甚多，以致板片稍有模糊，并减落笔画之处。今贵馆既然复行校出应修处所六十二处，本处现在修板外，内有板片模糊，毋庸改正者二十二处。"④

道光朝以后，由于修书处承刻书籍任务锐减，刻字馆的日常工

---

① 翁连溪编：《清内府刻书档案史料汇编》第1册，第40页。
② 《清宫武英殿修书处档案》第4册，第52页。
③ 同上书，第60页。
④ 台湾史语所藏内阁大库档案，乾隆九年，登录号：144861-001。

作更多的是修补书板。这在道光朝修书处档案中屡有记载，如道光六年（1826）九月十五日，武英殿掌稿笔帖式定邦为采买板片事称：

> 买《补元史》板七百九十六块……买《补三史语解》板八百六十四块，每块价银一钱，用银八十六两四钱；预备换刻板一千二百块，每块价银一分五厘，用银一百三十八两，此板现存两馆；预备换刻板三百八十七块，每块一钱二分者七块，每块一钱一分者，三百八十块。①

道光十六年，刻字馆还修补了《日下旧闻考》②，刻字作修补《五经》《四书》板片③、修补《合璧四书》等书④。至道光二十五年（1845），共修补旧书板20余种。如合璧《四书》《五经》《康熙字典》等。道光二十五年（1845）以后，因清廷财力有限，决定将修书处修补板片工作暂缓办理。

（二）改刻

武英殿修书处刊竣书籍颁发流通后，对于触犯忌讳、刊刻不精的问题殿本，往往要将各处陈设、颁赐之问题殿本加以回缴，改刻书板。回缴、改刻如不彻底，容易造成后世所见同一殿本中存在异文的现象。当然，这种改刻活动具有很强的政治考量意味，是殿本存在异文弊病的一个重要原因，是值得我们注意的现象。下文列举一些因书籍内容审查而改刻板片的例子。

1. 改刻《三国志》。例如，对于《三国志》所载的关帝谥号，

---

① 《武英殿掌稿笔帖式定邦为采买板片实用节省补亏略节》，道光六年九月十五日，中国第一历史档案馆藏军机处录副奏折，档案号：03-3657-057。

② 《清宫武英殿修书处档案》第2册，道光十六年武英殿修书处堂呈档，酉字三号，第661—662页。

③ 《清宫武英殿修书处档案》第2册，道光十六年武英殿修书处堂呈档，戌字二号，第683—685页。

④ 《清宫武英殿修书处档案》第2册，道光十六年武英殿修书处堂呈档，戌字一号，第704—705页。

乾隆帝认为原有谥号为"史书所谥，并非嘉名"，所有志内关帝之谥，应改为"忠义"，于是谕令武英殿修书处大费周章的将所有殿本《三国志》相关内容逐一改刊。乾隆四十一年（1776）七月二十六日内阁奉上谕：

> 关帝在当时力扶炎汉，志节凛然，乃史书所谥，并非嘉名。……所有志内关帝之谥，应改为"忠义"。第本传相沿已久，民间所行必广，难于更易。著交武英殿将此旨刊载传末，用垂久远。其官版及内府陈设书籍，并著改刊，此旨一体增入。①

2. 改刻《钦定辽金元三史国语解》。乾隆四十六年（1781），《钦定辽金元三史国语解》送交修书处刊刻。但在编刻过程中，发现辽、金、元三史人、地、官名中有不少前后异同及事实讹错、脱落之处，"如《金史》内有三人同一名者，而原书或称为'埒喝'，或称为'燥合'，或称为'速可'；有三地同一名者，而原书或称为'活罗海'，或称为'鹖里改'，或称为'胡里改'。又如《元史·泰定帝纪》以俚语译诏辞，全无文理，列传内速不台完者、都阿塔赤等皆系一人两传"。清廷决定重行编次、改刻，"查三史内改译字样，或一篇仅有数字者，仍交武英殿挖改，其累牍连篇，原板难以挖改者，请交武英殿查明，另行刊刻"②。

康雍乾时期，文网森严，统治者大兴文字狱，大规模禁毁书籍，禁毁的方式包括收缴图书和板片。各地收缴的书籍一般交至内务府、武英殿字炉中烧毁。乾隆三十八年（1773）十二月十七日，大学士舒赫德等奏："解到各书奏交内务府烧毁，续据各省解到《初学集》

---

① 翁连溪编：《清内府刻书档案史料汇编》第 1 册，第 228 页。
② 同上书，第 306—307 页。

等书共二万三十一本，又未钉者四十部，理合奏明，仍交内务府销毁。"① 乾隆四十三年（1778）五月十七日，军机大臣查各省送到违碍书籍，"将必应销毁之书三百二十余种……臣等酌派军机满汉司员眼同监看，在武英殿字炉尽数销毁"②。

收缴的大量书板，如质量较优，则交给修书处所属刻字馆铲掉字迹，重新加工、刊刻别项书籍应用，这是修书处获得板片的来源之一。如乾隆三十八年十二月，大学士舒赫德等奏："查有解到《初学集》等书板片共二千九十八块，应交武英殿收查，其中或有尚可铲用者，作为刊刻别项书籍之用，其残损浇薄者，即行烧毁。"③ 又如乾隆四十年（1775），浙江巡抚三宝查缴的违碍书板1229块，解送军机处，奉旨转交武英殿铲毁，酌量改刻④。

当然，收缴的板片未必都适合改刻，如禁毁原板系双面刊刻或残损浇薄，则直接送去烧柴销毁。乾隆四十七年（1782）三月十二日内府玻璃厂活计档案载：

> 查乾隆四十五年十一月三十日起至四十六年十二月二十日止，由军机处陆续交来江西等省解到《名堂绪论》等书板共八次，应销毁废板二万一千九百八十三块，查验俱系双面刊刻，仅厚四五分不等，难以铲刻应用。查向例凡外省解交武英殿板片，由本殿奏明交玻璃厂，作烧柴应用；若有军机处奏交武英殿板片，据军机处原奏，转交玻璃厂，作为烧柴应用。⑤

乾隆四十八年（1783）三月十二日的内府玻璃厂活计档案又载：

---

① 翁连溪编：《清内府刻书档案史料汇编》第 1 册，第 187 页。
② 同上书，第 270 页。
③ 同上书，第 187 页。
④ 同上书，第 216 页。
⑤ 同上书，第 311 页。

查乾隆四十七年五月二十九日起至十二月十七日止，由军机处陆续交来山西等省解到《双栢庐》等书共四次，应销毁废板共一万六百二十五块，由本殿奏明交玻璃厂作烧柴应用。①

由上述档案可知，武英殿修书处在清代禁毁图书和板片过程中充当了不太光彩的角色，不仅各处收缴的书籍交由修书处烧毁，其板片合用者由修书处改刻应用，不合应用者则由修书处奏明交玻璃厂作烧柴应用。这从一个侧面也说明了修书处作为皇家刻书机构，完全听命于皇帝，是专制皇权的实际体现。

四 雕版存贮与管理

（一）雕版的存贮

武英殿修书处历年刊成书板，数量达数十万之多，而此一数字随着新刻书籍的增多不断被刷新，板片如何存贮与管理是颇费心思之事。武英殿正殿和敬思殿为贮藏已印出书籍、尚未发卖者之处所。刊印书籍所用板片则贮存于武英殿内偏殿及群房各处。乾隆三十四年（1769）七月，武英殿遗失所藏经板，乾隆帝谕令内务府大臣将历年各处所存贮板片之数目彻底清查。清查的结果是：宫内各殿阁所贮存的书板，共计257种，板片数量达405574块，其中"武英殿等十一处，所贮版三十六万八千八百四十五块……武英殿原贮《渊鉴类函》等书一百七十二种，共计版十四万八千一百四十四块。"②贮存这些板片无疑需要很大的空间，因此板片除了堆贮武英殿外，还在宫内分贮各处，包括天安门、端门、午门城楼、钦天监、国子监等10余处。

武英殿将部分板片移交给国子监、钦天监、礼部等衙门，还有另外一个目的，即就近提供板片给该衙门随时刷印、翻刻。如乾隆

---

① 翁连溪编：《清内府刻书档案史料汇编》第1册，第335页。
② 《武英殿遗失经板案》，《史料旬刊》1930年第13期。

七年（1742）七月初五日，钦天监监正进爱奏报《协纪辨方书》应否准许在外人员刷印称："臣等于本年六月二十二日因奏请赏给堆贮《协纪辨》书板之房屋……蒙皇上天恩，将板片赏给臣监衙门，臣监官生自得遵旨刷印，以备选择之用。"①

（二）书板的管理

武英殿修书处建立了一套管理书板的完备制度，开展定期清点、修板，每刷竣一批新书，按例整理一次书板。道光年间还设置2名领催、20名苏拉，专门负责清理武英殿书板。咸丰元年修书处派拜唐阿整理聚珍馆木活字，进行了3个月。

嘉道以后，武英殿修书处对所贮书板的管理日渐松懈，具体表现在：

一是，书板存贮不善，经年日久，造成朽烂。如嘉庆十九年（1814）五月十八日，山东道监察御史卓秉恬奏："臣前任翰林时曾充纂修，目击各种书板堆积殿廊上，两旁风吹，颇多朽坏。近复闻得书板损失较胜于前……若不及早清查书板全数，势必吁请重刊，虚糜国帑……仰恳简派大臣将所有书板逐一认真详查，敬谨藏贮。"② 对于卓秉恬的汇报，清廷高度重视，及时制定了解决方案。当年五月十八日发布上谕："武英殿、御书处书籍板片积年刊刻不易，若任其残缺漫漶，殊为可惜。"清帝谕令管理武英殿大臣将现存各项书板逐一查点，其颁行有用之书，如板片间有缺坏，应即补刻齐全。若系寻常书籍，不常刷印者，其板片缺失已多，无庸补刻，将所剩书板铲除备用。"至收贮书板，如武英殿廊房不敷堆积，或另择闲旷楼宇，分别存藏，以防朽蚀。"③

嘉庆十九年十二月初四日，署理武英殿总裁鲍桂星奏称，板片

---

① 台湾史语所藏内阁大库档案，乾隆七年，登录号：024614-001。

② 中国第一历史档案馆藏军机处录副奏折，嘉庆十九年，档案号：03-3657-058。

③ 《嘉庆道光两朝上谕档》第16册，广西师范大学出版社2000年版，第402页。

如果不贮屋内,长期散置武英殿殿旁、廊庑之间,日炙风吹,听其裂坏,甚至取以庋物踏足,种种作践,不可胜言。他建议:"收贮之法,或移置屋内,或另设箱厨,敬谨藏庋,未刻不准取出,既刻必须收入。搬放时小心看护,毋得将字画磨擦损伤,刷印尤当限以时日,不得任意耽延,以致板片抛散。"① 十二月十八日,文颖馆总裁官董诰等奏为议复武英殿办书章程事则说,鲍桂星所奏属实,武英殿存积的板片,因房屋不敷堆贮,散置廊庑,雨淋日炙,偷窃作践,无所不有。"查明应留板片,另择阔旷楼宇,慎重藏庋,应令即速行交内务府于紫禁城内地方奏明,分别移贮,排列整齐,扃闭严密,交总理大臣派员查察,并请嗣后每刻一书,将刷印后刻板存贮何所之处,附折声明,廊庑不许再有堆贮。"②

二是,武英殿存贮书板保管不善,往往发生盗窃、丢失,甚至出现书板劈柴、窃出卖钱的现象。据《清宫遗闻·武英殿版之遭劫》载,殿本书板皆存贮殿旁空屋中,不常印刷,遂为人盗卖无数。武英殿旁边的实录馆供事冬天木炭不足,劈殿板取暖。还发生过匠役偷窃板片,刨去两面之字,售于厂肆刻字店的事件③。

(三) 书板的损毁

同治八年(1869)武英殿发生大火,存贮于武英殿正殿、后殿的板片全部被烧毁。对于此事细节,同治八年六月二十三日,大学士倭仁、徐桐、翁同龢等奏为武英殿不戒于火请勤修圣德以弭灾变事称:"本月二十日夜武英殿不戒于火,书籍、版片焚毁殆尽。"④ 此次大火后,武英殿存贮之板片数量大为减少,但清廷此时经费支

---

① 中国第一历史档案馆藏军机处录副奏折,嘉庆十九年,档案号:03-1564-012。

② 中国第一历史档案馆藏军机处录副奏折,嘉庆十九年,档案号:03-2159-046。

③ (民国)小横香室主人:《清朝野史大观》卷2《清宫遗闻·武英殿版之遭劫》。

④ 《大学士倭仁等奏为武英殿不戒于火请勤修圣德以弭灾变事》,同治八年,中国第一历史档案馆藏军机处录副奏折,档案号:03-4675-124。

绌，无力补刻书板。光绪九年（1883）三月十一日谕内阁："翰林院侍讲陈学棻奏武英殿书版阙失，请饬查明补刊。等语。著该管王大臣查明现阙书版，先将经籍补刊，余俟陆续刊刻完全，用备观览。"①

光绪二年（1876），清查武英殿查明现存书籍板片，发现武英殿现存板片，只有《十三经注疏》《佩文韵府》《袖珍渊鉴类函》《唐宋诗醇》《文献通考》《前汉书》《后汉书》7种，板片间有糟朽，实难刷印。《周易折中》等11种书已无书板。此外，尚有《朱批谕旨》等各项书板100种。光绪五年（1879），修书处清查历朝圣训板片数目：武英殿存《高宗圣训》清文板18600块，多半糟朽模糊，且有残缺。《文宗圣训》清文板8562块，内糟朽模糊253块，残缺61块，《文宗圣训》汉文板3199块，内糟朽模糊24块，残缺11块②。由于《圣训》板片糟朽模糊，改由总理各国事务衙门用集字板铅印100部，这是光绪年间以铅字取代雕版印刷的直接原因。

第二节　聚珍馆与木活字印刷

活字印刷术在清代有长足的发展，其中最具代表性的是康熙朝内府的铜活字印刷和乾隆朝内府的木活字印刷，而凡论及中国印刷史或者古籍版本学的论著，几乎会谈到铜活字本《古今图书集成》10000卷和木活字本《武英殿聚珍版丛书》138种。实际上，这两项活字印刷的标志性成果都由武英殿修书处完成。修书处负责活字印刷的下属机构分别是康熙朝设立的铜字馆和乾隆朝设立的聚珍馆。以往学界较多关注和研究活字印刷的最终成果——《古今图书集成》

---

① 《清德宗实录》卷161，光绪九年三月十一日。
② 《武英殿修书处为查明历朝圣训板片数目事致军机处咨复》，光绪五年正月十七日，中国第一历史档案馆藏军机处录副奏折，档案号：03-7171-031。

和《武英殿聚珍版丛书》，而从活字印刷的执行机构——铜字馆和聚珍馆这一角度切入研究的著作并不多见。笔者认为，这两个机构的开设和运作实际上对卷帙浩繁的活字本的刊印影响甚巨，有必要加以深入探讨。

关于康熙朝铜活字馆的研究，笔者已发表多篇文章进行探讨[①]，兹不赘述。下文主要探讨乾隆朝聚珍馆的木活字印刷活动。以往学界关于武英殿聚珍版的研究论著可谓汗牛充栋，但较少从聚珍馆本身切入进行研究。实际上，聚珍馆本身存在不少模糊之处，例如"聚珍馆"何时成立？"聚珍馆"与"聚珍板处"是何种关系？《武英殿聚珍版书目录》与我们通常所说的《武英殿聚珍版丛书》收书数量有何不同？要全面了解武英殿聚珍版书的来龙去脉，有必要多角度综合考察聚珍馆的机构设置、人员组成、分工合作、活字去向及翻刻售卖等诸多问题。

一 聚珍馆机构设立缘起

早在乾隆三十八年（1773）二月，乾隆帝下旨辑校《永乐大典》时就曾设想："其有实在流传已少，其书足资启牖后学、广益多闻者，即将出书名摘出，撮取著书大指，叙列目录进呈，候朕裁定，汇付剞劂。其中有书无可采而其名未可尽没者，衹须注出简明略节，以佐流传考订之用，不必将全部付梓。"[②] 这一设想中已有区分付梓与不付梓之意。至当年闰三月十一日，办理大臣明确提出"《永乐大典》内所有各书……分别应刊、应抄、应删三项。其应刊、应抄各本，均于勘定后即赶缮正本进呈。将应刊者即行次第刊刻。"[③] 这里所说的"应刊"即指应予雕版刊刻。而当时指定的负责刊刻机构即是武英殿修书处，"所有原办绢板、纸片、界画、装潢及饭食各项事

---

① 参见项旋《清代内府铜活字考论》，《自然科学史研究》2013年第2期；《康雍朝古今图书集成馆考析》，《历史文献研究》2015年第2期。
② 《纂修四库全书档案》，第58页。
③ 同上书，第74页。

宜，派武英殿员外郎刘惇、永善经管总办。其四库全书处所有交到应刊各书，亦即令该员等监刻，以专责成"。

那么，清廷是何时决定要将部分书籍以活字摆版刊印的呢？文献所见，清廷置办武英殿聚珍版之缘起与武英殿总裁金简的提议有关。《钦定武英殿聚珍版程式》卷首录有乾隆三十八年十月二十八日管四库全书刊刻等事务金简奏酌办活字书板并呈套板样式的奏折，是一份了解武英殿聚珍版筹备刊印始末的重要文献。在该奏折中，金简首次提出以活字版印刷典籍的建议："今闻内外汇集遗书已及万种，现奉旨择其应行刊刻者，皆令镌版通行，此诚皇上格外天恩、加惠艺林之至意也。但将来发刊，不惟所用版片浩繁，且逐部刊刻亦需时日，臣详细思维，莫若刻做枣木活字套版一分，刷印各种书籍，比较刊版工料，省简悬殊。"①

据此奏折可知，金简之所以提出活字版印刷，乃是鉴于采取传统的雕版印刷大规模的典籍，不仅费时费力，且花费不少，如若采取活字印刷，只需一次性制作活字"大小合计不过十五万余字，遇有发刻一切书籍，只须将槽版照底本一摆，即可刷印成卷。豫备木子二千个，随时可以刊补"。而制作费用方面，"每百字工料需银八钱，十五万余字约需银一千二百余两。此外成做木槽版，备添空木子以及盛贮木字箱格等项，再用银一、二百两，已敷置办。是此项需银，通计不过一千四百余两"，金简进而以活字刊印一部《史记》为例，算了一笔经济账，"《史记》一部，计版二千六百七十五块，按梨木小版例价银每块一钱，共该银二百六十七两五钱。计写刻字一百一十八万九千零，每写刻百字，工价银一钱，共用银一千一百八十余两。是此书仅一部，已费工料银一千四百五十余两。今刻枣木活字套版一分，通计亦不过用银一千四百余两"。雕版和活版二者相较，后者确实有着明显优势，"事不繁而工力省，似属一劳久便"，可谓一劳永逸。

---

① 《纂修四库全书档案》，第 177 页。

金简先以乾隆帝御制《永乐大典》诗做样板，刻成枣木活字套版共 4 块，并刷印黑红格子样式各 50 张，进呈御览。这一奏议立刻得到了乾隆帝的准允，谕旨："甚好，照此办理。"从此时开始，金简即着手组织人手制作木活字。

（一）聚珍馆得名经过及开闭馆时间考述

聚珍馆的得名与"聚珍版"的命名密切相关。据军机处上谕档，乾隆三十九年（1774）四月二十五日，乾隆帝谕旨："武英殿现办四库全书之活字版，著名为武英殿聚珍版。钦此。"① 活字版被命名为"武英殿聚珍版"，办理"武英殿聚珍版"的机构被称为"聚珍馆"，也就顺理成章了。乾隆谕旨下发后，金简等人即奏议："仰蒙钦定嘉名为武英殿聚珍版，实为艺林盛典。拟于每页前幅版心下方，列此六字。"② 这一提议后来并未得到完全的执行，而是采取折中办法，即在书前镌"武英殿聚珍版"六字，成为武英殿聚珍版书的一个基本特征。

爬梳武英殿早期档案，我们发现办理聚珍版书的处所最初被称作"聚珍版处"，"聚珍馆"一词出现时间要晚于"聚珍版处"。那么"聚珍版处"一词是何时开始出现的呢？查阅《纂修四库全书档案》所见，乾隆三十九年四月二十六日亦即乾隆帝正式命名"武英殿聚珍版"的次日，办理大臣奏折中就已出现"聚珍版处"的称呼了。乾隆三十九年四月二十六日，王际华、英廉、金简请旨："查御书处现行之例，凡做墨刻字人等，服役之日，俱给与分例饭食。今排印聚珍版处，亦照此办理。"③ 这说明"聚珍版处"在此时作为一个机构名称已经成立。当日，金简也奏报了"聚珍版处"办理制作木活字的进展："将四库全书内应刊各书，改刻大小活字十五万个，摆版刷印通行，荷蒙允准。嗣又仰遵训示，添备十万余字。二共应

---

① 《纂修四库全书档案》，第 204 页。
② 同上。
③ 同上书，第 205 页。

刻二十五万余字，现已刻得，足敷排用。"① 至乾隆三十九年五月十二日，金简"督同原任翰林祥庆、笔帖式福昌敬谨办理，今已刊刻完竣"②。

笔者发现一件关于"聚珍版处"的内务府奏销档案，对"聚珍版处"的早期工作和排印进度，特别是关于办公处所的选址提供了关键细节。乾隆三十九年（1774）十一月初四日，武英殿修书处知照总管内务府称：

> 查聚珍版处事宜先经奏明刊刻木字二十五万三千有零，又成做收贮木字大柜十二座，楠木版盘八十块，并夹条、顶木等项以及额设供事十二名，按日排摆应刊之书目。本年四月内摆书起，陆续摆得《易象意言》《春秋辨疑》《禹贡指南》《春秋繁露》《书录解题》《蛮书》共计六种，业经前后恭呈御览。现今接摆《鹖冠子》，但聚珍版处一切应用器具并无供事等摆版处所，以及刷印作厂必须地局宽展，方为敷用。现在武英殿内存贮书籍板片，以及书作、刷印作各处充积，并无宽间房屋，足资排印。惟现今西华门外有官房三十间，原系赏给六阿哥府开当铺，今已移在地安门外官房内开设，其房共计二十六间。可否仰恳天恩，将此项官房赏给六阿哥府开设当铺，将西华门外官房三十间换出，作为武英殿聚珍版排印书籍官所，一转移间实为两便，且此项房屋又与武英殿相近，于一切校对事宜更为妥速。如蒙俞允，即将聚珍版器具移入，则排摆、刷印俱属宽余敷用矣。为此谨奏请旨。
>
> 武英殿修书处为知照事，经管理武英殿事务总管内务府大臣金（简）奏请将原赏六阿哥开设当铺之西华门外官房三十间换出作为武英殿聚珍排版刷书籍处所一折于乾隆三十九年十一

---

① 《纂修四库全书档案》，第205页。
② 同上书，第208页。

月初四日具奏。本日奉旨：知道了。钦此。钦遵。相应抄录原奏知照内务府转行多罗质郡王府并交各该处遵照办理可也。须至咨者。①

上述档案信息非常丰富。首先，档案清晰揭示了"聚珍版处"从乾隆三十九年四月开始摆印书籍，至当年十一月已经陆续摆印完成《易象意言》《春秋辨疑》《禹贡指南》《春秋繁露》《书录解题》《蛮书》6 种书籍。其次，"聚珍版处"原有办公处所应为武英殿，但考虑到武英殿内存贮书籍板片，而书作、刷印作并无宽敞房屋以供排印之需，因此武英殿修书处建议在武英殿外选择"地局宽展"之处作为摆版处所。最终选址为西华门外赏给六阿哥府开设当铺的官房 30 间，"作为武英殿聚珍排版刷书籍处所"，"此项房屋又与武英殿相近，于一切校对事宜更为妥速"，乾隆帝批准迁址至西华门外。从武英殿原有狭小处所移至宽敞的宫殿外官房，"聚珍版处"更名为后来的"聚珍馆"应该与这一调整相关。"聚珍馆"这个办公处所具体而言就是清人文献屡次提到的西华门外北长街路东。如《钦定日下旧闻考》卷 71 载："乾隆三十八年春，创制活字板，赐名聚珍，置局西华门外北长街路东，排印各书，事亦隶焉。"缪荃孙等编《光绪顺天府志》卷 13 亦载："乾隆三十八年创置活字板，锡名聚珍，置局西华门外北长街路东，排印各书。"② 需要指出的是，上述两则文献容易造成乾隆三十八年已经在西华门外北长街路东设立聚珍馆的印象，如有学者认为"聚珍馆，乾隆三十八年始设"，这一表述不够确切。实际上，乾隆三十九年十一月才将排印聚珍版处所由武英殿移至西华门外北长街路东，"聚珍馆"的名称至少在彼时才开始使用。

---

① 《武英殿修书处为知照将原赏六阿哥开设当铺之西华门外官房换出作为武英殿聚珍排版刷书籍处所事致总管内务府等》，乾隆三十九年十一月，中国第一历史档案馆藏内务府奏销档，档案号：05 - 13 - 002 - 001826 - 0064。

② （清）缪荃孙等：《光绪顺天府志》卷 13《京师志十三》，第 339 页。

聚珍馆馆址距离同在西华门附近的武英殿并不远，仍受武英殿修书处的直接管辖，所以文献又常出现"武英殿聚珍馆"的用法。当然，无论是"聚珍馆"还是"聚珍版处"抑或"排印聚珍版处"，在当时的办理人员看来实际就是同一处，在具体奏报时彼此交替使用。如乾隆三十九年十二月初四日档案有"聚珍版处设供事十二名……又聚珍版处刊刻木字数十万"①。乾隆四十二年（1777）十二月十七日："今武英殿聚珍版处额内供事十二名、额外供事十二名。"② 乾隆四十六年（1781）二月十九日，档案中出现了"聚珍馆"之名："臣等遵旨查得聚珍馆所摆各书，自乾隆三十九年五月间进书起，至四十五年十二月，陆续进过各书六十五种，业经呈览。"③ 乾隆四十七年（1782）四月二十五日，档案载："《明臣奏议》著交武英殿写入四库全书，交聚珍版处排印。"④ 档案中间或有"排印聚珍版处"的字眼⑤。

聚珍馆是何时闭馆的呢？实际情况较为复杂。如前所述，聚珍馆设立的初衷是摆印四库馆选出的应刊书籍，完成摆印任务后即闭馆。乾隆四十八年（1783）六月二十日，大学士阿桂奏："武英殿修书处咨称：准聚珍版处称本处具奏，臣奏明应摆各书期与四分全书后先藏事。今四分全书于四十九年即可扫数全完，所有聚珍版各书亦应勒限四十九年全行告竣。……现今应摆各书共计二万余版，若照常办理，尚须三年。今饬令承办各该供事并力排摆，统限于明年告竣。"⑥ 由此可见，聚珍馆原先设想应摆各书与办理北四阁《四库全书》应该同时告竣于乾隆四十九年。但从后来的

---

① 《纂修四库全书档案》，第 305 页。
② 同上书，第 762 页。
③ 同上书，第 1295 页。
④ 同上书，第 1571 页。
⑤ 同上书，第 205 页。
⑥ 中国第一历史档案馆藏军机处档案，乾隆四十八年，档案号：02-01-03-075-018。

摆印情况看，直至乾隆五十一年聚珍馆馆务才告一段落，据档案所载，"聚珍版处于乾隆五十一年馆务告竣……归款支出，俱开造清册，移送武英殿接续办理等因，奏明在案。嗣自乾隆五十一年经本殿接办以来……"①。此档案颇为关键，据此可知，聚珍馆（聚珍版处）的阶段性任务至乾隆五十一年（1786）已经完成②，所谓"馆务告竣"，说明摆印工作告一段落了，将来的工作由"武英殿接续办理"。实际上，乾隆三十九年（1774）五月十二日，金简奏折中已经设想好"俟将来四库全书处交到各书按次排印完竣后，请将此项木子、槽版等件移交武英殿收贮，遇有应刊通行书籍，即用聚珍版排印通行"③。聚珍馆木活字原存贮于北长街路口东馆址，馆务告竣后移交武英殿存贮。按照这一设想，聚珍馆摆印四库馆应刊书籍告一段落后，并未立即撤销，仍以"聚珍馆"之名继续负责管理聚珍版木活字，遇有需要继续摆印其他书籍。从现有资料看，乾隆五十一年以后至嘉庆中期，聚珍馆确实摆印了《四库全书考证》《吏部则例》等多种书籍。但嘉庆后期以后，聚珍馆摆印书籍工作逐渐停歇，主要成为存贮"聚珍"之库。咸丰初年，聚珍馆仍设供事、收掌等官员、匠役在此听差，每年拨有专款备用。到同治八年，武英殿发生大火，20余万个木活字被烧毁，聚珍馆也就不复存在了（详见后文考证）。

因此，以乾隆五十一年馆务告竣为限，我们可以把聚珍馆的机构发展划分为两个阶段：第一阶段是乾隆三十九年至乾隆五十一年，此阶段内聚珍馆的任务是负责摆印四库馆选出的100余种应刊书籍，最后写入《钦定武英殿聚珍版书目录》④；第二阶段是乾隆

---

① 《清宫武英殿修书处档案》第1册，未字一号，嘉庆六年八月初七日，第347—349页。
② 据张升考证，四库全书馆正式闭馆时间约在"乾隆五十年正月"，而聚珍馆馆务告竣时间则在一年以后，时间并不一致，从中亦可管窥四库馆与聚珍馆彼此的关系。
③ 《纂修四库全书档案》，第209页。
④ 据笔者后文考证，该目编成于乾隆末年，收录书籍129种。

五十一年至同治八年，此阶段聚珍馆陆续摆印了其他书籍，嘉庆末期后成为贮存木活字之处所，直至同治八年武英殿大火，聚珍馆不复存在。

二　聚珍馆人员设置及分工

1. 聚珍馆的机构组成

乾隆朝修书处档案中很少有专门涉及聚珍馆机构情况的记载，但爬梳道光朝的修书处档案依然可以大致梳理出该机构的组成情况。道光十三年（1883），武英殿修书处官员等呈为行取煤炭事称：

> 聚珍馆为预备上交摆印活计，摆书房添行煤炉六座、砚炙二十四个；办事科房煤炉一座、砚炙八个；提调房煤炉一座、砚炙四个；档案房为抄写历年档案，添行煤炉四座、砚炙十六个。[①]

同年，武英殿修书处"为行本年九月分月例煤炭由"又称：

> 聚珍馆为预备上交摆印活计，摆书房添行煤炉六座、砚炙二十四个；办事科房煤炉一座、砚炙八个；提调房煤炉一座、砚炙四个。[②]

由上述两则档案可知，聚珍馆设有摆书房、提调房、办事科房和档案房。摆书房负责活字摆印；提调房则负责活字及书籍的收取和管理；档案房负责办理相关档案；办事科房则是配合摆印工作而

[①]《清宫武英殿修书处档案》第 2 册，道光十三年呈文档，戌字二号，第 683—685 页。

[②]《清宫武英殿修书处档案》第 2 册，道光十三年呈文档，酉字三号，第 661—662 页。

设,有供事在此值班。

聚珍馆隶属武英殿修书处,受修书处管辖,而聚珍馆下属部门在职能分配上则各有专属:北长街路口东的聚珍馆馆址所在地主要负责活字的制作,而武英殿东、西配殿则主要是将制作好的活字进行摆印。乾隆五十二年(1787)七月二十七日,质郡王永瑢等奏续办详校《四库全书》酌拟章程情形折,对此有详细说明:

> 随饬提调等查看武英殿有无空闲房间,据称:前后两层正殿,向系收藏书籍,堆放版片。东、西配殿为承办刷刻、摆版之所,祇有后殿旁屋五间,亦不能容多人多书。①

2. 聚珍馆的人员设置及分工

聚珍馆的人员设置和分工情况,此前学界较少关注。武英殿聚珍版作为中国历史上规模最大的一次木活字印刷,其办理人员及匠役值得一一考究。张升《四库全书馆研究》一书第九章专论《武英殿聚珍版丛书》。除了考订聚珍本的数量、印行时间,聚珍本的底本与校样外,还爬梳了聚珍本分校官与纂修官,清晰地梳理出分校官与纂修官名单②。实际上,除了这两类人群外,参与聚珍版制作、摆印的拜唐阿、收掌、供事人员名单和身份等信息同样值得关注和探讨。除了校对人员外,聚珍馆额设供事、办事收掌、效力垫板收掌、效力拜唐阿、额外效力拜唐阿,聚珍馆的人员设置始终在动态变化,需要分类查考聚珍馆人员设置和分工情况。

第一,聚珍馆供事负责摆版等事。乾隆三十八年(1773)十月,聚珍馆尚未成立之前,金简已提议设供事6人,其中摆版供事2人,管韵供事4人:"以供事二人专管摆版,其余供事四人分管平上去入

---

① 《纂修四库全书档案》,第2051页。
② 张升:《四库全书馆研究》,第330—337页。

四声字。摆版供事按书应需某字，向管韵供事喝取，管韵供事辨声应给。"① 当然，这只是一个设想，后来供事人数有所增加。乾隆三十九年（1774）二月二十三日，多罗质郡王永瑢等奏称："检摆字板必须供事经手，前经臣金简奏明，额设供事六名在案。但查字板头绪纷繁，六人尚不敷用，拟再添供事六名，统照武英殿供事之例，一体行走，以资供役。"② 此时，供事已经增加至12名，由原任翰林院编修祥庆承办摆板之事。

聚珍馆成立后，额设供事12人，专门负责摆版。乾隆三十九年四月二十六日档案载："至额设供事十二名，专供摆版，实与匠役无异，与别馆供事仅供登记收发者有间，应请亦照匠役之例，遇有摆版之日，给与分例饭食，庶令常川供役，免致迟悞。其无书可摆之日，仍毋庸滥给。"③ 摆版供事按照武英殿匠役之例，发给饭食银。乾隆三十九年十二月初四日，多罗质郡王永瑢等奏募选额外供事情形折称："聚珍版处刊刻木字数十万，检查排版，换篇归类，头绪更繁，现有供事亦不敷使用，臣金简亦募选额外供事十二名协同帮办。"④ 此时聚珍馆设有供事12名，额外供事12名，总计24名。

聚珍馆的供事人数常常因需增减。乾隆四十八年（1783）六月二十日，大学士阿桂奏："（武英殿修书处）摆书供事向设额缺二十四名，嗣因不敷遣用，复陆续募充效力供事四十余名，俱系自备资斧供役。"⑤ 乾隆五十四年（1789），吏部尚书常青奏："查聚珍版处向设额缺二十四名，于乾隆五十一年经奏裁十八名，只留六名供役。随派办《四库全书考证》一百卷，已属书多人少，每形拮据。本年五月内奉旨交办《诗经乐谱全书》，现存供事等实不敷用。臣等因公

---

① 《纂修四库全书档案》，第178页。
② 同上书，第200页。
③ 同上书，第205页。
④ 同上书，第306页。
⑤ 中国第一历史档案馆藏军机处档案，乾隆四十八年，档案号：02-01-03-075-018。

商酌,将额外供事十五名并修书处额缺供事二名俱添派赶办查对、摆垫、收发一切事件。"① 可见,乾隆五十一年聚珍馆供事一度裁至6名,乾隆五十四年又增加了17名。

嘉庆元年(1796)四月,聚珍馆摆印《高宗十全集》后,修书处奏准议叙:"除提调纂修诸员不敢仰邀议叙外,所有在馆额缺,取结供事等俱系自备资斧,效力摆办,已阅五年。尚能各知奋勉,臣等拟请照五十三年《诗经乐谱》书成之例,恳恩赏给议叙,以示鼓励。"② 由上述档案可知,聚珍馆供事系自备资斧,效力摆办活字。嘉庆十三年(1808),修书处称:"一切摆板、归汇、查对等事不敷办公,相应移付内阁,拨送供事四员,并造具该供事履历过馆当差等因前来。今本处轮应供事一员过馆,将实缺供事李莲一员拨送典籍厅,即行文移送武英殿当差。"③

第二,聚珍馆拜唐阿负责垫版、在馆值宿等事务。据修书处档案,聚珍馆额设效力拜唐阿、额外效力拜唐阿,人数不定,拜唐阿需轮流到馆备差④。从实际情况看,聚珍馆拜唐阿数量亦在变动之中。嘉庆元年(1796),武英殿修书处奏:

> 本处承办事务,有拜唐阿三名,向由内务府挑派,校录十名,向由国子监肄业正途贡生考送充补。近年以来,均未奏请议叙。查拜唐阿等逐日在馆,实心经理,该校录等缮写各种副本,校对诸书,俱属勤勉,并拟择其年久者,请照前例,量加优叙。仍各按计到馆日期,扣足年限,始准咨部铨选。⑤

---

① 中国第一历史档案馆藏军机处档案,乾隆五十四年,档案号:02-01-03-07792-016。
② 《清宫武英殿修书处档案》第1册,卯字一号,嘉庆元年四月十七日。
③ 台湾史语所藏内阁大库档案,嘉庆十三年,登录号:229390-001。
④ 《清宫武英殿修书处档案》第2册,未字九号,第725—727页。
⑤ 《清宫武英殿修书处档案》第1册,卯字一号,嘉庆元年四月十七日。

嘉庆十二年（1807）十一月二十日，武英殿修书处奏为馆书办竣恭进样本呈请圣鉴事则称："承办聚珍版事件，向由内务府挑拨收掌笔帖式一员，委署库掌一员，拜唐阿等十五名到馆当差，因近年差使较繁，添设五名经理，俱属勤慎，亦请照例一并酌加议叙。"①此时的拜唐阿人数为 15 名。

嘉庆十七年（1812）六月，武英殿修书处奏称，聚珍馆原设拜唐阿人数为 22 名，除值班外，并无专任事件，因此决定采取签掣名次的方式选拔相关人员：

> 将签掣在前之十二名拜唐阿，令其承办垫板事务。其余十名，命其专司值班事务。俟有垫板十二名缺出，即将在馆值宿十人挨名顶补，仍将各该员履历、旗分造册咨部存案。每届活板书成时，其收掌各员，并垫板之拜唐阿十二名，俱照旧例，与供事一体议叙。②

道光二十六年（1846）又定，选留效力拜唐阿 5 人，其余人员调往他处听差。直至清末，这一人数再无变动。

第三，聚珍馆收掌负责收发纸张、书籍等工作。聚珍馆额设办事收掌 1 员，效力垫板收掌 3 员。除办事收掌 1 员常川在馆外，效力垫板收掌需要轮流到馆备差③。聚珍馆所设收掌 3 员，"遇有摆印书籍，篇页浩繁，头绪纷杂，收掌三员职司各事，倘不敷用，该管官员按例呈明，再行添派"④。嘉庆十六年（1811）十二月，武英殿修书处移会典籍厅称："承办聚珍版事件，向由本处挑取收掌二员，

---

① 《清宫武英殿修书处档案》第 1 册，戌字一号，第 463—467 页。
② 咸丰二年（1852）内府抄本《钦定总管内务府现行则例·武英殿修书处》"聚珍馆事宜"条。
③ 《清宫武英殿修书处档案》第 2 册，未字九号，第 725—727 页。
④ 咸丰二年（1852）内府抄本《钦定总管内务府现行则例·武英殿修书处》"聚珍馆事宜"条。

拜唐阿二十名，此次因书卷繁多，复酌增取收掌一员，拜唐阿二名。"①

三 聚珍馆经费收支情况

和武英殿修书处一样，聚珍版的主要经费来源为从广储司银库请领，另外一部分经费来源则是武英殿通行书籍售卖处售卖殿本所得款项。办理聚珍版的经费属于专门款项，专门用于制作、刷印活字版。乾隆三十九年四月二十六日奏折称："至所有工料，前经臣金简奏明，领过广储司库银一千四百两。兹添刻木字等项，尚属不敷，应请仍在广储司银库内再领银八百两，统俟臣金简另行核实奏销。"② 也就是说聚珍馆专为制作木活字从广储司"通共请领过银二千二百两"。具体的用处，如刻大小木字 15 万个，每 100 个约计工料银 8 钱③。档案还提及："所需刷印纸张工料银两，除现在武英殿存贮通行书籍赢余银一千七十两四钱五分八厘，堪以支用外，应请再于广储司支领银二千两，以备刷印。"④ 由此可知，聚珍馆用于刷印各项书籍的刷印经费总共为 3070 两 4 钱 5 分 8 厘。对于零星支出，则采取实销的方式："其书内僻字，必须随时增添，及将来刷多模糊，应行换补者，无庸另行支颁。应即于武英殿每年奏请备用银两项下，核实支销。"⑤

随着制作木活字的完成，金简奏报了经费使用的详细情况，从中我们也可以看出聚珍馆为制作木活字做了哪些工作：

> 细加查核成做枣木子，每百个银二钱二分，刻工每百个银四钱五分，写宋字每百个工银二分，共合银六钱九分，计刻得

---

① 台湾史语所藏内阁大库档案，嘉庆十六年，登录号：126058－001。
② 《纂修四库全书档案》，第 204—205 页。
③ 同上书，第 208 页。
④ 同上书，第 205 页。
⑤ 同上。

大小木字二十五万三千五百个，实用银一千七百四十九两一钱五分。备用枣木子一万个，计银二十二两。……通共实用银二千三百三十九两七钱五分。查原奏请领过银二千二百两，尚不敷银一百三十九两七钱五分，请仍向广储司支领给发。①

由上述档案可知，制作木活字的总费用为 2339 两，稍微超出 2200 两的原有预算。金简认为"此项木子器具成造工价，事属初创，并无成例可援，所有请领价值，俱系实用实销，请将此次奏准工料价值作为定例，造具清册，咨送武英殿存案"②。

到乾隆五十一年（1786），聚珍馆摆印工作暂时告一段落，后续工作移交给武英殿办理，当时进行了阶段性的经费清理：

> 所有该馆承办得通行书籍陆续收得价银，除所用过成本等项外，下存银七百七十六两七钱八分三厘，存书一百二十三部，值银一百二两三钱七分三厘八毫。又江南、浙江、福建、广东、江西等五省尚未缴价银一万一千一百三十九两六分三厘。并开馆时曾经支借过广储司银二千两，武英殿银一千八百六十两四钱六分，俟各省解交到时，再行归款支出，俱开造清册，移送武英殿接续办理等因，奏明在案。③

至嘉庆六年（1801）六月，"续经摆印发交五省通行书籍并各省吏部则例，计值银一万七千九百五十八两四钱九分六厘八毫"④。聚珍版摆印书籍通行各省，获得书价近 18000 两。

嘉庆以后，聚珍馆所费工价无多，余银由修书处统一协调，挪

---

① 《纂修四库全书档案》，第 208 页。
② 同上。
③ 《清宫武英殿修书处档案》第 1 册，未字一号，武英殿谨奏为拨用银两事，第 347—349 页。
④ 同上。

作他用。嘉庆七年（1802）十二月十四日，武英殿谨奏为奏销用过银两事称：嘉庆六年奏准由聚珍版项下拨入备用银5000两，旧存银2046两8钱8分5厘，共银7046两8钱8分5厘。"自六年正月初一日起至十二月三十日止，此一年缮写刊刻刷印装潢各书并敷春堂等处刊刻御笔字条活计匠役工价，翰林饭食供事公费等项，共用过银三千五百三十七两五钱二分八毫，下存银三千五百九两三钱六分四厘二毫。以及库储各项书籍物料数目，今派员外郎福成，内管领安成逐款详查，俱各相符。谨将用过银两物料及库储书籍细数造具黄册，恭呈御览。"①

从实际情况看，直至道光年间个别省份仍有拖欠修书处给发聚珍版书的书款。如道光十三年（1833）武英殿修书处官员严催《吏部则例》书价银两事称："查嘉庆五年本殿摆印《吏部则例》，据吏部来文，发交奉天等十九省通行交价，除各省已经解交外，其福建省领取则例六十部，合计应交价银三百八两八钱八分，尚未解交，屡经咨催，均属罔应，相应再行严催，吏部转催该省，作速派员解交前来，以清款项，毋任延缓，相应呈明伏候。"②

四　武英殿聚珍版书收书数量考辨

学界通常认为"武英殿聚珍版丛书"收书138种，目前各种有关武英殿聚珍版的论著也几乎如此表述。但爬梳文献档案，笔者认为这一"共识"尚有进一步探讨的空间。首先，爬梳清代聚珍馆原始档案文献，乾嘉时期只出现"武英殿聚珍版"或"武英殿聚珍版书"，未曾出现"武英殿聚珍版丛书"一词。"武英殿聚珍版丛书"

---

① 《清宫武英殿修书处档案》第1册，嘉庆七年呈文档，亥字一号，第381—383页。
② 《清宫武英殿修书处档案》第2册，道光十三年堂呈档，酉字二号，第660页。

是近现代才生成的概念①,时间较晚。正如张升指出的:"武英殿聚珍版书,原来并不是一个丛书的名称,而是指乾隆年间武英殿木活字印刷之书。一共印了一百多种。后人将这一百多种书合称《武英殿聚珍版书》或《武英殿聚珍版丛书》。"② 其次,"138 种"之说,亦是相当晚近(可能是道光朝以后)才出现的。张升也曾提出关于武英殿聚珍版书数量实际上存在不同说法,就内聚珍而言,至少有 126 种、129 种和 138 种三种说法③。对于 138 种的说法由谁最早提出,如何成为现代学界普遍认同的"共识",值得重加检讨。相关文献揭示,乾隆时期清廷已编纂有《钦定武英殿聚珍版书目录》,收书 129 种,其编纂细节和收书情况尤需加以爬梳,以窥其演进过程。

1. 武英殿聚珍版丛书收书"138 种"说溯源

梳理文献记载,武英殿聚珍版书收书 138 种的说法,形成于清末民国时期,其中以陶湘倡说最力,影响也最大。1929 年陶湘在《图书馆学季刊》发表了他所辑得的《武英殿聚珍版丛书目录》,列为 138 种。陶湘在前言中说明采用这一数字的缘由:"魏迪生《骈雅训纂》征引书目称,聚珍板书有一百三十八种,张文襄书目答问亦称聚珍板书通行者一百三十八种,均未列目。……江阴缪艺风竭毕生之力,搜得聚珍原印本一百三十八种,与魏、张两公所称答合符。《书目答问》又云续印尚多者,殆指嘉庆年间所印《畿辅安澜志》等书是也。壬戌秋陈君援庵抄示内府写本《续宫史》卷四十九内,聚珍板书目为一百二十六种。按《续宫史》编于嘉庆初年,所缺十二种如夏僎《尚书详解》《西汉会要》《唐会要》《农书》,此四种排印在后,其《诗经乐谱》《明臣奏议》《四库全书考证》《聚珍板程式》《校正淳化阁帖释文》《悦心集》《诗文十

---

① 目前所见,同治十三年(1874)江西书局修版重印聚珍版书籍,命名为《武英殿聚珍版丛书》。
② 张升:《四库全书馆研究》,第 308 页。
③ 同上书,第 310 页。

全集》《万寿歌衢乐章》，此八种均系钦定新书，尚未编入也。然则魏、张两公所称一百三十八种，确有明证矣。今人故宫博物院详查，亦只一百三十八种，谨即本此重编目录如左，其在嘉庆年间续印者，另编一目，汇刻内朱目之误收，及闽刻之误增者，亦编一目，详注附后。"① 按上文陶湘自述，他认为聚珍版书有 138 种的理由有三：其一，陈垣抄示给他的内府写本《国朝宫史续编》著录聚珍版书目 126 种（即陶湘后来所称"初次进单一百二十六种格写本"），另外有夏譔《尚书详解》《西汉会要》《唐会要》《农书》4 种，系之后排印之书，而《诗经乐谱》《明臣奏议》《四库全书考证》等 8 种为后编，前后累加总计 138 种；其二，前人如魏迪生、张之洞所著书著录有 138 种，陶湘把其视作旁证；其三，陶湘查看避暑山庄移自体仁阁聚珍版数量恰为 138 种。关于当时查看的细节，陶湘曾作按语透露："古物陈列所之《武英殿聚珍版丛书》迁自避暑山庄，现储体仁阁。甲子冬进阁纵览，均开化纸印，装订画一，实为海内独一无二之宝笈，共计一百三十八种。"② 陶氏又曾言："今大内殿阁储书尽出，实为一百三十八种"，亦是指此事。民国十三年为甲子年，因此可以判断陶湘至故宫体仁阁查看时间为 1924 年冬天，但他并没有明确列有详细目录，不知 138 种是否混杂有他书。据陈设档案，嘉庆朝避暑山庄所藏聚珍版书数目为 129 种（详见后文）。

值得一提的是，陶湘 1929 年发表此目录时以《武英殿聚珍版丛书目录》为题，使用了"丛书"之称。陶湘亦曾排印过《武英殿聚珍版丛书目录》一册，落款为"太岁在乙丑冬月武进陶湘涉园识于百川书屋"③，时间为 1925 年。可见，陶湘 1925 年已经用"武英殿聚珍版丛书"这个名称了。陶湘其后编纂《书目丛刊》收

---

① 陶湘：《武英殿聚珍版丛书目录》，《图书馆学季刊》1929 年第 3 卷第 1 期。
② 《本书说明》，载《书目丛刊》，辽宁教育出版社 2000 年版，第 2 页。
③ 同上。

录聚珍版书目时，改题为《武英殿聚珍版书目》，不再使用"丛书"一词，不知是何原因。但我们可以说，陶湘是目前所见较早使用"丛书"字眼的学者。

1933 年，傅增湘为陶湘《故宫殿本书库现存目》作跋，沿袭了陶氏"聚珍版丛书"之名，亦讨论了聚珍版数量问题，表示认可陶湘的 138 种之说：

> 《聚珍版丛书》，其先后增刊，部帙多寡，迄今聚讼不休。以君考之，则内府见存者，实为一百三十八种，盖合原单一百二十六种，加以后辑《尚书详解》等四种，新辑之《诗经乐谱》等八种而言，然后知闽粤两本之一百四十八种，其妄增《河朔访古记》诸书，纯为向壁而虚造也。①

由于傅增湘的支持，加上其在版本目录学界的影响力，使得"武英殿聚珍版丛书 138 种"的说法广泛流传开来，成为后来普遍认同的看法。

值得注意的是，追本溯源，138 种的说法，并非始自陶湘。如前引资料陶湘说"魏氏《骈雅训纂》称一百三十八种，张氏《书目答问》亦称一百三十八种。缪氏艺风堂搜得聚珍板原书一百三十八种，另录详目，订于卷首"②，文中提及的魏氏即生活在道光年间的魏茂林，张氏即张之洞，缪氏即缪荃孙。由陶湘自述也可见上述三人对聚珍版书数量的看法对陶湘产生了一定影响。

我们先考察魏茂林是如何表述的。《骈雅训纂》16 卷，为魏茂林于道光年间编定（道光初年始编，至道光二十一年成书），光绪时期收入《后知不足斋丛书》。查《骈雅训纂》卷首列有《征引书

---

① 傅增湘：《故宫殿本书库目录跋》，《国闻周报》1933 年第 10 卷 34 期，第 347 页。

② 陶湘编：《书目丛刊·武英殿聚珍板书目》，第 93 页。

目》，其中《大戴礼记》条下注："武英殿聚珍版书皆采自永乐大典，据书目凡一百三十有八种，为卷一千八百有八，乾隆三十八年奉敕编集颁行。"① 由此可见，魏茂林所说的138种所依据的是他看到的聚珍版书目，此书目为何种，并未加以说明。且其说有两误：其一，聚珍版书并非完全采自《永乐大典》，部分为入清后所编；其二，"为卷一千八百有八"的说法也明显有误，实为2614卷。而查阅张之洞同治间所编《书目答问》卷5《丛书目》记载："《武英殿聚珍版书》。（通行者一百三十八种，续出者尚多。福州重刻，杭州重刻三十九种）。"② 可惜的是，张氏未列明详目和根据所在。

缪荃孙曾收藏一套武英殿聚珍版书138种，"缪氏艺风堂搜得聚珍板原书一百三十八种，另录详目，订于卷首"③。据陶湘本人所说，缪荃孙"曾入张文襄公幕府，参校《书目答问》事，又自辑原书一百三十八种"④。缪荃孙购得的聚珍版书138种，历时12年多处觅得拼就，他所以集齐聚珍版138种之数，可能受到了张之洞《书目答问》的影响。陶湘是缪氏的入室弟子，版本目录学观点深受缪氏的影响，雷梦水《书林琐记·涉园藏书聚散考略》云："陶氏与满族荣厚友善，同入缪筱珊先生门下，在其指导和影响下极力购藏校刊和覆校旧本。"⑤ 陶湘与缪荃孙曾就聚珍版书的收藏有过交流，缪氏曾请陶湘代为配补聚珍版。缪荃孙《艺风老人日记》民国八年（1919）二月二十日记载："陶兰泉来，言聚珍版丛书配全。"缪氏对聚珍版书数量的观点应该影响到了陶湘的认识。

---

① 《骈雅训纂》卷首，收入清光绪刊本《后知不足斋丛书》。
② 张之洞：《书目答问》卷五《丛书目》。
③ 陶湘编：《书目丛刊·武英殿聚珍板书目》，第93页。
④ 同上书，第94页。
⑤ 雷梦水：《书林琐记·涉园藏书聚散考略》，人民日报出版社1988年版，第3页。

缪荃孙旧藏聚珍版书全套现藏于美国普林斯顿大学（馆藏编号1337），为1927年义理寿所购。经笔者调阅查看，该套聚珍版书多册卷前钤有"荃孙""云轮阁"（缪氏藏书处）等印章，证明确为缪荃孙所藏。该套丛书第1册有写本聚珍版书目录（与《周易口诀义》合订为一册），白口，半页九行，版心题"聚珍版书"。卷首题"武英殿聚珍版书"。每种书目占一行，标注书名、卷数、作者，如系大典本则标注"永乐大典本"或"大典本"。第一种为《周易口诀义原》，最后一种为《钦定四库全书考证》。该目录总计著录138种，聚珍版书数量和种类与陶湘所辑《武英殿聚珍版书目录》完全一致，只是排列次序不同。

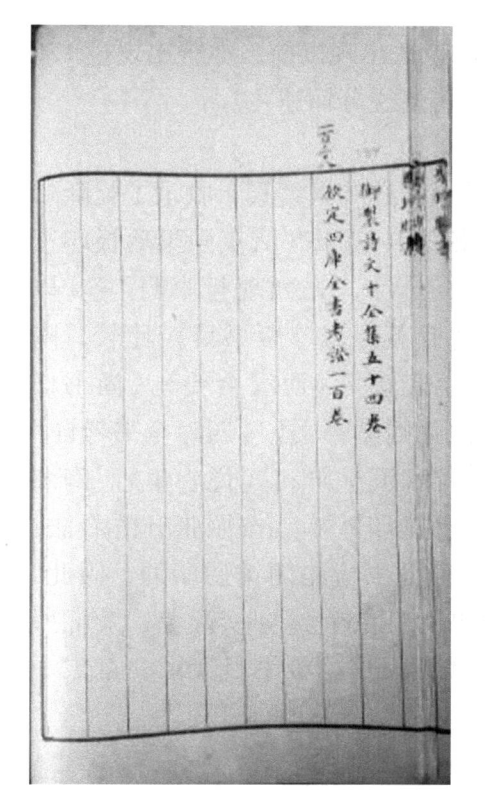

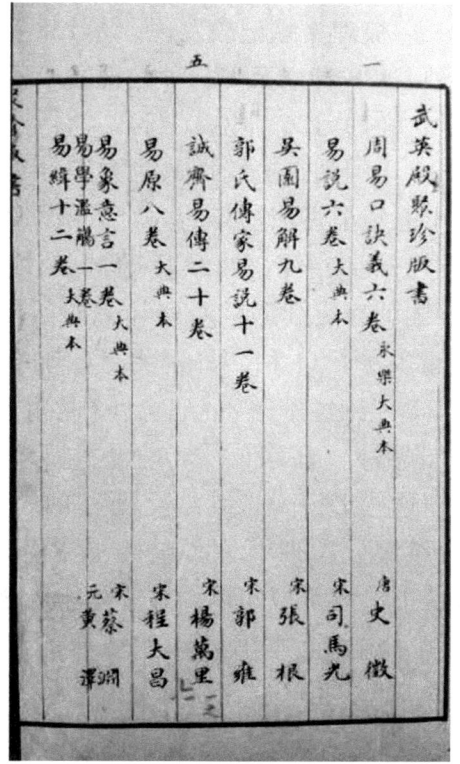

图5-1 普林斯顿大学藏武英殿聚珍版书目录书影（首页和末页）

此外，查《申报》光绪十九年（1893）刊有《武英殿聚珍板缘始恭考》一文："其后次第刷印诸书，多至一百三十八种，名曰：武英殿聚珍板书。"① 这里所提及的138种之说也早于陶湘。由此可见，聚珍版书138种的说法并非始自陶湘，但经过陶湘的论证以及傅增湘等人的认可、宣传，使这一观点得以广泛流传开来。

总之，聚珍版书138种的说法目前可追溯至魏茂林《骈雅训纂》，其后张之洞的《书目答问》、缪荃孙所定书目也采用这一说法，至陶湘编《武英殿聚珍版丛书目录》《故宫所藏殿本书目》《故宫殿本书库现存目》《故宫普通书目》及《武进陶氏书目丛刊》，皆主138种说。而当代出版的《中国古籍善本书目》《清代内府刻书目录解题》也沿袭采用了138种之说。

梳理文献记载发现，在138种的说法出现以前，亦曾出现过126种、129种以及139种的说法。下文将诸说分而述之。

（1）126种说

《国朝宫史续编》为嘉庆五年敕命庆桂等人编纂，收录了乾隆二十七年至嘉庆初年的内府书籍，该书卷94著录"武英殿聚珍板印行书一百二十六种"，后题"诸书续有排印，先列现行书目"②。以《国朝宫史续编》所列与陶湘所辑《武英殿聚珍版书目》比较，陶湘多列了11种，分别为：《御选名臣奏议》《西汉会要》《尚书详解》《诗经乐谱》《唐会要》《重刻淳化阁帖释文》《四库全书考证》《农书》《高宗诗文十全集》《万寿衢歌乐章》和《悦心集》。陶湘把这些书视为《续编》所称的"续有排印"本。按照张升的看法，《续编》所列书单"包括《诗伦》，而此书应是闭馆后印的，因此，此书单只是拟印单，并非是印成之书的目录单"③。实际上，陶湘所编《内府写本书目》就著录有："武英殿聚珍板书目，录一百二十

---

① 《武英殿聚珍板缘始恭考》，载《申报》光绪十九年（1893）第7409号。
② 《国朝宫史续编》卷94，第919页。
③ 张升：《四库全书馆研究》，第310页。

六种，为第一次书目，写本，一册。"① 可与张升说法彼此佐证。

（2）131 种说

《汇刻书目初编》为清人顾修②所编，是我国最早的一部丛书目录，初刻于嘉庆四年（1799），以丛书书名为纲，著录其编纂者、刊印者、版刻年代，下附其所汇各书书名、著者时代及姓氏名称。经笔者查阅，《汇刻书目初编》著录武英殿聚珍版书 138 种，其把《易纬八种》分作 8 种计算，实际上只有 131 种③，较陶湘所编的 138 种少了《尚书详解》《高宗御制诗文十全集》《农书》《唐会要》《西汉会要》《琉球国志略》《万寿衢歌乐章》7 种。另外，英国汉学家伟烈亚力所编《中国文献录》，亦载录有《武英殿聚珍版书》131 种（其把《乾道稿》《淳熙稿》和《章泉稿》分为 3 种，实际上只能算 1 种），著录书目及次序与顾修《汇刻书目初编》完全一致，应是抄录自《汇刻书目初编》。

（3）129 种说

此一说法明确著录于《钦定武英殿聚珍版书目录》，收录聚珍版书 129 种，其中经部 31 种，史部 26 种，子部 33 种，集部 39 种。这一目录是清代乾隆时期官方认可的聚珍版书数量，下文将重点对该目录加以考订。

总之，诸家关于武英殿聚珍版书收书数量有一定差异，这些差异之处正是我们需要关注的问题。笔者将 126 种、129 种、131 种三说的收书数量与通行的 138 种说收书数量进行比较，列表如下（参见表 5-1），以方便呈现彼此异同之处。从表中可以看出，与通行的 138 种说比较，126 种说收书减少了《诗经乐谱》等 11 种，增加

---

① 陶湘编：《内府写本书目》，载《书目丛刊》，第 197 页。
② 顾修（？—1799）字仲欧，号松泉，工诗画，好藏书，与鲍廷博交好，亦喜刊书。编有《读画斋丛书》《汇刻书目》等，参见《光绪石门县志》。
③ 光绪十二年（1886）上海初版的朱学勤增补《汇刻书目》，收录聚珍版书 140 种，增加了《旧五代史》《河朔访古记》和《帝王经世图谱》，少了《御制诗文十全集》。但据清宫档案，《旧五代史》并非聚珍版，应属误收。

了 1 种《诗伦》；129 种说减少了《西汉会要》等 9 种；131 种说减少了《琉球国志略》等 7 种。

表 5-1　　　　武英殿聚珍版书收书数量的不同说法

诸说收书数量	与通行 138 种说比较	资料来源
126 种	减少 11 种：《诗经乐谱》《御选名臣奏议》《万寿衢歌乐章》《西汉会要》《尚书详解》《唐会要》《重刻淳化阁帖释文》《四库全书考证》《农书》《高宗御制诗文十全集》《悦心集》。增加 1 种：《诗伦》	《国朝宫史续编》
129 种	减少 9 种：《西汉会要》《尚书详解》《唐会要》《重刻淳化阁帖释文》《四库全书考证》《农书》《高宗诗文十全集》《悦心集》《武英殿聚珍版程式》	《钦定武英殿聚珍版书目录》
131 种	减少 7 种：《万寿衢歌乐章》《西汉会要》《尚书详解》《唐会要》《高宗御制诗文十全集》《农书》《琉球国志略》	《汇刻书目初编》

值得一提的是，武英殿聚珍版有内聚珍和外聚珍之分，这些翻刻"外聚珍"继续冠以总称"武英殿聚珍版丛书"或"武英殿聚珍版全书"。就外聚珍而言，浙刻、苏刻、赣刻、闽刻和粤刻五种版本所收录的武英殿聚珍版书数量亦有区别。其中，福建书局本初刻于乾隆后期，源流最为复杂，据曹红军的研究，"当时共刻 123 种，其后经道光八年、二十七年、同治七年三次重修，同治十年又改刻三种，光绪重修时又增刻若干种，至光绪二十一年竣工时，总数已达 149 种。"① 江苏与浙江在乾隆四十二年后陆续刻印出版聚珍版书，浙江刻印 39 种，江苏约刻印 20 种②。同治十三年（1874）江西书局修版重印 54 种，名为"武英殿聚珍版丛书"；广东广雅书局在光绪二十五年（1899）翻刻 149 种，名为"武英殿聚珍版全书"。外聚

---

① 曹红军：《清〈武英殿聚珍版丛书〉及其翻刻本的鉴别》，《古籍研究》2004 年第 46 期。

② 关于江苏所刻武英殿聚珍版书的数量，尚有疑问。据曹红军调查，南京图书馆所藏苏刻《武英殿聚珍版丛书》有 18 种。参见曹红军《康雍乾三朝中央机构刻印书研究》，博士学位论文，南京师范大学，2006 年，第 77 页。

珍本虽然仍以为"聚珍"命名，实已为雕版，仅有"聚珍"之名，而无"聚珍"之实。外聚珍收书数量在内聚珍的基础上有所增删，需要加以区分。

2. 清代官方认定的武英殿聚珍版书数量

笔者认为，要了解武英殿聚珍版书准确数量，需依据清代官方所认可的说法。而清廷编纂的《钦定武英殿聚珍版书目录》是最为重要的依据。目前所知的《钦定武英殿聚珍版书目录》现藏地有3处：北京故宫、中国国家图书馆和台北故宫。我们逐一考察这3处所藏《钦定武英殿聚珍版书目录》是如何著录的，其著录数量是否一致。

北京故宫和台北故宫收藏的《钦定武英殿聚珍版书目录》共计3种（其中北京故宫2种，台北故宫1种），均来源于清宫旧藏。据陶湘所编《内府写本书目》著录"武英殿聚珍板书目，录一百二十九种，为第二次书目。"[①] 陶湘所见，应该就是两岸故宫所藏目录抄本中的1种。

北京故宫博物院藏有乾隆内府朱格抄本《钦定武英殿聚珍版书目录》2种，各收录聚珍版书129种，包括：经部31种，史部26种，子部33种，集部39种[②]。故宫图书馆翁连溪曾提及："故宫藏抄本《武英殿聚珍本书目》二种，著录为129种，抄本其中4种为刻本，应为乾隆晚期。"[③] 翁氏认为故宫藏《武英殿聚珍版书目》两种均成书于乾隆晚期。另一位故宫图书馆馆员向斯在《故宫国宝宫外流失秘籍·清宫珍籍流传宫外考》对故宫所藏《武英殿聚珍版书目》有更详细的介绍，可资参考。据他介绍，故宫博物院现藏有《武英殿聚珍版书》130种，1368册。另外还藏有《钦定武英殿聚珍版书目录》一册：

---

① 陶湘编：《内府写本书目》，载《书目丛刊》，第197页。
② 向斯：《清宫武英殿刻本》，《东方艺术》2006年第18期。
③ 翁连溪：《清代内府刻书研究》，故宫出版社2013年版，第275页。

系清乾隆年内府朱格写本，一直收藏于景阳宫：明黄绸封面，古色纸书签，书签上墨书书名；二珠线四眼装，朱丝栏，白口，上朱鱼尾；版心上题"御制题武英殿聚珍版"。这本《目录》是乾隆三十九年（1774）纂修的，上开列了聚珍版书129种，202函。[1]

台北故宫博物院亦藏有朱丝栏抄本《钦定武英殿聚珍版书目录》一部，源于故宫旧藏。据《"国立"故宫博物院善本旧籍总目》上册著录，台湾故宫藏本《武英殿聚珍版书目录》（排架号1059，统一编号：故殿028678）："清乾隆间内府朱丝栏写本……版式：四周双栏，版心白口，单鱼尾，中缝上记《武英殿聚珍版书目录》，中记叶次。行格：八行，行二十一字，小字双行，行亦二十一字。序跋：卷首有《御制题武英殿聚珍版十韵有序》。"[2] 该院馆藏本的封面、函套签题都是"钦定武英殿聚珍版书目录"。

中国国家图书馆藏有善本《武英殿聚珍版丛书》一套，其卷首一册是抄本"钦定武英殿聚珍版书目录"。据国图采访账，该抄本1947年2月由教育部购书委员会移送至该馆。关于该书装帧情况，据国图馆员称："此书为一小薄线装册子，上下各附一张蓝色书衣，双道黄丝线装订，四针眼，有文字内容书页计十一页。"[3] 虽然国图网站著录为"朱丝栏抄本"，未定抄本年代。但据国图鲍国强考察，"全书为馆阁体文字，清乾隆时书写"，在他看来应是乾隆抄本。国图藏抄本扉页钤有"徐颂阁珍藏名书画印"阳文方形朱印，卷端题名钤"载福堂珍藏古书真迹之印""潘氏季彤珍藏"两方阳文朱印，文末钤有"皇十一子"阳文方形朱印。这些钤证明该抄本目录经皇

---

[1] 向斯：《故宫国宝宫外流失秘籍·清宫珍籍流传宫外考》，中国书店出版社2007年版，第43页。

[2] 《"国立"故宫博物院善本旧籍总目》上册，第609页。

[3] 转引自曹淑文《义理寿与〈武英殿聚珍版书〉》，《天禄论丛》，广西师范大学出版社2010年版，第147页。

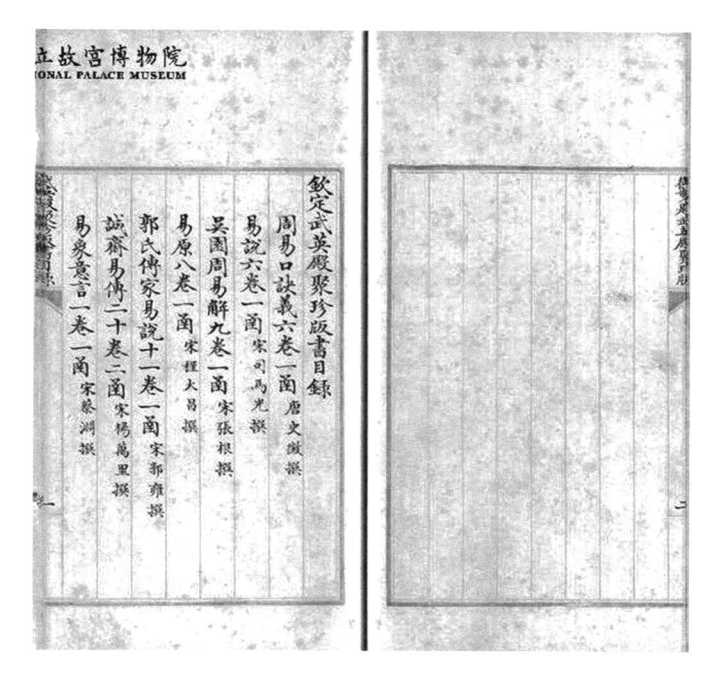

第五章　武英殿修书处的刊印与校勘活动　291

图 5-2　台北故宫藏《钦定武英殿聚珍版书目录》书影

十一子永瑆、潘季彤、胡雪岩以及徐颂阁收藏,最后为教育部购书委员会移送北平图书馆(今国家图书馆)收藏,流传有绪。永瑆(1752—1823)为乾隆帝之子,乾隆年间曾任四库全书馆总裁,该目录最早可能为乾隆宫中旧藏。

据笔者查阅对比,国图藏本与台北故宫藏本目录均是朱丝栏抄本,四周双边,半叶八行,版心墨笔书写"武英殿聚珍版书目录"。卷首有《御制题武英殿聚珍版十韵有序》,首题"钦定武英殿聚珍版书目录",著录经部 31 种,史部 26 种,子部 33 种,集部 39 种。该目录末页本身已有统计"共计一百二十九种,二百二函"①,著录包括了雕版刊刻的初刻本《易纬八种》4 种。

---

①　中国国家图书馆还收藏一部清朱丝栏抄本"钦定武英殿聚珍版书目录",所收录的种数亦是 129 种(索书号:目 58/919)。

图 5-3 中国国家图书馆藏《钦定武英殿聚珍版书目录》书影

所不同的是，国图藏抄本《钦定武英殿聚珍版书目录》有后人墨笔添加的字迹，不仅给每种书目加注了册数（原书目并无标注），而且在书目间隙之间墨笔添加了 10 种，摘录如下——经部：尚书详解二十六卷（宋夏僎撰）。史部：续琉球国志略五卷首一卷（清齐鲲、费锡章辑），唐会要一百卷（宋王溥撰），西汉会要七十卷（宋徐天麟撰），四库全书考证一百卷（乾隆四十八年敕撰），淳化阁帖释文（乾隆三十四年敕撰）。子部：农书二十二卷（元王桢撰）。集部：御制诗文十全集五十四卷（清高宗撰，彭元瑞编），悦心集四卷（清世宗选），诗伦二卷（清汪薇辑）。值得注意的是，原写本注明作者若为清人，则加"国朝"二字，如"钦定武英殿聚珍版程式一卷一函　国朝金简撰"，符合清人用语。而墨笔添加的 10 种，作者注明"清"而不称"国朝"，如墨笔添加的最后一种写为"诗伦二

卷　清汪薇辑"（参见图 5-4），说明墨笔添加时已非清代，可能是民国时人按照己意添加。

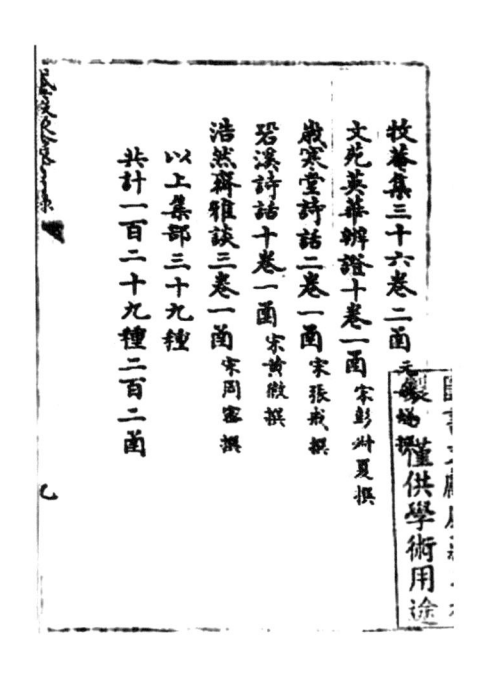

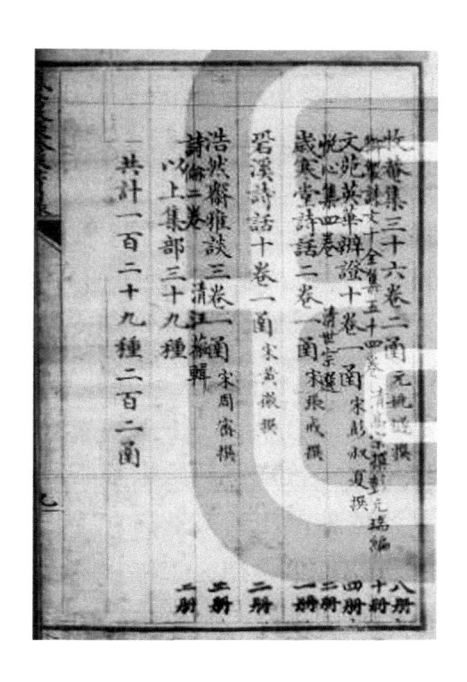

图 5-4　台北故宫与中国国家图书馆藏《钦定武英殿聚珍版书目录》末页书影对比

综上所述，现藏北京故宫、台北故宫和中国国家图书馆的朱丝栏抄本《钦定武英殿聚珍版书目录》内容、行款均一致，皆著录武英殿聚珍版书 129 种（后人墨笔添加不计算在内）。三者所据应是同一版本来源，且都是清宫旧藏。

除了《钦定武英殿聚珍版书目录》现存目录之外，我们还需考察清宫陈设档案中是否对该书目有所著录。《清宫避暑山庄档案》著录了清代热河各个时期的书籍陈设情况，嘉庆三年（1798）到嘉庆五年（1800）热河陈设档著录有"高宗钦定《武英殿聚珍板书目录》一套"，并列有详细书目清单。据笔者比对，共计 129 种聚珍版书，排列次序与现存抄本《钦定武英殿聚珍版目录》完全一致。嘉庆十三年（1808）至嘉庆十五年（1810）的《清宫避暑山庄档案》，著录有"高宗钦定《聚珍板目录》一套",同样著录了 129 种聚珍版书,与前所述陈设应是同一套。由此可知,至少在嘉庆初年清廷就已经编制了《钦定武英殿聚珍版目录》,并按此目录著录次序将 129 种聚珍版逐一陈设于热河行宫。

道光至光绪年间,清宫陈设档案屡见著录《钦定武英殿聚珍版目录》。如道光七年抄本《懋勤殿书目》著录,懋勤殿南格子后格顶上陈设有聚珍版书 130 种,同时还著录了"《钦定武英殿聚珍版书目》一套"。此 130 种包括《钦定四库全书考证》1 部 12 套、《尚书详解》1 部 4 套、《钦定武英殿聚珍版程式》1 套、《东汉会要》1 部 2 套等书。相比较于《钦定武英殿聚珍版目录》的 129 种,《懋勤殿书目》的著录多出了《钦定四库全书考证》一种,该书并未列入现存抄本《钦定武英殿聚珍版目录》。

据陈设档案,景福宫曾陈设有聚珍书目录 1 部。道光十八年抄本《清宫陈设档·景福宫陈设档》(陈 419,景福宫)著录,景福宫陈设有"二号,《钦定武英殿聚珍版书目录》,一部"。道光十八年(1838)抄本《清宫陈设档·景福宫》(陈 408,景福宫)陈设有:"聚珍版《农书》一部,二套;《西巡盛典》一部,四套;《尚书详解》一部,四套。"因此,景福宫同时陈设有乾隆朝聚珍版书目录,也有嘉庆聚珍版摆印的几种书籍。又据《清宫陈设档·安毓庆宫宛委别藏书目》(12414,毓庆宫,清内府写本)著录:"聚珍版计四百四十八本。"光绪二十年(1894)五月二十六日,热河总管世纲等奏查明文津阁并园内各殿宇书籍折所附清单,著录聚珍版书 132 种,另外著录"《高宗钦定武英殿聚珍版目录》一部,一卷,缮本。"① 说明文津阁也陈设有《钦定武英殿聚珍版书目录》。1925 年出版的《故宫物品点查报告》景阳宫部分(05872,景阳宫)著录:

---

① 《纂修四库全书档案》,第 2648 页。

"抄本武英殿聚珍版书目录"①，景阳宫的这套《钦定武英殿聚珍版书目录》现藏于北京故宫。

综上，至少从嘉庆初年开始，《钦定武英殿聚珍版书目录》就已经陈设于宫外的热河行宫、文津阁，以及宫内懋勤殿、景福宫、景阳宫等各处。综合考察清宫陈设档案著录、现存抄本《钦定武英殿聚珍版书目录》，皆证明清廷至少在嘉庆初年以前已经编纂了一部《钦定武英殿聚珍版书目录》，其数量为129种。

《钦定武英殿聚珍版书目录》是何时编纂的呢？笔者找到了乾隆帝敕命编纂《钦定武英殿聚珍版书目录》的关键性档案。修书处档案载，嘉庆元年（1796）十月十三日奏：

> 查翰林院移付，《易纬》《易说》等书共一百三十余种，前经臣等奏明五十卷以外交刻，五十卷以内交摆。本处先后陆续进过一百二十九种，荷蒙睿览，命编《聚珍总目》，灿然益彰。今又摆得《尚书详解》二十六卷。查计五十卷以内之书，业已全行完竣外，又恭摆《十全集》五十四卷，暨前经大学士等呈进《万寿盛典》一百二十卷，篇帙繁富，尤符巨观。②

上述档案需注意两点：一是，虽然该档案奏进时间为嘉庆元年，但从"查翰林院移付"，"前经臣等奏明"，"今又摆得"等字眼看，其反映的是乾隆朝摆印武英殿聚珍版书籍的进度。二是，据此档案可知，聚珍馆摆印书籍至129种时，乾隆帝曾亲自睿览，"命编《聚珍总目》"，"《聚珍总目》"应即《钦定武英殿聚珍版目录》，为乾隆帝本人所钦定。档案提到的"本处先后陆续进过一百二十九种"，恰好与现存抄本《钦定武英殿聚珍版目录》著录数量完全一致，说

---

① 《故宫物品点查报告》第2编第5册，景阳宫部分（05872，景阳宫），清室善后委员会1925年版。

② 《清宫武英殿修书处档案》第1册，嘉庆元年至嘉庆十三年奏事档，第242页。

明现存《钦定武英殿聚珍版目录》确为乾隆帝钦定命编的"聚珍总目"。

由上可知，至少在嘉庆元年十月以前，清廷已经编定了《钦定武英殿聚珍版书目录》。该目录著录的是当时已经摆印完成的书籍（除了初刻四种外），编纂时间据考证乃"编于乾隆末年"①。

那么，我们是否还可以进一步确定《钦定武英殿聚珍版书目录》相对准确的编定时间呢？张升比较《钦定武英殿聚珍版书目录》著录的 129 种与《国朝宫史续编》所载的 126 种，发现《钦定武英殿聚珍版书目录》"少了《诗伦》一种，而多了《诗经乐谱》《明臣奏议》《万寿衢歌乐章》《武英殿聚珍版程式》四种"②。《国朝宫史续编》著录的 126 种是最初的摆印目录，与最后编成的目录有所差距很正常，多出的 4 种书籍应是后面刻成而增补进入目录的。通过考订这 4 种书籍的刻竣时间判断《钦定武英殿聚珍版书目录》编定时间上限。

《武英殿聚珍版程式》：乾隆四十一年（1776）十二月二十二日，四库全书处副总裁金简奏请旨排印聚珍版刻法一折，首次提及进呈其所撰写的《钦定武英殿聚珍版程式》："臣谨仿《墨法集要》体例，将现在办法，分别条款，著为图说，拟名《钦定武英殿聚珍版程式》，……可否即将此帙摆印通行，俾海内欲将善本流传之人，皆得晓此刻书简易之法。"③ 金简上奏的 6 天后，军机大臣奏请将《武英殿聚珍版程式》印行并录入全书及荟要："臣等蒙发下侍郎金简撰进《武英殿聚珍版程式》一本，交臣等阅看。……应照所请，即将此帙交武英殿摆印通行。"④《武英殿聚珍版程式》是何时摆印完竣的呢？目前尚无档案可查，但据《翁方纲四库提要稿》"武英殿聚珍版书目"购买书单，翁氏于乾隆四十二年（1777）十二月已

---

① 张升：《四库全书馆研究》，第 310 页。
② 同上。
③ 《纂修四库全书档案》，第 563 页。
④ 同上书，第 565 页。

买到《钦定武英殿聚珍版程式》①。由此判断,至迟到乾隆四十二年,《钦定武英殿聚珍版程式》已经摆竣。

《明臣奏议》:乾隆四十七年(1782)四月二十五日,谕旨《明臣奏议》交武英殿写入四库全书交聚珍版处排印:"奉旨:着交武英殿写入《四库全书》,并交聚珍版处排印。钦此。质郡王等纂办《明臣奏议》于是日恭进。"② 乾隆四十七年十月三十日,谕内阁《明臣奏议》体例乖舛,着将六阿哥等交部议处并另行编次:"聚珍版排字,自应照进呈原本每疏各为一篇,庶今易为更定,乃连缀成帙,致通身难改,而又未经声明。……此书竟不合体式,并着原派皇子、总师傅等另行按年更正,编次体例,呈览后再交武英殿排印。"③ 因此,《明臣奏议》摆印于乾隆四十七年十月以后。

《万寿衢歌乐章》:档案所见,乾隆五十五年(1796)八月开始大量颁发、赏赐《万寿衢歌乐章》。目前所见最早的受赐臣子所上谢恩折是乾隆五十五年八月二十六日,东河总督李奉翰奏为恩赏万寿衢歌乐章谢恩事④。《(乾隆)广德直隶州志》卷8亦著录:"《万寿衢歌乐章》三本,乾隆五十六年颁"⑤。以上文献档案都说明《万寿衢歌乐章》摆印完竣时间当在乾隆五十五年八月以前。

《钦定诗经乐谱全书》:嘉庆二年(1797)九月十三日,修书处奏,"《钦定诗经乐谱全书》于乾隆五十三年纂成。时奉旨交聚珍版摆印,连四纸书五十部,竹纸书一百五十部"⑥。乾隆五十四年

---

① 可补充的是,乾隆五十三年刻本《(乾隆)鄞县志》卷五载该县贮有颁发的"《钦定武英殿聚珍版程式》等书计七本共十种,重刊武英殿聚珍版等书计八本共十种"。
② 《纂修四库全书档案》,第1571页。
③ 同上书,第1669页。
④ 中国第一历史档案馆藏朱批奏折,乾隆五十五年,档案号:04-01-12-0225-086。
⑤ (清)胡文铨修、周应业纂:《(乾隆)广德直隶州志》卷8,乾隆五十九年刊本。
⑥ 《清宫武英殿修书处档案》,申字一号,嘉庆二年九月十三日。

（1794）六月二十八日，福康安有奏为恩赏诗经乐谱全书一部谢恩事一折①，说明此时《钦定诗经乐谱全书》已经摆印完毕，进行了颁赏。当年七月初七日，吏部尚书常青奏摆印《钦定诗经乐谱全书》告竣事称："武英殿聚珍版处咨称，本处具奏，前编《诗经乐谱全书》进呈，奉旨交聚珍版摆印，今已完竣。遵旨刷印二百部，照例装潢连四纸五部，竹纸书十五部，恭随各处陈设。连四纸书四十五部存库收贮。竹纸书一百三十五部交军机大臣拟赏。"② 可知，《钦定诗经乐谱全书》摆竣时间为乾隆五十四年七月前。

《元朝名臣事略》未被编入《钦定武英殿聚珍版书目录》，据乾隆五十四年（1795）十二月二十九日谕旨："《元朝名臣事略》……将底本一体改正，交聚珍板照样排印。"③ 其摆印时间当在乾隆五十四年十二月之后。

另外，我们还可以从聚珍版书摆印进度考察该目录的编成时间。按照张升的研究，"乾隆三十九年五月已有印好之书。乾隆三十九年十月：《禹贡指南》《春秋繁露》《书录解题》《蛮书》共四种。十二月：《鹖冠子》。乾隆四十一年十二月：三年以来，排印过书籍共三十种。乾隆四十二年十二月：自乾隆三十九年至今，几及四载，业经排印过书四十余种。乾隆四十四年十二月：'随奉分发《直斋书录解题》等书到闽，至续发到《蒙斋集》等书十五种，臣现饬上紧刊刻。'可证当时已印成的书有五十四种。乾隆四十六年三月：共印成六十七种。乾隆四十六年十二月：共印成七十种。从乾隆三十九年至乾隆四十六年十二月，聚珍馆共印过七十种书"④。据他研究："《武英殿聚珍版丛书》所收之书，在闭馆

---

① 中国第一历史档案馆藏朱批奏折，乾隆五十四年，档案号：04-01-01-0425-009。
② 中国第一历史档案馆藏军机处档案，乾隆五十四年，档案号：02-01-03-07792-016。
③ 《纂修四库全书档案》，第2172页。
④ 张升：《四库全书馆研究》，第316页。

前印行的有一百零九种，闭馆后印行的有二十九种。"① 四库馆闭馆于乾隆五十年左右，也就是说乾隆五十年以前，聚珍馆已经摆印完成 109 种书籍。

可作补充的是，据乾隆四十六年二月十九日奏折："自乾隆三十九年五月间进书起，至四十五年十二月，陆续进过各书六十五种，业经呈览。"乾隆五十四年七月初七日，吏部尚书常青奏："武英殿聚珍版处咨称，本处具奏，前编《诗经乐谱全书》进呈，奉旨交聚珍版摆印，今已完竣。……以后尚有应摆印书十八种，仍饬该供事等在馆赶办，务俾迅葳无误。"② 此时尚有 18 种应摆之书尚未摆竣，而至嘉庆元年十月十三日武英殿修书处奏"先后陆续进过一百二十九种。"③ 结合相关档案，笔者将武英殿聚珍馆排印书籍的进度列表如下：

表 5-2　　　　　　武英殿聚珍馆排印书籍进度

序号	排印时间	排印书籍及种数
1	乾隆三十九年五月	《易象意言》《春秋辨疑》④
2	乾隆三十九年十月	《禹贡指南》《春秋繁露》《书录解题》《蛮书》
3	乾隆三十九年十二月	《鹖冠子》
4	乾隆四十一年十二月	三年以来排印过书籍共三十余种
5	乾隆四十二年十二月	自乾隆三十九年至今，业经排印过四十余种

---

① 张升：《四库全书馆研究》，第 337 页。
② 中国第一历史档案馆藏军机处档案，乾隆五十四年，档案号：02-01-03-07792-016。
③ 《清宫武英殿修书处档案》第 1 册，嘉庆元年至嘉庆十三年奏事档，第 242 页。
④ 乾隆三十九年十一月内务府奏销档载："本年四月内摆书起，陆续摆得《易象意言》《春秋辨疑》《禹贡指南》《春秋繁露》《书录解题》《蛮书》共计六种，业经前后恭呈御览。"参见《武英殿修书处为知照将原赏六阿哥开设当铺之西华门外官房换出作为武英殿聚珍排版刷书籍处所事致总管内务府等》，乾隆三十九年十一月，中国第一历史档案馆藏内务府奏销档，档案号：05-13-002-001826-0064。

续表

序号	排印时间	排印书籍及种数
6	乾隆四十四年十二月	"随奉分发《直斋书录解题》等书到闽，至续发到《蒙斋集》等书十五种，臣现饬上紧刊刻。"可证当时已印成的书有54种
7	乾隆四十五年十二月	自乾隆三十九年五月间进书起，至四十五年十二月，陆续进过各书65种
8	乾隆四十六年三月	共印成67种
9	乾隆四十六年十二月	共印成70种
10	乾隆四十六年十二月	从乾隆三十九年至乾隆四十六年十二月，聚珍馆共印过70种书
11	乾隆五十年	印过109种
12	乾隆五十四年	《钦定诗经乐谱全书》摆竣，《四库全书考证》摆印之中
13	乾隆五十四年	尚有应摆之书18种
14	嘉庆元年十月十三日	档案载："查翰林院移付，《易纬》《易说》等书共一百三十余种，前经臣等奏明五十卷以外刻，五十卷以内交摆，本处先后陆续进过129种。"

《钦定武英殿聚珍版书目录》编定时间上限为乾隆五十四年（1788），下限为嘉庆元年（1796），从嘉庆元年奏报进过129种的情况看，编定时间应该接近嘉庆元年。郭伯恭认为，《武英殿聚珍版丛书》的摆印时间范围应是乾隆三十八年（1773）十月至乾隆五十九年（1794）[1]，也有学者认为应以负责聚珍版摆印事务的金简去世时间——乾隆五十九年为标志，聚珍版摆印工作告一段落。这些时限的判断标准尚可商榷，应该以《钦定武英殿聚珍版书目录》编定时间为准。

综上所述，目前学界流行的武英殿聚珍版书"138种"的说法有必要重新审视。清代乾嘉时期官方并无"丛书"的说法，而是称为"武英殿聚珍版书"。武英殿聚珍版书（即内聚珍）收书"138种"的说法可追溯至道光魏茂林，其后为张之洞的《书目答

---

[1] 郭伯恭：《四库全书编纂考》，岳麓书社2010年版，第100页。

问》、缪荃孙所定书目,至陶湘编《武英殿聚珍版丛书目录》,影响甚大。此外,经笔者考证,乾隆帝亲自下令编纂了《钦定武英殿聚珍版书目录》,收书 129 种,这是清代官方钦定的书目。目前尚无任何档案证明嘉庆朝及以后编定新的《钦定武英殿聚珍版书目录》①。虽然其后聚珍馆又陆续摆印了多种书籍,但都未编入《钦定武英殿聚珍版书目录》。梳理《武英殿聚珍版丛书目录》与《钦定武英殿聚珍版书目录》的源流与差异,正可见时代演进中学人对于武英殿聚珍版书关注焦点之变化:从乾隆时期官定聚珍版书目录仅编至 129 种,至清末民国 138 种之说经魏茂林、张之洞、缪荃孙、陶湘等诸多学人宣扬,逐渐成为学界普遍"共识",其名称从"武英殿聚珍版书"一变而为"武英殿聚珍版丛书",其中原委是今人讨论武英殿聚珍版书时不可忽略之议题,亦为深入揭示武英殿聚珍版书的成书始末提供重要参考。

五　武英殿聚珍版书单行本考述

陶湘所列武英殿聚珍版书共计 138 种,其中雕版初刻 4 种,其余为聚珍版排印。对于以聚珍板摆印的单行本书,如《乾隆八旬万寿盛典》《千叟宴诗》《平苗纪略》《续琉球国志》《吕东莱大事记》《畿辅安澜志》《西巡盛典》,陶湘认为这些书"或每页二十二行,或十六行,或十四行。虽有御题冠首,而每书首页首行之下并无'武英殿聚珍板'六字。行款不同,绝不能与一百三十八种相混。"②因此陶湘在《武英殿聚珍版丛书目录》之后附有"聚珍板书单行本

---

① 向斯在《清宫武英殿刻本》一文中提及,故宫藏有嘉庆内府朱格写本《钦定武英殿聚珍版书目录》一册,著录 138 种(参见向斯《清宫武英殿刻本》,《东方艺术》2006 年第 18 期)。向氏著录应有讹误,同在故宫图书馆工作的翁连溪著录故宫所藏两种书目皆为乾隆写本,著录 129 种。查核原件,抄本亦是乾隆朱格写本,只著录 129 种。

② 陶湘编:《书目丛刊·武英殿聚珍板书目》,第 93 页。

不列一百三十八种内者"，列有 8 种①，并表示"此外殆有未尽"。

陶湘把这 138 种聚珍版书籍与其他聚珍版单行本区分开来的标准，除了刊印时间早晚外，还有版刻特征要同时满足三个条件：一，行款相同：每半页九行，行二十一字；二，每种之首有高宗题诗十韵；三，每首页首行之下有"武英殿聚珍板"六字。按陶氏之意，三项条件缺一不可，他认为那些"聚珍版单行本"均无法同时满足三项条件。但实际上，陶氏的判断标准并不适用于他所列的 138 种中的全部书籍。乾隆年间朱墨两色摆印的《万寿衢歌乐章》，行款为半叶九行，行二十字，并不符合陶湘所列行款标准。而没被收入《钦定武英殿聚珍版书目录》，且被陶湘举例为"行款不符"的《畿辅安澜志》亦是行二十一字。因此，行款并不能作为判断是否为武英殿聚珍版书的标准。如前考述，"武英殿聚珍版丛书 138 种"之说应以清代官方认定的 129 种书为准。

实际上，作为刊印聚珍版书的总负责人金简于乾隆三十九年（1774）五月十二日曾奏称："俟将来四库全书处交到各书按次排印完竣后，请将此项木子、槽版等件移交武英殿收贮，遇有应刊通行书籍，即用聚珍版排印通行。"② 也就是说，金简认为摆印之书分为两种：一类是四库馆交来的应刊之书，另一类是完成应刊之书后，由武英殿摆印的其他书籍。应刊之书是最后编定的《钦定武英殿聚珍版目录》129 种。《钦定武英殿聚珍版目录》收录之外，聚珍馆续有摆印的其他书籍，皆可视作"武英殿聚珍版单行本"，不论其是否有相同的行款。

按照上述"武英殿聚珍版单行本"的界定标准，国家图书馆所藏《钦定武英殿聚珍版书目录》之后墨笔添加的 10 种书籍都可视作"武英殿聚珍版单行本"，这 10 种分别是：《尚书详解》《续琉球国

---

① 陶湘 1929 年发表《武英殿聚珍版丛书目录》时，所录单行本只有 7 种，少了《吏部则例》。据他说明"以上七种但据余所搜得而录之，此外尚有印者"，《吏部则例》应是他后来购得增补进入书目。

② 《纂修四库全书档案》，第 208 页。

志略》《唐会要》《西汉会要》《四库全书考证》《淳化阁帖释文》《农书》《御制诗文十全集》《悦心集》《诗伦》。

实际上,"武英殿聚珍版单行本"大部分为嘉庆朝所摆印。下文根据档案资料,对嘉庆朝摆印武英殿聚珍版单行本的情况进行查考。

乾隆帝曾作《御制文津阁记》:"辑《四库全书》分为三类:一刊刻,一钞录,一衹存书目。其刊刻者以便于行世,用武英殿聚珍板刷印,但边幅颇小。"① 按乾隆帝之意,应刊书(除了初印本四种外)都用聚珍版活字摆印,但据内阁大库档案,四库馆应刊之书并非全部摆印,部分有图,或卷帙达六七十卷者改为雕版印刷。乾隆四十六年(1781)十二月二十四日,修书处奏为聚珍版排印各书发给五省五城书坊事称:"现在陆续交到者约计四十余种内中,除有图者五种,应刊整板。其篇帙在四五十卷者,现俱交总校彭绍观随校随摆。此外有自六七十卷至百卷以上者十余种,即交总校刘跃云专司校阅刊刻整板,如此分别办理,则应摆、应刊各书,自可与缮写处四分全书后先蒇事。"② 张升根据上述档案,敏锐地指出"四库馆开馆期间武英殿雕版印行之书,有一些是雕版印行的","《四库》应刊之书,不只是包括武英殿聚珍板书,还应包括那些雕版印刷之书(收入《四库》者)"③。但是也有一些反例,即《四库全书考证》有100卷,在乾隆五十一年(1786)又临时改为活字印刷。乾隆四十六年以后还摆印了《西汉会要》70卷、《唐会要》100卷等,似乎与前引档案有所矛盾,这种现象如何解释呢?

张升推测其原因可能是:"其时四库馆已闭馆,活字印行的书已不多,聚珍馆任务不重,所以可以接办一些大书或有图之书。"④ 这种说法是有道理的,从修书处档案中可以得到佐证。嘉庆七年

---

① (清)海忠等纂:《道光承德府志》卷24,清光绪十三年廷杰重订本。
② 《武英殿奏为聚珍版排印各书发给五省五城书坊事》,乾隆四十六年,台湾史语所藏内阁大库档案,登录号:043744-001。
③ 张升:《四库全书馆研究》,第320页。
④ 同上。

（1802）五月二十六日，永璇等奏称：

> 向因本馆奏明，五十卷以内发摆，五十卷以外发刻。是以《东汉会要》四十卷、《五代会要》三十卷，已经摆进陈设，其《西汉会要》系七十卷，《唐会要》系一百卷，例未发摆。臣等伏思一人之书，或摆或刻，似未划一。本馆曾奉特旨，摆《四库全书考证》等书，系一百卷，《吏部则例》一书系六十九卷，俱能摆印无误。现在聚珍馆木子尚属完全，未能虚置无用，可否即令供事等将《西汉会要》《唐会要》二书迅速一律摆印，既省刊刻多费，且得早副圣主嘉惠艺林至意。①

可见，《四库全书考证》和《吏部则例》都是奉特旨摆印的聚珍本。嘉庆初年，大臣认为"现在聚珍馆木子尚属完全，未能虚置无用"，可以将《西汉会要》《唐会要》摆印，"刊刻多费，且得早副圣主嘉惠艺林至意"，可谓一举两得。

根据档案，我们可爬梳嘉庆朝摆印的聚珍版书单行本及摆印时间、数量等情况。

《尚书详解》《高宗御制诗文十全集》。修书处档案载，嘉庆元年（1796）十月十三日奏："臣等奉谕旨《十全集》著聚珍版摆印并写入四库全书，随经摆印一卷呈览。奉旨：石青杭细套、石青杭细面页，连四纸，书刷印装潢十部，预备陈设。竹纸书刷印四十部，不必装潢。钦此。今已摆印全竣，敬遵钦定部数，装潢成帙，并摆得夏僎《尚书详解》全部，一并照例进呈。祗候陈设。……今又摆得《尚书详解》二十六卷。查计五十卷以内之书，业已全行完竣外，又恭摆《十全集》五十四卷，暨前经大学士等呈进《万寿盛典》一

---

① 《清宫武英殿修书处档案》第 1 册，辰字一号，嘉庆七年五月二十六日，第 367—369 页。

百二十卷,篇帙繁富,尤符巨观。"① 可知,《尚书详解》《御制诗文十全集》摆竣于嘉庆元年。

《农书》。嘉庆七年（1802）五月二十六日永璇等奏为恭进样本事称:"本馆前据翰林院奏准移交《农书》一种,今已摆办完竣,照例装潢陈设本二十部,带往盛京二部,刷印通行本三百部。谨先将连四纸竹纸样本各一部恭呈御览。俟发出,即交懋勤殿拟请陈设,仍发五省通行。"② 可知,《农书》摆竣于嘉庆七年。

《唐会要》《西汉会要》。嘉庆七年五月二十六日,永璇等奏称:"现在聚珍馆木子尚属完全,未能虚置无用,可否即令供事等将《西汉会要》《唐会要》二书迅速一律摆印,既省刊刻多费,且得早副圣主嘉惠艺林至意,臣等未敢擅便,谨奏。本日奉旨:依议。钦此。"③ 嘉庆八年七月初十日,永璇等又奏:"嘉庆七年五月二十六日进呈农书时,奏请即令供事等《西汉会要》《唐会要》一律摆印,既省刊刻多费,并早得副圣主嘉惠艺林至意,当经奉旨依议在案。今自旧夏迄今,二书一百七十卷均已摆办全竣,现在刷印通行本三百部。按照旧例颁发五省,缴价报销,又装潢各处陈设本二十部,又带往盛京本各二部,均系照例办理。"④ 可见,《唐会要》《西汉会要》发交摆印时间是嘉庆七年,摆竣时间是嘉庆八年七月。

《千叟宴诗》《吏部则例》。嘉庆元年（1796）正月初七日,奉谕旨:"此次《千叟宴诗》,交武英殿聚珍版办理。"⑤ 嘉庆五年（1800）二月十八日,修书处为装潢全竣请旨陈设颁发事:"本处两

---

① 《清宫武英殿修书处档案》第 1 册,嘉庆元年至嘉庆十三年奏事档,第 242 页。
② 《清宫武英殿修书处档案》第 1 册,嘉庆元年至嘉庆十三年奏事档,辰字一号,第 367—369 页。
③ 同上。
④ 《清宫武英殿修书处档案》第 1 册,嘉庆元年至嘉庆十三年奏事档,午字二号,第 387—391 页。
⑤ 《清宫武英殿修书处档案》第 1 册,嘉庆元年至嘉庆十三年奏事档,子字一号,第 242 页。

奉敕旨摆办《千叟宴诗》三十六卷，又《吏部则例》六十九卷。曾于嘉庆四年五月初八日摆出样本，恭呈御览。今刷印装潢，现已全竣。《吏部则例》准照来文，以三百部咨行在京衙门备查。以九百部存贮。俟各直省备价请领。《千叟宴诗》通行本三百部，按照旧例，发五省缴价报销。仍有各处陈设本三十部。又带往盛京各二部，又备赏二百部，应行请旨陈设颁赏，遵奉施行。"① 由此可知，《千叟宴诗》《吏部则例》摆竣于嘉庆五年。

《钦定平苗纪略》。嘉庆十二年（1807）十一月二十日武英殿聚珍馆奏称："查本馆前据方略馆移付发刻《平苗纪略》五十六卷，今已摆办完竣，照例刷印带往盛京二部，通行颁发五省三百部，装潢陈设本二十部，谨将连四纸、竹纸样本各一部恭呈御览，请交懋勤殿拟处陈设。"② 嘉庆十二年十一月二十九日，礼部为拟赏聚珍版《平苗纪略》名单事称："移会稽察房大学士庆桂等谨奏蒙发下聚珍版《钦定平苗纪略》十五部，交臣等拟赏，谨开缮名单进呈，伏候钦定谨奏。二十一日奉旨：知道了。钦此。"③ 可见，《钦定平苗纪略》摆竣于嘉庆十二年。

《畿辅安澜志》《续琉球志略》。嘉庆十三年（1808）九月二十六日，军机处奉上谕："试用通判王履泰于回銮途次恭进编辑《畿辅安澜志》六函，董诰等公同阅看具奏，朕覆加批阅，于直隶通省道原委办证明晰，并将古今修防事实详悉登载，足资参尚属有用之书，著武英殿用聚珍版排印，以备陈设颁赏。"④ 嘉庆十三年十月，档案又载："试用通判王履泰恭进编辑《畿辅安澜志》六函，钦奉谕旨：著武英殿用聚珍版摆印，以备陈设颁赏。钦此。查聚珍版排印各书

---

① 《清宫武英殿修书处档案》第 1 册，丑字四号，第 318—319 页。
② 《清宫武英殿修书处档案》第 1 册，戌字一号，第 463—467 页。
③ 《礼部为拟赏聚珍版钦定平苗纪略名单事》，台湾史语所藏内阁大库档案，登录号：208781-001。
④ 《清宫武英殿修书处档案》第 1 册，嘉庆十三年九月二十六日，申字一号，第 473 页。

均系按卷排出，先摆数将应用部数刷印完竣，仍以此项木子另摆数卷，再行刷印，是以应用若干部数必须预为酌定，以便一律刷印。此次钦奉谕旨颁赏《畿辅安澜志》一书，除照向例预备陈设二十部外，尚应刷印若干部备赏之处，伏候训示遵行。为此谨奏请旨。本日朱批：赏用纸合背、蓝布套、古色纸面页、榜纸书三十部。"① 上述两则档案说明的是《畿辅安澜志》发交摆印的时间，并非摆竣时间。

又据嘉庆十六年（1811）十二月修书处移会典籍厅称："本馆奉旨发交摆印《畿辅安澜志》六函，又《续琉球志略》一函，今已摆办完竣。照例装潢陈设本各二十部，带往盛京各二部，刷印通行本各三百部，特旨备赏榜纸《畿辅安澜志》三十部，谨先将二书连四纸、竹纸样本各一部，原样本各一部，榜纸《畿辅安澜志》一部恭呈御览，请交懋勤殿拟陈设。其《畿辅安澜志》三十部请交军机处拟赏。……所有陈设、备赏、颁发等分，仍另开单，恭候钦定。"② 因此，可以确定《畿辅安澜志》《续琉球志略》摆竣于嘉庆十六年。

《西巡盛典》。嘉庆十七年（1812）四月初九日，文颖馆总裁官臣董诰等奏称，嘉庆十六年闰三月十二日钦奉谕旨续编《清凉山志》，"敬谨编纂成《西巡盛典》二十四卷，敬奉御制序文，弁诸卷首一并装潢，随表恭进，谨俟发下之日刊刻颁行"③。该档案说明嘉庆十七年《西巡盛典》已经纂竣发摆（《西巡盛典》书前有乾隆御题聚珍版十韵，证明是聚珍摆印本），但摆竣时间仍费时日。嘉庆二十一年（1816）二月初一日，修书处移称："本处有带往盛京恭贮《西巡盛典》二部，相应知照贵司传知该处遇有便员到殿领取恭

---

① 《清宫武英殿修书处档案》第 1 册，嘉庆十三年十月，亥字三号，第 479—480 页。
② 台湾史语所藏内阁大库档案，嘉庆十六年，登录号：126058-001。
③ 翁连溪编：《清内府刻书档案史料汇编》，第 460 页。

贮。"① 此时才将《西巡盛典》发往盛京陈设，表明《西巡盛典》于嘉庆二十一年二月之前摆竣。

综上，根据档案可发掘出嘉庆朝聚珍馆摆印的"武英殿聚珍版书单行本"有 11 种：分别是《尚书详解》《高宗御制诗文十全集》《农书》《唐会要》《西汉会要》《千叟宴诗》《吏部则例》《钦定平苗纪略》《畿辅安澜志》《续琉球志略》和《西巡盛典》。当然，这 10 种书籍并非是《钦定武英殿聚珍版书目录》未收录的"武英殿聚珍版单行本"全部数字，尚有聚珍版《悦心集》《诗伦》《八旬盛典》《大事记》等书因档案资料缺乏，尚待进一步核实。其实，以往认为单行本《钦定四库全书考证》于乾隆年间摆印的观点也存在可商榷之处。乾隆五十一年（1786）档案载："启者：昨接手函，示商《四库全书考证》应否仍照旧数刷印，具见尊裁详审。今早召见时，叶遵来示奏请。面奉谕旨，此书除排印陈设二十二部外，着照例排印通行书三百部，不必格外加增。钦此。"② 嘉庆七年（1802）五月二十六日，聚珍馆奏为恭进样本事称："本馆曾奉特旨，摆《四库全书考证》等书，系一百卷，《吏部则例》一书系六十九卷，俱能摆印无误。"③ 如前所述，《吏部则例》摆印于嘉庆五年（1800）二月，由此看来《钦定四库全书考证》可能于嘉庆年间摆竣。

六　聚珍版木活字消失原因再考

康熙朝曾设武英殿铜字馆，制作铜活字 100 多万个，刊印《古今图书集成》等少数殿本外，放置于铜字库中保存，最后于乾隆九年奏准熔化改作他用。乾隆朝所设武英殿聚珍馆，也曾制作了 25 万多个木活字，这批木活字在印制完成武英殿聚珍版书后不知所踪，成为活字印刷史中的一个重要谜团，下文即结合文献档案，对这一

---

① 翁连溪编：《清内府刻书档案史料汇编》，第 460 页。
② 《纂修四库全书档案》，第 1943—1944 页。
③ 《清宫武英殿修书处档案》第 1 册，嘉庆元年至嘉庆十三年武英殿修书处奏事档，辰字一号。

谜团进行重新探讨。

　　据档案可知，聚珍馆馆址最初设在西华门外北长街路口东，全面负责管理木活字刊印相关事宜，25万多个木活字和配件以木柜、木匣形式贮存于此。乾隆三十九年（1774）五月十二日，金简奏称："俟将来四库全书处交到各书按次排印完竣后，请将此项木子、槽版等件移交武英殿收贮，遇有应刊通行书籍，即用聚珍版排印通行。为此谨奏。"① 也就是说，等聚珍馆馆务告一段落后，原贮存西华门外北长街路口东的木活字、槽版等件要移交武英殿收贮，继续由武英殿管理这批木活字，用以摆印其他书籍。据嘉庆六年（1801）八月初七日修书处档案载："聚珍版处于乾隆五十一年馆务告竣。"从此时开始，聚珍馆经费交接给武英殿："仍存聚珍版项下，以备摆印别种书籍，办买纸张等项应用。"② 因此，从乾隆五十一年（1786）开始，聚珍木活字、槽版等件已经移交给武英殿收贮。据内务府档案，同治元年原在西华门外北长街路口东的聚珍馆旧址内西厢房、后照房已经被满洲火器营接收③，挪作他用。那么，这批木活字存贮于武英殿的什么地方吗？道光五年（1825）的修书处档案透露了重要信息："为成做提调处行取装贮木子木盒六百七十个，共用工料银一百三十四两。"④ 这里的"木子"应该就是木活字，而委托制作装贮木盒的机构是提调处，亦即校刊翰林处。校刊翰林处设在浴德堂，浴德堂亦有贮书房，有足够的空间贮存这批木活字。另外，咸丰三年（1853）内务府奏销档也有武英殿修书处申请给发"挪移聚珍馆木柜、木匣"⑤ 所

---

　　① 《纂修四库全书档案》，第209页。
　　② 《清宫武英殿修书处档案》第1册，嘉庆六年八月初七日，呈文档，未字一号，第347—349页。
　　③ 《武英殿修书处为查收聚珍馆大门内西厢房及后照房事致满洲火器营》，同治元年，中国第一历史档案馆藏内务府奏销档，档案号：05-08-030-000454-0009。
　　④ 《清宫武英殿修书处档案》第2册，第181页。
　　⑤ 《为呈请给发挪移聚珍馆木柜木匣所需雇觅夫匠银两事》，咸丰三年，中国第一历史档案馆藏内务府奏销档，档案号：05-08-030-000406-0021。

需雇佣匠役银两的记载。综合以上信息，笔者认为聚珍版木活字在乾隆五十一年以后可能就贮存于浴德堂内。道光五年制作670个木盒装贮20万余个木活字，也同时说明彼时摆印工作几乎停止，聚珍馆的主要任务变为管理存贮这批木活字。清人梁绍壬（1792—1837）所撰《两般秋雨盦随笔》卷6载："聚珍版：沈存中云庆历中有毕升为活字版，用胶泥烧成。武英殿聚珍版自易铜为木之后，近闻亦多散失。"①梁绍壬曾为内阁中书，卒于道光十七年（1837），这则笔记反映的聚珍版"多散失"，很可能是道光时期的事情。但是直至咸丰初年，聚珍馆仍设供事、收掌等官员、匠役在此听差，说明木活字此时虽有散失，但大部分活字仍旧存在，如咸丰二年（1852），修书处曾派5名拜唐阿清理聚珍木字3个月②。档案所见，咸丰年间仍有支付聚珍馆收掌人员公费的记载。咸丰三年（1853），"为聚珍馆办事收掌二员，自本年正月初一日起至十二月三十日止，共领公费银二十八两八钱"③。咸丰四年（1854），"为聚珍馆办事收掌二员，自本年正月初一日起至三月止，共领公费银七两二钱"④。咸丰五年（1855），"为聚珍馆办事收掌二员，自本年四月起连闰月至十二月底止，共领公费银二十四两"⑤。聚珍馆办事收掌主要负责木活字的保管和收发工作，上述档案说明至少到咸丰年间木活字仍然存在。又据前引档案，同治元年聚珍馆内部分作坊被满洲火器营接收、占用。目前所见最晚提及聚珍馆的档案是同治四年（1865）十二月十七日，武英殿修书处"为修理聚珍馆房间，动用银二百五十六两五钱"⑥，说

---

① （清）梁绍壬：《两般秋雨盦随笔》卷6，清道光振绮堂刻本。
② 杨玉良：《武英殿修书处及内府修书各馆》，《故宫博物院院刊》1990年第1期。
③ 《清宫武英殿修书处档案》第3册，咸丰三年，第566页。
④ 同上书，第622页。
⑤ 同上书，第655页。
⑥ 国家图书馆藏清抄本《清同治光绪间武英殿卖书底簿》，载《清内府刻书档案史料汇编》，第691页。

明此时聚珍馆仍在运作之中,木活字应该还存贮于聚珍馆。

这批聚珍版木活字最后是如何消失的呢?目前学界最通行的说法是,25万余个木活字被守门的士兵用以生火取暖。这一说法的来源,可追查至清末金梁所撰《光宣小记》。该书"聚珍版"条载:"康熙铜活字既毁于铸钱,乾隆木活字久贮武英殿,后亦为直殿宿卫焚以取暖,遂皆无存云。"①金梁此说依据何在呢?查阅所见,金氏应是参考了前引《清朝野史大观·武英殿版之遭劫》的说法:

> 清初武英殿版书籍,精妙迈前代,版书皆存贮殿旁空屋中,积年既久,不常印刷,遂为人盗卖无数。……殿旁余屋即为实录馆,供事盘踞其中,一屋宿五六人、三四人不等,以便早晚赴馆就近也。宿于斯食于斯,冬日炭不足则劈殿板围炉焉。②

《光宣小记》"直殿宿卫焚以取暖"与《清朝野史大观》"冬日炭不足则劈殿板围炉",文字表述几乎一致,皆是记录光绪年间武英殿板片被宿卫烧火取暖之事,所不同的是《清宫遗闻》并未明确说聚珍版,而金梁可能在其基础上加以附会成聚珍版被拿去烧火取暖,因此以讹传讹,影响至今。实际上,武英殿修书处管理甚严,此事不太容易发生,野史记载并不能完全采信。笔者认为同治八年(1869)武英殿火灾时聚珍版被烧毁的可能性最大。据清人翁曾翰所撰《翁曾翰日记》同治八年六月二十一日条载:"昨夜武英殿不戒于火,自子至辰方熄,全殿被焚,惟余西配殿三楹而已。"③武英殿大部分殿堂被烧毁。同治八年六月二十三日,大学士倭仁、徐桐、翁同龢等奏为武英殿不戒于火请勤修圣德以弭灾变事,奏折称:"本

---

① 金梁:《光宣小记》,上海书店出版社1998年版,第98页。
② 《清朝野史大观》卷2《清宫遗闻·武英殿版之遭劫》,第16页。
③ (清)翁曾翰:《翁曾翰日记》,凤凰出版社2014年版,第126页。

月二十日夜武英殿不戒于火，书籍、版片焚毁殆尽。"① 聚珍馆木活字早在乾隆五十一年已经从北长街路口东移入武英殿浴德堂，这次大火使得包括浴德堂在内的大部分武英殿殿堂被烧毁，其中贮存的板片、书籍也几乎"焚毁殆尽"，其中很可能就包括了25万余个木活字。光绪二十七年（1901）四月十八日，武英殿亦曾因雷起火："延烧武英殿前殿五间，后殿五间，西配殿五间，浴德堂共六间，前院西配房五间、后院东配房五间，共三十一间，其宫门东配殿以及值房等处保护无虞。"② 叶昌炽《缘督庐日记抄》曾记此事称："（四月）廿一日，闻十八日之警系武英殿灾，从此聚珍版无片字留遗矣。"③ 叶昌炽认为聚珍版木活字是在这次火灾中烧毁的，但笔者认为同治八年武英殿火灾烧毁的可能性更大。当然，这一结论需要更多档案的支持，有待未来进一步佐证。

第三节　武英殿修书处的校勘活动

校勘，又称为校雠。西汉刘向在《别录》中如此定义校雠："一人读书，校其上下，得谬误，为校；一人持本，一人读书，若冤家相对，为雠。"古籍在传抄、传刻过程中，往往容易出现讹误，必然影响到古籍的准确性、可靠性。为了避免以讹传讹，就有必要对古籍内容进行校勘，通过合理的校勘，可以达到删芜补缺、去伪存真的目的，校勘因此成为整理、刊刻古籍不可或缺的重要一环。

中国历代中央政府均对古籍的校勘工作极为重视，不仅设立了

---

① 《大学士倭仁等奏为武英殿不戒于火请勤修圣德以弭灾变事》，中国第一历史档案馆藏军机处录副奏折，档案号：03-4675-124。
② 《庆亲王奕劻等电为武英殿因雷起火情形事》，中国第一历史档案馆藏电报档，档案号：2-02-12-027-0396。
③ （清）叶昌炽：《缘督庐日记抄》卷9，民国上海蟬隐庐石印本。

专门的校书机构，如北宋有三馆秘阁、校正医书局、补完校正文籍局等，同时有专门的校书之官，如校书郎，所谓"校书之官，如汉之白虎观、天禄阁，集诸儒较论异同及杀青；唐宋集贤校理，官选其人。以是刘向、刘知幾、曾巩等，并著专门之业。列代若《七略》《集贤书目》《崇文总目》，其书具有师法"①。宋代印刷业发展起来后，校勘又与刻书紧密结合在一起："北宋校勘繁兴，其最直接原因即是刊刻书籍之需。"② 在官方颁发刊行重要典籍之前，都会组织校勘人员对典籍进行全面的校勘、校对。据《宋会要辑稿·崇儒》记载，宋代馆阁校书程序已然非常烦琐，一般要经过"复校""点检""复点检"多道工序。

明代内府刻书，亦需校勘，但内府经厂本由于是太监主持其事，校勘质量不精，为后人所诟病。清代四库馆臣对明代经厂本即多有批评："经厂即内番经厂，明世以宦官主之。书籍刊版，皆贮于此。……今印行之本尚有流传，往往舛错，疑误后生。盖天禄石渠之任，而以寺人领之，此与唐鱼朝恩判国子监何异！"③ 叶德辉在《书林清话》亦云："世所传经厂大字本《五经》《四书》，颇为藏书家所诋斥，非尽谓其校勘不精也。夫以一代文教之事，以奄人主之，明政不纲，即此可见。"④ 明代北监本的校勘质量亦不高，"校勘粗疏，错讹较多，尤其辽、金诸史，缺文有时竟达数页"⑤。顾炎武斥责为"秦火之所未亡，而亡于监刻矣！"⑥

武英殿修书处以皇家雄厚的财力为后盾，不惜工本，其刊印的殿本不仅在装潢水平、纸墨质量等方面非一般坊刻、私刻可比，而

---

① 《纂修四库全书档案》，第21页。
② 汝企和：《北宋中后期官府校勘述论》，《中国史研究》2000年第1期。
③ 《钦定四库全书总目提要》卷87·史部43。
④ 叶德辉：《书林清话》卷5，上海古籍出版社2012年版，第96页。
⑤ 罗积勇等：《中国古籍校勘史》，武汉大学出版社2015年版，第277页。
⑥ （清）徐世昌等编：《清儒学案》卷39，中华书局2008年版，第1510页。

且以精校、精刊著称，一改明代内府经厂本"校勘不精"①之弊病，获得了后世"校勘精审"的美名。乾隆帝本人就对殿本之精校颇为自得，他将明代监本《十三经》与殿本《十三经》进行了对比，认为二者校勘质量高下立判："士子所读经书，多系坊本。即考证之家，亦止凭前明监本。然监本中鱼豕之舛讹，字句之衍缺，不一而足。……武英殿官刻《十三经》，勘雠精核。久已颁发黉序，加惠艺林。"②晚清名臣曾国藩喜好收藏殿本，致友人信中多次提及代购殿本："如遇有殿板诸善本，及国朝名家所刊之书，凡初印者概祈为我收买。"③"江西如有殿板初印《廿四史》，敬求代为购买，虽重价不惜也。……弟眼非善本书不耐看也。"④曾国藩把殿本视为"善本书"，与殿本的校勘质量不无关系。近代版本学家叶德辉评价殿本："当时馆臣校刊，多据宋刻善本，又处分颇严，故讹误遂少。"⑤毛春翔《古书版本常谈》则认为："考证校雠之学，至乾嘉而极盛。校刻之书，多精审而可靠。"⑥

实际上，殿本能够获得后世"校勘精审"的美名，与隶属于武英殿修书处的校刊翰林处密不可分。校刊翰林处在长达200余年的发展历史中，不仅参与了大量殿本的校勘工作，而且建立了一套较为系统有效的运作机制和校勘章程，在校勘学史中占据重要地位。清代是中国校勘发展史上的高峰时期，学界对清代校勘的理论、方法和成就已有专深的研究，相关论著层出不穷。但笔者梳理发现，目前学界的研究侧重于对乾嘉学派校勘成就以及著名校勘学家的研究，呈现出重私家轻官方的不均衡研究倾向。而关注清代官方校勘

---

① （清）叶德辉《书林清话》卷5，上海古籍出版社2012年版，第96页。
② 光绪朝《钦定大清会典事例》卷332《礼部·贡举》。
③ （清）曾国藩：《曾文正公书札》卷4《与袁漱六》，清光绪二年传忠书局刻增修本。
④ （清）曾国藩：《曾文正公书札》卷6《致刘星房》。
⑤ （清）叶德辉：《叶德辉书话》，浙江人民出版社1998年版，第5页。
⑥ 毛春翔：《古书版本常谈》，上海古籍出版社2002年版，第80页。

的研究者，视角也主要集中在四库全书馆的校勘成就[1]，对于清代校刊翰林处的校勘活动则往往一笔带过[2]，相关研究较为薄弱。校刊翰林处作为清代最重要的专门校书机构，如何摆脱明代内廷校书不精的弊病？这一机构的运作机制、校勘流程如何保证殿本校勘质量？办事人员彼此如何协调与配合？这些细节问题，是以往研究中所常常忽略，但又是关系殿本质量的基础性问题，需要加以厘清。下文拟在充分挖掘相关文献档案的基础上，全面考察校刊翰林处的设立始末、人员管理以及校勘流程等基本问题，从而较为清晰地勾勒出校刊翰林处的日常运作机制，同时也为中国古代内府校书机构的研究提供一个具体案例。

一 校刊翰林处办公处所与机构组成

清朝统治者入主中原后，总结明代刻书校勘不精的经验教训，对内府编刻典籍的把关极严，具体表现之一便是在修书各馆设置大量校勘人员，按例修书各馆校对官每人每日校对 25 篇[3]。这些校勘人员大都是一流的学者和人才，如四库全书馆开馆期间，选取戴震等一批著名学者参与校勘。《清高宗实录》乾隆三十八年（1773）七月十一日载乾隆帝谕旨："据办理四库全书总裁奏，请将进士邵晋涵、周永年、余集、举人戴震、杨昌霖调取来京，同司校勘，业经降旨允行。"[4] 如前所述，武英殿修书处主要由监造处和校刊翰林处两大职能部门组成，二者各有分工。监造处主要负责刊刷、装潢殿本和支领钱粮、采买、给发物料等事；而校刊翰林处则负责校勘殿本等事宜。校刊翰林处，亦称校对书籍处或翰林处、提调处、校对

---

[1] 代表性的成果，如罗积勇等《中国古籍校勘史》第 7 章《清代校勘》，武汉大学出版社 2015 年版；何灿《〈四库全书〉纂修中的校勘成就》，博士学位论文，山东大学，2014 年。

[2] 参见张学谦《武英殿本〈二十四史〉校刊始末考》，《文史》2014 年第 1 期。

[3] 光绪朝《钦定大清会典事例》卷 15《内阁五·职掌三》。

[4] 《清高宗实录》卷 938，乾隆三十八年七月十一日。

处，负责缮写、校勘书籍，包括校勘底本和刻竣之本①。校刊翰林处与负责刊印、装潢的监造处同处一地，"于武英殿修书处，校对官员、写刻工匠咸集于兹"②，极大便利了书籍校勘与刊印工作的顺利衔接。下文将对校刊翰林处的机构运作细节如办公处所、机构组成等问题进行探讨。

1. 浴德堂功能考实

爬梳相关史料，校刊翰林处的办公处所为武英殿浴德堂。对于浴德堂的功能，学界有不同看法。有谓"高宗当日赐香妃沐浴之所"，其建筑仿欧洲意大利之式，说者以为当时"高宗命意人设计而成也"③。按："浴德"一词源自儒家经典，《礼记·儒行篇》有"儒有澡身而浴德"，孔颖达注疏曰："澡身谓能澡絜其身不染浊也。浴谓沐浴于德以德自清也。"武英殿以"浴德"题额，非真指沐浴而是比喻君子以德自清之意。实际上，紫禁城内重华宫西配殿亦名为"浴德殿"，作为乾隆帝的书房，与沐浴毫无干涉。据单士元考证，武英殿浴德堂可能始建于元代，并非用作浴室："浴德堂在明清两代并非浴室，更非香妃浴室，明代汉族亦无淋浴之习俗，清代其处长期为修书之所，其建筑可能为元代之遗物。"④《康熙衙署图》已经出现了浴德堂，表明康熙朝确实已经存在，至《乾隆京城全图》图示注明"浴德堂"，穹顶建筑依稀可见，香妃沐浴之说依据不足。

《清稗类钞·宫苑类》提供了浴德堂形制和用途的不同说法：

> 浴德堂在武英殿西北，屋三间……其后，西为井亭，高与堂齐，亭中一井，以砖石砌成方形之水管，沿堂之后檐而过。

---

① 曹宗儒：《总管内务府考略》，《文献论丛》1936 年第 10 期。
② 陶湘：《清代殿板书始末记》，载《书目丛刊》，第 65 页。
③ （清）徐珂编：《清稗类钞·宫苑类》，中华书局 2010 年版，第 161 页。
④ 单士元：《故宫武英殿浴德堂考》，《故宫博物院院刊》1985 年第 3 期。

东为浴室，室之顶形圆如盖，井旁之方水管直接于此。其侧一小门，铁棂为窗，一砖台，有阶级可登，或谓昔时此台置一锅炉，以煮水者。……或又谓乾隆时，武英殿中皆贮书籍，凡钦命定刻之书，俱于殿之左右值房校刊装潢，浴德堂为词臣校书之所，旧称之为修书处。①

也有学者认为浴德堂为蒸纸处，室外有锅台，西有井亭，悬石槽将水引入烧火处大锅，烧水蒸气入室，供印书蒸熏纸张之用。实际上，这一说法与浴德堂作为校书处所并不矛盾，校书需大量供缮写的纸张，校书与蒸纸可以同时兼而有之。

康熙后期，浴德堂最初为武英殿修书处所在地。《钦定日下旧闻考》载："西北为浴德殿，即旧所称修书处也，浴堂在其后，西为井亭。"② 清人许鸣盘《方舆考证》卷7谓"（武英殿）北为浴德堂，为修书处"③。朝鲜燕行使金景善《燕辕直指》亦说武英殿"后有浴德堂，即修书处也"④。《钦定日下旧闻考》所谓"旧所称修书处"，应指康熙朝的情况。康熙四十三年（1704），康熙帝敕令编纂《佩文韵府》，在浴德堂开局，命翰林词臣详校。校刊翰林处具体成立于何时，史无明载。据《国朝宫史》载："西有浴德堂，为词臣校书直次，设总裁统之。"⑤ 武英殿总裁负责校刊翰林处缮写、校对工作，其职官设置与翰林处设立时间应该接近。目前所见最早的武英殿总裁是陈鹏年，其在康熙五十二年（1713）十一月十二日被任命为武英殿总裁，而其职责就有"令查校古书中缺文、讹字"⑥。据此

---

① （清）徐珂编：《清稗类钞·宫苑类》，第14页。
② 《钦定日下旧闻考》卷13。
③ （清）许鸣盘：《方舆考证》卷7，清济宁潘氏华鉴阁本。
④ ［朝鲜］金景善：《燕辕直指》卷3《留馆录》，载《燕行录全集》卷71。
⑤ （清）鄂尔泰等编：《国朝宫史》卷11《宫殿》，北京古籍出版社1987年版，第198页。
⑥ 熊治祁编：《湖南人物年谱》第1册，湖南人民出版社2013年版，第370页。

可大致判断校刊翰林处在康熙五十二年以前就已存在。

值得一提的是，关于浴德堂与恒寿斋的职能分工，文献的记载极容易造成混淆。《国朝宫史》卷11载："西有浴德堂，为词臣校书直次。"①《国朝宫史续编》卷53云："东北为恒寿斋，西北为浴德堂，皆词臣校书直次。"②《钦定日下旧闻考》卷13则载："恒寿斋，今为缮校四库全书诸臣直房。"③《国朝宫史》《国朝宫史续编》说浴德堂为词臣校书直次，《钦定日下旧闻考》也说恒寿斋为缮校诸臣直房，似乎浴德堂、恒寿斋都是校刊翰林处的办事场所，但仔细探究，二者的功能有所不同。张升认为缮书地点在浴德堂，而武英殿总裁、提调办公处所在恒寿斋④，笔者认为这种区分较为准确。从空间来说，恒寿斋仅是武英殿东北角之小殿，面阔三间，进深一间⑤，无法同时容纳校刊翰林处大量人员。比较而言，浴德堂的空间较大，可以容纳。校刊翰林处设在浴德堂而非恒寿斋，校刊翰林处大部分人员日常都在浴德堂办公，而管理官员如武英殿总裁、提调则在旁边的恒寿斋办公监督，如关槐于乾隆年间曾充武英殿提调，其年谱载："殿东北隅恒寿斋为修书直庐，自兹编校无虚日。"⑥

关于浴德堂为校勘处所，还有不少佐证。如武英殿办事官员的诗文集、笔记中就有不少入值浴德堂、办理校书事宜的记载。郭则澐《十朝诗乘》引乾隆时供职于武英殿的李蔚圃《春明纪事》诗云："玉阶行绕殿西厢，校勘分司浴德堂。密室砥平规茧瓮，铭盘犹

---

① （清）鄂尔泰等编：《国朝宫史》卷11《宫殿》，北京古籍出版社1987年版，第198页。
② 《国朝宫史续编》卷53。
③ 《钦定日下旧闻考》卷13。
④ 张升：《四库全书馆研究》，第50、51页。
⑤ 朱赛虹等：《中国出版通史·清代卷（上）》，中国书籍出版社2008年版，第84页。
⑥ （清）李钧简编：《青城山人年谱》，载北京图书馆编《北京图书馆藏珍本年谱丛刊》第117册，第547页。

袭御香香。"注谓"殿直每集浴德堂，后有浴室，规圆若瓮，而牖其顶。"① 杨钟羲《雪桥诗话》载："方望溪尝在浴德堂订三礼及四书文。"② 这里的"方望溪"即方苞，雍正间为武英殿总裁。按《望溪先生方苞年谱》："雍正上宾，先生时领武英殿修书处事。"曾任翰林院编修的叶观国回忆："御刻《西清古鉴》，皆绘大内所储古器，余为编修时，直浴殿，得与校订之役。"③ 清人吴省钦也有诗文涉及浴德堂校书事："回忆校书藜火晚，浴堂只在殿西头。"④

《钦定诗经乐谱全书》于乾隆五十三年（1788）纂成，奉旨交聚珍版摆印连四纸书50部，竹纸书150部⑤。玉保所著《萝月轩存稿》，有《浴德堂恭录〈钦定诗经乐谱全书〉偶成长句呈朱爱亭前辈》。同时诗注曰："宫商工尺分注朱墨两色字。"⑥ 以上文献说明《钦定诗经乐谱全书》乾隆五十三年纂竣后、交付摆印前，即在浴德堂进行缮校。

乾隆四十一年（1776）九月三十日，乾隆帝曾谕旨编辑《四库全书考证》，并计划告竣后以聚珍版排印："令将《四库全书总目》及各书提要，编刊颁行。所有诸书校订各签，并着该总裁等另为编次，与总目、提要，一体付聚珍版排刊流传。"⑦ 至乾隆四十七年（1783）正月，《考证》正式办理完竣，乾隆四十七年正月二十九日奉旨"办理四库全书黄签之王太岳、曹锡宝，着加恩以国子监司业升用"。⑧ 据张升的研究，"武英殿四库馆有专门办理抄录黄签的地

---

① （清）郭则沄：《十朝诗乘》卷12，上海书店出版社2002年版，第375页。
② （清）杨钟羲：《雪桥诗话》，北京古籍出版社1989年版，第406页。
③ （清）叶观国：《绿筠书屋诗钞》卷9《奉题巡抚宝冈余公品古图小像长卷》，《续修四库全书》第1444册，第354页。
④ （清）吴省钦《白华前稿》卷56《涢州试院浴示少林同年》，《续修四库全书》第1448册，第337页。
⑤ 《清宫武英殿修书处档案》第1册，第26页。
⑥ （清）玉保《萝月轩存稿》，载《清代诗文集汇编》第2016种，第766页。
⑦ 《纂修四库全书档案》，第537页。
⑧ 同上书，第1460页。

方，即黄签考证处，又可称为黄签处、考证处"①。如档案载"大宗伯王文庄公际华奏择进士工书者在武英殿黄签处行走"②。可见，办理《四库全书考证》之地设在武英殿③。

实际上，武英殿修书处还负责《四库全书考证》的校对，校对场所在浴德堂。国家图书馆藏乾隆抄本《四库全书考证》100册（索书号09824），查卷57这一册目录卷前粘贴有一条校签："送来《考证》三本，务祈案班期校出交馆为祷。胡、王二老先生照浴德堂公具。十一日。"卷47又贴有签条："刻本三卷、黄本三卷，俱详加校对外，样子一本查收……浴德堂照。"以上两处签条皆提及浴德堂，"校出交馆""详加校对"这样的表述证明浴德堂当时负责校对《四库全书考证》。而彼时校对的目的准备发交摆印成书。第二处签条出现"刻本三卷、黄本三卷"，很可能分别指刻样和稿本。乾隆五十一年（1786）六月，乾隆帝谕旨："王太岳等所办理《全书考证》曾否刻板？如尚未动工，即用聚珍版刷印，钦此。"④乾隆五十一年七月二十日，档案载："启者：昨接手函，示商《四库全书考证》应否仍照旧数刷印，具见尊裁详审。今早召见时，叶遵来示奏请。面奉谕旨，此书除排印陈设二十二部外，着照例排印通行书三百部，不必格外加增。钦此，特此奉闻，祈即遵照办理，顺候近祺不一。"⑤因此，《四库全书考证》在武英殿的校样时间当在乾隆五十一年以后。

国家图书馆藏乾隆抄本《四库全书考证》录有校对者"吴裕德、彭元玩"。而据乾隆五十二年十二月的四库档案，此二人为校刊翰林处的纂修："查武英殿原设额缺纂修十二员……今于本月初二日

---

① 张升：《四库全书馆研究》，第196页。
② （清）许兆椿：《秋水阁杂著·靖万安木斋行状》，《续修四库全书》第1472册，第669页下。
③ 参见琚小飞《清代内府抄本〈四库全书考证〉考论》，《文献》2017年第5期。琚小飞老师赐示《四库全书考证》相关校签，谨致谢忱。
④ 《纂修四库全书档案》，第1942页。
⑤ 同上书，第1943—1944页。

奉旨：吴裕德、彭元珫准其捐复中书，仍准在办书处行走。"① 由此可见，在武英殿修书处成立后，浴德堂是校刊翰林处办事处所，负责殿本书籍的缮写、校勘。聚珍馆设立后，聚珍版书籍如《钦定诗经乐谱全书》《钦定四库全书考证》等，在摆印前都是在浴德堂进行校勘。

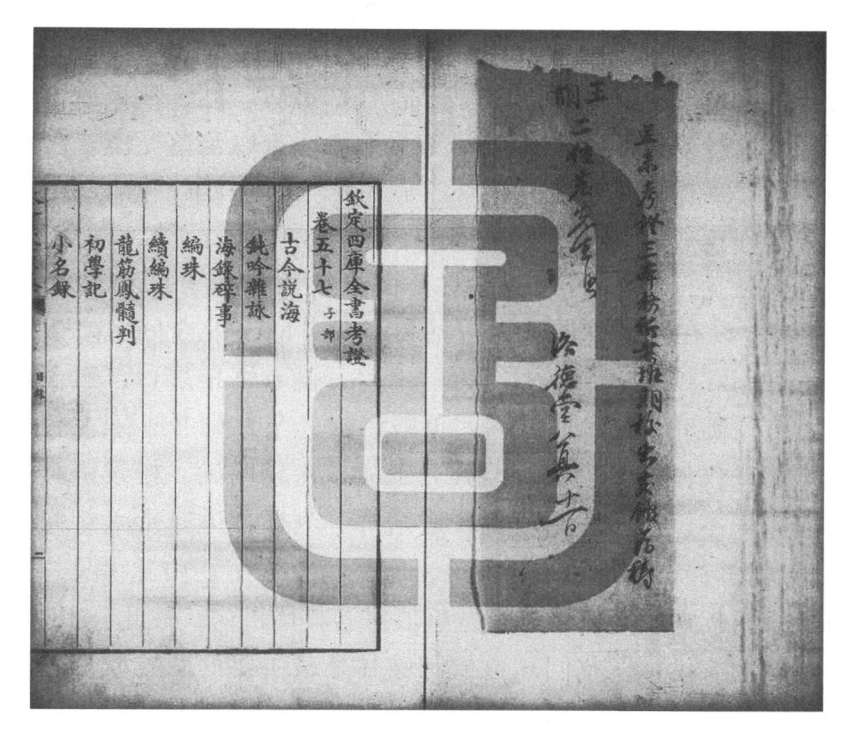

图 5-5　中国国家图书馆藏清抄本《钦定四库全书考证》"浴德堂"校签书影

综上所述，在武英殿修书处成立后，浴德堂是校刊翰林处办事处所，负责殿本书籍的缮写、校勘。乾隆年间，聚珍馆设立后，聚珍版书籍如《钦定诗经乐谱全书》《钦定四库全书考证》等，在摆印前都是在浴德堂进行校勘。

---

① 《纂修四库全书档案》，第 2106—2107 页。

2. 浴德堂的机构组成与校刊翰林处的工作分工

对于校刊翰林处的具体机构情况，以往学界并不太清楚。借助武英殿修书处档案，我们可以弥补这一缺憾。道光十三年（1833）武英殿修书处官员等呈为报修房间事称："本处据提调处来付内称，浴德堂校书、贮书房共五间，现因瓦片脱落，椽檩槽烂，渗漏不堪，内有贮书房一间，后坡脱落，全行塌卸，至将书柜二口压损，柜内书籍俱皆霉烂。"① 道光十六年，"据提调处来付报修，校书房五间，瓦片脱落，椽檩糟朽，渗漏不堪。内有贮书房一间，后坡脱落，全行塌卸。又校录房五间，北三间渗漏不堪，难以坐落。南二间前檐瓦片脱落，后檐坍塌，椽望损坏，后檐墙全行坍塌，并前经行取木柜二口，作速成做"②。

提调处为校刊翰林处的别称，由上述档案可知，校刊翰林处（提调处）设在浴德堂，其中包括校书房5间（北3间、南2间）、校录房5间。校书房中有1间为贮书房，摆有书柜多口，贮藏部分书籍，方便随时核校，所谓"武英殿浴堂，今为藏书地"③。校录房和校书房，仅仅一字之差，但其分工应该比较明确。校录房负责缮写、录副底本；校书房则负责校对缮样、刻样，道光十六年修书处堂呈档所称"提调处校勘房屋"④，应是指校书房。由此可见，校刊翰林处设有提调房、校录房和办事值房等具体机构，彼此分工合作。

通过前文论证，我们知道校刊翰林处最主要的两项职责是校录和校勘。那么，校刊翰林处的人员设置是如何与之相配的呢？

嘉庆朝《钦定大清会典》卷80对校刊翰林处人员的介绍甚为详细：

---

① 《清宫武英殿修书处档案》第2册，道光十三年堂呈档，第655页。
② 同上书，第694页。
③ （清）吴省钦：《白华前稿》卷56《滇州试院浴示少林同年》，《续修四库全书》第1448册，第337页。
④ 《清宫武英殿修书处档案》第2册，道光十六年堂呈档，第684页。

（武英殿）总裁满洲一人，汉一人，于六部侍郎内简充；提调二人，于纂修内由管理王大臣总裁等奏派；纂修十有二人，协修十人，满汉翰林学士以下，詹事府少詹事以下，由翰林院掌院学士派充。……设校录十人，以国子监肄业生内之恩拔副贡由监考取咨送。五年当差勤慎，由总理王大臣酌量奏请议叙。笔帖式四人，掌给使令。①

上述资料只是笼统的说明，校刊翰林处设置的人员总裁、提调、纂修、协修、校录等人，具体如何分工则相当模糊。结合文献档案，我们可以厘清一些问题。

首先，武英殿总裁、提调负责校刊翰林处的工作。《钦定日下旧闻考》载："缮写之事，以武英殿总裁及提调等总其成。"② 又载："其专司缮录、校阅等事，则有提调二员，纂修十二员，均以翰詹官奏充，而特简大臣为总裁以综其成。"③

其次，武英殿纂修、协修专门负责校勘，所谓"名目虽殊，均办校勘一事"④。武英殿纂修兼办校勘之事，如乾隆三十八年闰三月，办理四库全书总裁等奏："查武英殿原有纂修十二员，前经派在四库全书者八员，止余张书勋、张秉愚、张运暹、季学锦四员，今拟添派翰林陈梦元、郑爔、李光云、朱依鲁、龚大万、郭寅、许兆椿、闵惇大八员，代办武英殿纂修之事，俾兼司校勘。"⑤

最后，武英殿校录主要负责缮写工作。校录又被称为誊录，如嘉庆朝《钦定大清会典事例》载乾隆三年上谕称：

---

① 嘉庆朝《钦定大清会典》卷80《内务府》。
② 《钦定日下旧闻考》卷71。
③ 同上。
④ 中国第一历史档案馆藏军机处录副奏折，嘉庆十九年十二月十八日，档案号：03-2159-046。
⑤ 《纂修四库全书档案》，第75页。

> 武英殿写字需人，著尚书赵国麟等，在国子监肄业之正途贡生内，看其年力精壮，字画端楷，情愿效力者，选取十人，送武英殿，以备缮写誊录之用。……（乾隆）四十五年奏准，仍照旧例于国子监肄业拔副优三项贡生内，咨取十名，充补校录。①

上述引文同时出现了誊录和校录，人数都是 10 人，二者并无区别。从实际情况看，校录有时也参与校对工作，"武英殿额设纂修、协修、校录等员，本系专司校对，并无他事"②。

校刊翰林处有一定数量的供事，也参与了缮写、校对工作。如乾隆三十一年（1766）十月，吏部移会稽查房称："武英殿向无额设供事，每有刊刻书籍，临时奏请，或赏给四名，或赏给二名，书成议叙，之后仍行撤去。惟是缮写书签、查校篇页、改正写样、查对板片，皆须一人专司登记，是以各馆皆有额设供事，仰请天恩，俯准设立供事一名，办理档案，如蒙俞允。"③

3. 校刊翰林处的办公空间

如前所述，校刊翰林处额设总裁 2 人，提调 2 人，纂修 12 人，协修 10 人，校录 10 人，总计 36 人。人数并不多，以浴德堂 10 间房屋的空间来说，日常办公足以同时容纳。康雍朝浴德堂就曾同时容纳翰林 27 人，据记载，"雍正三年奏准，修书处行走翰林生监共 27 人，所修书籍，俱已告成，于翰林生监中拟留六员，以备查对缮写之用，其余二十一人，拨回翰林院"④。但是遇到纂修、校勘大型书籍时，办事人员剧增。武英殿四库全书馆期间，武英殿行走的分校官员、誊录人数动辄上千人，如乾隆四十五年（1780）三月初九日，

---

① 嘉庆朝《钦定大清会典事例》卷 906《内务府·书籍碑刻》。
② 中国第一历史档案馆藏军机处录副奏折，嘉庆十九年十二月十八日，档案号：03-2159-046。
③ 台湾史语所藏内阁大库档案，乾隆三十一年，登录号：081549-001。
④ 嘉庆朝《钦定大清会典事例》卷 906《内务府·书籍碑刻》。

武英殿总裁王杰奏请增提调收掌以专责成折称："分经、史、子、集四项，派员暂管，庶几眉目易清。惟是每项有分校二十余员，誊录二百四五十人，收发书籍，查阅缮本，职任非轻。"① 当时分办经史子集的人员，总计分校官近百人，誊录近千人。在人员严重超标的特殊情况下，校刊翰林处的是如何解决办公空间问题的呢？

张升认为武英殿四库馆运行期间，"分校工作的具体地址是在武英殿的浴德堂"②。浴德堂只有房屋数间，难以同时容纳数量庞大的分校官和誊录。实际上武英殿的左右廊房也可当作校勘处所，嘉庆十一年（1806）三月修书处档案载："武英殿现有东廊校对所正房三间。"③ 可见修书处校勘书籍的处所并不局限于浴德堂。校刊翰林处拓展空间的另外一个举措是搭盖临时凉棚，一定程度上可以解决校勘场所空间不足的问题。如道光二十年武英殿修书处报销档案载："年例搭盖刷书作凉棚二间，年例搭盖翰林校对书籍处凉棚三间。"④ 同治九年（1870）四月档案载："恭办《圣训》校录房，应行租搭凉棚六间，并本处官员办事值房，以及档案房各作房凉棚十间，共搭凉棚十六间，应领银五十九两七钱。"⑤

四库馆开馆期间，武英殿分校官甚至可以领书回家校对，这一现象可能与武英殿办事场所有限有一定关系。乾隆五十二年（1787）十月二十日，掌湖广道监察御史祝德麟奏称：

> 详校各员大半住居外城，每日趋赴禁垣，近者三、五里，远者十余里，家中早饭后急忙入直校书，正课不过历巳、午、

---

① 《纂修四库全书档案》，第1155页。
② 张升：《四库全书馆的机构与运作——以〈四库全书〉职名表为中心的考察》，《北京师范大学学报》（社会科学版）2007年第3期。
③ 《奏为查明武英殿现在房间足拨实录馆应用事》，嘉庆十一年三月十日，中国第一历史档案馆藏内务府奏案，第5宗-520卷-32号。
④ 道光二十年武英殿修书处报销档案《武英殿修书处写刻刷印工价并颜料纸张定例》，国家图书馆藏。
⑤ 《清宫武英殿修书处档案》第4册，第703页。

未三时，较之夏时之辰入酉出，仅得半功……倘许照从前分校之例，听其携归私宅，则道途奔走之时，皆几案研绅之候，并可焚膏继晷，校勘从容。①

档案所见，发往南三阁《四库全书》的校对工作并非在武英殿进行，而是另择别处开局办理。乾隆五十二年（1787）七月二十七日，乾隆最初谕旨："文渊、文源两阁全书校竣后，接校续办三分书一折，奉命发原校对再行悉心阅看，仍交两阁详校官在武英殿办理"，但办理馆臣永瑢等奉旨之后，"随饬提调等查看武英殿有无空闲房间，据称：前后两层正殿，向系收藏书籍，堆放版片，东西配殿为承办刷刻摆版之所，只有后殿旁屋五间，亦不能容多人多书。……臣等愚见，从前续办三分书籍，原在东华门外风神庙、云神庙两处开局办理，可否仍着原校对等在彼昼夜赶办，限以六个月扫数校清"，校改俱竣后，"缴回武英殿，交武英殿提调、监造等敬谨钤用御宝，陆续发南"②。

综上，笔者认为浴德堂作为校刊翰林处的办事场所，日常办公空间基本符合需求，但承接较多的工作任务或办事人员剧增时，往往采取搭盖凉棚、另择他地开局办理、允许校对人员携书归宅校勘等方式，一定程度上缓解了办公空间有限的压力，颇有成效。

二 校刊翰林处人员素养与奖惩机制

（一）校刊翰林处人员素养

选派至校刊翰林处的人员，如总裁、纂修、协修等皆是具有较高学识的学士、翰林，他们的学识和素养保障了校勘质量。首先，武英殿总裁一般从科甲出身的一二品大臣中简派，武英殿总裁多是学有专长的重要学者，如康熙六十一年（1722）以庶吉士充武英殿

---

① 《纂修四库全书档案》，第2079—2080页。
② 同上书，第2051页。

总裁，被吴振棫视为异数的王兰生①，精通律吕、算法，曾于康熙五十二年四月奉旨召入内廷行走，于御前校对《朱子全书》《周易折中》。康熙五十二年九月入蒙养斋分校《律吕正义》《数理精蕴》《卜筮精蕴》，纂辑韵书。康熙帝对王兰生极为器重，曾下谕："举人王兰生学问，南人或有胜彼者，亦未可定，直隶人无有如之者，前《周易折中》《性理精义》《朱子全书》等书，魏廷珍、何国宗、王兰生、吴孝登在朕前昼夜校对五年，不遗一字，伊等知朕亦深。"② 鉴于此，康熙帝特赐王兰生进士。

武英殿总裁之中还有学识渊博的著名学者。王引之便是其中的典型，其精通声韵、文字、训诂，著有《经义述闻》32卷、《经传释词》10卷。道光七年（1827）七月，王引之以工部尚书任武英殿总裁③，次月奉旨校勘《康熙字典》，三年告竣。据王引之自述："引之充武英殿总裁，奉旨重刊《康熙字典》，乃偕同馆诸君子博考原书，校正传写之误，并撰写《字典考证》十三册，恭呈御览。"其子王寿昌所编《王文简公行状》载："因《康熙字典》内列圣庙讳皇上御名未曾缺笔，有旨修栞。……府君遵旨细检原书，手自校订，凡更正二千五百八十一条，辑《考证》十二卷，分条注明，各附案语，恭缮进呈钦定。是时同事诸公，皆推重府君学问，谓有府君校订可以无俟他人。故更正之条出自府君手者十居八九。"④

校刊翰林处的另一重要职官为武英殿提调，清廷要求"遴选人品端方、勤敏之员"。嘉庆十九年（1814）十二月十八日，文颖馆总裁官董诰建议，因校刊翰林处事务较繁，择取翰林充当武英殿提调，遴选标准为"总裁于本处纂修内，秉公遴选人品端方、勤敏之

---

① （清）吴振棫：《养吉斋丛录》卷2。
② （清）王兰生：《道光交河集·恩荣备载》。
③ 《清宣宗实录》卷121，道光七年七月十一日。
④ （清）王寿昌：《王文简公行状》，民国刻雪堂丛刻本。

员充补，毋庸令兼他馆行走，以免顾此失彼，致有旷误"。① 可见，武英殿提调的遴选慎之又慎，目的是保障校勘质量。

在校刊翰林处任职的翰林大抵有三种情况：一是皇帝宠信、学问优长并善文辞、书法的人才；二是因故被罢官革职但又以学识见长的人员。《清圣祖实录》载，康熙五十七年（1718）三月十七日："沈宗敬，著从宽免革职，在武英殿修书处行走。"② 三是在内廷供职不合格的翰林，亦被派到翰林处学习行走。康熙五十二年（1713）十月，康熙帝谕大学士等："翰林官员内，多有不识字义、不能诗文者，此皆教司不勤之故……。此后，凡修书校书处，著并派庶吉士行走学习。"可以说，校刊翰林处的办事人员总体素养较高。康熙帝对翰林处行走的纂修人员，就颇多褒奖。即便是出身较低的校录人员选拔也非常严格，或是在国子监肄业之正途贡生内选取，或是吏部考取誊录内选补，同时清廷要求"年力精壮，字画端楷，情愿效力者"③。

值得一提的是，大量学有专长的人员参与校刊翰林处工作，不仅保障了殿本的质量，而对于从事校勘工作人员来说也是重要的人生经历。如程可式曾于康熙五十五年（1716）在武英殿修书处校勘《古今图书集成》，其在所著《来山堂书钞》自序中回忆："康熙辛卯谬膺乡荐，校书武英殿，集曰瀛海、曰石渠。"④《癸丑感事》诗言："挟策游石渠，得以饱经史。"石渠代指内廷，描述的也是程可式在武英殿校刊翰林处校对《古今图书集成》的经历。校勘人员诗文中对其校勘经历颇多感怀。邓显鹤所编《沅湘耆旧集》卷65有诗云："清时稽古独优崇，诏许诸儒集禁中。花发上林春窈窕，雪晴阿

---

① 中国第一历史档案馆藏军机处录副奏折，嘉庆十九年十二月十八日，档案号：03-2159-046。
② 《清圣祖实录》卷278，康熙五十七年三月十七日。
③ 嘉庆朝《钦定大清会典事例》卷906《内务府·书籍碑刻》。
④ （清）程可式：《来山堂书钞》，沈青崖乾隆十三年戊辰暮春序，国家图书馆藏乾隆刻本。

阁日瞳昽。直庐夜检青藜照，讲幄朝呈白虎通。痛定湘累惭报国，皂囊无补但雕虫。文悫云此怀武英殿修书而作。"① 玉保《萝月轩存稿》卷4载："兽炭炎炎迸火花，墨池融处灿红霞。霜匙快沃麒麟草，雪乳频倾鹦鹉茶。风入重檐寒气聚，春回疏牖日轮斜。望溪旧刻供欣赏（方望溪曾在浴德堂订《三礼》及《四书》文），锦曋牙签掇古华。"② 值得一提的是，校刊翰林处培养了一批校勘人才。如龚自珍自述："嘉庆壬申岁校书武英殿，是平生为校雠之学之始。"③

（二）校刊翰林处人员的奖惩机制

书籍的校勘工作是刊刻之前的最后一道工序，其校勘好坏直接关系到书籍本身质量。因此，清廷也采取了多项奖惩措施，恩威并施，以保障殿本校勘质量。

1. 奖励措施

校刊翰林处人员从事缮写、校对工作，任务繁重，但总的来说，清廷对校勘人员的待遇较为优厚。校刊翰林处人员，除按原定品级食俸外，还分别享受官饭、办事公费和奖叙。据嘉庆朝《钦定大清会典事例》，康熙四十三年奏准：照南书房翰林饭食例，每修书翰林日给肉菜半桌，米1升，茶叶2钱，跟役老米1升，其肉菜半桌，按时价定银1钱2分8厘7毫5丝，买办供给，稻米老米茶叶，俱按时价采买，每日炭5斤，煤50斤，向营造司行取。乾隆三年定，誊录、校录，每人每天给饭银6分；提调、纂修、协修、供事等，每人每天供给粳米1仓升④。

校刊翰林处人员所食米石，每月按27日计算，由修书处咨行关防处的官三仓照数发给。如遇官员出差，需相应扣除。道光十四年（1834），武英殿修书处官员等呈为行取米石事称：

---

① （清）邓显鹤：《沅湘耆旧集》卷65，清道光二十三年邓氏南邨草堂刻本。
② （清）玉保：《萝月轩存稿》，载《清代诗文集汇编》第2016种，第766页。
③ （清）龚自珍：《定盦全集·定盦续集》，清光绪二十三年万本书堂刻本。
④ 嘉庆朝《钦定大清会典事例》卷906《内务府·书籍碑刻》。

前经本处呈准咨行总管内务府，本处总裁、提调、总纂、翰林等官，应领米石，每月俱按二十七日合计……每日总裁、提调、总纂、翰林等官二十八员，每员应领粳米一仓升，每各随带家人一名，每名每日应领细老米一仓升，共应领粳米二十二石六斗八升，细老米二十二石六斗八升。①

清廷对校刊翰林处的物料供应充足，如提调处校勘房屋寒冷，照例添备火箱、煤炉。道光十六年（1836）武英殿修书处奏称：

本处办理翰林饭食每日用煤五十斤、炭五斤；翰林处茶炉一座，书作匠役等烧烙铁打面糊煤炉一座，每煤炉一座，每日用煤十斤、炭一斤。自本年十月初一日起至二十九日止。又年例校对书籍处煤炉一座，砚炙四个……提调处校勘房屋寒冷，须添备火箱一个，逐日应用黑炭十五斤。②

即便是出身较低的校录人员，亦有奖励、议叙："其在监肄业，每月所领膏火之资，仍照旧给与，若有缺出，该监照例送补，俟数年之后，行走若好，该管王大臣秉公具奏，酌量议叙。"③

曾在校刊翰林处从事校勘的人员，时常回忆翰林处待遇之优。陈鹏年曾作《初伏直武英殿》诗："秘府观图书，西清集群彦。每分象管笔，拂试龙香砚。月榭可披襟，风帘坐展卷。四海如弟兄，岂必同乡县。"小序注云："奉命直武英殿，日在凉堂广厦之间，带星而入，昏黑而返。"④ 据《沧州近诗》注，陈鹏年亦曾赋诗云："御厨每络绎，珍味来大官。犹蒙老中使，日赐水晶盘。会食笑堂

---

① 《清宫武英殿修书处档案》第 2 册，道光十四年堂行档，第 679—680 页。
② 《清宫武英殿修书处档案》第 2 册，道光十六年武英殿修书处堂呈档，第 661—662 页。
③ 嘉庆朝《钦定大清会典事例》卷 906《内务府·书籍碑刻》。
④ 章乃炜等编：《清宫述闻》，第 329 页。

馔，相将劝加餐。"又云："稽首拜凌人，堆冰作清供。盛朝特优异，赐出同侍从。"这些诗作是陈氏担任武英殿总裁时所作，既反映了武英殿总裁工作的辛劳，也说明康熙时校刊翰林处待遇之优渥。卢文弨《抱经堂文集》卷25《丽景校书图记》自述："凡有校写皆开局于武英殿，大臣、监理之外，饔供其食，书成请旨赏赉而已，文弨亦一再与焉。"① 吴锡麒《有正味斋集》卷4《解褐集》有《十九日被命入武英殿分校恭纪》，其诗曰："五月熏风拂玉除，校雠身喜傍宸居。青毡旧是臣家物，善本今窥秘府书。自愧冷荧光有限，敢矜落叶埽无余。花间每听传清漏，赐食銮坡正午初。"② 二人对"饔供其食""赐食銮坡"的印象均极深，视为莫大荣耀。这些奖励措施，确实在相当程度上对校勘人员产生激励作用。

2. 惩治措施

校刊翰林处对校勘出现的问题则采取了较为严厉的惩治措施。乾隆三十八年（1773）十月初九日，乾隆帝批阅缮成的《四库全书荟要》时，发现不少错误，特谕："今呈进已经缮成之《荟要》各卷内，信手翻阅，即有错字二处，则其余书写舛误者，谅复不少。若不定以考成，难期善本。其如何妥立章程，俾各尽心校录无讹之处，著总裁大臣详议具奏。"③《四库全书荟要》的校勘工作在校刊翰林处进行，武英殿四库馆很快制定了严格的功过处分条例，其中一项是设立功过簿，方便稽查奖惩。十月十八日，永瑢等奏称："查办理缮写《四库全书》，向祇设有稽核字数考勤簿。今既定以功过，应将覆校、分校、誊录人员，各设功过簿二本。每交书一次，臣等查核填注，一贴武英殿备查，一交本员收执，俾各触目警心，咸知儆勉。至五年期满后，将功过簿详加核对，其应行议叙之誊录人员，除按字数多寡、工拙酌定等次外，仍将功多过少者，列为上等，功

---

① （清）卢文弨：《抱经堂文集》卷25《丽景校书图记》，清乾隆六十年刻本。
② （清）吴锡麒：《有正味斋集》卷4《解褐集》，清嘉庆十三年刻有正味斋全集增修本。
③ 《纂修四库全书档案》，第163—164页。

过相抵者，次之，过多功少者，又次之。由臣等公同核定，移咨吏部，分别班次铨用。"① 也就是说，分校、覆校如果在本职工作外，及时发现底本错误并纠正，可予奖励，未能发现错误，需被记过。如此责任清楚，赏罚分明。

校刊翰林处从事校勘四库的人员，屡有被罚之记载。例如，乾隆四十二年（1777）四月六日乾隆帝谕旨"总裁等校勘书籍，经朕偶尔抽阅，即有讹舛。可见校勘时，原未尽心"，给予武英殿总裁以严厉警告："今量予察议，亦不过罚俸而止，非重处分也。所以如此者，欲令各心知愧勉。若此番加恩后，尚不悉心校阅，仍前错误。试令伊等抚心自问，不益滋愧乎？"② 即便是贵为亲王，校勘如有错误，亦须处罚。乾隆四十三年（1778）三月二十七日谕旨："前派八阿哥、十一阿哥校勘四库全书。向来总裁校书，经朕指出错误者，例有处分。阿哥等所校之书，如有错误，亦应一体查核处分，以昭公当。其应罚之俸，著照尚书例议罚，即于应得分例内坐扣。"③

殿本刊刻成书，例进呈皇帝御览。御览过程中如发现错误，往往要追责。乾隆十三年（1748）九月谕旨："文颖馆所进刻本，就朕御制诗中，偶一披阅，讹谬甚多。御制尚然，不知该馆所称校对者何事。虽鱼鲁豕亥，不能必无累牍连篇，岂宜屡见。……总裁官张廷玉、梁诗正、汪由敦并编校人等，著交部议处。嗣后各馆，有错谬失于勘正者视此。"④ 乾隆六十年（1795）十二月，乾隆帝因在御览武英殿所刊《军器则例》发现"阿桂列名下空一字未经填写"，勃然大怒，责令说"进呈书籍，君前臣名，岂有空写之理。此项则例，自当详细校对，再行刊刻。及刊出底本，该部又覆加勘校，方行刷印。何以于此等空字处所，未经看出"。⑤ 最后乾隆帝谕旨将所

---

① 《纂修四库全书档案》，第168页。
② 《清高宗实录》卷1030，乾隆四十二年四月六日。
③ 《清高宗实录》卷1153，乾隆四十三年三月二十七日。
④ 《清高宗实录》卷324，乾隆十三年九月八日。
⑤ 《清高宗实录》卷1493，乾隆六十年十二月十七日。

有参与武英殿总裁及校勘各员均交部分别议处,以示惩戒。

三 校刊翰林处的校勘流程

校刊翰林处的日常任务主要是校勘殿本书籍,其最终目的是以校勘精善之本交由武英殿监造处刊印成书。以嘉庆十九年制定武英殿修书处章程为界限,校刊翰林处的校勘殿本书籍流程可划分为两个阶段。

1. 嘉庆十九年以前的校勘流程

第一个阶段是嘉庆十九年(1814)以前,校刊翰林处的一般校勘流程为"由武英殿先缮写宋字样本一分,交原馆校勘,其有缮写错误者签出,交回改正,俟覆校无讹后,再送交武英殿刊刻。及刻成板片、印出板样一分,仍交原馆校勘,亦俟签出错误,修改覆校无讹后,再送交武英殿刷印,其先校写样,后校板样"①。具体来说有四个主要步骤:

第一步:缮写宋字底本。修书各馆编竣书籍后,缮录底稿一份,送交校刊翰林处缮写宋字底本。校刊翰林处缮写宋字样本,一般领取黑格纸张缮写。如据修书处档案:"提调处来付修刻廿史板片内,应行换刻之板,本处缮写底本,需用太史连黑格二万页等因,前来照例刷印黑格二万页。"② 需要指出的是,缮写汉文宋字板样由武英殿校刊翰林处负责,而对于满文板样,则一般交由原馆缮写。乾隆五年三月二十四日,武英殿为清汉文上谕编次告成时称:"武英殿旧例,各馆交来刊刻书籍,凡汉文经本殿缮写刻板样,仍送原馆校阅。惟清文武英殿并无缮写清文之人,俱交原馆缮写校阅。今应将清文上谕二十五套,请交实录馆总裁官酌派缮写清文人员敬谨缮写样本,

---

① 中国第一历史档案馆藏军机处录副奏折,乾隆六十年,档案号:03 - 2160 - 021。

② 《清宫武英殿修书处档案》第2册,戌字八号,武英殿修书处官员等呈为行取纸张事。

校准以便刊刻。"①

第二步：校对宋字底本。刊刻书籍，其无原馆原校者，由武英殿各员校阅；其有原馆、原校者，仍交原校官覆校。②

第三步：校对刊刻板样。宋字底本由翰林处校勘无误后，送回武英殿监造处依式刊刻板样（草样）七份，将板样退给原馆校对，遇有错误，附浮签注明应修、应改之处。再将板样退回监造处，交匠役照签修改。亦即嘉庆朝《钦定大清会典》所述"刊修书籍，先将底本校勘无误，送监造处刊刻。刻竣，再详加校勘"③。

第四步：复校刊刻板样。监造处将改后的板样交原馆复校，凡已改正无误者销签，仍有修改者，再将浮签退给监造处修改。板样校对无误后，才正式发交监造处刊刻成书。

上述校勘程序有两点需要特别说明：其一，正常情况下，殿本书籍一般必须经过三校三修之后，方可照写样上板刊刻、刷印。但并非固定不变，如错误较多，有时甚至需要经过数次、十余次校改后方能上板，书板刻好后，交原馆校勘无误后，正式刷印样本。修改之处，一般采取贴签的方式，如曾在内廷校勘书籍的周广业在所著《过夏杂录》卷5《签贴挖补》记载："凡校勘书籍，有疑误，多用小纸签贴眉上，以便更定。……今翰苑校官书，每签必具名。"④

其二，嘉庆十九年以前，校刊翰林处视情况参与校对，如无原馆原校者，由翰林处校阅；有原馆、原校者，仍交原修书官原校官覆校。交由原馆校对的板样，翰林处并非撒手不管，也参与板样、字画、圈点的校对工作，只是与修书各馆的校对各有侧重："其各书

---

① 台湾史语所藏内阁大库档案，乾隆五年三月二十四日，登录号：210115-001。
② 中国第一历史档案馆藏军机处录副奏折，嘉庆十九年十二月十八日，档案号：03-2159-046。
③ 嘉庆朝《钦定大清会典》卷80《内务府》。
④ （清）周广业：《过夏杂录》卷5《签贴挖补》，载《续修四库全书》第1154册，第537页。

文义有无错误，由原馆承办官员校对。字画圈点，由本处校对。"①

由校刊翰林处全行负责校勘的一个典型是武英殿聚珍版书籍。四库馆分为两大系统，翰林院专司《四库全书》的校阅与编修，武英殿专司《四库全书》的缮写、校对与装印②。武英殿聚珍版书作为四库馆应刊书籍，其校勘工作便是在校刊翰林处进行的。聚珍本的办理流程，据张升的研究，要经过两步，第一步为底本录副、校对，"由校录据发下的定本用方格纸抄成副本（即聚珍底本），并在上面作署名标记，然后交聚珍本分校官、总校官校对"。第二步是校对刻样，"聚珍本在摆好板后还会先印出一个样本，由分校官校对，是为聚珍本校样"③。金简《武英殿聚珍版程式》亦云："每版垫平之后，即印草样一张校阅，或有移改及错字，实时抽换，再刷清样一张覆校妥，即可刷印。"

实际上，交由修书各馆原校人员校对的情况更为常见，这里以明史纲目馆为例，考察其校勘程序。首先，校对板样一般采取两种方式：第一种，由武英殿咨文原馆选派校对人员赴武英殿修书处校对文义。乾隆十一年（1746）十月，武英殿咨明史纲目馆："查得向例各馆交刻各种书籍，刊刻告竣，进呈样本，俱系各馆人员赴殿校对文义，查对号数在案。今《御撰资治通鉴纲目三编》现在装潢样本，相应知会贵馆，派员于本月十五日赴殿校对。"④ 第二种，在原馆校对板样。乾隆十一年十月，武英殿修书处咨明史纲目馆："贵馆咨送刊刻《御撰资治通鉴纲目三编》一书计二十卷，经本处全行刊刻告竣，咨送贵馆校对，去后今仅校准四卷，其余十六卷尚未校准发来。查本处刊刻书籍，俱有定限，原定皇上回銮之时，进呈样

---

① 嘉庆朝《钦定大清会典》卷80《内务府》。
② 张升：《四库全书馆的机构与运作——以〈四库全书〉职名表为中心的考察》，《北京师范大学学报》（社会科学版）2007年第3期。
③ 参见张升《四库全书馆研究》，第327—328页。
④ 台湾史语所藏内阁大库档案，乾隆十一年，登录号：102239-001。

本，应移会贵馆，将其余十六卷速为校准发来，以便办理进呈。"①

其次，修书各馆校对板样后，一般将意见返回给武英殿修书处监造处，由监造处根据校签对内容和刻错之字予以修正，彼此协调甚多。如乾隆九年，实录馆咨武英殿修书处："汉校对官校出自雍正八年至十三年所奉《世宗宪皇帝上谕》刻本内，应修错误六十二处，共十卷，相应粘签备文，恭送贵处照签改正，仍送本馆复行校对，书写准字送还，然后装潢进呈。"② 武英殿修书处收到实录馆咨文后，又咨实录馆："查雍正八年至十三年上谕业已颁行。今贵馆复行校出应修处所六十二处，其中毋庸改正者二十二处，至应修板片者四十处。本处修理妥毕。"③ 修书处根据实录馆校对结果加以修正板片，校对无讹后才能进呈。

最后，以往板样校对过程中如发现刻错笔画，即令刻字匠赔补，但校对增删过多，甚至往返校改数十次，刻字头目等赔补，恐其力不能支，不得不改变板样校对方式。嘉庆十六年（1811）九月二十八日，校刊翰林处确定新的办法："嗣后刻得书板，该馆校对交来改补时，著该作库掌、拜唐阿等接页谨查，如系刻错笔划仍令原刻之人修补，若实系增添修改另刻之字，报明查核房，复行查对，准其照依修补各书之例开销。"④ 应该说，这一办法一定程度上减轻了刻字匠的负担。道光二十年（1840）又定，以后刻得书板，原馆校对交来改补时，由该作库掌、拜唐阿等按页详查，如系刻错笔画，仍令原刻工人赔补，若实系增添删改另刻，其刻字数要报明查核房，准其照修补之例开销⑤。

---

① 台湾史语所藏内阁大库档案，乾隆十一年，登录号：102243-001。
② 台湾史语所藏内阁大库档案，乾隆九年，登录号：144861-001。
③ 台湾史语所藏内阁大库档案，乾隆九年，登录号：144861-001。
④ 该奏折附载于《道光二十年武英殿修书处报销档案》，国家图书馆藏。
⑤ 陶湘编：《内府写本书目》附录《武英殿修书处写刻刷印工价并颜料纸张定例》。

2. 嘉庆十九年校勘新章程

修书各馆承办书籍，数年之后，有原馆而无原校者居多，造成弊端重重："既无原校，则必须令易生手校勘，既属生疏，挖补又多，错误屡校屡改，传送多次。有一卷之书而迟搁旬日，有数字之误而往返频仍，在覆校者既非原校之人，销签者又非原签之人，前后涉手纷纭，互相推诿，办书淹滞。"① 有鉴于此，嘉庆十九年十二月初四日，署理武英殿总裁鲍桂星奏陈十条建议，多条建议涉及校刊翰林处的校勘事宜。其中一条是："请嗣后凡一书告成时，武英殿初写底本，自应仍交原馆校对。至刊刻告成，为日已久，原校官多已离馆，其刻本本应就近即由武英殿各员校对，仍准其向原馆咨取无讹定本，详悉校勘，偶有字画错误，就近挖改，即就近销签，较为便捷，校毕仍将定本送回原馆存贮，如此则刻书雠校同在一处，不致旷日持久矣。"② 总结起来，新定章程规定：各馆编纂书籍的初次写样交原修书馆校对，刊刻板样由武英殿校勘处据正本校对。嘉庆二十二年（1817）又定，凡交原馆校对的书籍，100 卷以半年为限，武英殿修改错字，1000 字以内者，限 20 天交回原馆；2000 字以内者，限 40 天交回。以杜绝彼此拖延、推诿之弊。③ 此后，校刊翰林处的校勘程序相对简化，承担了更多的校勘任务。

根据鲍桂星的建议，校刊翰林处的校勘方式和校勘流程较以往有所变化：原馆校书，每人设立签档，注明应修应改。初次校毕按签改正后，仍交原馆原校官注销，逐字画押。总理王大臣总校后发印正本，再交原校官复校销签画押。装订时仍交原馆原校官复校销签画押。校毕，将三次签档交提调处封存。样本进呈之前再经总理

---

① 中国第一历史档案馆藏军机处录副奏折，嘉庆十九年十二月十八日，档案号：03 - 2159 - 046。
② 同上。
③ 杨玉良：《武英殿修书处及内府修书各馆》，《故宫博物院院刊》1990 年第 1 期。

大臣总校，如有错误查照签档，分别议处①。

关于校刊翰林处的校勘工作分工，鲍桂星认为应立定章程，监造处写成宋字底本，但得20卷，即由提调知会各员，先交校录初勘，继则纂修、协修轮校，以校录10人为一班，纂修、协修22人为一班，每日每人各校1卷，校录2日而毕，纂修、协修一日而毕，再呈总裁汇勘。刻成之后，亦照此覆校一次，计一卷之书，先后校勘五六次，可保无亥豕之讹，而按卷轮流亦不致有稽时日，其纂修、协修、校录有托故不到者，提调立簿登记，三次不到者，即回明总裁咨退②。

鲍桂星的奏议呈交朝臣讨论后，嘉庆十九年十二月十八日，文颖馆总裁官董诰等大臣议覆武英殿办书章程事，认可了鲍桂星的建议，同时也提出"武英殿额设纂修、协修、校录等员，本系专司校对，并无他事"，校刊翰林处应当承担刻样的校对工作，"嗣后凡一书告成时，武英殿初写底本自应仍交原馆校对，至刊刻告成，为日已久，原校官多已离馆，其刻本本应就近即由武英殿各员校对，仍准其向原馆咨取无讹定本，详悉校勘，偶有字画错误，就近挖改，即就近销签，较为便捷，校毕仍将定本送回原馆存贮"。这就改变了原有的校勘流程，将"刻书、雠校同在一处，不致旷日持久"③。

可以说，嘉庆十九年新定校书章程，非常清晰地明确了修书各馆和校刊翰林处各自职责：武英殿初次写样，仍交原馆校对，至刊刻告成后，板样即由武英殿各员校对，原馆只负责校勘写样，签出误处。

---

① 中国第一历史档案馆藏武英殿修书处档案，转引自杨玉良《武英殿修书处及内府修书各馆》，《故宫博物院院刊》1990年第1期。

② 中国第一历史档案馆藏军机处录副奏折，嘉庆十九年十二月初四日，档案号：03-1564-012。

③ 《奏为议覆武英殿办书章程事》，嘉庆十九年十二月十八日，中国第一历史档案馆藏军机处录副奏折，档案号：03-2159-046。

嘉庆二十五年，清廷又出台了校刊翰林处校勘章程的补充规定。嘉庆帝发现武英殿刊刻各馆书籍，交原馆校对，有迟至十余年未经办竣，认为"实属延缓"。对于如何限期之处，嘉庆二十五年（1820）十月初四日军机大臣详查具奏称，嗣后武英殿写样交原馆校对者，书百卷，以半年为限。武英殿修改误字，1000字以20日为限，迟逾分别参处①。

针对校勘不精和校对迟缓的问题，嘉庆二十五年十一月初四日，曹振镛等大臣议奏改革校勘武英殿书籍章程，最后达成了这样的共识：

> 嗣后武英殿写样交原馆校对者，凡书百卷自交到写样之日，始除去中间送回修改日期，统以半年为限，其卷帙多少视此增减。至武英殿修改误字，应酌定在一千字以内，限二十日交回，二千字以内，限以四十日交回，多者递加，其交回后仍有误字，无论字数多寡，统限十日交回，其有迟延者，迟在在原馆由该总裁参处，迟在武英殿，由该管大臣惩办，如此则原馆校勘书籍可期速竣矣。②

直至道光年间，校刊翰林处仍严格执行嘉庆朝所定校勘章程。道光十六年（1836）武英殿修书处堂呈档载："本处据提调处来付内称，现在奉旨修办《廿史》书籍……应由本处查明草样内共欠若干页，按照底本补写全部，按卷校妥。陆续发交贵处按签修板，所有写样篇页，本处现在赶缮校妥，先行发交贵处。即写宋字写妥交回，按卷补全，再行校对。俟校妥数卷，陆续付送，照签修改，修妥销签。即刷清样，复校无讹，即成一史，其余十九史书亦按照此

---

① 《清仁宗实录》卷6，嘉庆二十五年十月初四日。
② 中国第一历史档案馆藏军机处录副奏折，嘉庆二十五年，档案号：03-2160-021。

办理，周而复始，不至耽延。惟查采买板片必须赶紧采办，一俟本处校妥宋样，先行发刻出若干块，即刷草样，送交本处校妥之时，补成全部，方能刷印清样，若采买迟延，难免临时掣肘。"① 再如咸丰十一年，"正月为装订清汉文《圣训》草本，移送校勘、提调二处校阅、刷印，需用香墨二十斤"②。

　　综上所述，清代校刊翰林处办公处所在武英殿浴德堂，设有提调房、校录房和办事值房等机构，专门负责殿本书籍的校勘工作。校刊翰林处改变了明代由司礼监掌管内府校书的管理体制，在组织管理上有重要的创新和发展，不仅体现在职官设置完善，任务明确，分工与合作相得益彰，还建立了一套严密完善的监督管理制度，除了有帝王的严密督查、遴选校勘人员，还制定了一系列切实可行的奖惩机制，相关人员不敢草率从事。陈鹏年、查慎行、方苞、王引之等一大批宿学硕儒入值校刊翰林处，大部分校勘人员则多从翰林院选拔，从事校勘工作。康熙帝就曾评价："内廷行走及武英殿修书翰林，亦较在外翰林不同，诗文皆大方，总由每日纂修、校对之故也。"③ 翰林院作为清代储才之地、学术中心，集中了第一流的学者。这些翰林注重考据精核、校勘精审，这一雄厚的人才基础在相当程度上保障了殿本书籍的校勘质量。此外，前文还重点考析了校刊翰林处校勘书籍的流程。嘉庆十九年以前，一般需经过三校三修，校刊翰林处视情况参与校对，如无原馆原校者，由翰林处校阅；有原馆原校者，仍交原修书馆原校官覆校。嘉庆十九年新定校勘章程，规定武英殿初写底本，仍交原馆校对。刻样就近由武英殿各员校对。同时规定，监造处写成宋字底本20卷，由提调知会各员，先交校录初勘，纂修、协修轮校，以校录10人为一班，纂修、协修22人为一班，每日每人各校1卷，校录2日而毕，纂修、协修一日而毕，

---

① 《清宫武英殿修书处档案》第2册，第731—732页。
② 《清宫武英殿修书处档案》第4册，第152页。
③ 《清圣祖实录》卷262，康熙五十四年正月二十七日。

再呈总裁汇勘。刻成之后，再照此覆校一次。校刊翰林处制定的校勘章程，对校勘工作的流程和分工予以明确划分，是清代内府校书工作的重要创举，保障了校勘工作的高效、有序进行。

第 六 章

武英殿修书处刊印殿本特征与著录订误

　　武英殿修书处刊刻的殿本在字体、行款、刻工、排版等方面都有独具特色的特征，以往的研究者较多概论式的描述殿本的基本特征，但细节问题尚有进一步讨论空间。例如总体而言殿本黑口本多还是白口本多，单鱼尾与双鱼尾的殿本哪种更为普遍？此类问题已有研究较少涉及。笔者以《清代殿本编年总目》为基础，较为全面论述殿本基本特征的同时，尝试以计量统计的方法，对殿本的版式特征（如书口、鱼尾、刻工、开本大小等）加以探讨。此外，对于殿本用纸与殿本书目著录的讹误，也希望借助丰富的文献档案记载，进行详细的考订和纠误。

第一节　殿本的版刻特征

　　古代典籍版刻，因所处的社会风尚、政治环境、物质条件差异，不同时代呈现出不同的风格，因此版刻特征是考察判断典籍年代、真伪的重要依据之一，对版本鉴定具有重要意义。一般而言，古籍的版刻特征包括字体、版式、行款、墨色、牌记、刻工等诸多要素。

所幸保存至今的殿本数量巨大,为我们今天考察殿本的版本特征提供了可靠的实物依据。

一 殿本的字体

清人邓邦述论及元明时代刻书字体时云:"元人刻书凡三变:其笔画圆整与此相类者,乃元初承南宋之后,故不易判;其一则用赵承旨体;其一则写刻俱不甚工,而尚有古拙之气,下逮洪武成化,自成一派。"① 明代整体的刻书风气已经从秀逸圆润的赵体字转向方正整齐的宋体字。钱大庸在《明文在·凡例》中云:"古书俱系能书之士各随其字体书之,无有所谓宋字也。明季始有书工,专写肤廓字样,谓之宋体。"② 徐珂亦云:"明隆万时始有书工,专写肤廓字样,谓之宋体,刻书者皆能写之。"③ 这说明,宋体字恰好符合了社会的需求,经过明代刻书工匠的改造,字体逐渐变得横轻竖重、撇捺直挺、字形方整、棱角峻厉,又略显呆滞,故有人谓为"匠体字"④,又被称为"宋字""宋字样"。

清初内府刻书在字体上承续了明代遗风,刻书多由前明司礼监经厂遗留的工匠雕刻,"故其格式与经厂本大同小异"⑤。康熙十二年(1673),清廷修补明代经厂本《文献通考》板片重印,康熙帝为此书作序时说:"此后刻书,凡方体,均称宋字;楷书,均称软字。"显示康熙帝对前明代形成的横轻竖重、方整呆板的仿宋刻书字体颇有微词。康熙十九年武英殿修书处成立后,由于康熙帝对软字的偏爱,修书处仍然刊刻了一定数量的软字、欧字殿本,如康熙五十四年刊刻的殿本《御纂周易折中》就是软体字。清人金埴说:

---

① (清)邓邦述:《群碧楼善本书录》,《海王邨古籍书目题跋丛刊》第6册,中国书店2008年版,第9页。
② (清)薛熙辑:《明文在·凡例》,清康熙三十二年刻本,国家图书馆藏。
③ (清)徐珂:《清稗类钞》第9册,第407页。
④ 张秀民:《中国印刷史》(上),第365页。
⑤ 陶湘:《清代殿本书始末记》,载《书目丛刊》。

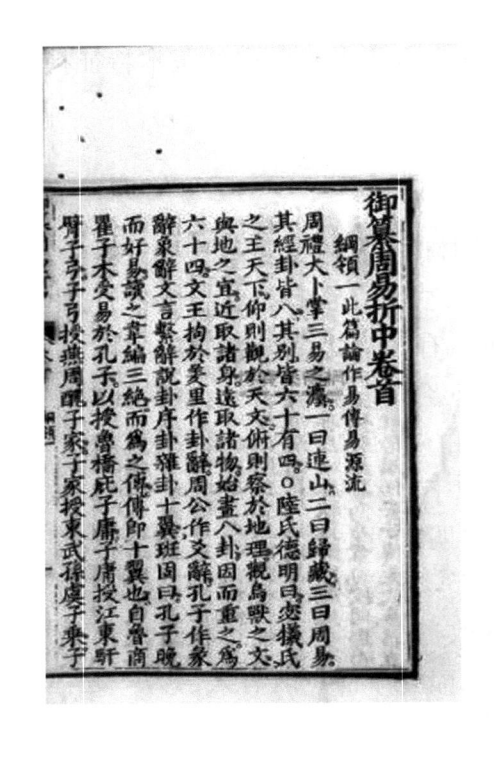

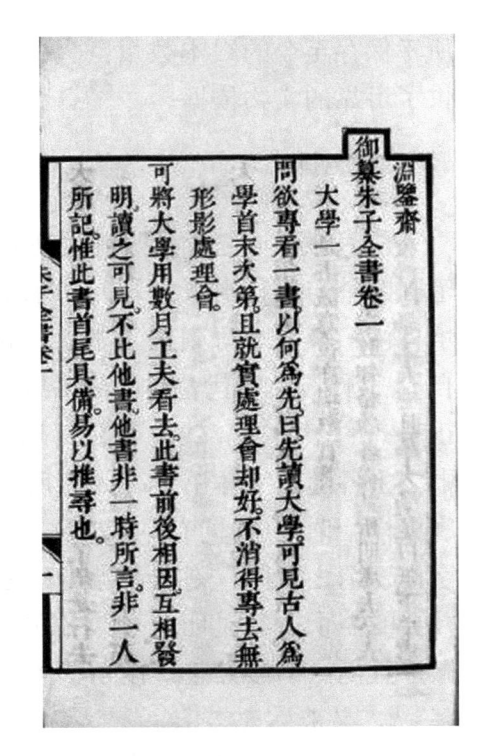

图 6-1 软体字《御纂周易折中》与宋体字《渊鉴斋御纂朱子全书》书影

"自康熙三四十年间,颁行御本诸书以来,海内好书有力之家,不惜雕费,就摹其本之欧字,见宋字书置不挂眼,盖今欧字之精超轶前后之世,宝惜之,必曰康版,更在宋版之上矣!"①

武英殿修书处写字匠、刻字匠缮写板样、刊刻书籍时,依据不同的字体,有不同的工价。嘉庆朝《钦定大清会典事例》卷906载:"刻宋字,每百字工价银八分;刻软字,每百字工价银一钱四分至一钱六分不等;刻书内图像,量其大小多寡,酌给工价,若枣版俱加倍。写宋字版样,每百字工价银二分至四分不等。写软字,每百字工价银四分。"② 刻软字大约是刻宋字工价的 2 倍,从一个侧面说明

---

① （清）金埴:《不下带编》卷1,中华书局1982年版,第11页。
② 嘉庆朝《钦定大清会典事例》卷906《内务府·书籍碑刻》。

刻软字的难度更大，技术要求更高，而刻宋字显然要容易得多，刊刻速度也快。

欧字刊刻比软字、宋字工价更高。道光二十年（1840）《武英殿修书处写刻刷印工价并颜料纸张定例》载："刻书内宋字，每百工银八分。刻书内欧字，每百工银一钱四分。刻书内软字，每百工银八分。刻图内小字不拘宋、软，每百工银一钱二分。刻清汉篆字，每个工银七厘。刻篆文音释字，每项银一钱二分。"[1]

书籍缮写完成、送交刻样之时，清廷通常已经决定采用何种字体刊印。如乾隆四十八年（1783）十二月二十二日，《律例》告竣后，律例馆官员奏称："照黄册缮写楷书，先行刊刻刷印汉字草本，颁发内外各问刑衙门一体遵行，仍逐条重加誊写……翻译清文，缮写清汉黄册，装潢呈帙，恭呈御览，伏候钦定。俟命下之日，臣部即仍另行缮写清汉宋字样本，送交武英殿刊刻颁发。"[2]

需要注意的是，虽然清代帝王对软字、欧字有所偏好，但即便是内府书籍刊刻高峰时期的康雍乾三朝，软体字、欧体字殿本虽然偶有刻印，但数量均不太多。软字与欧字，字体圆润秀丽，文雅大方，但上书或上板难度较高，成本亦高。康雍乾三朝编纂的内府典籍不少交由地方督抚刊刻进呈，往往以欧体居多，以迎合皇帝的喜好。乾隆时期，因乾隆帝嗜好元人赵孟頫的字体，赵体逐渐取代欧体成为软体字刻书的主要字体，赵体笔画圆润清劲，字体遒劲整齐。在这一时期，宋字也在不断变化中，前期瘦长，康熙时趋向正方，乾隆时又呈扁方。嘉道间武英殿修书处刻书，仍有采用软体字上板，但品种已极少，而且远不如康乾时期所刻精丽。道光之后，刻书全为宋字，软体少见再用，即使是宋字，也已大不如前。

查考所见，除康熙、乾隆、嘉庆皇帝的御制诗文集一般用软字刊刻外，大多数的殿本书籍都是宋字刊印。事实上，康熙帝曾对宋

---

[1] 道光二十年《武英殿修书处写刻刷印工价并颜料纸张定例》。
[2] 台湾史语所藏内阁大库档案，乾隆四十八年，登录号：186116－001。

字刊刻的《佩文韵府》夸赞有加，康熙五十二年（1713）九月初十日，李煦奏："奉旨在扬州刊刻御颁《佩文韵府》一书，今已工竣，谨将连四纸刷钉十部，将乐纸刷钉十部，共装二十箱，恭进呈样。……朱批：此书刻得好的极处。"① 乾隆中期之后，软体字刻书渐少，宋字增多。因此我们可以说，宋字字体是武英殿修书处刊刻殿本的最主要形式。

殿本的字体，除了欧、软、宋字外，尚有少量篆字形式的殿本书籍。康熙六十一年（1722），修书处刊刻《篆文六经四书》，即以小篆书法手书上板，雕印精良。乾隆时期修书处刊刻的《御制盛京赋》是清代殿本中唯一采用满文篆字刻印的书籍。乾隆十三年

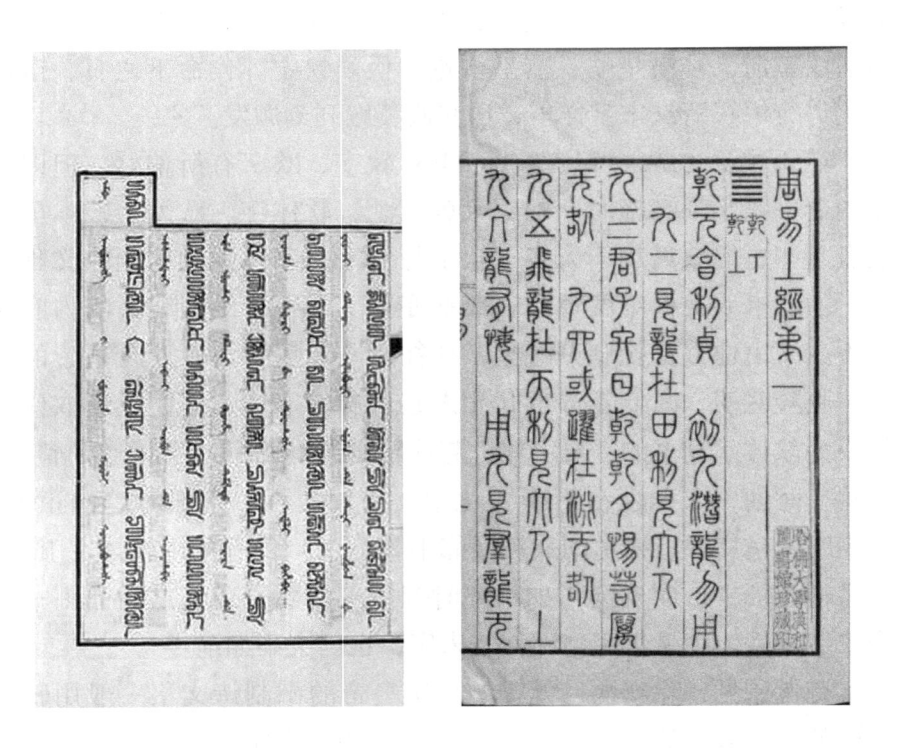

图6-2 汉文小篆字体《篆文六经四书》与满文篆体《御制盛京赋》书影

---

① 《清内府刻书档案史料汇编》第1册，第39页。

（1748）九月十二日，乾隆帝下旨："我朝国书音韵合乎元声，体制本乎圣作，分合繁简，悉协自然。惟篆体虽旧有之，而未详备，宝玺印章尚用本字。朕稽古之暇，指授臣工，肇为各体篆文。"①《清朝通志》云："清字篆文，传自太宗文皇帝时，是清篆原与国书先后并出，特以各体未备，传习尚稀。"儒臣们根据汉文三十二体篆字古法，结合满文字形，创制了满文篆文三十二体。自此满文篆字大备，儒臣奏请用新完备的篆字写刻《御制盛京赋》，乾隆帝准其所奏，责成傅恒、汪由敦充任总裁，阿克敦、蒋溥充任副总裁承办此事。同年，修书处即用满文篆字刻印了这篇御制赋，成为所有殿本中独有的个案。

二　殿本的行款

行款是指古书版面所书写、刻印或排印文字的行数和每行字数，如清人江标所著《宋元本行格表》即是此类。殿本的开本大小，并无一定之规，需根据帝王不同场合的阅读需求，以及每书卷秩、内容等情况，设计成大、中、小多种规格，其中以大本、中本居多。目前所见，与皇家直接相关的《圣训》等类型殿本规制最大。乾隆六年（1741）刊印的武英殿刻本《世宗宪皇帝圣训》版框高24.3厘米，宽17厘米；开本高30.5厘米，宽19.9厘米；嘉庆十二年（1807）武英殿刻本《高宗纯皇帝圣训》版框高23厘米，宽17厘米，开本高33.4厘米，宽21厘米。开本较大的还有儒家经典，清帝御注、钦定的殿本、部分佛道经籍。方略、则例、正史、类书则多为中等开本。中等规格的殿本，如雍正六年殿本《钦定古今图书集成》版框高21.3厘米，宽14.9厘米；《十三经注疏》版框高22.5厘米，宽14.5厘米。大字本《皇清开国方略》《西清古鉴》等殿本的开本则要大得多。如乾隆五十四年殿本《皇清开国方略》，版框高28.4厘米，宽20.5厘米，开本高41.1厘米，宽25.8厘米。乾

---

① 《清高宗实录》卷324，乾隆十三年九月十二日。

隆二十年殿本《西清古鉴》版框高 29.6 厘米，宽 22.6 厘米，开本高 41.7 厘米，宽 27.7 厘米。这类大字本图书每半叶约七行至十一行，行二十四字。也有例外的情况，如乾隆三十二年（1767）殿本《御批历代通鉴辑览》则系小字本，密行密字，开本高 16 厘米，宽 12.5 厘米，而每半叶却有十五行，行二十八字。这些大字殿本既方便皇帝阅读、批注，又体现了皇家气派。

武英殿修书处刊印的殿本中不少是满文或满汉合璧的书籍，这种类型的殿本版式与纯汉文本不一致。满文本几乎是大字本，版框一般高 21 厘米至 27 厘米，宽 15 厘米至 19 厘米，如康熙五十六年（1717）武英殿满文刻本《御纂性理精义》版框高 21.5 厘米，宽 16.7 厘米；雍正二年（1724）武英殿刻满文本《圣谕广训》版框高 21 厘米，宽 16.5 厘米。有满文的殿本正文一般为七行或八行，注文则倍之，如乾隆二十年殿本《翻译四书》就是如此。满汉合璧本则以汉文、满文隔行相对照，汉文用宋字，为精美大字本，板框高约 18 厘米，宽约 14 厘米，如乾隆二十五年殿本《翻译书经》、乾隆三十三殿本《翻译诗经》①。

考虑到大本、中本之殿本幅面盈尺，卷帙较多，既难于开阅，又不便携带，因此，清帝谕令修书处制作了不少袖珍小册，即所谓"巾箱本"。叶德辉《书林清话》载其源流："巾箱本之名，不始于有刻本时也。晋葛洪集《西京杂记》二卷序云：刘子骏《汉书》一百卷，无首尾，始甲终癸，为十帙。帙十卷，合为百卷。今钞出为二卷，以裨《汉书》之阙。尔后洪家遭火，书籍都尽。此二卷在巾箱中，尝以自随，故得犹在。《南史》：齐衡阳王钧手自细书写《五经》，部为一卷，置于巾箱中，以备遗忘，诸王闻而争效为巾箱《五经》。此盖小帙，便于随行之本。南宋书坊始以刻

---

① 参见卢秀菊《清代盛世武英殿刊刻本图书之研究》，《图书馆学刊》1989 年第 6 期。

本之小者为巾箱本。"① 宋人戴埴《鼠璞》亦说："今之刊印小册，谓巾箱本。"② 可知其名称由来已久。因"巾箱本"可藏于怀袖之中，故又称袖珍本。乾隆十一年（1746），乾隆谕旨以制版所剩小木块，仿古人"巾箱"之意，刻制武英殿袖珍本书，即后来所称的《古香斋袖珍本十种》。该袖珍本版框高 10.3 厘米，宽 8.2 厘米，开本高 15.6 厘米，宽 10.2 厘米，大小只有为中等殿本书册的四分之一。这一套袖珍版共 903 卷，装潢为 61 函 350 册。各书行字不一，其中《四书》《五经》为半页十二行，行十七字；《春明梦余录》《古文渊鉴》半页九行，行二十一字；《通鉴纲目三编》《施注苏诗》半页十一行，行二十一字；《史记》《渊鉴类函》半页十行，行二十一字。《初学记》半页九行，行十八字，小字双行同。整套书洒金黄腊笺纸封面，白口，四周双边，单鱼尾。版心镌"古香斋袖珍"字样。《古文渊鉴》为四色套印本、其他书为墨印本。袖珍本往往并配以精致的函套，小巧玲珑，皇帝可携之外出，以便于随时披览。据武英殿修书处书作定例，袖珍小书装潢规格一般为："每套用长五寸五分宽一寸四条，每三号高丽纸，一张裁一百三十八条。"③ 袖珍《五经四书》、袖珍《苏诗》、袖珍《春明梦余录》、袖珍《朱子》、袖珍《初学记》、袖珍《史记》、袖珍《渊鉴类函》、袖珍《四书易经》，这些袖珍小书采用十五篇合连四纸一张，三篇合川连纸一张④。

殿本的版面设计简洁实，版心常记书名、卷数，版心还常见子目名称和叶数。版框之内，行格疏朗，字距相宜；版框之外，天头大于地角，整体格局端庄大方，自有其特点。就整体风格而言，殿

---

① （清）叶德辉：《书林清话》卷 2，第 36 页。
② （清）俞樾：《茶香室四钞》卷 11《禁毁小版》，中华书局 1995 年版，第 1656 页。
③ 道光二十年武英殿修书处报销档案《武英殿修书处写刻刷印工价并颜料纸张定例》，国家图书馆藏。
④ 同上。

本均版式宽大，行格疏朗，且文中附刻句读。书籍写刻工致，纸张优良，墨色光泽，给人以华美大方之感。

书作黑口，始见于南宋①。黑口的出现与书籍装帧形式的演变有密切关系，开始只是一道细黑线，目的是印好的书叶对折取中。入元以后，统治者不如汉人重视文化，又因社会动荡、经济衰退，刻书往往较粗糙，将版心黑线变粗，借此省工省时，于是粗黑口在元代开始流行，明初始盛，经厂本多是黑口本。清初内府本继承了这一特色，版心多为黑口。修书处成立以后，气象为之一变。

据笔者的考察，清代殿本绝大部分都是白口。统计清代 600 余种殿本中，白口本共计 424 种，黑口本只有 16 种。另外，乾隆朝聚珍版 138 种、古香斋袖珍本 10 种皆为白口，未计算在内。其中有两种殿本较为特殊：康熙五十三年（1714）刻本《渊鉴斋御纂朱子全书》，兼有白口本和黑口本；乾隆四十七年（1782）刻本《御撰资治通鉴纲目》，版心为上白口，下黑口。

殿本中的黑口本，主要集中在道光朝以前，特别是康雍乾三朝，其中以乾隆朝为最多（8 种），如乾隆二年（1737）满汉文刻本《日讲春秋解义》、乾隆十四年（1749）刻本《日讲礼记解义》、乾隆十七年（1752）刻本《平定金川方略》、乾隆三十五年（1770）刻本《平定准噶尔方略》等。康熙朝次之（4 种），如康熙二十四年四色套印本《御选古文渊鉴》、康熙四十九年刻本《渊鉴类函》等。雍正朝只有 2 种，分别为雍正六年（1728）刻本《御定骈字类编》、雍正十一年（1733）武英殿刻满文本《诗经》。嘉庆朝 1 种：嘉庆十五年（1810）刻本《钦定剿平三省邪匪方略》。道光朝 1 种：道光十年（1830）刻本《钦定平定回疆剿逆裔方略》。我们可以发现黑口本规律性特征：即以方略纪略、儒家经典为多。清代殿本白口占据主流的现象，说明由于清代刻印技术的发展，原来以黑口、黑

---

① 参见曹之《中国古籍版本学》，武汉大学出版社 1992 年版，第 204 页。

线对准版心的实用性需求已经不再是问题，清代皇家更追求书籍的美观雅致。

表6-1　　　　清代殿本中的白口本与黑口本分朝统计　　　　（单位：种）

类别	康熙	雍正	乾隆	嘉庆	道光	咸丰	同治	光绪	宣统
白口本	25	46	221	51	38	15	10	15	3
黑口本	4	2	8	1	1	0	0	0	0

再看殿本的鱼尾形制。鱼尾是折页时的标准线，鱼尾置于线装书的版心处，往往有两个上下相对的鱼尾形符号，因形似鱼尾而得名。两个鱼尾的位置一般在距上下版心边栏的四分之一处，称"双鱼尾"；有的书籍书只有一个，叫"单鱼尾"。据笔者的统计，清代殿本的单鱼尾本要多于双鱼尾本，乾隆朝印制的武英殿聚珍版书和古香斋袖珍本均为单鱼尾。（参见表6-2）

表6-2　　　清代殿本中的单鱼尾本与双鱼尾本分朝统计　　　（单位：种）

类别	康熙	雍正	乾隆	嘉庆	道光	咸丰	同治	光绪	宣统
单鱼尾	17	35	270	31	28	7	5	11	3
双鱼尾	12	24	141	41	22	10	7	9	0

栏线又称"边栏"，指围成版框的四周界格线，古人也叫"匡郭"。边栏有三种形式，即四周单边、左右双边、四周双边。四周双线称为"四周双边"或"双栏"；左右双线称为"左右双边"；四周单线称为"四周单边"或"单栏"。笔者统计了《清代殿本编年总目》中600余种殿本的栏线情况，统计结果是绝大部分殿本为四周双边，其次是左右双边27种，四周单边只有17种。说明殿本以双边栏线为主，极少采用单边栏线。如此设计栏线，可能更多从美观的角度考虑。例如宋刻本早期为白口单边，后来则为左右双边，间或也有四周双边。清初内府本多见左右双栏，殿本则以四周双栏居

多，呈现出不一样的面貌。

四周单边的殿本，如康熙二十四年（1685）四色套印本《御选古文渊鉴》、康熙四十九年五色套印本《御选古文渊鉴》、康熙五十二年刻本《渊鉴斋御纂朱子全书》；雍正四年刻本《悦心集》、雍正十一年刻本《御选语录》、雍正十一年刻本《御制序文》《御制拣魔辨异录》、雍正十三年刻本《二十八经同函》《宗镜录》《御录经海一滴》等。乾隆三年刻本《御选唐宋文醇》、乾隆五年刻本《钦定康济录》、乾隆十六年刻本《大清一统志》及光绪二十一年刻本《养正图解》。

左右双边的殿本只有27种，如康熙六十一年刻本《千叟宴诗》《钦定篆文六经四书》；乾隆刻本《十三经注疏》《二十四史》，乾隆十二年刻本《通典》《通志》，乾隆十四年刻本《文献通考》，乾隆二十九年刻本《钦定中枢政考》，乾隆四十七年刻本《钦定辽金元三史语解》；嘉庆朝武英殿聚珍版单行本《西巡盛典》《大事记》；道光十三年刻本《字典考证》，咸丰刻本《通商税则善后条约》及光绪二十二年武英殿影宋刻本《心经》等。

表6-3　　　　　　　清代殿本栏线分朝统计　　　　　　（单位：种）

类别	康熙	雍正	乾隆	嘉庆	道光	咸丰	同治	光绪	宣统
四周双边	22	38	342	60	37	14	9	13	3
四周单边	3	9	4	0	0	0	0	1	0
左右双边	3	0	13	2	1	1	0	1	0

三　殿本的版式

殿本在书题、序跋、内容编排及刻工、钤印等方面均具有显著特色。

（1）书题

作为皇家直接控制的御用刻书机构，武英殿修书处刊刻了大量的理学典籍，很多书籍冠以"钦定""御选""御评"字样，意在教化万民。据清人《啸亭杂录》和近人陶湘《清殿版书目》统计，清代殿本中，仅钦定之书就有137种，23060卷。其中经部26种，908卷；史部55种，6016卷；子部33种，7484卷；集部23种，8652卷①。有学者据《清代内府刻书目录解题》统计，清代内府刻印的1311种典籍中，"钦定"276种，"御定"1种，"御制"82种，"御纂"11种，"御批"4种，"御注"5种，"御撰"2种，"御览"1种，"御书"2种，"御录"2种，"御选"8种，"御译"1种，"御论"3种，"钦颁"2种，总计400种②，这些书籍中相当一部分是殿本。此类御制类殿本书籍，可谓不胜枚举：如康熙朝《钦定古今图书集成》《御纂朱子全书》《御纂性理精义》等；雍正朝《御录宗镜大纲》《御录经海一滴》《御选悦心集》等；乾隆朝《御制增订清文鉴》《御批通鉴辑览》《御制翻译周易》《御制同文韵统》《钦定中枢政考》《御选唐宋文醇》等。这些"御定"等蕴含帝王权威的称谓以及诸多卷首"御制序"，正是殿本的重要特色。

（2）御制序跋

殿本是秉承皇帝意志刊印的内府书籍。帝王御制序文冠诸卷首是殿本最为显著的特征之一，正如乾隆帝在《平定准噶尔方略序》中所宣称的"夫序者所以叙其事之本末，而因文以悉其肯綮也"。帝王所撰御制序文的主体内容一般是介绍该书的编刻缘起、成书经过、去取标准、内容主旨、刊刻时间以及书名来源，等等。

殿本御制序一般由皇帝本人亲书，刻工依样上板刊刻。但有时皇帝政务繁忙，则请臣工善书者代写。如康熙五十三年（1714）六月初九日，和素、李国屏奏称："上所写御纂《朱子全书序》，翰林等阅后俱赞奇曰：圣主所撰之序博大细密，续汤虞，讃朱子，甚为详备。臣等模仿字之曲、牙，见用笔自如洒脱、苍劲有力，曲与牙

---

① 王余光、徐雁主编：《中国读书大辞典》，南京大学出版社1999年版，第434—435页。

② 朱赛虹等：《中国出版通史·清代卷（上）》，第69页。按，原书统计为411种，实际总数当为400种。

断开，甚显刚劲。臣等虽览，其兴未足。主子谕命所写之字甚差，有应改正处改正之。因御笔益加刚劲，是以览兴益加不尽矣。朱贵阅后亦称奇曰：我老矣，然又可学刻主子之字。"① 档案所见，刻字匠朱贵等人还负责了殿本御制序文的写刻工作。康熙五十二年（1713）闰五月初四日，和素、李国屏奏："本月初三日报到，奉兆昌寄朱笔汉文谕旨：朕久不作书，亦不为字学为事，前者尔等写《御选唐诗》序文，因避暑热河，万几余暇，偶尔将就写完，未必甚妥。……将此序照《佩文韵府》之序，交付朱贵，写行书双钩字，写得后，连同原写之序一并奏览，仍交朱贵镌刻。为此谨奏，请旨。"② 康熙五十二年（1713）闰五月十六日，和素、李国屏又再奏称：

> 《御选唐诗》序文照《佩文韵府》之序，交付朱贵写行书双钩字，写得后，连同原写之序一并奏览，仍交朱贵镌刻。……照《佩文韵府》，题院主人、万几娱暇宝贝，亦用双钩字缮写。……圣主指定后，仍交付朱贵，命恭谨刊刻。为此请旨。朱批：甚佳，立即刊刻，将刊刻已成之书一并送来。③

重要殿本均由皇帝"御笔亲书"，再交由御书处行取钩字人钩摹，武英殿修书处上板刊印。嘉庆朝《钦定大清会典》载："凡所刊书籍内有御笔者，由御书处行取钩字人敬谨钩摹。有谕旨用宝者，谨将宝文刻于谕旨片年月之上，一同刷印。"④ 如乾隆五年（1740），一统志馆奏称："乾隆五年十一月二十七日，钦奉皇上颁发《大清一统志》序文一道……所有钦颁序文，伏恳御笔亲书，交与武英殿修

---

① 《清内府刻书档案史料汇编》第1册，第69页。
② 同上书，第43页。
③ 同上。
④ 嘉庆朝《钦定大清会典》卷80《内务府》。

书处敬谨摹勒，抑或另派缮书人员恭录付梓。"①

（3）进书表

殿本如系皇帝敕撰、敕编之类，御制序文撰写之后，往往由负责纂修殿本的修书总裁官奏进书表，列明该书纂修缘起、成书经过以及书籍卷数、题名等重要信息。此类进书表内容较为烦冗，多为歌功颂德之词。如负责编印《古今图书集成》的总裁蒋廷锡于雍正三年（1725）十二月奏进书表文一道，凡例47条，请雍正帝改定后列于总目之前。②康熙四十年（1701）十二月二十六日，礼部尚书张英进呈《渊鉴类函》进书表时称："谨题遵旨纂修《类函》一书，今属稿告竣谨进呈者……谨誊写稿本四百五十卷目录四卷，奉表恭进以闻。"康熙五十六年殿本《性理精义》，在康熙帝所作《御制性理精义序》后，附有大学士李光地等人的进书表，表文称："光禄大夫文渊阁大学士兼吏部尚书臣李光地等兹者，伏蒙帝陛下命臣等编校纂《性理精义》总引十二卷，刊刻已竣，谨装潢成帙进呈……康熙五十四年八月初四日光禄大夫文渊阁大学士兼吏部尚书臣李光地等谨上表。"此外，进书表后往往附有纂修过程中皇帝谕旨、大臣往来奏折，或交代编撰背景，或说明刊刻始末，或揭示书籍内容，其文献史料价值不可低估。

（4）职名表

殿本一般会列有"监修校对总裁、纂修、监造诸臣职名"，详细列名负责该书的总裁、纂修、校勘和刊刻人员姓名和职衔。如康熙五十六年（1717）刻本《御纂性理精义》御制序、进书表后附有"奉旨开列御纂性理精义承修校对分修缮写监造诸臣职名"，其中列明——承修：文渊阁大学士兼吏部尚书李光地。御前校对：翰林院侍读魏廷珍、翰林院侍讲何国宗、左春坊左赞善兼翰林院检讨吴孝

---

① 台湾史语所藏内阁大库档案，乾隆五年十一月二十七日，登录号：209102 - 001。

② 中国第一历史档案馆编：《雍正朝汉文朱批奏折汇编》第33册，第591页。

登、翰林院编修梅瑴成。分修：候补翰林院侍讲今授直隶巡道杨名时、翰林院检讨彭维新、翰林院检讨董宏、原任翰林院工庶吉士蔡世远。武英殿缮写：翰林院编修嵇曾筠、翰林院编修蒋涟、翰林院编修徐葆光、翰林院编修刘于义、翰林院编修潘允敏、翰林院编修狄贻孙、翰林院编修薄海、翰林院编修任兰枝、翰林院检讨陈世侃、翰林院曹曰瑛、中书科舍人王曾期、进士今授江南镇江府学教授张荣源。武英殿监造：总监造兼内务府会计司员外郎伊都立、总监造兼佐领张常住、总监造李国屏、监造兼骁骑校巴实、监造神保。可见，纂修、刊印殿本人员按惯例会在职名表中一一体现。

值得注意的是，据笔者统计，职名表中著录有武英殿监造官职名的殿本大约50种，占清代殿本总数的7%，这个比例并不算很高。这一类殿本主要集中在康熙、雍正、乾隆、嘉庆朝，列名制度到了道光朝以后逐渐废弛。通过职名表中的监造官，我们大致可以据此确定此书是否为武英殿刊刻，是殿本的一个显著特征。

（5）刻工

中国古代刻本，往往在书口下端刻上刻工姓名，目的是便于考核工作量，计算工酬。事实上，这一做法在客观上也为后世鉴定版本提供依据。与民间刻书不同，清代殿本中极少留有刻工姓名，仅仅见之于少数殿本。如《御制避暑山庄三十六景诗》镌有刻工款识："内务府司库加一级臣沈喻恭画，鸿胪寺序班加二级臣朱圭、梅裕凤仝恭镌。"殿本一般在职名表中列有监造官职名，但无刻工信息。究其缘由，在清代专制皇权之下，殿本的刊刻装潢均承皇帝旨意，要在殿本中列名需要得到皇帝谕旨才可施行，刻工等匠役身份低微，其名姓自然无法进入最终刻印的殿本内容之中。另外，修书处所雇佣的刻字匠役虽然也按刻印字数计算工价，但修书处有专门人员负责管理刻工册档、计算工价，并无需要通过在殿本中留名进行核算。值得一提的是，乾隆时期摆印武英殿聚珍版书，乾隆帝特别谕旨在书口留下校对者姓名，以便稽查考核，这在清代殿本中也是少见的特例。

第六章　武英殿修书处刊印殿本特征与著录订误　357

(6) 钤印

殿本卷首往往钤盖帝王印玺。从内容看，这些印玺可分为珍藏印、鉴赏印、珍秘印、审定印及闲文印、肖形印等，类型上可分为名号印、斋号印、印押和诗文印四类。钤盖位置一般位于殿本书籍的卷首、卷末的正中，或御制序文之后、前后副叶以及折装书籍的中折等处。例如，康熙帝在殿本《御制避暑山庄三十六景诗》御制序文后钤有"体元主人"圆形朱印、"万几余暇"白文方印。清代诸帝在殿本留下的印鉴之中，以乾隆帝钤印次数最多，印文内容最为丰富，其印文有"十全老人""八徵耄念之宝""五福五代堂古稀天子宝"，等等，体现乾隆帝对典籍编刻的特别关注。

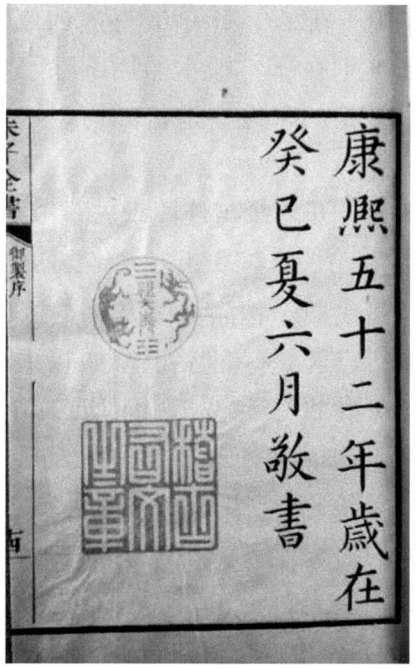

图 6-3　康熙五十三年殿本《渊鉴斋朱子全书》钤印

第二节　殿本的用纸特征

殿本以纸墨优良著称于世，殿本收藏宏富的陶湘曾在《清代殿板书始末记》一文中说："殿板书以开化纸印本尤为精美，予生平酷嗜之。吾友吴君眉尝戏予曰：周鼎、商彝，世多赝造，若开化纸自乾隆以后不复制，而其技亦亡。后有巧工无能为役，藏书家宜宝之。此虽谐言，中有至理。"① 陶湘的这一观点影响甚广，但实际上，根据笔者查阅所见，清代档案中以连四纸、太史连纸等刷印殿本的记载屡见不鲜，开化纸或者开化榜纸刷印殿本则极为少见。那么，开化纸与连四纸是同一种纸张吗？开化纸与开化榜纸区别在哪？殿本的用纸除了上述纸张外，还用哪些纸张刷印？殿本纸张的采办、造价如何？这些问题，都需要认真加以辨析。

一　开化纸与连四纸关系考辨

（一）殿本多用"开化纸"印刷说溯源

清代殿本精品多以开化纸刷印②，在目录版本学相关著作、辞典中，已经是一种常识。如权威的《中国古籍版刻辞典》这样著录"开化纸"和"开化榜纸"："开化纸，书用纸之一，南方叫桃花纸。据说这种纸产自浙江省的开化县，故名。质地细腻，极洁白，无纹格，纸虽薄而韧性强，柔软可爱，清代顺、康、雍、乾四朝内府，武英殿刻印的图书多用之。那时产量较多，质量也高。嘉庆、道光以后的产品质量较前降低，数量也大为减少。家刻本中也有采用，但为数很少。开化纸印本非常美观，武进人陶湘最喜收藏殿版开化纸印本。……开化榜纸：书用纸之一。开化榜纸从

---

① 陶湘：《清代殿板书始末记》，载《书目丛刊》，第68页。
② 实际上，殿本也有以太史连纸、竹纸等刷印，这里特指殿本之佳品。

第六章　武英殿修书处刊印殿本特征与著录订误　　359

表面看来与开化纸相似，它比开化纸厚，颜色略发乌，质量次于开化纸。开化榜纸的出产比开化纸晚。清代嘉庆、道光间一部分殿版书用开化榜纸刷印，可是流传到现在的已不多见。"① 该辞典把殿本与开化纸、开化榜纸联系在一起，并认为清前期常以开化纸刷印殿本，嘉道以后则以开化榜纸刷印。《中国古籍版刻辞典》的观点很有代表性，其他造纸类辞典也有类似的著录，如《造纸辞典》载："开花纸，我国手工纸种之一，又名开化纸、桃花笺。……清代的康、乾年间，内府和武英殿所刻印图书，多用此纸，一时传为美谈。"②

　　追溯源流，近代以来，殿本与"开化纸"（开化榜纸）是如何勾连在一起的呢？据目前查考，以收藏殿本著称的陶湘对殿本与开化纸的关系建构起到关键作用，至今影响甚大。如前所述，陶湘多次提及"殿板书以开化纸印本尤为精美"③。他也因收藏殿本丰富而获得"陶开化"的盛名。笔者查阅，"陶开化"的说法似源自傅增湘，他为陶湘所作的《涉园明本书目跋》说："余与兰泉订交于三十年前，时方壮盛，即锐意以收书为事。其后南北驱驰，范围乃益廓。所收以明本、殿本、清初精刻为大宗，而尤喜官私初印开化纸之书，缘其纸洁如玉，墨凝如漆，怡心悦目，为有清一代所擅美。厂市贾人遂赐'陶开化'之名。"④ 之后，"陶开化"之名流传渐广，"武进陶氏好收开化纸书，因号陶开化"⑤。

　　陶湘作为民国时期收藏、研究殿本的代表性人物，他对"殿本"与开化纸关系的评价，对时人及后世的影响很大。孙殿起所辑《琉璃厂小志》载："民国十五年前后，明刻朱批本书，及清代开化纸本书，

---

① 瞿冕良编：《中国古籍版刻辞典》，齐鲁书社2009年版，第42页。
② 刘仁庆编：《造纸辞典》，中国轻工业出版社2006年版，第144页。
③ 陶湘：《清代殿板书始末记》，载《书目丛刊》，第68页。
④ 傅增湘：《藏园群书题记》，上海古籍出版社1989年版，第1097页。
⑤ 沈宁等编：《常任侠文集·红百合室随笔》，安徽教育出版社2002年版，第540页。

关外人喜购,以共装潢可壮观瞻也。闻陶兰泉亦喜购之。"① 许多专家学者在论著涉及殿本时,常常提及"开化纸精印殿本"之说,如《古籍版本鉴定丛谈》载:"开化纸,南方叫'桃花纸'。……清代顺、康、雍、乾内府和武英殿扬州诗局刻印的图书,多用开化纸。"② 周叔弢先生曾在康熙顾氏秀野草堂写刻本《温飞卿诗集笺注》后跋语:"清初内府刻书多用开化纸模印,雍正、乾隆两朝尤精美,纸薄而坚,色莹白,细腻腴润,有抚不留手之感。民间精本亦时用之。"③

实际上,陶湘并不是第一个把殿本与开化纸联系在一起的。宣统元年(1909)出版的《农工杂志·浙江特别之物产》一文,在"开化名纸"条中已经提及:

> 开化属衢州府,产纸最佳,纸质精致耐久,色洁白而莹泽如玉,非若洋纸之纯白也。乾隆以前发帑制造,所印殿版书籍均以开化纸者为更佳,南海李石农尚书④曾谓此纸之妙,不减于澄心及玉版,惜新者无从购求。京师旧家或有者,价逾绫罗。庚子而后,更无存矣。按开化纸之殿版书籍,近日已珍若球琳,更越数十百年,宝贵更可知矣。盖纸质既耐久而色亦不变,殿版之书最近者,亦二百年而开卷如新,朱墨灿然。同时所印之连四纸者,其色泽已迥不侔矣。今日开化纸槽,尚有存者,而所出类皆粗材,岂制法之失传耶?抑工料之不及也。⑤

上述引文是目前所见将殿本与开化纸联系在一起的较早文献,且把开化纸与连四纸放在一起比较,认为开化纸优于连四纸。1933

---

① 孙殿起辑:《琉璃厂小志》,北京古籍出版社1982年版,第38页。
② 魏隐儒、王金雨:《古籍版本鉴定丛谈》,印刷工业出版社1984年版。
③ 转引自李国庆《弢翁藏书年谱》,黄山书社2000年版,第232页。
④ "南海李石农尚书"即李文田。按:李文田(1834—1895)字畲光,号若农,广东顺德人。
⑤ 《农工杂志》1909年第6期。

年,《申报·瑞典亲王游华印象》曾报道:"清乾隆时代,开化纸已登峰造极。有清中叶有连四纸,价廉工少,于是开化纸成为古物。……瑞典现代造纸颇发达,纸质虽优,但工料之细尚不及中国之开化纸。……本人在北平故宫博物院所见之殿版书,系用开化纸所印,其五彩图画,完全用最白之开化纸所印成,数百余年不退色,且鲜明如初绘。"① 此外,胡思敬所撰《国闻备乘》载:"高宗御制诗文凡三集,分订六函,南书房翰林写刻,字大如策卷。初印开化纸,墨色光黝,极精工,虽宋元版不及。"②

根据以上早期文献的描述,我们可以总结开化纸的一些特征:

其一,关于名称。开化纸因原产于浙江开化县而得名。有学者认为:"(开化纸)在白色的纸面上有时会出现微黄的晕点,如桃红,故南方又称'桃花纸'。"③ 开化纸常被叫作桃花笺、开花纸、桃花纸。据研究者查验:"开化榜纸刊本十有六七已出现斑点,轻者约三五处,零散点缀;严重者覆盖满纸,细密如麻。"④ 实际上,桃花纸、桃花笺之名产生很早,早期指的是一种产于蜀地的笺纸。宋代苏易简《文房四谱·纸谱》云:"桓元(玄)诏平淮,作桃花笺纸,缥绿赤者,盖今蜀笺之制也。"元代鲜于枢《纸笺谱》亦载:"《桓玄伪事》:诏令平准作青、赤、缥、绿桃花纸。……杨炎在中书后阁,用桃花纸糊窗。"⑤ 开化纸一般认为产生于明代,时间要远远晚于蜀笺,开化纸别名亦称桃花纸、桃花笺,比附东晋蜀笺,二者实非一物,民间张冠李戴,此一现象值得进一步研究。

其二,关于产生时间。周叔弢先生认为:"纸之名始于明代。明初江西曾设官局造上等纸供御用,其中有小开化较薄、白榜纸较厚

---

① 《申报·瑞典亲王游华印象》,民国二十二年(1933)九月九日,第 21699 号,第 13 版。
② 《中华野史》卷 11《国闻备乘》,三秦出版社 2000 年版,第 9946 页。
③ 翁连溪:《清代内府刻书研究》,第 107 页。
④ 王传龙:《"开化纸"考辨》,《文献》2015 年第 1 期。
⑤ (宋)苏易简:《文房四谱》,上海书店出版社 2015 年版,第 270—271 页。

等名目。陆容《菽园杂记》称衢之常山、开化人以造纸为业，开化纸或以产地得名，他省沿用之。"① 实际上，明代嘉靖时期已有开化纸，万历年间大量使用。据《万历江西省大志》载："细查历年楮供御用，嘉靖四十四年以前毁不可考，四十五年取各样纸二百三十五万……白开化纸两万，小样白开化纸四万。……（万历）十八年取用各色样纸一百九十六万……大样白开化纸五万，小样白开化纸一十万。"②

其三，关于原料质地。据相关研究，开化纸系用桑皮或加入部分竹浆为原料，经漂白后抄造而成。"开化纸质地细腻，薄软柔韧，极其洁白，帘纹不明显，纸虽薄而韧性强，柔软可爱"③，可供印刷、书画之用④。极少数初印的汲古阁本中有用开花纸印刷⑤。

其四，关于开化纸与开化榜纸的关系。黄永年先生曾说："这些武英殿本讲究的都用开化纸印，有的也用开化榜纸。"⑥ 前引《中国古籍版刻辞典》言"开化榜纸从表面看来与开化纸相似，它比开化纸厚，颜色略发乌，质量次于开化纸。开化榜纸的出产比开化纸晚"⑦。诸伟奇等编著《简明古籍整理辞典》著录："开化榜纸：纸名。一种较厚的开化纸。质地略次于开化纸。清北四阁所藏《四库全书》即用此纸。俗亦作'开花榜纸'。"⑧ 但上述说法非常模糊，仍然没有说清楚二者的本质区别。实际上开化榜纸与开化纸是同一

---

① 转引自李国庆《莪翁藏书年谱》，第 232 页。
② 《万历江西省大志》，《南京图书馆孤本善本丛刊》第 1 辑，线装书局 2003 年版，第 466 页。
③ 魏隐儒、王金雨：《古籍版本鉴定丛谈》，印刷工业出版社 1984 年版。
④ 刘仁庆编：《简明中国手工纸（书画纸）及书画常识辞典》，中国轻工业出版社 2008 年版，第 87 页。
⑤ 黄永年：《古籍版本学》，江苏教育出版社 2005 年版，第 145 页。
⑥ 同上书，第 156 页。
⑦ 瞿冕良编：《中国古籍版刻辞典》，齐鲁书社 2009 年版，第 42 页。
⑧ 诸伟奇等编：《简明古籍整理辞典》，黑龙江人民出版社 1990 年版，第 26—27 页。

种类型纸张,只是开化榜纸用于发榜,尺寸和厚度要比普通的开化纸要大一些。

(二) 清宫档案中的殿本用纸

要考察清楚殿本用纸问题,最直接、最有效的方式还是要回到清代内府刻书档案中找寻原始著录和描述。《古籍版本鉴定丛谈》曾这样表述:"清代顺、康、雍、乾内府和武英殿扬州诗局刻印的图书,多用开化纸。"① 下文就以康熙、雍正、乾隆三朝殿本用纸档案为例,说明常见的殿本用纸类型。

1. 康熙朝

康熙四十五年(1706),赫世亨奏称:"查前刻印《清文资治通鉴纲目》《古文渊鉴》时,皆用连四纸各印百部、榜纸各印六百部。"② 该档案显示,殿本《清文资治通鉴纲目》《古文渊鉴》,所用纸张类型为连四纸和榜纸。康熙五十一年(1712)和素、王道化奏称:"二月初一日奉旨:海子新衙门一部《性理大全》,纸板甚佳……除第一本按元本纸用连四纸刷印外,若采买竹制纸,因纸窄,板上下不够,故此一百部亦拟用薄绵连纸刷印。"③ 这里所用纸张类型为连四纸、竹纸和薄绵连纸三种。

康熙五十一年(1712),和素、李国屏奏:"宫鸿历、杨升沅纂注、顾祖雍恭缮之《御选唐诗》……以蓝杭䌷作套和封面装钉之连四纸《中晚唐诗叩弹集》一部一函五卷,未压,以蓝杭䌷作套和封面装钉之竹纸《月令广义》一部一函七六卷,蓝杭䌷绸套、面之竹纸《魏书详注》一部一函十二卷,蓝杭䌷套、皮竹纸《世祖寿诗》一部一函七卷。"④ 康熙五十一年五月二十四日,和素、李国屏奏:"先前汉字套板《古文渊鉴》已用连四纸刷印四百九十三部,现

---

① 魏隐儒、王金雨:《古籍版本鉴定丛谈》,印刷工业出版社1984年版。
② 《清内府刻书档案史料汇编》第1册,第7页。
③ 同上书,第16—17页。
④ 同上书,第20页。

《御选唐诗》板既已刻完三卷，趁板尚新，拟用连四纸、竹制纸各刷几卷，请旨。为此谨奏。朱批：刷一千部。"① 以上刷印殿本用纸类型为连四纸、竹纸。

康熙五十二年（1713），和素、李国屏奏："六月二十六日所奏《满文御制诗》刻样二篇……将此亦照《汉文御制诗》，连画用连四纸印刷二百部。"② 康熙五十三年二月初二日，和素、李国屏奏"现除已装完连四纸、竹制纸《御选唐诗》各二部外，又连夜赶装竹制纸书一部，谨奏"③。康熙五十三年："蓝杭绸套合装之连四纸《大学》一节、《四书》《中庸》。"④ 以上档案显示满汉文《御制诗》《御选唐诗》等书无不是以连四纸刷印。康熙五十四年，李国屏奏称装完御纂《周易折中》乐文纸书 1 部，请旨后呈给皇子每人各 2 部。⑤

不少学者认为康熙朝扬州书局进呈本也采用开化纸印刷，需要加以辨析。康熙五十一年，李煦奏称："奉发《佩文韵府》……谨将连四纸印刷上平下平各一部，将乐纸印刷上平下平各一部，装钉成套恭进圣览。"⑥ 康熙五十二年九月初十日，李煦又奏："窃臣煦与曹寅、孙文成奉旨在扬州刊刻御颁《佩文韵府》一书，今已工竣，谨将连四纸刷钉十部，将乐纸刷钉十部，共装二十箱，恭进呈样。"⑦ 据此可知，扬州诗局刊刻《佩文韵府》纸张类型为连四纸和将乐纸，并非开化纸。

从表 6-4 可以看出，根据康熙朝内府刻书档案所载，刷印殿本最常见用纸是连四纸，印量多者达 1000 部，其他还有榜纸、将乐纸

---

① 《清内府刻书档案史料汇编》第 1 册，第 22—23 页。
② 同上书，第 52 页。
③ 同上书，第 65 页。
④ 同上书，第 67—68 页。
⑤ 同上书，第 78 页。
⑥ 同上书，第 60 页。
⑦ 同上书，第 39 页。

等纸张类型，甚至西洋纸也间或使用，但并没有见到以开化纸刊印殿本的记载。

表6-4　　　　　康熙朝刻书档案所见殿本用纸类型①

殿本书名	刷印时间	用纸类型（包括印刷部数）
《御选古文渊鉴》	康熙二十四年	连四纸100部、榜纸600部
《御批资治通鉴纲目》（满文）	康熙四十六年	连四纸100部、榜纸600部
《御制清文鉴》	康熙四十七年	连四纸100部、榜纸600部
《中晚唐诗叩弹集》	康熙五十一年	连四纸1部
《日讲四书解义》（满文）	康熙五十一年	清水连四纸50部
《日讲书经解义》（满文）	康熙五十一年	清水连四纸50部
《日讲易经解义》（满文）	康熙五十一年	清水连四纸50部
《汉文御制诗》《满文御制诗》	康熙五十二年	连四纸200部
《御选唐诗》	康熙五十二年	连四纸1000部、竹纸1000部
《御制避暑山庄三十六景诗》（汉文）	康熙五十二年	连四纸100部、竹纸100部
《御制避暑山庄三十六景诗》（满文）	康熙五十二年	西洋纸4部
《御选古文渊鉴》	康熙五十二年	将乐纸2部
《大学》《四书》《中庸》	康熙五十三年	连四纸
《御纂周易折中》	康熙五十四年	将文纸8部，棉纸100部
《性理精义》	康熙五十六年	罗纹纸
《大数表》《小数表》	康熙六十一年	连四纸、太史连纸各100余套

2. 雍正朝

有学者认为，雍正朝《古今图书集成》"用铜活字排版之后，选用洁白如玉的开化纸和微黄似箔的太史连纸印造"②。但查考刷印《古今图书集成》档案，并未出现以开化纸刷印《古今图书集成》

---

① 资料来源于翁连溪编《清内府刻书档案史料汇编》。
② 李致忠：《古书版本鉴定》，文物出版社1997年版，第33页。

的记载。据《雍正朝起居注》记载，雍正六年颁赐《古今图书集成》的情况为："《古今图书集成》棉纸书十九部，一部供奉寿皇殿，其余九部交乾清宫总管于应陈设之处陈设。其余九部赏怡亲王、庄亲王、果亲王、康亲王、福慧阿哥、张廷玉、蒋廷锡、鄂尔泰、岳钟琪每人一部。竹纸书四十五部内，赏诚亲王、恒亲王、咸福宫阿哥、元寿阿哥、天申阿哥、励廷仪、史贻直、田文镜、孔毓珣、高其倬、李卫、王国栋、杨文乾、朱纲、嵇曾筠每人一部，其余三十部收储。"① 雍正年间陈设并赏赐过《集成》书目单则有："古香斋陈设一部，竹纸布套；正大光明殿陈设一部，棉纸棉套；蕊珠宫陈设一部，棉纸棉套；澹怀堂陈设一部，棉纸棉套；前垂天贶陈设一部，竹纸布套；热河陈设一部，棉纸绢套；盛京收贮一部，竹纸；礼部存一部，竹纸；翰林院存贮一部，竹纸。赏过：四阿哥一部，竹纸；五阿哥一部，竹纸（未领去现存武英殿书库）；六阿哥一部，竹纸；八阿哥一部，竹纸；傅恒一部，棉纸；纳亲一部，竹纸。以上共十五部。"② 以上两则档案，都只出现了棉纸和竹纸两种纸张类型。

用于刷印《古今图书集成》的棉纸到底是什么纸张呢？乾隆四十年（1775）五月十五日内务府奏销档《奏为热河文津阁陈设古今图书集成事》载："查武英殿现存古今图书集成五部，内竹纸书四部，连四纸书一部，系鄂尔泰家交回之书，残缺八十余本，虽经奏明补写齐全，但书内原有虫蛀之处，难以陈设，现今装潢三阁，应请统用竹纸书三部。"③ 至此，我们可以清楚地知道，雍正年间刷印10000卷《古今图书集成》的纸张为连四纸（棉纸），而非开化纸。

3. 乾隆朝

我们所熟知的武英殿聚珍版书，根据档案，刷印纸张只有两种：

---

① 《雍正朝起居注册》，中华书局1993年版，第2070页。
② 同上书，第116—117页。
③ 中国第一历史档案馆藏内务府奏销档，乾隆四十年，档案号：05-0319-067。

连四纸和竹纸。乾隆三十九年（1774）四月二十六日，王际华、英廉、金简奏称："现在四库全书处交到奏准应刻各书，应按次排版刷印，每部拟用连四纸刷印二十部，以备陈设，仍各用竹纸刷印颁发，定价通行。"① 由此档案可知，用于陈设的殿本用连四纸刷印，而颁发通行的殿本则用竹纸刷印。

乾隆朝军机处档案《乾隆年间各处陈设并赏赐过书数目》列明了大量殿本的用纸类型："杉木板兰杭䌷套、古色纸面页榜纸书，二十部；杉木板兰杭䌷套、兰杭䌷面页连四纸书；纸合背兰布套、古色纸面页台连纸书，一百部；杉木板石青杭䌷套、石青杭䌷面页连四纸书；杉木板石青杭䌷套、古色纸面页榜纸书，二十部；纸合背兰布套、古色纸面页竹纸书，一百部；杉木板兰绢套、兰绢面页连四纸书；杉木板兰绢套、古色纸面页榜纸书，四部；纸合背兰布套、古色纸面页台连纸书；杉木板石青杭䌷套、石青杭䌷面页连四纸，十部；杉木板石青杭䌷套、古色纸面页榜纸书，十部；纸合背兰布套、古色纸面页竹纸书，五十部。"② 这里出现了榜纸、连四纸、台连纸、竹纸、棉纸五种纸张类型，但并无开化纸。

4. 小结

通过大量查核清代刻书档案，常见以连四纸刷印殿本，绝少有以开化纸刷印殿本的记载。道光二十年（1840）《武英殿修书处报销档案》载有装潢作、刷印作定例，其中著录殿本126种："进呈连四纸书六篇，合大纸一张。颁发太史连纸书二篇，合大纸一张。"不仅如此，装潢《佩文韵府》《韵府拾遗》副页也用连四纸，"每十四页用纸一张，连四纸副页每六篇用纸一张，竹纸副页每二篇用纸一张"③。

实际上，档案所见清宫内府典籍确曾有以开化纸刷印书籍的特

---

① 《清内府刻书档案史料汇编》第1册，第191页。
② 同上书，第116—117页。
③ 道光二十年《武英殿修书处报销档案》，国家图书馆藏。

例，但刊刻机构是钦天监，刷印对象是《时宪书》。乾隆二十九年（1764）朱批奏折《呈钦天监乾隆二十九年较二十八年多领开化纸等项数目清单》记载，乾隆时期宫中订有成例，每年需用开化纸印制满、蒙文《时宪书》各75本，汉文《时宪书》120本，满、汉文《七政时宪书》各75本，共计420本：

> 钦天监乾隆二十九年较二十八年多领开化纸四百七十八张，半呈文纸四万八千四百六十九张，台连纸一万八千一百四十四张，黄榜纸一百六十一张，半毛头纸十二张。……计开：开化纸满时宪书七十五本，每本闰月添六页，共添一千三百五十页，每四页合整纸一张，共合整纸三百三十七张半。①

由上述档案可知，乾隆朝钦天监曾用开化纸刷印《时宪书》，但属钦天监刻本，并非殿本，不能作为清代武英殿修书处以开化纸刷印殿本的反证例子。

（三）连四纸与开化纸是不同类型的纸张

如前文所论证，清代开化纸一般并不用于刷印殿本，近代以来"殿本多为开化纸刷印"的说法应是一种讹传。近些年来，已有部分学者注意到开化纸在殿本刷印档案中罕见的现象，并尝试作出解释②。如翁连溪在《清代内府刻书概述》一文中称"康熙一朝档案中未见记载有用开化纸印书，据档案与现存书籍相较，当时的'连四纸'应为近人所称的'开化纸'"③。王传龙发表的《"开化纸"考辨》一文亦发现"清三代进呈御览之书，用纸多为连四纸，并无开化纸之说……近人（如陶湘、周叔弢、黄永年等）所谓清三代殿

---

① 《呈钦天监乾隆二十九年较二十八年多领开化纸等项数目清单》，乾隆二十九年，中国第一历史档案馆藏朱批奏折，档案号：04-01-01-0525-062。

② 参见王传龙《"开化纸"考辨》，《文献》2015年第1期；易晓辉《清代内府刻书用"开化纸"来源探究》，《文献》2018年第2期。

③ 翁连溪：《清代内府刻书图录·附一》，北京出版社2004年版，第4页。

本之'开化纸'极可能是一种讹呼，它的真实名称（据内府档案记载）为'连四纸'，而非明人所谓开化纸"。① 但他得出的结论尚有模糊之处："明代中期盛行之开化纸，与清三代殿本盛行之'开化纸'，实为两种不同的纸，只不过近人误将清代殿本所用之连四纸呼为'开化纸'而已。"按照作者之意，清代殿本仍然是与明代不同的"开化纸"刷印，只是名称常用"连四纸"而已。以上观点有相似之处，正如翁连溪简洁明了指出的"所谓连四纸，即人们常说的开化纸"，"连四、开化，其名虽异，其义则一"②，在这一判断下，他把康熙间扬州诗局刻《全唐诗》、康熙刻本《御制避暑山庄诗》、康熙刻本《御纂周易折中》《周易本义》、康熙二十四年（1685）《御选古文渊鉴》、雍正六年（1728）铜活字本《古今图书集成》都视为开化纸印本③。

那么在清代内府刻书档案中，开化纸与连四纸是可以名称互用的同一种纸张吗？首先，连四纸的产生时间、主产地、用料质地与开化纸均不相同。连四纸，又称为"连泗纸"，是以嫩竹为原料制成的高级漂白纸，约创制于明朝晚期的闽赣武夷山区一带，江西省铅山县是最主要产地。元人费著在《笺纸谱》中说："凡纸皆有连二、连三、连四笺。"④ 这是关于连四纸的最早文献记载。其中的"连二""连三""连四"的称谓是指在造纸时所用抄纸帘的使用方法。连四纸纸面光滑，背面稍涩，纸质精细柔软，薄而均匀，颜色洁白，经久不变，一般用于书籍印刷、字画装裱等。明人宋应星《天工开物》多处提及连四纸。《天工开物·造皮纸》云："其次曰连四纸，连四中最白者曰红上纸。"⑤ 明人高濂《遵生八笺》称连四纸："妍

---

① 王传龙：《"开化纸"考辨》，《文献》2015年第1期。
② 翁连溪：《清代内府刻书研究》，故宫出版社2013年版，第107页。
③ 同上。
④ （元）费著：《笺纸谱》，上海书店出版社2015年版，第274页。
⑤ （明）宋应星：《天工开物·造皮纸》，钟广言注，广东人民出版社1976年版，第331页。

妙辉光，皆世称也。"①

其次，清代档案中曾同时出现开化榜纸与连四纸。这些档案是乾隆后期户部题奏前一年宫中各处包括军机处、六部、翰林院、国子监、钦天监、三通馆、方略馆、四库全书馆等机构所领用的纸张、颜料、缎疋等物品及数量奏报。

乾隆四十一年（1776），英廉、袁守侗、金简题为汇奏宗人府等衙门乾隆四十一年份领用纸朱等项旧存现存书目事称：

> 今乾隆四十年分宗人府、军机处、吏部……内阁典籍厅、顺天府、总督仓场衙门、三通馆、方略馆、国史馆、昭西陵总管、泰陵、礼部、四库全书处及臣部共三十六处，原折内开领用过高丽纸五百五十张、黄高丽纸八十张、金线榜纸十万七百张、榜纸二十万四千四百五十八张……开化榜纸二千八百三十一张、半呈文纸五十九万四千三百二十二张……连四纸一万八千九百八十七张、磁青纸六张、连七纸六百九十二张、黄连七纸一千五百七十二张、青连七纸二百张、太史连纸六千张。②

乾隆四十三年（1778），英廉、董诰、金简题为汇奏宗人府等衙门乾隆四十二年份领用纸朱等项旧存现存书目事称：

> 今乾隆四十二年分宗人府、军机处……四库全书处、翰林院功臣馆及臣部共三十七处，原折内开领用过高丽纸二百六张、黄高丽纸一百三十张、金线榜纸六万一千四百五十张、白榜纸二十万六千二百九十六张、半五折白榜纸八百张、黄榜纸三万八千九百六十四张、五折黄榜纸二百张、红榜纸七十九张、蓝榜纸四千

---

① （明）高濂：《遵生八笺》，巴蜀书社1985年版，第102页。
② 中国第一历史档案馆藏军机处档案，乾隆四十一年，档案号：02-01-04-16798。

七百张、夹板青棉榜纸十五张、开化榜纸三千一百三八十四张、呈文纸十一万三千四百七十八张……连四纸一万八千五百五十一张、半磁青纸六张、连七纸一万三千八十七张、黄连七纸九千五百七十二张、青连七纸三千三百张、太史连纸六千张。①

乾隆四十四年（1779），英廉、袁守侗、金简题为汇奏宗人府等衙门乾隆四十四年份领用纸朱等项旧存现存书目事称：

今乾隆四十三年分宗人府、军机处……四库全书处及臣部共三十六处，原折内开领用过高丽纸二百二十七张、黄高丽纸二百三十张、泾县榜纸二十三万一千九百张……开化榜纸二千九百九十七张、半呈文纸七十八万八千二百九十三张……少领五折白榜纸二百张、黄榜纸二万九千五百张、蓝榜纸四百张、夹板青棉榜纸十五张、开化榜纸一百八十六张……连四纸二百七十二张。②

乾隆五十四年（1789），英廉、袁守侗、金简题为汇奏宗人府等衙门乾隆五十四年份领用纸朱等项旧存现存书目事则称：

今乾隆五十三年分宗人府、军机处……共三十五处，原折内开领用过高丽纸一百九十二张、泾县榜纸八百张、白榜纸二十万九千七百十五张、开化榜纸三千零八十四张、连四纸二万四千八百三十三张。③

---

① 中国第一历史档案馆藏军机处档案，乾隆四十三年，档案号：02-01-04-16943。
② 中国第一历史档案馆藏军机处档案，乾隆四十四年，档案号：02-01-04-17062。
③ 中国第一历史档案馆藏军机处档案，乾隆五十四年，档案号：02-01-04-17548。

分析以上档案，我们可以获得几项重要信息：其一，上述 4 则清宫用纸档案都同时出现了开化榜纸和连四纸两种纸张，且各处领取的连四纸数量要远多于开化榜纸，如乾隆四十年（1775）领取开化榜纸 2831 张、连四纸 18987 张，乾隆四十二年各处领取开化榜纸 3184 张、连四纸 18551 张，乾隆五十三年各处领取开化榜纸 3184 张、连四纸 24833 张。清宫各处每年领取的连四纸都在 2 万张左右，而相比之下，每年领取开化纸只有 2、3 千张，说明连四纸的用度很大，适合缮写、刷印和装潢之用，而即便在内府刻书高峰期的乾隆朝，开化纸需求量则要小得多。

其二，档案显示，宫中各处用纸类型种类繁多，包括高丽纸、黄高丽纸、泾县榜纸、白榜纸、半五折白榜纸、黄榜纸、五折黄榜纸、红榜纸、蓝榜纸、开化榜纸、半呈文纸、连四纸，等等，但并不是所有的纸张都适合刷印之用。例如泾县榜纸（又称金线榜纸）一般只用于缮写实录、圣训正本，不用于刷印书籍。

开化榜纸与开化纸是什么关系呢？首先我们要了解榜纸与普通纸张的区别。榜纸一般用于科举发榜、官府告示之用纸。明永乐中，江西西山置官局造纸，其中就有"榜纸"一项，其纸有如今宣纸中之八尺、丈二、丈六一类之最大规格者。明代文震亨《长物志》载："国朝连七、观音、奏本、榜纸，俱不佳。"[①] 据《顾廷龙日记》1940 年 3 月 12 日记载，张元济曾对顾廷龙说："昔时开化纸之稍粗者，书估谓之榜纸……开化纸为写榜之用，故名之曰开化榜。"[②] 开化榜纸（厚纸）、开化纸（薄纸）是同一种纸张，开化榜纸较厚，尺寸较大，用于发榜之用。

从档案中，我们也可以找到直接佐证。乾隆十六年（1751）四月二十五日，傅恒等人奏报户部三月分给发颜料纸张目数量称："钦

---

① （明）文震亨：《长物志校注》，江苏科学技术出版社 1984 年版，第 60 页。
② 《顾廷龙日记》1940 年 3 月 12 日，转引自沈津《书林物语》，上海辞书出版社 2011 年版，第 95 页。

天监取办造乾隆壬申年《时宪书》应用开化榜纸八千一百五十四张、竹料呈文纸四十四万二千三十九张五分。"① 而查乾隆三十年（1765）七月，礼部为裁减各衙门《时宪书》又称："钦天监印造《时宪书》，向来分为三项：开化纸大板《七政》《时宪》各书，系供奉大内及分颁各王公等；呈文纸官板《七政》《时宪》各书，系分颁大臣官员；台连纸小板，只有汉字《时宪书》一项，系分给各衙门及奉天、顺天各属公用。"② 可知，钦天监刻印《时宪书》所用的纸张中，开化榜纸实际就是开化纸。

因此，我们可以判断开化榜纸与开化纸属于同一种纸张。前引4则档案都同时出现了开化榜纸和连四纸，如乾隆五十三年（1788）领取"开化榜纸三千零八十四张、连四纸二万四千八百三十三张"③。开化纸与连四纸在清宫档案中分别是指不同类型的纸张。清代殿本常用的纸张是连四纸，不是开化纸。

值得一提的是，有人认为刷印殿本的连四纸、太史连纸、连史纸是同一种纸张，这三种纸张确实彼此容易混淆，也需要再作辨析。在清代宫中用纸档案中，屡见有连四纸、太史连纸、连史纸同时出现的记载。康熙六十一年（1722）十一月档案载："五月初十日奉旨：发下大数表一套，小数表一套，著照式刊刻完日刷印连四纸各二十套，太史连纸各八十套。今装钉大数表连四纸、太史连纸各六套，小数表连四纸、太史连纸各六套，先呈御览。其余大小数表一百七十六套，并书板，明年正月方能全缴。谨此奏闻。十二月二十日奉旨：著交养心殿。"④ 档案同时出现连四纸、太史连纸，证明二

---

① 《户部为三月分给发颜料纸张等项数目事》，乾隆十六年，台湾史语所藏内阁大库档案，登录号：019860-001。

② 《礼部为裁减各衙门时宪书由》，乾隆三十年，台湾史语所藏内阁大库档案，登录号：102355-001。

③ 中国第一历史档案馆藏军机处档案，乾隆五十三年，档案号：02-01-04-17548。

④ 《清内府刻书档案史料汇编》第1册，第85页。

者是不同类型的纸张。乾隆四年（1739）六月，总管内务府为奏销刊刻《朱批谕旨》钱粮事奏称：

> 共用过太史连纸五十九刀十七张，内除旧存太史连纸四十六刀七十三张，买太史连纸十二刀二十张，每刀价银六分，用银七钱二分。共用过连史纸五百八十三篓十刀二十七张，内除旧存连史纸一篓六刀七十二张四页，买连史纸五百八十二篓，每篓价银八两四钱，用银四千八百八十八两八钱。买用过徽墨三百二十一斤，每斤价银三千六分。①

内务府的这一奏议中同时出现了太史连纸和连史纸，且所需价银并不一样，说明二者并非同一种纸张。

二 殿本所用纸张类型及工价

（一）殿本用纸类型

据张秀民的考察，清代内府刻书多用棉榜纸、抬连纸、连七纸、黄榜纸、白本纸、毛边纸等②。而据清宫档案所载，用于刷印内府书籍的纸张实际名目更为繁多，常见的有：清水连四纸、川连纸、太史连纸、棉连四纸、榜纸、宣纸、竹纸、薄棉连四纸、西洋纸、将乐纸、乐文纸、棉纸、罗纹纸、抬连纸、白棉榜纸、高丽皮纸、毛头纸，等等。下文列举几种特殊类型的殿本用纸。

清宫档案中有以罗纹纸印刷殿本的记载，康熙五十六年（1717）刊刻完竣的殿本《御纂性理精义》曾以此纸刷印。康熙五十六年五月二十六日，武英殿总监造李国屏奏称太监苏牌胜交来罗纹纸14000张。康熙帝传旨：此纸用于印书。"查得御纂《性理精义》第十卷

---

① 《总管内务府为奏销钱粮事》，乾隆四年，台湾史语所藏内阁大库档案，登录号：179180－001。

② 张秀民著，韩琦增订：《中国印刷史》，第527页。

第六章　武英殿修书处刊印殿本特征与著录订误　375

第十七页内有讲地理一节，既然尚未定稿，除将此暂不刷印外，他版均刊刻完竣。刷印此一套需罗纹纸六十张。再，宋版《四书》依模刻版亦将刻竣，刷印此一套需罗纹纸一百四十张。"李国屏请旨此二种书各刷印几套。① 康熙帝朱批：两种各刷印十套。

档案中也有用西洋纸等特殊纸张刷印殿本的记载。康熙五十二年（1713）七月初八日，武英殿总监造和素、李国屏奏称：

> 印刷完竣《御制避暑山庄诗》……查得，养心殿存有西洋纸二万五千九百余张，其中有可印书之薄纸一万八千一百四十张，故将养心殿收藏之西洋纸取来，发绉之处弄平，交与专门善于印刷之领催、工匠，印刷一部。②

由上述档案可知，康熙朝曾以西洋纸印刷过《御制避暑山庄诗》，可惜此版本现已无存。康熙五十一年（1712）七月十三日，武英殿监造官和素、李国屏奏称：

> 本月十日查奏《四书》《书经》《易经解义》之汉文十二日夜到。奉旨：此等书应以薄纸刷之。议奏。钦此。钦遵。臣等将满文《四书》《书经》《易经解义》于竹制纸上量之，两边不够，故于清水连四纸上每种各刷五十部。汉文四书、书经、易经解义于川连纸上量之，两边无裁边之份，若用太史连纸才够。故汉文《四书》《书经》《易经解义》用太史连纸，每种欲各刷五十部。此种板既然翰林院有，即交付翰林院刷之。于经板库查得满文诗经板上拟用清水连四纸刷五十部。③

---

① 《清内府刻书档案史料汇编》，第 82 页。
② 同上书，第 54 页。
③ 同上书，第 30 页。

该则档案出现了刷印殿本的主要纸张，分别是竹制纸、清水连四纸、川连纸、太史连纸四种纸张类型。康熙帝谕旨说刷印书籍用薄纸，说明四种纸张都属于薄纸一类，与纸张较厚的棉纸区分开来。

关于刷印殿本用纸规格，已形成定例。道光二十年的修书处报销档案载：

> 《上谕武臣》《上论朋党论》《上论州县》《上谕劝农》《上论军林训要》：黄榜纸四篇，合大纸一张。……《资政要览》（汉、清）、《清孝经》《大数表折》：连四纸六篇，合纸一张；小数表折：连四纸八篇，合纸一张；……《保胎经》《龙藏会集》《子史精华》：连四纸六篇，合纸一张；《五朝圣训》《周易本义》《军卫道里表》《祭祀条例》《八旗通志》（清汉）、《督捕则例》……十五种，三篇合连四纸一张，六篇合榜纸一张。……袖珍《五经四书》、袖珍《苏诗》、袖珍《网目》、袖珍《春明梦余录》。袖珍《朱子》、袖珍《初学记》、袖珍（史记）、袖珍《类函》、袖珍《四书易经》：十种小书，十五篇，合连四纸一张；三篇，合川连纸一张。书写《清文鉴》《文献通考纪要》《训饬州县规条》《悦心集》《日知荟说》《执中成宪》……以上一百二十六种，进呈连四纸书六篇，合大纸一张。颁发太史连纸书二篇，合大纸一张，五折榜纸随式样用。①

可以看出，100 余种殿本所用的纸张主要是连四纸、榜纸及太史连纸等纸张。上述档案还揭示了各种殿本刷印时裁切纸张的规格，如刷印《子史精华》用连四纸六篇，合纸一张。实际上，修书处也有同时用两种不同纸张刷印殿本的情况，例如古香斋袖珍版十种，

---

① 道光二十年武英殿修书处报销档案《武英殿修书处写刻刷印工价并颜料纸张定例》，国家图书馆藏。

第六章　武英殿修书处刊印殿本特征与著录订误　377

曾分别用连四纸和川连纸刷印。

（二）刷印殿本纸张用料及工价

武英殿修书处刷印殿本的纸张或由内务府代为采买，或由修书处自行购买。道光二十年《武英殿修书处写刻刷印工价并颜料纸张定例》记载了常用各类缮写、刷印用纸的名称和价格：

> 双料连四纸，每刀价银一两三钱五分。（旧价银一两二钱，入过黄册奏过）。太史连纸，每篓价银三两二钱。（旧价银二两八钱，呈过堂呈增过价银四钱，办入过黄册奏过）查连纸，每篓价银一两三钱。网连纸，每篓价银一两四钱五分。蒋罗纸，每篓价银二两五钱。竹客连四纸，每刀价银五钱。白裱纸，每张价银一厘二毫。（旧价银一厘一毫，入过黄册奏过）濑金黄软笺纸，每张价银八分。黄笺纸，每张银一分六厘。黄软笺纸，每张银四分。粉红软笺纸，每张银三分。南砂纸，每张银一厘五奄。古色毛边纸，每张银一分。……南矾连四纸，每张价银一分五厘。川连纸，每篓价银二两五钱。……棉连四纸，每刀价银六钱。①

刷印一套或若干套殿本书籍所需纸张是多少呢？武英殿修书处堂行档提及了一些细节。道光十三年（1833）武英殿修书处官员等呈为行取纸张事称：

> 本处刷印存库《钦定逆裔方略》榜纸书二十部，共计书身小页四万四千六百二十页，一成六废计，八百本连付页通共计五万四千九百五十九页，六页合纸一张，共合五折榜纸九千一百五十九张。又刷印存库《日下旧闻考》五十部，共计书身小

---

① 道光二十年武英殿修书处报销档案《武英殿修书处写刻刷印工价并颜料纸张定例》，国家图书馆藏。

页十八万六百五十页，一成六废计，二千本连付页通共计二十一万七千五百五十四页，八页合纸一张，共合五折榜纸二万七千一百九十四张，通共合用纸三万六千三百五十三张。理合呈明相应咨行广储司，照数发给可也。①

上述档案有两点需要注意：其一，用于刷印的纸张并非完全用上，其中有一成六的废页，因此修书处向广储司行取纸张时把预计的废纸计算在内。其二，修书处行取得纸张除了用于刷印正文外，其中部分作付页（即扉页），作为护书之用。

武英殿修书处的常年用纸量浩大，仅仅道光年间一次刷印 6 种书籍，所用榜纸数量已近 10 万张。据道光十六年（1836）修书处官员等呈为行取纸张事记载：

本处为刷印存库《皇清文颖续编》《合璧四书》《合璧诗经》《合璧书经》《合璧易经》，榜纸书各五十部，共计小页五十五万三千六百七十页，八页合纸一张，共合五折榜纸六万九千二百九张。又刷印《全注诗韵》二千本，计小页四十一万八千六百四十页，十六页合纸一张，共合五折榜纸二万六千一百六十五张。以上通共合五折榜纸九万五千三百七十四张，相应呈明径行户部颜料库领取应用。②

即便是用于刷印殿本的草样，所费纸张亦相当可观。道光十六年，刷印《对音字式》草样二份、合璧《诗经》《书经》《易经》《四书》草样二份、《文颖草样》一份，共计小页 10386 页，二页合

---

① 《清宫武英殿修书处档案》第 2 册，辰字五号，武英殿修书处官员等呈为行取纸张事，第 649 页。

② 《清宫武英殿修书处档案》第 2 册，戌字四号，道光十六年堂行档，第 708 页。

纸一张，共需台连纸 5193 丈①。

校刊翰林处负责缮写宋字板样，以道光年间补刊《二十四史》为例，用纸颇多，合计预备缮写宋字板样，刷印太史连纸红格 18000 页，二成废计，废页 3600 页，共 614 本，每本付页二页，计付页 1228 页，共计小页 22828 页，每二页合纸一张，共合太史连纸 11414 张②。

第三节　殿本书目著录订误

近现代以来，著录清代殿本的书目颇多。1933 年，陶湘编有《清代殿板书目》《武英殿聚珍板书目》《武英殿袖珍板书目》。1933 年 3 月故宫博物院图书馆出版《故宫所藏殿板书目》③，1933 年 5 月，陶湘整理出版了南迁后的殿本书库目录重编本《故宫殿本书库现存目》④。以上书目编制于 20 世纪 30 年代前后，著录较早，且皆为陶湘主持编订，著录版本等项虽然详略有别，但大致相同。1983 年台北故宫博物院所编《"国立"故宫博物院善本旧籍目录》⑤。1995 年，北京故宫博物院和辽宁省图书馆联合编纂了《清代内府刻书目录解题》⑥，著录殿本版本、著者、刊刻时间颇为详细，由于两岸故宫收藏殿本数量最多，且是公藏机构著录，较为权威，常被相关版本目录著作引

---

①《清宫武英殿修书处档案》第 2 册，已字二号，武英殿修书处官员等呈为行取纸张事，第 715—716 页。

②《清宫武英殿修书处档案》第 2 册，戌字一号，武英殿修书处官员等呈为行取纸张事，第 733—734 页。

③ 陶湘编：《故宫所藏殿板书目》，1933 年故宫博物院图书馆铅印本。

④ 陶湘编：《故宫殿本书库现存目》，1933 年故宫博物院图书馆铅印本。

⑤ 台北故宫博物院编：《"国立"故宫博物院善本旧籍目录》，"国立"故宫博物院 1983 年版。

⑥ 故宫博物院图书馆、辽宁省图书馆编：《清代内府刻书目录解题》，紫禁城出版社 1995 年版。

用。值得注意的是，由于存世殿本数量庞大，著录者难以全部目验查证，著录相关条目时往往依据早期目录，在从书目到书目的著录过程中，讹误之处较难避免。此外，殿本实物本身常常没有精确的版本信息（如刻竣时间、刊刻机构），给殿本版本鉴定带来了很大的困难。近些年来，随着修书处档案、内阁大库档案等丰富刻书史料的出版或者公开，使我们有条件对以往的殿本书目著录进行重新检讨，补充或者纠正部分著录条目。

通过爬梳文献档案及考察殿本实物，发现以往殿本书目著录存在不少讹误之处，这些讹误可大致分为刊刻者讹误和刻竣时间讹误两种类型。经过笔者的考证，现有书目著录殿本讹误者达48种，其中刊刻者讹误21种（包括刊刻者讹误为武英殿和殿本讹误为他本），刻竣时间讹误者27种（满汉文各算作1种）。

一 刊刻者著录讹误

前文界定了殿本的概念范畴，认为殿本专指康熙十九年武英殿修书处成立后在武英殿刊刻、装潢的内府书籍。但在现有殿本书目著录中，有两种现象值得注意：一是部分殿本书目把康熙十九年以前的内府刻本著录为殿本，如陶湘编《清代殿板书目》把顺治朝内府刻本16种全部列入书目之中，事实上武英殿修书处于康熙十九年十一月才正式成立，机构未成立以前不应称作殿本。二是部分殿本书目把地方督抚或大臣刊刻进呈内廷的书籍视作殿本，这一做法尚可讨论。下文借助文献档案，对将刊刻机构误为武英殿及地方督抚进呈本进行逐一考辨。

（一）《日讲四书解义》等3种殿本刊刻机构为翰林院而非武英殿

康熙十六年刊刻的满汉文刻本《日讲四书解义》26卷、康熙十九年刊刻的满汉文刻本《日讲书经解义》13卷以及康熙二十二年刊刻的满汉文刻本《日讲易经解义》18卷，皆属康熙朝早期刊刻的经筵日讲类内府典籍。《故宫殿本书库现存目》《清代殿板书目》和台北故宫所编《"国立"故宫博物院善本旧籍总目》①均著录为武英殿刻本，但缺乏可靠依据。实际上，仔细查考这几种刻本的序跋情况，特别是核诸档案记载，可判断三书的刊刻机构皆非武英殿而是翰林院。

1.《日讲四书解义》26卷。《日讲四书解义》为康熙帝敕命大臣喇沙哩、陈廷敬等人编撰，前有康熙十六年（1677）十二月初八日御制序，其后有总裁官喇沙哩、陈廷敬的《日讲四书解义进呈疏》，说明了纂修缘由，其中涉及了该书的刊刻情况：

> 经筵日讲起居注官翰林院掌院学士兼礼部侍郎加一级教习庶吉士臣喇沙里、经筵日讲起居注官翰林院掌院学士兼礼部侍郎教习庶吉士臣陈廷敬题为进呈刊完《日讲四书解义》，仰祈圣鉴事。臣等于康熙十六年三月十三日恭侍弘德殿进讲蒙皇上面谕，《四书讲章》应行刊刻，钦此。……康熙十六年十二月十八日题，本月二十日奉旨：经史有关政治，义蕴弘深，朕朝夕讲究，勉求贯通，讲幄诸臣殚心阐发，允裨典学，这所进讲章，著留览。该衙门知道。②

准确地说，这篇疏文应是《日讲书经解义》刊刻完毕后向康熙帝的汇报奏疏。喇沙哩和陈廷敬皆是既负责编纂事宜，又是负责刊刻的大臣，他们共同的身份是翰林院掌院学士兼礼部侍郎，疏文转引康熙十六年康熙帝的面谕"《四书讲章》应行刊刻"，这里所说的《四书讲章》即指《日讲四书解义》，实际上康熙帝此时下令总裁官将其刊刻颁发。据档案记载，康熙十八年（1679）十二月原任兵部

---

① 《"国立"故宫博物院善本旧籍总目》上册，第142页。
② （清）喇沙哩、陈廷敬：《日讲四书解义进呈疏》，载康熙刻本《日讲四书解义》卷前。

督捕右侍郎章云鹭奏"翰林院传领钦颁《日讲四书解义》一部到臣"①，证明了当时负责刊刻《日讲四书解义》的机构是翰林院。喇沙哩和陈廷敬均为翰林院掌院学士，是翰林院的负责人。《清圣祖实录》载，康熙十六年十二月二十日："翰林院掌院学士喇沙哩等，以刊刻《日讲四书解义》进呈。得旨：经史有关政治，义蕴弘深。朕朝夕讲究，勉求贯通，讲幄诸臣，殚心阐发，允裨典学。所进讲章留览。"② 由此看来，翰林院是《日讲四书解义》的刊刻机构，即康熙帝所说的"该衙门"，与武英殿修书处并无关系，该书不能视作殿本。

2. 《日讲书经解义》13卷。《日讲书经解义》由库勒纳、叶方蔼等编纂，前有康熙帝《御制日讲书经解义序》，序文称："朕万几余暇，读四代之书，惕若恐惧，爰命儒臣取汉宋以来诸家之说，荟萃折衷，著为讲义一十三卷，逐日进讲，兹特加锓梓，颁示臣民。"落款为康熙十九年（1680）四月十二日，说明该书刊刻时间当在康熙十九年，该年恰恰是武英殿修书处成立之时。如果其被判定为殿本，则《日讲书经解义》应是武英殿刊刻最早的殿本之一。但事实是否如此呢？虽然康熙帝在御制序中并未明确指明在何处刊刻，但编纂总裁官库勒纳、叶方蔼的《日讲书经解义进呈疏》则有明确的说法："为进呈刊完《日讲书经解义》，仰祈圣鉴事。臣等于康熙十七年二月初一日奉旨：尔衙门《四书讲章》刊完，可即将《书经讲章》刊刻……《日讲四书解义》刊刻告成，普赐臣工，颁行中外……著刊刻颁行。该衙门知道。"这里有两处值得注意，一是说明康熙十七年二月康熙谕旨"尔衙门《四书讲章》刊完，可即将《书经讲章》刊刻"，联系上下文，这里所说的"尔衙门"是指库勒纳、叶方蔼所在的衙门翰林院，二人同为翰林院掌院学士，康熙帝的指

---

① 《原任兵部督捕右侍郎为颁赐日讲四书解义谢恩事》，台湾史语所藏内阁大库档案，登录号：009085-001。

② 《清圣祖实录》卷70，康熙十六年十二月二十日。

示是"尔衙门"翰林院刊刻完"四书讲章"(即《日讲四书解义》),继续刊刻《书经讲章》(即《日讲书经解义》)。值得一提的是,康熙十七年二月《日讲四书解义》即将告成,如果按照刊刻完毕的时间计算,《日讲四书解义》准确的刊刻时间是康熙十七年而非学界通常著录的康熙十六年,以往著录所依据的是康熙御制序的落款时间,实际上御制序文的时间与书籍刊刻告成时间有一定的时间差,这也提醒我们考察内府刻本刊刻时间时不能仅仅依据御制序文,而需综合查考进呈表等多种文献资料,才能得出可靠的结论。此外,康熙帝谕旨将《日讲四书解义》"著刊刻颁行。该衙门知道。"这里也明确指明了翰林院衙门负责《日讲四书解义》刊刻事宜。《清实录》记载了满汉文《日讲四书解义》的颁发情况,康熙十九年十一月十九日:"赐诸王、贝勒、贝子、公、内大臣、都统以下,阿思哈尼哈番以上,并满大学士、学士、九卿、詹事、国子监祭酒等官清文《日讲书经解义》各一部。"① 康熙十九年十二月初二日,赐汉大学士、学士、九卿、詹事、国子监祭酒等官汉文《日讲书经解义》各一部。② 可见,当时的刊印《日讲书经解义》数量为数不少,但当时的刊刻机构据档案应为翰林院,武英殿修书处成立之初刊印能力相当有限。

3.《日讲易经解义》18卷。《日讲易经解义》由翰林院掌院学士牛钮、孙在丰等人编纂,他们奏进的《日讲四书解义进呈疏》提到:"为进呈刊完《日讲易经解义》,仰祈圣鉴事。臣等于康熙十九年三月十九日奉旨:《易经讲章》应行刊刻。……康熙二十三年四月二十日题,本月二十二日奉旨:著即颁行。该衙门知道。"这篇疏文与前引《日讲四书解义》《日讲书经解义》前附疏文内容非常接近,指明刊刻机构为翰林院。根据该疏,《日讲易经解义》开始刊刻的时间为康熙十九年,至康熙二十三年才刊刻完毕,予以颁行,以往诸

---

① 《清圣祖实录》卷93,康熙十九年十一月十九日。
② 《清圣祖实录》卷93,康熙十九年十二月初二日。

家书目著录为康熙二十二年刻成,时间存在一定误差,应予订正。康熙二十四年(1685)四月八日翰林院议覆:"左副都御史胡升猷疏请刊刻经筵讲义,颁示中外,应如所请。乞敕下讲幄诸臣纂辑满汉讲义进呈。恭请御制序文,以弁其端。从之。"①

笔者还找到了一则关键性档案记载。康熙五十一年六月二十九日由武英殿监造官和素、李国屏清查翰林院是否存留《四书五经稽疑》一书称:"《四书五经稽疑》,命于翰林院查之。署理翰林院衙门事务侍读学士沙哈布称,我院现只有已译每日讲用之《四书解义》二部,无汉文书。此外,再无装完印刷之《四书》《五经》,只有《易经》《书经》《四书讲章》满汉文,其余经板亦无。……《易经》《书经》《四书》讲章皆为重要之书,内廷既然不多,故交付翰林院衙门,每种各刷二十部。"② 这里所说的"《易经》《书经》《四书》讲章"即指《日讲易经解义》《日讲书经解义》《日讲四书解义》。该档案显示,翰林院存有满汉文诸书板片,康熙帝考虑到"皆为重要之书,内廷既然不多",谕旨"故交付翰林院衙门,每种各刷二十部",可见翰林院是负责刊刻满汉文《日讲易经解义》《日讲书经解义》《日讲四书解义》的刻书机构。

《清内府刻书档案史料汇编》著录了康熙五十一年武英殿监造官和素、李国屏的另一奏折,可以进一步论证笔者的判断。

(康熙五十一年十月)查奏《四书》《书经》《易经解义》之汉文十二日夜到。奉旨:此等书应以薄纸刷之。议奏。钦此。钦遵。臣等将满文《四书》《书经》《易经解义》于竹制纸上量之,两边不够,故于清水连四纸上每种各刷五十部。汉文《四书》《书经》《易经解义》于川连纸上量之,两边无裁边之份,若用太史连纸才够。故汉文《四书》《书经》《易经解义》用太

---

① 《清圣祖实录》卷120,康熙二十四年四月八日。
② 《清内府刻书档案史料汇编》,第30页。

史连纸，每种欲各刷五十部。此种板既然翰林院有，即交付翰林院刷之。①

上述档案透露了几点重要信息：其一，奏折所称满汉文"四书、书经、易经解义"应即指康熙初年刊刻的满汉文《日讲四书解义》《日讲书经解义》《日讲易经解义》，均刷印于康熙二十三年以前，和素、李国屏查明当时的板片情况，查询结果是"此种板既然翰林院有，即交付翰林院刷之"，也就是说当时即为翰林院所刊刻，板片留存在翰林院，这是翰林院刷印《日讲四书解义》《日讲书经解义》《日讲易经解义》的重要档案证据；其二，该奏折也揭示，康熙五十一年曾重新刷印这几种书籍，其中汉文本继续交由翰林院以太史连纸重印各 50 部，满文本则交由武英殿重印，以清水连四纸各刷印 50 部，因此康熙五十一年满文本《日讲四书解义》《日讲书经解义》《日讲易经解义》也应计入殿本中。

综上，刊刻于康熙早期的满汉文《日讲四书解义》《日讲书经解义》《日讲易经解义》6 种内府刻本皆非武英殿刻本而是翰林院刻本，统计殿本时应予剔除。

（二）《孝经衍义》刊刻机构为翰林院而非武英殿

以往学界对于清代翰林院刻书职能未曾措意，并没有将其纳入内府刻书机构之中，实际上，翰林院在清初刊刻了不少内府重要典籍，除了《日讲四书解义》《日讲书经解义》《日讲易经解义》外，还有康熙三十年刊刻的《孝经衍义》。

《孝经衍义》一般被著录为内府刻书，但究竟是哪个内府机构所刻，一直模糊不清。考察该书卷前进呈表及所录奏疏，可证明它也是翰林院刻本。书前有康熙帝《御制孝经衍义序》，谓"书成凡一百卷镂版颁行，并制叙言，冠于简端"，落款时间为康熙二十九年四月二十四日。查考该书进呈表，总裁官经筵讲官翰林院学士叶方蔼、

---

① 《清内府刻书档案史料汇编》，第 30 页。

翰林院学士张英、翰林院侍讲韩菼等康熙二十一年三月奏疏，"于康熙十六年正月二十一日同学士臣张英奉旨充《孝经衍义》总裁，兹者侍讲臣韩菼纂修次第告竣，臣方蔼与臣英校对改正讫"。由此可知，该书开始编纂于康熙十六年正月二十一日，刊刻告竣于康熙二十一年三月。普林斯顿大学图书馆藏有该书的手写底本，御制序落款也标注为康熙二十一年。康熙三十年六月初七日，礼部奏折称："康熙三十年五月十五日准礼部咨为请旨事，仪制清吏司案呈，奉本部送准翰林院咨称，本衙门题请《孝经衍义》已经刊刻刷印完毕。查得先经臣衙门题覆台臣孙锡龄疏内，将《孝经衍义》刊刻刷印，颁发学校等因题请。奉旨：依议。钦此。钦遵在案。相应将刷印已完《孝经衍义》交与礼部，给与直隶各省巡抚学校并用几部进呈，于康熙三十年三月二十七日绿头签题请，本日奉旨：依议。著进呈二十二部，钦此。钦遵。发与直隶各省巡抚及奉天府丞《孝经衍义》共十九部。"这一奏折不仅是难得的内府刻书流通史料，也证明了《孝经衍义》确为翰林院刊刻，当时总计刷印了41部，其中进呈22部，颁发19部。刊刻时间也并非以往学界所认为的康熙二十九年而是康熙三十年，应予纠正。

（三）康熙朝臣工刊刻进呈本不能视作殿本

早期的武英殿修书处只是武英殿造办处的一个下属机构，虽然也刊刻书籍，但承刻能力有限，康熙帝将一些书籍交由曹寅等织造大臣刊刻印刷，如《全唐诗》《历代诗余》《历代题画诗类》《御批通鉴纲目》等，皆出自臣工输费承办，非武英殿修书处所初刻。

臣工自刻进呈本可以视作殿本吗？对于这一问题，应当参考清人的认识。乾隆三十九年（1774）五月十一日，履郡王永珹等奏酌拟存留修书处库贮各种书籍折称："自康熙年来臣工陆续奏进之书，向例不在通行之列。"① 由此可见在清廷看来，康熙年间臣工自刻进呈本不能与通行的殿本相混淆，亦即不能被视作殿本。

---

① 《纂修四库全书档案》，第207页。

第六章　武英殿修书处刊印殿本特征与著录订误　387

有学者认为康熙朝的进呈本是由臣工自行雕刻板片，完成后板片交由武英殿刊刻，因此也可以视作殿本。梳理档案记载，此说其实并不能成立。从档案看，康熙朝臣工进呈本所用板片多留在原处，而非贮存于武英殿。

1. 康熙五十四年刻本《御定历代纪事年表》。《"国立"故宫博物院善本旧籍总目》将此书著录为"清康熙五十四年武英殿刊本"①。翁连溪《清代内府刻书研究·清代内府刻书编年总目》比较谨慎，将其著录为"清康熙五十四年王之枢刻内府印本"，按其意该本为王之枢初次刊刻，其后又送呈内府刊刻。

《御定历代纪事年表》刻本前有康熙五十四年（1715）四月二十日康熙帝御制序，序文称："康熙四十四年朕南巡吴会，有儒生龚士炯进其所编《历代年表》若干卷，起陶唐而终于隋，朕惜其用心之勤而业未竟也。乃命侍郎周清、原内阁学士王之枢续之，讫于元至正之末，凡一百卷……翰林检讨马豫锓板告竣。"康熙五十年正月二十二日奉旨开载的纂修官职名中，列名为纂修官的是"内阁学士兼礼部侍郎王之枢、工部右侍郎周清原"，校刊官为"翰林院检讨马豫"。王之枢所撰的《历代纪事年表进呈表》明确指出："侍郎臣周清原奉纂之时，事方殷而身忽逝……以斯书授臣编集……许臣家居而设局清原，子监生臣嘉桢分襄铅椠，臣子教习臣会附订鲁鱼，且翰林臣马豫既司雠校于西清，复董枣梨于南省。"可见，《御定历代纪事年表》由地方官员马豫等人自行刊印。

除了殿本实物本身的信息外，康熙朝档案也可以加以佐证。康熙五十年（1711）七月二十六日武英殿总监造和素奏称："本月二十四日，原内阁学士守制王之枢遣其修书监生周家珍，送所撰宋神宗至宋高宗《历代纪事年表》六卷，公孙家原稿一卷，并奏书汉字折一道，请安折一道前来。"②康熙五十年七月十一日，武英殿总监

---

① 《"国立"故宫博物院善本旧籍总目》上册，第218页。
② 《清内府刻书档案史料汇编》第1册，第15页。

造官和素又奏："庶吉士马毅、其弟检讨马瑜所刻印《历代年表》二套、十卷，底稿二套、十卷，马瑜奏折一道，一并送来，今年五月初十具奏。本月十一巳时，随报驳回。即恭阅之，看出二套十卷错处，夹签共七十五。将此除召马毅照签更改外，为此谨具折奏闻。"① 康熙五十一年八月初一日，"翰林马义、弟马羽等刻完之《历代集诗年表》三函二十二卷，底子三函二十二卷，其汉文奏折一，业经送至，一并恭奏以闻"②。以上档案所出现的"马瑜""马羽"为满文转写，其实就是翰林院检讨马豫。根据上述档案，可证明该书是由王之枢续编，翰林检讨马豫在南方刊刻，而非送交内府刊刻。由此，我们可以判定《历代纪事年表》当为康熙五十四年马豫刻进呈本而不是武英殿刻本。

2.《御批资治通鉴纲目续编》。该书原为康熙年间宋荦奉敕校刊进呈本，从文献档案看，康熙朝刊印《御批资治通鉴纲目续编》的板片存留在苏州织造衙门，并未立即进呈内府。乾隆四十八年（1709）二月三日谕军机大臣称：

> 原任吏部尚书宋荦校刊《通鉴纲目续编》。前经谕令李世杰转饬地方官，向其家子孙查明原板，解交武英殿。兹据李世杰覆奏伊家并无存留板片。宋荦曾任江苏巡抚，其《通鉴纲目续编》一书，或即在苏州刊刻，存留该处，亦未可知。著传谕闵鹗元即饬属查明是书板片解京。③

《通鉴纲目续编》即宋荦校刊进呈的《御批资治通鉴纲目全书》。乾隆四十八年四月初一日，宫中档载："查《通鉴纲目三编》全部均系前抚臣宋荦校刊，前织造李煦建有结草庵一所，向以书板

---

① 《清内府刻书档案史料汇编》第1册，第15页。
② 同上书，第33页。
③ 《清高宗实录》卷1174，乾隆四十八年二月三日。

皮置庵中，仍属织造衙门管理。"①

3. 嘉庆二十五年刻本《钦定明鉴》。有的殿本书目著录该书为"殿本"或者"扬州诗局进呈本"。实际上它是两淮盐政衙门刻本，其板片留存在衙门之内。嘉庆二十五年（1820）五月十六日，延丰奏为刊刻《钦定明鉴》将届告成请照旧例准许在事诸臣自行分印事称："蒙敕交两淮刊刻，遵经委员于嘉庆二十四年十一月内领到署。……锦套陈设本四十部，绸套赏赍本一百二十部。"② 道光元年，两淮盐政延丰奏为《明鉴》刊刻完竣装函进呈事："（钦定明鉴）一百二十部并将原发黄绫样本二十四卷一并委员恭赍呈缴，其板片钦遵谕旨，留存运库，听诸臣自备纸墨工价刷印，以广流传。"③《清宣宗实录》所载，可与之互相佐证。道光元年正月十七日："两淮盐政延丰奏，刊刻仁宗睿皇帝《钦定明鉴》完竣，遵奉朱谕：敬备陈设本四十部，赏本一百二十部。板片留存运库，以广流传。"④

（四）《万寿盛典初集》刊刻者为赵之垣而非武英殿

《万寿盛典初集》一般被视作殿本。《清代内府刻书目录解题》著录为"清康熙五十四至五十六年武英殿刻本"⑤，《"国立"故宫博物院善本旧籍总目》著录为"清康熙五十六年武英殿刊本"⑥。但据宫中档康熙朝奏折，康熙五十四年（1715）四月初八日两广总督赵弘灿奏称："恩准刊刻《万寿盛典》……《万寿盛典》纂辑书成，奴才长子赵之垣蒙授户部山西司员外郎，即具折奏请领书刊刻，蒙

---

① 《宫中档乾隆朝奏折》第55辑，第531页。
② 中国第一历史档案馆藏朱批奏折，乾隆四十八年，档案号：04-01-38-0026-013。
③ 中国第一历史档案馆藏朱批奏折，嘉庆二十五年，档案号：04-01-38-0030-027。
④ 《清宣宗实录》卷12，道光元年正月十七日。
⑤ 《清代内府刻书目录解题》，第133页。
⑥ 《"国立"故宫博物院善本旧籍总目》上册，第57页。

圣恩俞允寄书南来……惟训其书刻精工，细心校对，以小答殊恩于万一。"① 该书卷前载有康熙五十四年正月二十九日户部员外郎赵之垣进书奏折："《万寿盛典》一书已经告成，臣自愧无文未附讴歌于卷末，顾念留传不朽，应付枣梨。近见御制诸书多有恭请刊刻者。至愚极陋，未谙文理，郎署办事之余，校雠考对，或堪效力为此。不揣愚拙冒昧，奏请伏乞圣慈俯鉴微忱，准臣在寓开局，恭候颁发定本校对刊刻，次第进呈御览。"十月二十六日王奕清奏称："《盛典》六十卷业蒙皇上允户部员外臣赵之垣效力刊刻，尚有歌颂诗文六十卷，亦已选择钞录将成俟进呈之后，一并交与赵之垣刊刻。"是书卷末开列校刊者："总督广东广西等处地方军务兼理粮饷兵部右侍郎兼督察院右副都御史臣赵弘灿、总督管理直隶巡抚事务兵部右侍郎兼督察院右副都御史世袭一等精奇尼哈番臣赵弘燮、刑部云南清吏司郎中臣赵之垣谨校刊"，说明该书刊刻者是赵之垣等人，而非武英殿修书处。

（五）《钦定诗经传说汇纂》刊刻者为赵之垣而非武英殿

《钦定诗经传说汇纂》一般书目著录为"雍正五年武英殿刻本"或"雍正五年内府刻本"。如《"国立"故宫博物院善本旧籍总目》著录为"清雍正五年武英殿刊本"②。《清代内府刻书目录解题》则较为谨慎，著录为"清雍正五年内府刻本"③。但查阅刻书档案，该书实际上是赵之垣刊刻进呈本。雍正五年（1727）八月五日，大学士马齐奏称："雍正五年七月二十四日赵之垣刊刻《钦定诗经传说汇纂》书共二百二十二部，奉旨：绫套面页、棉纸书六十部，绢套纸面页、棉纸书四十部，锦套纸面页、棉纸书四十部，以上共一百四十部，交与大学士等应赏给何人之处议奏。"④ 《钦定诗经传说汇纂》

---

① 《宫中档康熙朝奏折》第 5 辑，第 410 页。
② 《"国立"故宫博物院善本旧籍总目》上册，台湾故宫博物院 1983 年版，第 57 页。
③ 《清代内府刻书目录解题》，第 40 页。
④ 《内阁大学士为赏给钦定诗经传说汇纂书事》，雍正五年八月五日，台湾史语所藏内阁大库档案，登录号：186225-001。

第六章　武英殿修书处刊印殿本特征与著录订误　391

的刊刻者是赵之垣。

（六）《钦定书经传说汇纂》刊刻者为赵之采而非武英殿

《钦定书经传说汇纂》一般著录为"雍正八年武英殿刻本"或"雍正八年内府刻本"。如《"国立"故宫博物院善本旧籍总目》著录为"清雍正八年武英殿刊本"①。《清代内府刻书目录解题》则较为谨慎的著录为"清雍正八年内府刻本"②。但查阅档案，该书实际是赵之采刊刻进呈本。雍正九年（1731）二月初八日，内阁大学士马尔赛等奏称："据武英殿交到赵之采刊成《钦定书经传说汇纂》一百四十部。"③前引档案中"诗经"即指雍正五年赵之垣进呈本《钦定诗经传说汇纂》。《钦定书经传说汇纂》由与赵之垣同族的赵之采刊刻进呈，并非武英殿所刻。

（七）《朱批谕旨》刊刻机构为上谕馆而非武英殿

雍正至乾隆朝陆续刊刻成书的朱墨套印本《朱批谕旨》一般认为是武英殿刻本，《"国立"故宫博物院善本旧籍总目》著录为"清雍正间武英殿刊朱墨套印本"④。查阅档案可知，《朱批谕旨》实为当时特设的南熏殿上谕馆而非武英殿刊刻，刊刻告竣时间为乾隆四年而非雍正年间。刻成后，板片交由武英殿管理。乾隆四年（1739）六月二十八日，总管内务府为刊刻朱批谕旨事："查南熏殿上谕馆自雍正十年十月二十日奉世宗宪皇帝谕旨，南熏殿改为上谕馆，刊刻《朱批谕旨》。"⑤南熏殿上谕馆刊刻上谕而设，乾隆四年撤销，其后这些谕旨才交由武英殿刊刻。

---

① 《"国立"故宫博物院善本旧籍总目》上册，第44页。
② 《清代内府刻书目录解题》，第39页。
③ 《内阁大学士马尔赛为颁发书经事》，雍正九年，台湾史语所藏内阁大库档案，登录号：186201-001。
④ 《"国立"故宫博物院善本旧籍总目》上册，台北故宫博物院1983年版，第295页。
⑤ 《总管内务府为刊刻朱批谕旨事》，乾隆四年六月二十八日，台湾史语所藏内阁大库档案，登录号：145129-001。

（八）《御制味余书室全集》《清仁宗御制诗》等书刊刻者为张师诚而非武英殿

嘉庆朝袖珍本《御制味余书室全集》《清仁宗御制诗》初集、二集，以及《清仁宗御制文》初集、二集三种嘉庆帝诗文集一般被视作武英殿刊印的袖珍本。例如，《清代内府刻书目录解题》著录《味余书室全集定本》："清嘉庆五年武英殿刻袖珍本"①；《"国立"故宫博物院善本旧籍总目》亦著录为"清嘉庆五年武英殿刊袖珍本"②。《清仁宗御制诗》初集48卷目录6卷二集64卷目录8卷③，《清代内府刻书目录解题》著录为"嘉庆八年、十六年武英殿刻袖珍本"④，《"国立"故宫博物院善本旧籍总目》著录与此一致⑤。《清仁宗御制文》初集10卷二集14卷，《清代内府刻书目录解题》著录为"清嘉庆十年、二十年武英殿刻袖珍本"⑥，《"国立"故宫博物院善本旧籍总目》亦有相同著录⑦。

根据档案，上述三种袖珍本其实为张师诚刊刻进呈本，并非武英殿刊本。嘉庆十年（1805），江苏布政使张师诚奏为恭刻《御制诗初集》宋体字袖珍本款式请照《御制味余书室全集》袖珍本划一一事称："臣前经面奏恳请恭刻《御制味余书室全集》袖珍本，仰蒙俞允。臣现在敬谨校刊，兹又蒙恩赏臣《御制诗初集》，谨恳一并恭刻宋体字袖珍本，以备圣驾行舆披览。"⑧ 嘉庆十年（1805）九月初一日，张师诚奏报了刻书进度："窃臣在山西藩司任内，于嘉庆六年

---

① 《清代内府刻书目录解题》，第431页。
② 《"国立"故宫博物院善本旧籍总目》下册，第1174页。
③ 张师诚书后跋云："癸亥（嘉庆八年）以前八年为初集，复以甲子（嘉庆九年）迄辛未（嘉庆十六年）八年为二集。"
④ 《清代内府刻书目录解题》，第433页。
⑤ 《"国立"故宫博物院善本旧籍总目》下册，第1175页。
⑥ 《清代内府刻书目录解题》，第433页。
⑦ 《"国立"故宫博物院善本旧籍总目》下册，第1174页。
⑧ 中国第一历史档案馆藏朱批奏折，嘉庆十年，档案号：04-01-38-0026-018。

蒙恩赐《味余书室全集定本》，九年六月进京陛见面奏，恳请恭刻袖珍本，以备艺苑珍藏，仰邀俞允，奉旨令赵秉冲拟就程序进呈钦定，并蒙颁发御笔另缮序诗各一篇，臣回晋之后复蒙恩赐御制诗初集，又经奏恳一并恭刻袖珍本，亦蒙恩准……遵即慎付剞劂，敬谨校刊。兹已工竣，谨各撰跋语，附刊于后。……臣谨专差恭赍两集袖珍本陈设各二十部，备赏各八十部，随折进呈御览。"① 张师诚请林则徐代作的《恭刻御制诗二集袖珍本进呈折》称："恭刻《御制诗二集》袖珍本告成……臣前蒙恩赏《御制诗二集》，跪诵寻绎，悦慕难名。当经附片奏请恭刻袖珍本，以广训行。仰荷恩俞，莫名荣怍。随即敬谨缮校……谨专差恭赍《御制诗二集》袖珍本陈设若干部、备赏若干部，随折敬呈御览。"② 可见，此书当为张师诚刊刻进呈本。

除了以上诸书外，嘉庆《御制全史诗》也由张师诚刊刻进呈，不能视作殿本。是书64卷首2卷，为嘉庆帝读史吟咏之作，张师诚作注，前有御制序，嘉庆十六年（1811）张师诚奏折及进书表文，后有庆桂及张师诚等人跋文。《清代内府刻书目录解题》著录《御制全史诗》为："清嘉庆十八年武英殿刻本。"③ 台湾《"国立"故宫博物院善本旧籍总目》下册则著录为"嘉庆十六年武英殿刊本"④。根据内府档案，以上两种著录均不准确。《御制全史诗》其实是嘉庆十七年（1812）张师诚刊刻进呈本，而非殿本。嘉庆十六年十月初三日，福建巡抚张师诚奏为恭注恭疏《御制全史诗》告竣呈览请钦定发下刊刻事称："恭候钦定发下，即当敬谨刊刻。"嘉庆帝朱批："缮校既毕，即行刊刻，明岁进呈。"⑤ 嘉庆十七年五月二

---

① 中国第一历史档案馆藏朱批奏折，嘉庆十年，档案号：04-01-13-0167-023。
② （清）林则徐：《云左山房文钞》卷3。
③ 《清代内府刻书目录解题》，第435页。
④ 《"国立"故宫博物院善本旧籍总目》下册，第1175页。
⑤ 中国第一历史档案馆藏朱批奏折，嘉庆十六年，档案号：04-01-38-0025-034。

十八日，张师诚又奏："福建巡抚张师诚奏为恭注恭疏《御制全史诗》，敬谨刊竣……臣仰奉恩谕，恭注《御制全史诗》……敬成注疏六十四卷，恭缮进呈，旋蒙钦定发回，令臣刊刻。……臣谨遵旨制办锦套绢面本三十分，以备陈设；蓝杭细绢套面本一百分，以备颁赏，敬谨分贮三十三箱，并将初印样本一部另匣装潢，一并恭呈御览。"① 该书由张师诚刊刻后，装潢130部进呈内府，并非殿本。

（九）《回疆则例》刊刻机构为理藩院而非武英殿

《回疆则例》卷前有"原修回疆则例原奏"及"现修回疆则例原奏"，载录了当时办理刊印则例的奏折，可据此判断两种版本《回疆则例》的刊刻机构均为理藩院而非武英殿。嘉庆十九年（1814）二月理藩院奏办理《回疆则例》事称："查此项则例，如另行抄录送交武英殿，动用库项刊刻，未免有需时日，合无请照各都院衙门纂办则例之例，将刊刻板片、需用纸张以及饭食等项均著落该供事等捐资备办。"嘉庆二十年（1815）二月二十七日，理藩院奏为《回疆则例》板片告成恭呈御览事称："十九年二月缮写清字、蒙古字、汉字三体黄册进呈，并声明此项则例板片不必动用库帑，照依各部院衙门捐资刊刻，一律办理。所有一切饭食工料，均令该供事章甫等二十名捐办。勒限一年，刊刻刷印进呈。……将板片存于臣院。"根据此一档案，可知此书曾由理藩院自行刊刻。

现有各种书目均著录《回疆则例》为"道光二十二年武英殿刻本"。查"现修回疆则例原奏"，该版本亦为理藩院刻本。道光十七年（1837）八月二十七日理藩院奏："照依各部院衙门之例，不用库项，所有刊刻板片、纸张，工食需费，均令该供事等捐资赶办。将满、蒙、汉三体则例刊刻板样、刷印成帙，装潢黄册。一并览后，即陆续刷印颁发。"道光二十二年（1842）又奏："正在翻译满洲、蒙古两体例册，一俟翻出校妥，缮写板样发刻。"由此可见，和嘉庆二十年刻本一

---

① 中国第一历史档案馆藏朱批奏折，嘉庆十七年，档案号：04-01-38-0025-036。

致，道光二十二年《回疆则例》为理藩院刻本，而非武英殿刻本。

（十）《律例馆校正洗冤录》刊刻机构为武英殿而非律例馆

《清代内府刻书研究·清代内府刻书编年目录》著录此书为"清乾隆五年律例馆刻本"①，但该书的刊竣时间也有不同的著录，如陶湘《故宫所藏殿本书目》著录为"清乾隆五年律例馆校刊本"②，认为是律例馆刊刻的；《"国立"故宫博物院善本旧籍总目》著录为"清乾隆五年内府刊本"③。究竟哪种著录准确呢？乾隆七年（1742）四月初二日，律例馆总裁官三泰为《洗冤录》告成送武英殿刊刻颁发事称："《校正洗冤录》于乾隆六年十一月内告竣，厘订明晰，分类编辑，列为四卷，缮写样册，咨送武英殿刊刻，颁发各省，一体遵行。"④ 可见，《律例馆校正洗冤录》实应为乾隆六年（1741）武英殿刻本。

（十一）乾隆五十八年刻本《钦定学政全书》刊刻机构为礼部而非武英殿

《"国立"故宫博物院善本旧籍总目》著录此书为"清乾隆五十八年武英殿刊本"⑤，实为乾隆五十八年礼部刊本。据嘉庆十七年刻本《钦定学政全书》卷首所载奏折，嘉庆十七年七月初九日礼部奏："查上届《学政全书》于乾隆五十八年纂辑后，迄今已越十有九年……查《学政全书》始于乾隆三十八年纂辑告成后，版片工料经奏明移交武英殿刊办，嗣于乾隆五十八年覆行修辑，即由臣部奏请照上届之例，仍令该供事等鸠工刊刻，其版片工料等项，亦令该供事等备办……兹全书卷数增多，工价较前倍重，若仍复令该供事等措办此项版片，工价银两实有拮据不给之虞，臣等公同酌拟可否仍循乾隆三十八年之例，将《学政全书》由臣部缮写副本一分，移交

---

① 翁连溪：《清代内府刻书研究·清代内府刻书编年目录》，第 398 页。
② 陶湘：《故宫所藏殿本书目》卷 3，第 394 页。
③ 《"国立"故宫博物院善本旧籍总目》，第 593 页。
④ 《律例馆总裁官三泰为洗冤录告成送武英殿刊刻颁发事》，乾隆七年，台湾史语所藏内阁大库档案，登录号：019668-001。
⑤ 《"国立"故宫博物院善本旧籍总目》，第 584 页。

武英殿刊刻刷印。"① 由此可见,《钦定学政全书》刊刻机构前后有所变化,乾隆三十八年最开始由武英殿刊刻,乾隆五十八年考虑到经费问题,转由礼部刊刻,嘉庆十七年九月,礼部谨奏:"《学政全书》前经臣部编纂后,于本年七月初九日恭缮进呈奏蒙钦定在案,臣部当即缮写副书一分,移交武英殿刊刻颁发。"② 可见嘉庆朝的《钦定学政全书》为武英殿刻本。

(十二)乾隆四十九年刻本《钦定礼部则例》刊刻机构为礼部而非武英殿

《清代内府刻书研究·清代内府刻书编年目录》著录此书为"《钦定礼部则例》一百九十四卷卷首一卷,清乾隆三十八年刻四十九年增修本"③。认为乾隆三十八年(1773)、乾隆四十九年(1784)《钦定礼部则例》都是由武英殿刊刻。

核诸档案,乾隆三十八年刻本《钦定礼部则例》刊刻机构确实是武英殿,但乾隆四十九年刻本《钦定礼部则例》刊刻机构应为礼部。乾隆四十八年(1783),礼部奏移会稽察房:"至刊刻颁发,如仍照上次纂成后,发交武英殿办理,不独重费板片,亦且有需时日,查上次所刊刻板片,现存印库,今既增删改修,其旧板似属无用,应请即将此板内所有更改增删之处削平重刻,所需工价及增添之板片、纸张、饭食等项并照臣前次增修科场条例之例,仍令该供事等自行备办。"④

二 刻竣时间著录讹误

学界一般以书籍的刻竣时间作为该书的刊刻成书时间,由于殿本实物本身大多没有明确标明刻竣时间,殿本书目著录者往往依据

---

① 嘉庆十七年刻本《钦定学政全书》卷首所载奏折。
② 同上。
③ 翁连溪:《清代内府刻书研究·清代内府刻书编年目录》,第398页。
④ 台湾史语所藏内阁大库档案,乾隆四十八年,登录号:102372-001。

书籍前序跋落款时间作为刻竣时间，但实际上序跋题写时间和实际刊刻告竣时间可能存在一定误差，应当借助档案加以查核、确证。通过爬梳文献档案及考察殿本实物，笔者发现以往殿本书目著录存在的讹误之处较多集中在刻竣时间的著录误差。经初步统计，现有书目著录殿本刻竣时间讹误者20余种（满汉文各算作1种），下文逐一考证。

（一）《钦定古今图书集成》为雍正六年而非雍正四年铜活字印本

《钦定古今图书集成》是清代最重要的铜活字印本。关于摆印完竣时间，《"国立"故宫博物院善本旧籍总目》著录为"清雍正四年武英殿铜活字本"①，《清代内府刻书目录解题》著录相同："清雍正四年内府铜活字印本。"② 这一判断的依据应该是《集成》卷首有雍正帝御制序文，落款时间为雍正四年九月二十七日。

实际上，根据档案《钦定古今图书集成》于雍正六年（1728）全部摆竣。雍正元年（1723）正月二十七日集成馆蒋廷锡奏称："查康熙五十九年（1720）奉先帝谕旨，《古今图书集成》刷印六十部。今查得六十部之外馆中多刷六部，亦应归入官书之内。"③ 但此时尚未摆印完成，至雍正三年十二月纂校已竣，"除进呈本已装潢外，尚有六十三部现在折配"④。至此，第一部《集成》样本已用铜活字刷印完毕，装潢进呈，其余《集成》尚在折配中。据乾隆四十一年四月十八日内务府奏清查武英殿修书处余书请将监造司库等官员议处折："又有不全《古今图书集成》一部……查此一书，于雍正六年刷印六十四部之后，并未重印。"⑤ 因此，直至雍正六年，

---

① 《"国立"故宫博物院善本旧籍总目》，第872页。
② 《清代内府刻书目录解题》，第393页。
③ 中国第一历史档案馆编：《雍正朝汉文朱批奏折汇编》第33册，第585页。
④ 同上书，第592页。
⑤ 《史料旬刊》第14期，又载袁同礼《关于图书集成之文献》，《图书馆学季刊》1932年第6卷第3期。

《古今图书集成》才最终摆印告竣，共印制64部及样书1部。

(二)《御定星历考原》为康熙五十六年而非康熙五十二年铜活字印本

《御定星历考原》是康熙朝铜活字印本，张秀民在《中国活字印刷史》中提到"《星历考原》印于康熙五十二年（1713）"，他在注释中还特别注明其说引自陶湘的《故宫殿本书库现存目》①。但笔者查阅发现，陶湘《故宫殿本书库现存目》对此书的著录原是："《星历考原》六卷，康熙五十二年敕纂，铜活字印，二册。"②《故宫所藏殿版书目》在《御定星历考原》的条目也仅写"清康熙五十二年李光地等奉敕撰，铜活字本，二册"③。并非"印于康熙五十二年"。"奉敕撰"与"印成"实际上是两回事，撰成与刻成两者之间存在一定时间差。

《四库全书总目》的著录揭示了《御定星历考原》成书经过："《御定星历考原》六卷，康熙五十二年圣祖仁皇帝御定。初，康熙二十二年命廷臣会议修辑选通书与万年书一体颁行，而二书未能画一，余相沿旧说，亦多未能改正。是年，因简命诸臣明于数学、音学者在内廷蒙养斋纂辑算法、乐律诸书，乃并取曹振圭《历事明原》，诏大学士李光地等重为考定以成是编。"④这里只言"康熙五十二年圣祖仁皇帝御定"，抄本《钦天监则例》时宪科下"推步之法"条则记载："康熙五十四年，《御定星历考原》告成。"⑤而《皇朝文献通考》说得更为清楚："（康熙）五十六年二月《御定星

---

① 张秀民、韩琦：《中国活字印刷史》，第84页。
② 陶湘：《故宫殿本书库现存目》卷上，1933年故宫图书馆排印本，国家图书馆藏。
③ 《故宫所藏殿版书目》，1933年故宫图书馆排印本，国家图书馆藏。
④ 《四库全书总目提要》卷109。
⑤ 《钦天监则例》时宪科条，乾隆内府抄本，国家图书馆藏。转引自李俨、钱宝琮《科学史全集》第7卷《明清之际内算输入中国年表》八，辽宁教育出版社1998年版，第71页。亦见阮葵生《茶余客话》卷4："康熙五十四年，《御定星历考原》告成。"

历考原》告成。……五十二年十月命大学士李光地将曹振圭所著书重加考订赐名《星历考原》。至是刊刻告成颁发。"① 可见，《御定星历考原》始撰于康熙五十二年（1713）十月，撰成于康熙五十四年（1715），摆竣于康熙五十六年（1717），并非印成于康熙五十二年。

（三）《钦定授时通考》为乾隆六年而非乾隆七年刻本

《清代内府刻书目录解题》著录《钦定授时通考》："钦定授时通考七十八卷，清乾隆七年武英殿刻嘉庆十三年增刻本"② 据档案，《钦定授时通考》实为乾隆六年（1741）武英殿刻本。内阁大库档案载，乾隆五年（1740），武英殿修书处来文内称："乾隆五年五月内据大学士伯鄂尔泰等交来《钦定授时通考》一部，今已刊刻告竣，刷得连四纸书十部，内谨装潢蓝绢面页样本一部恭呈御览，其应行颁发之处，请交内阁定拟数目，奏准以后遵照刷印。"③

（四）《三流道里表》《督捕则例》为乾隆九年而非乾隆八年刻本

陶湘编《清代殿板书目》著录："《督捕则例》二卷，徐本等奉敕纂，乾隆八年刻。"④《清代内府刻书研究·清代内府刻书编年目录》则著录为"《督捕则例》二卷，清乾隆八年武英殿刻本"，另外著录："《三流道里表》不分卷，清乾隆八年武英殿刻本。"⑤ 实际上，《三流道里表》《督捕则例》皆为乾隆九年（1744）武英殿刻本。内阁大库档案载，乾隆九年（1744）九月十日，"律例馆纂辑《三流道里表》汉字书一函、《督捕则例》清汉书二函已经刊刻告竣……请照律例洗冤录之例，将《三流道里表》《督捕则例》各另发直省布政司二部，令其照样刊刷，转发该省需用衙门，一体遵

---

① 《皇朝文献通考》卷256。
② 《清代内府刻书目录解题》，第306页。
③ 《大学士鄂尔泰为赏钦定授时通考由》，乾隆七年，台湾史语所藏内阁大库档案，登录号：019665-001。
④ 陶湘编：《清代殿板书目》，载《书目丛刊》，第83页。
⑤ 翁连溪：《清代内府刻书研究·清代内府刻书编年目录》，第398页。

行。……计发《三流道里表》五部,汉字《督捕则例》五部,巡抚各一部,布政司各一部,刻样各二部,按察司各一部"①。可见,《三流道里表》《督捕则例》二书皆刻竣于乾隆九年而非乾隆八年。

(五)汉文《八旗通志初集》为乾隆九年而非乾隆四年刻本

乾隆间刊刻的《八旗通志初集》卷首有乾隆帝的《御制八旗通志序》,落款为乾隆四年(1739)四月二十七日,这一时间往往被认为是该书的刊刻告竣时间,如陶湘《故宫所藏殿本书目》著录为"乾隆四年刊本"②。《清代殿板书目》著录:"《八旗通志初集》二百五十卷……乾隆四年刻。"③

实际上,汉文本《八旗通志初集》至乾隆九年才刊刻告竣、颁发。乾隆九年六月二十二日,吏部文选司移会称:"汉文《八旗通志初集》二百九十八部奏准颁发在外文武大臣各一部,今既刷印备齐。"④ 乾隆九年九月,都察院移会典籍厅又称:"都察院为印领事。准吏部咨称,乾隆九年八月二十七日,准内阁典籍厅移称,前准武英殿修书处咨称,颁发汉文《八旗通志初集》共二百九十八部已经刷印齐备,相应知会派员出具印领领取等因。"⑤ 因此,汉文《八旗通志初集》为乾隆九年而非乾隆四年刻本。

(六)满文《八旗通志初集》为乾隆十年而非乾隆四年刻本

《清代内府刻书研究·清代内府刻书编年目录》著录为"八旗通志初集二百五十卷,乾隆四年武英殿刻满文本"⑥。实际上,满文《八旗通志初集》为乾隆十年(1745)武英殿刻本。乾隆十年十二月二十八日,内阁大学士讷亲为颁发清文《八旗通志》由称:"据内阁八旗志书馆奏交来清文《八旗通志初集》二百五十三卷,今已

---

① 台湾史语所藏内阁大库档案,乾隆九年,登录号:019296-001。
② 陶湘《故宫所藏殿本书目》卷3,第394页。
③ 陶湘编:《清代殿板书目》,载《书目丛刊》,第83页。
④ 台湾史语所藏内阁大库档案,乾隆九年,登录号:096772-001。
⑤ 台湾史语所藏内阁大库档案,乾隆九年,登录号:106335-001。
⑥ 翁连溪:《清代内府刻书研究·清代内府刻书编年目录》,第398页。

刊刻告竣，装潢黄绫套面页棉纸书样本一部，恭呈御览。其应刷印若干部数，用何样纸张及作何装潢钦定遵行。至应否颁发之处，请交内阁定拟具奏可也。……今清文《八旗通志》刊刻告竣，似应照前颁发。"① 乾隆十年十一月初六日，和硕和亲王谕盛京内务府佐领等奏称："武英殿复又刻得清文《八旗通志初集》《大悲忏》二种，请仍照前例将清文《八旗通志初集》一部、《大悲忏》十部，敬谨包裹交委委署催总马尔吉带往。"② 可见，满文《八旗通志初集》迟至乾隆十年才刊刻完竣，大量颁发，并非乾隆四年刻就。

（七）《八旗满洲氏族通谱》为乾隆十一年而非乾隆九年刻本

《八旗满洲氏族通谱》是一部重要的官定八旗谱书，但目前的大部分书目和著作将其著录为"乾隆九年武英殿刻本"。陶湘编《故宫所藏殿本书目》著录为"八旗满洲氏族通谱八十卷，清鄂尔泰等奉敕撰，乾隆九年刊本，有高宗御制序，二十六册"③，认为其是乾隆九年刻本。《"国立"故宫博物院善本旧籍总目》著录为"清乾隆九年武英殿刊本""清乾隆九年武英殿刊满文本"④。该书虽列有武英殿监造官职名，但并无表明刊刻竣的谕旨、奏折。著录者的依据是，《八旗满洲氏族通谱》卷前的乾隆帝御制序落款时间为"乾隆九年十二月初三日"。

经查内阁大库档案，可证明该书的准确刊刻告竣时间为乾隆十一年（1746），乾隆九年之说并不成立。乾隆十一年（1746）三月初三日，武英殿修书处咨内阁八旗氏族通谱馆称："交刻之清汉《八旗满洲氏族通谱》各八十二卷，俱已刊刻，刷印全竣，现候装潢。"⑤ 说明此时该书已经刊刻完竣，尚未装潢。至乾隆十一年闰三

---

① 台湾史语所藏内阁大库档案，乾隆十年，登录号：186115-001。
② 佟悦等主编：《盛京皇宫和关外三陵档案》，第118页。
③ 陶湘编：《故宫所藏殿本书目》卷3，第386页。
④ 《"国立"故宫博物院善本旧籍总目》，第303页。
⑤ 台湾史语所藏内阁大库档案，乾隆十一年，登录号：092084-001。

月，方才装潢进呈、颁发内外。内阁大学士讷亲为《八旗氏族通谱》刊刻告竣事称："内阁大学士公臣讷亲等谨奏为请旨事，准武英殿咨称，乾隆十一年闰三月十九日经本处具奏，清汉《八旗氏族通谱》刊刻告竣，谨装潢蓝绢套、蓝绢面页棉纸书样本各一部，进呈御览。本日奉旨：照此样装订清汉各三部送进，再刷竹纸书各十部，装订布套、古色纸面页，存贮武英殿，其颁发之处交内阁定拟具奏。"① 由此可见，《八旗满洲氏族通谱》刻竣时间为乾隆十一年。

（八）《钦定古香斋袖珍本》十种为乾隆十一年而非乾隆十三年刻本

《钦定古香斋袖珍书》十种是清代最著名的袖珍本书籍。1933年陶湘编《故宫所藏殿板书目》著录为："钦定古香斋袖珍书十种，清乾隆十一年高宗以校镌经史卷帙浩繁，梨枣余材不令遗弃，爰仿古人巾箱之式，命刊古香斋袖珍书。半页十行，行二十一字，都凡十种。"② 这里并未列出此书的刊刻年代。同为陶湘编纂的《武英殿袖珍板书目》则著录："古香斋十种，乾隆十三年刻。"③《清代内府刻书目录解题》著录刊刻时间相同："钦定古香斋袖珍书十种九百三卷，清乾隆十三年武英殿刻本。"④

实际上，《钦定古香斋袖珍书》为乾隆十一年（1746）武英殿刻本。乾隆十一年九月十二日，武英殿修书处咨内阁典籍厅称："本处将新刻得之袖珍《朱子全书》《初学记》《施注苏诗》《春明梦余录》《五经》《四书》计十种，业经奏准，照前通行，相应刷印。"⑤ 乾隆十一年十月十五日，和硕和亲王谕盛京内务府三旗佐领等称："乾隆十一年八月初四日，奏准武英殿复又刻得之《冰嬉赋》五部……袖珍《五经》《四书》《朱子全书》《春明梦余录》《施注苏

---

① 台湾史语所藏内阁大库档案，乾隆十一年，登录号：161386-001。
② 陶湘编：《故宫所藏殿板书目》，载《书目丛刊》第2册，第411页。
③ 陶湘编：《武英殿袖珍板书目》，载《书目丛刊》第1册，第105页。
④ 《清代内府刻书目录解题》，第456页。
⑤ 台湾史语所藏内阁大库档案，乾隆十一年，登录号：223850-001。

诗》《初学记》各二部，仍照前例交催总宋鼐等带往盛京存贮。"①由以上两则档案可知，《钦定古香斋袖珍书》十种早在乾隆十一年已刷印完竣，并非迟至乾隆十三年才完成印刷。

（九）《文献通考》为乾隆十四年而非乾隆十二年刻本

陶湘编《清代殿板书目》著录："《文献通考》三百四十八卷，元马端临撰，乾隆十二年校刊。"②《"国立"故宫博物院善本旧籍总目》著录为"清乾隆十二年武英殿刊本"③。根据档案，《文献通考》实为乾隆十四年（1749）武英殿刻本。乾隆十四年一月二十六日，内阁为奏拟应赏《文献通考》官员名单事称："武英殿咨称，乾隆十四年正月十八日经本处折奏，《文献通考》刊刻告竣，其应否颁发之处恭候圣训。倘蒙俞允，请照通典，刷竹纸书一百部，交内阁定拟，请旨颁发。"④可见，殿本《文献通考》为乾隆十四年而非乾隆十二年刻本。

（十）《大清一统志》为乾隆十六年而非乾隆九年刻本

《大清一统志》卷前有乾隆九年正月御制序，影响所及，学界普遍采用该书刊刻于乾隆九年的说法。陶湘《故宫所藏殿本书目》著录为"乾隆九年刊本"⑤，他在《清代殿板书目》又著录该书"乾隆八年告成，九年刊成"⑥。

经查阅档案，《大清一统志》实际应为乾隆十六年（1751）武英殿刻本。乾隆十二年（1747）武英殿修书处咨内阁典籍厅称："从前一统志馆交来刊刻《大清一统志》书内有盛京省志书，自乾隆十二年五月间曾经撤回，至今并未交来。今本处业将十七省、外藩五路志书俱刷印完竣，专候盛京省志书办理进呈。相应行文贵处

---

① 佟悦等主编：《盛京皇宫和关外三陵档案》，第119页。
② 陶湘编：《清代殿板书目》，载《书目丛刊》，第83页。
③ 《"国立"故宫博物院善本旧籍总目》，第572页。
④ 台湾史语所藏内阁大库档案，乾隆十四年，登录号：019551-001。
⑤ 陶湘编：《故宫所藏殿本书目》，第386页。
⑥ 陶湘编：《清代殿板书目》，载《书目丛刊》，第82页。

作速查明，催交该馆送殿。"① 该档案说明，到乾隆十二年，《大清一统志》尚未刊刻完竣。乾隆十六年十月十四日，大学士傅恒为奏拟应赏《大清一统志》官员名单事称："武英殿咨称，乾隆十六年八月二十六日经本处折奏，《大清一统志》全卷刊刻告竣，共书三百五十六卷，装潢蓝绢套、蓝绢面页棉纸书一部计二十四套，恭呈御览。"② 因此，迟至乾隆十六年，《大清一统志》方才刊刻完竣。

（十一）《续三通》为嘉庆十二年而非乾隆三十七年刻本

《续通典》《续通志》《续文献通考》合称续三通，开始编纂于乾隆初年，但因卷帙浩繁，刊刻告竣时间一再延迟。陶湘编《清代殿板书目》著录"《续通志》六百四十卷，乾隆十二年奉敕撰，三十七年刻。《续通典》一百五十卷，乾隆三十二年奉敕纂刻。《续文献通考》二百五十卷，乾隆十二年奉敕撰，三十七年刻"③。据档案，《续通典》《续通志》《续文献通考》为嘉庆十二年（1807）武英殿刻本。嘉庆十二年十一月二十日，武英殿修书处为馆书办竣恭进样本呈请圣鉴事称："数年以来刊刻《续通典》一百五十卷，《续通志》六百四十卷，《续文献通考》二百五十卷，其《续通志》《续通考》二种从前进呈缮写黄绫本内，有恭奉高宗纯皇帝谕旨更正、续经馆臣修改之处，亦俱校对底本，刊刻无讹。今已刷印齐全，敬谨装潢成帙，进呈睿鉴。"④ 可见，《续三通》刻竣时间当为嘉庆十二年。

（十二）《皇朝通典》《皇朝通志》《皇朝文献通考》为嘉庆刻本而非乾隆刻本

陶湘编《清代殿板书目》著录"《皇朝通志》一百二十六卷，乾隆三十三年奉敕纂刻，三十七年刻。《皇朝通典》一百卷，乾隆三

---

① 台湾史语所藏内阁大库档案，乾隆十二年，登录号：240462。
② 台湾史语所藏内阁大库档案，乾隆十六年，登录号：019553-001。
③ 陶湘编：《清代殿板书目》，载《书目丛刊》，第83页。
④ 《清宫武英殿修书处档案》第1册，戌字一号，第463—467页。

十三年奉敕纂刻。《皇朝文献通考》三百卷，乾隆十二年奉敕纂，三十七年刻"①。与前文讨论的《续通典》《续通志》《续文献通考》一样，《皇朝通典》《皇朝通志》《皇朝文献通考》三书卷帙亦甚为浩繁，迟至嘉庆十六年（1811）才刊刻告竣。档案所见，嘉庆元年（1796）修书处仍在刊刻《皇朝通志》。嘉庆元年十月十三日，武英殿奏称："为刻《皇朝通志》等书，并懋勤殿续交出各项活计匠役工价，翰林饭食供事公费等项，共用过银五千一百一十六两八钱三分六厘五毫五丝五忽。"② 至嘉庆十六年，《皇朝通典》《皇朝通志》《皇朝文献通考》才得以刊刻完竣。嘉庆十六年十二月，武英殿修书处移会典籍厅称："数年以来刊刻《皇朝通典》一百卷、《皇朝通志》一百二十六卷、《皇朝文献通考》三百卷……今俱刷印齐全。"③

---

① 陶湘编：《清代殿板书目》，载《书目丛刊》，第 83 页。
② 《清宫武英殿修书处档案》第 1 册，嘉庆元年十月十三日，武英殿谨奏为请领银两事。
③ 台湾史语所藏内阁大库档案，嘉庆十六年，登录号：126058-001。

第 七 章

武英殿修书处刊印殿本的流通

清代内府修书各馆编纂诸书的过程中形成了稿本、修改本、誊清本、呈览本、付刻底本等[1]。乾隆十年（1745）八月，八旗志书馆移会典籍厅称："今将清文志书陆续缮写殿本，详细校对，送武英殿刊刻，于七月十日全行刊竣，应俟装潢，进呈御览。"[2] 值得注意的是，这里的"殿本"指的是送交武英殿刊刻的缮写样本，而八旗志书馆随折呈送的版本有"清文样本计四函二十三本，汉文样本四函计二十三本。清文正本四十三函计二百五十三本，汉文正本四十三函计二百五十三本。清文存库副本二百五十三本，汉文存库副本二百五十三本"。此则档案提及，送交武英殿刊刻前所形成的版本包括：样本、正本和副本。经武英殿修书处刻板、刷印、装潢后，殿本正式进入流通发行环节，这一过程中又形成进呈本[3]、陈设本、赏赐本等多种版本。

近些年来书籍史研究方兴未艾。书籍史的研究方法，中西方虽然有很大不同，但同样关注书籍的流通过程，如中国传统书籍史的研究对象为"书籍自身的历史"与"影响书籍生产倾向、生产

---

[1] 齐秀梅、杨玉良等：《清宫藏书》，紫禁城出版社2005年版，第311页。
[2] 台湾史语所藏内阁大库档案，乾隆十年，登录号：096779-001。
[3] 档案所见，殿本进呈本有时又被称为呈览本。

数量、流通倾向的图书事业"①，而西方书籍史关注"书籍生产和传播过程中的人，书籍与政治、经济、社会、思想等周遭环境的关系，以及书籍所产生的社会文化影响"②。从流通的角度考察书籍能为我们提供更加丰富的历史景观。学界关于历代书籍流通的研究成果丰硕，具体到清代，主要侧重于考察民间刻本的流通③。遗憾的是，殿本作为清代官刻本的最重要代表，限于文献资料，学界关注不多④，殿本流通的相关细节并不清晰，特别是关于殿本售卖制度和书价情况，学界研究较为薄弱。武英殿修书处档案新近大量公布，为深入研究带来新的契机。笔者拟利用这批新发掘的武英殿修书处卖书册档（包括通行目录、卖书底簿、存售清册等）对殿本书价、售卖对象等诸多问题进行探讨，同时对殿本的回缴原因、范围和方式进行详细梳理。杨玉良认为殿本的流通包括呈览、陈设、颁发、赏赐、翻刻、利用武英殿等处存贮的原刻书板和地方省府翻刻书板刷印流通以及售卖等⑤，此种分类较为合理。

下文拟结合文献档案，从殿本的进呈与陈设、颁赐与回缴，以及殿本售卖与翻刻等多个层面，对殿本的流通售卖过程加以辨析，

---

① 李致忠：《中国古代书籍史话》，商务印书馆1996年版，第10页。
② ［英］戴维·芬克尔斯坦等：《书史导论》，何朝晖译，商务印书馆2012年版，第6页。
③ 学界关于清代书籍流通的论著，研究视角多样化。有学者关注书籍流通渠道、政府对图书流通的管理，如曹红军等《出版视角下的清代盛世文化政策：以经、史类中央机构出版物为考察对象》（《出版发行研究》2012年第11期）、孙文杰《清代图书流通传播渠道论略》（《图书与情报》2012年第6期）等。王振忠等学者则从域外视角考察清代书籍流播海外情况，如范金民《缥囊缃帙：清代前期江南书籍的日本销场》（《史林》2010年第1期）、王振忠《朝鲜燕行使者所见十八世纪之盛清社会》（《韩国研究论丛》2012年第1期）。
④ 目前有少数论文涉及殿本流通情况。如杨玉良《清代中央官纂图书发行浅析》（《故宫博物院院刊》1993年第4期）、朱赛虹《清前期官府图书的流通及管理》（《华学》2006年第8辑）等。
⑤ 杨玉良：《清代中央官纂图书发行浅析》，《故宫博物院院刊》1993年第4期。

力求全面地厘清殿本从进呈、陈设、颁赐,再到回缴、覆刻和翻刻、售卖各个环节的相关问题。

第一节 殿本进呈与陈设

武英殿修书处名义上隶属内务府管辖,但修书处刊印殿本的整个流程如刷印部数、装潢式样、流通范围等事宜皆由皇帝钦定而后方可实施。殿本的进呈和陈设作为提供给皇帝御览、观赏的重要环节,仪式和程序极为烦琐。武英殿修书处对于殿本中的进呈本、陈设本尤为重视,可谓不惜工本,校勘务求精善,装潢务求华丽,力求达到尽善尽美,充分彰显了清代皇权。

一 殿本的进呈

所谓进呈本,即"凡属皇帝钦定、御纂的书籍,在刊刻刷印之初,都先以上等纸墨精印一部,以黄色锦缎面料装潢成帙呈览,是为呈览本、御览本或进呈样本,亦称黄册"①。如乾隆五年(1740),一统志馆为刊刻志书事,提及进呈样本一事:"钦奉皇上颁发《大清一统志》序文一道,臣等敬谨收贮在馆。今直隶、盛京、江南、山西、山东、河南书业经刊刻完竣,其余各省挨次上板,恭拟装成样本,次第进呈。所有钦颁序文,伏恳御笔亲书,交与武英殿修书处敬谨摹勒,抑或另派缮书人员恭录付梓。"②乾隆五年(1740)十二月,大学士鄂尔泰奏:"准武英殿修书处咨称,乾隆四年十二月二十四日刊刻告竣清字《大清会典》样本一部进呈,其应行颁发之处,现遵内阁来文,刷印棉纸书二十部,榜纸书一百部,俟刷完之日,

---

① 杨玉良:《清代中央官纂图书发行浅析》,《故宫博物院院刊》1993年第4期。
② 台湾史语所藏内阁大库档案,乾隆五年,登录号:209102-001。

交内阁照例请旨颁发。"①

需要注意的是，进呈御览的刻样不能视为进呈本。从档案看，刻样采取的是分批刷印各册的方式，每印成一册即进呈御览。如康熙四十五年（1706）七月初九日，武英殿总监造赫世亨奏："窃将翰林等所编《一线三字》二十篇、仇兆鳌等所编《钦定方舆路程考略》一册三十五张，兹已刊刻工竣，惟以印样各一张与草稿一并谨呈。"② 当年八月二十一日，赫世亨又奏："将翻译尚书等所奏《御制清文鉴》，今刊刻完五张，以其印样进呈御览。"③ 康熙五十一年（1712）四月三十日，武英殿总监造和素、李国屏奏："刻印《御选唐诗》头本十七篇及第二本、第三本之十六篇，分属三本，故装为三本进览。奉旨：照此再钉三本送来。钦此。钦遵。将板修整后，刷印二份，钉六本进览。"④ 上述《钦定方舆路程考略》《御制清文鉴》和《御选唐诗》刻印样本都需要分批进呈给康熙帝御览。但殿本进呈本指一部书册刷印完毕后装潢、进呈御览之本，与进呈刻样需作区分。如系刷印大型丛书，进呈本亦采取逐部进呈御览的方式，以便皇帝把控进度和编刻质量。如乾隆六年（1741）十月，武英殿修书处在校勘《十三经》《廿一史》奏议中称："查得校勘《十三经》《廿一史》，原议每刻成一经一史，即刷印进呈。本年七月内刻成《易经》《穀梁》《论语》《周礼》四经，业已进呈御览。今刻得《史记》，谨钉样本一部，恭呈御览。"⑤

进呈本是殿本刻印过程中形成的最早定本，属于初刻初印。因此，进呈本可以说是殿本中的精品，数量往往只印一册或者数册，开本一般大于其他寻常版本，卷端或卷末往往有皇帝题记或钤有帝王玺印。进呈本纸墨精妙、装潢华丽，可以说最具皇家特色。就殿

---

① 台湾史语所藏内阁大库档案，乾隆五年，登录号：210089-001。
② 《清内府刻书档案史料汇编》，第5页。
③ 同上书，第7页。
④ 同上书，第19页。
⑤ 台湾史语所藏内阁大库档案，乾隆六年，登录号：209066-001。

本刷印、写刻、纸墨、装潢的总体质量而言，进呈本当属最上乘之精品，其次是陈设本、颁赏本，通行本最为普通。

进呈本所用纸墨选材最为严格，用料讲究。同治八年（1869）武英殿修书处刷印《文宗圣训》，预备刷印进呈样本，当时采买了上等徽墨60斤，每斤价银1两4钱6分，合银87两6钱①。光绪年间办理《穆宗圣训》，进呈本用上等徽墨，价银每斤9钱8分，而刷印草样、清样和颁发通行书籍则用价银7钱6分的中等徽墨②。用纸方面，进呈本往往采用上等连四纸，有时根据皇帝的谕旨，间或使用乐文纸等优质纸张。如康熙五十四年（1715）七月初十日，武英殿总监造李国屏奏："已印刷《御纂周易折中》乐文纸一部，棉纸一部，除各装一套十本谨奏外，一俟板成，即将棉纸印刷五十部，装套后，陆续进览。"③ 其他版本多用竹纸、太史连纸等普通纸张刷印。

档案所见，进呈本的装潢样式极为奢华，是为殿本之精华。康熙五十三年（1714）五月二十一日，武英殿总监造和素、李国屏奏陈用蓝杭䌷套合装之连四纸装潢《大学》《四书》《中庸》等书④，当年五月三十日又奏，洋漆匣内用股子皮套合装之《对数广韵》一部作为进呈本⑤。乾隆五年刷印的《钦定授时通考》："刷得连四纸书十部，内谨装潢蓝绢面页样本一部恭呈御览……其余九部俱著照此式装订。可再刷印竹纸书二十部，用蓝绢套古色纸面页装潢，一并进呈，其应行颁发之书，著交内阁将应在京二品以上及外省督抚定拟数目具奏。"⑥ 乾隆十年（1745）十二月二十八日，颁发满文

---

① 《清宫武英殿修书处档案》第5册。
② 《清宫武英殿修书处档案》，穆宗毅皇帝圣训所需款项册。
③ 《清内府刻书档案史料汇编》，第78页。
④ 同上书，第67页。
⑤ 同上书，第68页。
⑥ 台湾史语所藏内阁大库档案，乾隆五年，登录号：019665-001。

《八旗通志初集》253卷，装潢黄绫套面页棉纸书样本一部，恭呈御览。① 乾隆十一年，满汉文《八旗满洲氏族通谱》刊刻告竣，装潢蓝绢套、蓝绢面页棉纸书样本各一部，进呈御览。奉旨："照此样装订清、汉各三部送进，再刷竹纸书各十部，装订布套、古色纸面页，存贮武英殿，其颁发之处交内阁定拟具奏，书用散本，不必装订，准其通行。"② 以上档案可以看出，进呈本与普通陈设本的装潢式样并不相同，有一定的等级差别。如《八旗满洲氏族通谱》装潢规格为"蓝绢套、蓝绢面页棉纸书"，而颁发之本甚至不需装潢，"书用散本，不必装订"，进呈本的装潢等级和规格明显更高。

殿本的进呈礼仪十分隆重，一般盛放在黄盘之内，覆盖以黄布包裹，择吉日进呈御览。咸丰十一年（1861）刷印完竣《宣宗圣训》，正本分批进呈给在热河行宫寝居的咸丰皇帝阅看："提调、供事、笔帖式匠役等共用车七辆，每日每辆车价银一两，往返十六日，共车价银一百二十两，每员名每日盘费银一钱三分，往返十六日，共盘费二十九两一钱二分。雇觅驼轿一乘用银二十两，共合银一百六十九两一钱二分。"③ 进呈本经皇帝御览后，一般陈设于宫中重要殿宇。但可惜的是，进呈本只供皇帝御览，外人难以窥见，流通程度最为有限。

二 殿本的陈设

武英殿修书处进呈样本的同时，按例应请内阁定拟颁发数目，明确用于颁赐、陈设和通行书籍的具体部数和装潢规格，奏准以后才可遵照刷印。不同类型的陈设本在装潢形制方面有时也有所不同。康熙五十一年（1712）四月三十日，武英殿总监造和素、李国屏奏："四月二十一日奉旨：将刻印《佩文韵府·序》放入行宫所陈之

---

① 台湾史语所藏内阁大库档案，乾隆十年，登录号：186115-001。
② 台湾史语所藏内阁大库档案，乾隆十一年，登录号：161386-001。
③ 《清宫武英殿修书处档案》第4册，咸丰十一年，第79页。

《佩文韵府》书内，不必将刊刻者人名列入书内。钦此。钦遵。今除只将序放入存于口内三行宫之《佩文韵府》书内外，将为陆续装钉之《佩文韵府》书内或只放序，或序、人名全放，而刷印之人名四张，一并恭谨奏览，请旨。"① 由此可见，康熙朝装订用于陈设的殿本《佩文韵府》，有的陈设本前有序文、无监造职名，有的陈设本则是御制序文和监造人名兼有。此外，宫内和宫外陈设本也有区别，今天所见的宫外陈设本多毛装本，装潢未必齐全。

（一）陈设本的刷印数量

清廷一般规定每部殿本刷印草样 7 份，正式样本 1 部，颁赏本 120 部至 200 部，而陈设本则是 10 部至 20 部不等。当然，实际的印刷部数时常变化，并非定数，也存在根据实际需要刷印部数极多的情况。康熙四十八年（1709）四月二十四日奉旨："著以竹纸印刷《佩文韵府》三十部"②，康熙五十二年（1713）刷印朱墨套印本《御选唐诗》，用连四纸、竹制纸各刷印一千部③，康熙年间刻印《清文资治通鉴纲目》《古文渊鉴》时，皆用连四纸各印百部、榜纸各印六百部④。乾隆三十九年（1774）十二月二十六日奏明："凡聚珍馆摆印各书，刷印连四纸书五部、竹纸书十五部，以备陈设。谨刷印二部带往盛京外，又刷印竹纸书三百部，发交江南、江西、浙江、广东、福建五省通行。"⑤ 这是专门针对武英殿聚珍版书陈设、颁发部数的具体规定。但陈设殿本数量因书而异，往往根据实际情况确定刷印部数。即便是武英殿聚珍版书籍，乾隆后期及至嘉庆朝所陈设、颁发的部数，并非都是统一的陈设 20 部，通行 300 部。如乾隆时期用聚珍版摆印的《钦定诗经乐谱全书》的陈设、颁赏情况

---

① 《清内府刻书档案史料汇编》，第 19 页。
② 同上书，第 12 页。
③ 同上书，第 22—23 页。
④ 同上书，第 7 页。
⑤ 《钦定总管内务府现行则例》"武英殿修书处·聚珍馆事宜"条载《故宫珍本丛刊》，第 317 页。

为："连四纸书五十部，竹纸书一百五十部。内各处陈设过连四纸书六部，竹纸书十五部。交军机大臣颁赏过竹纸书一百二十部，带往盛京竹纸书二部。校对四库全书行取过竹纸书一部。现今武英殿存贮连四纸书四十四部，竹纸书十二部。"① 聚珍版《吏部则例》因其属衙门办事章程，需求量极大，因此陈设、颁发的部数达 900 部。嘉庆五年（1800）二月十八日，永璇等奏："《吏部则例》六十九卷，曾于嘉庆四年（1799）五月初八日摆出样本，恭呈御览。今刷印装潢，现已全竣。《吏部则例》准照来文，以三百部咨行在京衙门备查，以九百部存贮，俟各直省备价请领。《千叟宴诗》通行本三百部，按照旧例，发五省缴价报销。仍有各处陈设本三十部。又带往盛京各二部，又备赏二百部，应行请旨陈设颁赏，遵奉施行。"② 用以陈设的《吏部则例》数量亦相当可观。

殿本的陈设并非一次性完成，新刻殿本进行初次陈设后，一般还有相当数量的存留。这些剩余的殿本，可供随时陈设之需。如康熙五十二年（1713）清查满文《日讲四书解义》等部分殿本③的陈设情况为："御书房按册查明开来：清字《四书解义》原有二十部，各处陈设并赏用俱完；汉字《四书解义》十八部，各处陈设并赏用俱完。清字《易经解义》四十部，陈设用过四部，今现存三十六部。汉字《易经解义》二十部，今俱现存。清字《书经解义》四十部，各处陈设并赏用过十四部，今现存三十二部；汉字《书经解义》二十二部，陈设并赏用过十六部，今现存六部。懋勤殿查明开来：只有汉字《四书解义》一部。"④

---

① 《清宫武英殿修书处档案》第 1 册，嘉庆元年奏事档，申字一号。
② 《清宫武英殿修书处档案》第 1 册，嘉庆五年奏事档，丑字四号，第 318—319 页。
③ 根据档案，汉文本《日讲四书解义》《日讲书经解义》《日讲易经解义》均非殿本。
④ 《清内府刻书档案史料汇编》，第 86 页；亦见《宫中档康熙朝奏折》第 7 辑，第 785 页。

（二）殿本的陈设处所

殿本陈设，首先由懋勤殿草拟陈设处所，皇帝钦定后分别陈设在宫中各殿宇、书斋及宫外行宫、苑囿、庙宇等处，以供皇帝随时检阅。例如，同治年间所刻《圣训》陈设地点包括养心殿、乾清宫、上书房、宁寿宫、建福宫等宫中各处。雍正以前设立的殿本陈设处所相对集中，乾隆以后陈设场所大为增加，这与当时武英殿修书处刊刻殿本数量达到顶峰的状况是一致的。

殿本刊印完成后，其中一部分要陈设于各处行宫，如避暑山庄行宫、盘山静寄山庄行宫、汤泉行宫等。另外，殿本还贮存于盛京皇宫以及文渊阁、文源阁、文津阁、文汇阁、文宗阁、文澜阁等处所，范围相当广泛。

1. 陈设宫中各处、皇家苑囿——以乾隆聚珍版书籍的陈设为例

清帝热衷读书作文，文化素养极高，所谓"听政之暇，无间寒暑，惟有读书作字而已"[①]。康熙帝曾颇为自得地说："目前陈列诸书，欲稽考某卷某处，但指令近取之，亦可即得，不至错误。"[②] 康熙帝能对陈设之书烂熟于心，显然是常常取阅的缘故。清代殿本陈设处所包括宫中各处如乾清宫、昭仁殿、五经萃室、弘德殿、端凝殿、上书房、懋勤殿、南书房、摛藻堂、延晖阁、位育斋等，也包括圆明园、静宜园等三山五园皇家苑囿。

下文以乾隆年间聚珍版书籍的陈设为例加以说明。当时摆印的武英殿聚珍版书数量达 100 种，采取了随摆随发、陈设各处的方式。对于聚珍版如何颁发、流通，乾隆三十九年（1774）四月二十六日清廷已有设想："现在四库全书处交到奏准应刻各书，应按次排版刷印，每部拟用连四纸刷印 20 部，以备陈设，仍各用竹纸刷印颁发，定价通行。"[③] 这里提到聚珍版书分为连四纸和竹纸两种纸张摆印。

---

① （清）章梫：《康熙政要》卷7，中共中央党校出版社 1994 年版，第 127 页。
② 《清圣祖实录》卷 217，康熙四十三年八月初三日。
③ 《纂修四库全书档案》，第 205 页。

不同纸张的聚珍版书则有不同的用途：连四纸书用于陈设，刷印二十部；竹纸书用于颁发和售卖通行。由此可见，陈设本的纸张质量要高于颁赐本。8个月后，清廷对聚珍版摆印数量政策有所调整，改为摆印连四纸书5部、竹纸书15部，用于陈设；同时额外摆印2部，用于盛京宫殿陈设："乾隆三十九年十二月二十六日奏明，凡聚珍馆摆印各书，刷印连四纸书五部、竹纸书十五部，以备陈设。谨刷印二部，带往盛京。"①

乾隆朝摆印的聚珍版书陈设资料比较缺乏，但嘉庆朝聚珍版书单行本则大量载于武英殿修书处档案。据修书处档案，嘉庆元年（1796）《高宗十全集》的装潢规格和数量为："石青杭细套、石青杭细面页，连四纸，书刷印装潢十部，预备陈设。竹纸书刷印四十部，不必装潢。"陈设情况为——《高宗十全集》装潢十部：御书房、宁寿宫、瀛台、圆明园、长春园、万寿山、静明园、静宜园、盘山、热河。其余散本四十部，交武英殿存库②，以备将来陈设之需。同年摆竣的《尚书详解》陈设情况为：连四纸书五部——陈设于懋勤殿、宁寿宫、圆明园、长春园、热河。竹纸书十五部：陈设于御书房、瀛台、永安寺、画舫斋、镜清斋、万寿山、新衙门、团河、汤山、盘山③。

聚珍版单行本《高宗十全集》和《尚书详解》于嘉庆元年摆竣，发交各处陈设，陈设处所主要是御书房、宁寿宫、瀛台等皇城大内，以及圆明园、长春园、万寿山、静明园、静宜园等处。嘉庆元年十月十三日奉旨："《十全集》，石青杭细套、石青杭细面页，连四纸，书刷印装潢十部，预备陈设。竹纸书刷印四十部，不必装潢。陈设单二件开后。《十全集》，装潢十部：御书房、宁寿宫、瀛

---

① 咸丰二年（1852）内府抄本《钦定总管内务府现行则例·武英殿修书处》"聚珍馆事宜"条。
② 《清宫武英殿修书处档案》第1册，嘉庆元年至嘉庆十三年奏事档，第242页。
③ 同上。

台、圆明园、长春园、万寿山、静明园、静宜园、盘山、热河，散本四十部交武英殿存库。《尚书详解》，连四纸书五部：懋勤殿、宁寿宫、圆明园、长春园、热河。竹纸书十部：御书房、瀛台、永安寺、画舫斋、镜清斋、万寿山、新衙门、团河、汤山、盘山。"①

聚珍版单行本《钦定诗经乐谱全书》的陈设处所，据嘉庆二年（1797）九月十三日谕旨，陈设连四纸书六部：宁寿宫一部，懋勤殿一部，圆明园一部，长春园一部，热河二部。陈设竹纸书十五部：御书房一部，瀛台一部，永安寺一部，画舫斋一部，镜清斋一部，万寿山一部，静明园一部，静宜园一部，讨源书屋一部，泉宗庙一部，新衙门一部，旧衙门一部，团河一部，汤山一部，盘山一部。②

聚珍版单行本《皇舆西域图志》和《蒙古源流考》陈设，嘉庆四年（1799）十一月初十日奉旨："著刷印装潢杉木板，石青杭细套，石青杭细面页，连四纸样本书二十部。……皇舆西域图志二十部，每部四套：盛京一部、永安寺一部、绮春园一部、御书房一部、瀛台一部、玉泉山一部、宁寿宫一部、圆明园一部、香山一部、毓庆宫一部、长春园一部、热河一部。蒙古源流考十部，每部三套：盛京一部、万寿山一部、御书房一部、玉泉山一部、圆明园一部、香山一部、长春园一部、热河一部、绮春园一部。"③

2. 陈设宫外行宫、四库七阁

行宫是京城以外专供皇帝巡幸驻跸的场所。清代行宫分布范围广，且数量多，据不完全统计达100座，帝王巡幸途中，往往要批阅书籍。因此重要行宫的御书房往往陈设了相当数量的殿本书籍，以供皇帝随时取阅。

《古今图书集成》是雍正六年摆印的一部大书，当时仅印成60余部，雍正朝和乾隆朝都进行了一定数量的陈设。雍正年间第一次

---

① 《清宫武英殿修书处档案》第1册，嘉庆元年奏事档，第242页。
② 《清宫武英殿修书处档案》第1册，嘉庆元年奏事档，申字一号。
③ 《清宫武英殿修书处档案》第1册，嘉庆五年奏事档，戌字一号，第300页。

陈设殿本《古今图书集成》的处所包括宫中各处和热河行宫："古香斋陈设一部，竹纸布套；正大光明殿陈设一部，棉纸棉套；蕊珠宫陈设一部，棉纸棉套；澹怀堂陈设一部，棉纸棉套；前垂天贶陈设一部，竹纸布套；热河陈设一部，棉纸绢套；盛京收贮一部，竹纸；礼部存一部，竹纸；翰林院存贮一部，竹纸。"[1]

到了乾隆朝，乾隆帝把《古今图书集成》继续陈设于行宫各处，如乾隆二十八年（1763）七月十四日，将《古今图书集成》一部于热河行宫陈设，军机处上谕档载："大学士公傅（恒）字致大学士来（保）乾隆二十八年七月十四日奉旨，前经降旨将绵纸书《古今图书集成》送一部至热河，著即在京装订齐全，再行送来。其套盒须用木胎，所有应用木片材料即向总管太监等取用，一切箱匣旧料皆可改做。钦此。中堂即行遵旨传谕各该处遵办可也。"[2]

乾隆三十九年（1774）五月十四日，于敏中根据乾隆帝的旨意在各省行宫7处陈设《古今图书集成》，这些陈设地点具体为：天津柳墅行宫、山东泉林行宫、江宁栖霞行宫、扬州天宁寺行宫、镇江金山行宫、苏州灵岩行宫、杭州西湖行宫。陈设流程亦相当隆重，"俱行知经管之各该督抚、盐政，选派员至武英殿领取，敬谨如式装潢，收贮各署内，以备临时陈设"[3]。

值得注意的是，原陈设于天宁、金山、西湖行宫的《古今图书集成》其后分别移入文汇阁、文宗阁、文澜阁。周伯羲《金山志》载："乾隆四十三年钦颁《古今图书集成》一部，与镇江金山行宫，两淮盐运使疏请建阁储之。次年阁成。"乾隆四十二年（1777）六月十五日，两淮盐政寅著领到颁贮扬州天宁寺行宫和镇江金山行宫2部《古今图书集成》后，奏请仿照天一阁规模，鼎建书阁。乾隆四十四年（1779），文宗阁建成后，先行贮存《古今图书集成》1部。

---

[1] 《清内府刻书档案史料汇编》，第116—117页。
[2] 中国第一历史档案馆藏军机处上谕档，盘号：593，册号：1。
[3] 中国第一历史档案馆藏军机处上谕档，盘号：649，册号：2。

四库七阁除了贮存《四库全书》之外，还各贮存1部铜活字版《古今图书集成》以及大量的殿本书籍。如乾隆六十年（1795）十一月曹文埴奏称："为刊刻《四库全书总目》竣工，敬谨刷印装潢，恭呈御览事。……纪昀曾知会臣于书刊成之日，刷印四部，分贮四阁，兹一并印就，请饬交武英殿总裁照式装潢，送四阁分贮。"① 光绪二十年（1894）五月二十六日，热河总管世纲等奏查明文津阁并园内各殿宇书籍，核查了阁藏内府书籍数量为6805函、3334部、91015卷。"又诣园内各殿宇，将陈设书籍逐卷详加考核，添注卷数、版目、编辑各名款、分类开单，计四百六十二款，九百十九部，七万一千七百三十八卷。"② 热河总管的统计结果是，文津阁并各殿书籍共4253部，162753卷，其中殿本书籍接近1000部，7万多卷。

3. 陈设盛京皇宫

清朝统治者追本溯源，十分重视发祥之地盛京的书籍贮藏。乾隆八年（1743）五月二十四日谕："奉天乃我朝发祥之地，历朝《实录》，俱应缮写满汉文各一部送往尊藏。"③ 乾隆八年十一月初十日，乾隆帝第一次东巡回京后，御笔圈点殿本书籍137种运送盛京，乾隆九年（1744）二月由武英殿监造郑三格押送发运。据运送目录所载，第一批运送盛京的殿本有56箱，137种，其中包括《古今图书集成》《子史精华》《乐善堂全集》等④。此后，凡是武英殿修书处新刻殿本，按例应送往盛京陈设二部，因此盛京存贮的殿本数量亦相当可观。

乾隆十三年（1748）三月二十八日，武英殿修书处带往盛京殿本书籍包括《杜氏通典》2部，每部6套，计200卷。《十三经》2部，每部17套，计346卷。《廿二史》2部，每部65套，计2731

---

① 《纂修四库全书档案》，第2374页。
② 同上书，第2391页。
③ 《清高宗实录》卷193，乾隆八年五月二十四日。
④ 任继愈主编：《中国藏书楼》，辽宁人民出版社2001年版，第1293—1294页。

卷。《明史》2部，每部12套，计336卷。① 乾隆四十七年（1782）十月二十日，武英殿带往盛京陈设的殿本书籍共计24部，包括《临清纪略》2部，《平定准噶尔方略》清汉各2部，《中枢政考》《八旗则例》清汉各2部，《攻愧集》2部，《华阳集》2部，《浮溪集》2部，《唐书直笔》2部，《文子缵义》2部，《仪礼集释》2部，《简斋集》2部。②

用于陈设的殿本是如何发交各处行宫的呢？乾隆五十九年（1794）八月二十七日，都虞司为速派员赴京领取《通志堂经解》等书事咨盛京内务府称：

> 都虞司为移会事。据武英殿修书处来文，经本处奏准，《通志堂经解》十部，每部八十套，《石渠宝笈》一部二十四套，合璧礼记二部，每部二套，俱奉旨着陈设盛京在案。相应知照贵司作速转传盛京即派妥员到殿，将前项书籍照数领取，敬谨恭贮。等因前来。相应移会贵处作速派员赴京，将《通志堂经解》等书领取可也。须至移会者。右移会盛京内务府。③

乾隆五十九年八月三十日，佐领延福等为已派送钱粮催长张思明赴武英殿修书处领取《五体清文鉴》事，呈请知会总管内务府称：

> 佐领延福等呈为咨行事。据广储司库六格等呈称，乾隆五十九年五月初二日，准都虞司来咨内开，据武英殿来文，经本处奏进呈《御制说经古文》并《五体清文鉴》等书二种，奉旨：着陈设盛京各一部。相应知照贵司，作速转行知会该处，即派员赴本处领取。等因前来。相应移会贵处，作速派员来京

---

① 佟悦等主编：《盛京皇宫和关外三陵档案》，第119页。
② 《清内府刻书档案史料汇编》第1册，第331页。
③ 佟悦等主编：《盛京皇宫和关外三陵档案》，第131页。

前赴武英殿，将《御制说经古文》并《五体清文鉴》等书领取可也。等因前来。续于七月初五日，准盛京户部将派往都京领取同文韵统之员外郎萨荣安带到由武英殿领来装潢《说经古文》一部一套咨送前来。当经本府将照数查收，敬谨包裹之处知会武英殿修书处，并知会总管内务府在案。今值都虞司催长张思明前往都京送钱粮之便，相应令其前赴武英殿修书处，希照前咨所开，将《五体清文鉴》交付该催长领取存贮外，并知会总管内务府可也。等情。据此，为此上呈。①

嘉庆十八年（1813）六月十二日，武英殿修书处移会都虞司称：

本处应带往盛京恭贮《皇朝三通》等书七种，计十四部，共一百二套七百六十四本，相库知会贵司转传该处作速派员领取陈设。等因前来。今派送园丁钱粮到京之催长张荣将前项书籍赴武英殿领出，由本司呈明办理抬夫，作为二台，带往盛京敬谨恭贮。②

从上述两则档案可以看出，陈设各处行宫殿本，按例由武英殿修书处行文知会该处，派员赴武英殿领取。各处专门派员或者由刚好在京城办事之员赴殿领回。陈设行宫殿本往往是未经装潢的毛装本，如需装潢，应再知会武英殿修书处装潢。

4. 陈设皇史宬

清廷所编刻的方略、律例类殿本，按例应送交皇史宬陈设一部。乾隆五年（1740）十二月二十一日，大学士鄂尔泰奏称："查旧例，会典告竣应装潢一部，择吉恭送皇史宬存贮，前汉文告竣，曾奏俟满文刊刻告竣，装潢全部送贮。今满文会典告成，相应请旨，同汉

---

① 佟悦等主编：《盛京皇宫和关外三陵档案》，第131—132页。
② 同上书，第141页。

文会典装潢全部，择吉恭送皇史宬存贮。"① 嘉庆九年（1804）四月十六日武英殿修书处奏称："准刑部移送汉文《大清律例》副本一部，交武英殿缮写刊刻。今已刊刻完竣，校准无讹，谨刷印装潢杉木板、黄绫套、黄绫面页连四纸样本书一部十二套二十本，恭呈御览。仍照各方略书告成之例，装潢清汉各一部，恭送皇史宬存贮外，其刷印共若干部，作何装潢，另缮清单，伏候训示遵行。为此谨奏。奉朱批：陈设杉木板、黄绫套、黄绫面页连四纸书二十部赏用，纸合背黄绢套、黄笺纸面页榜纸书十部。"②

再如，嘉庆九年（1804）十二月十二日，武英殿修书处奏称由史馆交来清文《皇清开国方略》刻样已刊刻完竣："仍照各方略书告成之例，装潢清汉各一部，恭送皇史宬存贮外，并刷印二部带往盛京恭贮，其应刷印共若干部，作何装潢，另缮清单，伏候训示遵行。为此谨奏。又奉朱批：陈设杉木板、黄绫套、黄绫面页连四纸书二十部赏用，纸合背黄绢套、黄笺纸面页榜纸书二十部。"③

第二节　殿本颁赐与回缴

殿本在首先满足帝王需求、作为御用之物进呈和陈设外，还大量颁发和赏赐，其目的既有扩大殿本的传播范围和影响力，又可借以奖赏王公贵族、督抚大臣，以笼络人心，巩固统治。鲜为人知的是，清代康雍乾三朝已经颁发、赏赐的部分殿本其后被清廷下令回缴，个别书籍的回缴力度很大，如乾隆继位后下令回缴的《大义觉迷录》的数量惊人。殿本的回缴与清代文字狱期间的禁毁书籍有相似之处，但其性质又有所不同。回缴的原因包括原有刊刻有误，内

---

① 台湾史语所藏内阁大库档案，乾隆五年，登录号：210089-001。
② 《清宫武英殿修书处档案》第1册，嘉庆九年奏事档，卯字二号，第410页。
③ 同上书，第418—420页。

容触犯忌讳,补充内廷藏书之不足,等等。而回缴的方式包括挖改字迹、回缴内廷等,这是殿本流通过程中值得注意的现象。

一 殿本的颁发

按清廷规制,殿本的刷印数量一般经由内阁议奏,例由大臣请旨拟定殿本颁发对象和范围,皇帝批准后方可确定。颁发赏赐之时,由内阁大学士等列明清单,请皇帝定夺。如乾隆五年(1740)修书处奏为颁发《钦定授时通考》事称:

> 《钦定授时通考》一部,今已刊刻告竣,刷得连四纸书十部,内谨装潢蓝绢面页样本一部恭呈御览,其应行颁发之处,请交内阁定拟数目,奏准以后遵照刷印等因,于乾隆七年二月二十日具奏。奉旨:书留览。其余九部俱著照此式装订。可再刷印竹纸书二十部,用蓝绢套古色纸面页装潢,一并进呈,其应行颁发之书,著交内阁将应在京二品以上及外省督抚定拟数目具奏。钦此。钦遵。移咨前来,臣等谨将应赏《钦定授时通考》之在京二品以上及外省督抚共八十五员,缮写名单,恭呈御览,伏候圣裁。①

修书处提前请示皇帝关于颁发、赏赐的殿本数量,也有防止板片日久开裂的考虑。乾隆六年,武英殿修书处为校勘《十三经》《二十一史》称:"伏思经史一书,卷帙浩繁,若俟刊刻全竣之日,始行刷印,恐板片经年日久,以致开裂,莫若随得随刷,似属妥协,应否刷印若干部数之处,请交内阁拟定数目,以便刷印。"②

早在武英殿修书处成立之前,清廷刊刻完成内府典籍后,即常有颁发之举,仅《清实录》所载,就有不少事例。例如,目前所见

---

① 台湾史语所藏内阁大库档案,乾隆七年,登录号:019665-001。
② 台湾史语所藏内阁大库档案,乾隆六年,登录号:209066-001。

清人入关后较早的内府典籍颁发情况,载于《清世祖实录》,顺治三年（1646）三月四日:"翻译《明洪武宝训》书成,上以《宝训》一书,彝宪格言,深裨治理。御制序文,载于编首。仍刊刻满、汉字,颁行中外。"① 这里笼统地说《洪武宝训》"颁行中外",而康熙早期的实录记载,则更加明确地说明了颁发的范围。《清圣祖实录》载,康熙十一年正月二十二日:"刑部、都察院、大理寺遵旨题覆:臣等看阅律文,将前后不符及参差遗漏之处,详酌校正,已经刊刻清、汉文完毕,进呈御览。除颁发京城部院衙门及外省驻防满洲将军外,其各省总督、巡抚、按察使,俱有理刑职掌,相应一并颁发,转发各地方官,一体遵行。从之。"②

康熙十九年武英殿修书处成立后,所刊刻的殿本数量更多,颁发范围更广,逐渐形成了一套行之有效的殿本颁发机制。殿本颁发各处的数量,一般少则一二部,多则数十部。颁发数量最大的是经史、律例、上谕以及历法等日用类殿本,如《时宪书》《圣谕广训》等。《驳吕留良四书讲义》刻竣后,雍正十一年（1733）四月按照《大义觉迷录》之例颁发,大学士以下、翰林科道以上,每员各给一部,宗学、各官学每处各给一部,将军、督抚、府尹、总河、总漕、观风整俗使、学政、藩臬、巡查、巡盐各御史,每员各给一部,直隶各省督抚俱另给一部,令其照依上板翻刻,刷印通行所属各儒学,酌量每学各给若干部,由直隶总督印送该府尹颁给。③

科举类殿本也是颁发较多之类别。咸丰六年（1856）七月二十三日谕旨:"《翻译孝经》系雍正年间编辑,为八旗各项考试命题之本。向无清文、汉字合写成书,且其时满洲新语未备,书中音义,皆系旧语。现在各省驻防乡试童试举行翻译,已历有年。在京各项

---

① 《清世祖实录》卷25,顺治三年三月四日。
② 《清圣祖实录》卷38,康熙十一年正月二十二日。
③ 《安庆巡抚徐本为领到批驳逆贼吕留良四书讲义事》,雍正十一年四月四日,台湾史语所藏内阁大库档案,登录号:009904-001。

考试,尤为八旗士子进身之阶。诚恐其循诵习传,不免参差简略。朕因详加校阅,遵照乾隆年间钦定《翻译五经新语》,悉加厘定。著武英殿刊刻清文、汉字合璧成书,颁行中外,俾各士子讲习有资,用昭法守。"①

殿本的颁发对象包括中央六部、翰林院、各省督抚衙门、学政衙门、书院、寺院、道观等处,《大义觉迷录》等特殊殿本颁发范围甚至已到府县一级。

(1)颁发内外衙门

武英殿修书处刻竣的殿本,一部分是有关国家政治、法律、科举等方面的书籍,此类殿本属于必颁之书,颁发给京内中央六部及各省等内外衙门,作为推广教化,施政之用。另外常常额外另颁数部样本,供地方翻刻售卖,以广流传。

《康熙城固县志》载有康熙五十三年(1714)七月十一日《颁朱子四书恭纪》,是一份非常珍贵的殿本早期颁发地方衙门文献:

> 康熙五十二年九月二十七日,准内阁大学士李光地移称:本月二十四日进士魏廷珍、举人王兰生、梅瑴成奉上谕:你们说与大学士李光地知道。《朱子全书》俟四书刻完,特即刷印颁给各省,每省给他三、四部,令他即将原刻上板刻印,教读书人都得看见。各经刻完时,亦照例颁给。……今准武英殿修书处传领书颁发,随传齐各省提塘至武英殿校刻《朱子全书》处……该各巡抚及奉天府各四部,相应照数颁给各省巡抚,并奉天府尹各该巡抚查照。②

前引文献说明康熙年间殿本《朱子全书》曾颁发每省4部,颁发的方式是"武英殿修书处传领书颁发,随传齐各省提塘至武英

---

① 《清文宗实录》卷204,咸丰六年七月二十三日。
② (清)王穆纂修:《康熙城固县志》卷10,清康熙五十六年刻本。

殿",需要地方自行派员领取。

康熙五十二年(1713)颁发各省《朱子全书》,成为此后颁发殿本的范例,康熙五十四年(1715)九月二十日,武英殿总监造李国屏奏称:"现今印完《御纂周易折中》共五百部,除其中一百零一部已用外,目今剩余三百九十九部,今年九月十八日礼部具奏后来文内开,御纂《周易折中》一书颁给各省时,仍照颁发《朱子全书》之例,每省颁发四部。等语。故颁发各省时,需书七十六部,拟由现存之三百九十九部内取出,交给礼部。为此谨奏。请旨。朱批:给。"①《御纂周易折中》每省颁发4部,总计颁发了76部。

当然,并非所有的殿本都如此大规模的颁发各省,实际上是有所侧重的。有关地方施政参考的殿本,多有颁发。如雍正八年(1869)九月十六日,武英殿刊刻《训饬州县规条》告竣,直省现任州县官应各赐一册。凡督抚、司道府厅等官均有教导属员之责,各赐一册。"嗣后凡从京师铨选及试用之员,未曾详赐此书者,著吏部行文武英殿领取,每人各赐一册等因一折。奉旨议得:好。依议。"②

再如《三流道里表》《督捕则例》二书,屡有颁发之举。考虑到《三流道里表》"备载流纪分发地方",而《督捕则例》"备载旅外治罪,并有关文武各官隐匿失察交部之例",均属内外问刑、会审衙门之所必需,乾隆九年(1744)九月十日,谕旨:"除将内外应颁各衙门《三流道里表》一百五十八部,清字《督捕则例》一百二十四部,汉字《督捕则例》三百三十部,另缮清单进呈,命下之日刷印颁发外,臣等酌议仍刷印《三流道里表》二十部,清字《督捕则例》二十部,汉字《督捕则例》二十部存馆,以备在京衙门或有需用而颁发。……请照《律例洗冤录》之例,将《三流道里表》

---

① 《清内府刻书档案史料汇编》,第79页。
② 《内阁为武英殿刊刻训饬州县规条告竣赐官事》,雍正八年九月十六日,台湾史语所藏内阁大库档案,登录号:287579-076。

《督捕则例》各另发直省布政司二部，令其照样刊刷，转发该省需用衙门，一体遵行。……计发《三流道里表》五部，汉字《督捕则例》五部，巡抚各一部，布政司各一部，刻样各二部，按察司各一部。"①

此外，详载礼法、教化等内容的殿本被大量颁发至内外衙门。如乾隆十九年（1754）十一月初四日颁发《三礼义疏》，直隶、江苏、安徽、江西、浙江、福建、湖北、湖南、河南、山东、山西、甘肃、广东、广西、云南、贵州及顺天、奉天等衙门，各颁发一部。"交武英殿照数刷印，以便颁发各省布政司衙门。"② 嘉庆二十三年（1818）八月二十二日颁发《皇朝通礼》，清廷认为该书"实足为朝野率由之准。特是书刊刻后，弆板内府，直省士民，鲜得见闻"，决定大规模颁发地方："著武英殿按照省分，各印给一部。各该督抚派人祗领，照刊流播。俾士民共识遵循，用昭法守。"③ 同治八年（1869）颁发《圣谕十六条》，直省督抚、府尹、学政及盛京、吉林、黑龙江将军，各颁发一部。④

清朝入主中原后，不少士大夫仍谨守"华夷之辨"，清朝统治者为了巩固统治，兴起多桩文字狱，对士人言论严加钳制。其中以雍正时期的"曾静投书案"最为著名。曾静投书称"华夷之分大于君臣之伦"，指责雍正帝是失德的暴君，列出其十大罪状。雍正七年（1729），雍正帝下令将处理案件的谕旨、审讯记录、口供记录加以编辑，附录曾静认罪书《归仁说》，编成《大义觉迷录》，共分4卷，内收上谕10道，审讯词和曾静口供、张熙等口供，曾静《归仁录》1篇。成书后，雍正帝下令武英殿修书处刊刻。至雍正八年二月十七日，武英殿修书处已经刷印出第一批《大义觉迷录》，并按雍正帝旨意发行全国各府州县以及"远乡僻壤，让读书士子及乡曲小

---

① 台湾史语所藏内阁大库档案，乾隆九年，登录号：019296-001。
② 台湾史语所藏内阁大库档案，乾隆十九年，登录号：055940-001。
③ 《清仁宗实录》卷345，嘉庆二十三年八月初三日。
④ 《清穆宗实录》卷266，同治八年九月十二日。

民共知"，"倘有未见此书，未闻朕旨者，经朕随时查出，定将该省学政及该县教官从重治罪"。雍正八年（1730）二月二十三日，雍正帝钦定《大义觉迷录》颁发范围和刷印数量，其中颁发给京部院大小衙门的范围为：

> 《大义觉迷录》颁示中外，臣等议得在京部院大小衙门，满汉堂官每员一部，司官每司一部，翰詹科道每员一部，八旗满洲、蒙古汉军、各都统衙门每处二部，护军统领、步军统领衙门各一部，每旗佐领各一部，官学、义学等处各一部，五城兵马司、顺天府宛大二县及顺天府儒学共给五百部，令其妥议分发晓谕所属衿士庶，马兰峪总理事务处一部，总兵官一部，盛京各部衙门一部，各司一部，奉天府尹、府丞各一部，儒学二部，奉天、宁古塔、黑龙江将军各十部，以上各衙门所颁之书，俱令各该管官员随时宣谕，俾兵员士民咸共知悉，倘有遗漏怠忽者，定核加议处①。

雍正帝谕旨"京师刻成之书，各省总督、巡抚每处再发一百部"。这里说的"京师刻成之书"应即是武英殿修书处刊印的《大义觉迷录》殿本原版。清代有18省、5个将军辖区、2个办事大臣辖区，按此计算，武英殿修书处一次性颁发各省的殿本原版即达数千部，再加上要求在京部院大小衙门官员人手一部，保守估算武英殿修书处刷印《大义觉迷录》上万部，数量非常之多。

除了直接颁赐各省督抚外，雍正帝还要求，再发一部与该省刻印之衙门，令其照此正板刊刻，在外各省督抚、将军、总河、总漕、提镇、藩臬、学政、观风整俗使、巡查御史、巡盐御史、织造各一部，收贮该衙门，各督抚照依颁发原本，另行刊刻，分给各属，令属州县官查明在城及各村镇需用之数量，并儒学教官给诸生之数，

---

① 台湾史语所藏内阁大库档案，雍正八年，登录号：120078-001。

俱行遍给，士绅中有愿刷印者，也允许加以翻刻。

雍正帝大量颁发《大义觉迷录》，其实具有很强的教化意味，他要求：

> 每遇朔望宣讲《圣谕广训》，即将《大义觉迷录》宣谕绅士兵民，务令人人洞晓。其各邑村镇居址相近之生监、通晓文义者，于乡约所按期集众宣读晓谕，必使晓畅明白。该地方官仍不时访察，以防怠忽。该管上司如遇州县军民人等问以书中大义，仍有茫然不知者，即将该州县官严加申饬，如颁发一年未能遍晓者，即将地方官参处。①

总之，由于特殊的政治考量，雍正朝《大义觉迷录》的颁发数量多、范围广，充分反映了武英殿修书处刻书活动与皇权政治的特殊关系。

（2）颁发国子监

国子监作为太学，是清代的中央官学、养育人才之所。清廷对国子监历来高度重视，皇帝经常颁赏殿本，存贮于国子监。特别是经史类殿本，国子监本身需求量很大，甚至有主动请颁之举，清帝一般都予以恩准颁发。如乾隆元年（1736）三月，国子监祭酒杨名时等奏请颁发《御纂周易折中》《性理精义》《朱子全书》《钦定尚书传说汇纂》《诗经传说汇纂》《春秋传说汇纂》，每种各16部，并请用南学历年余剩公费银两照本刊刻，储之太学。即位不久的乾隆帝批准了此项请求："杨名时所请书籍，著将武英殿现有者各种发二十部，余照所请行。"②

清代各朝屡有颁发殿本给国子监的记载。如乾隆九年（1744）十月二十四日军机处上谕档载："内阁奉上谕：本朝所修《古今图

---

① 台湾史语所藏内阁大库档案，雍正八年，登录号：120078 – 001。
② 台湾史语所藏内阁大库档案，乾隆二年，登录号：019629 – 001。

书集成》一书搜罗浩博，卷帙繁复，实艺林之巨，为从来之所未有者，古称天禄石渠为藏书之所，今之翰林院即图书府也，著《古今图书集成》颁赐一部收贮院署，俾词臣等咸得览以广识见，以资问学。"① 乾隆八年（1743）乾隆帝以翰林院署岁久倾圮，诏颁内府资金重加修葺，并赐《古今图书集成》一部贮于宝善亭。谕旨："著武英殿将《味馀书室全集》《御制诗初集》各刷印、装潢，赏给国子监分贮尊藏。"② 嘉庆九年（1804），管理国子监事务刘墉奏请颁发给国子监《味馀书室全集》等30种殿本。道光四年（1824）三月初四日，管国子监事汪廷珍等奏请颁发御制诗文集，以惠艺林。乾隆谕令武英殿将《养正书屋全集》刷印、装潢30部，赏给国子监分贮③。

《钦定国子监志》卷51《经籍·赐书》条记载了历年颁发所得内府典籍，"各书均出列圣暨皇上颁赐国子监存贮"④，其中相当一部分为殿本。国子监还贮存有大量殿本书板片，《钦定国子监志》卷52记载甚详，可供参考：

>　　国子监共贮板刻六十四种计十六万零一百二十七面。监中原贮皇上《御制诗集》板五百九十二面，《古文约选》板一千零八十六面，《清文四书》板四百三十五面，清文《小学孝经》板四百五十九面，汉文《小学孝经》板一百九十五面，《性理大全》板一千三百九十四面，《清文性理精义》板九百四十二面，《朱子全书》板二千九百三十三面，《国学礼乐录》板三百六十面。共板八千三百九十六面。⑤

---

① 中国第一历史档案馆藏军机处上谕档，盒号：558，册号：1。
② 光绪朝《钦定大清会典事例》卷388《礼部》。
③ 《清宣宗实录》卷66，道光四年三月四日。
④ 《钦定国子监志》卷51《经籍·赐书》。
⑤ 《钦定国子监志》卷52。

（3）颁发翰林院、各省书院、文庙等处

翰林院是人才渊薮之地，历代中央政府均将闻名卓著的文士选入翰林，为天下士子树立典范，翰林遂有"学者宗师"之誉。清承明制，清廷也设立了翰林院，网罗大批人才。雍正九年（1731）二月初八日，内阁大学士马尔赛等奏赏赐殿本《书经》，除颁发京三品以上堂官，在外之督抚、学政外，"其所余之书分赏翰、詹衙门各官，钦遵在案。今所交书经一百四十部，臣等谨照前开列京堂、督抚等职名具奏，恭候钦定颁发。其所余之书仍照例交翰林院，分赏翰詹两衙门"①。

各省书院、文庙、学校数量庞大，清廷每年都会颁发一定数量的殿本，作为培育人才之资。乾隆十六年（1751）谕："朕时巡所至，有若江宁之钟山书院、苏州之紫阳书院、杭州之敷文书院，各赐武英殿新刻《十三经》《二十二史》一部，资髦士稽古之助。"②乾隆四十四年（1779）奏准，热河文庙照直省学校之例，颁发书籍。于武英殿库储各书内，择其尤切于诸生讲求者，颁给殿本 92 部③。目的是"以光教思"，培育人才。

二 殿本的赏赐

殿本刊印完成后，照例要分出一定数量作为赏赐之本。受赏人员名单需经皇帝亲自批准，赏赐的对象包括皇子及亲王、宗室王公贵族、京师内外文武大臣、参加编刻书籍的人员，以及著名文士、外国使臣等，赏赐的数量因赏赐对象而有所不同。据传教士马国贤的回忆："刻印完热河风景图后，我把印本呈送给皇上，他对此非常

---

① 《内阁大学士马尔赛为颁发书经事》，雍正九年，台湾史语所藏内阁大库档案，登录号：186201-001。
② 光绪朝《大清会典事例》卷 388《礼部三》。
③ 同上。

高兴，命令大量复制，送给他的皇子、皇孙和其他亲王们。"①

殿本是清代帝王可自由支配的私人物品，帝王把殿本当作礼物赏赐臣民，可促进君臣情谊，宣示皇权的至高无上。而赏赐得书之王公大臣视为极大荣耀，无不感激皇恩浩荡。如雍正十一年（1733）正月初三日，史贻直获赐《孝经集注》《小学集注》等殿本，即上折谢恩，可谓感激涕零：

> 伏念臣才识短浅，署理封疆愆尤日积，仰沐圣慈不加谴责，复蒙皇上格外鸿恩，得与廷臣一体赏赉，琅函贝笈，荣分天府之藏书，玉轴牙签，欣睹皇朝之秘撰，谨当世袭奕世宝传。惟有益自策，勉竭涓埃，以仰报高厚于万一。②

雍正朝获得赏赐殿本《古今图书集成》的王公大臣在他们个人撰述的诗文集中往往不惜笔墨记录这一恩宠。如允礼《春和堂纪恩诗》中有篇《圣祖钦定古今图书集成恭纪》专记受赐《古今图书集成》之事："两朝作述会渊源，只今弘启文明运，万卷图书万古存。"③ 嵇曾筠也在其文集中对受赐一事大书特书④。

从臣子谢恩折看，御赐之书需由被赐者派家人前往武英殿领取运回，举行隆重的仪式。如《御纂周易折中》刊印后，赏赐给浙江巡抚徐元梦、福建巡抚满保、甘肃巡抚绰奇等地方督抚大臣。康熙五十四年（1715）八月，赐给山西巡抚苏克济一部《御纂周易折中》，苏克济在谢恩折中称："赍捧圣主赏赐奴才之《周易折中》一部返回。奴才当即出郊恭迎到署，恭设香案，遥望阙廷，叩头谢恩

---

① ［意］马国贤：《清廷十三年——马国贤在华回忆录》，李天纲译，上海古籍出版社 2004 年版，第 77 页。
② 《清内府刻书档案史料汇编》，第 99 页。
③ 四库未收书辑刊编纂委员会编：《四库未收书辑刊》第 8 辑，第 30—53 页。
④ （清）嵇曾筠：《防河奏议》卷 8《恭谢钦赐古今图书集成》，国家图书馆藏清雍正刻本。

祗领。"① 甘肃巡抚绰奇谢恩折则说："奴才家人由京城捧圣主赏赐奴才之《周易折中》……去年接任以来，寸长未效，而赏赐御纂之书，内廷所用之品，奴才实不能接受。"浙江巡抚徐元梦谢恩折称，其家人从武英殿运回御赐书籍后："即率城内文武官员、书院读书士子，出郊跪迎，将匾、书置龙亭内……随将圣主御笔字匾一、《渊鉴》及法帖一套、《孝经法帖》一卷、《古文渊鉴》一部、《渊鉴类函》一部，日讲《四书》《易经》《书经》各一部，出示聚于书院内之所有官员人等，众员皆云见所未见，无不赞叹欢悦。"② 殿本赏赐成为强化君臣关系的重要工具。

（一）赏赐亲王、大臣

清帝为了笼络人心，把殿本作为御赐奖赏之物，大量赏给王公贵族、督抚大臣。康熙帝即屡有赏赐殿本之举，如康熙五十四年（1715）赏赐《御纂周易折中》，谕旨："给皇阿哥每人装完之书各二部。"③ 当时总共7名皇子，每人获赐2部。

雍正六年（1728）八月二十日，雍正帝赏赐《古今图书集成》，不由内阁而由庄亲王允禄、果亲王允礼传旨，19部棉纸本，1部供奉在寿皇殿，9部交乾清宫总管于应陈设之处存放，余下9部赏给怡亲允祥、庄亲王允禄、果亲王允礼、康亲王衍璜、福慧阿哥、张廷玉、蒋廷锡、鄂尔泰、岳钟琪每人1部。45部竹纸本，赏给诚亲王允祉、恒亲王允祺、咸福宫阿哥允祕、元寿阿哥、天申阿哥、励廷仪、史贻直、田文镜、孔毓珣、高其倬、李卫、王国栋、杨文乾、朱纲、嵇曾筠每人1部，其余30部保存起来。由允禄、允礼主持赐书事务，表示这是皇帝的私人恩赐，其领受者与皇帝的私人关系密切，而不是依据官爵应该得到的，可见帝王喜好在典籍流通过程中的显著影响。从受赐者身份上看，怡亲王、庄亲王等人是雍正帝的

---

① 《清内府刻书档案史料汇编》，第79页。
② 同上。
③ 同上书，第78—79页。

兄弟，张廷玉、鄂尔泰、岳钟琪等人是雍正帝的宠臣，蒋廷锡是编纂《集成》总裁，得到皇帝的嘉奖亦在情理之中。

乾隆朝刻印的殿本数量在各朝中最多，乾隆帝赏赐殿本的记载也频繁见于档案史籍。如乾隆五年（1740）十二月二十一日，赏赐清字《大清会典》，对象包括：和硕康亲王、显亲王、庄亲王、怡亲王、简亲王、裕亲王、履亲王、诚亲王、和亲王、恒亲王、果亲王、平郡王、慎郡王、淳郡王。贝勒弘明，公讷亲、哈达哈、纳穆图，宗室奇通阿，领侍卫大臣常明、来保、海望，都统永常，提督九门步军统领鄂善，大学士鄂尔泰、福敏、查郎阿、三泰①。

乾隆十二年（1747）十二月二十七日，清廷赏赐《十三经》《二十一史》：

> 乾隆十二年二月初二日，据贵厅来文内称：照得本衙门奏请赏给亲王、郡王、大学士、尚书、左都御史、外省督抚《十三经》《二十一史》一书，开列名单，于乾隆十二年共计六十五员，每员各给一部，共应颁发六十五部。相应抄录原奏名单，咨呈武英殿查照奏准。②

乾隆十四年（1749）一月二十六日，赏赐《文献通考》官员范围为：在京亲王、郡王、大学士、尚书、左都御史，在外总督、巡抚各给1部③。

殿本的赏赐，往往依据内容的不同，选择不同的赏赐对象。乾隆十一年（1746），赏赐《八旗满洲氏族通谱》，清廷认为："《八旗氏族通谱》乃满洲世系源流，与国史相为表里。刊刻告成，理宜颁发。"其颁发范围明确"除在京、在外汉大臣，俱毋庸颁给清文"。

---

① 台湾史语所藏内阁大库档案，乾隆五年，登录号：210089-001。
② 台湾史语所藏内阁大库档案，乾隆十二年，登录号：147802-001。
③ 台湾史语所藏内阁大库档案，乾隆十四年，登录号：019551-001。

也就是说满文《八旗满洲氏族通谱》只颁发给满人,包括亲王、郡王、贝勒、贝子、公,在京文职满大学士以下,三品京堂以上,武职在京领侍卫内大臣、内大臣、散秩大臣、八旗都统、副都统、左右翼前锋统领、护军统领,在外各省督抚、将军、都统、副都统各给一部,在京八旗都统衙门每旗应各给一部,使旗人"得时时观览,世世流传,则从龙附凤之裔世序章明,益可昭垂不朽矣"①。再如,乾隆十三年(1748)赏赐《词林典故》,清廷认为"《词林典故》系记载翰苑故实之书,理宜颁发,酌请在京亲王、郡王、大学士、尚书等三品京堂,在外各省总督、巡抚各赏一部,共需一百十九部"②。

嘉庆朝以后,由于朝廷经费支绌,刊刻的殿本总量锐减,因此赏赐殿本数量也随之减少,偶见于档案记载。如嘉庆十二年(1807)十一月,赏赐聚珍版《钦定平苗纪略》名单为:二阿哥、三阿哥、四阿哥、仪亲王永璇、成亲王永瑆、庆郡王永璘、定亲王绵恩;大学士庆桂、董诰、禄康、费淳;军机大臣戴衢亨、托津;南书房翰林赵秉冲、英和。③ 再如,嘉庆十三年(1808)十月发摆《畿辅安澜志》,"此次钦奉谕旨颁赏《畿辅安澜志》一书,除照向例预备陈设二十部外,尚应刷印若干部备赏之处,伏候训示遵行。为此谨奏请旨。本日朱批:赏用纸合背、蓝布套、古色纸面页、榜纸书三十部"④。《畿辅安澜志》赏赐本为30部。

(二)赏赐有功臣民

获赐殿本的臣民包括两种情况:一是赏赐主持编刻该书的总裁、纂修、校对等人员。乾隆九年(1744)十一月,武英殿修书处咨内阁典籍厅称:"所有本年十一月初八日奉旨《医宗金鉴》一书告成,

---

① 台湾史语所藏内阁大库档案,乾隆十一年,登录号:161386-001。
② 台湾史语所藏内阁大库档案,乾隆十三年,登录号:019550-001。
③ 台湾史语所藏内阁大库档案,嘉庆十二年,登录号:179724-001。
④ 《清宫武英殿修书处档案》第1册,亥字三号,第479—480页。

和亲王、大学士鄂尔泰暨本馆经理、总修、提调、纂修、校对、收掌、誊录等官并该院官员等，著各赏给一部。"①

二是赏赐办事得力之人。如乾隆年间因修《四库全书》，赏赐《古今图书集成》给献书最多的藏书之家。乾隆三十九年（1774）五月十四日谕旨称：

> 今阅进到各家书目，其最多者，如浙江之鲍士恭、范懋柱、汪启淑，两淮之马裕四家，为数至五、六、七百种，皆其累世弆藏，子孙克守其业，甚可嘉尚。因思内府所有《古今图书集成》，为书城巨观，人间罕觏。此等世守陈编之家，宜俾尊藏勿失，以永留贻。鲍士恭、范懋柱、汪启淑、马裕四家，著赏《古今图书集成》各一部，以为好古之劝。又进书一百种以上之江苏周厚堉、蒋曾莹、浙江吴玉墀、孙仰曾、汪汝瑮，及朝绅中黄登贤、纪昀、励守谦、汪如藻等，亦俱藏书之家，并著每人赏给内府初印之《佩文韵府》各一部，俾亦珍为世宝，以示嘉奖。以上应赏之书，其外省各家，著该督抚盐政，派员赴武英殿领回分给。其在京各员，即令其亲赴武英殿祗领。②

乾隆三十九年（1774）四月乾隆帝将铜活字版《古今图书集成》继续赏赐给亲信大臣舒赫德、于敏中、刘墉等人："大学士舒赫德、于敏中著各赏《古今图书集成》，其收藏传付子孙守而弗失。再，已故大学士刘统勋一体赏给，不意其猝尔身故，未及身预，因念及其子克世其业，亦加恩赏给一部。"③ 此外，宫中档案显示，乾隆年间还赏赐给书院，如山东紫阳书院、泺源书院④等。

---

① 台湾史语所藏内阁大库档案，乾隆九年，登录号：103158-001。
② 《清高宗实录》卷958，乾隆三十九年五月十四日。
③ 中国第一历史档案馆藏军机处上谕档，乾隆三十九年四月初二，盘号：649，册号：2。
④ 《道光济南府志》卷17，清道光二十年刻本。

（三）赏赐各国使节

书籍是中外文化交流与融合的重要媒介，明清皇帝都有赏赐书籍给朝鲜、日本、越南等邻近国家。总体而言，清代给外国的赐书数量不如明代，主要是赐予体现宗藩关系的《时宪书》和其他实用性殿本。康熙五十一年（1712），康熙帝赏赐朝鲜李朝使团《佩文韵府》《古文渊鉴》《全唐诗》《渊鉴类函》。朝鲜使臣金昌业记载此事："颁书之时，如我国则必招呼各司人，举措纷闹。而此则不然，寂无一声，书出而已。进所裹之物，才裹了，即又担而行，以至运置馆中，而无暑刻稽缓。只此一事，亦非我国所及。"[①] 雍正元年（1723），雍正帝赐给朝鲜使团《周易折中》《朱子全书》，雍正七年（1729）又赐给《康熙字典》《诗经传说汇纂》《音韵阐微》《性理大全》。清廷赐予外国的殿本多为四书、五经等儒家经典，借此宣扬清王朝儒家礼制，加强中外文化联系。

三 殿本的回缴

清廷不仅例有赏赐、颁发殿本的举措，对于个别编刻有误或不符统治者政治意图的特殊殿本，往往将刻成之书和板片大规模的回缴内廷销毁，这是以往学界研究殿本容易忽略的问题。需要指出的是，回缴现象出现在清代某些特殊时期，并未形成定制。笔者搜考相关档案史料，并以个案为例，试作初步的研考。

（一）补充内府库藏：《古今图书集成》的回缴

殿本回缴有补充内府库藏之不足，以便再次赏赐颁发的现实考虑。康雍朝刊印的铜活字版《古今图书集成》就是这样一个典型例子。雍正六年摆印了《古今图书集成》64部及样书1部，经过雍正帝、乾隆帝的多批次赏赐，到乾隆后期内府库藏已经不多。有鉴于

[①] 金昌业：《老稼斋燕行日记》，载林基中编《燕行录全集》第33册，韩国东国大学校2001年版，第204页。转引自张升《明清宫廷藏书研究》，商务印书馆2006年版，第271页。

此，乾隆帝为了弥补库藏不足，着手清查并回缴雍正年间赐给大臣、亲王的部分《古今图书集成》。如军机处上谕档载，乾隆三十八年（1773）四月初三日乾隆帝询问岳钟琪、朱纲获赐《古今图书集成》的去向：

> 所有雍正年间赏给岳钟琪、朱纲《古今图书集成》一部，现在奉旨查询其家此书是否现存及有无残缺之处，相应行知。贵督、贵抚即行饬查咨覆，本处并饬该地方官毋得滋扰。①

乾隆帝此旨，意图借清查《古今图书集成》的留存情况，收回颁发下去的部分《古今图书集成》。地方督抚接旨后自然心知肚明，上折奏询应否令朱纲之孙将御赏《古今图书集成》恭缴："《图书集成》乃特恩赏给，理应敬谨世守，今朱纲父子俱故，家业萧条，贮书无所，子孙不能世守，恐致日久散佚，殊非将御赏《古今图书集成》敬谨之道，应否将原书恭缴之处，伏候本部院。"② 鉴于大臣恩赏所得《古今图书集成》不能妥善保存的状况，乾隆帝当即下旨回缴。乾隆三十八年（1773）四月十三日军机处上谕档载："臣等奉旨查原任提督田文镜所得赏给之《古今图书集成》一部，令其家缴回，随交改旗查办。今据该正黄旗汉军都统覆称，田文镜之孙、革职县丞田邦直呈称其书已卖与镶红旗汉军官学生刘若儒，得价银五百五十两。等语。查田邦直以伊祖田文镜所有恩赏书籍私行得价售卖，殊属不合，应请旨交部治罪。至刘若儒因何收买及是否完全之处，现交镶红旗汉军都统查明具奏请旨谨奏。"③

对于雍正年间受赐获得《古今图书集成》的杨文乾家，河南巡

---

① 中国第一历史档案馆藏军机处上谕档，第 3 条，盒号：645，册号：1。
② 中国第一历史档案馆藏军机处录副奏折。档案号：03-1148、03-1148-021、082-0435。
③ 中国第一历史档案馆藏军机处上谕档，乾隆三十八年四月十三日，盘号：645，册号：1。

抚何煟奏报了查缴过程："照得雍正年间赏给巡抚杨文乾《古今图书集成》一部，现在奉旨查缴。今传询其家，并无着落。合将巡抚杨文乾并伊子总督杨应琚生平历任各省分通行咨查，咨到贵抚，即将其历过地方有无存晋安放次数之处，迅速查覆，一面咨报，一面解京送交本处。"① 这里言及将藏书者杨应琚"生平历任各省分通行咨查"，查缴力度不可谓不大，也说明乾隆帝对此事高度重视。

从最后的结果看，共计缴回雍正年间赏赐给臣子的《古今图书集成》多部，乾隆三十八年（1773）四月十六日，军机处作了阶段性的回缴数量统计：

> 今将《古今图书集成》原书缴回者共五家：
> 鄂尔泰：二部内缴一部，据伊孙鄂岳称现在拟缴。
> 田文镜：交查该旗，昨又传催，未据覆到。
> 杨文乾：交查该旗，据称从前查抄杨应琚家有旧书二十三套，杂书七箱，又旧书一百套，此外并无别项书籍。等语。但查原书系五百二十套，断不在所抄之内，杨应琚历任各省，曾经带往拟行文细为查询。
> 马尔泰：据伊孙玛郎阿称，于乾隆五年经回禄被焚。
> 讷亲：其书下落尚未查得。
> 奉旨查询其家现在原书是否完全共四家：
> 诚亲王：据贝勒弘景借给黄松石，已经奏明。
> 李卫：据伊孙候补道李星曜曾载往同州府任所，现存。
> 岳钟琪：已经武英殿查得。
> 朱纲：已行文山东巡抚向其家查询。②

---

① 中国第一历史档案馆藏军机处录副奏折，档案号：03-1148-016。
② 中国第一历史档案馆藏军机处上谕档，乾隆三十八年四月二十六日，盘号：645，册号：1。

对于去向不明的《古今图书集成》，乾隆帝要求继续追缴、清查。乾隆三十八年（1773）八月十一日军机处上谕档载：

> 从前赏给原任福建巡抚朱纲《古今图书集成》一部，据朱纲之孙朱照呈称，是书向系胞伯朱崇诰收贮，后因变卖房屋寄放卢子若家内。今卢子若已故，现有伊子卢昆可询，随传问卢昆称，向有寄存朱姓之书，但目开五百二十套，原系少二套，今将原书送缴。等语。朱照既不能世守此书，恐日久益致散失，应否将原书恭缴之处，咨请前来理合。乾隆三十八年八月十一日奉旨：著交军机处。①

由《古今图书集成》回缴内廷一事，可知殿本回缴也有补充内府库藏的作用。

（二）掩盖是非：乾隆朝《大义觉迷录》的回缴

殿本回缴内廷在乾隆一朝最为频繁，回缴力度也最大。前文述及的雍正朝殿本《大义觉迷录》，可能是清代刻印殿本中数量最为浩繁的一部。按谕旨，当时各省总督巡抚每处发给100部，在京部院大小衙门、满汉堂官每员1部，司官每司1部，翰詹科道每员1部，八旗满洲、蒙古汉军、各都统衙门每处2部，护军统领、步军统领衙门各1部，每旗佐领各1部，官学、义学等处各1部，五城兵马司、顺天府宛大二县及顺天府儒学共给500部，马兰峪总理事务处1部，总兵官1部，盛京各部衙门1部，各司1部，奉天府尹、府丞各1部，儒学2部，奉天、宁古塔、黑龙江将军各10部，在外各省督抚、将军、总河、总漕、提镇、藩臬、学政、观风整俗使、巡查御史、巡盐御史、织造各1部②。

---

① 中国第一历史档案馆藏军机处上谕档，乾隆三十八年八月十一日，盘号：646，册号：1。

② 台湾史语所藏内阁大库档案，雍正八年，登录号：120078-001。

乾隆帝即位以后重审此案，认为《大义觉迷录》中的曾静供词无形中起了反清的宣传作用，对清朝统治极为不利。刑部尚书徐本奏请停止直省每月朔望讲解《大义觉迷录》的奏折称："似此谤毁君父之言，每于月吉宣之于口，实为天下臣民所不忍听闻者。伏乞皇上特颁谕旨，将《大义觉迷录》于每月朔望停其讲解。"① 雍正十三年（1735）十二月十九日，乾隆帝谕旨将曾静等人正法，严令收缴和销毁《大义觉迷录》。至于当时收缴的数量，如今留存的档案文献极少记载，当时可能是秘密进行的。但从雍正朝颁发、翻刻《大义觉迷录》的庞大数量看，收缴之数极为可观。有部分学者认为，乾隆以降《大义觉迷录》已经完全收缴干净，以至于晚清时期革命党要从日本寻获《大义觉迷录》，引进国内刊印。实际上今天的故宫博物院图书馆以及海外的日本、美国等图书馆仍收藏有一定数量的殿本《大义觉迷录》。可见，即使当时收缴的力度非常之大，但由于《大义觉迷录》颁发的数量甚巨，要彻底清理是不可能之事。档案所见，直至乾隆中后期仍不断有查缴《大义觉迷录》的记载。乾隆四十一年（1776）十一月初四日，江西巡抚海成奏续获应毁书籍板片折："又有新获《大义觉迷录》一部，系久奉特旨查缴，今江省尚有存留，恐他省亦不无遗传。查此项书籍，尤当严查，相应奏明，先行知照各省，一体查缴，务期净尽。……且如《大义觉迷录》，系收缴多年，今复搜出，是各项违碍应毁书籍，实难保无余剩，更当饬属加意收查，不敢称懈。"②

乾隆四十二年（1777）六月二十日，浙江巡抚三宝奏缴续获应毁书籍暨《大义觉迷录》折称："查《大义觉迷录》一书，除前已检获五部，业经解缴，今缘搜缴应毁各书，复又逐处搜查得三十四部，内完全者十八部，不全者十六部，一并敬谨包封，附交委员解

---

① 《宫中档雍正朝奏折》第 26 辑，第 834 页。
② 《纂修四库全书档案》，第 548 页。

缴军机处查收。"① 乾隆四十三年（1778）三月二十九日，云贵总督李侍尧等奏第三次查缴应禁书籍分别解京折说："此次缴书，有世宗宪皇帝钦颁《大义觉迷录》十本。臣等伏查，此系久经奉旨通行收缴，或因当日宣示未周，边氓未能尽晓，以致数十年后民间尚有藏弆。除再行慎密细查外，臣等理合敬谨封缄，另匣恭呈，合词会奏。"② 同年五月十一日，署云贵总督裴宗锡奏称："上次解送书内，有另恭呈世宗宪皇帝钦颁《大义觉迷录》十本。今此次又查出八本，是从前收缴之时尚多未尽。"③ 由此可见殿本回缴与清代政治关系极为密切。

第三节　殿本覆刻、翻刻与售卖

一　殿本的覆刻和翻刻

武英殿修书处刷印颁行的殿本数量毕竟有限，常常无法满足巨大的需求，为了解决这一矛盾，清廷采取覆刻、翻刻的方式，发行海内外。覆刻一般是以武英殿存贮的原刻殿本书板请旨刷印，自备纸墨工价。如乾隆三年，礼部会同修书处遵旨议定：武英殿存贮书板《御制人臣儆心录》等满、汉文42种，于学术有益，将刷印各书所需纸墨工价逐部核定，凡满、汉官员愿以俸禄刷印者，由其衙门移咨武英殿照数刷印，并行文户部扣俸还项；翻刻一般将殿本颁发到各省督抚，由布政司衙门组织重刻，再由地方官府印行或招募坊贾、个人输资依照钦颁殿本样本印刷。清代翻刻殿本，各省督抚须将翻刻流通情况呈报皇帝，甚至呈进样本。

---

① 《纂修四库全书档案》，第139页。
② 同上书，第809页。
③ 同上书，第822页。

（一）康熙朝殿本覆刻和翻刻

殿本的翻刻早在康熙朝已经开始。康熙四十五年（1706）八月二十一日，武英殿总监造赫世亨奏请增印《古文渊鉴》等书称："查前刻印《清文资治通鉴纲目》《古文渊鉴》时，皆用连四纸各印百部、榜纸各印六百部。刷印完毕，有愿刷印者，准其刷印。……今欲刷印学习此书之人甚多，则照《古文渊鉴》印数刷印，或多些刷印，再对愿刷印之人，仍照前例给印，或视底版闲出即令继续刷印，请旨。为此谨并奏闻。朱批：知道了。著照《古文渊鉴》例。"[1] 这是目前见诸官方记载的关于殿本请印、覆刻的较早史料，说明当时已经有了一套殿本覆刻流通的完备体系。档案所说的"有愿刷印者，准其刷印""对愿刷印之人，仍照前例给印，或视底版闲出即令继续刷印"即指允许汉军旗人据殿本底板翻刻。清廷强调"书贾有愿意刊刻售卖者，听其自便"，之后的《朱子全书》《性理精义》《周易折中》以及《诗经传说汇纂》《春秋传说汇纂》等殿本，各省均可"依式版通行"，实际上就是允许和鼓励进行翻刻。据光绪朝《钦定大清会典事例》记载，康熙五十一年康熙帝谕令礼部："朕制《古文渊鉴》《资治通鉴纲目》等书，皆已刷印颁赐大臣，此等书籍特为士子学习有益而制，可速颁行直省。凡坊间书贾有情愿刊刻售卖者，听其传布。"次年《御纂朱子全书》成，颁发各省刊版通行。

殿本翻刻具有很强的目的性，用康熙帝的话说就是"教读书人都得看见"。《康熙城固县志》载有《颁朱子四书恭纪》，载明康熙帝谕旨各省颁赐若干部《朱子全书》，地方督抚按照原刻本加以翻刻、流播："康熙五十二年九月二十七日准内阁大学士李光地移称，本月二十四日进士魏廷珍、举人王兰生、梅瑴成奉上谕：你们说与大学士李光地知道，《朱子全书》俟四书刻完，特即刷印颁给各省，每省给他三四部，令他即将原刻上板刻印，教读书人都得看见。各

---

[1] 中国第一历史档案馆编：《康熙朝满文朱批奏折全译》，第459页。

经刻完时,亦照例颁给。"① "教读书人都得看见"即是把殿本翻刻视作教化士人的工具和手段。

(二) 雍正朝殿本覆刻和翻刻

雍正朝殿本的请印制度更加完善。雍正八年(1730)规定,刻印完成1部殿本后,每省颁发2部,"一部令其依式重刻,一部以备校对,尔后存贮学宫"。雍正十二年(1734)十月初八日,通政使司右通政蒋涟奏请刷印《大清会典》称:

> 《大清会典》一书……今三品诸臣已蒙恩赐,共切遵循,其余各官或未窥见全书,情深响慕,而板藏内府,无由刷印。臣愚仰恳圣慈。敕谕内阁知会各衙门,准令自备纸墨工价,赴内阁典籍,呈明汇齐刷印,并行文直省督抚,转饬所坝地方官,照备纸墨工价具文赴京请领,仍令典籍查考出入按时给发。②

鉴于"板藏内府,无由刷印",清廷准允各衙门和各地方督抚自备纸墨工价,赴内阁典籍,呈明汇齐刷印。雍正十年(1732)三月初七日,大学士鄂尔泰奏称:"武英殿刊刻上谕告竣,臣等进呈样本,并请赐给内外臣工。……请于颁赐直省文武之外,每省再发一部,令布政司照式刊刻,虔加校对,分发该属州县及儒学衙门各数十部,其绅士军民有敬请刷印者,准其具呈该州县印给。俾士庶农工共知大义。"③雍正十一年(1733)四月四日,安庆巡抚徐本奏称:"驳逆贼吕留良《四书讲义》一书,遵旨交与武英殿刊刻。今武英殿交送前来,谨将一部进呈御览。其应行颁发之处,谨据酌照《大义觉迷录》之例颁发,翻刻通行。大学士以下,翰林科道以上,

---

① (清)王穆纂修:《康熙城固县志》卷10,清康熙五十六年刻本。
② 《清内府刻书档案史料汇编》,第30页。
③ 《内阁典籍厅为颁发上谕事》,雍正十年,台湾史语所藏内阁大库档案,登录号:287598-001。

每员各给一部，宗学、各官学每处各给一部将军督抚、府尹、总河、总漕、观风整俗使、学政、藩臬、巡查、巡盐各御史，每员各给一部，直隶各省督抚俱另给一部，令其照依上板翻刻，刷印通行所属各儒学，酌量每学各给若干部，亦由直隶总督印送该府尹颁给。"①

雍正十三年（1735），内阁侍读学士舒鲁克奏请刷印《清文鉴》，也涉及殿本翻刻之事："圣祖仁皇帝业已通鉴，特为有益于后学者，故将《清文鉴》以蒙古文翻译，予以刊印，对外藩蒙古、扎萨克等及八旗学校，俱有赏赐之处。已成之此书底版既存武英殿，请敕八旗，若有情愿印刷满蒙古文鉴书之人，呈文该处，备领纸墨租价印刷，于习蒙古语者有正确指导，甚为有益。"② 舒鲁克此折提出，为便于八旗蒙古旗人学习，允许"情愿印刷满蒙古文鉴书之人"可以呈文武英殿，备领纸墨印刷《清文鉴》。

雍正朝颁发《大义觉迷录》可以说是清代殿本颁发数量最大、涉及区域最广的刻本之一。雍正八年五月，湖广巡抚赵弘恩奏称，颁得《大义觉迷录》后"星速刊刷遍给，广为宣讲。恐穷乡僻壤或未有周者，令各属申请，陆续补发。并另行刊板三副，一送学臣携带于历试处所，听生童刷印，余二副给各府，挨递听绅士刷印，务期实力奉行，使家喻户晓"③。当时地方督抚依据武英殿所刻《大义觉迷录》原本，进行大量翻刻，数量也极为庞大。即使是偏远的贵州，雍正八年九月十五日贵州督抚奏报："将《大义觉迷录》照板刊刻，先行印刷一万部，俱已装订成帙。现在查照黔属文武大小各官，每员发给一部，于通省设立讲约处所，各给一部，并按各府州县之大小，各标协营兵丁之多寡分别给与……如各属不敷分给，俟

---

① 《安庆巡抚徐本为领到批驳逆贼吕留良四书讲义事》，雍正十一年，台湾史语所藏内阁大库档案，登录号：009904-001。
② 《清内府刻书档案史料汇编》，第30页。
③ 《明清内阁大库史料合编》，国家图书馆出版社2009年版。

将续行刷钉者给与其士民等有愿刷印者，仍准予刷印。"①

（三）乾隆朝殿本覆刻和翻刻

乾隆朝是殿本覆刻、翻刻的高峰期，制度最为完善。乾隆元年谕旨："从前已颁圣祖《御纂周易折中》等书，各省虽已镌板，然得书者寥寥，令各省招募坊贾，自备纸墨刷印，通行售卖。"乾隆元年四月，乾隆帝谕总理事务王大臣，称《御纂周易折中》《朱子全书》《性理精义》等书，康雍时期曾"特敕直省布政司将诸书敬谨刊刻，准士子赴司呈请刷印。盖欲以广圣教，振儒风，甚盛典也。乃闻各省虽有刊板，而士子刷印寥寥。盖由赴司递呈，以俟批发，既多守候之劳，且一生所请，不过一部，断不能因一部书而特为发板开刷，士子所以欲多得书而其势不能也"。考虑到经书等殿本书籍广泛流播，乾隆帝谕旨"著直省抚藩诸臣加意招募坊贾人等，听其刷印，通行鬻卖，严禁胥吏阻挠需索之弊，但使坊贾皆乐于刷印，斯士子皆易于购买，庶几家传户诵，足以大广厥传"②。

乾隆帝重视经史、御纂书籍的翻刻，如乾隆四年（1739）谕称内廷编纂刊刻诸书，准许各省翻刻刷印，广为传布，其原因是"以《五经》《通鉴》等书，为士子诵读所必需，而内廷纂刻者，实为善本，可以裨益后学，为艺苑之津梁也"。乾隆帝亲自撰写的《乐善堂全集》及《日知荟说》，巡抚石麟、法敏先后奏请颁发二书，进行翻刻流传，正中乾隆帝下怀，谕旨："二臣既有此奏，恐他省踵至者不少，朕一一批示，不胜其烦，特降此旨，谕令共知之。"③

据《钦定国子监志》记载，乾隆时期武英殿刊刻的板片也会送交国子监等其他中央机构存贮，以备随时覆刻；国子监也有大量覆刻武英殿本的举措。乾隆九年（1744）以前存贮国子监的殿本板片

---

① 《揭报接奉钦颁大义觉迷录并刊刻分发宣讲各缘由》，雍正八年，台湾史语所藏内阁大库档案，登录号：119909-001。

② 《清高宗实录》卷17，乾隆元年四月辛卯条。

③ 《清高宗实录》卷87，乾隆四年二月十七日。

共 19 种，45444 面，"内四经及性理精义系监臣杨名时等请旨重刊，余俱武英殿刻竣，送监存贮"①。

（四）殿本覆刻、翻刻的方式与数量

殿本覆刻的另一种形式是将武英殿刊刻的殿本板片移交有关中央部门，听其刷印翻刻。如雍正年间将武英殿刊刻完成的《律历渊源》板片移交给钦天监刷印。乾隆十一年（1746）六月十五日，钦天监奏称："查《御制律历渊源》板片原载礼部收贮……乾隆十年后，经鸿胪寺卿梅瑴成奏请，将板交与臣监，仍遵照元年定议办理，奉旨著照所请行，钦此。钦遵。臣监赴部领板并出示招募坊贾人等刷印。……安徽等五省各给二部，交布政司存收，以为书坊翻刻之用，共书五十部臣监刷印成书，交各该提塘顺便赍发。"②

清廷提倡"崇儒重道""昌明性理"，以巩固统治。清代统治者允许广泛翻刻殿本，既有刊布流传内府典籍，也有裨益教化的考虑。因此，清廷特别重视翻刻"钦定"经史读本和"御纂"经义、史评等类别的殿本。

翻刻殿本数量较大的一种类别是《大清律例》《大清会典》及各部院则例等政书典籍，可以作为各级行政机关的参考和施政依据。例如雍正年间殿本《上谕八旗》，"造刻满汉文册，通行八旗发给"，对于办理八旗事务大有裨益，因此屡见翻刻。乾隆四年（1739）六月，甘肃巡抚元展成上奏："乾隆三年接准部咨，钦奉上谕将圣祖仁皇帝御制诸书颁发各省布政司敬谨刊刻……伏查御制《朱子全书》《诗经》《春秋》《书经》《性理》诸书已经刊刻完竣，并出示晓谕绅士人等，听其自便刷印。在案。至《御制周易折中》《康熙字典》现在敬谨刊刻，俟告成之日，印发各属广布外，所有《御制律历渊源》《大清会典》二书未蒙颁发理合缮折恭奏请颁，以便同奉颁四

---

① 《钦定国子监志》卷 52《经籍·板片》。
② 台湾史语所藏内阁大库档案，乾隆十一年，登录号：186107 - 001。

书解义俱行刊刻。"①

总体而言，殿本覆刻、翻刻数量最大的是皇帝御制诸书，尤其是御制诗文集，最直接体现了殿本的教化功能。上有所好，下必甚焉，地方督抚对御制类殿本书籍的翻刻积极性更大，热情更高。乾隆三十年（1765），大学士管两江总督尹继善等奏称："据浙江学政钱维城奏，请敕发《御制诗初集》《二集》《御制文初集》各一部，交直省布政司，照颁发经书例，一体刊行。应如所请，广为刊布，以式士林。得旨：准其刊布。著向武英殿请领。"② 乾隆四十一年（1776），浙江学政王杰奏请将《御制诗三集》颁发各省布政使刊刻："广布艺林，永为盛事。至浙省一部，并请自行选工敬刊。允之。"③

值得一提的是，地方督抚衙门翻刻殿本，所需经费一般由地方衙门的耗羡银内动支，如乾隆二十一年（1756）五月，户部为动支耗羡银两事称：

> 承准礼部颁发《三礼义疏》一百八十二本，行令敬谨刊刻，准人刷印，听坊间翻刻，以广传习等因。查明刊刻《御制孝经》《周易折衷》等书之例，估计板片刊刻并照御纂经书之例，刷印颁发各学并书院，共需银二千一百三十三两六钱零，请于乾隆二十一年耗羡银内动支。④

到同光时期，武英殿修书处的刊印能力剧烈下滑，刊印殿本的数量随之下滑，但殿本的翻刻依然保持一定的数量，其中以经史类殿本居多。同治六年（1867），清廷谕旨各省设书局，重刊《钦定

---

① 《清内府刻书档案史料汇编》，第108页。
② 《清高宗实录》卷731，乾隆三十年闰二月丁卯。
③ 《清高宗实录》卷1022，乾隆四十一年十二月十五日。
④ 《户部为动支耗羡银两事》，乾隆二十一年，台湾史语所藏内阁大库档案，登录号：168118-001。

七经》《御批资治通鉴》《十三经》《二十四史》等书，颁发给各府州县学，并准书肆翻刻售卖，由此产生了浙江书局刻本、江西书局刻本、崇文书局刻本、江南书局刻本等众多版本，旧时深藏大内的殿本经过翻刻重印，使得平民百姓也有阅读的机会，相当程度上扩大了殿本的影响和普及程度。

二 殿本的售卖

关于殿本售卖制度和书价情况，学界研究较为薄弱。随着武英殿修书处档案新近大量公布，为深入研究带来新的契机。此外，按照清代内府规制，武英殿修书处每年编制售书清册，详细著录所要售卖殿本的书名、函册、售价等情况，且样本量较大，这使得我们利用售书清册探讨清代殿本书价成为可能。基于此，拟以档案文献与传世典籍参酌互证，考察清代殿本售卖制度的建立过程和售卖机制，并在此基础上探讨殿本书价及相关问题。

（一）通行书籍售卖处的建立及其售卖机制

不少学者认为武英殿修书处售卖殿本始于乾隆九年（1744）[1]，因是年清廷才设立通行书籍售卖处。实际上，已有文献揭示，殿本通行售卖始自雍正朝，最初的售卖机构为崇文门监督处。乾隆三年（1738），礼部奉旨会同武英殿修书处议准："照从前颁发《御选语录》等书例，将武英殿各书交与崇文门监督存贮书局，准予士子购觅。"[2]《御选语录》为雍正十一年（1733）武英殿刻本，既是按照当年的颁发"书例"，那么崇文门监督处售卖殿本当在雍正朝已经开始。崇文门监督处为内务府管理机构，不仅负责征收税务，亦负责书籍、物料的变卖。乾隆四年（1739）九月初十日，湖北巡抚崔纪疏请颁发武英殿所有之《性理大全》《古文渊鉴》等殿本15部。乾隆帝从其所请，予以颁发部分殿本，并有谕旨："其余所请诸书，卷

---

[1] 齐秀梅、杨玉良等：《清宫藏书》，紫禁城出版社2005年版，第155页。
[2] 光绪朝《钦定大清会典事例》卷388《礼部·颁行书籍》。

帙浩繁,且崇文门等处现有刷印,准令远近士子购觅,自可渐次流通,毋庸再行颁发。"① 由此可见,崇文门监督处早期负责售卖殿本书籍。

乾隆朝于武英殿设立专门的殿本售卖机构,与翰林院编修潘乙震的奏议不无关系。乾隆三年(1738)六月初五日,潘乙震奏请印刷御纂诸书,令翰詹官员量力购领事时称,《子史精华》《御选唐诗》等书有利于儒臣博籍广览,最为切要,而"此秘籍尽美尽善,民间既无板刻,即间有一二种,一二部,市卖不知何处,得来辄为奇货可居,价昂数倍"。潘乙震建议"敕下典守之员将前项书目每种印刷一百部,酌定工价,听翰詹两衙门官员愿领何部名目按季开单,呈请准其给发,即于领俸各员名下所领书籍,照原议工价扣除"②。

潘乙震奏议提出允许由官员人等购买殿本,使得"圣朝御纂群书并得广为流播",得到了清廷的重视。乾隆七年(1742)十月十二日,武英殿修书处奏准:"嗣后新刻之书,于呈样之日,将应否通行之处请旨。永著为例。……其颁发之处交内阁拟奏,准其通行。"③ 至乾隆七年允许殿本通行已经成为一项固定的制度。但这里所谓的"通行"包含颁发、赏赐,不专指售卖,语义尚有模糊之处。而据军机处上谕档载,乾隆三十九年(1774)六月二十六日,内务府大臣金简称:"武英殿通行书籍,自乾隆九年奏准售卖。"④ 至乾隆九年,清廷正式设立武英殿通行书籍售卖处,成为清代售卖殿本的最主要机构。武英殿通行书籍售卖处设有通行书籍库,由库掌专门负责殿本售卖事宜。专门售卖机构的成立显然是为了满足日益增多的殿本需求,同时也标志着殿本售卖走向制度化,成为定制。

按照清廷规定,可供售卖的通行殿本有一定的限制。一般而言,

---

① 《清高宗实录》卷100,乾隆四年九月甲寅。
② 中国第一历史档案馆藏军机处录副奏折,乾隆三年,档案号:03-1146-004。
③ 《武英殿修书处为知会事》,乾隆七年,台湾史语所藏内阁大库档案,登录号:144747-001。
④ 《纂修四库全书档案》,第215页。

颁发陈设各处后剩余的殿本、武英殿书库剔除的残书以及清廷特别允准发卖的殿本，方可通行售卖。乾隆三十九年五月十一日，履郡王永城等奏酌拟存留武英殿修书处库贮各种书籍折称：

> 查武英殿修书处刊印各种书籍，向例预备多部，以供内廷传用陈设，其余颁赏之外，有蒙圣恩准令通行者，俾愿读中秘之人，交纳纸张工价请领。……请将前项书籍，无分外进内刊，凡数至一千部以上者，拟留二百部；一百五十部以上至六七百部者，拟留一百部；其一百五十部以下者，拟留五十部。①

该奏折透露的信息有两点需要注意：其一，通行书籍随印随发，武英殿修书处新刻殿本，采取即时售卖的方式，因此平时存下者甚少，从一个侧面说明殿本的畅销程度，供不应求。其二，用于陈设的殿本一般而言不能通行，但也有例外，如乾隆三十九年清查发现由于堆积武英殿书库的剩余殿本数量过多，采取售卖殿本、去库存的办法，减轻了武英殿书库的存贮压力。

殿本的发售范围包括满汉官员、士子和普通百姓。根据发售对象的不同，发售方式有所差别。通行书籍售卖处发售书籍主要有两种方式：

第一种，按照旧有办法，由通行书籍售卖处直接给发，购买者需"扣俸还项"，此种办法适用对象主要为各衙门官员。乾隆七年（1742）奏准：武英殿所贮书籍，凡各衙门官员欲买者，具体方式为："由本衙门给咨，齐银到日，即行给发，其非现任之员及军民人等愿买者，具呈翰林院给咨，齐银到日，一体给发。"② 衙门官员购买殿本者，采取抵扣俸禄的方式，"于季俸公费项下扣抵归款"③。

---

① 《纂修四库全书档案》，第206—207页。
② （清）索尔纳等纂修：《钦定学政全书》卷4《颁发书籍》，武汉大学出版社2009年版，第20页。
③ 《纂修四库全书档案》，第266页。

如系翰林院官员,"听翰詹两衙门官员愿领何部名目按季开单,呈请准其给发,即于领俸各员名下所领书籍,照原议工价扣除,俟领完何部即再印刷,仍令典守之员详记档案,已领毋得重领"①。衙门官员采用"扣俸还项"的方式购买殿本,实际上是一种图书预购。具体而言,清廷根据殿本所用纸墨工价等成本情况标明价格,满汉官员以所在衙门作为预定部门,汇总预购殿本的名称、数量,呈送武英殿"照数刷给",书款则从官员俸禄中直接扣除,这种预购方式可精准定位购买者需求,有效降低滞销风险。

第二种,通行书籍售卖处发交五城书铺,售卖流通,发售对象主要是民间士子、普通百姓。武英殿修书处规定,该处向例遇有聚珍摆印各书,及刷印通行各种书籍,俱发五城领卖,具体方式则为"令其按四季投缴价银,行文都察院,照例饬交五城司坊,派令殷实铺户,每五家连名互保出具,平价流通"②。清代北京城内,划分为东、西、南、北、中五城,每城设察院,隶属于都察院,负责稽查京师地方,整顿风俗。五城司坊则是五城察院下设的管理街市机构。通行书籍售卖处将殿本交由五城书铺售卖,代收价银,可以说把殿本直接流通的区域扩大到了京城,而经由五城书铺及商贾贩卖,殿本又流通至全国乃至海外,有利于殿本的广为流布。乾隆六十年(1795)十一月,《四库全书总目》刻竣,清廷考虑到"是书便于翻阅,欲得之人自多",因此"听武英殿总裁照向办官书之例,集工刷印,发交京城各书坊领售,俾得家有其书,以仰副我皇上嘉惠艺林之至意"③。这是通行书籍售卖处发交五城书铺售卖的一个具体实例。

乾隆帝编纂《四库全书》时,琉璃厂书肆迎来鼎盛时期,成为殿本流播海内外的重要渠道之一。朝鲜燕行使朴思浩于道光八年

---

① 《翰林院编修潘乙震奏请印刷御纂诸书令翰詹官员量力购领事》,乾隆三年,中国第一历史档案馆藏军机处录副奏折,档案号:03-1146-004。
② 《清宫武英殿修书处档案》第2册,第18页。
③ 《纂修四库全书档案》,第2374页。

(1828)游览琉璃厂,所见书肆售卖目录就包含了大量殿本:"阅其目录,则其大帙,有《四库全书》《文章大成》《册府元龟》《渊鉴类函》《佩文韵府》《全史》《十三经注疏》《康熙字典》《万国会通》《大藏经》等。"① 日本幕府亦极为关注殿本的购买。例如幕府关注中国法典,希望加以借鉴,很早就将殿本《大清会典》列入采购订单。据大庭修的研究,日本曾于享保四年、五年、七年先后3次购买《大清会典》②。殿本《古今图书集成》流播海外的例子颇为典型。《古今图书集成》于雍正六年(1728)摆印完毕后,邻国日本、朝鲜等积极从琉璃厂书肆购求。朝鲜人洪翰周《智水拈笔》记载了当时日本、朝鲜争先恐后购买《古今图书集成》的情形:"余闻丙申购来时,燕市人笑谓我人曰:'此书刊行殆五十年,而贵国号称右文,今始求买耶?日本则长崎岛一部、江户二部,已求三件去矣。'我人羞愧不能答。"③ 可见殿本流播海外速度之快。乾隆四十一年(1776),朝鲜正祖令燕行使徐浩修从琉璃厂书肆购得殿本《古今图书集成》1部,用银2150两④,储于奎章阁。大量殿本经由琉璃厂等书肆流播海外,产生了深远影响,时人就曾评论说:"盖近来中国书籍,一脱梓手,云输商舶。东都西京之间,人文蔚起,愈往而愈兴者,赖有此一路耳。"⑤ 殿本的流播海外之路,可以说是中外文化交流史上的一段美谈。

殿本的流通范围不限于京城,通过售卖流播以及各省请买等方式,遍及各省。但地处偏僻的贵州等省,殿本流通量则较为有限。

---

① [朝鲜]朴思浩:《燕行杂著·册肆记》,载《燕行录选集》上册,韩国成均馆大学大东文化研究院1960年版,第899页。

② [日]大庭修:《江户时代中国典籍流播日本之研究》,杭州大学出版社1998年版,第220页。

③ [朝鲜]洪翰周:《智水拈笔》卷1,香港亚细亚文化社1984年版,第29—30页。

④ 吴晗辑:《朝鲜李朝实录中的中国史料》,中华书局1980年版,第4647页。

⑤ [朝鲜]李尚迪:《恩诵堂集》,《韩国文集丛刊》第312册,韩国景仁文化社1999年版,第242页。

乾隆四十八年（1783）十二月，清廷下令回缴销毁殿本《通鉴纲目续编》，欲将书籍板片全行查出、抽改铲削，直隶督抚奏称此书"各省均有流传"①。但贵州巡抚永保奏覆抽改部数时则称："遵查《通鉴纲目续编》一书，自奉饬发改正样本来黔，即经饬属恺切晓谕，收缴送局抽改发还。无如黔省僻处边隅，实鲜藏书之家，其书贾运黔售卖者亦少。"② 因僻处边隅而"书贾运黔售卖者亦少"，反映出殿本在各省的流通数量是不均衡的，与不同地域的交通便捷程度、经济发展状况等因素密切相关。

书籍售卖必然涉及销售对象的问题。在以往的诸多研究中，民间书坊刻本的售卖对象多为中下层读书人，出版商就此制定有针对性的销售策略。例如，清代福建四堡的坊刻本销售对象主要是东南一带普通士子、百姓，四堡刊行的是"确认无疑的畅销书"，即"经生应用典籍"与"课艺应试之文"③，且开本很小，版面排字拥挤，以降低成本，因此书价往往较为低廉。殿本作为官方出版物，其售卖对象和销售策略是否与民间坊刻本有所不同呢？中国国家图书馆藏清抄本《清同治光绪间武英殿卖书底簿》④，列有同治四年至光绪五年896部殿本的售卖价格，是反映武英殿通行殿本售卖情况的重要资料。该卖书底簿还详细开列了殿本的购书者、售卖时间等情况，可借此对殿本的销售对象有较为深入的考察。

首先，就购买者身份而言，同治四年至光绪五年间，购买殿本者总计48人。购买者按照职级高低列举如下：皇族4人（孚郡王、惠郡王、淳王爷、谟公爷）；六部官员14人（侍郎胡肇智、

---

① 《纂修四库全书档案》，第1760页。
② 同上书，第1839页。
③ [美]包筠雅：《文化贸易：清代至民国时期四堡的书籍交易》，北京大学出版社2015年版，第98页。
④ 《清同治光绪间武英殿卖书底簿》，收入《四库未收书辑刊》第2辑第28册，北京出版社2000年版，第105—140页。

侍郎潘某、某司长、松司长、礼部主事延茂、主事刘锡金、主事延某、员外郎孔某、员外郎世勋、员外郎春某、礼部郎中李文敏、郎中福长、郎中庆某、礼部书吏李吉人）；内务府人员7人（副内管领吉纯、供事蒋锡周、供事石敬安、供事侯邦兴、笔帖式玉恒、笔帖式玉森、拜唐阿舒凌）；武英殿修书处人员7人（提调许振扔、提调许某、提调处协修杨绍和、提调处协修吴元炳、折配匠赵俊英、折配匠祁金垣、恩甲信贵）；其他衙门官员3人（张大人、内阁侍读锦大人、胡大人）；民人10人（民人张廷芬、王殿至、童世荣、李奥、赵冀名、叶保、叶保清、王治、乔茂、乔茂贾）。另有身份不详者3人（宋仁甫、吴元炳、王郡）。从殿本销售对象来看，购买者上至王公贵族，下至匠役、民人（即普通百姓），可见殿本的发售范围较为广泛。其中皇族、衙门官员、内府匠役占了绝大部分，是购买殿本的主体人群。武英殿修书处人员作为殿本的制作者，占尽先机，便于就近购买。购买者48人之中，民人只有10人，所占比例较小。这一现象出现的原因未必是民人的财力问题（民人赵冀名同治七年一次性购买了"二十三史"等书39部，合银约309两），而是由于殿本售卖的主持者为武英殿修书处，官方色彩浓厚，衙门官员、匠役自然成为殿本售卖的主要对象。此外，民人、匠役等购买者多有屡次购书的记录，且购买的数量和金额较大，他们从武英殿购得殿本后，很可能再转卖给书肆，在殿本售卖中扮演中间人角色。

其次，从卖书底簿看，工具类、实用性的殿本较为畅销。例如其中的《四库全书总目》，于乾隆六十年（1795）刻竣后，作为集大成的官修目录学著作，大受欢迎，所谓"是书便于翻阅，欲得之人自多"[①]，当时即大量刊刻，发交京城各书坊领售。据卖书底簿，同光时期《四库全书总目》书价为每部16.06两，价格不菲，但购买者众多。各年份中有11次售卖记录，9人先后购买了14部，是卖

---

① 《纂修四库全书档案》，第2374页。

书底簿所见最为畅销的殿本之一。

《续三通》是《续通典》《续通志》《续文献通考》三书的简称，殿本刻竣于乾隆时期。作为专述典章制度政书，《续三通》颇具实用性。据卖书底簿，同光时期《续三通》书价高达每部54.35两，购买者依旧不少，各年份中有8人次的购买记录。乾隆三十九年（1774），质郡王永瑢在奏折中透露："经史、三通等类，蒙我皇上嘉惠士林，剞劂颁布，久经通行，远近争相购觅。其列职词垣，尤竞相存贮。中间储存较裕者，颇不乏人。"[①] 由此可见，乾隆时期经史、三通等殿本是当时书籍市场的畅销品种。据杨玉良的研究，自乾隆以迄同治，武英殿通行售卖书籍340余种中，经史殿本约占65%[②]。经史、三通类殿本对于科举、日用极具实用价值，且刻印极佳、校勘精审，在朴学兴盛的乾嘉时期可满足士大夫考据之需，自然极受欢迎，乃至出现了"远近争相购觅"的热销场面。

值得一提的是，武英殿通行书籍售卖处发卖殿本所得收入，一般作为武英殿修书处采买物料、支付工匠钱粮等日常开支经费。乾隆三十九年，四库全书处总裁王际华等奏称，排印聚珍版书所需刷印纸张、工料银两，"照武英殿通行书籍之例，俟收到价值，陆续归款"[③]。可见，售卖殿本的收入全部用于支付购买纸张、工料。当然，武英殿修书处刻印、装潢所需的庞大经费主要依靠内务府银库拨款，并不特别依赖售卖殿本所得的有限收入，这也使得殿本售卖相对摆脱了追求利润的压力，只需收回成本，这是殿本售卖的一个突出特点。

（二）售书清册所见清代殿本书价

书籍价格是海内外书籍史研究的热点，因书价不纯粹是简单的价格问题，它与商业发展程度有着密切关系，一般而言"书价

---

① 《纂修四库全书档案》，第266页。
② 杨玉良：《清代中央官纂图书发行浅析》，《故宫博物院院刊》1993年第4期。
③ 《纂修四库全书档案》，第205页。

越便宜，商业程度越深"①。目前历代书价的研究成果可谓汗牛充栋，取得的成绩亦令人瞩目，而由于明清时期书价资料较多，已然成为学者关注的重点。专门论述清代书价的文章为数不少，如袁逸的《清代书籍价格考》②，乔衍琯的《乾嘉时代的旧书价格及其买卖——读〈荛圃藏书题识〉札记》③，等等。国外学者中，以周启荣（Kai-wing Chow）的研究较有代表性，2004年所著《近代早期中国的出版、文化与权力》④一书探讨了书籍生产成本和书价，2010年发表的《明清印刷书籍成本、价格及其商品价值的研究》⑤一文，从书价、印刷成本、藏书目录和存世刊本四方面分析了明清印本的书价，对明清刻本的书价研究推进很大。但就目前研究状况而言，相关论著主要依赖于存世刊本和传统藏书目录所载书价信息进行分析，但这些材料往往较为零散，未必能真实反映书籍的售卖价格。周启荣指出，收藏家提及购得善本的记录"往往并不一定反映该书当时作为读本的市场价格，经常是作为一种在收购或转让时的收藏品价格。……大大夸大了书籍的市场价格"⑥。

实际上，随着近年来大量档案文献的公布，可以收集更多样本研究明清书价的诸多细节。而作为清代官刻书籍的代表，殿本书价的研究颇具意义。乾隆九年清廷设立的武英殿通行书籍售卖处，通例每年编有售书清册，"将通行书处现存书籍另造清册，钤用印信，

---

① [美]周启荣：《明清印刷书籍成本、价格及其商品价值的研究》，《浙江大学学报》（人文社会科学版）2010年第1期。
② 袁逸：《清代书籍价格考》，《编辑之友》1993年第4、5期。
③ 乔衍琯：《乾嘉时代的旧书价格及其买卖——读〈荛圃藏书题识〉札记》，载《大陆杂志》1967年第2辑。
④ Kai-wing Chow, *Publishing, Culture and Power in Early Modern China*, Stanford: Stanford University Press, 2004.
⑤ [美]周启荣：《明清印刷书籍成本、价格及其商品价值的研究》，《浙江大学学报》（人文社会科学版）2010年第1期。
⑥ 同上。

以备存案"①，清册详细记录售卖书籍的名称、价格等情况，对于研究殿本流通情况及书价可谓弥足珍贵。笔者爬梳档案文献，找到了多份殿本售书清册，具体包括：

其一，台湾中研院史语所藏内阁大库档案中有一本殿本售卖清册②（下文简称《内阁清册》），载录76种殿本及相应书价。该清册成书时间不详，有必要加以考辨。《内阁清册》所载皆为乾隆初年以前刊刻告竣的殿本。其中，清册内载1部汉字竹纸书《佩文韵府》20函95本，书价为11.629两③。乾隆三十九年，福隆安奏折中透露了《佩文韵府》的书价情况：

> 《佩文韵府》向来用台连纸刷印发售，每部价银十一两六钱二分九厘。今次所售，因系库存原板初刊，又系竹纸刷印，是以按照纸色工费，每部银十二两四钱六分，较台连纸书每部增价银八钱三分一厘。④

如奏折所说，竹纸本《佩文韵府》书价原与台连纸一致，每部价银11.629两，后因乾隆帝质问《佩文韵府》"何以定价如此之少"，酌议将《佩文韵府》量为增价，乾隆三十九年以每部12.46两的书价售卖。因此，就《佩文韵府》售价而言，乾隆三十九年所定竹纸本书价与《内阁清册》所载一致。另外，《内阁清册》中刻竣时间最晚者为乾隆十一年（1746）《八旗满洲氏族通谱》。由此我们可以判断《内阁清册》成书时间介于乾隆十一年至乾隆三十九年之间，是反映乾隆前期殿本书价的重要文献。

其二，中国国家图书馆藏有清抄本《武英殿颁发通行书籍目录》

---

① 《纂修四库全书档案》，第2285页。
② 台湾史语所藏内阁大库档案，登录号：210105-001。
③ 为了便于统计、对比书价，除引文依据原文外，统一将古代书价折算成两，下文皆同。
④ 《纂修四库全书档案》，第214页。

（下文简称《通行书籍目录》），列有154部殿本①，著录包括书名、套数、册数及售卖价格。对其成书时间，国图著录时并未明确断定年代。据笔者考察，《通行书籍目录》版心有"味经书屋鉴藏书籍""燕庭校钞""东武刘氏燕庭氏校钞"字样，卷首及卷末有"燕庭藏书""刘喜海印"等钤印，可知其为刘喜海所抄藏。刘喜海（1793—1850），字燕庭，道咸间金石学家、藏书家。室名味经书屋，藏书楼有"味经书屋"等处，藏书极富一时。他曾大量抄录罕见古籍、藏书目录，其中就包括了这册《通行书籍目录》。据《刘喜海年谱》，《通行书籍目录》为道光七年"味经书屋"抄本②，那么其反映何时的殿本售卖情况呢？这就需要结合目录所载殿本成书时间和书价变化综合推断。据查考，《通行书籍目录》所著录的皆为康雍乾三朝殿本，刻竣时间最晚的是《皇朝礼器图》，其首次刻竣时间为乾隆三十一年（1766），续修本刻竣于乾隆五十八年（1793）。对比《内阁清册》与《通行书籍目录》所载同种殿本的售卖价格，二者大部分殿本书价一致，但《通行书籍目录》著录的15种殿本书价要高于《内阁清册》所载书价，说明《通行书籍目录》形成时间要晚于《内阁清册》，反映的是乾隆后期的殿本售卖情况。

其三，前文提及的国家图书馆藏清抄本《清同治光绪间武英殿卖书底簿》（下文简称《卖书底簿》），列有同治四年至光绪五年896部殿本售卖价格。另外，北京大学图书馆藏清抄本《同治四年武英殿修书处存售书籍清册》，著录59部殿本售卖书价。北京故宫博物院藏《同治十年旧存开除现存书籍数目清册》，著录51部殿本售卖书价。以上三种售书清册可互为补充。

清代殿本书价是目前研究的薄弱环节，但又是清代官刻本书价研究的关键性问题，值得深入探讨。乾隆前期《内阁清册》、乾隆后

---

① 按：《武英殿颁发通行书籍目录》原书注明155种，但笔者复核实际只有154种。

② 李玉安、黄正雨：《中国藏书家通典》，中国国际文化出版社2005年版，第199页。

期《通行书籍目录》，以及同光时期《卖书底簿》恰好反映了清代不同时期的殿本书价变化情况，对于考察清代殿本书价流变具有重要价值。笔者拟在利用上述售书清册的基础上，结合相关文献档案，重点探讨通行殿本的定价方式、同种殿本书价差异以及乾隆时期殿本书价等相关问题。

1. 殿本定价方式

要了解殿本书价变化情况，首先有必要考察殿本的定价方式。一般而言，通行殿本按照"部数多寡，计其所需纸张、棕墨、工价，外加耗余，合计作为定价发售"①。因此，殿本定价主要参考几个因素：每种殿本的体量大小、所费纸墨价值、写刻工价以及耗余情况。举例而言，一套台连纸《佩文韵府》，每部纸墨工价银为 9.548 两，写刻工费及其他耗银 2.081 两，书价定为 11.629 两；一套《巡幸盛京诗》，纸墨工价银 0.112 两，耗余银 0.035 两，书价定为 0.147 两；一套《三元甲子》纸墨工价银为 0.522 两，刻工银 0.05 两，书价定为 0.572 两②。殿本定价总体上是按照制作殿本过程中纸墨、写刻工价的成本进行核算。由此可见，殿本售卖与以市场为导向的民间刻本有着根本的不同，所定书价只需收回成本，并非以盈利为目的，而是为了促进典籍的广泛流通，使受益人群最大化。

值得注意的是，殿本书价的影响因素是多方面的，不可一概而论。同一时期内的同一种殿本，其书价的影响因素主要是纸墨、写刻刷印工价的制作成本。而不同时期内的同一种殿本，书价的影响因素则更为复杂。除了制作成本外，殿本的存量、市场供求关系等因素同样会影响到殿本书价的变化。殿本作为皇家刻本，其装潢水准、纸墨质量、写刻水准均非一般坊刻、私刻可比，在书籍市场中自然供不应求。大量殿本主要用于陈设、赏赐、颁发，可供售卖的殿本数量本身就有限，而随着时间的推移，通行书籍售卖处余存殿

---

① 《纂修四库全书档案》，第 215 页。
② 《清同治光绪间武英殿卖书底簿》，第 120 页。

本数量渐趋减少。而备受书籍市场青睐的殿本售出后，经过书商哄抬、藏家流转，其书价要高于初次售卖价格。因此，不同时期内同一种殿本的售卖书价往往上涨，个别畅销殿本涨幅较大。

2. 同种殿本书价差异

由于制约殿本定价的因素较多，即便是同一种殿本，书价亦有所差异。下文主要根据售书清册，对同一时期同种殿本以及不同时期同种殿本的书价差异进行考察，探索其中的规律性特征。

（1）同一时期同种殿本的书价差异

同一时期内的同种殿本中，受制作成本的影响，如系不同纸张、不同文字、不同装潢，其书价有所差别，应视具体情况而定。

第一，不同纸张的同种殿本书价。同一种殿本书价受纸张因素影响较大，纸张类型不同，定价不同。乾隆三十九年（1774），清廷发售殿本54种，其中"内有榜纸、连四、竹纸之分"，其售卖价格"俱按其纸张等差，照例分别三等，量加耗余作价"[①]。将榜纸、连四、竹纸分为三个等级售卖，书价亦有差别。这里举两个例子。据《内阁清册》，乾隆前期的殿本《内则衍义》，清字榜纸书售价每部1.607467两，而清字竹纸书售价每部0.403605两；乾隆前期的殿本《御制孝经》，汉字竹纸书售价每部0.034426两，而汉字台连书每部售价0.147765两。可见，同一种殿本中，榜纸本售价高于竹纸本，竹纸本售价高于台连纸。

前文所举乾隆前期的两个例子仍系个案，著录乾隆后期154部殿本售卖情况的《通行书籍目录》，特别标注了榜纸本、竹纸本和台连纸本的售价。可以根据该目录，核算出不同类型纸张的殿本平均书价。列表如下（参见表7-1）。

---

① 《纂修四库全书档案》，第215页。

表 7-1　《通行书籍目录》所载乾隆后期不同纸张殿本的平均书价　（单位：两）

纸张类型	平均每部书价	平均每册书价
榜纸本（18 种）	2.358878	0.171631
竹纸本（107 种）	1.948238	0.091367
台连纸本（29 种）	2.088818	0.084718

经过核算，《通行书籍目录》所载的榜纸书平均每册售价为 0.171631 两，高于竹纸书平均每册售价 0.091367 两；而竹纸书则高于台连纸书平均每册售价 0.084718 两。这一统计结果依据大量殿本样本，再次验证不同纸张类型的同种殿本售价有所差别，书价从高到低的排序依次为：榜纸书最贵，竹纸书次之，台连纸书最便宜。

第二，不同文字的同种殿本书价。据《内阁清册》所载乾隆前期不同文字殿本书价，制成表格（参见表 7-2）。从表中可以看出，同种殿本满文（清字）殿本书价要高于汉文（汉字）殿本书价。例如，一部清字台连纸书《劝善要言》，书价为 0.070445 两；一部汉字台连纸书《劝善要言》，书价则为 0.045503 两，较清字本低了 0.024942 两/部。一部清字竹纸书《八旗氏族通谱》，书价 1.723194 两；一部汉字竹纸书《八旗氏族通谱》，书价则为 1.347981 两，较清字本低了 0.375213 两/部。

表 7-2　《内阁清册》所载乾隆前期不同文字殿本书价　（单位：两）

文字＼书名	劝善要言	牛戒汇抄	大清律例	性理精义	八旗氏族通谱
清字	0.070445	0.040342	2.475094	0.748289	1.723194
汉字	0.045503	0.03□□①	1.114357	0.33425	1.347981

① 此处原册档残缺部分文字，以□表示。

再据《通行书籍目录》所载乾隆后期不同文字殿本书价，制成表7-3。从表中可以看出，同种殿本中清字殿本书价也要高于汉字殿本书价。例如，一部清字竹纸书《圣谕广训》，书价为0.061559两；一部汉字竹纸书《圣谕广训》，书价0.046383两，较清字本低了0.015176两/部。一部清字榜纸书《督捕则例》，书价0.333342两；一部汉字榜纸书《督捕则例》，书价则为0.269406两，较清字本低了0.063936两。一部清字竹纸书《盛京赋》，书价为0.0744两；一部汉字竹纸书《盛京赋》，书价则为0.067327两，较清字本低了0.007073两/部。

表7-3　《通行书籍目录》所载乾隆后期不同文字殿本书价　（单位：两）

文字＼书名	圣谕广训	督捕则例	盛京赋	吏部则例	十一年至十五年续例
清字	0.061559	0.333342	0.0744	5.68859	0.115545
汉字	0.046383	0.269406	0.067327	2.76082	0.078543

满汉字的写刻工价直接影响到殿本定价高低。清字（满文）典籍的刊刻难度要高于汉字典籍，因此刊刻清字的支付匠役工价高于刊刻汉字工价。嘉庆时期，刊刻汉字，每100字工价银0.08两[1]，而刊刻清字，若干字为一行，每行工银0.03两。咸丰年间刊刻清字，每100字刻工用制钱660文，而刊刻汉字每100字工用制钱300文。相比较而言，刊刻清字工价大约是刊刻汉字的2倍[2]。

第三，不同装潢的同种殿本书价。武英殿通行书籍售卖处所售卖的殿本一般采取毛装形式，如再加装潢，其售卖书价倍增。乾隆三十九年武英殿修书处总裁金简奏称，《佩文韵府》如系"草钉散本"，书价在12两左右，《佩文韵府》若加以装订做套，精致者约需银20余两，次者亦需银10余两，即每部20—30两。这一价格"较

---

[1] 光绪朝《钦定大清会典事例》卷1199《内务府·书籍碑刻》，第929页。
[2] 《清宫武英殿修书处档案》第4册，第11页。

外间书肆所售，装成纸本，其价转觉浮多。"此书共计896部，一月之内仅售44部，"外间尚无贪图贱价趋买情形"①，出现了滞销。

第四，初印后印情况亦造成同种殿本书价差异。殿本初印本字画清楚，为人所重，如曾国藩所言，殿本如《十三经》《廿四史》《全唐诗》《图书集成》等，"凡初印者，无不精雅绝伦"。② 后印本往往经过多次印刷，字迹容易漶漫，因此初印本定价一般要高于后印本。例如，乾隆三十九年清廷发售竹纸本《佩文韵府》，"因系初刊，字画明白"，每部作价12.46两③，比其他后印本要高出不少。

（2）不同时期同种殿本的书价差异

爬梳乾隆前期《内阁清册》、乾隆后期《通行书籍目录》、同治光绪朝《售书底簿》发现，可以找出6种殿本在不同时期的售卖书价，兹列表如下（参见表7-4）。

表7-4　　　　　　不同时期同种殿本的书价变化　　　　（单位：两）

书名 时期	御选唐诗	性理精义	日讲书经解义	韵府拾遗	子史精华	分类字锦*
乾隆前期	3.60942	0.33425	0.55397	1.586539	2.769071	4.110456
乾隆后期	3.7526	0.361119	0.60141	1.586539	2.769071	
同光时期	4.75	0.57	0.66	4.5	5.54	8.27

注：本表中所列乾隆前期殿本书价，依据《内阁大库清册》；乾隆后期书价，依据《武英殿颁发通行书籍目录》；同光时期书价，依据《清同治光绪间武英殿卖书底簿》，特此说明。

* 《分类字锦》无乾隆后期书价数据，特此说明。

表7-4显示，乾隆前期与乾隆后期的殿本部分书价基本一致（如《韵府拾遗》《子史精华》书价不变），部分殿本书价微涨（如

---

① 《纂修四库全书档案》，第215页。
② （清）曾国藩：《曾文正公书札》卷6《致刘星房》，清光绪二年传忠书局刻增修本。
③ 《纂修四库全书档案》，第215页。

《御选唐诗》《性理精义》），总体而言变化不大。此外，据《内阁清册》《通行书籍目录》统计29种殿本在乾隆前后期的书价变化情况，结果为：13部书价保持不变，16部书价微涨，与表7-4统计情况相类似。相比较而言，从乾隆时期至同光时期，殿本书价差别较大，总体呈上升趋势。其中的《韵府拾遗》《分类字锦》两种类书的书价从乾隆到清末增长了一倍。

当然，前文所考察的多是部头较小、印量较大的普通殿本书价变化情况。卷帙浩繁、印量较小的大型丛书、袖珍版、聚珍版等特殊类型的殿本，其在各个时期的书价变化趋势又是怎样的呢？下面拟梳理"十三经"等特殊类型殿本情况。

《十三经》《二十三史》。据清人俞正燮《癸巳存稿》，乾隆三十九年六月，一部竹纸的殿本《十三经》售价为14.491815两。殿本《二十三史》售价为65.58962两。[①] 据同治光绪朝《售书底簿》，同治七年民人赵冀购买一部《二十三史》，书价总计240.25两。相比于乾隆时期的书价，已经上涨了近3倍。宣统二年（1910），孙毓修致信缪荃孙称，有人求售殿本，其中"《廿四史》（黄纸，价四百两）"[②]。缪荃孙答复："殿版《二十四史》黄纸四百金太昂，三百金似可购。"[③] 可见，至清末一部完整的《二十四史》（新增了《旧五代史》），其售卖书价已经涨至300两左右。

《古香斋袖珍本》十种。乾隆时期武英殿修书处曾刊印不少袖珍本，其中最为著名的是"古香斋袖珍本"。袖珍本制作工艺更趋复杂，售卖书价不同于普通殿本。乾隆十一年（1746），通行书籍售卖处列明了通行本《袖珍朱子全书》等十种袖珍本书价，共计6.032125两。[④] 而据乾隆后期《通行书籍目录》，"古香斋袖珍本十种"书价总计为6.077868两，较之乾隆前期，书价有所上涨。

---

① （清）俞正燮：《癸巳存稿》卷13《刻书》，清连筠簃丛书本。
② 《张元济全集》第1卷《书信》，商务印书馆2007年版，第534页。
③ 同上书，第535页。
④ 台湾史语所藏内阁大库档案，乾隆十一年，登录号：223850-001。

《武英殿聚珍版丛书》。该丛书是清廷用木活字排印的杰作，乾隆时期共计排印聚珍版书 100 余种，除部分陈设宫中外，将剩余殿本"核定纸张工价，听情愿承买者，照例认买"，以成本价发售。乾隆四十二年（1777）九月，清廷允准将聚珍版各书发交江南、江西、浙江、福建、广东五省翻刻，以广流传："每省发给一分，如有情愿刊者，听其翻版通行。"① 至该年年底，清廷已将聚珍版书 39 种颁发至浙江省。据《浙江重刊聚珍板书单》所附说明："右钦颁浙省重刻聚珍版书第一单三十九种一百二十四册二十函，谨遵武英殿元定价值，共计纹银十二两五钱八厘五毫九丝二忽。"② 这里特别注明是按照"武英殿元定价值"，也就是说按照武英殿聚珍版初印本的书价进行售卖，"十二两五钱八厘五毫九丝二忽"反映的是乾隆四十二年武英殿聚珍版书竹纸本的书价。据《闽刻武英殿聚珍版书价单》，同光时期售卖福建翻刻的《武英殿聚珍版丛书》（即外聚珍）一套 143 种，官堆纸书价 64.577 两，连史纸书价 79.994 两，篓扣纸书价 53.22 两③，价值已昂。宣统二年（1910），缪荃孙致信友人说："聚珍版丛书，如系武英殿原板且完全者，索价二百金不算过昂。"④ 可见，至宣统年间，一套武英殿聚珍版初印本书价已达 200 两。

综上可知，无论是普通殿本，还是特殊类型的殿本，随着时代发展，售卖书价呈逐步上升趋势。此外，通行书籍售卖处初次确定的殿本书价，经书商贩卖、藏家流转，其二次售卖书价，往往要远高于初次售卖书价。这一现象，一方面反映了清代书籍市场对殿本价值的高度认可，另一方面也提醒我们，不同时期的殿本售卖书价始终在动态变化之中，除了制作成本之外，书籍市场对殿本书价的

---

① 《纂修四库全书档案》，第 724 页。
② 《浙江重刊聚珍板书单》，载陶湘编《书目丛刊》第 2 册，辽宁教育出版社 2000 年版，第 364 页。
③ 《闽刻武英殿聚珍版书价单》，载《书目丛刊》第 2 册，第 363 页。
④ 《张元济全集》第 1 卷《书信》，第 535 页。

影响亦是不可忽视的重要因素。

3. 乾隆时期的殿本书价

不少研究者力图探究清代各个时期书籍价格及其变化趋势，例如袁逸通过研究顺治、康熙、乾隆朝的3则书价材料，统计顺治、康熙、乾隆朝的书价，"平均每册约5.7钱银"[1]。孙文杰则利用6种乾隆时期的民间刻本书价材料，得出结论："乾隆年间刻本平均每卷6.87两银，每册0.31两银。"[2] 两人关于乾隆时期的书价统计数字出入较大，而且二者均有先天不足，即其所依据的样本量太少，"所用的材料比较零散，说服力不强"[3]，找到更多殿本售价的样本成为关键。下文即以乾隆时期为例，探讨这一时期殿本书价情况。

如前考证，《内阁清册》是反映乾隆前期殿本售卖书价的重要资料，著录64部殿本，详细开列书名、册数及售卖价格。我们可以这些数量较大且时间集中的样本，核算出乾隆前期每部殿本平均书价及每册平均书价。经过统计，乾隆前期平均每部殿本售价为1.938618两，平均每册售价0.113691两。反映乾隆后期书价的《通行书籍目录》著录154部殿本，其统计结果为：乾隆后期平均每部售价为2.022708两，平均每册售价0.097966两（参见表7-5）。值得一提的是，从平均每部均价看，殿本书价从乾隆前期至乾隆后期呈上升趋势。而由于每部殿本的册数有相当大的差异（如一部《佩文韵府》有95册，而一部《周易本义》只有1册），因此统计所得平均每册殿本书价，从乾隆前期至后期反而略有下降，二者其实并不矛盾。

---

[1] 袁逸：《清代书籍价格考——中国历代书价考之三（上）》，《编辑之友》1993年第4期。

[2] 孙文杰：《清刻本图书的价格与分析》，《出版科学》2013年第4期。

[3] 张升：《古代书价述略》，《中国出版史研究》2016年第3期。

表 7-5 《内阁清册》《通行书籍目录》所载乾隆前后期殿本书价

时期	种数	册数	每部平均书价	每册平均书价
乾隆前期	64 种	1142 册	1.938618 两	0.113691 两
乾隆后期	154 种	3342 册	2.022708 两	0.097966 两

从上述统计看，无论是乾隆前期，还是乾隆后期，殿本平均书价大约为 0.1 两/册。这一书价远低于袁逸（0.67 两/册）、孙文良（0.31 两/册）统计所得书价，有助于更新我们对乾隆时期殿本书价的认识。乾隆时期，宋刻本均价 8.57 两/册，元刻本 0.84 两/册[1]，0.1 两/册的殿本书价比较而言可谓低廉，容易购得。此外，按照乾隆时期米价的一般状况，即每石约银 1.5 两至 2.7 两，那么乾隆时期每册书价可折米 15—27 斤。据《钦定大清会典事例》，乾隆朝直隶知县养廉银一年为 600—1200 两[2]，则一年可购买 6 千册以上殿本。誊录书籍贡生，每人每日给银 0.06 两，年入 21.9 两，约可购买 200 余册殿本。可供比较的是，乾隆年间云南土窑工匠每年工资为 7.2 两[3]，只能购买 72 册殿本。应该说，乾隆时期的殿本书价可为一般官员、士人所接受，但对普通百姓而言，殿本书价偏高，一般民众并没有足够的购买力。

关于清代民间刻本书价的变化趋势，张升利用《士礼居刊行书目》，统计嘉庆年间民间刻本均价为 0.249 两/册[4]，孙文杰则依据清光绪年间南京李光明庄刊印的 98 种刻本，统计出平均价银 0.154 两/册[5]，清晚期书价的大幅度降低，根据学者研究，出现这一变化

---

[1] 参见孙文杰《清代宋刻本书价考略》，《出版科学》2009 年第 4 期；孙文杰《清代元刻本书价考略》，《图书情报工作》2009 年第 17 期。
[2] 光绪朝《钦定大清会典事例》卷 261《户部·俸饷》。
[3] 彭泽益：《中国近代手工史资料》第 1 卷，生活·读书·新知三联书店 1957 年版，第 408 页。
[4] 张升：《古代书价述略》，《中国出版史研究》2016 年第 3 期。
[5] 孙文杰：《清刻本图书的价格与分析》，《出版科学》2013 年第 4 期。

的原因与"当时大批官书局的迅速崛起和发展"① 有很大关系。殿本作为官刻本，乾隆前后期并未面临清末变局，无论是每部殿本平均书价还是每册殿本平均书价，总体上保持相对稳定。究其原因，与殿本主要由制作成本核算定价的方式有关，较少受到外在因素的影响。

综上所述，殿本售卖是清代官刻典籍的主要流通方式。殿本的通行售卖始自雍正朝，乾隆九年成立的武英殿通行书籍售卖处，标志着殿本售卖走向制度化，清廷由此建立了一套行之有效的殿本售卖机制。其售卖方式灵活，流通范围较广，殿本通过五城书铺、琉璃厂书肆、书商贩卖等途径流播至海内外。实际上，武英殿修书处本质上是清代帝王的御用出版机构，殿本是"皇家的刻本"②，带有鲜明的官方色彩。因此，清廷非常重视殿本售卖流通，售卖本身兼具"资治"和"教化"功能。清廷建立的只按制作成本确定殿本价格的书价制度，并不以谋利为目的，意在传播官方典籍，扩大殿本的流播范围。正如康熙帝所言，殿本流通的目的是"教读书人都得看见"③。通过殿本售卖，清廷推行崇儒重道、稽古右文的文化政策，达到统治者所期望的"人人诵习，以广教泽"这一目的，以此教化臣民，稳固统治。

另外，殿本的定价方式主要根据制作所费纸墨、写刻工价以及耗余情况核定成本价。而利用《内阁清册》（乾隆前期）、《通行书籍目录》（乾隆后期）、《卖书底簿》（同光时期）等售书清册，可挖掘殿本售卖书价的诸多细节。受制作成本、存量、供求等因素影响，即便是同种殿本的书价差异较大。具体而言，同一时期内的同种殿本，不同纸张、文字、装潢，书价有所不同；不同时期内的同种殿本，书价总体呈上升趋势。此外，根据《内阁

---

① 孙文杰：《清代图书价格的比较及特点》，《图书馆理论与实践》2013 年第 8 期。
② 高振铎：《古籍知识手册》，山东教育出版社 1988 年版，第 91 页。
③ （清）王穆纂修：《康熙城固县志》卷 10，清康熙五十六年刻本。

清册》《通行书籍目录》所载 200 余种殿本，核算出乾隆时期平均每册殿本售价约为 0.1 两，这一数字可作为当时官方刻本书价的一个参考。

总结与思考

本书以清代武英殿修书处为研究对象，在前人研究基础上，爬梳武英殿修书处档案、内阁大库档案、内务府奏销档案、军机处档案等第一手档案文献，力求对清代武英殿修书处的刊印、校勘和装潢等活动进行全面细致的考察，厘清武英殿修书处的历史源流、职官设置、日常管理、制度运作及殿本售卖流通等基本问题，深入揭示武英殿修书处这一清代"皇家出版社"的政治文化内涵，从而呈现出武英殿修书处的整体面貌。

本书具体内容详见各个章节，这里简要总结本书的主要特色和创新之处，同时对武英殿修书处的性质、成就和局限提出一些思考。

第一，清代武英殿修书处刻书的发端，与明代经厂刻书存在密切关系，陶湘所说的"清代殿板书实权舆于明代经厂本"符合实情。总体而言，清初内府刻本版式风格与明代经厂本非常接近，字体横细竖粗，版式字大行疏，开本宽大，具有较明显的晚明经厂本的风貌。除此之外，明代经厂刻书与清代修书处刻书具有一些共同特征，二者都是秉承皇帝旨意而刊刻典籍，皇权色彩浓厚。同时我们也应注意到，清代武英殿修书处刻书虽然承继了明代经厂刻书的某些特征，但在具体操办流程、办事人员素养方面则有很大的不同，明代以司礼监专司刻书事宜，质量不高，被后世诟病，而清代武英殿修书处则选任翰林院词臣从事这一项工作，刊印及校勘质量都有极大提高。此外，清初政治文化环境为武英殿修书处创立奠定了重要基础，清代统治者大力提倡稽古右文、兴儒尊贤，相继设立修书各馆从事典籍编纂，而编书与刻书紧密相连，大量典籍的编纂迫切需要成立专门的内府刻书机构，以满足巨大的典籍刊印需求，这是武英殿修书处设立的一个重要背景。

第二，关于武英殿修书处成立时间，学界有较大分歧。爬梳相关文献，可确证武英殿修书处设立于康熙十九年（1680）十一月，其与同年成立的武英殿造办处属于上下级隶属关系，二者名称接近，但并非同一机构。同时，通过新发掘的满文档案，证明内务府于雍正七年铸给"武英殿修书处图记"的真正原因，是为了方便内府旗人办事出入方便而铸造一批衙门图章，从而否定了雍正七年铸给"武英殿修书处图记"等同于武英殿修书处彼时正式成立的通常看法。

第三，殿本是武英殿修书处的直接成果，无疑也是武英殿修书处研究的重要组成部分。但由于概念范畴界定不清，以往著录殿本较为混乱。笔者回到清人语境，通过梳理官书《钦定国子监志》所载"刊于武英殿，谓之殿本"，以及时人笔记《养吉斋丛录》所记"武英殿……刊行经史子集，谓之殿版"，认为殿本特指康熙十九年武英殿修书处成立后在武英殿刊刻、装潢完成的内府典籍，内府写本、抄本、石印本、铅印本以及地方进呈本均不能计入殿本。在此基础上，笔者编制了《清代殿本编年总目》，首次对现存殿本进行较为全面系统的著录。统计得出清代殿本总数为 674 种。其中康熙朝 29 种，雍正朝 59 种，乾隆朝 411 种，嘉庆朝 72 种，道光朝 50 种，咸丰朝 17 种，同治朝 12 种，光绪朝 20 种，宣统朝 4 种，由此呈现出清代各个时期内武英殿修书处刊刻殿本的成就和特色所在。

第四，结合武英殿修书处制度发展和刊刻殿本数量两项因素，可将武英殿修书处的发展历程划分为四个时期：康熙朝为武英殿修书处创始期，雍乾朝为鼎盛期，嘉道朝为式微期，咸丰至宣统为衰亡期。四个时期各有鲜明的特点。康熙朝武英殿修书处承刻能力有限，一部分内府典籍交由地方官员刊刻进呈，修书处主要侧重于儒家经典、大型类书、天文算法类典籍的刊刻。以《佩文韵府》的校刊为标志，康熙末期的武英殿修书处才进入快速发展阶段。雍乾朝是武英殿修书处制度全面完善的时期，刊刻殿本数量达470种，占清代刊刻殿本的总量的70%，经、史、子、集四部皆备，卷帙浩繁，乾隆时期采用的聚珍版木活字印刷技术，以及金简撰写的《武英殿聚珍版程式》，是为中国古代木活字印刷的重要成果。嘉道时期，武英殿修书处开始衰落，刊刻的殿本数量出现了下滑，但这一时期所制定的武英殿修书章程和校书章程，对维系武英殿修书处的正常运转仍起到一定作用。咸丰以后，清廷无力顾及书籍刊刻，特别是同治八年、光绪二十七年的武英殿两次火灾，是武英殿修书处走向衰亡的标志性事件。可见，武英殿修书处兴衰与清王朝的历史进程基本保持一致，当康乾盛世时，武英殿修书处发展迅速，制度完备；而当清廷由盛转衰时，武英殿修书处亦走向衰落，制度涣散，最后一起走向衰亡。

第五，考察武英殿修书处应注重"活"的制度史。本书着眼于动态考察武英殿修书处的制度损益和机构运作机制，关注武英殿修书处制度的源流、流变及交互关系，从文献制度研究转变为实践制度研究。首先，本书动态考察了武英殿修书处的职官制度变迁。结合《八旗通志初集》《钦定日下旧闻考》《钦定大清会典》及《钦定大清会典事例》等官书、档案，对不同时期的武英殿修书处职官设置、迁转方式进行了探讨。其次，揭示了武英殿修书处下属监造处和校刊翰林处两大机构的分工与合作关系。监造处负责书籍的刷印和装潢，校刊翰林处则负责缮写和校勘，二者是两套相对独立的系统，各有分工，亦有密切合作。凡属更改板上字画、刊刷部数、校正板样、装潢书籍式样、领取纸张等，校刊翰林处都须行文给监造处，由该处官员下达各作照办。凡刷印、修改正本等项，校刊翰林处需会同监造处一同监修、监刊、监刷。监造处和校刊翰林处构成了一个有机整体，有利于武英殿修书处的正常运转，保障缮写、刷印、校勘、装潢等工作有序进行。最后，全面梳理了武英殿修书处人员情况，对管理武英殿的总理、内务府司官及武英殿总裁、提调、总纂、纂修、校录等人员进行查考，确定各自的职责分工和额设人数。笔者爬梳档案还原了武英殿修书处各类匠役（如写字匠、刻字匠、刷印匠、折配匠等）的日常生活、奖惩制度以及写刻字工价等情况，为中国古代印刷史研究提供鲜活的例证。

第六，武英殿修书处的日常运作、经费收支、物料采办，以及修书处与修书各馆的关系是以往学术界比较忽略的问题，本书以丰富的武英殿修书处档案为基础，还原了修书处的经费收支和物料采办细节。康熙四十三年以前，修书处经费从内务府广储司银库领取，康熙四十三年至雍正三年，改由崇文门监督处税银内，每次领取2000两，用完奏明再取。22年间，修书处总共领取了崇文门银33万余两，开支用度可谓极大。雍正三年以后，修书处经费仍向广储司银库取用，每次可请领银5000两或10000两。此外，修书处售卖通行书籍所得银两亦纳入其经费收入之中。办理《圣训》等大型书籍时，亦有专项拨款，以供修书处使用。从修书处经费支出来看，主要用于支销缮写、刷印、装潢书籍，给发办理缮写、刻板、刷印和装潢等事宜匠役的公费、饭食等项。修书处基本实现了收支平衡。修书处所用的物料主要从内务府各库行取，库内无者，由修书处自行办买应用。修书处日常所消耗物料，主要包括用于行取或采办各种板片、纸墨，刷印、装潢书籍的各类器具，以及采购大量的日常办公用品，等等。修书处的经费、物料来源主要依靠"奉天子之家事"的内务府，有稳定可靠的机制保障，这是修书处能够取得辉煌成绩的物质基础。同时，还全面探讨了修书处与内务府、内阁、修书各馆、翰林院等机构的合作协调关系。修书处直接隶属于总管内务府管辖，在人员选用、考核以及物资行取等方面都由内务府负责。修书处与修书各馆的关系更为密切，一般而言，修书各馆负责书籍的编纂和校对，编竣后往往交由修书处进行刊刻、装潢，在这一过程中双方彼此行文往来非常频繁，互有分工与合作。

第七，书板制作是武英殿修书处刊印书籍过程最主要的环节之一。修书处每年需消耗需要大量板片，板片采办方式主要为选派内务府官员采办、委托各省督抚代为采办、修书处派员自行采办等多种方式，板片要求干整、坚致，采办价格根据时价略予酌减。修书处还设立宫外刻字三馆制作板片，刻字馆所在地是东安门外烧酒胡同。清代文字狱所收缴的违禁书籍板片，一般回缴后交由武英殿铲掉字迹，重新加工、刊刻别项书籍应用，若质量较差，则直接送去烧柴销毁，武英殿修书处在清代文字狱禁毁书籍方面扮演了一定角色。

第八，乾嘉时期武英殿聚珍版书的制作和刊印是中国活字印刷史中的重要议题。本书从聚珍馆机构运作的角度考察聚珍版相关问题，提出聚珍馆的得名与"聚珍版"的命名密切相关，早期名为"聚珍版处"或"排印聚珍版处"，其设立于乾隆三十九年而非学界通常认为的乾隆三十八年，地点在西华门外北长街路东。至乾隆五十一年，聚珍馆完成摆印"应刊"书籍的阶段性任务后，但并未闭馆，而是将后续工作移交给武英殿，继续摆印其他书籍。除此之外，重新辨析了"武英殿聚珍版丛书138种"的流行说法，通过爬梳大量文献，发现"丛书"一词是比较晚近才出现的，清代乾嘉时期官方只有"武英殿聚珍版"或"武英殿聚珍版书"的用法。更为重要的是，聚珍版书"138种"之说，并不符合实情。据笔者梳理，"138种"说法目前可追溯至道光魏茂林，其后是张之洞的《书目答问》、缪荃孙所定书目，至陶湘编《武英殿聚珍版丛书目录》，影响甚大。要了解武英殿聚珍版书准确数量，需依据清代官方所认可的说法。而查乾隆帝所定的《钦定武英殿聚珍版书目录》（乾隆末年所编），只收录聚珍版书129种。因此，如按照武英殿聚珍版书属于乾隆朝武英殿摆印、经乾隆帝钦定的收录数目，其数字是129种而不是138种。长久以来形成的"武英殿聚珍版丛书138种"说法应作修正。另外，根据相关档案，嘉庆朝聚珍馆摆印的"武英殿聚珍版书单行本"有11种，分别是《尚书详解》《高宗御制诗文十全集》《农书》《唐会要》《西汉会要》《千叟宴诗》《吏部则例》《钦定平苗纪略》《畿辅安澜志》《续琉球志略》和《西巡盛典》。最后，对摆印武英殿聚珍版书的25万多个木活字的去向进行查考，否定了坊间普遍流传的"守门的士兵用以生火取暖"之说，认为此说是以讹传讹造成的。爬梳聚珍馆文献档案发现，迟至同治四年仍有聚珍馆的记载，说明此时木活字还存在。同治八年武英殿大火造成浴德堂在内的大部分殿堂烧毁，这批木活字应该在此次大火中烧毁。

第九，武英殿修书处校勘书籍，采取非常审慎的态度。嘉庆十九年以前，校刊翰林处视情况参与校对，如无原馆原校者，由校刊翰林处校阅；有原馆原校者，仍交原修书官原校官覆校。嘉庆十九年新定校勘章程，规定武英殿初写底本，仍交原馆校对。刻样就近由武英殿各员校对。同时还规定，监造处写成宋字底本20卷，即由提调知会各员，先交校录初勘，纂修、协修轮校，以校录10人为一班，纂修、协修22人为一班，每日每人各校1卷，校录2日而毕，纂修、协修1日而毕，再呈总裁汇勘。刻成之后，再照此覆校一次。武英殿修书处制定的校勘章程保障了校勘工作的有序进行，是清代宫廷刻书、校书的重要实录。

第十，以《清代殿本编年总目》著录的600余种殿本版刻数据为基础，我们可以对殿本的版式特征进行细致考察，总结出殿本的规律性特征。如殿本多是宋字字体，殿本开本根据皇帝不同场合的阅读需求进行设计，以大本、中本最为普遍。《圣训》等御制类的殿本开本较大，既方便阅读，又体现了皇家气派。此外，通过统计发现清代殿本绝大部分都是白口，清代殿本600余种殿本中，白口本共计424种，黑口本只有16种。殿本单鱼尾本要多于双鱼尾本；殿本以双边栏线为主，极少采用单边栏线。此外，殿本在书题、序跋、内容编排及刻工、钤印方面都独具特色，例如书题多冠以"钦定""御选""御评"，御制序之后往往有进书表、职名表等，这些编排次序具有强烈的皇权意味。此外，通过梳理清代殿本用纸档案，证明清代殿本常用纸张为连四纸，极少有开化纸刷印殿本的记载。在辨析开化榜纸与开化纸为同一类型纸张的基础上，结合清代用纸档案同时记载开化榜纸与连四纸，可以确证连四纸与开化纸是不同类型的纸张，近代以来"殿本多为开化纸"刷印的说法应是一种讹传。

第十一，通过爬梳文献档案及考察殿本实物，发现殿本书目著录存在不少讹误之处。通过审慎的考证，确定现有书目著录殿本讹误者达 48 种，其中刊刻者讹误 21 种，如《日讲四书解义》《日讲书经解义》《日讲易经解义》为翰林院刻本而非殿本，嘉庆朝袖珍本《御制味馀书室全集》《清仁宗御制诗》初集二集，以及《清仁宗御制文》初集二集、嘉庆《御制全史诗》皆由张师诚刊刻进呈，并非武英殿刻本。此外，确证刻竣时间讹误殿本 27 种。如满汉文《八旗满洲氏族通谱》为乾隆十一年而非乾隆九年武英殿刻本，《钦定古香斋袖珍本十种》为乾隆十一年而非乾隆十三年刻本，《续三通》为嘉庆十二年而非乾隆三十七年刻本，《皇朝通典》《皇朝通志》《皇朝文献通考》为嘉庆十六年而非乾隆刻本。这些考订结果都一一反映在笔者编制的《清代殿本编年总目》中。

第十二，典籍流通是书籍史研究的重要组成部分，本书利用档案文献爬梳了殿本的流通过程，包括进呈与陈设、颁赐与回缴，以及翻刻与售卖等各个环节。笔者结合具体殿本事例，力求对流通细节尽可能地予以考察，特别是对于前人关注极少的殿本回缴、售卖进行了重点探讨。其一，较为清晰地揭示了进呈本、陈设本的装潢规格，考察了刷印数量、陈设处所等问题，指出进呈本是殿本刻印过程中形成的最早定本，属于初刻初印，进呈御览以便皇帝审查，陈设本主要用于宫中各殿宇、书斋及行宫、苑囿、庙宇等处，以供皇帝随时检阅。二者都是作为皇帝的御用之物进行装潢、陈设，带有浓厚的皇权色彩。其二，通过钩稽文献，认为殿本的颁发和赏赐，必须经由内阁议奏，请旨拟定殿本颁赐对象和范围，颁发的对象包括内外衙门、国子监、翰林院、各省书院等处，而殿本的赏赐对象则涵盖皇亲国戚、督抚大臣、有功之臣民及各国使节等等。殿本的颁赐具有极强的政治目的性，赏赐数量较大的是儒家经典、礼法诏谕类书籍，期望借以教化臣民，笼络人心，巩固统治。其三，探讨了以往学术界较为忽略的殿本回缴现象。殿本的回缴目的大致有如下几种：一是，补充内府库藏之不足，如乾隆年间对《古今图书集成》的回缴；二是，掩盖是非的需要，如乾隆帝回缴雍正时期大量颁发的《大义觉迷录》一书，回缴力度非常之大，一直持续到了乾隆末年，仍有地方督抚上缴该书。最后，认为殿本的覆刻、翻刻是为了解决颁赐殿本不足的问题，通过覆刻、翻刻，使得殿本的影响最大化，实现康熙帝所说的"教读书人都得看见"。殿本的翻刻方式，包括派员赴武英殿自行翻刻，或将殿本颁发到各省督抚，由布政司衙门组织重刻，再由地方官府印行或招募坊贾、个人输资依照钦颁殿本样本印刷。从覆刻、翻刻较多的殿本类别看，主要为御纂诸书以及律例、典制类书籍。

第十三，武英殿修书处售卖殿本制度始自雍正朝，最初交由崇文门监督处通行各处。乾隆九年成立的武英殿通行书籍售卖处，标志着殿本的售卖走向制度化，一直延续到清末。可供通行售卖的殿本主要为颁发陈设各处后剩余的殿本、武英殿书库剔除的残书以及清廷特别允准发卖的殿本，通行书籍售卖处建立后，采取直接售卖和发交五城书铺售卖流通两种方式。笔者利用《内阁大库清册》（乾隆前期）、《武英殿颁发通行书籍目录》（乾隆后期）、《清同治光绪间武英殿卖书底簿》等多份殿本售卖书目，对清代官方刻书之售卖价格进行研究。首先爬梳了乾隆时期殿本《十三经》《二十三史》及袖珍本、聚珍版书的售价。其次，对殿本书价作了全新的考察。认为同一种殿本书价在不同时期书价不同，例如乾隆前期与乾隆后期的殿本书价大多数一致，部分殿本书价微涨。而到了光绪时期，殿本售卖价格差别极大，这种差异与物价、纸墨成本的变化都有密切关系。榜纸书价格于竹纸书，而竹纸书价格高于台连纸书。满文殿本书价高于汉文殿本书价。此外，利用乾隆时期的《武英殿颁发通行书籍目录》所载154种殿本，核算出平均每册售价为0.097966两银，约0.1两，这是清代官刻本书价的有益参考。

在考察武英殿修书处的过程中，笔者认为还有一些关键性问题需要进一步讨论。首先，关于武英殿修书处的性质，通过前文的系统辨析,我们可以看出武英殿修书处本质上是清代帝王的御用出版机构,带有鲜明的皇家色彩,武英殿修书处成为统治者彰显皇权、推行教化的有力工具。诚如学者指出的:"对思想文化进行全面的、严密的专制,是中国专制主义皇权的又一明显特征。皇帝既是权力的象征,又是精神的教主。君师合一,通过有效的提倡和奖励,实现在全面的'一教化'、齐风俗,以牢笼人民的思想和灵魂。"[1] 清代帝王通过牢牢把控修书处的出版活动,不惜工本,凸显了皇权的至高无上,同时将内府书籍的出版纳入国家教化体系之中,担负起教化天下的政治任务。对于这一问题,下文再略作申说。

武英殿修书处的发展与清代皇权政治息息相关。殿本属于内府本,而根据黄永年先生的说法,内府本即"皇家的刻本"[2]。原故宫博物院院长郑欣淼先生曾多次以"从武英殿修书处到故宫出版社"为题演讲,把武英殿修书处视作"皇家出版社",这一定位有其合理性。正如严佐之先生指出的:"武英殿是清帝的御用出版机构,而其刻书的盛期又值康、雍、乾三朝实行文化专制统治最严厉的时期,因此武英殿刻本的内容和编纂形式都带有强烈的政治色彩和阶级倾向。比如殿本的书名大多冠有'钦定''御纂'等词,各种经文、史评、理学著作大多经过'御批''御选''御录',目的即为在文化学术领域树立清帝权威和官方标准,统一舆论,钳制异端。"[3] 据统计,清代御制文献的数量为773种[4]。有学者根据《清代内府刻书目录解题》统计出清代内府刻印的1311种典籍中,"钦定"276种,"御定"1种,"御制"82种,"御纂"11种,"御批"4种,"御注"5种,"御撰"2种,"御览"1种,"御书"2种,"御录"2种,"御选"8种,"御译"1种,"御论"3种,"钦颁"2种,总计

---

[1] 周良霄:《皇帝与皇权》,上海古籍出版社2014年版,第377—378页。
[2] 《古籍知识手册》对内府本的定义是"宫廷所刻的书",与黄永年先生的定义差异不大。参见高振铎《古籍知识手册》,山东教育出版社1988年版,第91页。
[3] 严佐之:《古籍版本学概论》,华东师范大学出版社2008年版,第78—79页。
[4] 王璐:《清代御制文献浅论》,硕士学位论文,湖北大学,2010年。

400 种①。而据冯天瑜先生的研究，仅康熙、雍正、乾隆三朝，钦定内府书籍就计有 157 种，22580 卷。其中，经部 27 种，953 卷；史部 79 种，5738 卷；子部 32 种，12479 卷；集部 19 种，3410 卷②。此类御制殿本书籍，可谓不胜枚举：如康熙朝《钦定古今图书集成》《御纂朱子全书》《御纂性理精义》等；雍正朝《御录宗镜大纲》《御录经海一滴》《御选悦心集》等；乾隆朝《御制增订清文鉴》《御批通鉴辑览》《钦定中枢政考》《御选唐宋文醇》等。通过"御定""御制""钦定"等蕴含帝王权威的称谓以及冠诸卷首的"御制序"，形成了一个与以往内府刻书大不相同的图书体系，这正是殿本的突出特色之一。

正因为与皇权存在极为密切的关系，运转时间长达两百多年的武英殿修书处获得了皇家人、财、物的充分保障。嘉庆朝以前，修书处每年可向广储司请领银库银 5000 两至 10000 两。修书处刊刻殿本及装潢，皆不惜工本，选料精当，配色考究，做工细密，造型设计古雅端庄，其背后就有皇家雄厚财力的支撑和保障，这是地方书局及私家刻书无法比拟的优势。

清代帝王乾纲独断，推行集权统治，武英殿修书处刊刻、装潢、缮写、校勘等工作自然不可避免地受到清代皇权政治的影响，皇帝频频干涉殿本刊印的内容和进程，体现出绝对的君权。这一问题前文已较多阐述，这里再就殿本避讳和维护正统两个方面稍作补充。

皇权对殿本的影响直接表现之一是避讳谨严，不容有错。避讳之制，古已有之。到了清代，避讳制度更加严格，一切文字、奏章、文移、写刻书籍，凡遇清帝列祖名讳，无论满汉字样，概行敬避，一般以改字、空字、缺笔或墨圈避之。乾隆帝特别强调敬避圣讳的重要性："自古臣子之于君父，皆有讳名之义，载在礼经，著于史

---

① 朱赛虹等：《中国出版通史·清代卷（上）》，第 69 页。按，原书统计为 411 种，实为 400 种。

② 冯天瑜：《中华文化史》，上海人民出版社 1990 年版，第 855 页。

册，所以展哀慕而致诚敬也。"① 这一制度反映在书籍刊印和审查上，即要求无论官刻、私刻之书，均须严格避讳。即便是民间私家刻书，清代帝王对于不避圣讳的行为亦予以严惩。例如，乾隆年间王锡侯所著《字贯》一书，乾隆帝阅后发现"第一本《凡例》竟有一篇将先师孔子讳、圣祖、世宗庙讳及朕御名字样，全行排列"②，当即谕旨将王锡侯拏解来京，交刑部严审治罪。相较于私家刻书，避讳制度在清代帝王钦定的殿本中有更加充分的体现。康熙朝刊印的殿本中已出现避帝讳的现象。康熙帝御名玄烨，武英殿修书处曾奏准敬避缺笔字样，康熙帝庙讳上一字本字敬缺末笔，至加偏旁之字，如铉、炫、泫、弦等字，以及字中笔画全书者，如衒、率等字俱于本字缺一笔，下一字本字缺末笔。乾隆帝甫一登基，便要求敬避雍正帝御名："嗣后凡内外各部院文武大小衙门，一切章奏文移，遇圣讳上一字，则书允字。圣讳下一字，则书正字。"③ 乾隆帝御名弘历，乾隆三十年（1765）谕旨要求一切文移、书奏及刻本，皆改作"宏"，弘字如有水系等偏旁者，并行缺笔，修书处校改书版，如遇率衒等字，亦俱一律缺笔，此后续刊书版均须敬避。④ 嘉庆四年（1799），内阁确定了敬避嘉庆帝御名之法："如遇上一字，著将面字偏旁缺写一撇一点。"嘉庆帝要求："乾隆六十年以前所刊书籍，凡遇朕名字样，不必更改。自嘉庆元年以后所刊书籍，著照此缺笔改写。"⑤ 嘉庆八年又颁布谕旨："此次新纂《科场条例》，于列圣庙讳恭避字样，请敕该部谨遵高宗纯皇帝《钦定四库全书》，于圣祖仁皇帝圣讳下一字，用煜字恭代。世宗宪皇帝圣讳下一字，用祯字恭代。并通行内外大小各衙门，一切官私文字，一体遵照书写。"⑥ 古

---

① 《清高宗实录》卷2，雍正十三年九月初四日。
② 《清高宗实录》卷1043，乾隆四十二年十月二十六日。
③ 《清高宗实录》卷2，雍正十三年九月初四日。
④ 《清高宗实录》卷731，乾隆三十年闰二月二十日。
⑤ 《清仁宗实录》卷39，嘉庆四年二月二十四日。
⑥ 《清仁宗实录》卷111，嘉庆八年四月初二日。

代皇帝享有至高无上的尊贵，帝王之名姓亦同样尊贵，所谓尊卑有序，以讳为首。武英殿修书处刊印的殿本作为官刻本的代表，其避讳制度更加严格，从殿本实物看，康熙朝避讳尚且不严，但是到了乾隆朝满汉文殿本均需俱行避讳，嘉庆朝以后避讳渐宽，咸丰朝以后无须改避御名上一字。应该说，殿本中的避讳制度是值得注意的现象，这一现象的出现与清代皇权政治的发展态势密切相关，是文化专制时代皇权政治的产物。

清代部分殿本的改刻和回缴也体现了帝王维护皇权和正统的政治意图。兹取殿本《御撰资治通鉴纲目三编》为例加以说明。《明史》告竣后，乾隆四年（1739）乾隆帝下谕编纂《明纪纲目》，与《明史》相为表里。该书于乾隆十一年（1746）纂竣，同年交由武英殿修书处刊刻，改书名为《御撰资治通鉴纲目三编》，"以示此书乃赓续朱熹等的《资治通鉴纲目》与商辂等的《续资治通鉴纲目》而作"①。但后来乾隆帝发现该书涉及南明政权的纪年及相关记载多有不确之处，青海、朵颜等人名对音沿用鄙字，均关涉正统问题，乾隆帝对这些表述讹误非常重视，乾隆四十年（1775），乾隆帝下谕重新改纂此书，命皇子及军机大臣重新订正："著交军机大臣即于方略馆将原书改纂，以次进呈，候朕亲阅鉴定，其原书著查缴。"② 与初修本相比，《御撰资治通鉴纲目三编》改修本由原来的 20 卷增补为 40 卷，一方面改修本《纲目三编》按照《御批历代通鉴辑览》改纂纪年系统，在全书末卷记述弘光史事，并以小字注明弘光年号，通过赋予弘光朝以正统地位，采取以退为进的手法来确定清初的正统地位③，以利于"推阐大义、考证故实""衮钺谨严、大公至正之意更足昭示万世"；另一方面在涉及少数民族人名与地名翻译等细节

---

① 何冠彪：《清高宗〈御撰资治通鉴纲目三编〉的编纂与重修》，《"中央"研究院历史语言研究所集刊》1999 年第 70 本第 3 分，第 671 页。
② 《乾隆朝上谕档》第 7 册，乾隆四十年五月十五日条，第 876 页。
③ 何冠彪：《清高宗对南明历史地位的处理》，香港《新史学》1996 年第 7 卷第 1 期。

之处改动很大，按照《辽金元国语解》改正初编本的讹误和鄙俚的少数民族人、地、官名对音。由于乾隆十一年（1746）已由修书处刊刻《通鉴纲目三编》，并已大量陈设、颁发、赏赐宫内外各处。为了彻底解决这一问题，新编《通鉴纲目三编》纂竣后，乾隆帝谕旨将新书交由修书处再度刊板，发交直省督抚各一部，按照武英殿原本抽改。同时乾隆帝采取了大规模回缴旧书的方式，并多次下谕，严加督查。如乾隆五十年（1785），谕旨："《明史》及《纲目三编》业经奉旨改正画一，云南巡抚止须俟刊成颁行到滇，遵谕查缴。所有该抚奏请，按《纲目续编》改定更正。"① 这些特殊殿本的大规模回缴，无疑是清代帝王在书籍刊印和审查中不遗余力维护政权正统性的典型例证。

　　武英殿修书处在清帝推行教化方面也发挥了重要作用。关于修书处刊印殿本与清朝统治者推行教化二者间的关系，分见于本书各章的讨论，这里再作小结。"教化"一词最早见于《战国策·卫策》："治无小，乱无大，教化喻于民，三百之城，足以为治民；无廉耻，虽有十左氏，将何以用之？"② 董仲舒《对贤良文学策》亦云："教化立而奸邪皆止者，其堤防完也；教化废而奸邪皆出，刑罚不能胜者，其堤防坏也。古之王者明于此，是故南面而治天下，莫不以教化为大务。"③ 所谓"化"者，《管子》解释为："渐也，顺也，靡也，久也，服也，习也，谓之化。"《华严经音义》引《珠丛》曰："教成于上而俗易于下，谓之化也。"上述典籍均强调道德影响的"潜移默化"，迁民于善。宋人罗从彦认为："教化者，朝廷之先务；廉耻者，士人之美节；风俗者，天下之大事。朝廷有教化，

---

　　① 《吏部为更正明史纲目三编事》，乾隆五十年七月，台湾史语所藏内阁大库档案，登录号：117953-001。
　　② 《战国策注释》卷32《宋卫策》，中华书局1990年版，第1229页。
　　③ 《汉书》卷56《董仲舒传》，中华书局1962年版，第2503页。

则士人有廉耻；士人有廉耻，则天下有风俗。"① 洪武二年（1369），朱元璋诏谕中书省称："朕恒谓治国之要，教化为先。"② 洪武八年（1375），又谕："致治在于善俗，善俗本于教化。教化行，虽闾阎可使为君子；教化废，虽中材或坠于小人。"③ 可以说，"一道德，同风俗"始终是历代统治者孜孜以求的政治理想。正因为教化在稳固统治、移风易俗所发挥的特殊功用，统治者均以"教化为大务"。

有学者指出："教化就是运用各种政治的、经济的、道德的、礼仪的、教育的、宗教的以及各种社会组织的手段，来影响人们的道德意识、思想行为的形成，从而建立起稳固的统治秩序。"④ 书籍是文化交流的工具，思想传播的载体，兼具存史、教化、资治功能，书籍的刊印和流播无疑是古代国家教化体系的重要组成部分。雍熙元年（984），宋太宗谓侍臣称："教化之本，治乱之原，苟非书籍，何以取法？"⑤ 南宋周嘉胄《装潢志》亦谓："圣人立言教化，后人抄卷雕板，广布海宇，家户颂习，以至万世不泯。"⑥ 这些表述均表明刊印书籍是统治者普施教化、导民善俗的有效手段和重要工具。

清朝统治者把教化视为"国之本源"⑦"立政之本"⑧"朝廷首务"⑨"国家之大务"⑩，这些表述频繁见诸于清帝诏谕之中。如清太祖曾谕侍臣："为国之道，以教化为本，移风易俗，实为要务。"⑪

---

① （清）黄宗羲：《宋元学案》卷39《豫章学案》，中华书局1986年版，第1271页。
② 《明太祖实录》卷46，洪武二年十月二十日。
③ 《明太祖实录》卷98，洪武八年三月初八日。
④ 张惠芬主编：《中国古代教化史》，山西教育出版社2009年版，第3页。
⑤ （宋）李焘：《续资治通鉴长编》卷25，中华书局2004年版，第571页。
⑥ （南宋）周嘉胄：《装潢志》，黄山书社2006年版，第1页。
⑦ 《清世祖实录》卷11，顺治元年十一月初一日。
⑧ 《清仁宗实录》卷335，嘉庆二十二年十月十五日。
⑨ 《清世祖实录》卷128，顺治十六年九月十五日。
⑩ 《清高宗实录》卷191，乾隆八年闰四月二十九日。
⑪ 《清太祖实录》卷6，天命四年六月初五日。

顺治十二年谕旨："朕惟平治天下，莫大乎教化之广宣。"① 康熙九年谕礼部："朕维至治之世，不以法令为亟，而以教化为先。……盖法令禁于一时，而教化维于可久。若徒恃法令，而教化不先，是舍本而务末也。"② 雍正三年谕曰："朕即位以来，拳拳以敦教化、励风俗为务。"③ 乾隆六年谕："天下实无不教之民，是以教化兴而风俗厚。"④ 嘉庆二十二年谕："教化为立政之本，以正人心。"⑤ 清帝俨然成为"普天维持宣扬教化之宗主。"⑥

作为清帝御用出版机构，武英殿修书处刊印殿本往往具有选择性和导向性。如前所述，殿本的定价按照制作过程中纸墨、写刻工价的成本进行核算，售卖流通过程中所定书价只需收回成本，并非以盈利为目的，同时鼓励各省加以翻刻，厉行教化、移风易俗是其中的重要考量因素。通过殿本的广泛流播，达到康熙帝所宣扬的"教读书人都得看见"⑦ 这一目的。

具体而言，清廷特别重视刊印有关世道人心的特殊类型殿本，以此裨益教化、移风易俗。大致可以分为如下几类。一类是儒家经典和程朱理学著述。清代帝王确立"崇儒重道"的文化国策和程朱理学的官方正统地位，儒家经典、理学著述由皇家色彩浓厚的武英殿修书处刊印，可谓极具象征意义，充分发挥殿本书籍的政治文化功能。而凭借国家力量刊印的儒家及理学著作，较之普通印本，地位更为尊崇。康熙帝本人即极力推崇儒家经典，曾称："经史有关政治，义蕴弘深。朕朝夕讲究，勉求贯通，讲幄诸臣，殚心阐发，允裨典学。"⑧ 他认为："经学史乘，实有关系修齐、治平、助威德化

---

① 《清世祖实录》卷88，顺治十二年正月月二十六日。
② 《清圣祖实录》卷34，康熙九年十月初九日。
③ 《清世宗实录》卷30，雍正三年三月十七日。
④ 《清高宗实录》卷155，乾隆六年十一月二十九日。
⑤ 《嘉庆朝起居注》卷19，嘉庆二十二年十月。
⑥ 《清世宗实录》卷63，雍正五年十一月十八日。
⑦ （清）王穆纂修：《康熙城固县志》卷10，清康熙五十六年刻本。
⑧ 《清圣祖实录》卷70，康熙十六年十二月二十日。

者，方为有用。"① 康熙十九年（1680），翰林院掌院学士叶方蔼奏请颁发《尚书讲义》。得旨："《尚书》纪载帝王道法，关切治理。朕留心研究，期于贯通，讲幄诸臣，讲解明晰，深于典学有裨。著即刊刻颁行。"② 乾隆五年（1740），诸臣进讲殿本《经史讲义》，乾隆帝告诫诸臣需精研宋儒之书，"治心修身，以端教化之本，将国家收端人正士之用，而儒先性命道德之旨，有功于世道人心者，显著于家国天下"③。嘉庆二十二年（1817），御史卿祖培奏请敕各省学政讲明《朱子全书》，嘉庆帝随即谕旨："宋儒《朱子全书》固足以阐明经术，而五经及四子书，炳若日星，若在官者，各能身体力行，以为编氓倡率，亦何不可收世道人心之益。"④ 清代各朝修书处均大量刊印《朱子全书》《四书五经读本》《御制劝善要言》《御制人臣儆心录》《御制翻译四书》等殿本，以皇家直接掌控的殿本刊印作为传播载体，强化儒家伦理道德对百姓的教化作用。即便到了晚清，为了挽救颓风，清廷仍谕令修书处大量刊刻、颁发《御制人臣儆心录》，认为此书可"力挽颓风"⑤。

一类是有关孝道人伦的典籍。清朝统治者推崇孝道，以孝以本，以此敦亲睦族，成俗化民。康熙帝曾诏谕天下："朕惟帝王抚有四海，必首隆孝治，以端教化之源"⑥，"兴起教化，鼓舞品行，必以孝道为先"⑦。雍正帝把《孝经》一书与五经并重，视为化民成俗之本⑧。雍正元年（1723），雍正帝谕令儒臣编刻《孝经集注》，并亲自御注，教化臣民。同时谕旨修书处再次刊印康熙帝所钦定的《孝经衍义》一书，认为此书广博精微，宜颁布海内，"使天下之人观览

---

① 《清圣祖实录》卷126，康熙二十五年闰四月初七日。
② 《清圣祖实录》卷89，康熙十九年四月二十日。
③ 《清高宗实录》卷128，乾隆五年十月十二日。
④ 《清仁宗实录》卷335，嘉庆二十二年十月十五日。
⑤ 《清宣宗实录》卷291，道光十六年十一月十五日。
⑥ 《清圣祖实录》卷16，康熙四年九月二十六日。
⑦ 《清圣祖实录》卷191，康熙三十七年十二月十八日。
⑧ 《雍正朝起居注》卷1，雍正元年五月。

诵习，以为修身务学之本"①。雍正五年（1727），修书处刊刻《孝经》。雍正帝亲自撰写御制序文称："《孝经》者，圣人所以彰明彝训，觉悟生民，溯天地之性，则知人为万物之灵，叙家国之伦，则知孝为百行之始。……下以此为立身之要，上以此为立教之原。"②纲常名教类殿本书籍得以大量刊印、颁赐，以收辅翼教化之效。

  一类是御制、圣谕类书籍。有清一代武英殿修书处重点刊印了皇帝御制诗文、诏谕类殿本书籍，如殿本《圣谕十六条》《御制圣谕广训》《御制朋党论》《大义觉迷录》《驳吕留良四书讲义》等皆是此类，往往冠以"御纂""御制"之名，交付武英殿刊印、流播，以此标明帝王的立场和行为准则，供天下满汉臣民效法。康熙二十二年（1683），群臣疏请刊刻御制诗文，认为唐、宋、明历代各有刊刻帝王文集，康熙帝"万几之余，留心著作，或发为文章，或形诸篇什，镕铸六经，包蕴万象，为历代帝王所未及"，因此"允宜刊刻颁布，用昭典册之极观，文明之盛事"。康熙帝谦虚之余，允准了群臣所请："朕万几余暇，留心经史，虽间有著作，较之往代，自觉未能媲美。本不欲遽行刊布，今既援据典例恳请，勉从所议刊行。"③从康熙帝开始编刻正规的诗文集，至光绪帝止，代代相续。为了更好地化民成俗、教化乡里，康熙帝颁发《圣谕十六条》，交由修书处大量刊印，颁发各省，以示"尚德缓刑，化民成俗至意"④。雍正帝在《圣谕十六条》的基础上，于雍正二年（1724）编刻了《圣谕广训》，成为清廷的教化纲领。修书处刊印《圣谕广训》后，颁发各地，满洲八旗和直省各地每月朔望宣讲两次。雍正三年（1725），刊印、颁发《御制朋党论》，"使天下儒士视为经传，每日讲读。又每次考试，即将其中之句子，命名为题目，令写论文。如此施行，久

---

① 《雍正朝起居注》卷1，雍正元年七月。
② 《清世宗实录》卷64，雍正五年十二月初三日。
③ 《清圣祖实录》卷111，康熙二十二年八月二十一日。
④ 《清圣祖实录》卷34，康熙九年十一月二十六日。

而久之，自成风气"①。雍正帝曾宣称，殿本《御制朋党论》可正百官，《御制圣谕广训》可正万民②。清廷还认为，京师为首善之区，尤宜先为开导，以期化行自近，"著五城、顺天府、大兴、宛平二县各官选举乡约耆老于朔望之日齐集公所，宣读《圣谕广训》"③。清廷为何如此热衷于刊印、宣讲圣谕，嘉庆帝曾作解释："顺治年间《钦定六谕文》，康熙年间颁发《上谕十六条》，雍正二年复颁发《圣谕广训》万言，通饬各直省地方官于每月朔望剀切宣讲，务使乡曲愚民共知向善。仰见列圣关心民瘼，教养兼施，所以为世道人心计者，至深远也。"④通过大量刊印圣训、圣谕，达到教化万民的目的。直到清末，统治者仍强调各省地方课士授徒均需以《御纂性理精义》《圣谕广训》为讲习之本，认为民风可由此自归淳正⑤。

除此之外，清廷还非常重视科举应试类殿本的刊印。科举用书事关士风和教化，如乾隆帝曾注意到："闱中旧存书籍残缺不完，试官每移取坊间刻本，大半鲁鱼亥豕，自命题发策，以及考信订讹，迄无裨益。"⑥因此他要求嗣后将乡会两试需用各书汇列清单，到修书处请领内府官本，钤用该衙门印信，备贮应用。此类科举用书，一般由礼部行文修书处移取，包括《三国志》《晋书》《隋书》《元史》《明史》《子史精华》《钦定四书文》《日讲春秋解义》《性理精义》《韵府拾遗》《朱子全书》《四库全书总目》等，每种殿本行取二部，一部存礼部，一部存顺天府，届乡会试时送闱中查阅。士为四民之首，通过在科场取用经过帝王审定、体现官方意志的殿本，为天下士子提供标准化的阅读范本，从而正确引导士林风气。

其次，武英殿修书处为我们提供了出版管理和书籍校勘的宝贵

---

① 《清内府刻书档案史料汇编》，第96页。
② 《雍正朝起居注》卷1，雍正二年十二月。
③ 《嘉庆朝起居注》卷5，嘉庆五年五月。
④ 《嘉庆朝起居注》卷14，嘉庆十四年十二月。
⑤ 《咸丰朝起居注》卷3，咸丰元年七月。
⑥ 《钦定科场条例》卷43。

经验。具体表现在：

第一，坚持精校精刊。明代由宦官编刊书籍，质量低劣，差错百出。清代武英殿修书处任用翰林词臣、博学之士负责殿本的编纂及校勘，质量与明代相比有天壤之别。武英殿修书处刊印的殿本以精校、精刊著称。乾隆帝本人就对殿本精校颇为自得，他将明代监本《十三经》和殿本《十三经》进行了对比，认为校勘质量高下立判："士子所读经书，多系坊本。即考证之家，亦止凭前明监本。然监本中鱼豕之舛讹，字句之衍缺，不一而足。……武英殿官刻《十三经》，勘雠精核。久已颁发黉序，加惠艺林。"[1] 近代版本学家叶德辉《藏书十约》评价武英殿刻本颇高："当时馆臣校刊，多据宋刻善本，又处分颇严，故讹误遂少。"[2] 晚清民国以后，大量原藏内府的殿本逐渐散出，成为藏书家纷纷着力购求的对象，如晚清名臣曾国藩喜好收藏殿本，在致友人书信中曾多次委托代购殿本，并不惜代价。《曾文正公书札》载："尊处广搜群籍，如遇有殿板诸善本，及国朝名家所刊之书，凡初印者概祈为我收买。……此外殿板书初印者多可取也，其价银若干？觅便寄呈。"[3] 又云："敝处书籍太少，江西如有殿板初印《廿四史》，敬求代为购买，虽重价不惜也。如不能得全书，即购得零种，或一史、二史、三五史、十余史，皆可。总以初印为佳，后印者则不足取。国朝刻书远胜前代，殿板如《十三经》《廿四史》《全唐诗》《图书集成》《五经萃室》《书画谱》之类，凡初印者，无不精雅绝伦。……如遇前项书，有初印者，敬求代为购买。弟眼非善本书不耐看也。"[4] 在曾国藩看来，殿本初印者校勘质量高，即为"善本书"，即便不得全书，购得零种亦可。今人毛春翔《古书版本常谈》认为："三百年来，刻书之多，超乎

---

[1] 光绪朝《钦定大清会典事例》卷332《礼部·贡举》。
[2] 叶德辉：《叶德辉书话》，浙江人民出版社1998年版。
[3] （清）曾国藩：《曾文正公书札》卷4《与袁漱六》。
[4] （清）曾国藩：《曾文正公书札》卷6《致刘星房》。

前代，而且考证校雠之学，至乾嘉而极盛，校刻之书，多精审而可靠。"① 武英殿修书处严格执行三校三修的校勘流程，校勘质量把关颇严，一旦发现错误，即示惩戒。如嘉庆十七年谕："武英殿、御书处校刊圣训告成，装函呈览。朕详细敬阅，字画讹误处甚多。提调侍讲姚元之到馆未久，著降为编修。"②

第二，创新管理制度。武英殿修书处改变了明代由司礼监掌管内府刻书的管理体制，在组织管理上有重要的创新和发展。不仅体现在职官设置完善，任务明确，分工与合作相得益彰，还建立了一套严密完善的监督管理制度，除了皇帝的严密控制和督查，从遴选编校官员，到写刻装潢风格，再到发行部数，颁赏对象，皆由清廷一一确定，还建立了一套切实可行的奖惩体制，要求校刊精审，校勘人员不敢草率。武英殿修书处办事有严格的程序，有章可循，既保证了校刻工作的高效、有序进行，又保证了殿本刊刻的质量，从而成就了清代文化史的盛事。

第三，选用得力人才。有清一代，陈鹏年、查慎行、方苞、何焯、王引之等一大批宿学硕儒入值武英殿，从事内府书籍校勘等工作。康熙朝还出现了方苞、王兰生等以布衣身份，不拘一格拔擢入武英殿主持修书处事务。即便是武英殿修书处从事缮写之人，皆从翰林院或国子监选派"年力精壮，字画端楷"者，这样的人才基础，很大程度上保障了殿本写刻的水准和质量。

当然，皇权之于武英殿修书处，是一把双刃剑。皇家为修书处提供雄厚财力支持的同时，亦带来了一些弊病。具体表现之一即删改殿本太过。曾国藩就注意到："自乾隆间改译辽、金、元三史，人名虽三朝诸臣最熟之名，亦使人茫然莫辨。故殿板虽佳，犹以三史为憾。"③ 此外，帝王对殿本刊印的干预和控制，有时反而会造成校

---

① 毛春翔：《古书版本常谈》，上海古籍出版社2002年版，第80页。
② 光绪朝《钦定大清会典事例》卷1046《翰林院三》。
③ （清）曾国藩：《曾文正公书札》卷15《致陈岱云》。

勘质量的下滑，如《清朝野史大观》卷1载："纯庙时刊印《廿四史》，时上雅重文史，患多舛谬，常自校核。诸臣虑无以逞上意，乃故于明显处错误数字，俾待宸翰勘正，以惬圣怀。然不免有漏未正者，故今殿板书，常有讹舛云。此说甚奇，然曲意承迎，其极必至于此，至此则心地更不可问矣。"① 殿本质量在嘉庆朝以后逐渐下滑，其中一个重要原因是主事者管理不善，"急就竣工，希图议叙"，导致校勘不精，出现了诸多讹误。阮元《题严厚民杰书福楼图》就指出："余校石经时，见其误字反与明监本同，大疑之，及访之，始知原摹不误，后为武英殿校刻之人所倒改也。"② 这是我们评价殿本质量时应当客观看待的问题。

总之，武英殿修书处是专门从事内府书籍刊印、校勘和装潢工作的清代"皇家出版社"。从康熙十九年（1680）设立到1912年裁撤，这一机构前后持续运转了230余年，刊印殿本数量达六七百种，殿本以"精校精刊"著称于世，在中国书籍文化史中占有重要地位。系统全面地厘清武英殿修书处的历史源流、发展历程、运作机制、匠役管理等细节问题，对于清代出版史、藏书史、文化史等诸多领域均具有重要意义，可以为当今图书出版和管理提供有益的借鉴和启示，也将进一步凸显武英殿修书处在清代学术文化脉络中的地位和价值。

---

① （民国）小横香室主人：《清朝野史大观》卷1《二十四史》。
② （清）阮元：《揅经室集·续集》卷7《题严厚民杰书福楼图》。

附　　录

清代殿本编年总目
（1680—1912）

表格编纂说明：《清代殿本编年总目》的制表综合参考了1933年出版的《故宫殿本书库现存目》《清代殿板书目》，《武英殿聚珍版书目》《古香斋袖珍本书目》，1983年台北故宫《"国立"故宫博物院善本旧籍总目》，1995年《清代内府刻书目录解题》，2004年《清代内府刻书图录·清代内府刻书总目录》，2009年《国家图书馆藏满文文献图录》，2014年《清代内府刻书研究·清代内府刻书编年目录》等书目著录资料，特此致谢。同时该表制定还利用相关档案史料，对有文献依据可明确为殿本的条目予以补充收录，误收条目予以剔除。因康熙朝早期刊印殿本资料缺失等因，本总目暂以版本明确可考的康熙二十四年殿本《御选古文渊鉴》为收录起始范围，并非意味着该书是第一部殿本。特别需要说明的是，笔者认为殿本特指康熙十九年武英殿修书处成立后在武英殿刻印的内府书籍，根据这一定义，但凡刊刻于康熙十九年之前，刻书机构为翰林院、六部等中央机构的刻本或地方督抚所刻的进呈本、内府写本、抄本以及晚清内府刊刻的石印本、铅印本等，均不属于殿本范畴，不予收录。对于同一种题名，但属满、蒙等不同文字的刻本，各自算为一种；增修、续刻本亦各自算作一种。

《清代殿本编年总目》（1680—1912）

刻竣时间	题名及卷数	版本	函册	版式
康熙二十四年	御选古文渊鉴六十四卷	四色套印本	四函二十四册	半页九行，行二十字，小字不等，无行格，线黑口，双鱼尾，四周单边。版框高19.5厘米，宽14.1厘米
康熙二十四年	御选古文渊鉴六十四卷	满文本	三十六册	半页八行，小字双行，行字不等，四周双边，白口，无鱼尾，无行格。版框高24.1厘米，宽16.6厘米
康熙四十七年	御制清文鉴二十卷总纲四卷序一卷	满文本	十册	半页大字六行，小字双行不等，四周双边，白口，无鱼尾。版框高21.9厘米，宽15.8厘米。书口镌满文书名、卷次、篇名、汉文页码
康熙四十九年	御选古文渊鉴六十四卷	五色套印本	四函二十四册	每半页九行二十字。小字不等线黑口，双黑鱼尾，四周单边。版框高18.6厘米，宽14厘米
康熙四十九年	渊鉴类函四百五十卷目录四卷	汉文本	二十函九十册	半页十行，行二十一字，小字双行，字数同。四周双边，黑口，双鱼尾。版框高17.2厘米，宽11.7厘米
康熙五十二年	御制避暑山庄三十六景诗二卷	朱墨套印本	一函二册	半页六行，行字数不等，小字十二行，行二十字，白口，单鱼尾，四周双边。版框高20厘米，宽13.5厘米，开本高26.4厘米，宽16.6厘米
康熙五十二年	御制避暑山庄三十六景诗二卷	满文本	一函二册	半页六行，行字不等，四周双边，白口，单鱼尾，无行格。版框高19.6厘米，宽13.1厘米
康熙五十二年	御选唐诗三十二卷目录三卷	朱墨套印本	二函十五册	半页七行，行十七字，小字二十一至二十四字不等。白口，四周双边。版框高19.1厘米，宽12.5厘米，开本高24.8厘米，宽15.6厘米
康熙五十三年	渊鉴斋御纂朱子全书六十六卷	汉文本	一函二册	半页九行，行二十字，抬头行二十一字，四周单边，黑口或白口，双鱼尾，无行格。版框高19.1厘米，宽13.9厘米，开本高26.5厘米，宽16.8厘米
康熙五十四年	御纂周易折中二十二卷首一卷	汉文本	一函十册	半页八行，行十八字，注文小字双行，行二十二字。白口，四周双边，单鱼尾。版框高22.5厘米，宽16.3厘米，开本高30厘米，宽19.8厘米
康熙五十五年	佩文韵府一百六卷	汉文本	二十四函一百六十册	半页十二行，行二十五字，小字双行同。抬头行二十六字。四周双边，白口，单鱼尾，无行格。版框高17.3厘米，宽11.8厘米

附录　清代殿本编年总目（1680—1912）

续表

刻竣时间	题名及卷数	版本	函册	版式
康熙五十五年	康熙字典四十二卷	汉文本	六函四十册	半页八行，大字不等，小字双行，行二十四字，白口，四周双边，单鱼尾。版框高19.7厘米，宽13.9厘米，开本高24.1厘米，宽16.9厘米
康熙五十五年	月令辑要二十四卷图说一卷	汉文本	二函十二册	半页七行，行二十字，小字双行同，无行格。白口，四周双边，单鱼尾。版框高19厘米，宽12.6厘米，开本24.7厘米，宽15.6厘米
康熙五十六年	御制满蒙文鉴二十卷总纲八卷序一卷	汉文本	二十九册	半页十二行，无行格，四周双边，白口，无鱼尾。版框高21.7厘米，宽16.6厘米
康熙五十六年	御纂性理精义十二卷	汉文本	一函五册	半页大字八行，行十八字，小字双行，行二十二字，中字八行，行二十字。四周双边，白口，单鱼尾，无行格。版框高22.5厘米，宽16.3厘米，开本30.1厘米，宽19.2厘米
康熙五十六年	御纂性理精义十二卷	满文本	一函八册	半页七行，行字不等。四周双边，白口，单鱼尾，无行格。版框高21.5厘米，宽16.7厘米
康熙五十六年	御定星历考原六卷	汉文本	一函二册	半页九行，行二十字，抬头行二十字，四周双边，白口，白单鱼尾。版框高21.2厘米，宽14.7厘米，开本高27.2厘米，宽17.2厘米
康熙五十九年	韵府拾遗一百六卷	汉文本	二函二十册	半页十二行，行二十五字，小字双行同。抬头行二十六字，无行格。四周双边，白口，单鱼尾。版框高16.8厘米，宽11.5厘米，开本高23.3厘米，宽14.2厘米
康熙六十年	钦定春秋传说汇纂三十八卷卷首二卷	汉文本	四函二十四册	半页八行，大字行十八字，注文小字双行，低一格，行二十一字。白口，四周双边，单鱼尾。版框高22.3厘米，宽16.1厘米
康熙六十一年	分类字锦六十四卷	汉文本	四函四十册	半页八行，行二十四字，小字双行同。四周双边，白口，单鱼尾，无行格。版框高18.9厘米，宽12.6厘米，开本离25.4厘米，宽15.7厘米
康熙六十一年	御制钦若历书上编十六卷下编十卷表十六卷	汉文本		半页九行，行二十字。四周双边，白口，单鱼尾。二截板版，上图下文，版框高21.2厘米，宽14.7厘米

续表

刻竣时间	题名及卷数	版本	函册	版式
康熙六十一年	御制数理精蕴五十三卷	铜活字印本	十八函	半页九行，行二十字，小字双行同。接脑内为图，下为解说，行十五字。四周双边，白口。版框高21.2厘米，宽14.5厘米。开本高27厘米，宽17.2厘米
康熙六十一年	律吕正义四卷	铜活字印本	一函四册	半页九行，行二十字，小字双行同。白口，四周双边，白双鱼尾。版框高21.4厘米，宽14.8厘米
康熙六十一年	千叟宴诗四卷	汉文本	一函三册	半页六行，行十六字。白口，左右双边。版框高18.6厘米，宽12.6厘米
康熙朝	钦定篆文六经四书六十三卷	汉文本	二函十四册	半页八行，行十二字，白口，左右双边，单鱼尾。版框高22.5厘米，宽15.7厘米，开本高29.8，宽19.1厘米
康熙朝	钦定皇舆全览八卷	汉文本	一函八册	半页九行，行二十二字，小字双行同，左右双边，单鱼尾，书口题名"钦定皇舆全览"。版框高17.7厘米，宽12.5厘米
康熙朝	数表一卷	朱墨套印本	一函一册	半页六行，宽、细各三行，行三十五字。四周双边，白口，单鱼尾。版框高15.2厘米，宽10.3厘米
康熙朝	数表二卷度数表一卷	朱墨套印本	一函三册	半页六行，宽、细各三行，行五十字。四周双边，白口，单鱼尾。版框高20.1厘米，宽14.9厘米。开本高27.6厘米，宽17.6厘米
康熙朝	对数广运不分卷	袖珍本	一函一册	是书无序跋文字，亦无书名。全书为表格形式的几何数表
雍正二年	皇舆十排全图	汉文本	二匣十卷	木刻墨印设色，不注比例。版框高212厘米、宽340厘米
雍正二年	圣谕广训一卷	汉文本	一函一册	半页九行，行十六字，抬头行十八字，无行格。四周双边，白口，单鱼尾。版框高22厘米，宽17.2厘米，开本高29.4厘米，宽19.9厘米
雍正二年	圣谕广训一卷	满文本	一函一册	半页九行，行字不等。四周双边，白口，双鱼尾，无行格。版框高21厘米，宽16.5厘米
雍正二年	圣谕广训四卷	满汉合璧本	一函四册	半页七行，白口，单鱼尾，四周双边。版框高21.1厘米，宽16.9厘米。书口镌满文书名、卷次、页码

附录　清代殿本编年总目（1680—1912）

续表

刻竣时间	题名及卷数	版本	函册	版式
雍正二年	圣谕广训	满蒙合璧本		半页五行，四周双边，白口，单鱼尾。版框高22.8厘米，宽20厘米。书口镌汉文书名、页码
雍正三年	御制律历渊源一百卷	汉文本	十三函七十四册	半页九行，行二十字，小字双行同。四周双边，白口，单鱼尾。版框高21.2厘米，宽14.7厘米，开本高28.1厘米，宽17.9厘米
雍正三年	律吕正义五卷	汉文本	一函五册	半页九行，行二十字。四周双边，白口，双鱼尾。版框高21.2厘米，宽14.7厘米，开本高29.7厘米，宽17.8厘米
雍正三年	钦定吏部铨选官员则例四卷	满文本	一函四册	半页八行，四周双边，白口，单鱼尾。版框高28.5厘米，宽18.6厘米
雍正三年	御制朋党论一卷	汉文本	一函一册	半页九行，行十六字，四周双边，白口，单鱼尾，无行格。版框高21.5厘米，宽17.2厘米。无序跋
雍正三年	御制朋党论一卷	满文本	一函一册	半页九行，行字不等，四周双边，白口，单鱼尾，无行格。版框高21.3厘米，宽16.8厘米
雍正三年	钦定吏部处分则例四十七卷	满文本	一函十六册	半页八行，四周双边，白口，单鱼尾。版框高28.9厘米，宽18.9厘米
雍正四年	悦心集四卷	汉文本	一函四册	半页九行，行二十二字，白口，四周单边，单鱼尾。版框高17.5厘米，宽12.6厘米
雍正四年	名教罪人不分卷	汉文本	一函四册	半页六行，行十六字。遇抬头多一字，白口，单龟尾，四周双边。版框高19.2厘米，宽13.5厘米，开本高26.8厘米，宽16.1厘米
雍正五年	孝经集注一卷	汉文本	一函一册	半页九行，行十八字，小字双行同，白口，四周双边，单鱼尾。版框高19.1厘米，宽14.7厘米，开本高27.1厘米，宽17.3厘米
雍正五年	孝经一卷	满汉合璧本	一函一册	半页满汉相年各六行，每行字数不等，四周双边，白口，无鱼尾。版框高16.9厘米，宽12.1厘米

续表

刻竣时间	题名及卷数	版本	函册	版式
雍正五年	小学集注六卷	汉文本	一函二册	半页九行，行十八字，小字双行，四周双边，白口，单鱼尾。版框高 18.8 厘米，宽 14.2 厘米。开本高 27.2 厘米，宽 17.5 厘米
雍正五年	小学集注六卷	满文本	一函四册	半页七行，行字不等，小字双行同，四周双边，白口，单鱼尾，无行格。版框高 21.1 厘米，宽 16.7 厘米
雍正五年	黄石公素书一卷	满汉合璧本	一函一册	半页满汉文相年各五行，每行字数不等，注为满文，小字双行，四周双边，白口，无鱼尾。版框高 17.3 厘米，宽 12.1 厘米
雍正五年	圆通妙智大觉禅师语录二十卷	经折装本	四函二十册	每半开五行，行十七字，上下双边。版框高 27.8 厘米，宽 12.8 厘米
雍正五年	子史精华一百六十卷	汉文本	六函三十二册	半页八行，行二十四字，小字双行，字数同、四周双边，白口，单鱼尾，无行格。版框高 18.1 厘米，宽 12.1 厘米，开本高 25.8 厘米，宽 16.3 厘米
雍正五年	孝经集注一卷	满文本	一函一册	半页七行，行字不等，四周双边，白口，单鱼尾。版框高 21.1 厘米，宽 16.7 厘米
雍正五年	小学合解六卷	满汉合璧本	一函四册	半页七行，小字双行，四周双边，白口单鱼尾，版框高 21 厘米，宽 16.6 厘米
雍正六年	钦定古今图书集成一万卷目录四十卷	铜活字印本	五千零二十册	半页九行，行二十字，四周双边，白口白单鱼尾。版框高 21.3 厘米，宽 14.9 厘米
雍正七年	音韵阐微十八卷韵谱一卷	汉文本	一函十册	半页八行，大字不满行，小字双行，行二十四字，白口，四周双边，单鱼尾。版框高 20.7 厘米，宽 14.6 厘米，开本高 28.1 厘米，宽 18 厘米
雍正七年	御定骈字类编二百四十卷	汉文本	三十四函二百四十一册	半页十行，行二十一字，小字双行同。四周双边线，黑口，双黑鱼尾。版框高 17.5 厘米，宽 11.8 厘米，开本高 24.9 厘米，宽 15.5 厘米
雍正七年	上谕翰詹科道不分卷	汉文本	一函一册	半页九行，行十六字，抬头行十八字，白口，四周双边，无行格。版框高 21.7 厘米、宽 16.5 厘米
雍正七年	皇舆十排全图	汉文本	二匣十卷	木刻设色，不注比例，幅宽 51 厘米，幅长不等

续表

刻竣时间	题名及卷数	版本	函册	版式
雍正七年	律例馆校正洗冤录四卷	汉文本	一函四册	半页九行，行二十字。白口，四周双边，单鱼尾
雍正八年	钦定训饬州县规条二卷	汉文本	一函一册	半页十行，行二十字。白口，四周双边，单鱼尾。版框高19.7厘米，宽14.5厘米
雍正八年	大义觉迷录四卷	汉文本	一函八册	半页八行，行十七字，遇抬头多一字。白口，四周双边，单鱼尾。版框高20厘米，宽14.5厘米
雍正八年	圣祖仁皇帝庭训格言二卷	汉文本	一函二册	半页七行，行二十字，抬头行二十二字。四周双边，白口，单鱼尾，无行格。版框高21.4厘米，宽15.6厘米，开本高29.1厘米，宽19厘米
雍正八年	圣祖仁皇帝庭训格言二卷	满文本	一函二册	半页七行，行字不等，四周双边，白口，单鱼尾，无行格。版框高21.1厘米，宽15.5厘米
雍正九年	上谕军令条约	满文本	一函一册	经折装，半开六行，行字不等，无版框行格
雍正九年	上谕军令条约	蒙文本	一函一册	经折装，半开六行，行字不等，无版框行格
雍正九年	上谕军令条约	汉文本	一函一册	经折装，半开六行，行十九字，遇抬头多一字，无版框、行格
雍正九年	驳吕留良四书讲义八卷	汉文本	一函八册	半页九行，行二十一字，小字双行低一字，行二十字，白口，四周双边，单鱼尾。版框高18.3厘米，宽13.6厘米
雍正十年	大清会典二百五十卷	汉文本	十四函一百册	半页十行，行二十字，小字双行字数同。白口，四周双边，单鱼尾。版框高23厘米，宽17.3厘米
雍正十年	大清会典二百五十卷	满文本	二百四十六册	半页九行，行字不等。四周双边，白口，单黑鱼尾。版框高23.7厘米，宽17.1厘米
雍正十年	清圣祖御制文一至四集	汉文本	七函七十四册	半页六行，行十六字。白口，四周双边。版框高18.8厘米，宽13.4厘米
雍正十年	三流道里表不分卷	汉文本	一函四册	白口，单黑鱼尾，四周双边，框高20.4厘米，宽15.5厘米

续表

刻竣时间	题名及卷数	版本	函册	版式
雍正十一年	御选语录十九卷	汉文本	十四册	半页十行，行二十一字，四周单边，白口，单鱼尾，无行格。版框高 19.8 厘米，宽 14.1 厘米，开本高 26.1 厘米，宽 16.9 厘米
雍正十一年	御制序文十九卷	汉文本	一函二册	半页八行，行十七字，四周单边，白口，单鱼尾，无行格。版框高 19.7 厘米，宽 13.5 厘米，开本高 26.1 厘米，宽 16.7 厘米
雍正十一年	诗经二十卷	满文本	二函十册	半页八行，行字不等，四周双边，黑口，单鱼尾。版框高 22.8 厘米，宽 17 厘米
雍正十一年	御制拣魔辨异录八卷	汉文本	四册	半页十行，行二十字，小字双行字数同。四周单边，白口，单鱼尾。版框高 17.5 厘米，宽 13 厘米
雍正十二年	钦定吏部铨选则例五十八卷	汉文本	二函二十六册	半页九行，行二十字，遇抬头十一字。白口，单鱼尾，四周双边。版框高 21.5 厘米，宽 16.4 厘米，开本高 30.1 厘米，宽 20.1 厘米
雍正十二年	御录宗镜大纲二十卷	汉文本	一函四册	半页十行，行二十字，无行格。四周单边，白口，单鱼尾。版框高 17.6 厘米，宽 13.1 厘米，开本高 24.7 厘米，宽 16.1 厘米
雍正十三年	二十八经同函一百四十七卷	汉文本	三十二册	半页十行，行二十字，小字双行同。白口，四周单边，单鱼尾，无行格。版框高 20.2 厘米，宽 14.2 厘米，开本高 27.9 厘米，宽 17.7 厘米
雍正十三年	宗镜录一百卷附音释	汉文本	二十册	半页十行，行二十字，小字双行同，四周双边，白口，单鱼尾。版框高 17.7 厘米，宽 13.1 厘米，开本高 24.7 厘米，宽 16.2 厘米
雍正朝	御录经海一滴六卷	汉文本	六册	半页十行，行二十字，四周单边，白口，单鱼尾。版框高 17.5 厘米，宽 13.1 厘米，开本高 24.4 厘米，宽 16.1 厘米
雍正朝	上谕儒释道三教不分卷	汉文本	一函一册	半页十行，行二十字，遇抬头多一字。白口，四周双边。版框高 22 厘米，宽 17.1 厘米，开本高 29.4 厘米，宽 19.7 厘米
雍正朝	大礼记注二十卷	汉文本	一函十册	半页七行，行十八字。白口，四周双边，单鱼尾。版框高 19.1 厘米，宽 13.9 厘米，开本高 28.7 厘米，宽 17.8 厘米

续表

刻竣时间	题名及卷数	版本	函册	版式
雍正朝	教乘法数摘要十二卷	汉文本	一函二册	半页十六行、字数不等，无行格，列系统表与图表。四周单边，白口，单鱼尾。版框高19.4厘米，宽13.9厘米
雍正朝	翻译名义集选一卷	汉文本	一函一册	半页八行，行十八字，小字双行。四周单边，白口，单鱼尾，无行格。版框高19.1厘米，宽13.9厘米，开本高26.2厘米，宽17厘米
雍正朝	妙圆正修智觉永明寿禅师心赋选注四卷	汉文本	一函一册	半页九行，行二十字，小字双行，无行格。四周双边，白口，白鱼尾。版框高21.3厘米，宽14.7厘米，开本高28.9厘米，宽18.1厘米
雍正朝	御选宝筏精华二卷金屑一撮一卷	汉文本	二册	半页九行，行十九字，无行格。四周双边，白口，单鱼尾。版框高20.3厘米，宽14.6厘米
乾隆元年	工程做法七十四卷附简明做法册一卷	汉文本	四函二十四册	半页九行，行二十字。白口，四周双边。版框高20.5厘米，宽14厘米
乾隆元年	内廷工程做法八卷附工部简明做法册一卷	汉文本	一函十六册	半页九行，行二十字，遇抬头多一字。白口，四周双边。版框高22.8厘米，宽17厘米
乾隆元年	九卿议定物料价值四卷续四卷	汉文本	八册	半页九行，行二十字，白口，四周双边。版框高22.4厘米，宽17厘米
乾隆元年	钦定执中成宪	汉文本	一函四册	半页八行，行十九字，小字双行字数同。四周双边，白口，单鱼尾。版框高20.6厘米，宽15.4厘米，开本高28.3厘米，宽18.5厘米
乾隆元年	日知荟说四卷	汉文本	一函四册	半页七行，行十八字，无行格。四周双边，白口，单鱼尾。版框高19.3厘米，宽14厘米，开本高28厘米，宽17.6厘米
乾隆元年	日知荟说四卷	满汉合璧本	一函四册	
乾隆二年	日讲春秋解义六十四卷总说一卷	汉文本	四函三十二册	半页九行，行十八字，小字双行同。黑口，四周双边，双鱼尾。版框高18厘米，宽14.2厘米
乾隆二年	日讲春秋解义六十四卷总说一卷	满文本		半页七行，行字不等，四周双边，黑口，双鱼尾。版框高26厘米，宽18.5厘米

续表

刻竣时间	题名及卷数	版本	函册	版式
乾隆二年	乐善堂全集四十卷目录四卷	汉文本	二十四册	半页七行，行十八字。四周双边，白口。版框高19厘米，宽13.9厘米
乾隆三年	御选唐宋文醇五十八卷	四色套印本	二函二十册	半页九行，行二十二字。无行格，四周单边，白口，单鱼尾。版框高19.5厘米，宽14.2厘米，开本高27.7厘米，宽17厘米
乾隆三年	清世宗御制文集三十卷目录四卷	汉文本	二函十六册	半页六行，行十六字。四周双边，白口。版框高18.3厘米，宽13.2厘米
乾隆三年	交辉园遗稿一卷	汉文本	一函一册	半页六行，行十六字。四周双边，白口，单鱼尾。版框高18.3厘米，宽13.2厘米
乾隆三年	龙藏经一千六百七十种七千二百四十卷目录五卷	汉文本	七百二十四函七千二百四十册	经折装，每半开五行，行十七字，上下双边。版框高27.2厘米，高12.9厘米，开本高36.2厘米，宽12.9厘米
乾隆四年	御制棉花图	精拓刻印本	一函一册	经折装，开本高27.8厘米，宽28.5厘米
乾隆四年	太祖高皇帝圣训四卷	汉文本	一函四册	半页九行，行十八字。白口，四周双边，单鱼尾。版框高24.1厘米，宽17.1厘米，开本高30.5厘米，宽19.9厘米
乾隆四年	太宗文皇帝圣训六卷	汉文本	一函八册	半页九行，行十八字。白口，四周双边，单鱼尾。版框高23.3厘米，宽17.2厘米
乾隆四年	世祖章皇帝圣训六卷	汉文本	一函六册	包背装。半页九行，行十八字。白口，四周双边，单鱼尾。版框高24.2厘米，宽17.2厘米。开本高33.4厘米，宽21厘米
乾隆四年	御制耕织图二卷	精拓刻印本	一函二册	经折装，图为木板镌刻，诗文为拓印。版框高26.2厘米，宽20.2厘米，开本高28.2厘米，宽27.9厘米
乾隆四年	清太祖高皇帝圣训四卷	满文本	一函四册	半页九行，行字不等，四周双边，白口，单鱼尾，无栏格。版框高24.5厘米，宽17.5厘米
乾隆四年	清太宗文皇帝圣训六卷	满文本	一函六册	半页九行，行字不等，四周双边，白口，单鱼尾，无栏格。版框高24.5厘米，宽17.5厘米
乾隆四年	清世祖章皇帝圣训六卷	汉文本	一函六册	半页九行，行字不等，四周双边，白口，单鱼尾，无栏格。版框高24.5厘米，宽17.5厘米

续表

刻竣时间	题名及卷数	版本	函册	版式
乾隆四年至乾隆十二年	十三经注疏三百四十八卷附考证	汉文本	十四函一百十五册	半页十行，行二十一字，小字双行同。白口，左右双边，单鱼尾。版框高22.5厘米，宽14.5厘米
乾隆四年至乾隆四十九年	二十四史三千二百四十二卷目录十一卷	汉文本	七百二十二册	半页十行，行二十一字，小字双行字数同。白口，左右双边。版框高22.5厘米，宽15.4厘米
乾隆五年	大清律续纂条例总类二卷	汉文本	一函二册	半页九行，行二十字，白口，四周双边。版框高22.7厘米，宽16.9厘米
乾隆五年	大清律续纂条例总类二卷	满文本	一函二册	半页五行，小字双行，行字不等，四周双边，白口，单鱼尾，无栏格。版框高30.5厘米，宽21厘米
乾隆五年	钦定康济录四卷附录一卷	汉文本	一函四册	半页九行，行二十二字。白口，四周单边，单鱼尾，无行格。版框高19.4厘米，宽14.5厘米，开本高28.8厘米，宽18厘米
乾隆五年	钦定四书文不分卷	汉文本	三函二十二册	半页九行，行二十五字。行年有批阅小字。白口，四周双边，单鱼尾，无行格。版框高22.6厘米，宽15.7厘米，开本高30.9厘米，宽19.9厘米
乾隆五年	大清律例四十一卷	汉文本	三十二册	半页八行，行字不等，四周双边，白口，单鱼尾，无栏格。版框高30厘米，宽21厘米
乾隆五年	钦定授时通考七十八卷	汉文本	四函二十四册	半页十一行，行二十一字，遇抬头二十二字，小字双行同。四周双边，单鱼尾，无行格。版框高21厘米，宽14.1厘米，开本高28.4厘米，宽18厘米
乾隆六年	钦定科场条例四卷翻译考试条例一卷	汉文本	一函四册	半页九行，行二十二字，白口，四周双边。版框高22.6厘米，宽16.4厘米
乾隆六年	圣祖仁皇帝圣训六十卷	汉文本	六函六十册	半页九行，行十八字。白口，四周双边，单鱼尾。版框高24.5厘米，宽17厘米。开本高30.5厘米，宽19.9厘米
乾隆六年	世宗宪皇帝圣训三十六卷	汉文本	五函三十六册	半页九行，行十八字。白口，四周双边，单鱼尾。版框高24.3厘米，宽17厘米。开本高30.5厘米，宽19.9厘米
乾隆六年	世宗宪皇帝圣训三十六卷	满文本	四函三十六册	半页九行，行字不等，四周双边，白口，单鱼尾，无栏格。版框高24.3厘米，宽17.5厘米

续表

刻竣时间	题名及卷数	版本	函册	版式
乾隆六年	清圣祖仁皇帝圣训六十卷	满文本	六函六十册	半页九行，行字不等，四周双边，白口，单鱼尾，无栏格。版框高24.3厘米，宽17.5厘米
乾隆六年	钦定协纪辨方书三十六卷	朱墨套印本	一函二册	半页大字六行，行十三字，小字双行，行二十一字。无界行，四周双边，白口。版框高19.4厘米，宽13.4厘米
乾隆六年	御制翻译四书六卷	满文本	一函六册	半页七行，行字不等，四周双边，白口，单鱼尾。版框高20.8厘米，宽14.3厘米
乾隆六年	世宗上谕八旗十三卷	汉文本	十三册	半页十一行，行二十一字。白口，四周双边，单鱼尾。版框高21厘米，宽14.7厘米
乾隆六年	世宗上谕八旗十三卷	满文本	十三册	半页十一行，行字不等，四周双边，白口，单龟尾。版框高20.2厘米，宽14.7厘米
乾隆六年	谕行旗务奏议十三卷	汉文本	十三册	半页十二行，行二十一字。白口，四周双边，单鱼尾。版框高20.6厘米，宽14.6厘米
乾隆六年	世宗上谕内阁一百五十九卷	汉文本	四匣三十四册	半页十一行，行二十一字。遇抬头多一字。白口，四周双边，单鱼尾。版框高21.1厘米，宽14.9厘米，开本高27.9厘米，宽18厘米
乾隆六年	上谕旗务议覆十二卷	汉文本	十二册	四周双边，白口，单鱼尾，无行格。版框高20厘米，宽15厘米
乾隆六年	上谕旗务议覆十二卷	汉文本	十二册	半页十一行，行二十一字，白口，四周双边，单鱼尾。版框高20.7厘米，宽14.8厘米
乾隆六年	谕行旗务奏议十三卷	满文本	十三册	半页十二行，行字不等。四周双边，白口，单黑鱼尾。版框高20厘米，宽15厘米
乾隆七年	钦定吏部铨选满官则例一卷	满文本	一册	半页九行，四周双边，白口，单鱼尾。版框高23厘米，宽17厘米
乾隆七年	钦定吏部则例六十六卷	汉文本		半页十行二十字，遇抬头多一字，小字双行同。白口，单鱼尾，四周双边。版框高23厘米，宽16.9厘米，开本高33.8厘米，宽21.5厘米

续表

刻竣时间	题名及卷数	版本	函册	版式
乾隆七年	御纂医宗金鉴九十卷首一卷	汉文本	八函七十册	半页九行，行十九字。四周双边，白口，单鱼尾。版框高22.9厘米，宽16.3厘米，开本高26.9厘米，宽18厘米
乾隆七年	御制历象考成后编十卷首一卷	汉文本	二十四册	半页九行，行二十字，四周双边，白口，单鱼尾。版框高21.3厘米，宽14.8厘米
乾隆七年	钦定宫中现行则例二卷	汉文本		
乾隆七年	钦定吏部则例六十六卷	满文本	十八册	半页九行，行字不等，四周双边，白口，单鱼尾，无栏格。版框高23.5厘米，宽17.2厘米
乾隆七年	钦定八旗则例十二卷	满文本	一函四册	半页九行，行字不等，四周双边，白口，单龟尾，无栏格。版框高23.3厘米，宽17厘米
乾隆七年	钦定兵部处分则例七十六卷	满文本		
乾隆八年	钦定兵部事务则例三十一卷	满文本		
乾隆八年	大清律续纂条例二卷	满文本	一函二册	半页八行，行字不等，四周双边，白口，单鱼尾，无栏格。版框高30.4厘米，宽20.5厘米
乾隆八年	钦定中枢政考三十一卷	汉文本	三函二十四册	半页十行，行二十字，遇抬头多一字。白口，单鱼尾，四周双边。版框高23.7厘米，宽17.6厘米，开本高34.2厘米，宽21.7厘米
乾隆八年	大清律续纂条例六卷	满文本	一函六册	半页八行，行字不等，四周双边，白口，单鱼尾，无行格。版框高34厘米，宽25厘米
乾隆八年	钦定八旗则例十二卷	汉文本	四册	半页十行，行二十字，遇抬头多一字。白口，四周双边。版框高23.6厘米，宽17.2厘米，开本高34.2厘米，宽21.7厘米
乾隆八年	钦定军卫道里表十八卷	汉文本	六册	行字不一。白口，四周双边。版框高23.2厘米，宽17.3厘米
乾隆八年	三流道里表不分卷	汉文本	一函四册	半页九行，行十八字。正文为三截板，每截小字八行，行五字。白口，四周双边。版框高20.7厘米，宽15.1厘米，开本高29.8厘米，宽18.5厘米

续表

刻竣时间	题名及卷数	版本	函册	版式
乾隆八年	督捕则例二卷	汉文本	一函二册	半页九行，行十八字，小字双行同。白口，四周双边，单鱼尾。版框高21.3厘米，宽16.3厘米，开本高31厘米，宽20.1厘米
乾隆八年	御制满蒙文鉴二十一卷	满蒙合璧本	二十一册	半页十二行，行字不等。四周双边，白口，无鱼尾。版框高20.8厘米，宽14.5厘米
乾隆八年	兵部督捕则例一卷	满文本	一函二册	半页七行，行字不等，四周双边，白口，单鱼尾。版框高23.4厘米，宽17.1厘米
乾隆八年	御制盛京赋一卷	满文本	一函一册	半页七行，行字不等。四周双边，白口，单鱼尾，无行格。版框高19.6厘米，宽13.3厘米
乾隆八年	御制盛京赋一卷	朱墨套印本	一函五册	半页七行，行十八字，小字双行字数同。白口，四周双边，无行格。版框高26.9厘米，宽13.4厘米
乾隆八年	大清律续纂条例六卷	汉文本	一函六册	半页九行，行二十字，四周双边，白口。版框高22.6厘米，宽16.7厘米
乾隆九年	八旗通志初集二百五十卷目录二卷	汉文本	十四函八十册	半页十行，行二十字。小字双行同。遇抬头多一字。白口，四周双边，单鱼尾。版框高23.2厘米，宽17.1厘米，开本高34.3厘米，宽21.8厘米
乾隆十年	大悲心忏一卷	汉文本	一函一册	经折装，每半开五行，行十五字，无行格，上下双边。版框高22.8厘米，宽17厘米
乾隆十年	御制冰嬉赋一卷	朱墨套印本	一函一册	半页六行，行十八字，小字双行字数同。黑单鱼尾，白口，四周双边。版框高16.1厘米，宽11.4厘米，开本高20.6厘米，宽14.2厘米
乾隆十年	圆明园四十景诗二卷	朱墨套印本	一函二册	半页六行，行十六字，小字双行字数同。无行格，白口，四周双边。版框高19.8厘米，宽13.4厘米，开本高26.9厘米，宽17厘米
乾隆十年	八旗通志初集二百五十三卷	满文本	一百三十三册	半页十行，行字不等，四周双边，白口，单鱼尾，无栏格。版框高23.6厘米，宽17.2厘米
乾隆十一年	八旗满洲氏族通谱八十卷目录二卷	汉文本	一百二十六册	半页十行，行二十字，小字双行同，遇抬头多一字。白口，四周双边，单鱼尾。版框高25.1厘米，宽14.3厘米，开本高28.9厘米，宽18.2厘米

续表

刻竣时间	题名及卷数	版本	函册	版式
乾隆十一年	八旗满洲氏族通谱八十卷	满文本	二十六册	版框高20.3厘米，宽14.2厘米。书口镌满文书名、卷次、页码
乾隆十一年	御制律吕正义后编	满蒙汉合璧本	一函一册	半页十行，四周双边，白口。版框高21.3厘米，宽13.8厘米
乾隆十一年	御制律吕正义后编一百二十卷上谕奏议二卷	朱墨套印本	八函四十册	半页十行，行二十一字，白口，四周双边，单鱼尾。版框高21.2厘米，宽14.6厘米
乾隆十一年	稽古斋全集八卷	汉文本	一函四册	半页八行，行十八字，遇抬头多二字。白口，四周双边。版框高18.3厘米，宽13.9厘米，开本高27厘米，宽17.5厘米
乾隆十一年	大清律续纂条例六卷	汉文本	六册	半页九行，行二十字，四周双边，白口。版框高22.6厘米，宽16.7厘米
乾隆十一年	钦定古香斋袖珍本十种九百三卷	袖珍本	六十一函三百五十册	各书行字不一。版框高10.3厘米，宽8.2厘米，开本高15.6厘米，宽10.2厘米。白口，四周双边，单鱼尾
乾隆十二年	通典二百卷	汉文本	六函三十六册	半页十行，行二十一字，小字双行同。白口，左右双边，单鱼尾。版框高21厘米，宽15.4厘米，开本高31.6厘米，宽20厘米
乾隆十二年	通志二百卷	汉文本	二十函一百十八册	半页十行，行二十一字，小字双行同。白口。左右双边，单鱼尾。版框高22.4厘米，宽15.1厘米，开本高28.3厘米，宽17.4厘米
乾隆十二年	皇清文颖一百卷卷首二十四卷目录六卷	汉文本	六函五十四册	半页八行，行二十字。白口，单鱼尾，四周双边。版框高19.1厘米，宽14厘米，开本高27.8厘米，宽17.3厘米
乾隆十二年	钦定满洲祭神祭天典礼六卷	满文本	一函六册	半页九行，行字不等，白口，四周双边，单鱼尾，无栏格。版框高23.4厘米，宽17.3厘米
乾隆十三年	词林典故八卷	汉文本	一函八册	半页七行，行十八字。遇抬头多一字。白口，四周双边，单鱼尾。版框高19.5厘米，宽13.8厘米，开本高28.3厘米，宽17.5厘米
乾隆十三年	御制盛京赋三十二卷附篆文缘起	三十二体篆文本	六十四册	半页五行，行七字，抬头八字，白口，四周双边。版框高21.8厘米，宽16.5厘米，开本高34.8厘米，宽21.6厘米

续表

刻竣时间	题名及卷数	版本	函册	版式
乾隆十三年	御制盛京赋三十二卷	满文楷篆合璧本	六十四册	半页十行，行字不等，四周双边，白口，单鱼尾，无栏格。版框高 21.7 厘米，宽 16.8 厘米
乾隆十四年	文献通考三百四十八卷首一卷	汉文本	六函四十八册	半页十行，行二十一字，小字双行同。白口，左右双边，单鱼尾。版框高 22.4 厘米，宽 15 厘米，开本高 30.9 厘米，宽 19.9 厘米
乾隆十四年	日讲礼记解义六十四卷	汉文本	二函十六册	半页九行，行十八字，黑口，四周双边，双鱼尾。版框高 18.5 厘米，宽 14.3 厘米
乾隆十四年	乘舆仪仗做法二卷	汉文本	一函二册	半页九行，行二十字，白口，四周双边，单鱼尾。版框高 21.8 厘米，宽 14.7 厘米，开本高 27.6 厘米，宽 18.7 厘米
乾隆十四年	平定金川艺文不分卷	汉文本	一函八册	半页七行，行二十字，黑口，四周双边。版框高 23.4 厘米，宽 16.5 厘米，开本高 32 厘米，宽 20.4 厘米
乾隆十五年	钦定叶韵汇辑十卷	汉文本	一函十册	半页八行，大字不满行，小字双行，行二十字，白口，四周双边。版框高 16.9 厘米，宽 11.6 厘米
乾隆十五年	钦定同文韵统六卷	满汉藏梵合璧本	一函六册	推篷装，半页行数不等，上下双边。版框高 13.6 厘米，宽 21 厘米
乾隆十五年	钦定同文韵统六卷	朱墨套印本	一函四册	半页九行，行二十字。白口，四周双边，单鱼尾。版框高 21.3 厘米，宽 13.9 厘米，开本高 30.8 厘米，宽 19.4 厘米
乾隆十六年	大清一统志三百五十六卷	汉文本	十函一百二十册	半页十行，行二十一字，小字双行同。白口，四周单边，单鱼尾。版框高 22.6 厘米，宽 15.5 厘米
乾隆十六年	大清律续纂条例六卷	汉文本	一函六册	半页九行，行二十字，四周双边，白口。版框高 22.6 厘米，宽 16.7 厘米
乾隆十六年	御选唐宋诗醇四十七卷目录二卷	四色套印本	二函二十册	半页九行，行十九字。无行格，四周单边，白口，单鱼尾。版框高 19.5 厘米，宽 14.2 厘米，开本高 27.7 厘米，宽 17 厘米
乾隆十七年	平定金川方略二十六卷图说一卷	汉文本	四函一百二十八册	半页七行，行二十字，遇抬头多一字。黑口，四周双边，双鱼尾。版框高 23.6 厘米，宽 16.6 厘米，开本高 32.2 厘米，宽 20.5 厘米

附录　清代殿本编年总目（1680—1912）

续表

刻竣时间	题名及卷数	版本	函册	版式
乾隆十七年	平定金川方略二十六卷	满文本	二十八册	半页七行，行字不等，四周双边，白口，无鱼尾，无栏格。版框高23.5厘米，宽16.5厘米
乾隆十九年	钦定三礼义疏一百七十八卷	汉文本	一百八十二册	半页八行，行十八字，小字双行，行二十一字。白口，四周双边，单鱼尾。版框高22.4厘米，宽16厘米，开本高29.8厘米，宽19.9厘米
乾隆十九年	御书妙法莲华经	朱墨套印本	二函七册	经折装，每半页八行，行十七字。版框高26.8厘米，宽12.8厘米，开本高29厘米，宽12.8厘米
乾隆十九年	钦定各郊坛庙乐章一卷	汉文本	一函一册	半页十行，字不满行，白口，四周双边，单鱼尾。版框高19.4厘米，宽14.7厘米
乾隆二十年	御纂诗义折中二十卷	汉文本	一函六册	半页八行，行二十字，白口，四周双边，单鱼尾。版框高22厘米，宽16.2厘米，开本高28.7厘米，宽18.2厘米
乾隆二十年	御制翻译四书六卷	满汉合璧本	一函六册	每半页十四行，满汉各七行，行字不等，四周双边，白口，单鱼尾。版框高19.3厘米，宽14厘米，开本高26.4厘米，宽16.5厘米
乾隆二十年	盘山志十六卷首五卷	汉文本	一函十册	半页九行，行二十一字。白口，四周双边，单鱼尾。版框高19.3厘米，宽13.9厘米
乾隆二十年	御览经史讲义三十卷首一卷目录一卷	汉文本	三十二册	半页十行，行二十字，四周双边，白口，单鱼尾。版框高18.5厘米，宽14.4厘米，开本高27.5厘米，宽17.3厘米
乾隆二十年	西清古鉴四十卷附钱录十六卷	汉文本	八函四十二册	半页十行，行十八字，四周双边，白口，双鱼尾。版框高29.6厘米，宽22.6厘米，开本高41.7厘米，宽27.7厘米
乾隆二十年	西湖志纂十二卷	汉文本	一函五册	半页九行，行二十一字，小字双行同，白口，单鱼尾，四周双边
乾隆二十一年	大清律续纂条例二卷	汉文本	一函二册	半页八行，四周双边，白口，单鱼尾。版框高30.4厘米，宽21.5厘米
乾隆二十一年	钦定仪象考成三十卷首二卷	汉文本	一函十二册	半页九行，行二十字，小字双行字数同。四周双边，白口，单鱼尾。版框高21.2厘米，宽14.7厘米，开本高27.8厘米，宽17.2厘米

续表

刻竣时间	题名及卷数	版本	函册	版式
乾隆二十三年	御纂春秋直解十二卷	汉文本	一函八册	半页八行，行二十字，白口，四周双边，单鱼尾。版框高22.1厘米，宽16.2厘米，开本高29.9厘米，宽19.4厘米
乾隆二十四年	御制同文韵统六卷	汉文本	一函四册	经折装，半页六行，行十三字。版框高25.4厘米，宽1.27厘米
乾隆二十四年	御制满蒙汉西番合璧大藏全咒八十八卷	满汉蒙西番四体合璧本	八十八册	经折装，上下双边，半开八行。版框高25.4厘米，宽13厘米。
乾隆二十四年	乐善堂全集定本三十卷目录一卷	汉文本	二函十八册	半页九行，行十七字。四周双边，白口。版框高20.6厘米，宽13.9厘米
乾隆二十四年	钦定工部续增则例九十五卷	汉文本		
乾隆二十五年	御制翻译书经六卷	满汉合璧本	一函四册	半页十四行，满汉各七行，行字不等，四周双边，白口，单鱼尾。版框高18.9厘米，宽13.9厘米。开本高26.9厘米，宽17厘米
乾隆二十五年	钦颁磨勘简明条例二卷	汉文本	一函一册	
乾隆二十六年	大清律续纂条例二卷	满文本		半页八行，行字不等。四周双边，白口，单黑鱼尾，无行格。版框高30.4厘米，宽21.3厘米
乾隆二十六年	大清律续纂条例二卷	汉文本		半页九行，行二十字，白口，四周双边。版框高22.5厘米，宽16.8厘米
乾隆二十六年	大清律续纂条例总类二卷	汉文本		半页九行，行二十字，白口，四周双边。版框高22.1厘米，宽16.9厘米
乾隆二十六年	大清律续纂条例二卷	满文本	一函二册	半页八行，行字不等，四周双边，白口，单鱼尾，无栏格。版框高30.4厘米，宽21.3厘米
乾隆二十六年	钦定吏部则例六十六卷	汉文本		
乾隆二十六年	御制翻译四书六卷	满汉合璧本	六册	
乾隆二十八年	钦定西域同文志二十四卷	满汉蒙藏托忒维吾尔合璧本	八册	半页九行，行字不等，四周双边，白口。版框高19.2厘米，宽14.4厘米

附录　清代殿本编年总目（1680—1912）

续表

刻竣时间	题名及卷数	版本	函册	版式
乾隆二十九年	钦定中枢政考三十一卷	满文本	十八册	半页九行，行字不等。四周双边，白口。版框高22.5厘米，宽16.2厘米
乾隆二十九年	钦定大清会典一百卷钦定大清会典则例一百八十卷	满文本	一百六十八册	半页十行，行字不等，四周双边，白口，单鱼尾，无栏格。版框高22.5厘米，宽17厘米。
乾隆二十九年	钦定大清会典一百卷钦定大清会典则例一百八十卷	汉文本	一百二十册	半页十行，行二十字，小字双行同。白口，四周双边，单鱼尾。版框高23.2厘米，宽17.2厘米
乾隆二十九年	钦定中枢政考三十一卷	汉文本	十八册	半页九行，行二十字，左右双边，白口。版框高24厘米，宽18厘米
乾隆二十九年	钦定中枢政考三十一卷	满文本	十八册	半页九行，行字不等，四周双边，白口，单鱼尾。版框高22.3厘米，宽17.2厘米
乾隆三十年	钦定八旗则例十一卷	满文本	一函四册	半页九行，四周双边，白口，单鱼尾。版框高22.3厘米，宽17厘米
乾隆三十年	宗室王公功绩表传六卷	朱墨套印本	一函七册	半页八行，行二十字，白口，四周双边，双鱼尾。版框高24.1厘米，宽16.7厘米，开本高34.3厘米，高20.3厘米
乾隆三十年	周易四卷	满汉合璧本	一函四册	半页十二行，满汉各六行，行字不等，白口，四周双边，单鱼尾。版框高18厘米，宽13.8厘米
乾隆三十年	御制翻译易经四卷	满汉合璧本	一函四册	半页满汉各七行，行字不等，四周双边，白口，单鱼尾。版框高18.7厘米，宽14厘米，开本高26.3厘米，宽16.6厘米
乾隆三十一年	皇朝礼器图式十八卷目录一卷	汉文本	四函十六册	半页十二行，行字不等。四周双边，白口，单黑鱼尾。版框高18厘米，宽13.8厘米
乾隆三十一年	御制翻译周易四卷	满汉合璧本	一函四册	
乾隆三十一年	钦定大清会典则例一百八十卷	满文本	一百四十册	
乾隆三十二年	钦定五军道里表十八卷	汉文本	六册	行字不等，二截版。白口，四周双边。版框高21.9厘米，宽15.6厘米

续表

刻竣时间	题名及卷数	版本	函册	版式
乾隆三十三年	御制翻译诗经八卷	满汉合璧本	一函四册	每半页满汉各七行，行字不等，四周双边，白口，单鱼尾。版框高18.9厘米，宽13.9厘米，开本高26.8厘米，宽17.1厘米
乾隆三十三年	御批历代通鉴辑览一百十六卷	朱墨套印本	八函三十二册	半页十四行，行二十五字，小字双行同。白口，四周双边。版框高28.9厘米，宽22.5厘米
乾隆三十三年	钦定大清律例四十七卷	汉文本	四函四十册	半页九行，行二十字，抬头行二十一字。白口，四周双边。版框高22.3厘米，宽16.8厘米
乾隆三十三年	御制翻译诗经八卷	汉文本	一函四册	半页十行，行字不等，四周双边，白口，单鱼尾。版框高18.4厘米，宽13.4厘米
乾隆三十三年	大清律例四十七卷	汉文本	四十册	半页八行，四周双边，白口，单鱼尾。版框高30厘米，宽21厘米
	御制翻译名义集正讹二十卷	汉文本	二十册	经折装，半页二行，四周双边，白口。版框高25.8厘米，宽12.2厘米
乾隆三十四年	钦定户部鼓铸则例十卷	汉文本	一函六册	半页九行，行二十字，小字双行同。白口，四周双边。版框高20.9厘米，宽16.4厘米，开本高30.3厘米，宽19.5厘米
乾隆三十四年	钦定户部旗务则例十二卷	汉文本	一函四册	半页九行，行二十字，白口，四周双边。版框高22.6厘米，宽15.8厘米，开本高31厘米，宽19.4厘米
乾隆三十四年	钦定户部旗务则例十二卷	满文本	一函四册	半页九行，行字不等，四周双边，白口，单黑鱼尾。版框高23厘米，宽16.1厘米
乾隆三十五年	平定准噶尔方略前编五十四卷正编八十五卷续编三十二卷纪略一卷	汉文本	十二函一百册	半页七行，行二十字，遇抬头多一字。黑口，四周双边，双鱼尾。版框高23.6厘米，宽16.7厘米，开本高34.6厘米，宽21.5厘米
乾隆三十五年	平定准噶尔方略一百七十一卷	满文本	九十九册	半页七行，行字不等，四周双边，白口，无鱼尾。版框高24厘米，宽17厘米
乾隆三十五年	射的说	满汉合璧本	一函一册	半页十行，行字不等，四周双边，白口，单黑鱼尾。版框高20.1厘米，宽14.3厘米

续表

刻竣时间	题名及卷数	版本	函册	版式
乾隆三十五年	清话条射的书	满汉合璧本		
乾隆三十六年	御制增订清文鉴三十二卷总纲八卷补编四卷补编总纲二卷	满汉合璧本	四十七册	半页十六行，满汉文各八行，字数不等。白口，四周双边，无鱼尾。版框高22.7厘米，宽17.8厘米，开本高31.4厘米，宽25厘米
乾隆三十六年	评鉴阐要十二卷	汉文本	一函六册	半页九行，行十七字。白口，四周双边，单鱼尾。版框高19.4厘米，宽14.1厘米，开本高27.6厘米，宽16.9厘米
乾隆三十六年	佛母宝德藏般若波罗蜜经三卷	汉文本		经折装。每半页五行，行十七字，骈语十四字，上下双边。版框高26.4厘米，宽12.8厘米，开本高34厘米，宽12.8厘米
乾隆三十七年	钦定八旗则例十二卷	汉文本	一函四册	半页九行，四周双边，白口，单鱼尾。版框高22.9厘米，宽17.1厘米
乾隆三十七年	御制四体清文鉴三十二卷补编四卷	满蒙汉藏四体合璧本	六函三十六册	半页四行，字数不等。白口，四周双边，无鱼尾。版框高21.6厘米，宽15.3厘米，开本30.7厘米，宽18.9厘米
乾隆三十七年	钦定清汉对音字式一卷	满汉合璧本	一函一册	半页九行，行字不等。白口，四周双边，单鱼尾。版框高19.3厘米，宽14.2厘米，开本高27.7厘米，宽17厘米
乾隆三十七年	钦定国子监则例三十卷首二卷	汉文本	六册	半页九行，行二十字，白口，四周双边
乾隆三十七年	钦定国子监则例三十卷	满文本	一函四册	半页七行，行字不等，四周双边，白口，单鱼尾，无栏格。版框高21.8厘米，宽15.9厘米
乾隆三十七年	大清律纂修条例二卷	满文本	一函二册	半页八行，行字不等，四周双边，白口，单鱼尾。版框高29.4厘米，宽20.9厘米
乾隆三十七年	钦定吏部则例六十八卷	满文本	三十四册	半页九行，小字双行，行字均不等，四周双边，白口，单黑鱼尾。版框高22.1厘米，宽15.8厘米
乾隆三十八年	钦定吏部则例六十八卷	汉文本	二十四册	半页九行，行二十字，白口，四周双边。版框高23厘米，宽16.4厘米
乾隆三十八年	钦定礼部则例一百九十四卷宴图一卷服制图一卷	汉文本	四十三册	半页九行，行二十字，白口，四周双边。版框高21.6厘米，宽16.2厘米

续表

刻竣时间	题名及卷数	版本	函册	版式
乾隆三十八年	大清律纂修条例二卷	汉文本	二册	半页九行，行二十字，白口，四周双边。版框高22.5厘米，宽16.7厘米
乾隆三十八年	御制满汉蒙古西番合璧阿礼嘎礼	汉文本	一册	半页六行，四周双边，白口。版框高25.6厘米，宽13.1厘米
乾隆三十八年	钦定蒙古源流八卷	蒙文本		半页八行，四周双边，单鱼尾。版框高18.7厘米，宽13.2厘米
乾隆三十九年	钦定八旗则例十二卷	满文本	四册	
乾隆三十九年	钦定学政全书八十卷	汉文本	八册	半页九行，行二十字，白口，四周双边。版框高21.9厘米，宽16.2厘米
乾隆三十九年	钦定中枢政考三十一卷	汉文本	十八册	半页九行，行二十字，白口，四周双边。版框高22.3厘米，宽16.7厘米
乾隆三十九年	钦定八旗则例十二卷	汉文本	一函四册	半页九行，行二十字，抬头行二十一字。白口，四周双边。版框高22.2厘米，宽17厘米
乾隆三十九年	御笔文渊阁记	汉文本	一函一册	
乾隆三十九年	钦定八旗则例二十四卷	满文本	十四册	半页九行，四周双边，白口，单鱼尾。版框高22.6厘米，宽17厘米
乾隆四十年	光禄寺则例八十四卷首一卷	汉文本		半页九行，行二十一字，白口，四周双边。版框高22.5厘米，宽16.1厘米，版框高32.3厘米，宽19.6厘米
乾隆四十一年	御制满蒙文鉴总纲八卷	满蒙合璧本	八册	半页十二行，白口，四周双边
乾隆四十一年	钦定户部则例一百二十六卷	汉文本		
乾隆四十一年	恩封宗室王公表不分卷	满文本	一册	
乾隆四十二年	明史本纪二十四卷	汉文本	一匣四册	半页十行，行二十一字，白口，左右双边，单鱼尾。版框高21.9厘米，宽15.3厘米，开本高31.1厘米，宽20.1厘米
乾隆四十二年	钦定蒙古源流八卷	满文本	八册	半页八行，行字不等，白口，四周双边，单鱼尾，无栏格。版框高18.8厘米，宽14.2厘米

续表

刻竣时间	题名及卷数	版本	函册	版式
乾隆四十二年	钦定蒙古源流八卷	汉文本	四册	半页九行，行二十字，白口，四周双边，单鱼尾。版框高21.4厘米，宽15.2厘米，开本高30.3厘米，宽19.2厘米
乾隆四十二年	钦定满洲源流考二十卷	汉文本	八册	半页九行，行二十字。白口，四周双边，单鱼尾。版框高19.5厘米，宽14厘米
乾隆四十二年	钦定太常寺则例一百十四卷	汉文本	四函三十二册	半页九行，行二十字，白口，四周双边。版框高21厘米，宽15.5厘米，开本高30.1厘米，宽18.8厘米
乾隆四十四年	钦定五军道里表十八卷	汉文本	十册	半页九行，行二十字。正文二截版，行字不等。白口，四周双边。版框高21.5厘米，宽15.3厘米
乾隆四十五年	御制满州蒙古汉字三合切音清文鉴三十二卷	满蒙汉合璧本	三十二册	半页十二行，行字不等。白口，四周双边，无鱼尾。版框高21.2厘米，宽16.1厘米，开本高31厘米，宽20.3厘米
乾隆四十六年	钦定辽金元三史语解四十六卷	满汉合璧本	四函十九册	半页十行，行二十一字，小字双行同，字不满行，白口，左右双边，单鱼尾。版框高21.4厘米，宽15.3厘米，开本高30.6厘米，宽18.8厘米
乾隆四十六年	钦定剿捕临清逆匪纪略十六卷	汉文本	一函六册	半页七行，行二十字。白口，四周双边，单鱼尾。版框高22.6厘米，宽16.5厘米，开本高33厘米，宽20.4厘米
乾隆四十六年	钦定户部则例一百二十六卷首一卷	汉文本	四十册	半页九行，行二十字，遇抬头多一字。白口，四周双边。版框高19.7厘米，宽15.7厘米，开本高29.7厘米，宽19.2厘米
乾隆四十六年	钦定热河志一百二十卷	汉文本	六函四十八册	半页九行，行二十字。白口，四周双边，单鱼尾。版框高19.4厘米，宽14.4厘米
乾隆四十六年	平定两金川方略一百三十六卷	满文本	一百二十册	半页七行，行字不等，四周双边，白口，无鱼尾。版框高23.2厘米，宽16.2厘米
乾隆四十六年	御定仿宋相台岳氏本五经九十六卷附考证	汉文本	十函七十册	包背装，半页八行，行十七字，小字双行同，白口，四周双边，双鱼尾。版框高20.8厘米，宽13.5厘米，开本高22.5厘米，宽19.1厘米
乾隆四十六年	御制翻译礼记三十卷	满汉合璧本	十二册	半页十四行，满汉各七行，行字不等，四周双边，白口，单鱼尾。版框高18厘米，宽13.9厘米，开本高26.6厘米，宽16.9厘米

续表

刻竣时间	题名及卷数	版本	函册	版式
乾隆四十六年	钦定吏部则例六十八卷	汉文本		半页九行二十字，遇抬头多一字，小字双行字数同。白口，单鱼尾，四周双边。版框高21.7厘米，宽16.1厘米，开本高31.1厘米，宽19.1厘米
乾隆四十六年	大清律纂修不分卷	汉文本	二函十册	半页九行，行二十字。白口，四周双边。版框高22厘米，宽16.9厘米
乾隆四十六年	御制大云轮请雨经一卷	汉文本	一函一册	半页七行，行十七字，各图说为十行，行二十字，小字双行。御制序五行十三字，无行格。四周双边，白口，单鱼尾。版框高19.5厘米，宽13.9厘米
乾隆四十七年	御撰资治通鉴纲目三编四十卷	汉文本	四函二十册	半页十一行，行二十二字，小字双行同。上白口，下黑口，双鱼尾，四周双边。版框高18.3厘米，宽13.3厘米，开本高27.7厘米，宽17.8厘米
乾隆四十七年	钦定皇舆西域图志四十八卷首四卷	汉文本	四函四十八册	半页九行，行二十字，小字双行同，遇抬头多一字。白口，四周双边，单鱼尾。版框高19.9厘米，宽14.2厘米，开本高28.7厘米，宽18.1厘米
乾隆四十七年	大清律纂修条例一卷	满文本	一函一册	
乾隆四十八年	钦定吏部则例七十卷	满文本	六十九册	半页九行，四周双边，白口，单鱼尾。版框高21.6厘米，宽15.4厘米
乾隆四十九年	恩封宗室王公表不分卷	朱墨套印本	一函五册	无行格、版框栏，行字不等。通高35.7厘米，宽20.6厘米
乾隆四十九年	三流道里表不分卷	汉文本	一函一册	半页九行，行十八字。白口，四周双边。版框高19.9厘米，宽15.4厘米
乾隆四十九年	军令军律二卷	满文本	一册	
乾隆四十九年	御制翻译春秋六十四卷	汉文本	十三册	半页十四行，满汉文各七行，四周双边，白口，单鱼尾。版框高17.8厘米，宽13.8厘米，开本高25厘米，宽16.2厘米
乾隆五十年	通志堂经解	汉文本	四十函二百零六册	半页十一行，行二十字，白口，左右双边，单鱼尾。版框高19.9厘米，宽15厘米，开本高29.9厘米，宽18.8厘米
乾隆五十年	钦定户部军需则例九卷续增一卷钦定兵部军需则例五卷钦定工部军需则例一卷	汉文本	一函四册	半页九行，行二十三字，小字双行同。白口，单鱼尾，四周双边。版框高18.5厘米，宽15.6厘米，开本高26.6厘米，宽17.1厘米

附录　清代殿本编年总目（1680—1912）　515

续表

刻竣时间	题名及卷数	版本	函册	版式
乾隆五十年	钦定八旗则例十六卷	汉文本		半页九行，行二十字。四周双边，白口。版框高21.8厘米，宽16.2厘米
乾隆五十年	钦定八旗则例十二卷	汉文本	一函四册	半页九行，四周双边，白口，单鱼尾。版框高21.5厘米，宽16.5厘米
乾隆五十年	千叟宴诗三十四卷首二卷	汉文本	三十五册	半页九行，行十九字，小字双行同。白口，四周双边。版框高21.4厘米，宽16.4厘米，开本高31.3厘米，宽20.3厘米
乾隆五十一年	御制律吕正义后编十二卷	朱墨套印本	一函六册	半页十行，行二十一字，白口，四周双边，单鱼尾。版框高21.2厘米，宽14.1厘米，开本高27.9厘米，宽17.1厘米
乾隆五十一年	皇清开国方略三十二卷首一卷	满文本	三十二册	半页八行，小字双行，行字不等，四周双边，单鱼尾，白口。版框高28.2厘米，宽20厘米
乾隆五十一年	皇清开国方略三十二卷首一卷	汉文本	四函三十二册	半页八行，行二十一字，小字双行同。白口，四周双边，单鱼尾。版框高28.4厘米，宽20.5厘米，开本高41.1厘米，宽25.8厘米
乾隆五十一年	钦定古今储贰金鉴六卷	汉文本	一函四册	半页八行，行二十一字。白口，四周双边，单鱼尾。版框高21厘米，宽15.4厘米，开本高31.6厘米，宽20厘米
乾隆五十一年	钦定中枢政考六十二卷	满汉合璧本		
乾隆五十二年	论语集解义疏十卷	汉文本	一函五册	半页十行，行二十一字，小字双行字数同。白口，左右双边。版框高21.7厘米，宽15.1厘米，开本高30.9厘米，宽19.8厘米
乾隆五十二年	钦定日下旧闻考一百六十卷	汉文本	四十八册	半页九行，行二十一字，小字双行。白口，四周双边，单鱼尾。版框高18.4厘米，宽14.6厘米，开本高27.3厘米，宽17.5厘米
乾隆五十二年	钦定平定台湾纪略六十五卷首五卷	汉文本	六函三十六册	半页七行，行二十字，小字双行同，遇抬头多一字。白口，四周双边，单鱼尾。版框高23厘米，宽16.7厘米，开本高30.8厘米，宽19.4厘米
乾隆五十三年	大清律纂修条例不分卷	汉文本	一函一册	半页九行，行二十字，白口，四周双边，单鱼尾

续表

刻竣时间	题名及卷数	版本	函册	版式
乾隆五十五年	大清律例四十七卷	汉文本	二十册	半页九行，行二十字。白口，四周双边。版框高21.9厘米，宽16.9厘米
乾隆五十五年	大清一统志四百二十四卷目录二卷	汉文本	二十四函二百四十册	半页十行，行二十一字，小字双行同。白口，左右双边，单鱼尾。版框高21.1厘米，宽15.1厘米
乾隆五十五年	钦定军枢政考三十一卷	汉文本		
乾隆五十五年	大清律例四十七卷首一卷	汉文本		半页九行，行二十字，白口，四周双边。版框高21.9厘米，宽16.9厘米
乾隆五十六年	钦定军器则例不分卷	汉文本	一函八册	半页九行，行二十字，白口，四周双边，单鱼尾。版框高21.4厘米，宽15.8厘米，开本高30.8厘米，宽18.9厘米
乾隆五十七年	钦定八旗氏族通谱辑要二卷	汉文本	一函二册	半页八行，行二十三字，小字双行，字数同前。白口，四周双边。单鱼尾。版框高22.2厘米，宽15厘米
乾隆五十七年	八旬万寿盛典一百二十卷首一卷	聚珍版单行本	八函四十册	半页十一行，行二十五字，遇抬头多一字。白口，四周双边，翠鱼尾。版框高23厘米，宽17厘米，图版框高26.7厘米，宽16.8厘米，开本高30.1厘米，宽20.4厘米
乾隆五十七年	御制翻译礼记三十卷	满汉文合璧本	十二册	
乾隆五十八年	皇朝礼器图式十八卷目录一卷	汉文本	四函十六册	半页十二行，行字不等。四周双边，白口，单黑鱼尾。版框高18厘米，宽13.8厘米
乾隆五十八年	钦定药铅火绳做法则例一卷硝磺铅斤价值则例一卷水路运费则例一卷	汉文本		
乾隆五十九年	御制翻译春秋六十四卷纲领一卷	满汉合璧本		
乾隆五十九年	增修中枢政考四卷	满汉合璧本		半页九行，四周双边，白口，单鱼尾。版框高22.5厘米，宽17厘米

附录　清代殿本编年总目（1680—1912）　517

续表

刻竣时间	题名及卷数	版本	函册	版式
乾隆六十年	钦定四库全书总目二百卷首四卷	汉文本	十六函一百四十四册	半页九行，行二十一字。白口，四周双边，单鱼尾。版框高19.6厘米，宽13.9厘米
乾隆六十年	钦定廓尔喀纪略五十四卷首四卷	汉文本	四函三十二册	半页七行，行二十字，小字双行同。白口，四周双边，单鱼尾。版框高22.7厘米，宽16.7厘米，开本高30.6厘米，宽19.4厘米
乾隆六十年	钦定吏部则例七十卷	汉文本	六十九册	半页九行，行字不等，四周双边，白口，单黑鱼尾，无栏格。版框高21厘米，宽16.3厘米
乾隆朝	西域同文志二十四卷	汉文本	二十四册	半页九行，序文行十八字，正文行字数不等。白口，四周双边，单龟尾。版框高19.3厘米，宽13.6厘米
乾隆朝	五译合璧集要二卷	梵藏满蒙汉合璧本	一函二册	半页七行，行字不等，白口，四周双边，单鱼尾。版框高21.3厘米，宽15.6厘米，开本高29.9厘米，宽19厘米
乾隆朝	补后汉书年表十卷	汉文本	一函六册	表格式，行格大小宽窄不一，字数不等。白口，左右双边。版框高21.6厘米，宽15.2厘米，开本高30厘米，宽18.6厘米
乾隆朝	平定两金川方略一百三十六卷首八卷纪略一卷艺文八卷	汉文本	八函十八册	半页七行，行二十字，小字双行同。黑口，四周双边，双鱼尾。版框高23.8厘米，宽16.4厘米，开本高31.1厘米，宽20厘米
乾隆朝	平定两金川方略一百三十六卷首八卷纪略一卷艺文八卷	满文本	一百二十册	半页七行，行字不等，四周双边，白口，无鱼尾，无行格。版框高23.2厘米，宽16.2厘米
乾隆朝	钦定兰州纪略二十卷首一卷	汉文本	一函八册	半页七行，行二十字，小字双行同。黑口，四周双边。版框高22.5厘米，宽16.8厘米，开本高30.3厘米，宽20.1厘米
乾隆朝	大清通礼五十卷	汉文本	四函十六册	半页九行，行二十二字，遇抬头多一字。白口，四周双边，单鱼尾。版框高21.9厘米，宽16.4厘米，开本高35.6厘米，宽21.2厘米
乾隆朝	钦定学政全书八卷续增四卷	汉文本		半页九行，行二十二字，白口，四周双边。版框高22.6厘米，宽16.9厘米
乾隆朝	蒙古律例十二卷	汉文本	一函四册	半页九行，行二十字。遇抬头多一字。白口，四周双边。版框高20.8厘米，宽16.3厘米，开本高30.4厘米，宽19.6厘米

续表

刻竣时间	题名及卷数	版本	函册	版式
乾隆朝	钦定历代职官表七十二卷首一卷	汉文本	六函三十六册	半页八行，行二十一字。小字双行同。遇抬头多一字。白口，四周双边，单鱼尾。版框高21.2厘米，宽15.2厘米，开本高29.6厘米，宽19厘米
乾隆朝	钦定盛京通志三十二卷	汉文本	二函十二册	半页十行，行二十一字，遇抬头多一字。白口，左右双边，单鱼尾。版框高22.4厘米，宽15.4厘米，开本高31厘米，宽19.9厘米
乾隆朝	钦定盛京通志一百三十卷首一卷	汉文本	八函六十四册	半页九行，行二十字。白口，四周双边，单鱼尾。版框高21.5厘米，宽15.2厘米
乾隆朝	钦定清凉山志二十二卷	汉文本	一函八册	半页九行，行二十字。白口，四周双边，单鱼尾。版框高19.9厘米，宽14.2厘米
乾隆朝	钦定河源纪略三十五卷首一卷	汉文本	一函八册	半页十行，行二十一字，遇抬头多一字。白口，四周双边，单鱼尾。版框高21.2厘米，宽14.8厘米，开本高31.3厘米，宽19.2厘米
乾隆朝	琉球国志略十六卷首一卷	汉文本	四册	半页九行，行二十一字，小字双行同。白口，四周双边，单鱼尾。版框高18.7厘米，宽14.3厘米
乾隆朝	皇清职贡图九卷	汉文本	一函九册	半页八行，行二十字，白口，单鱼尾。版框高20.6厘米，宽14.9厘米
乾隆朝	御纂历代三元甲子编年一卷御定万年书一卷	汉文本	一函一册	半页竖六行，横十一行。四周双边，白口，单鱼尾。版框高20.8厘米，宽14.5厘米，开本高28.3厘米，宽17.7厘米
乾隆朝	万年书十二卷	朱墨套印本		半页九行，字数不等。四周双边，白口，单鱼尾。版框高21厘米，宽14.2厘米，开本高29.3厘米，宽18.3厘米
乾隆朝	御制月令七十二候诗四卷	袖珍本	一函四册	半页五行，行十二字，小字双行同。白口，四周双边。版框高12.1厘米，宽8.3厘米
乾隆朝	定武敷文一卷	汉文本	一册	半页九行，行十七字，小字双行同。白口，四周双边。版框高20.3厘米，宽14厘米，开本高30.2厘米，宽17.5厘米
乾隆朝	御制咏左传诗二卷	汉文本	一册	半页六行，行十二字。白口，四周双边。版框高14厘米，宽9.8厘米，开本高21.4厘米，宽12.9厘米

续表

刻竣时间	题名及卷数	版本	函册	版式
乾隆朝	御制古稀说一卷	汉文本	一函一册	半页七行，行十四字，抬头行至十七字，小字双行字数同。白口，四周双边。版框高23.1厘米，宽14.6厘米
乾隆朝	劝善金科二十卷首一卷	五色套印本	二函二十册	半页八行，行二十一字，抬头行二十二字。无行格，白口，四周双边。版框高20.8厘米，宽15.1厘米，开本27.7厘米，宽17.4厘米
乾隆朝	实录内摘抄旧清语十四卷	满文本	十四册	半页六行，行九字。四周双边，白口，双鱼尾。版框高20.1厘米，宽14.5厘米
乾隆朝	蒙古源流八卷	蒙文本		
乾隆朝	行军纪律	满汉合璧本	一册	半页七行，四周双边，白口，单鱼尾。版框高18.8厘米，宽13.8厘米，汉文页码
乾隆朝	蒙古律例十二卷	满文本	二册	半页八行，行字不等。四周双边，白口，单鱼尾。版框高29.2厘米，宽19.6厘米
乾隆朝	翻译潘氏总论一卷	满汉合璧本	一册	
乾隆朝	御论附讲章二卷	满文本	一册	
乾隆朝	大清乾隆恒星黄道经纬度表	满文本	一函一册	
乾隆朝	般若波罗蜜多心经一卷	满汉合璧本	一函一册	
乾隆朝	吉祥偈	满文本		
乾隆朝	御制四体清文鉴十二卷	满汉蒙藏合璧本	三十六册	半页七行，行字不等，四周双边，白口，无鱼尾。版框高21.6厘米，宽15.4厘米
嘉庆元年	千叟宴诗三十四卷首二卷	聚珍版单行本	六函三十六册	半页十一行，行二十四字，白口，四周双边。版框高22厘米，宽16.9厘米
嘉庆二年	钦定宗室王公功绩表传十二卷首一卷	汉文本	一函六册	半页八行，行字不等，遇抬头多一字。白口，四周双边。单鱼尾。版框高20.4厘米，宽15.7厘米
嘉庆二年	钦定国子监则例四十四卷首六卷	汉文本	十册	

续表

刻竣时间	题名及卷数	版本	函册	版式
嘉庆四年	钦定八旗通志二百四十二卷首十二卷目录二卷	汉文本	五十函二百九十册	半页八行，行二十一字，遇抬头多一字。白口，四周双边，单鱼尾。版框高20.6厘米宽15.5厘米，开本高32.5厘米，宽20.2厘米
嘉庆五年	味馀书室全集定本四十卷目录四卷随笔二卷	袖珍本	四函	半页九行，行十七字，白口，四周双边，单鱼尾。版框高1.5厘米，宽8.1厘米
嘉庆五年	清高宗御制文初集三十卷目录二卷二集四十四卷三集十六卷馀集二卷	汉文本		半页九行，行十七字，小字双行字数同，白口，四周双边。版框高20厘米，宽13.8厘米
嘉庆五年	清高宗御制诗初集四十四卷目录四卷二集九十卷目录十卷三集一百卷目录二十卷四集一百卷目录十二卷五集一百卷目录十二卷馀集二十卷目录三卷	汉文本	三十函二百三十册	半页九行，行十七字，白口，四周双边。版框高20.3厘米，宽13.7厘米
嘉庆五年	钦定吏部则例六十八卷	聚珍版单行本		半页九行二十字。白口，四周双边。版框高18.3厘米，宽12.7厘米
嘉庆七年	钦定外藩蒙古回部王公表传一百二十卷首一卷	汉文本	一函十二册	半页八行，行二十字，白口，四周双边，单鱼尾。版框高26厘米，宽19.9厘米
嘉庆七年	外藩蒙古回部王公表传二百二十卷	满文本	一百册	半页十二行，满文六行，四周双边，白口，单鱼尾。版框高26.5厘米，宽20厘米
嘉庆七年	钦定外藩蒙古回部王公表传一百二十卷	满文本	一百二十册	半页十二行，行字不等，四周双边，单鱼尾。版框高26.8厘米，宽19厘米
嘉庆七年	钦定辛酉工赈纪事三十八卷首二卷	汉文本	二函二十册	半页七行，行二十字。白口，四周双边。版框高22.9厘米，宽16.7厘米

续表

刻竣时间	题名及卷数	版本	函册	版式
嘉庆七年	钦定外藩蒙古回部王公表传一百二十卷首一卷	满文本	六十册	半页八行，行字不等，四周双边，白口，单鱼尾，无栏格。版框高26.4厘米，宽20厘米
嘉庆七年	大清律例四十七卷	满文本	四十八册	半页八行，行字不等，白口，四周双边，单黑鱼尾，无栏格。版框高29.7厘米，宽20.7厘米
嘉庆七年	大清律例四十七卷首一卷	汉文本		半页九行，行二十字，白口，四周双边。版框高22.2厘米，宽17厘米
嘉庆八年	九家集注杜诗三十六卷	汉文本	十六册	半页九行，行二十一字，小字双行同。白口，四周双边。版框高17.2厘米，宽12.8厘米，开本高25.4厘米，宽16厘米
嘉庆八年	钦定中枢政考七十二卷	满文本	三十二册	半页九行，行字不等，白口，四周双边，单黑鱼尾。版框高20.2厘米，宽16.3厘米
嘉庆八年	钦定中枢政考七十二卷	汉文本		半页九行，行二十二字，白口，四周双边。版框高23厘米，宽16.4厘米
乾隆三十八年至嘉庆八年	钦定武英殿聚珍版书	武英殿聚珍版		每半页九行，行二十一字。白口，单鱼尾，四周双边。版框高19.4厘米，宽12.6厘米
嘉庆八年	钦定文庙乐谱一卷乡饮酒礼御制补笙诗乐谱二卷	聚珍版单行本		半页九行，案语行二十一字，乐谱字不满行，白口，四周双边，单鱼尾
嘉庆九年	钦定军器则例二十四卷	汉文本	二十四册	半页九行，四周双边，白口，单鱼尾。版框高20.6厘米，宽16.2厘米
嘉庆十年	皇朝词林典故六十四卷	汉文本	四函三十四册	半页七行，行十七字，遇抬头多一字，白口，四周双边，单鱼尾。版框高17.9厘米，宽13.6厘米，开本高27.5厘米，宽17厘米
嘉庆十年	皇清职贡图九卷	汉文本	一函九册	半页八行，行二十字，白口，四周双边，单鱼尾。版框高20.6厘米，宽14.9厘米，开本高28.8厘米，宽18.2厘米
嘉庆十二年	高宗纯皇帝圣训三百卷	汉文本	五十函三百册	半页九行，行十八字，白口，四周双边，单鱼尾。版框高23厘米，宽17厘米，开本高33.4厘米，宽21厘米

续表

刻竣时间	题名及卷数	版本	函册	版式
嘉庆十二年	清高宗纯皇帝圣训三百卷	满文本	三百册	半页九行，行字不等，四周双边，白口，单鱼尾。无栏格，版框高20.4厘米，宽21厘米
嘉庆十二年	味馀书室随笔二卷	汉文本		半页九行，行十九字，小字双行字数同。白口，四周双边
嘉庆十二年	钦定续通典一百五十卷	汉文本	八函六十四册	半页九行，行二十一字，小字双行同。白口，四周双边，单鱼尾。版框高20.4厘米，宽15.1厘米
嘉庆十二年	钦定续通志六百四十卷	汉文本	二十四函一百九十二册	半页九行，行二十一字，小字双行同。白口，四周双边，单鱼尾。版框高20.1厘米，宽15.1厘米
嘉庆十二年	钦定续文献通考二百五十卷	汉文本	十六函一百二十八册	半页九行，行二十一字，白口，四周双边，单鱼尾。版框高20.3厘米，宽15.4厘米
嘉庆十二年	钦定平苗纪略五十二卷首四卷	聚珍版单行本		半页七行，行二十字，小字双行同，白口，四周双边。版框高18.1厘米，宽12.9厘米
嘉庆十三年	钦定授衣广训二卷	汉文本	一函二册	半页八行，行十七字。抬头行十八字。四周双边，单鱼尾，无行格。版框高20.2厘米，宽14.6厘米。开本高28.2厘米，宽17.9厘米
嘉庆十三年	钦定授时通考七十八卷	汉文本	四函二十四册	半页十一行，行二十一字，遇抬头二十二字，小字双行同。四周双边，单鱼尾，无行格。版框高21厘米，宽14.1厘米，开本高28.4厘米，宽18厘米
嘉庆十五年	钦定剿平三省邪匪方略正编三百五十二卷续编三十六卷附编十二卷首九卷	汉文本	四十函四百十一册	半页七行，行二十字，小字双行同。黑口，四周双边，双鱼尾。版框高22.7厘米，宽16.8厘米，开本高32.3厘米，宽20.3厘米
嘉庆十五年	皇清文颖续编一百八卷首五十六卷目录十卷	汉文本		半页八行，行二十字。白口，四周双边。版框高18.1厘米，宽13.8厘米，开本高27.6厘米，宽17厘米
嘉庆十六年	皇朝通典一百卷	汉文本		半页九行，行二十一字，遇抬头多一字，小字双行同。白口，四周双边，单鱼尾。版框高21.1厘米，宽15.1厘米，开本高28.9厘米，宽18.1厘米

续表

刻竣时间	题名及卷数	版本	函册	版式
嘉庆十六年	皇朝通志一百二十六卷	汉文本	四十八册	半页九行，行二十一字，遇抬头多一字，小字双行同。白口，四周双边，单鱼尾。版框高20.8厘米，宽15.2厘米，开本高28.8厘米，宽18.3厘米
嘉庆十六年	皇朝文献通考三百卷	汉文本		半页九行，行二十一字，小字双行同，遇抬头多一字。白口，四周双边，单鱼尾。版框高20.6厘米，宽15厘米，开本高28.5厘米，宽18厘米
嘉庆十六年	畿辅安澜志五十六卷	聚珍版单行本		半页八行，行二十一字，小字双行同，单鱼尾。版框高18.4厘米，宽14.3厘米
嘉庆十六年	钦定清凉山志二十二卷	汉文本	八册	半页九行，行二十字。遇抬头多一字。白口，四周双边，单鱼尾。版框高19.6厘米，宽14厘米，开本高27.7厘米，宽17.5厘米
嘉庆十六年	续琉球国志略五卷首一卷	聚珍版单行本		半页七行，行十九字。白口，四周双边，单鱼尾。版框高17.9厘米，宽12.4厘米
嘉庆十七年	钦定学政全书八十六卷首一卷	汉文本	二函十六册	半页九行，行二十字，遇抬头多一字。白口，单鱼尾，四周双边。版框高20.4厘米，宽16.4厘米，开本高30.7厘米，宽19.6厘米
嘉庆十八年	昭代箫韶二十卷首一卷	朱墨套印本	四函十一册	半页八行，行二十一字，抬头二十二字。无行格，白口，四周双边。版框高20.6厘米，宽15.1厘米，开本高28.8厘米，宽18.2厘米
嘉庆十九年	钦定续纂外藩蒙古回部王公表传二十四卷表十二卷传十二卷	汉文本	二十四册	四周双边，白口，单鱼尾。版框高23.5厘米，宽19.5厘米
嘉庆十九年	钦定续纂外藩蒙古回部王公表传二十四卷表十二卷传十二卷	满文本	二十四册	
嘉庆十九年	钦定续纂外藩蒙古回部王公表传二十四卷表十二卷传十二卷	蒙文本	二十四册	

续表

刻竣时间	题名及卷数	版本	函册	版式
嘉庆二十年	清仁宗御制文初集十卷二集十四卷	袖珍本		半页七行，行十五字。白口，四周双边。版框高10.1厘米，宽7.9厘米
嘉庆二十一年	西巡盛典二十四卷首一卷	聚珍版单行本	四函二十四册	半页八行，行二十字，遇抬头二十一字，小字双行字数同。白口，左右双边，单鱼尾。版框高18.1厘米，高12.2厘米，开本高27厘米，宽16.4厘米
嘉庆二十二年	钦定理藩院则例六十二卷通例二卷	汉文本		
嘉庆二十二年	钦定理藩院则例	满文本		
嘉庆二十三年	钦定大清会典八十卷事例九百二十卷目录八卷图一百三十二卷目录二卷	汉文本	四百五十册	半页十行，行二十字，小字双行同，遇抬头多一字。白口，四周双边，单鱼尾。版框高22.2厘米，宽17.1厘米，开本高30.2厘米，宽18.9厘米
嘉庆二十三年	钦定大清会典八十卷	满文本		
嘉庆二十三年	钦定兵部处分则例七十八卷	满文本		
嘉庆朝	大事记十二卷通释三卷解题十二卷	聚珍版单行本		半页八行，行二十一字，小字双行同，白口，左右双边，单鱼尾。版框高18.4厘米，宽14.3厘米
嘉庆朝	御批历代通鉴辑览一百二十卷	汉文本	六函六十册	半页十一行，行二十二字，白口，四周双边
嘉庆朝	太祖皇帝大破明师于萨尔浒山之战书事文一卷	满汉合璧本	一函一册	半页七行，行字不等，遇抬头多二字，无界行，白口，单鱼尾，四周双边。版框高21厘米，宽13.3厘米
嘉庆朝	太宗皇帝大破明师于松山之战书事文一卷	满汉合璧本	一函一册	半页七行，行字不等，遇抬头多二字。白口，四周双边。版框高21.5厘米，宽13.3厘米
嘉庆朝	钦定平定教匪纪略四十二卷首一卷	汉文本	四函十四册	半页七行，行二十字，小字双行同，白口，四周双边，单鱼尾。版框高20.4厘米，宽16.8厘米，开本高30.3厘米，宽19.2厘米

续表

刻竣时间	题名及卷数	版本	函册	版式
嘉庆朝	白塔信炮章程不分卷	满汉合璧本	一函一册	半页七行，行二十一字，白口，四周双边。版框高21.4厘米，宽13.8厘米，开本高28厘米，宽17.6厘米
嘉庆朝	钦定总管内务府现行则例	汉文本		半页八行，行二十字，抬头行二十一字，白口，四周双边。版框高20厘米，宽14.3厘米
嘉庆朝	钦定宫中现行则例四卷	汉文本		半页八行，行二十字，抬头行二十一字。朱丝栏。白口，四周双边。版框高20.7厘米，宽14.5厘米
嘉庆朝	御纂历代三元甲子编年一卷御定万年书一卷	汉文本	一函一册	半页竖六行，横十行。四周双边，白口，单鱼尾。万年书竖八行，横六行。版框高21.5厘米，宽14.2厘米
嘉庆朝	清仁宗御制文二卷	汉文本	一册	半页八行，行十六字，小字双行字数同，白口，单鱼尾，四周双边。版框高18.6厘米，宽13.5厘米。无序跋
嘉庆朝	皇考圣德神功全韵诗四卷	汉文本		半页七行，行十六字，小字双行，行二十四字。白口，黑单鱼尾，四周双边。版框高23.2厘米，宽14.9厘米，开本高31.3厘米，宽18.9厘米
嘉庆朝	御制嗣统述圣诗二卷	汉文本	一函二册	半页七行，行十四字，小字双行同。白口，黑单鱼尾，四周双边。版框高17.9厘米，宽12.3厘米，开本高23.8厘米，宽15.2厘米
嘉庆朝	御制读尚书诗一卷	汉文本	一函一册	半页六行，行十三字。白口，黑单鱼尾，四周双边。版框高14厘米，宽9.7厘米，开本高21.5厘米，宽13.1厘米
嘉庆朝	清宁合撰不分卷	汉文本	一函二册	半页六行，行十六字，小字双行字数同。白口，四周双边。版框高15.9厘米，宽11.5厘米，开本高23.5厘米，宽13.4厘米
嘉庆朝	钦定太常寺则例一百二十五卷	汉文本		
嘉庆朝	捐办土方议叙原行条例不分卷续增条例不分卷推广土方事例不分卷	汉文本		

续表

刻竣时间	题名及卷数	版本	函册	版式
嘉庆朝	太祖皇帝大破明师于萨尔浒山之战书事文一卷	汉文本	一册	半页七行,行十八字,小字双行同。白口,四周双边。版框高19.2厘米,宽14.1厘米
嘉庆朝	太宗皇帝大破明师于松山之战书事文一卷	汉文本	一册	半页七行,行十八字,小字双行同,遇抬头多二字。白口,四周双边。版框高19.2厘米,宽14.1厘米
嘉庆朝	行营仪注一卷	汉文本	一函一册	半页八行,行字不等,无版框栏格。开本高31.7厘米,宽19厘米
嘉庆朝	大清嘉庆恒星黄道经纬度表	满文本		
道光元年	钦定新疆识略十二卷首一卷	汉文本	二函十册	半页十行,行二十一字,白口,四周双边,单鱼尾。版框高21.4厘米,宽15.8厘米,开本高31.3厘米,宽19厘米
道光二年	钦定春秋左传读本三十卷	汉文本	四函三十册	半页九行,行十七字,小字双行同,白口,四周双边,单鱼尾。版框高21.7厘米,宽15.3厘米,开本高31.8厘米,宽20.5厘米
道光二年	养正书屋全集定本四十卷目录四卷	汉文本	四函二十四册	半页九行,行十七字,白口,单鱼尾,四周双边。版框高14.2厘米,宽13厘米
道光三年	御论附讲章二卷	朱墨套印、满汉合璧本		
道光四年	辽史一百十五卷附考证	汉文本	三函二十八册	半页十行,行二十一字,白口,四周双边,单鱼尾。版框高22.2厘米,宽14.8厘米
道光四年	金史一百三十五卷附考证	汉文本	七函五十二册	半页十行,行二十一字,白口,四周双边,单鱼尾。版框高21.6厘米,宽14.8厘米
道光四年	元史二百十卷目录二卷附考证	汉文本	十二函八十四册	半页十行,行二十一字,白口,四周双边,单鱼尾。版框高21.5厘米,宽14.6厘米
道光四年	钦定辽金元三史国语解四十六卷	满汉合璧本	十六册	半页十行,满汉各五行,行字不等,四周双边,白口,单鱼尾。版框高21.5厘米,宽14.6厘米
道光四年	钦定辽金元三史国语解四十六卷	汉文本	三函十六册	半页十行,行字不等,四周双边,白口。版框高21.5厘米,宽14.6厘米

续表

刻竣时间	题名及卷数	版本	函册	版式
道光四年	大清通礼五十四卷	汉文本	四函三十六册	半页九行，行二十字，白口，四周双边，单鱼尾。版框高21.7厘米，宽16.5厘米。
道光四年	钦定兵部处分则例七十六卷	满文本	三十六册	半页九行，行字不等，白口，四周双边。版框高20厘米，宽15.5厘米
道光四年	钦定兵部处分则例七十六卷	汉文本		半页九行，行二十字，抬头行二十一字，白口，四周双边。版框高20.3厘米，宽16.2厘米
道光四年	仁宗睿皇帝圣训一百十卷	汉文本	二十二函一百一十册	半页九行，行十八字，无行格，白口，四周双边，单鱼尾。版框高22.6厘米，宽17.1厘米，开本高32.9厘米，宽20.8厘米
道光四年	仁宗睿皇帝圣训一百十卷	满文本	二十二函一百一十册	半页九行，行字不等，白口，四周双边，单鱼尾，无行格。版框高23.1厘米，宽16.9厘米
道光五年	大清律例三十九卷首一卷	汉文本		半页九行，行二十字，白口，四周双边。版框高21.6厘米，宽16.3厘米
道光九年	清宣宗御制诗初集二十四卷目录四卷余集十二卷目录二卷	汉文本	一函八册	半页九行，行十七字，小字双行字数同，白口，黑单鱼尾，四周双边。版框高18.7厘米，宽14厘米
道光九年	钦定兵部续纂处分则例四卷	满文本		
道光十年	康熙字典四十二卷	汉文本	四十二册	版框高19.4厘米，宽13.9厘米，开本高27.4厘米，宽17.4厘米
道光十年	钦定平定回疆剿逆裔方略八十卷首六卷	汉文本	八函八十六册	半页七行，行二十字。黑口，四周双边，双鱼尾。版框高21.7厘米，宽16.6厘米，开本高31.8厘米，宽19.7厘米
道光十年	钦定修造吉方立成一卷	汉文本	一册	半面八行，行十八字。四周双边，白口，单鱼尾。版框高23.5厘米，宽16.5厘米
道光十一年	字典考证三十六卷	汉文本		半页十行，行二十一字，白口，左右双边。版框高17.3厘米，宽13.1厘米
道光十一年	清宣宗御制文初集十卷余集六卷	汉文本	二函十四册	半页七行，行十五字。白口，黑单鱼尾，四周双边。版框高18.5厘米，宽13.6厘米

续表

刻竣时间	题名及卷数	版本	函册	版式
道光十二年	钦定中枢政考续纂四卷	满文本	四册	半页九行，四周双边，白口，单鱼尾。版框高20.4厘米，宽15.4厘米
道光十四年	钦定修造吉方立成一卷	汉文本	一册	半页八行，行十八字。四周双边，白口，单鱼尾。版框高23.5厘米，宽16.5厘米
道光十六年	二十四史三千二百四十二卷目录十一卷	重修本		
道光十九年	钦定续纂外藩蒙古回部王公表传表十二卷传十二卷	汉文本	二十四册	半页八行，行二十字。白口，四周双边，单鱼尾。版框高21.7厘米，宽19.4厘米
道光十九年	钦定续纂外藩蒙古回部王公表传表十二卷传十二卷	满文本	二十四册	
道光十九年	钦定续纂外藩蒙古回部王公表传表十二卷传十二卷	蒙文本	二十四册	半页五行，白口，四周双边，单鱼尾。版框高23.2厘米，宽18.8厘米
道光十九年	钦定光禄寺则例一百四卷	汉文本		半页九行，行二十一字，白口，四周双边。版框高20.7厘米，宽15.9厘米
道光二十年	钦定修造吉方立成一卷	汉文本	一函一册	半页八行，行十八字。四周双边，白口，单鱼尾。版框高22.8厘米，宽15.8厘米
道光二十年	钦定总管内务府现行则例四卷续纂二卷	汉文本		半页八行，行二十字，抬头行二十一字。白口，四周双边。版框高18.6厘米，宽14.3厘米
道光二十二年	钦定理藩院则例六十三卷	汉文本		半页七行，行二十字，白口，单鱼尾，四周双边。版框高19.6厘米，宽15.7厘米，开本高28.8厘米，宽18.6厘米
道光二十三年	钦定理藩院则例六十三卷通例二卷原奏一卷官衔一卷总目二卷	汉文本	四十九册	半页七行，行字不等，四周双边，白口，单鱼尾。版框高21.7厘米，宽15.6厘米
道光二十七年	大清律例三十九卷首一卷	汉文本		半页九行，行二十字，白口，四周双边。版框高21.6厘米，宽16.3厘米

续表

刻竣时间	题名及卷数	版本	函册	版式
道光二十八年	蒙文指要四卷	满蒙汉合璧本		
道光二十八年	钦定续纂外藩蒙古回部王公表十二卷传十二卷	汉文本	二函二十四册	半页，竖行二行，行二十字，横格五个，每格五行，行字不等。白口，四周双边。版框高25.6厘米，宽15.7厘米
道光二十九年	钦定续纂外藩蒙古回部王公表十二卷传十二卷	汉文本		半页八行，白口，四周双边，单鱼尾。版框高26.2厘米，宽18.9厘米
道光二十九年	钦定续纂外藩蒙古回部王公表十二卷传十二卷	满文本		半页八行，小字双行，四周双边，白口，单鱼尾。版框高23.1厘米，宽19.4厘米
道光二十九年	大藏经目录一卷	汉文本	一函一册	经折装，半开六行，行十字，上下双边。版框高5.1厘米，宽3.8厘米，开本高7.2厘米，宽3.8厘米
道光二十九年	钦定理藩院则例六十三卷通例二卷总目二卷	满文本	五十册	半页七行，四周双边，白口，单鱼尾。版框高21厘米，宽16厘米
道光二十九年	钦定理藩院则例六十三卷通例二卷总目二卷	蒙文本		
道光三十年	圣谕广训直解二卷	汉文本	一函二册	半页九行，行十八字，抬头行二十一字，四周双边，白口，单鱼尾。版框高20.5厘米，宽13.9厘米，开本高32.3厘米，宽19.3厘米
道光三十年	御纂性理精义十二卷	汉文本	一函四册	半页八行，行二十字，抬头行至二十二字，小字双行字数同。四周双边，白口，单鱼尾。版框高20.9厘米，宽14.8厘米
道光朝	御制劝善要言一卷	满汉合璧本	一函一册	半页八行，行十八字，抬头行二十一字。四周双边，白口，单鱼尾。版框高25.2厘米，宽17.8厘米
道光朝	御制巡幸盛京诗卷	汉文本	一函一册	半页八行，行二十一字。白口，黑单鱼尾，四周双边。版框高20厘米，宽12.4厘米，开本高27厘米，宽15.8厘米

续表

刻竣时间	题名及卷数	版本	函册	版式
道光朝	大清道光恒星黄道经纬度表	满文本		
道光朝	清仁宗御制文初集十卷二集十四卷馀集二卷	汉文本	四函十八册	半页七行，行十五字。白口，单黑鱼尾，四周双边。版框高19.5厘米，宽13.8厘米，开本高29.3厘米，宽18.1厘米
道光朝	清仁宗御制诗初集四十八卷目录六卷二集六十四卷目录八卷三集六十四卷目录四卷余集六卷	汉文本	十三函一百零六册	半页九行，行十七字，小字双行同。白口，单鱼尾，四周双边。版框高20.2厘米，宽13.9厘米，开本高29.5厘米，宽17.7厘米
咸丰元年	工程做法七十四卷	汉文本		半页九行，行二十字，白口，四周双边。版框高21.2厘米，宽16.7厘米
咸丰二年	钦定总管内务府现行则例四卷	汉文本		半页九行，行二十一字。白口，四周双边。版框高19.9厘米，宽14.4厘米
咸丰二年	钦定总管内务府现行则例四卷	汉文本		半页九行，行二十一字。白口，四周双边。版框高19.9厘米，宽14.4厘米
咸丰三年	文宗上谕内阁附疏义条款不分卷	汉文本	一函二册	半页十行，行二十一字，遇抬头多一字。白口，四周双边。版框高19.6厘米，宽15厘米，开本高29.6厘米，宽18厘米
咸丰三年	御论附讲章二卷	朱墨套印、满汉合璧本		
咸丰六年	宣宗成皇帝圣训一百三十卷	汉文本	二十六函一百三十册	半页九行，行十八字。白口，四周双边，单鱼尾。版框高22.5厘米，宽17.5厘米
咸丰六年	宣宗成皇帝圣训一百三十卷	汉文本	二十六函一百三十册	半页九行，行字不等，四周双边，白口，单鱼尾，无行格。版框高22.5厘米，宽16.5厘米
咸丰六年	御制翻译孝经一卷	满汉合璧本	一函一册	半页十行，满汉各五行，行字不等，四周双边，白口，无鱼尾。版框高21厘米，宽17.7厘米
咸丰六年	大学衍义四十三卷	满汉合璧本	五十一册	半页十行，小字双行，行字不等，白口，四周双边，单黑鱼尾。版框高18.3厘米，宽14.2厘米

续表

刻竣时间	题名及卷数	版本	函册	版式
咸丰六年	钦定续纂外藩蒙古回部王公表传表十二卷传十二卷	汉文本		半页八行,行二十字。白口,四周双边,单鱼尾。版框高24.5厘米,宽19.7厘米
咸丰六年	钦定续纂外藩蒙古回部王公表传表十二卷传十二卷	满文本	二十四册	半页七行,小字双行,四周双边,白口,单鱼尾。版框高25厘米,宽20厘米
咸丰九年	钦定续纂外藩蒙古回部王公表传表十二卷传十二卷	蒙文本	二十四册	四周双边,白口,单鱼尾。版框高25厘米,宽19.8厘米
咸丰朝	通商税则善后条约不分卷	汉文本	一册	半页九行,行二十四字,遇抬头多二字,白口,左右双边。版框高22厘米,宽15.8厘米,开本高29.7厘米,宽18厘米
咸丰朝	钦定宫中现行则例四卷	汉文本		半页八行,行二十字,抬头行二十一字。白口,四周双边
咸丰朝	清宣宗御制文初集十卷余集六卷	汉文本		半页七行,行十五字。白口,黑单鱼尾,四周双边。版框高18厘米,宽13.6厘米
咸丰朝	清宣宗御制诗初集二十四卷目录四卷余集十二卷目录二卷	汉文本	一函八册	半页九行,行十七字,小字双行字数同,白口,黑单鱼尾,四周双边。版框高18.7厘米,宽14厘米
咸丰朝	御制劝善要言一卷	满汉合璧本	一册	
同治元年	圣谕广训一卷	满蒙汉合璧本	一册	
同治三年	钦定修造吉方立成一卷	汉文本	一册	半页八行,行十八字。四周双边,白口,单鱼尾。版框高22厘米,宽16.3厘米
同治五年	文宗显皇帝圣训一百十卷	汉文本	二十二函一百册	半页九行,行十八字。白口,四周双边,单鱼尾。版框高21.8厘米,宽16.7厘米
同治五年	文宗显皇帝圣训一百十卷	满文本		半页九行,行字不等,四周双边,白口,无行格,单黑鱼尾。版框高21.8厘米,宽16.8厘米

续表

刻竣时间	题名及卷数	版本	函册	版式
同治六年	醒世要言四卷	满汉合璧本	四册	半页十行，行字不等，四周双边，白口，无行格，单黑鱼尾。版框高18.6厘米，宽13.9厘米
同治七年	圣谕十六条附律易解一卷	汉文本	一册	半页九行，行十九字，抬头行二十二字，四周双边，白口，单鱼尾。版框高21厘米，宽14.9厘米
同治十一年	钦定修造吉方立成一卷	汉文本	一册	半页八行，行十八字。四周双边，白口，单鱼尾。版框高21.8厘米，宽16.3厘米
同治十一年	大婚礼节	汉文本		
同治十一年	钦定总管内务府现行则例四卷	汉文本		半页九行，行二十一字，白口，四周双边。版框高19.8厘米，宽14.5厘米
同治十一年	钦定宫中现行则例四卷	汉文本		半页八行，行二十字，抬头行二十一字。白口，四周双边。版框高19.8厘米，宽14.5厘米
同治朝	御纂历代三元甲子编年一卷御定万年书一卷	汉文本		半页竖六行，横十行。四周双边，白口，单鱼尾。版框高21厘米，宽14.2厘米
同治朝	清文宗御制文集二卷诗集八卷	汉文本	一函六册	文集七行十五字，诗集九行十七字。白口，四周双边。版框高17.9厘米，宽13.3厘米
光绪五年	穆宗毅皇帝圣训一百六十卷	汉文本	三十二函一百六十册	半页九行，行十八字。白口，四周双边，单鱼尾
光绪五年	穆宗毅皇帝圣训一百十六卷	满文本	一百六十册	半页九行，行字不等，白口，四周双边，无行格，单黑鱼尾。版框高21.3厘米，宽16.5厘米
光绪七年	钦定修造吉方立成一卷	汉文本	一册	半页八行，行十八字。四周双边，白口，单鱼尾。版框高21.4厘米，宽16.2厘米
光绪八年	钦定修造吉方立成一卷	汉文本	一册	半页八行，行十八字。四周双边，白口，单鱼尾。版框高20.7厘米，宽16.3厘米
光绪九年	钦定修造吉方立成一卷	汉文本	一册	半页八行，行十八字。四周双边，白口，单鱼尾。版框高21.2厘米，宽16.2厘米

续表

刻竣时间	题名及卷数	版本	函册	版式
光绪十三年	钦定科场条例六十卷首一卷	汉文本		
光绪十五年	钦定修造吉方立成一卷	汉文本	一册	半页八行，行十八字。四周双边，白口，单鱼尾。版框高21.7厘米，宽16.2厘米
光绪十七年	蒙文总汇	满蒙汉合璧本		半页九行，四周双边，白口，单鱼尾。版框高21厘米，宽16厘米
光绪十七年	御制劝善要言	汉文本		
光绪二十一年	养正图解不分卷附清高宗御题养正图诗一卷仁宗御题养正图赞一卷	汉文本	一函二册	半页十行，行二十一字，四周单边，白口，无鱼尾。版框高24.2厘米，宽16.6厘米，开本高32.3米，宽19.8厘米
光绪二十二年	心经一卷政经一卷	影宋刻本	一函二册	半页十行，行十八字，左右双边，白口，单鱼尾。版框高23.5厘米，宽18.5厘米
光绪二十三年	钦定修造吉方立成一卷	汉文本	一册	半页八行，行十八字。四周双边，白口，单鱼尾。版框高21.3厘米，宽16厘米
光绪二十六年	钦定修造吉方立成一卷	汉文本	一册	半页八行，行十八字。四周双边，白口，单鱼尾。版框高21厘米，宽15.7厘米
光绪二十七年	钦定修造吉方立成一卷	汉文本	一册	半页八行，行十八字。四周双边，白口，单鱼尾。版框高20厘米，宽15.4厘米
光绪朝	钦定宫中现行则例四卷	汉文本		半页八行，行二十字，抬头行二十一字。白口，四周双边
光绪朝	钦定宫中现行则例四卷	汉文本		半页八行，行二十字，抬头行二十一字。白口，四周双边。版框高20.3厘米，宽14.4厘米
光绪朝	清穆宗御制文集十卷诗集六卷	汉文本	二函八册	半页九行，行十七字，白口，黑单鱼尾，四周双边。版框高18厘米，宽13厘米
光绪朝	万寿庆典则例不分卷	汉文本		
光绪朝	大清光绪时宪书	满文本		

续表

刻竣时间	题名及卷数	版本	函册	版式
光绪朝	大清光绪恒星黄道经纬度表	满文本		
宣统元年	钦定修造吉方立成一卷	汉文本	一册	半页八行，行十八字。四周双边，白口，单鱼尾。版框高20.6厘米，宽15.5厘米
宣统三年	钦定修造吉方立成一卷	汉文本	一册	半页八行，行十八字。四周双边，白口，单鱼尾。版框高19.8厘米，宽15.9厘米
宣统朝	正字考六卷	汉文本	一函十册	半页八行，字不满行，白口，四周双边，单鱼尾
宣统朝	大清宣统恒星黄道经纬度表	汉文本		

参考文献

一 档案史料

故宫博物院明清档案部编：《清代档案史料丛编》，中华书局1978年版。

中国第一历史档案馆编：《康熙朝汉文朱批奏折汇编》，档案出版社1985年版。

《清实录》，中华书局1986年影印本。

故宫博物院掌故部编：《掌故丛编》，中华书局1990年版。

中国第一历史档案馆编：《雍正朝汉文朱批奏折汇编》，江苏古籍出版社1991年版。

大连市图书馆文献研究室、辽宁社会科学院历史研究所等译编：《清代内阁大库散佚满文档案选编》，天津古籍出版社1992年版。

中国第一历史档案馆编：《雍正朝起居注册》，中华书局1993年版。

中国第一历史档案馆编：《康熙朝满文朱批奏折全译》，中国社会科学出版社1996年版。

秦国经主编：《清代官员履历档案全编》，华东师范大学出版社1997年版。

中国第一历史档案馆编：《纂修四库全书档案》，上海古籍出版社1997年版。

中国第一历史档案馆编：《雍正朝满文朱批奏折全译》，黄山书社1998年版。

中国第一历史档案馆编：《乾隆朝上谕档》，档案出版社1998年版。

中国第一历史档案馆编:《乾隆帝起居注》,广西师范大学出版社 2002 年版。
中国第一历史档案馆编:《清中前期西洋天主教在华活动档案史料》,中华书局 2003 年版。
清室善后委员会编:《故宫物品点查报告》,线装书局 2004 年版。
线装书局编:《清代吏治史料》,线装书局 2004 年版。
翁连溪编:《清内府刻书档案史料汇编》,广陵书社 2007 年版。
煮雨山房编:《故宫图书及内务档案史料》,广陵书社 2008 年版。
《文献丛编》,北京图书馆出版社 2008 年版。
《雍正朝汉文谕旨汇编》,广西师范大学出版社 2009 年版。
中国第一历史档案馆、香港中文大学编:《清宫内务府造办处档案总汇》,人民出版社 2009 年版。
赵嫄编:《大连图书馆藏清代内务府档案》,国家图书馆出版社 2010 年版。
《清代文字狱档(增订本)》,上海书店 2011 年版。
朱赛虹主编:《故宫博物院藏清宫陈设档案》,故宫出版社 2013 年版。
朱赛虹等主编:《清宫武英殿修书处档案》,故宫出版社 2014 年版。
(清)佚名:《武英殿刻书处报销档案》,国家图书馆古籍馆藏。
《钦定武英殿聚珍版书目》,清乾隆间内府朱格写本,故宫博物院藏。
《武英殿修书处存书清册》,清同治年间抄本,故宫博物院藏。
《景阳宫陈设书目排架图》,清嘉庆间内府抄本,故宫博物院藏。
《满汉书籍簿》,清光绪二十九年、宣统元年抄本,国家图书馆善本部藏。
中国第一历史档案馆藏:《朱批奏折》。
中国第一历史档案馆藏:《内务府奏销档》。
中国第一历史档案馆藏:《军机处录副奏折》。
中国第一历史档案馆藏:《军机处上谕档》。
中国第一历史档案馆藏:《内务府银库用项月折档》。

台湾"中央"研究院历史语言研究所藏:《内阁大库档案》。

二 官书笔记

(清) 萧奭:《永宪录》,中华书局 1959 年版。

(清) 阮葵生:《茶余客话》,中华书局上海编辑所 1959 年版。

(清) 张廷玉等:《明史》,中华书局 1974 年版。

(清) 赵尔巽等:《清史稿》,中华书局 1977 年版。

(清) 昭梿:《啸亭杂录》,中华书局 1980 年版。

(清) 于敏中等:《钦定日下旧闻考》,北京古籍出版社 1981 年版。

(清) 吴长元:《宸垣识略》,北京古籍出版社 1981 年版。

(清) 朱一新:《京师坊巷志》,北京古籍出版社 1982 年版。

(清) 孙殿起:《琉璃厂小志》,北京古籍出版社 1982 年版。

(清) 徐珂编:《清稗类钞》,中华书局 1984 年版。

(明) 陆容:《菽园杂记》,载《元明史料笔记丛刊》,中华书局 1985 年版。

(清) 叶德辉:《书林清话》,中华书局 1987 年版。

(清) 杨钟羲:《雪桥诗话》,北京古籍出版社 1989 年版。

(清) 章乃炜、王蔼人编:《清宫述闻》(初、续编合编本),紫禁城出版社 1990 年版。

(清) 吴庆坻:《蕉廊脞录》,中华书局 1990 年版。

(明) 刘若愚:《酌中志》,北京古籍出版社 1994 年版。

(清) 鄂尔泰、张廷玉等编:《国朝宫史》,北京古籍出版社 1994 年版。

(清) 庆桂等编:《国朝宫史续编》,北京古籍出版社 1994 年版。

(清) 郭则沄:《十朝诗乘》,卞孝萱、姚松点校,福建人民出版社 2000 年版。

(清) 龚自珍:《龚自珍选集》,人民文学出版社 2004 年版。

(清) 吴振棫:《养吉斋丛录》,中华书局 2005 年版。

(清) 于敏中:《天禄琳琅书目》,载《中国历代书目题跋丛书》,上海古籍出版社 2007 年版。

（清）邓邦述：《群碧楼善本书录》，《海王邨古籍书目题跋丛刊》第六册，中国书店 2008 年版。

（清）翁曾翰：《翁曾翰日记》，凤凰出版社 2014 年版。

三 参考著作

谢国桢：《明清笔记谈丛》，中华书局 1960 年版。

王伯敏：《中国版画史》，南通图书公司 1961 年版。

北京图书馆编：《中国版刻图录》，文物出版社 1961 年版。

潘承弼、顾廷龙：《明代版本图录初编》，台湾文海出版社 1971 年版。

吴哲夫：《四库全书荟要纂修考》，"国立"故宫博物院 1976 年版。

张德泽：《清代国家机关考略》，中国人民大学出版社 1981 年版。

陈登原：《古今典籍聚散考》，上海书店 1983 年版。

丁原基：《清代康雍乾三朝禁书原因之研究》，台湾华正书局 1983 年版。

杜信孚：《清代版刻综录》，江苏广陵古籍刻印社 1983 年版。

孟森：《明清史讲义》，中华书局 1983 年版。

张秀民：《中国印刷史》，上海人民出版社 1984 年版。

李致忠：《中国古代书籍史》，文物出版社 1985 年版。

张秀民：《张秀民印刷史论文集》，印刷工业出版社 1988 年版。

黄爱平：《四库全书纂修研究》，中国人民大学出版社 1989 年版。

吴哲夫：《四库全书纂修之研究》，"国立"故宫博物院 1990 年版。

来新夏：《中国古代图书事业史》，上海人民出版社 1990 年版。

李致忠：《历代刻书考述》，巴蜀书社 1990 年版。

诸伟奇等编：《简明古籍整理辞典》，黑龙江人民出版社 1990 年版。

戴逸：《乾隆帝及其时代》，中国人民大学出版社 1992 年版。

乔治忠：《清朝官方史学研究》，文津出版社 1994 年版。

高翔：《康雍乾三帝统治思想研究》，中国人民大学出版社 1995

年版。

中国第一历史档案馆编:《明清档案与历史研究论文选》,国际文化出版公司1995年版。

北京故宫博物院图书馆、辽宁省图书馆编:《清代内府刻书目录解题》,紫禁城出版社1995年版。

杨果:《中国翰林院制度研究》,武汉大学出版社1996年版。

潘国允、赵坤娟编:《蒙元版刻综录》,内蒙古大学出版社1996年版。

程千帆、徐有富:《校雠广义·版本编》,齐鲁书社1998年版。

祁美琴:《清代内务府》,中国人民大学出版社1998年版。

张秀民、韩琦:《中国活字印刷史》,中国书籍出版社1998年版。

彭裴章主编:《中外图书交流史》,湖南教育出版社1998年版。

唐嘉弘主编:《中国古代典章制度大辞典》,中州古籍出版社1998年版。

陶湘编:《书目丛刊》,窦水勇校点,辽宁教育出版社2000年版。

缪咏禾:《明代出版史稿》,江苏人民出版社2000年版。

郑士德:《中国图书发行史》,高等教育出版社2000年版。

李瑞良:《中国古代图书流通史》,上海人民出版社2000年版。

李致忠:《古代版印通论》,紫禁城出版社2000年版。

翁连溪:《清代宫廷版画》,文物出版社2001年版。

翁连溪:《清代宫廷刻书》,文物出版社2001年版。

张德泽:《清代国家机关考略》,学苑出版社2001年版。

[韩]林基中:《燕行录全集》,东国大学校出版部2001年版。

邸永君:《清代翰林院制度》,社会科学文献出版社2002年版。

田建平:《元代出版史》,河北人民出版社2003年版。

祁美琴:《清代榷关制度研究》,内蒙古大学出版社2004年版。

翁连溪:《清代内府刻书图录》,北京出版社2004年版。

宋原放主编:《中国出版史料(古代部分)》,湖北教育出版社2004年版。

齐秀梅、杨玉良：《清宫藏书》，紫禁城出版社2005年版。

向斯：《中国宫廷御览图书》，紫禁城出版社2005年版。

故宫博物院编：《盛世文治——清宫典籍文化》，紫禁城出版社2005年版。

何本方等主编：《中国宫廷文化大辞典》，云南人民出版社2006年版。

曹之：《中国古籍版本学》，武汉大学出版社2007年版。

张元济：《张元济全集》，商务印书馆2007年版。

乔治忠：《中国官方史学与私家史学》，北京图书馆出版社2008年版。

韩琦等编：《中国和欧洲：印刷术与书籍史》，商务印书馆2008年版。

林存阳：《三礼馆：清代学术与政治互动的链环》，社会科学文献出版社2008年版。

严佐之：《古籍版本学概论》，华东师范大学出版社2008年版。

《明清以来公藏书目汇刊》，北京图书馆出版社2008年版。

周绍明：《书籍的社会史：中华帝国晚期的书籍与士人文化》，北京大学出版社2009年版。

乌兰其木格：《清代官修民族文字文献编纂研究》，辽宁民族出版社2010年版。

秦国经：《清代文书档案制度》，中国档案出版社2010年版。

宫晓卫、李国庆编：《中国活字本图录·清代民国卷》，齐鲁书社2010年版。

朱金甫、张书才：《清代典章制度辞典》，中国人民大学出版社2011年版。

《武英殿——故宫古建筑保护工程实录》，紫禁城出版社2011年版。

冷绣锦：《"满铁"图书馆研究》，辽宁人民出版社2011年版。

张升：《四库全书馆研究》，北京师范大学出版社2012年版。

曹红军：《康雍乾三朝刻书机构研究》，花木兰出版社2013年版。

翁连溪：《清代内府刻书研究》，故宫出版社 2013 年版。
故宫博物院编：《天禄珍藏：第一届清宫典籍国际研讨会论文集》，故宫出版社 2014 年版。
罗积勇等：《中国古籍校勘史》，武汉大学出版社 2015 年版。
刘凤强：《四库全书馆发微》，兰州大学出版社 2015 年版。

四　参考论文

张秀民：《清代的铜活字》，《文物》1962 年第 1 期。
谢国桢：《从清武英殿谈到扬州诗局的刻书》，《故宫博物院院刊》1981 年第 1 期。
肖力：《清代武英殿刻书初探》，《图书与情报》1983 年第 2、3 期。
杨玉良：《〈古今图书集成〉考证拾零》，《故宫博物院院刊》1985 年第 1 期。
何本方：《清代的榷关与内务府》，《故宫博物院院刊》1985 年第 2 期。
单士元：《故宫武英殿浴德堂考》，《故宫博物院院刊》1985 年第 3 期。
向功晏：《清代殿本浅析》，《故宫博物院院刊》1985 年第 4 期。
吴哲夫：《清代殿本图书》，台北《故宫文物月刊》1985 年第 3 卷第 4 期。
向功晏：《武英殿聚珍版丛书刊印经过》，《图书馆杂志》1986 年第 2 期。
杨玉良：《清内府书籍、经卷装潢艺术杂识》，《故宫博物院院刊》1987 年第 2 期。
杨玉良：《关于清内府书籍经卷板片的采买、存贮等问题初探》，《故宫博物院院刊》1988 年第 3 期。
金良年：《清代武英殿刻书述略》，《文史》1988 年第 31 辑。
杨玉良：《武英殿修书处及内府修书各馆》，《故宫博物院院刊》1990 年第 1 期。

卢秀菊：《清代盛世之皇室印刷事业》，《中国图书文史论集》，现代出版社1992年版。

翁连溪：《清宫内务府刻书处——武英殿》，《紫禁城》1992年第2期。

范景中：《铜活字套印本〈御制数理精蕴〉》，《故宫博物院刊》1992年第2期。

朱赛虹：《记清内府套印本——兼述古代套印技术的后期发展》，《故宫博物院院刊》1992年第4期。

杨玉良：《清代中央官纂图书发行浅析》，《故宫博物院院刊》1993年第4期。

吴明霞：《清前期负责图书事业的主要职官考论》，《四川图书馆学报》1994年第5期。

杨玉良：《"殿版"书的编校》，《紫禁城》1994年第1期。

杨玉良：《清代中央官刻图书综述》，《故宫博物院院刊》1995年第2期。

常林：《清代北京自然科学图书出版述略》，《满族研究》1996年第1期。

朱赛虹：《武英殿刻书数量的文献调查及辨析》，《故宫博物院院刊》1997年第3期。

吴哲夫：《武英殿本图书》，台北《故宫文物月刊》1998年第16卷第4期。

潘天祯：《康熙武英殿刻书的实录——重读御制佩文韵府序》，《北京图书馆馆刊》1999年第1期。

范景中：《铜活字套印本〈御制数理精蕴〉》，《故宫博物院院刊》1999年第2期。

朱赛虹：《从装潢看版本——以清代皇家书籍为典型》，《故宫博物院院刊》2000年第2期。

朱赛虹：《武英殿修书处藏书考略——兼探四库"存目"等书的存放地点》，《文献》2000年第2期。

张宗茹、宋忠芳：《论清代武英殿聚珍版印书之鉴定》，《山东师范大学学报》2000 年第 4 期。

黄爱平：《清代康雍乾三帝的统治思想与文化选择》，《中国社会科学院研究生院学报》2001 年第 4 期。

翁连溪：《清代内府铜版画刊刻述略》，《故宫博物院院刊》2001 年第 4 期。

翁连溪：《清内府武英殿刊刻版画》，《收藏家》2001 年第 8 期。

姚继荣：《清代方略馆与官修方略》，《山西师范大学学报》2002 年第 2 期。

翁连溪：《谈清代内府的铜活字印书》，《故宫博物院院刊》2003 年第 3 期。

朱赛虹：《"殿本"的发源地——武英殿修书处》，《出版史料》2003 年第 4 期。

孙卫国：《西方书籍史研究漫谈》，《中国典籍与文化》2003 年第 3 期。

朱琴：《金简及其〈武英殿聚珍版程式〉——兼论古代活字印刷发展滞缓的原因》，博士学位论文，苏州大学，2003 年。

李福敏：《故宫博物院藏清内务府陈设档》，《历史档案》2004 年第 1 期。

朱赛虹：《锦囊翠轴——御书装潢》，《紫禁城》2005 年第 4 期。

朱赛虹整理：《武英殿办理宣宗、穆宗〈圣训〉用过钱粮奏销清册》，《故宫学刊》2005 年第 2 辑。

吴修琴：《清代满文官刻图书发展述略》，《渝西学院学报》（社会科学版）2005 年第 3 期。

曹红军：《康雍乾三朝中央机构刻印书研究》，博士学位论文，南京师范大学，2006 年。

朱赛虹：《清前期官府图书的流通及管理》，《华学》2006 年第 8 辑。

王子林：《紫禁城中浴德堂功用的六种可能之修书装潢说》，《紫禁城》2006 年第 5 期。

黄爱平：《中国古代的文化传统与图书编纂》，《理论学刊》2006 年第 10 期。

翁连溪：《清内府遗存书版考》，《中国典籍与文化论丛》2007 年第 9 辑。

曹红军：《〈古今图书集成〉版本研究》，《故宫博物院院刊》2007 年第 3 期。

章宏伟：《论清代前期满文出版传播的特色》，《河南大学学报》（社会科学版）2009 年第 1 期。

涂丰恩：《明清书籍史的研究回顾》，《新史学》2009 年第 1 期。

刘兵兵：《清代宫廷木活字印刷则例》，博士学位论文，中国艺术研究院，2010 年。

董春林：《试论清初官刻本版面规则》，《中国出版》2011 年第 20 期。

李士娟：《雍正朝内府刻书概略》，《历史档案》2012 年第 1 期。

曹红军：《出版视角下的清代盛世文化政策——以经、史类中央机构出版物为考察对象》，《出版发行研究》2012 年第 11 期。

罗志：《明清政治文化与内府刻书》，硕士学位论文，陕西师范大学，2012 年。

李士娟：《雍正朝内府刻书概略》，《历史档案》2012 年第 1 期。

张学谦：《武英殿本〈二十四史〉校刊始末考》，硕士学位论文，山东大学，2013 年。

郝生财、周文华：《〈武英殿聚珍版丛书〉之印刷技术研究》，《北京印刷学院学报》2013 年第 6 期。

唐莉、周文华：《武英殿聚珍版原刻本现存数量的初步研究》，《北京印刷学院学报》2013 年第 6 期。

马学良：《明代内府刻书研究》，博士学位论文，南京大学，2013 年。

何灿：《〈四库全书〉纂修中的校勘成就》，博士学位论文，山东大学，2014 年。

王传龙:《"开化纸"考辨》,《文献》2015年第1期。

马学良:《明代内府刻书机制考论——以敕纂修图书为中心》,《河北大学学报》(哲学社会科学版)2015年第5期。

朱赛虹:《清晚期武英殿修书处"修书"与"非修书"职能的消长——基于清宫档案的考察》,《中国出版史研究》2015年第2期。

夏莉霞:《元代及清代中央官刻比较小考》,《中国出版》2016年第16期。

张升:《古代书价述略》,《中国出版史研究》2016年第3期。

黄爱平:《清乾隆朝官修史书考论》,《安徽史学》2016年第3期。

王锷:《武英殿本〈礼记注〉平议》,《文史》2017年第1期。

索 引

B

八旗　13，21，29，55，63，64，66，67，93，95，98，103，125，126，165，169，225，229，232，241，376，400—402，406，411，419，423，424，427，433，434，439，444，446，457，461，472，476，486，502—505，509，511，512，515，516，520

拜唐阿（柏唐阿）　62，63，66，67，82，119—122，124—126，128—131，135—137，146，147，177，181，185，201，207，225—227，255，263，274，276—278，310，336，454

颁发　5，17，21，24，27，28，54，55，88，93—95，99，104—106，110，111，161，212，222，227，228，232，233，245，251，259，297，305—307，313，314，345，354，367，376，381，383，386，390，391，393—396，399—403，407—415，421—430，433，434，436，437，440—450，457，459，463，465，476，477，482，485—488

板片　4，16，34，37，40，45，78，106，108，110，114，116，118，119，132，140，144，145，150，180，183，185，186，188，193，194，212，216，218，244—254，256—265，269，270，311，312，324，333，336，340，343，384，385，387—389，391，394，396，422，429，436，440，445—447，452，473，474

版刻　3，6，7，20，24，38，42，45，46，73，100，287，296，302，342，358，359，362，475

版式　1，12，41，42，45，46，290，342，348，350，352，470，475，492—534

北京故宫　8，9，289，293，295，379，458

笔帖式　52，62，63，82，124—131，134—140，146，174—177，207，217，226，242，245，248，253，259，269，277，323，411，454

避讳　479—481

C

采办　16，122，180，196，197，204，211—214，246—253，340，358，473，474

藏书　2，3，6—9，16，17，30，34，36—38，49，70，72，77，88，107，214，219，223，239，240，274，284，285，287，294，313，322，326，358，360，362，406，418，422，429，431，435，436，438，448，453，456，458，488，490

陈鹏年　69，140，141，149—151，153，317，330，340，489

陈设　3，5，18，24，26，28，29，122，127，189，206，217，222，227，259，260，282，293—295，298，304—308，320，366，367，389，393，394，406—408，410—421，432，434，449，450，459，465，476，477，482

程朱理学　48，87，484

崇儒重道　17，49，82，86，446，468，484

崇文门监督处　199，200，203，448，473，477

出版　1—4，6—16，18—20，23—30，33，36—39，41—46，50—52，54，58—60，65，70—73，90，96，99，101，102，105—107，109，111—113，115，116，122，137，143，147，148，150，151，158，160，176—178，181—183，192，196，198，199，201，210，211，215，222，224，230，231，233，234，241，242，245，246，254，263，282，284，286，288—290，294，311，313—315，317—319，350，353，359—363，365，368，369，372，379，380，398，406，407，414，418，431，444，448，450，452，453，456，458，465—468，478，479，483，484，487—491

创始期　24，76，78—80，82，84，471

丛书　8，10，14，38，70，71，81，183，280—288，300—302，409，464，465，474

D

《大义觉迷录》　5，8，94，421，423，424，426—428，439—441，443，444，477，486

单行本　70，81，301—304，308，352，415，416，474，516，519—524

典籍　1—6，9，17，18，20，22，24，25，28，32，35，36，39，40，45，47—56，73，74，76，83，84，86，89，94，96，104，107，110，111，177，182，218，227—229，243—246，257，267，276，277，307，313，315，342，345，352，353，357，367，380，385，400，405，406，422，423，429，432，443，446，448，452，453，459，462，468，470，471，476，478，482，485

殿本　2—13，15—26，28—31，47，53，55，57，59，69—98，102—107，109—

111,138,140,141,157,161—163,
177,187,199,201,203,204,206,
211,212,214—218,222—224,232,
238—240,245,246,253,259,260,
264,278,283,286,308,313—315,
321,328,329,332—334,340,342,
343,345—360,362—365,367—
369,373—380,382,385—387,389,
393—398,400,401,403,406—414,
416—434,436,439—472,475—
482,484—492

雕版　1,4,10,16,19,32—35,39,40,
43,45,53,59,73,83,106,109,111,
181,188,192,193,246,247,255,
258,262,265—267,289,291,301,
303

鼎盛期　10,18,24,78—80,91,92,
201,471

E

《二十四史》　18,97,352,379,447,
464,490

F

翻刻　5,6,35,38,43,47,94,103,
104,245,262,266,288,407,408,
423,424,428,440—447,465,476,
477,484

方苞　97,140,141,150,151,153,
250,319,340,489

方略　21,51,96—98,104,111,203—
206,210,217,231,244,306,347,
350,353,370,377,419—421,481,
506,507,510,513,515,517,522,
527

傅增湘　7,17,36,37,283,286,359

覆刻　408,441—446,477

G

工价　10,122,177,178,181—196,
201,202,205,206,208,212,213,
216,217,226,252,253,267,279,
280,325,336,344,345,349,356,
374,376,377,389,395,396,405,
441,443,449—451,459,462,465,
468,473,484

供事　122,139,144,145,151,205,
207,208,227,235,236,241,264,
269,271,272,274—277,280,299,
304,305,310,311,324,329,394—
396,405,411,454

《古今图书集成》　2,8,14,18,83,87,
89,111,122,201,203,218,265,
308,328,355,365,366,369,397,
398,416—418,429,431,432,435—
439,452,477

古今图书集成馆　51,86,224,266

故宫学　4,25

广储司　30,60,67,113,114,124,
159,165—175,181,197—204,
208—213,216,226,227,245,278,
279,378,419,473,479

国子监　1,8,16,20,21,24,32—35,38,40,42,43,51,54,93,99,103,123,138,139,143,144,154,159,196,236,244,245,262,276,313,319,323,324,328,370,383,428,429,445,471,476,489,511,519

H

汉文　21,50,52,55,85,86,91,93—96,110,158,161,181,189,191,192,210,217,232,242,246,253,258,265,333,340,346—348,350,354,355,364,365,368,375,380,383—385,388,397,400,406,411,413,418,420,421,423,429,441,446,461,476,477,481,492—534

翰林院　16,21,22,24,28,37,42,47,51,54—56,69,82,83,86,97,109,123,138,139,143,153,154,157,196,219,224,225,232—235,238,240—244,265,275,295,300,305,319,323,324,335,340,355,356,366,370,375,380—388,417,424,429,430,449—451,470,473,476,485,489,491

恒寿斋　2,114,116—118,318

后勤　4,5,18,24,25,158,197,211,214,236,237

焕章殿　3,106,107,114,116—118,223

皇家　1,3—5,20,40,44,47,137,196—198,202,214,224,262,313,347,348,351,352,409,414,459,468,475,478,479,484,485,489

皇家出版社　5,25,40,470,478,490

皇权　1,5,17,47,84,198,224,262,356,408,428,431,470,475,476,478,479,481,489

回缴　6,24,259,407,408,421,422,436—439,441,452,474,476,477,481,482

会典馆　21,51

活字印刷　4,13,14,99—101,121,246,265—267,274,281,303,308,398,472,474

J

稽古右文　5,32,48,49,56,86,87,93,99,468,470

纪略　40,45,97,98,104,232,301,306,308,350,419,434,474,510,513,515,517,518,522,524

监造处　13,20,82,119,120,122,126—133,135—138,157,162,178—180,206,207,225,234,315,316,333,334,336,338,340,472,475

奖惩　24,28,29,151,225,326,329,331,340,473,489

匠役　24,27,37,45,47,53,102,105,121,124,129,130,134,137,151,157,176—182,184—191,193—

195,199,201,204—206,208,212,
214,217,218,224—227,249,251,
254—258,264,272,274,275,280,
309,310,330,334,356,405,411,
454,462,473,490

教化 1,5,17,40,53,84,93,94,104,
110,352,424,426,428,443,446,
468,476,478,482—487

校对 13,21,22,58,82,86,87,90,
97,100,102,122,123,128,138,
151,215,228—236,238,241,243,
246,256,258,269,270,274,276,
313,315—317,320,322,324—330,
332,334—340,355,356,386,390,
404,406,413,434,435,443,473,
475

校刊翰林处 13,20,82,90,117,119,
120,122,123,126,137—143,145,
150,151,206,207,230,235,243,
244,309,314—318,320—341,379,
472,475

校勘 1—4,11,13,18—20,24—26,
33,35,36,56,58,59,77,78,82,86,
89—91,97,99,101—103,107,113,
117,119,120,123,138,140,141,
145,150,151,153,161,196,198,
199,215,234,235,242—244,246,
256,258,312—316,318,321—341,
355,408,409,422,455,470,472,
475,479,487—490

校录 58,114,117,120,123,125,

138—140,143,144,207,234,236,
241,244,276,322—325,328—331,
335,338,340,473,475

金简 14,65,99,100,154,188,204,
237,238,267—269,272,274,275,
278,279,292,296,300,302,309,
335,367,370,371,449,462,472

进呈 6,18,20,21,23,24,55,61,65,
74,76,83,84,89,90,97,100,111,
122,141,148—150,161,206,215—
219,229,230,232,234,240,250,
266,268,296—299,304—306,327,
332,335—337,345,346,355,364,
367,368,376,380—394,396,397,
402—404,406—411,419,421—
423,425,443,471,476,481,491

禁毁 260—262,349,421,474

经厂 1,4,24,40—48,53,313,314,
343,350,470

经费 24,30,101,104,109,196—
208,210,211,214,226,248,249,
253,264,278,279,309,396,434,
447,455,473

经史 1,16,17,21,22,34—36,40,
43—45,49,54,81,87,89,96,97,
244,250,325,328,381,382,402,
422,423,428,445—447,455,471,
484—486,507

经学 87,95,96,103,110,484

敬思殿 114,116,118,119,218,262

索 引

K

开化纸 7,282,358—369,372,373,475,476

刊刻 1,2,5,7,9,11,15—18,20—22,24,32,34—40,43—45,47,50,52—57,61,65,69,70,73—99,102—105,108—111,116—119,121,122,124,130,133,138,144,151,157,158,161,176,177,180—182,184,185,187,190—193,202,205,208,214,215,218,224,225,228—234,237—239,242,244—257,259—261,263,265—267,269,271,275,280,291,298,300,303—305,307,312,313,324,329,332—335,337—339,342—346,348,352—356,364,368,373—375,379—397,399—406,408,409,411,412,414,418,420—428,433,434,442—447,454,457,462,470—474,476,479,481,482,485,486,489,491

刊印 1—5,9,11,13,14,17—20,23—25,28,32,39,44,46,50,51,53,57,58,61,69,74—78,82—85,87,90,92—95,98—100,104,105,109,110,120,125,138,162,199,201,203,206,208,212,231,235,237,238,246,248,249,262,266,267,287,302,308,309,313,316,333,342,345,347—349,353,354,356,365,383,387,388,392,394,406,408,414,427,430,431,436,440,444,447,450,464,467,470,471,473,474,479—491

康版 78,84,344

科举 49,50,88,110,243,372,423,424,455,487

刻工 89,90,102,151,176,177,180—185,187,188,191,194,195,212,278,316,336,342,350,352—354,356,409,459,462,468,475,484,489

刻书 1—5,7—12,15,17,18,20,23—27,32—57,59,69,71—73,77,78,82—85,91,93,101—103,105,106,109,111,116—119,121,144,177,180,182—186,188,193,195—197,214,222—224,230,231,236,239,244—248,250,253,256—259,262,265,287,288,296,313,315,324,333—335,337,338,343—346,350,352,356,365,367,380,384—386,390,392,407,428,430,456,464,470,471,475,477—480,488,491

刻字馆 121,253—256,258,259,261,474

刻字匠 24,124,177,180—183,185—187,191—195,206,248,249,254—257,336,344,354,356,473

L

类书 5,30,83,85,86,88,89,93,98,103,105,110,150,347,464,471,476,477,486

连四纸 159,185,189,192,193,206,297,298,304—307,319,346,349,358,360,361,363—377,384,385,399,410,412—416,421,422,442,475

流通 5,6,9,12,16,18,19,24—26,28,33,40,42,77,223,232,259,386,406—408,411,414,422,432,441,442,448,451—453,456,459,468,470,476,477,484

M

满文 8,52—54,85,86,110,158—162,186,191—193,199,333,346—348,350,364,365,375,384,385,388,400,401,410,413,420,434,442,461,462,471,477,491—515,517,519—524,526—534

毛装 412,420,462

棉纸 41,42,53,365—367,374,376,390,401,402,404,408,410,411,417,432

明纪纲目馆 51

明史馆 51,86

N

内府本 22,23,41,46,47,73,83,240,350,351,478

内府刻书 1,3,4,7,8,10,11,15—17,22,23,30,40—43,45—48,50,51,53,56,59,65,67,71—73,91,93,94,112,117,161,181,196,248—250,255,256,258,260—262,286,289,307,308,310,313,343,346,353,354,360,361,363—365,367—369,372—375,379,384—393,395—397,399,400,402,409,410,412,413,417,419,425,431,432,443,444,446,471,478,479,487,489,491

内阁 6,18,21,22,26,27,30,52,55,65—67,69,86,91,93,94,99,106,109—111,122,131,132,142,144,148,152—156,158,159,161,163,186,193,199,224,227—230,232,233,236—238,258,260,263,265,276,278,297,303,306,307,310,315,324,334—336,345,355,373,374,380,382,387,390,391,395,396,399—406,408—411,421—428,430,432—435,439,442—444,446,447,449,454,457,458,460,461,463,464,466—468,470,473,476,477,480,482,502,530

内阁典籍厅 21,227—229,238,370,400,402,403,434,443

内务府 1,6,8,13,20,22—24,26—32,47,54,58,60—65,67,69,77,

82,90—92,101,102,113,114, 119—125,127—138,140,142,143, 146,147,153,154,157,159,160, 163—181,184,185,188—190,194, 196—205,207,210—219,224— 227,231,237,247,248,250,251, 260—262,264,269,270,276,277, 299,309,316,323—325,328—330, 334,335,344,354,356,366,374, 377,391,397,401,402,408,412, 415,419,420,448,449,454,455, 462,470—474,525,528,530,532

凝道殿 27,114,116—118,219,240

Q

钦定 1,2,8,11,13,15,17,20,21, 29,51,54,58,60—66,68—70,82— 85,87,88,90—92,96—100,103— 105,112,114,116—118,120—124, 126—129,131,133,135—138, 140—143,146,147,150,151,157— 159,161,166—169,172—176,178, 179,181,184,185,188—190,194, 195,199—205,207,211—213,216, 218,219,224—227,229—231,233, 238,241—245,250,260,267,268, 270,273,277,281,282,285,287— 298,300—302,304,306—308, 313—315,317—319,321—324, 327—330,334,335,344,345,347, 350,352—354,377,389—391, 393—397,399,401—403,408— 410,412,413,415,416,422,424, 427—431,434,442,445—448,450, 462,467,471,472,474—476,478, 480,485,487—489,493—499, 501—503,505—534

《清代殿板书始末记》 3,4,7,20,46, 48,76,77,103,107,224,316,358, 359

R

人员 4—6,13,18,19,24,25,28— 30,35,47,48,54,55,67,90,112— 114,122,124—127,130,131,133, 135—140,142—144,146,147,151, 152,157—159,161,162,177,197, 203,206,207,213—215,224—228, 230,232,234—238,241—244,247, 263,266,271,273,274,277,310, 313,315,318,322—326,328—333, 335,340,355,356,408,430,434, 454,470,472,473,489

《日讲书经解义》 54,55,365,380— 385,413,476

《日讲四书解义》 54,55,365,380— 385,413,476

《日讲易经解义》 54,55,365,380, 383—385,413,476

儒家 17,34,36,39,49,53,85—87, 93,95,96,104,110,316,347,350, 436,471,476,484,485

S

赏赐 5,18,53,99,222,228,297,366,367,406,407,421,422,430—436,438,444,449,459,476,482

《十三经注疏》 43,95,96,265,347,352,452

式微期 24,78—80,101,103,471

收支 196,197,199,208,210,211,278,473

售卖 5,6,16,18,19,24,25,35,92,198,204,217,222,223,266,278,407,408,415,424,437,441,442,445,447—460,462—466,468,470,473,476,477,484

书板 34,37,106,107,109,218,228,247—249,253,254,256—259,261—265,267,334,336,373,384,388,407,429,441,473

书馆 6—10,12—16,19—21,25,27,28,30,31,42,52,58,60,61,68,70—72,86,99,101,107,117,123,144,146,150,152,178,181,186,188,194,201,212,213,216,217,231,232,239,240,252,253,281,282,288—293,301,302,310,318,320,321,325,328,336,337,340,343,348,349,362,367,376,377,379,386,397,398,400,406,407,431,436,440,444,453,457,458,464,468,491

书价 19,182,279,280,407,448,453—469,477,484

书作 1,102,120,121,157,178—180,190,213,255,269,270,325,330,335,343,349,350,414

刷印匠 24,121,177,179—181,184—186,189,192,193,206,216,217,473

刷印作 107,120,121,157,178—180,213,218,255,269,270,367

衰亡期 24,78—80,105,109,471

司礼监 1,4,5,24,33,40,41,43—48,50,82,112,178,180,340,343,470,489

《四库全书》 2,28,92,100,116,118,145,151,152,214,217—219,233—237,239,240,271,274,297,303,326,331,335,362,418,435,451

四库全书馆 22,28,51,141,145,158,223,224,231,233,234,236—239,272,274,281,286,291,296,298,299,303,315,318,320,324,325,335,370

《四库全书考证》 272,275,281,282,286,288,300,303,304,308,319,320

T

台北故宫 10,11,15,30,70,72,289—291,293,379,381,391,491

太史连纸 65,206,216,358,365,

索　引　555

367,370,371,373—377,379,384,385,410

陶湘　3,4,7,16,17,20,46,48,53,74,76,77,103,107,224,281—287,289,301,302,316,336,343,353,357—360,368,379,380,395,398—405,465,470,474

誊录　123,139,143,215,229,230,234,236,239,242,244,323—325,328,329,331,435,467

提调　13,27,37,116,117,120,123,125—127,133,138—143,145,150,151,161,207,231—240,242,256—258,273,274,276,309,315,318,322—330,333,337—340,411,435,454,472,475,489

通行书籍售卖处　5,13,26,77,92,117,120—122,204,217,223,278,448—451,455,456,459,462,464,465,468,477

铜活字　11—14,83,122,188,191,193,201,265,266,308,311,365,369,397,398,418,435,436,494,496

铜字馆　13,120—122,265,266,308

W

文津阁　145,151,294,295,303,366,414,418

文渊阁　217,224,240,355,414,512

武英殿监造　91,129,130,135,147,157—160,162,163,165,180,234,333,334,356,375,384,401,418

《武英殿聚珍版程式》　99,100,288,296,335,472

《武英殿聚珍版丛书》　2,14,265,266,274,281,282,288,290,298,300,465

《武英殿聚珍版书目录》　266,285,290

武英殿聚珍馆　24,145,271,299,306,308

武英殿修书处图记　60—62,65—69,77,91,92,471

武英殿造办处　2,20,24,59—65,67,69,77,82,91,119,158,160,186,225,386,471

武英殿总裁　102,117,132,134,139—141,145,147—153,178,179,186,236—239,249,250,263,267,317—319,323,325—327,331—333,337,418,451,472

武英殿总理　102,131,132,148

X

兴文署　1,33,36—38,40

行宫　28,29,294,295,411,412,414,416,417,419,420,476

行款　3,10,211,293,301,302,342,347

修书各馆　9,13,16,24,51,68,86,120—122,129,131,138—141,148,

196,202,217,223—225,229—232,
242,245,246,252,254—256,310,
315,333—338,406,470,473

Y

扬州诗局　8,59,83,360,363,364,
369,389

一统志馆　51,161,229—231,354,
403,408

银库　101,199—204,208,209,226,
227,278,455,473,479

浴德堂　2,58,59,77,108,114,116—
119,122,123,151,309,310,312,
316—322,324—326,329,340,475

御书处　13,20,27,61,119,120,
123—125,128,132,134,135,145—
147,178,181,200,201,215,224,
225,263,268,354,489

御制　5,11,14,30,42,44,47,49,
53—55,85,86,88—90,94—96,99,
104,109—111,123,161,163—165,
215,230,241,248,268,287,288,
290—292,303—305,307,308,332,
345—347,352—357,361,364,365,
369,375,381—387,390,392—394,
397,400,401,403,409,412,419,
420,423,429,441,446,447,460,
474—476,478,479,485—487,
492—495,497,498,500,502—516,
518—521,524,525,527,529—533

御纂　8,85,87,88,96,104,163,168,

343,344,348,350,352,353,355,
364,365,369,374,408,410,425,
428,431,432,442,445—447,449,
451,477—479,486,487,492,493,
503,507,508,518,525,529,532

Z

则例　14,15,29,51,55,60—64,66,
68,70,82,96,98,99,103,124,128,
129,136,137,142,143,158,179,
180,184,188—190,194,195,197,
202,203,207,212,213,216,219,
225—227,272,277,279,280,302,
304—306,308,332,347,376,394—
396,398—400,412,413,415,419,
425,426,446,462,474,495,498,
502—504,508—517,519—521,
524,525,527—533

折配作　120,121,178,218

正史　34,36,96,347

职官　4,5,13,19,24,29,34,35,37,
63,64,77,78,92,96,112,113,123,
125—129,137—139,145—148,
153—157,162,197,198,242,317,
327,340,470,472,489,518

纸张　3,11,19,29,35,53,77,185,
186,188—190,193,194,204,207,
208,212,213,216,217,228,252,
253,256,257,277,278,309,317,
325,333,336,345,349,350,358,
363—370,372—379,394,396,401,

410,414,415,450,455,459—461,465,468,472,475,476

制作　3,16,17,19,99,100,157,159,176—178,180—183,186,193,197,199,214,246,253,255,258,267,268,274,278,279,308—310,348,454,459,460,464,465,468,473,474,484

竹纸　185,189,192,193,297,298,304—307,319,358,363—367,374,402,403,410—417,422,432,457,460—465,477

装裱匠　24,177,185,190

装潢　1—5,12,13,16,19—21,24,26,28,47,53,54,56,58,59,65,73,78,80,82,86,87,92,97,99,102,107,113,116,118—122,127,130,141,151—153,157—159,162,178,186,196,199,201,202,205,206,208,211—216,227—229,231—233,235,237,240,241,246,255,256,266,280,298,304—307,313,315—317,335,336,345,349,355,356,360,366,367,372,380,394,397,399,401,402,404,406,408—413,415—418,420—422,429,455,459,460,462,468,470—473,476,479,483,489,490

字体　1,3,10—12,41,46,47,103,182,184,188,193,342—346,470,475

总纂　28,125,139,140,142,147,231,242,330,473

纂修　2,20,21,27,28,47,58,59,64,77,86,90,96,100,107,123,125—128,134,138—143,145,147,149—152,154,157,161,188,201,204,206,219,223,228—231,234—244,249,251,263,266—269,271,272,274—276,278,279,290,294,296—298,302,308,309,313,315,319—321,323—329,331,332,338,340,355,356,381,386,387,414,418,424,434,435,440—442,449—451,453—457,459,460,463,465,468,473,475,484,511,512,514,515

后　　记

《皇权与教化：清代武英殿修书处研究》一书，是在我博士学位论文的基础上修订而成的。选择以"武英殿修书处"作为博士论文题目，现在回头看应该算是顺理成章的事情。从本科、硕士到博士，我在这三个阶段的学位论文都是以明清时期的书籍文化作为选题方向，对于书籍史始终抱有浓厚的兴趣。我的家乡在福建省连城县，连城四堡是明清时期雕版印刷基地的幸存者之一，遗存有大量古书坊和古雕版，所印书籍有"行销江南，远播海外"之说，得到了海内外学界的高度关注。由于地域上的天然优势和对家乡历史的兴趣，我的本科毕业论文很自然地选择明清时期四堡家族坊刻作为研究对象，在张升教授的指导下，实地考察书坊、查阅地方文献，也由此开始关注书籍的制作和流通问题。

从北师大保送到人大清史所后，有幸师从黄爱平先生学习。黄先生是《四库全书》研究的著名学者，先生的博士论文《四库全书纂修研究》出版后好评如潮，成为这个领域的必读之书。受黄先生的影响，同门多是选择四库禁书、《大清一统志》、私修类书等作为学位论文题目。另外，清史研究所一贯的学术传统都极为看重档案的发掘和利用，在这种氛围之下，我的硕士学位论文尝试利用档案文献厘清古今图书集成馆相关史实。古今图书集成馆的办公地点就设在武英殿，我在搜集资料过程中发现清代修书各馆与武英殿修书处存在千丝万缕的关系，开始有意识地积累这方面的文献。获得人大硕博连读资格之后，我即着手考虑博士论文的研究选题。黄先生鼓励我们自主选题，倡导硕博论文要有延展性，而非另起炉灶。当时我自己初步草拟了武英殿修书处、清代皇子教育等若干选题向先生报告，先生认为沿着硕论方向继续做书籍编印机构的研究较为可行。于是武英殿修书处的选题就此确定下来。应该说，我的博士论文选题确定较早，因此有较为充裕的时间爬梳文献。值得庆幸的是，2014年朱赛虹先生主编的《清宫武英殿修书处档案》恰好影印出版，成为撰写博士论文的核心资料之一。当然，《清宫武英殿修书处档案》也有不足，不知何故缺漏了康雍乾三朝修书处鼎盛时期的档案，而分藏两岸的内阁大库档、军机处档案、内务府奏销档中亦有较为可观的这一时期档案文献，可以弥补这方面的缺憾。此后，我利用访学台北故宫博物院、傅斯年图书馆、北美地区东亚图书馆等殿本重要收藏机构的机会，大量目验了殿本实物。自知素乏捷才，惟有下笨功夫。资料的搜集前后历时3年多的时间，最后聚沙集腋，所获颇丰。其后又按时间脉络分类编成长编，再利用1年多的时间集中精力写作，博士论文得以最终成稿，得到了答辩委员会的肯定，有幸获得了当年度的校级优秀博士学位论文。

本书得以顺利撰就和出版，首先要感谢的是导师黄爱平先生。跟随先生学习的硕博七年，是我真正走向学术道路的起点。黄先生始终坚持严谨治学，倡导实事求是的学风，言传身教之下，使我得以初窥学问之堂奥，对学术心存敬畏之心。先生可谓"望之俨然，即之也温"，指导学生倾囊相授、春风化雨，同时十分注重通过集体项目培养、锻炼学生。硕士一入学我就参与了先生主持的大型古籍整理项目——《清实录北京史料》，辑录、分类、点校《清实录》中有关北京史料，此后亦参与了《清史书目（1911—2011）》等集体项目的编写。我深切感到参与集体项目是难得的接触史料、处理文献的锻炼机会，可以说在项目中得到成长，从中受益无穷。在博士论文的选题、撰写及修改的各个阶段，大到谋篇布局，小到字句斟酌，先生自始至终都给予了悉心指导。先生常对我说治学要有

"文献的基础、历史的眼光、思想的深度"，这句话使我颇受教益，虽不能至，心向往之。师恩难忘，谨借书稿出版之际，向业师表达最诚挚的谢意和衷心的祝福！

　　衷心感谢参加本人博士论文答辩的诸位先生，包括北京大学中文系孙钦善教授、故宫博物院图书馆朱赛虹研究馆员、北京师范大学历史学院张升教授及中国人民大学历史学院李晓菊教授、张永江教授，诸位先生给予肯定的同时，从不同角度对论文框架结构、行文逻辑等方面进行细致入微的指导。在论文撰写及修订过程中，山东大学文学院杜泽逊教授、台北中研院史语所陈鸿森教授以及美国普林斯顿大学东亚系艾尔曼教授及中国人民大学曹刚华、皮庆生、阚红柳、廖菊栋等老师以不同形式提供了极具启发性的宝贵意见。中国第一历史档案馆、国家图书馆、北京故宫博物院、台北故宫博物院、台北傅斯年图书馆以及美国普林斯顿大学东亚图书馆等工作人员为资料搜集提供了帮助。中国人民大学清史研究所黄兴涛教授、夏明方教授、朱浒教授、刘文鹏教授、祁美琴教授、曹新宇教授及董建中、胡恒、杨剑利、刘贤等老师，也一直给我热忱的鼓励。晁福林先生不仅时加勉励，且惠赐参考书籍，先生的厚爱让我感动不已。学校领导、同事和诸多师友，亦多有关照。这些关爱都是我前行的动力源泉，铭感于心。

　　本书有幸获得首届国家社会科学基金优秀博士论文出版项目资助，博士论文作为国家项目得以顺利出版，对于刚步入学术殿堂的青年学者而言是莫大的扶持和鼓励，谨向国家社科办和诸位匿名评审专家表示诚挚的谢意！拙著部分章节曾以论文形式发表在《史学月刊》《历史档案》《古典文献研究》《历史文献研究》《古籍整理研究学刊》等学术期刊。此次出版，中国社会科学出版社吴丽平编辑精心编校，付出了许多辛劳。

　　最后要特别感谢的是在背后默默支持我的家人。父亲去世后，母亲独自一人抚养、教育子女，培养了四位大学生，善良、勤劳、坚毅是母亲的真实写照。内子的包容与理解，使我可以心无旁骛的从事学术事业。未来前行的道路上，希望自己能够不改初心，葆有童心，相信许多美好会不期而至。

由于才疏学浅，书中还存在诸多不足，尚祈读者不吝赐正。

2020 年 5 月 6 日

项旋记于梧桐苑学步阁